JN176704

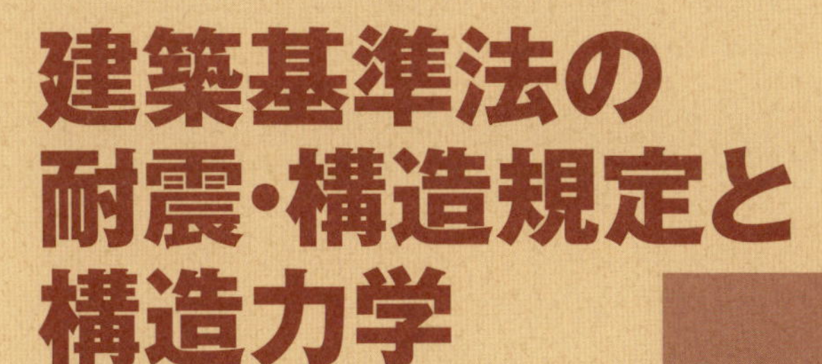

建築基準法の耐震・構造規定と構造力学

（第2版）

北海道大学 名誉教授 工学博士
（株）NewsT 研究所 代表取締役
石山祐二

三和書籍

はしがき

建築物に対する日本の耐震規定は建築基準法・同施行令と関連告示によって規定されていますが，法令や告示を読んでも（たとえ部分的にはよく理解したつもりでも）全体としてどのような規定になっているのか分かり難いのが実状です。海外に日本の耐震規定を紹介する時も同様で，法令や告示を正確に英訳しても，日本の規定を理解してもらえないのです。このようなこともあり，日本の耐震規定の概要を紹介する英文のテキストを 1981 年のいわゆる新耐震施行時に作成し，その後も法令の改正にともない修正してきました。その中で，限界耐力計算の部分はそれ以前の耐震規定とは別の節として書いていました。しかし，日本の耐震規定全体を紹介すべきと思い，許容応力度等計算・保有水平耐力計算・限界耐力計算・時刻歴応答解析をまとめて示したものが第 1 章です。更に，構造物を設計する際には耐震規定のみではなく，その他の構造規定や検証方法も重要となりますので，第 2 章では構造計算の考え方などを簡単にまとめてあります。

第 I 部の第 1 章も第 2 章も法令・告示に書いてあることを要約したり，まとめたりしている部分がほとんどで，その基になっている実際の法令や告示との対応も重要と考え，第 II 部の第 3 章～第 8 章に構造に関係する法令・告示を示しました。ただし，告示については，本書では（全文を掲載すると頁数も膨大となるため），構造設計や構造計算に必要な告示を中心に主要なものに限って示しています。なお，木造と組積造に関しては他の書物ではあまり書かれていないようですので，関連告示もすべて示しています。もちろん，本書で示していない告示も重要ですので，実務に当たっては法令・告示そのものを参照し，適用の誤りなどがないようにして欲しいと考えています。

第 III 部は法令・告示を理解するために必要と思われる構造力学について書いて

あります。この部分は，小幡守著「最新構造解析 I」[1][†]をテキストに著者が北海道大学工学部の学生に用いていた講義ノートから作成しました。

誤りなどのないように，また分かり易いように書いたつもりですが，十分ではない部分も多いかも知れません。皆様からの率直なコメントをお願いします。

2014 年 12 月

石 山 祐 二　to-yuji@nifty.com

本書の第 1 章の英文版は http://iisee.kenken.go.jp/の中の IISEE-UNESCO Lecture Notes の Earthquake Engineering の Yuji Ishiyama のレクチャーノートとしてダウンロードできます。英文版には，本書の第 1 章の他に拙著 [2] の第 1 章 地震被害と耐震技術，第 8 章 海外の耐震規定も含まれております。また，国立研究開発法人 建築研究所国際地震工学センターで用いられている他の英文レクチャーノートも無料でダウンロードできます。今後の法令・告示の改正にともなう変更点や正誤表は三和書籍の HP（http://www.sanwa-co.com/）からダウンロードできます。

第 2 版について

第 2 版では，第 1 版第 1 刷にありました誤りの修正，2015 年 6 月から施行されている法令改正にともなう変更，2015 年版建築物の構造関係技術基準解説書 [3] による補足，2015 年 6 月 30 日告示（平 27 国交告 816）と 2015 年 8 月 4 日告示（平 27 国交告 910）による変更などを行いました。（2016 年 1 月）

[†] 本書では [　] 内の数字は参考文献の番号を示している。

用　語

本書で用いられている耐震規定関連の主な用語について説明する。ただし，厳密な定義ではないので，法令などの用語は，法令を直接参照して欲しい。また，その他の用語などは索引から参照することができる。

1 次設計，2 次設計：耐震計算ルートの許容応力度による検証までを 1 次設計，それ以降の検証を 2 次設計という場合があるが，厳密な定義はない［6 頁参照］。

A_i 分布：地震層せん断力係数の高さ方向の分布を示す係数。上階ほど大きく揺れる現象を考慮し，最下階で 1.0，上階ほど大きくなる［27，29 頁参照］。

安全限界：限界耐力計算において，構造物が崩壊しない限界。地震に対しては保有水平耐力，その他の荷重に対しては部材に生ずる応力度が材料強度を超えない限界を示す［24 頁参照］。

安全限界地震力：限界耐力計算に用いる極稀（ごくまれ）地震動による地震力［30 頁参照］。ルート 3 で標準せん断力係数 $C_0 = 1.0$ とした地震力に相当する。

応答スペクトル：地震動の構造物への影響を表すため，横軸に構造物の固有周期（または固有振動数），縦軸に構造物の応答値を表したグラフ。応答値により，加速度スペクトル，速度スペクトル，変位スペクトルがあり，減衰定数に応じて数本の線で示されている場合がある［31，69 頁参照］。

許容応力度等計算：「等」が入ることで通常の許容応力度による検証のみならず，一連の構造計算を示している。この地震に関する部分がルート 1 とルート 2 である［160 頁参照］。

形状係数：捩れ振動による地震被害やある階への地震被害の集中を防ぐため，階の保有水平耐力を増大させる係数。F_{es} で表示され，1.0 から最大 3.0 の値である［21 頁参照］。

構造要件：耐震計算ルートを構成する本書で定義した次の 10 要素で，一般的な用語と区別する必要がある場合には記号 (a)～(j) とともに用いる［6 頁参照］。

(a) 構造規定：構造に関する仕様規定で，構造計算の有無にかかわらず適用される（ただし，耐震計算ルートによっては免除される規定がある）[9 頁参照]。

(b) 許容応力度：中地震動によって生ずる建築物各部の応力度が短期許容応力度を超えないことを確認する（ルート[1]，[2]，[3]の規定である）[9 頁参照]。

(c) 規模，強度：建築物の規模と構造計画の制限内で適切な強度を確保するようにする（ルート[1]の規定である）[10 頁参照]。

(d) 層間変形角：仕上材などが地震動によって大きな被害を受けないようにするため，中地震動（稀(まれ)地震動）によって生ずる建築物の水平方向の変形を制限する（ルート[2]，[3]，[4]の規定である）[15 頁参照]。

(e) 偏心率，剛性率：地震動によって建築物の一部が大きく変形し，その部分に被害が集中することを防ぐ（ルート[2]などの規定である）[15 頁参照]。

(f) 強度，靭性：大地震動に対して建築物が適切な強度と靭性を有するようにする（ルート[2]の規定である）[17 頁参照]。

(g) 保有水平耐力：建築物の崩壊時の水平耐力を計算し，大地震動に対する安全性を確認する（ルート[3]の規定である）[21 頁参照]。

(h) 損傷限界：稀に起こる地震動（稀地震動）に対して許容範囲を超える損傷を受けないことを検証する（ルート[4]の規定である）[24 頁参照]。ルート[1]，[2]，[3]の (b) 許容応力度とほぼ同等である。

(i) 安全限界：極く稀に起こる地震動（極稀地震動）に対して崩壊しないことを検証する（ルート[4]の規定である）[24 頁参照]。ルート[3]の (g) 保有水平耐力とほぼ同等である。

(j) 時刻歴応答解析：建築物の地震動に対する応答を時刻歴で計算し，その安全性を確認する（ルート[5]の規定である）[25 頁参照]。

構造特性係数：建築物の構造的な粘り（靭性(じんせい)）によって地震層せん断力を低減する係数。D_s で表示され，その値は 0.25〜0.55 の範囲である［22 頁参照］。

剛性率：階の層間変形角の逆数を全階の層間変形角の逆数の平均で除した数値。地震被害が 1 つの階に集中することを防ぐための規定で，剛性率が 0.6 以下の場合には，必要保有水平耐力を F_s により最大 2.0 まで増加させる［15，17 頁参照］。

極稀地震動：極く稀に起こる地震動。限界耐力計算のルート[4]の安全限界の検証に用いられ，地震力の計算方法は異なるが，ルート[3]の $C_0 = 1.0$ に対する地震動（新耐震の大地震動）と同じである［7 頁参照］。

固有周期：建築物や地盤などの物体が振動する時の周期。弾性範囲では常に同じ周期で振動する。振動形状（振動モード）ごとに異なる固有周期があり，通常その中の1番長い1次（基本）周期を示す［27, 68 頁参照］。

地震層せん断力（係数）：建築物の階に作用する地震力の最上階からその階までの地震力の和が地震層せん断力である。その階以上の重量に地震層せん断力係数 C_i を乗ずると地震層せん断力 Q_i が求まる［26 頁参照］。

地震地域係数：地震活動度の相対的な大きさを示す係数。Z で表示され，その値は 1.0，0.9，0.8，0.7 である［28 頁参照］。

地盤種別：地盤の硬さによる分類で，第1種が硬い地盤，第2種が中程度の地盤，第3種が柔らかい地盤である。一般に，柔らかい地盤ほど地震被害が大きくなる傾向がある。地盤種別は振動特性係数 R_{t} にも考慮されている［29 頁参照］。

地盤の卓越周期：地盤の固有周期のことで，構造物のような明確な固有周期はないので，卓越周期という［41 頁参照］。

震度：建築物の部分に作用する地震力を求める係数。その部分の重量に震度（k で表されることが多い）を乗ずると地震力が求まる［26 頁参照］。地震力の方向を示す場合には「水平震度」，「鉛直震度」が用いられる。震度6弱のように用いられる場合は，地震動の大きさを示す気象庁の震度階級のことである。

振動特性係数：建築物の固有周期と地盤種別によって地震層せん断力係数を低減する係数。R_{t} で表示され，最大 1.0 で固有周期が長くなると小さくなり，硬い地盤ほどより小さくなる［28 頁参照］。

相互作用：硬い地盤上の建築物は，地盤が剛であると仮定して解析するが，厳密には地盤は剛ではない。このため，地盤の変形を考慮して，建築物の挙動を解析することがあり，これを建築物と地盤の相互作用という［43 頁参照］。

損傷限界：限界耐力計算において，部材に生ずる応力度が短期許容応力度を超えない限界［24 頁参照］。

損傷限界地震力：限界耐力計算のルート 4 で用いる，稀地震動による地震力［30 頁参照］。ルート 1，2，3 で標準せん断力係数 $C_0 = 0.2$ とした地震力に相当する。

耐久性等関係規定：(a) 構造規定［前頁参照］の中の耐久性に関する規定。構造計算を行っても緩和することができない規定で，法令・告示によって構造種別ごとに定められている［96 頁参照］。

耐震計算ルート：耐震計算の一連の過程。本書では，通常用いられているルート1～3の他にもルートを加え，次のルート0～5に分類している［7 頁参照］。

ルート0：構造計算を行う必要がなく，構造規定が主である耐震計算ルート。小規模建築物に適用できる［7 頁参照］。

ルート1：許容応力度による検証が主である耐震計算ルート。中規模建築物に適用できる［7 頁参照］。

ルート2：許容応力度，層間変形角，構造的なバランスによる検証が主である耐震計算ルート。高さ 31 m 以下の建築物に適用できる［7 頁参照］。

ルート3：保有水平耐力による検証が主である耐震計算ルート。高さ 60 m 以下の建築物に適用できる［8 頁参照］。

ルート4：限界耐力計算の地震に対する検証部分を示す耐震計算ルート。高さ 60 m 以下の建築物に適用できる［8 頁参照］。

ルート5：時刻歴応答解析による検証が主である耐震計算ルート。高さ 60 m を超える建築物を含め，全ての建築物に適用できる［8 頁参照］。

大地震動：建築物の供用期間中に 1 度起こるかも知れないような大きな地震動［4 頁参照］。新耐震で導入され，ルート3の標準せん断力係数 $C_0 = 1.0$ に対する地震動で，再現期間は 500 年程度と考えられる。

中地震動：建築物の供用期間中に数度起こるであろう中程度の地震動［4 頁参照］。新耐震で導入され，ルート1，2，3の標準せん断力係数 $C_0 = 0.2$ に対する地震動で，再現期間は数十年程度と考えられる。

標準せん断力係数：地震層せん断力係数を定める最も基本となる係数。C_0 で表示され，大地震動で 1.0，中地震動で 0.2 である［25 頁参照］。

偏心率：階の剛心と重量中心の距離（偏心距離）をその階の弾力半径で除した値。建築物の捩れ振動を抑制するための規定で，偏心率が 0.15 を超える場合には，必要保有水平耐力を F_e により最大 1.5 まで増加させる［15 頁参照］。

保有水平耐力計算：保有水平耐力の計算のみならず一連の構造計算を示している。この地震に関する部分がルート3である［151 頁参照］。

稀地震動：稀に起こる地震動。限界耐力計算のルート4の損傷限界の検証に用いられ，地震力の計算方法は異なるが，ルート1，2，3の $C_0 = 0.2$ に対する地震動（新耐震の中地震動）と同じである［7 頁参照］。

目次

第 II 部　建築基準法の構造関連規定 85

第Ⅰ部

耐震規定と構造計算

第 1 章

建築基準法の耐震規定

1.1 日本の耐震規定の歴史

1923 年関東大震災の翌 1924 年，当時の建築基準である市街地建築物法に設計用の水平震度を 0.1 以上とする規定が加えられた。この規定は，地盤の水平震度を 0.3（水平加速度を重力加速度の 0.3 倍†）程度と想定し，（当時の）許容応力度には安全率が 3 程度あったので，水平震度を 0.3 の 1/3 の 0.1 として導かれた。

1950 年に制定された建築基準法では，許容応力度は長期と短期に区分され，短期許容応力度はそれ以前の（長期に相当する）許容応力度の約 2 倍となった。これに伴い，水平震度が 2 倍の 0.2 へと引き上げられた。

すなわち，水平震度を用いていた時代は，地震動の大きさとして地盤の水平震度 0.3 を考え，材料の終局強度を用いた設計を行っていたことになる（ただし，建築物の地震応答による加速度の増大などは考慮されていなかった）。これを見直したのが 1981 年に導入された新耐震設計法（いわゆる新耐震）である‡。新耐震の特徴には，建築物と地盤の振動特性（R_t）の考慮，水平震度に代わる地震層せん断力係数（C_i）とその高さ方向の新しい分布（A_i）の導入，建築物の構造的なバランス（$R_\mathrm{e}, R_\mathrm{s}, F_\mathrm{es}$）の考慮などがあるが，最も注目すべきは地震動の大きさを見直し（中地震動の $C_0 = 0.2$ と大地震動の $C_0 = 1.0$），大地震動に対しては建築物の強度と共に靭性（D_s）を考慮するようになったことである。

---

† 重力加速度を g として，地盤の水平加速度を $0.3\,g$ と表すことも多い。

‡ 1971 年には鉄筋コンクリート（RC）造柱の帯筋（フープ）間隔をそれまでの 30 cm から 10 cm にするという改正［図 4.6（131 頁）参照］が行われ，1995 年阪神・淡路大震災の際に，この改正が有効であったことが明らかになった。ただし，この改正は RC 造柱の構造規定のみで，耐震規定全体の見直しではなかった。

新耐震では，従来の水平震度 0.2 を用いた短期許容応力度設計を中地震動（建築物の応答倍率を 2.5 として換算すると地盤の水平震度は 0.08 程度となる）に対する設計と解釈した。これが地震層せん断力係数を求める際の標準せん断力係数 $C_0 = 0.2$ として残されている。一方，大地震動として地盤の水平震度 0.3〜0.4 を想定し，それに対しては終局強度設計（保有水平耐力の計算）をすることにし，建築物が弾性であると仮定した場合の応答倍率を 2.5〜3 と考え，標準せん断力係数が $C_0 = 1.0$ と定められた。この考え方が明示されているのが耐震計算ルート $\boxed{3}$ ［図 1.1（8 頁）参照］で，第 1 段階の「(b) 許容応力度」の部分は中地震動に対する検証，第 2 段階の「(g) 保有水平耐力」の部分は大地震動に対する検証である。

2000 年に導入された限界耐力計算には新しい知見（保有水平耐力時の変形，地盤の動的挙動，建築物と地盤の動的相互作用など）が取り入れられてはいるが，想定している地震動の大きさは 1981 年から変わってはいない。ただし，中地震動を「稀に起こる地震動」，大地震動を「極く稀に起こる地震動」と表現を変え，また設計に用いる地震力を計算するのに応答スペクトルを用いている。

なお，1999 年以降は民間の機関でも建築確認業務ができるようになり，それにともない種々の判断基準を明確にする必要があった。また，2005 年に発覚した「耐震強度偽装事件」を発端として建築基準法と建築士法が改正された。その中で，このような偽装事件が今後起こらないようにするため，（少し規模の大きな建築物については）構造計算をダブルチェック（適合性判定）することになった。以上のような状況の中で，（以前は構造設計者の良識に委(ゆだ)ねられてきた）構造計算手法の細部までが建築基準法の体系の中に取り入れられ，耐震規定がかなり複雑になったきらいがあるが，耐震規定の基本的な考え方には 1981 年以降は大きな変更がないと考えてよいであろう。

また，2011 年東日本大震災は建築物その他の構造物に大きな被害を与えたが，その大部分は津波によるもので，2011 年 12 月に津波防災地域づくりに関する法律施行規則に基づき，平成 23 年国土交通省告示第 1318 号（以下，告示は**平 23 国交告 1318** のように略する）「津波浸水想定を設定する際に想定した津波に対して安全な構造方法等を定める件」（耐津波計算告示）［162 頁参照］ができた。もっとも，これは建築基準法に基づく規定ではない。建築基準法による耐震規定に対する変更は，天井落下などへの対策の**平 25 国交告 771**「特定天井および特定天井の構造耐力上安全な構造方法を定める件」（特定天井告示）［207 頁］である。

解説「地震動の大きさを表す尺度」

地震動の大きさを表すには，一般には「震度5強」などと気象庁の「震度階級」が用いられる。しかし，工学的には地盤の最大加速度で表すことが多い。加速度の単位はガル（gal，cm/s^2）の他に重力加速度を用いることも多く，加速度の重力加速度に対する割合が震度である。

現行の耐震規定で想定している地盤の水平震度は，大地震動で0.4，すなわち重力加速度は $g = 980\,cm/s^2$ なので，約 $400\,cm/s^2$ となる。ただし，これが過去に記録された最大ではなく，1995年阪神・淡路大震災や2011年東日本大震災の際にはこれを大きく上回る記録が得られている。特に，1993年釧路沖地震の際には $900\,cm/s^2$ を超える加速度が記録されたにもかかわらず，地震被害が小さかったことが話題となったが，この理由は，加速度が大きくとも，その継続時間が短ければ，地震被害はそれほど大きくはならないからである。地震応答解析の結果から，超高層建築物のような固有周期の比較的長い構造物については，最大加速度よりは最大速度の方が被害程度に大きく影響することが分かっている。

低層建築物から超高層までの地震動の影響をより詳細に示しているのが「応答スペクトル」で横軸が建築物の固有周期（固有振動数の場合もある），縦軸が建築物の最大応答値である［31，69頁参照］。応答値が加速度の場合は加速度応答スペクトル，応答値が速度の場合は速度応答スペクトル，応答値が変位の場合は変位応答スペクトルという。ある地震動についての応答値は建築物の減衰に影響されるので，数個の減衰定数を選び，それに対する応答値を結んだ数本の線で示されている場合が多く，この場合は値の大きな線が減衰定数の小さな場合を示している。なお，設計用スペクトルは減衰定数を5%としている場合が多い。

阪神・淡路大震災と東日本大震災の地震動を比べると，応答スペクトルは東日本大震災の方が阪神淡路大震災より大きくとも，（津波被害を除く）地震被害は小さい。この理由は，周期1秒程度の成分については，阪神・淡路大震災の方が東日本大震災より大きく，このことが影響していると考えられている。

応答スペクトルは，地震動の建築物への影響をより正確に表してはいるが，地震動の継続時間を直接には表していない。例えば，地震動の継続時間は，阪神・淡路大震災では15秒程度，東日本大震災では3分以上であったので，同じ応答値であっても繰り返し回数は大きく異なる。よって，継続時間の影響を考慮するには，地震動の加速度記録を用いて時刻歴応答解析を行うことも必要となる。

1.2　構造要件と耐震計算ルート

建築基準法の耐震規定では，いくつかの設計手法・計算手法（ここでは構造要件と呼ぶことにする）を建築物の規模・構造などに応じて組み合わせて用いるようになっている。この構造要件の一連の組合せからなる耐震設計・計算を「耐震計算ルート」と呼んでいる。この中で，新耐震以前から行われてきた許容応力度の検証部分を「1 次設計」，それ以降の計算を「2 次設計」と呼ぶ場合もある。

耐震計算のルート $\boxed{1}$, $\boxed{2}$, $\boxed{3}$ や 1 次設計，2 次設計という用語が用いられたのは 1981 年新耐震導入時のことである†。

以下の記述は建築基準法や同施行令，関連告示などに基づいているが，理解しやすいように表現を簡略化したりしている。実務に当たっては法令・告示そのものや公的な解説書 [3] に従って欲しい。

(1) 構造要件‡

(a) **構造規定**：構造に関する仕様規定で，原則として構造計算の必要の有無にかかわらず適用される（ただし，耐震計算ルートによっては免除される規定がある）。

(b) **許容応力度**：中地震動によって生ずる建築物各部の応力度が短期許容応力度を超えないことを検証する（ルート $\boxed{1}$, $\boxed{2}$, $\boxed{3}$ の規定である）。

(c) **規模，強度**：建築物の規模と構造計画の制限内で適切な強度を確保するようにする（ルート $\boxed{1}$ の規定である）。

(d) **層間変形角**：仕上材などが地震動によって大きな被害を受けないようにするため§，中地震動（稀地震動）によって生ずる建築物の変形を制限する¶（ルー

---

† 耐震計算ルートや 1 次設計，2 次設計という表現は法令などには直接用いられていないので正式な用語ではないが，1981 年の解説書 [4] にもこれらの用語が用いられている。ただし，当初は「構造計算のルート」と表現されていた。

‡ 拙著「耐震規定と構造動力学」[2] では「設計手法」として (1)〜(5) を示したが，本書では (1)「構造規定」は (a)「構造規定」，(2)「許容応力度設計」は (b)「許容応力度」と (c)「規模，強度」に分け，(3)「層間変形角」は (d)「層間変形角」，(4)「偏心率，剛性率等」は (e)「偏心率，剛性率」と (f)「強度，靭性」に分け，(5)「保有水平耐力」は (g)「保有水平耐力」，更に (h)「損傷限界」，(i)「安全限界」，(j)「時刻歴応答解析」を新たに加え (a)〜(j) を「構造要件」と呼ぶことにした。

§ 層間変形角の規定には仕上材への損傷防止のみならず，地震動によって構造体が大きく変形することを防ぎ，P-Δ 効果などを直接検証する必要がないようにすることも意図されている。

¶ この他に，屋根葺材・外装材・屋外に面する帳壁に関する規定があるが［147，155，158 頁参照］，

ト[2]，[3]，[4]の規定である)。

(e) **偏心率，剛性率**：地震動によって建築物の一部が大きく変形し，その部分に被害が集中することを防ぐ（ルート[2]の規定である)。

(f) **強度，靭性**：大地震動に対して建築物が適切な強度と靭性（構造的な粘り）を有するようにする（ルート[2]の規定である)。

(g) **保有水平耐力**：建築物の崩壊時の水平耐力を計算し，大地震動に対する安全性を検証する（ルート[3]の規定である)。

(h) **損傷限界**：稀に起こる地震動（稀地震動）に対して許容範囲を超える損傷を受けないことを検証する（ルート[4]の規定である)。

(i) **安全限界**：極く稀に起こる地震動（極稀地震動）に対して崩壊しないことを検証する（ルート[4]の規定である)。

(j) **時刻歴応答解析**：建築物の地震動に対する応答を時刻歴で計算し，その安全性を検証する（ルート[5]の規定である)。

(2) 耐震計算ルート

耐震設計・計算には建築物の規模・構造・高さなどに応じて，前述の (a)～(j) の構造要件を組み合わせて用い，この構造要件の一連の組み合わせを「耐震計算ルート」†と呼んでいる［図 1.1（8 頁）参照］。各ルートの考え方は次のように要約される。

ルート[0]：構造計算の必要はなく，構造規定によって耐震性が確保される（木造で 2 階建以下・高さ ≦ 13 m・軒高 ≦ 9 m・延面積≦ 500 m^2，木造以外で平屋・延面積 ≦ 200m^2 の建築物に適用できる)。

ルート[1]：過去の地震被害から経験的に許容応力度の検証と構造規定により耐震性が確保される（構造種別ごとに適用できる建築物が定められている)。

ルート[2]：構造的にバランスのよい建築物に適用され，保有水平耐力の計算を行わなくとも耐震性が確保される。ルート[3]の略算法と考えることができる（高さ 31m 以下の建築物に適用できる)。

ここでは省略する。

† ルート[0]，ルート[4]，ルート[5]は解説書 [3] などでは用いられていないが，耐震規定全体を理解するのに役立つと考え，本書ではこのように呼ぶことにする。なお，ルート[4]は限界耐力計算の耐震計算に関する部分のみを示し，他の荷重を含む限界耐力計算の全体を表すときには「限界耐力計算」という用語を用いている。

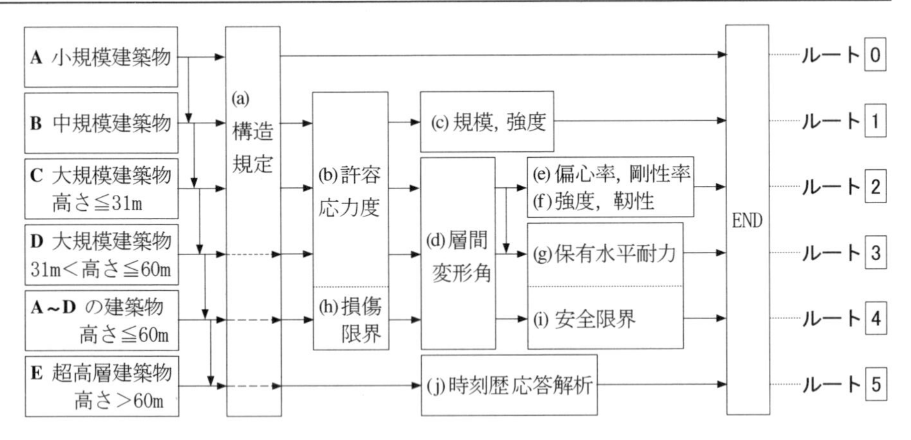

図 1.1　耐震計算ルートのフロー図

(a) 構造規定の適用はルート3では一部免除され，ルート4，5では耐久性等関係規定を除き適用が免除される。(b) と (h)，(g) と (i) の検証内容はほぼ同じなので，点線で仕切られているが同じ囲みの中に入っている。下向きの矢印は，ルート番号の大きいルートを選択することができることを示している。

ルート3 ：線形解析と許容応力度による検証，および非線形解析を用いた保有水平耐力の計算を行い，中地震動と大地震動に対する耐震性を確保する（高さ 60 m 以下の建築物に適用できる）。

ルート4 ：限界耐力計算の地震に関する部分を示し，損傷限界と安全限界の検証を行い耐震性を確保する（高さ 60 m 以下の建築物に適用できる）。

ルート5 ：時刻歴応答計算のことで，時刻歴応答解析を行い耐震性（稀地震動に対する損傷防止と極稀地震動に対する崩壊防止）を検証する（高さ 60 m を超える建築物を含めすべての建築物に適用できる）。

以上の他に大臣告示によるルート［例えば，免震構造告示（142 頁），エネルギー法（150 頁）など］もある。

なお，ルート0，1は建築確認のみでよいが，ルート2，3，4は建築確認の他に構造計算適合性判定†（適判）が必要で，ルート5は建築確認の他に指定機関による性能評価と大臣認定が必要である。

† 構造計算書偽装などの再発防止と構造計算の誤りを防止するためのダブルチェックのことで，2007 年に導入された。なお，2015 年からは十分な能力のある者が確認審査をする場合はルート2も適判不要となった。

解説「方向別ルートの混用」

建築物の構造計算は通常水平 2 方向について行い，1 つの建築物には原則として水平 2 方向に同一のルートを用いるが，法第 20 条により方向ごとにより詳細な（番号のより大きな）ルートを用いることができる。なお，（建築物の階数・規模に制限はあるが）一方向がルート2で他の方向がルート1の場合であっても，全体としてルート2と同等と見なすことができ［平 19 国交告 1274（150 頁，279 頁）参照］，一方向がルート3で他の方向がルート1または2の場合であったも，全体としてルート3と同等と見なすことができる［平 27 国交告 189（149 頁，278 頁）参照］。ただし，一方向にのみルート3を用いる場合には，（両方向ともルート3の場合に適用される）構造規定の一部免除は適用外である。

なお，（地上部分の）すべての階で同じルートを用いなければならない。また，ルート4と5は方向別に他のルートと混用することはできない。

1.3 構造要件の概要

(a) 構造規定（ルート0, 1, 2, 3, 4, 5に適用）

建築基準法施行令（以下「令」）第 3 章［96 頁以降］に定められている部位・構造種別ごとの構造細則や関連告示などの規定を満足すること。

なお，ルート0, 1, 2にはすべての規定が適用され，ルート3では一部の規定が除外され，ルート4, 5では耐久性等関係規定を除き原則的に規定が免除される。

(b) 許容応力度（ルート1, 2, 3に適用）

中地震動によって生ずる応力（度）[†]が建築物の各部において短期許容応力度を超えないこと。

解説「許容応力度等計算と (b) 許容応力度」

「許容応力度」は一般的な用語であるが，令第 3 章第 1 款の 4［160 頁］による「許容応力度等計算」は一連の構造計算を示しており，その中の耐震計算の部分がルート1と2である。

---

† 表 2.1［55 頁］の短期応力・地震時の欄参照。

構造要件としての「(b) 許容応力度」は狭い意味での許容応力度で，中地震動によって生ずる応力度が短期許容応力度以下であることの検証を示している。

(c) 規模，強度（ルート 1 に適用）†

① 木造（ルート 1 ）

ルート 1 を適用する場合は，次に適合すること。

高さ≦ 13 m，軒高≦ 9 m

なお，構造規定［令第 3 章第 3 節（103 頁以降）参照］によって所要の耐震性が確保される。

② 鉄骨（S）造（ルート 1 ）

S 造のルート 1 には，次のようにルート 1-1 ，1-2 がある。

ルート 1-1 を適用する場合は，地上部分について，次のすべてに適合すること。

1) 地上階数 ≦ 3
2) 高さ ≦ 13 m，軒高 ≦ 9 m
3) 柱の相互間隔 ≦ 6m
4) 延面積 ≦ 500 m^2
5) (1.15) 式［25 頁］において $C_0 \geqq 0.3$ とした地震力に対しても短期許容応力度を満足する。冷間成形角形鋼管の柱にあっては，表 1.1［11 頁］の数値を乗じた数値をその柱に生ずる力とする。
6) 筋かいの軸部が降伏する場合において，その筋かいの端部と接合部は破断しない［図 1.2（11 頁）参照］。

ルート 1-2 を適用する場合は，地上部分について，次のすべてに適合すること。

1) 地上階数 ≦ 2
2) 高さ ≦ 13 m，軒高 ≦ 9 m
3) 柱の相互間隔 ≦ 12m
4) 延面積 ≦ 500 m^2（平屋では延面積≦ 3 000 m^2）

---

† この節は令第 36 条の 2 第 5 号［98 頁］の規定に基づく平 19 国交告 593（略称：ルート 1 適用告示）［98，194 頁］の要約であが，デッキプレート版，軽量気泡コンクリートパネル，システムトラスを用いた構造と骨組膜構造の規定については省略する。

表 1.1　冷間成形角形鋼管の柱の応力割増係数（S 造ルート[1-1]，[1-2]に適用）

鋼材の種別		柱梁接合部の方法	
		内ダイヤフラム形式*	左欄以外のもの
A	JIS G3466（一般構造用角形鋼管）–2006 に適合する角形鋼管	1.3	1.4
B	A 欄以外の角形鋼管でロール成形その他すべてを冷間成形により加工したもの	1.2	1.3
C	A 欄以外の角形鋼管でプレス成形その他断面の一部を冷間成形により加工したもの	1.1	1.2

* 落とし込みダイヤフラム形式を除く

筋かいの端部と接合部は筋かいの軸部が降伏するまで破断させるべきでない。地震時に筋かいが吸収するエネルギーはその耐力に破断までの伸び（変形）を乗じたものとなるので，伸びが小さければ吸収できるエネルギーは小さくなり，筋かいが本来持っている性能を発揮できなくなる。

図 1.2　地震による筋かい接合部の破断（1978 年宮城県沖地震）

5) ルート[1-1]の 5), 6) に適合する。

6) 偏心率[†]≦ 0.15

7) 柱・梁またはこれらの接合部が局部座屈・破断などによって，または柱脚部と基礎の接合部がアンカーボルトの破断，基礎の破壊などによって急激な耐力の低下を生ずるおそれがない[‡]。

---

† 偏心率は (1.4) 式［15 頁］による。

‡ 19 頁の S 造ルート[2] 7) に対する脚注参照。

③ 鉄筋コンクリート (RC) 造，鉄骨鉄筋コンクリート (SRC) 造（ルート[1]）

ルート[1]を適用する場合は，地上部分について，次のすべてに適合すること。

1) 高さ ≦ 20 m
2) 地上部分の各階において（X，Y 両方向とも）次式を満足する。ただし，SRC 造の柱では次式の 0.7 を 1.0 とする。

$$\sum 2.5\,\alpha\,A_\mathrm{w} + \sum 0.7\,\alpha\,A_\mathrm{c} \geqq Z\,W_i\,A_i \tag{1.1}$$

ここで，α：コンクリートの設計基準強度 F_c (N/mm^2)†による次式の割り増し係数，

$$\alpha = \sqrt{F_\mathrm{c}/18} \qquad \text{ここで，} \quad 1 \leqq \alpha \leqq \sqrt{2} \tag{1.2}$$

A_w：計算方向の耐力壁の水平断面積 (mm^2)，A_c：柱と耐力壁以外の計算方向の壁の水平断面積 (mm^2)，Z：地震地域係数［図 1.12（28 頁）参照］，W_i：その階が支える重量‡(N)，A_i：(1.16) 式［27 頁］の A_i の値である。

> 解説「A_w と A_c を用いた式」
>
> (1.1) 式［12 頁］，(1.9) 式［20 頁］と (1.11) 式［20 頁］には共通点がある［197 頁の解説参照］。左辺は簡易な式による保有水平耐力，右辺は（大地震動時の）必要保有水平耐力である。

3) 次式§の設計用せん断力 Q_D に対して，せん断破壊などによって耐力が急激に低下しない［図 1.3（13 頁），図 1.4（13 頁），解説「設計用せん断力」（13 頁）参照］。

$$Q_\mathrm{D} = \min\left[(Q_\mathrm{L} + n\,Q_\mathrm{E}), (Q_0 + Q_\mathrm{y})\right] \tag{1.3}$$

ここで，Q_L：常時荷重によるせん断力（柱の場合は 0 とすることができる），n：1.5（耐力壁では 2.0，SRC 造では 1.0）以上の値，Q_E：中地震動によって生ずるせん断力，Q_0：部材の支持条件を単純支持とした場合に常時荷重によって生ずるせん断力（柱の場合には 0 とすることができる），Q_y：柱または梁において，

---

† 単位が示されているのは，その単位を用いなければ式が成り立たない場合である。本書では，法令で単位が示されていても，他の単位を用いても式が成り立つ場合には，単位を示していない場合がある。

‡ 告示の記号は W であるが，本書ではその階（i 階）が支える重量なので W_i を用いる。

§ $\min[x, y]$ は x と y の最小値を示す記号である。

部材の両端に曲げ降伏が生ずる時のせん断力である［柱の場合は柱頭に接続する梁の曲げ降伏を考慮した数値〔図 1.4（13 頁）の Q'_{y}〕とすることができる］。

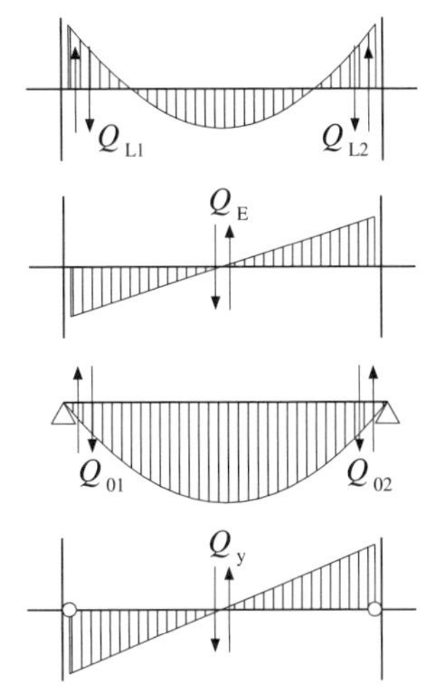

a) 常時荷重時の曲げモーメントとせん断力 Q_{L}（左端の Q_{L1} と右端の Q_{L2} で異なる時は，大きい方または平均を Q_L として差し支えないであろう。）

b) 中地震動時の曲げモーメントとせん断力 Q_{E}

c) 単純支持とした時の常時荷重による曲げモーメントとせん断力 Q_0（左端の Q_{01} と右端の Q_{02} で異なる時は，大きい方または平均を Q_0 として差し支えないであろう。）

d) 両端曲げ降伏時の曲げモーメントとせん断力 Q_{y}

図 1.3　梁に対する 4 種類の曲げモーメントとその時のせん断力（ルート1）

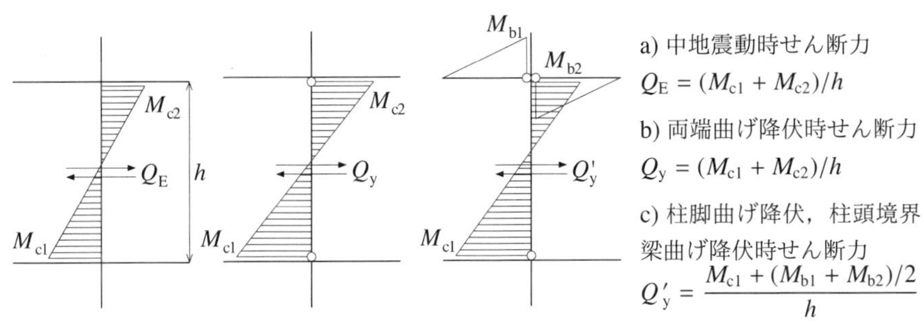

図 1.4　柱に対する 3 種類の曲げモーメントとその時のせん断力（ルート1）

解説「設計用せん断力」

この「3) せん断破壊などによって耐力が急激に低下しない」という規定は，柱・梁のせん断破壊を防ぐために，柱・梁が曲げ降伏する状態においても，せん断力に対して余裕のある断面設計を行うことを目指している。具体的には，日本建築学会「鉄筋コンクリート構造計算規準・同解説」（以下，学会 RC 規準）[5] の安全性確保のための許容せん断耐力［本書の (2.27) または (2.28) 式，74 頁］を超えないことと付着割裂が生じないことを確かめることが解説書 [3] に示されている。

④ 組積造，補強コンクリートブロック（CB）造（ルート[1]）

ルート[1]を適用する場合は，次に適合すること。

地上階数 ≦ 3

なお，構造規定［令第3章第4節の組積造（115頁以降），第3章第4節の2の補強コンクリートブロック造（120頁以降）参照］によって所要の耐震性が確保される。

⑤ 併用構造（ルート[1]）

ルート[1]を適用する場合は，木造，組積造，補強CB造，RC造，SRC造を併用する際には，地上部分について次のすべてに適合すること。

1) 地上階数 ≦ 3
2) 高さ ≦ 13 m，軒高 ≦ 9 m
3) 延面積 ≦ 500 m^2
4) S造部分は以下のすべてを満足する。
  イ) 柱の相互間隔 ≦ 6 m
  ロ) 延面積 ≦ 500 m^2
  ハ) 筋かいの軸部が降伏する場合に，その筋かいの端部と接合部は破断しない。
5) RC造，SRC造部分は，耐力壁などの水平断面積が(1.1)式［12頁］を満足する。
6) 木造とRC造の併用の場合は以下のすべてを満足する。
  イ) 1階部分がRC造，2階以上が木造で地上階数 ≦ 3
  ロ) 地上部分の層間変形角 ≦ 1/200《次の(d)層間変形角参照》
  ハ) 地上部分の剛性率†≧ 0.6，偏心率‡≦ 0.15
  ただし，RC造部分がルート[1]を満足する場合は，この剛性率と偏心率の検証は不要である。
  ニ) RC造部分はルート[2-1]，木造部分はルート[2]に適合する。

† 剛性率は(1.5)式［17頁］による。
‡ 偏心率は(1.4)式［15頁］による。

(d) 層間変形角（ルート[2], [3], [4]に適用）

ルート[2], [3], [4]を適用する場合は，地上部分について，次に適合すること。

(1.15) 式［25 頁］において $C_0 \geqq 0.2$ として (1.14) 式［25 頁］から求まる（中地震動の）地震層せん断力［ルート[4]の場合は (1.19) 式〔30 頁〕の損傷限界地震力］によって生ずる層間変形角が 1/200（構造躯体の変形によって非構造部材やその他の各部に著しい損傷が生じない場合は 1/120）以内である。

(e) 偏心率，剛性率（ルート[2]などに適用）

ルート[2]を適用する場合は，地上部分について，次のすべてに適合すること†。

① 偏心率（ルート[2]，併用構造のルート[1]と S 造ルート[1-2]に適用）

次式による各階の偏心率 R_{e} は 0.15 以下である［図 1.5（16 頁）参照］。

$$R_{\mathrm{e}} = \frac{e}{r_{\mathrm{e}}} \leqq 0.15 \tag{1.4}$$

ここで，e：各階の質量中心（重心）と剛心との偏心距離，r_{e}：振り剛性を水平剛性で除した値の平方根として定義される弾力半径である。

解説「偏心率」

偏心率は図 1.5［16 頁］に示すようにして計算する。すなわち，各階において平面の任意の点を原点 O として直交する X, Y 軸を考える（どの点を原点としても同じ結果となる)。

地震力に抵抗すると考えられる要素（通常は柱とその方向の壁）の剛性 $k_{\mathrm{y}i}, k_{\mathrm{x}i}$ とその要素の原点からの距離 X_i, Y_i を用いて剛心位置 $S_{\mathrm{x}}, S_{\mathrm{y}}$ が求まる。なお，各階の質量中心（重心）位置 G はその階が支持する鉛直荷重全体の中心の位置である。

続いて，同図の右に示されている各式に従って計算すると弾力半径 $r_{\mathrm{ex}}, r_{\mathrm{ey}}$ と偏心率 $R_{\mathrm{ex}}, R_{\mathrm{ey}}$ が得られる。

---

† 令第 82 条の 6 第 2 号［160 頁］による規定で，(1.5) 式は (5.2) 式［160 頁］，(1.4) 式は (5.3) 式［161 頁］と同じである。なお，令第 82 条の 6 第 2 号ロ［161 頁］の脚注参照のこと。

偏心率があまり大きくならないように制限するのは，地震時に生ずる捩れ振動を抑制するためである。ある 1 方向の地震動のみによっても（平面的に完全に対称でなければ）捩れ振動が生ずる。捩れ振動を起こすと平面的な回転も生ずるので，地震動が作用する方向の抵抗要素のみではなく，それと直交する方向の要素も抵抗する。

弾力半径 r_{ex}, r_{ey} を用いることによって X, Y 両方向の要素の影響を考慮しているのが日本の耐震規定の特徴である。海外では（X, Y 両方向の影響を考慮せず）平面の幅に対する偏心距離の割合を制限している場合がほとんどである。

なお，大地震動時には建築物の応答が線形弾性範囲を超えるので，剛性に関する偏心ではなく，水平耐力の偏心を考えるべきであるという指摘もされている [7]。

（1981 年施行の新耐震は手計算でできることが前提で規定が作られた。その結果，線形弾性範囲を超え塑性を取り入れた変形を手計算で行うことは不可能に近いため，弾性剛性に基づく剛性率や偏心率の規定となった。コンピュータソフトの利用が一般的になった今では，弾性剛性のみではなく耐力も考慮することができる規定へと発展すべきであろう。）

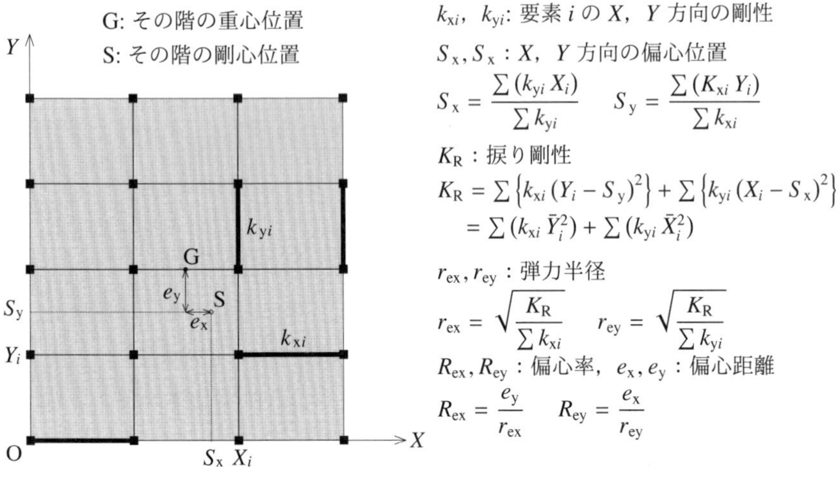

図 1.5　各階の X, Y 方向の偏心率 R_{ex}, R_{ey} の求め方

振り剛性 K_R の第 2 式は添字 i を除くと平 19 国交告 594（ルート[1]～[3]算定法告示）第 5 の (7.8) 式［293 頁］と一致する。なお，X 軸から θ 傾いた要素の剛性には $\cos^2\theta$ を乗じて X 方向の剛性，$\sin^2\theta$ を乗じて Y 方向の剛性とすることができる。

② 剛性率（ルート[2]，併用構造のルート[1]に適用）

次式による各階の剛性率 R_s は 0.6 以上である［図 1.6（17 頁）参照］。

$$R_s = \frac{r_s}{\bar{r}_s} \geqq 0.6 \tag{1.5}$$

ここで，r_s：（中地震動によって生ずる）各階の層間変形角の逆数，$\bar{r}_s$：当該建築物の r_s の相加平均†である。

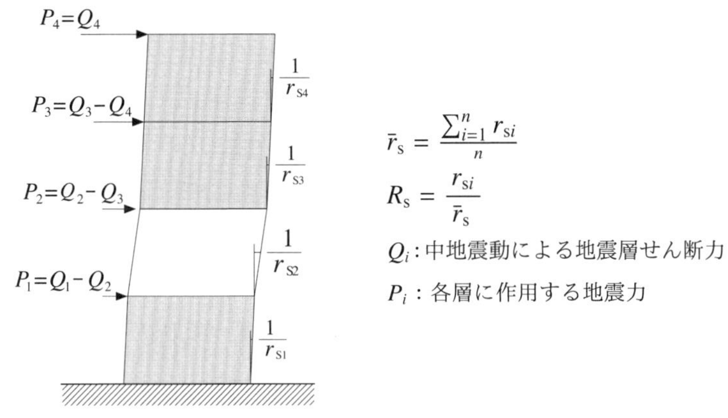

図 1.6　各階の層間変形角 $1/r_{si}$ と i 階の剛性率 R_s

(f) 強度，靭性（ルート[2]に適用）‡

① 木造（ルート[2]）

ルート[2]を適用する場合は，地上部分について，次のすべてに適合すること。

1) 各階について，筋かいの水平力負担率 β に応じて，(1.15) 式［25 頁］で $C_0 \geqq 0.2$ として得られる地震層せん断力 Q を次式によって増加させた Q_b を用いて（中地震動に対する）短期許容応力度の検証を行う。

$$Q_b = (1 + 0.7\beta)\, Q \leqq 1.5\, Q \tag{1.6}$$

† この規定によると，ある階の剛性が極端に大きい場合（無限大と考えるとすぐに分かるが），他の階すべてがこの規定を満足しないという不都合が生じる。このため，層間変形角 $1/r$ の相加平均あるいはその逆数 r の調和平均を用いる方がよいと新耐震施行当時から思っている［拙著 [2] 45 頁参照］。更に，15 頁からの解説の最後にも書いたが，剛性のみではなく耐力も考慮すべきと考えている。

‡ この節は令第 82 条の 6 第 3 号［161 頁］の規定に基づく昭 55 建告 1791（ルート[2]計算告示）［161，317 頁］の要約である。

2) 木材の筋かい端部・接合部にめり込み強度に相当する応力が作用する場合において，その筋かいに割裂き・せん断破壊などが生じない。
3) 木材以外の筋かいの軸部が降伏する場合において，その筋かいの端部・接合部が破断しない。
4) 地上部分の塔状比† ≦ 4
5) 柱・梁またはこれらの接合部が割裂き・せん断破壊など急激な耐力の低下を生ずるおそれがない。

② S 造（ルート 2）

ルート 2 を適用する場合は，地上部分について，次のすべてに適合すること。

1) 各階について，筋かいの水平力負担率 β に応じて，(1.15) 式［25 頁］で $C_0 \geqq 0.2$ として得られる地震層せん断力 Q を次式によって増加させた Q_b を用いて（中地震動に対する）短期許容応力度の検証を行う。

$$Q_b = (1 + 0.7\beta)\,Q \leqq 1.5\,Q \tag{1.7}$$

2) 筋かい軸部が降伏するまでは，その筋かい端部と接合部が破断しない。
3) 冷間成形角形鋼管を柱に用いる場合は，次のイとロに適合する。
   イ) 柱梁接合部（最上階の柱頭と 1 階の柱脚を除く）は次式に適合する。

$$\sum M_{pc} \geqq 1.5 \sum M_{pb} \tag{1.8}$$

   ここで，M_{pc}：柱の材端に生ずる最大の曲げモーメント，M_{pb}：梁の材端に生ずる最大の曲げモーメントである‡。
   ロ) 1 階の柱で一般構造用角形鋼管の場合，地震時に柱脚に生ずる力に 1.4（内ダイヤフラム形式の場合は 1.3）以上の数値を乗じて短期許容応力度の検証を行う。
4) 柱・梁に炭素鋼を用いる場合は，幅厚比・径厚比が表 1.2［19 頁］の数値以下である。
5) 柱・梁にステンレス鋼を用いる場合は，H 形鋼にあっては表 1.3［19 頁］の式によって計算した値が 1 以下，角形鋼管の幅厚比と円形鋼管の径厚比は同表の値以下となる。

---

† 計算方向の架構の幅に対する高さの比

‡ 崩壊する場合は，梁にヒンジが生ずる梁崩壊メカニズムに導く規定である。

6) 地上部分の塔状比 ≦ 4

7) 柱・梁またはこれらの接合部が局部座屈・破断などによって急激な耐力の低下を生ずるおそれがない[‡]。

表 1.2　炭素鋼部材の幅厚比・径厚比（ルート $\boxed{2}$ に適用）

部　材	断面形状	部　位	幅厚比・径厚比
柱	H	フランジ	$9.5\sqrt{235/F}$
		ウェブ	$43\sqrt{235/F}$
	□	–	$33\sqrt{235/F}$
	○	–	$50\,(235/F)$
梁	H	フランジ	$9\sqrt{235/F}$
		ウェブ	$60\sqrt{235/F}$

F : 基準強度 (N/mm^2)，ここで，$205 \leqq F \leqq 375$ である。

表 1.3　ステンレス鋼部材の幅厚比・径厚比（ルート $\boxed{2}$ に適用）

部　材	断面形状	部　位	幅厚比・径厚比
柱	H	235N 級鋼	$\left(\frac{b/t_{\mathrm{f}}}{11}\right)^2+\left(\frac{d/t_{\mathrm{w}}}{43}\right)^2$
		325N 級鋼	$\left(\frac{b/t_{\mathrm{f}}}{11}\right)^2+\left(\frac{d/t_{\mathrm{w}}}{31}\right)^2$
	□	235N 級鋼	25
		325N 級鋼	25
	○	235N 級鋼	72
		325N 級鋼	44
梁	H	235N 級鋼	$\left(\frac{b/t_{\mathrm{f}}}{9}\right)^2+\left(\frac{d/t_{\mathrm{w}}}{67}\right)^2$ および $\frac{d/t_{\mathrm{w}}}{65}$
		325N 級鋼	$\left(\frac{b/t_{\mathrm{f}}}{9}\right)^2+\left(\frac{d/t_{\mathrm{w}}}{47}\right)^2$
	□	235N 級鋼	32
		325N 級鋼	32
	○	235N 級鋼	72
		325N 級鋼	44

b : フランジの半幅，d : ウェブの成，t_{f} : フランジの厚さ，t_{w} : ウェブの厚さ（単位はすべて mm）である［図 7.7（320 頁）参照］。

[‡] 具体的には，柱・梁の保有耐力接合，梁の横補剛などを行う。

③ RC 造，SRC 造（ルート 2 ）

RC 造と SRC 造のルート 2 には，次のようにルート 2-1 と 2-2 がある。

ルート 2-1 を適用する場合は，地上部分について，次のすべてに適合すること。

1) 各階の耐力壁，柱，耐力壁以外の壁の水平断面積が次式†に適合する。ただし，SRC 造の柱では次式の 0.7 を 1.0 とする。

$$\sum 2.5\,\alpha\,A_{\mathrm{w}} + \sum 0.7\,\alpha\,A_{\mathrm{c}} \geqq 0.75\,Z\,A_i\,W_i \tag{1.9}$$

ここで，記号は (1.1) 式［12 頁］の記号と同じ。

2) 次式の設計用せん断力に対してせん断破壊などによって耐力が急激に低下しない‡。

$$Q_{\mathrm{D}} = \min\left[(Q_{\mathrm{L}} + n\,Q_{\mathrm{E}}), (Q_0 + Q_{\mathrm{y}})\right] \tag{1.10}$$

ここで，Q_{L}：常時荷重によるせん断力（柱の場合は 0 とすることができる），n：2.0（腰壁または垂壁が取り付く柱にあっては，2.0 と階高を開口部の高さで除した値の大きい方の値）以上の値［図 1.7（21 頁）参照］，Q_{E}：中地震動によって生ずるせん断力，Q_0：単純支持とした時の常時荷重によって生ずるせん断力（柱の場合には 0 とすることができる），Q_{y}：柱または梁の両端が曲げ耐力に達した時のせん断力，ただし柱頭に接続する梁の曲げ耐力の和の 1/2（最上階の柱頭にあっては曲げ耐力の和）が柱頭の曲げ耐力を超えない場合はその値を柱頭の曲げ耐力とすることができる［図 1.3（13 頁），図 1.4（13 頁）と 13 頁の解説参照］。

3) 地上部分の塔状比 ≦ 4

ルート 2-2 を適用する場合は，地上部分について，次のすべてに適合すること。

1) 各階の耐力壁，柱の水平断面積が次式に適合する。ただし，SRC 造の柱とこれに緊結された耐力壁では次式の 1.8 を 2.0 とする。

$$\sum 1.8\,\alpha\,A_{\mathrm{w}} + \sum 1.8\,\alpha\,A_{\mathrm{c}} \geqq Z\,A_i\,W_i \tag{1.11}$$

ここで，記号は (1.1) 式［12 頁］の記号と同じ。

2) ルート 2-1 の 2), 3) の規定に従う。

---

† 右辺は，せん断強度に余裕を持たせある程度の靭性を確保する設計を前提として必要保有水平耐力を 0.75 倍していると考えることができるので，$D_{\mathrm{s}} = 0.75$ と想定していることになる。

‡ 学会 RC 規準 [5] の安全性確保のための許容せん断力［本書の (2.27) または (2.28) 式，74 頁］を超えないことと付着割裂が生じないことを確かめる [3]。

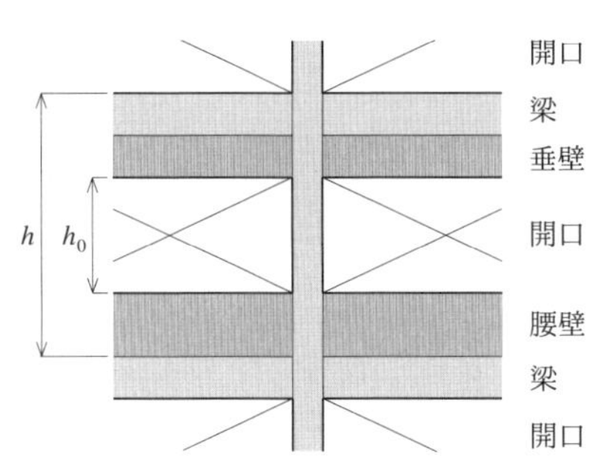

腰壁・垂壁の取り付く柱では，階高を h，開口部の高さを h_0 とし，h/h_0 と 2.0 のいずれか大きい方を n とする。

図 1.7　腰壁・垂壁の取り付く柱の n

(g) 保有水平耐力（ルート 3 に適用）

地上部分について，各階の保有水平耐力 Q_u は次式による必要保有水平耐力 Q_{un} 以上であること†。

$$Q_{un} = D_s F_{es} Q_{ud} \tag{1.12}$$

ここで，D_s : 各階の構造特性係数［表 1.4（22 頁），22 頁と 23 頁の解説参照］F_{es} : 次式による各階の形状係数，Q_{ud} : (1.15) 式［25 頁］において（大地震動時の）$C_0 \geqq 1.0$ として与えられる各階の地震層せん断力である。

$$F_{es} = F_e F_s \tag{1.13}$$

ここで，F_e と F_s‡は図 1.8 のように与えられる。

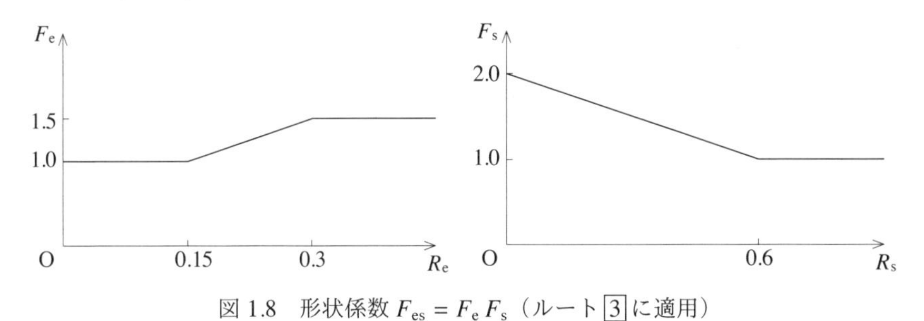

図 1.8　形状係数 $F_{es} = F_e F_s$（ルート 3 に適用）

† 令第 82 条の 3［154 頁］による規定である。なお,「保有水平耐力」とは（必ずしも地震の場合には限定されないが水平方向の）「層せん断耐力」のことである。保有水平耐力を求める増分解析については 548 頁以降で説明している。

‡ 新耐震施行当初は $F_s \leqq 1.5$ という上限があったが，1995 年阪神・淡路大震災後の改正で最大 2.0 となる現行のように変更された。

表 1.4　構造特性係数 D_s*（ルート 3 に適用）

架構の性状		架構の形式		
		剛接架構（ラーメン構造）またはこれに類する架構	左右両欄以外のもの	水平力の大部分を耐力壁または筋かいによって負担する架構
A	塑性変形能力が特に高いもの	0.3	0.35	0.4
B	塑性変形能力が高いもの	0.35	0.4	0.45
C	耐力が急激に低下しないもの	0.4	0.45	0.5
D	上の 3 欄以外のもの	0.45	0.5	0.55

* 各構造種別ごとに詳細な規定が昭 55 建告 1792（Ds Fes 告示）［155 頁，301 頁］にある。SRC 造と S 造についてはこの表の各値が 0.05 低減されている。

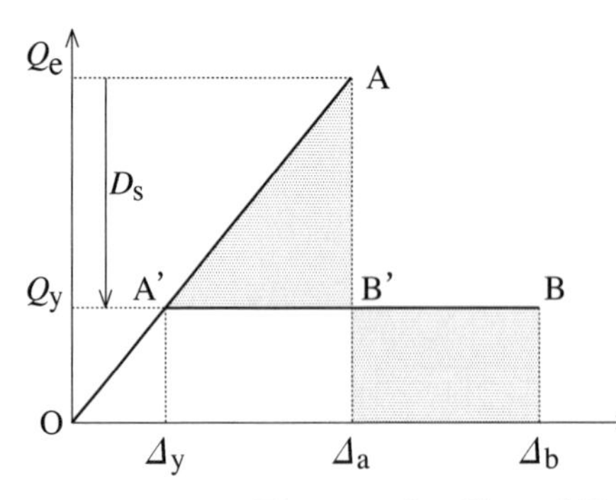

A：弾性モデルの応答
A'：弾塑性モデルの弾性限度
B：エネルギー一定則の場合の弾塑性応答
B'：変位一定則の場合の弾塑性応答
D_s：構造特性係数
Q_e：弾性応答による水平力
Q_y：降伏耐力（保有水平耐力）

図 1.9　エネルギー一定則・変位一定則と構造特性係数

解説「エネルギー一定則と変位一定則」

構造物の弾塑性地震応答解析結果から次のような経験則が得られている [6]。

1) 弾性モデルの最大応答が図 1.9［22 頁］A の場合，降伏耐力が Q_y の完全弾塑性モデルの最大応答は，三角形 O-A-Δ_a の面積（弾性エネルギー）と台形 O-A'-B-Δ_b の面積（弾塑性のエネルギー）が等しくなる（同図の網掛けの三角形と長方形のの面積が等しくなる）B まで変形する。これがエネルギー一定則と呼ばれるもので，短周期構造物（低層建築物）に当てはまる。

2) 弾性モデルの最大応答が 1) と同じく A の場合，降伏耐力が Q_y の完全弾塑性モデルの最大応答は B' となり，この変位は弾性モデルと同じ Δ_a となる。これが変位一定則と呼ばれるもので，長周期構造物（高層建築物）に当てはまる。

弾塑性応答のばらつきは大きく，短周期構造物と長周期構造物の区別も地震動や構造物の性質により異なるので，エネルギー一定則や変位一定則は常に成り立つものではなく，一般的にはこのような傾向があるという程度のものである。

しかし，大地震動は非常に大きく，構造物の応答を弾性限度内に納めることは非常に難しい。このため，このような経験則を耐震設計に取り入れ，構造物の耐力の他に靭性（構造的な粘り）を考慮し，設計に用いる地震（層せん断）力を低減するのが構造特性係数 D_s で，海外の耐震規定でも同様の係数がある。

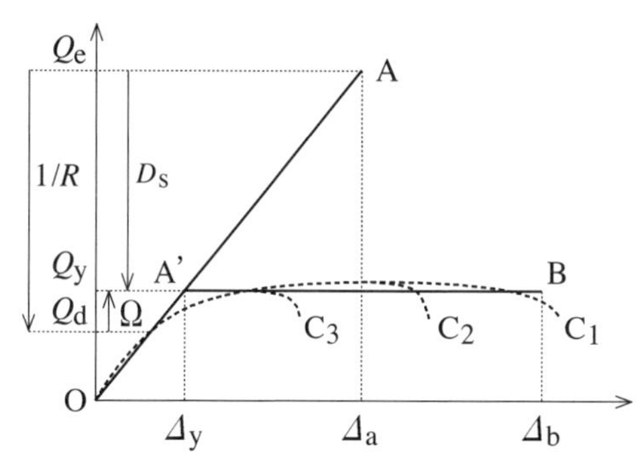

A：弾性モデルの応答
A'：弾塑性モデルの弾性限度（保有水平耐力）
B：弾塑性モデルの応答
C_1：エネルギー一定則より許容変位が少し大きい構造
C_2：変位一定則より許容変位が大きい構造
C_2：変位一定則より許容変位が小さい構造

図 1.10　構造特性係数と設計用地震荷重

解説「**構造特性係数と海外の耐震規定**」

図 1.9［22 頁］に構造物の実際の荷重変形曲線 C_1, C_2, C_3 を加えたのが図 1.10［23 頁］である。構造物の弾性応答が図 1.10 の A となる場合，構造物を弾性範囲で設計するためには耐力 Q_e が必要である。しかし，通常の構造物にこの耐力を持たせることは現実的ではないため，構造物の靭性を考慮して耐力 Q_y に低減して設計するのが構造特性係数 D_s である。海外の規定にも同様な係数があり，米国では R ファクター（ユーロコードでは q ファクター）と呼ばれ，日本の D_s とは逆数の関係がある。

日本では（大地震動に対しては）弾塑性解析を行い降伏耐力（保有水平耐力）を求めるので，Q_e に D_s を乗じたものが必要保有水平耐力 Q_y となる。海外では弾性解析を行うので，Q_e に $1/R$（または $1/q$）を乗じたものが設計耐力 Q_d となる。

最も靭性がある構造の場合，日本の D_s は 0.25 なので Q_e を 1/4 に低減した Q_y が必要保有水平耐力である。同様な構造の場合，米国では Q_e を 1/8（ユーロコードでは 1/6）に低減した Q_d が設計耐力である。Q_d に対して図 1.10 の Ω で示す余力があり Q_y が日本と同じならば，日本と海外の構造物の耐震性能は同程度ということができる。しかし，同程度の地震動を考えている場所で建設された建築物や比較設計からも，柱や梁の断面寸法は日本の方がはるかに大きい。この大きな原因の一つには，靭性による地震荷重の低減，すなわち構造特性係数の相違がある。

構造特性係数の考え方は妥当であっても，地震動を受けた際の変形（例えば図 1.10 の C_1，C_2，C_3）とそれに応じた構造詳細・余力の推定・計算方法などにはまだまだ問題が残されている。

(h) 損傷限界（ルート 4 に適用）

地上部分について，各階の損傷限界地震力によって生ずる地震層せん断力が損傷限界耐力を超えないこと。

(i) 安全限界（ルート 4 に適用）

地上部分について，各階の安全限界地震力によって生ずる地震層せん断力が保有水平耐力を超えないこと。

解説「限界耐力計算の損傷限界と安全限界」

限界耐力計算では，建築物の存在期間中に数回程度起こる中程度の荷重力に対して建築物が損傷しないこと（損傷限界），極めて稀に起こる最大級の荷重に対して倒壊・崩壊しないこと（安全限界）を検証する。

中程度の荷重とは許容応力度等計算や保有水平耐力計算の際に短期許容応力度によって検証する荷重と同じである。最大級の荷重とは中程度の値に対して，積雪荷重は 1.4 倍，風圧力は 1.6 倍，地震力は保有水平耐力計算の大地震動（$C_0 = 1.0$）と（計算方法は異なるが）基本的には同じ大きさの地震動である。

上記の (h) 損傷限界は，令第 82 条の 5 第 3 号［156 頁］による規定で，損傷限界耐力とは短期許容応力度に達するときの水平耐力のことで，従来の短期許容応力度の検証と基本的に同一である。(i) 安全限界は，令第 82 条の 5 第 5 号［157 頁］による規定で，安全限界の検証に用いる保有水平耐力はルート 3 の保有水平耐力と基本的に同一である［図 1.1（8 頁）参照］。

(j) 時刻歴応答解析（ルート5に適用）

建築物全体（必要に応じて地盤との相互作用を考慮し）および各階や各部分の（極稀地震動に対しては弾性域のみならず弾塑性域までの）動的挙動に基づく構造モデル[†]を設定し，時刻歴応答解析［図 2.20（68 頁）参照］を行い，稀地震動に対しては損傷防止と変形の検証，極稀地震動に対しては崩壊防止の検証を行う。この解析には，稀地震動と極稀地震動に対して規定される応答スペクトル［図 1.15（31 頁）参照］に合致する時刻歴としての地震動（いわゆる告示波），あるいは敷地周辺の断層，震源からの距離などを考慮した地震動（いわゆるサイト波）を用いる（なお，地震力以外の外力・荷重に対しては限界耐力計算に準ずる計算を行う[‡]）。

1.4　地震層せん断力・地震力と応答スペクトル

(1) 地上部分の地震層せん断力（ルート1，2，3に適用）

地上部分の地震層せん断力 Q_i は，当該階が支える重量 $\sum_i^n w_i$（固定荷重と積載荷重の和，多雪区域では更に積雪荷重を加える）に当該階の地震層せん断力係数 C_i を乗じ，次のように計算する［図 1.11（26 頁）参照］。

$$Q_i = C_i \sum_i^n w_i \tag{1.14}$$

ここで，n : 地上部分の階数，w_i : i 階の重量，地震層せん断力係数 C_i は次式[§]によって計算する。

$$C_i = Z R_\mathrm{t} A_i C_0 \tag{1.15}$$

ここで[¶]，Z : 地震地域係数［図 1.12（28 頁）参照］，R_t : 振動特性係数［表 1.5（28 頁），図 1.13（28 頁）参照］，A_i : (1.16) 式［27 頁］による地震層せん断力係数の分布を表す係数（通称 A_i 分布）［図 1.14（29 頁）参照］，C_0 : 標準せん断力係数で，

[†] 動的解析に用いられる構造モデルについては 65 頁以降で説明している。
[‡] このための基準が，平 12 建告 1461（超高層計算告示）［148 頁，273 頁］である。
[§] 令第 88 条［169 頁］による (5.10) 式［169 頁］である。
[¶] (1.15) 式［25 頁］に含まれるパラメータは令第 88 条［169 頁］に基づく昭 55 建告 1793（ZRtAi 等告示）［170 頁］による。

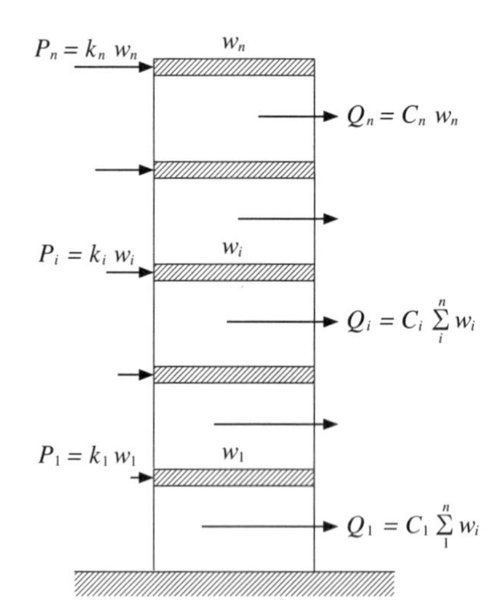

P_i : i 階の地震力
Q_i : i 階の地震層せん断力
k_i : i 階の震度
C_i : i 階の地震層せん断力係数
w_i : i 階の重量

各階に作用する地震層せん断力 Q_i はその階以上の重量の和 $\sum_i^n w_i$ にその階の地震層せん断力係数 C_i を乗じて得られる。各階に生ずる地震力 P_i はその階の重量 w_i（または質量）にその階の震度 k_i（または加速度）を乗じて計算され，その階以上の地震力の和 $\sum_i^n P_i$ がその階の地震層せん断力 Q_i である。

図 1.11　i 階の地震力 P_i と地震層せん断力 Q_i

短期許容応力度による検証を行う（中地震動の）場合は 0.2 以上†，必要保有水平耐力による検証を行う（大地震動の）場合は 1.0 以上‡とする。

解説「水平震度，地震力と地震層せん断力（係数）」

1980 年まで用いられていた耐震規定（旧耐震）では，ある階に生じる（水平方向の）地震力を設計に用いていた。一般に各階の地震力は水平震度にその階の重量を乗じて求められる。新耐震では，最上階からその階までに生じる地震力の和である地震層せん断力を設計に用いることになり，この地震層せん断力はその階以上の重量に層せん断力係数を乗じて求められる。

すなわち，図 1.11［26 頁］に示すように各階に作用する地震層せん断力 Q_i はその階以上の重量の和 $\sum_i^n w_i$ にその階の地震層せん断力係数 C_i を乗じて得られる。各階に生ずる地震力 P_i はその階の重量 w_i（または質量）にその階の震度 k_i（または加速度）を乗じて計算され，その階以上の地震力の和 $\sum_i^n P_i$ がその階の地震層せん断力 Q_i である。

† 令第 88 条第 2 項［170 頁］による。地盤が著しく軟弱な区域として大臣が指定する区域における木造では 0.3 以上とする。なお，今までにこのように指定された区域はないようである。
‡ 令第 88 条第 3 項［170 頁］による。

震度を用いても地震層せん断力係数を用いても，同一の地震力や地震層せん断力を与えることができる。しかし，A_i 分布を震度では簡単に表すことはできないため，（震度に重力加速度を乗じた加速度から地震力を算定している）限界耐力計算では（A_i 分布となるように算定した）係数 $B_{\mathrm{d}i}, B_{\mathrm{s}i}$ を導入せざるを得ない結果となっている［(1.19) 式〔30 頁〕，(1.21) 式〔30 頁〕参照］。

なお，令第 88 条第 1 項［169 頁］では「地震層せん断力」という用語を用いず，「当該部分が支える部分に作用する全体の地震力」と表現している。限界耐力計算の令第 82 条の 5 第 3 号［156 頁］や第 5 号では，水平方向の加速度に質量を乗じて「各階の水平方向に生ずる力」（すなわち各階の地震力）を求め，「各階に作用する地震力」（すなわち地震層せん断力）を「当該階以上の各階の水平方向に生ずる力の総和」として計算する。

震度という用語は，地下部分の地震力［令第 88 条第 4 項（170 頁）］を計算する際の「水平震度」，塔屋などの「水平震度」［平 19 国交告 594（ルート 1 ～ 3 算定法告示）第 2 第 3 号ニ〔285 頁〕］，片持部材の「鉛直震度」［同告示第 2 第 3 号ハ（285 頁）］などに用いられている。

$$A_i = 1 + \left(\frac{1}{\sqrt{\alpha_i}} - \alpha_i\right)\frac{2T}{1+3T} \tag{1.16}$$

ここで，α_i : 建築物の地上部の全重量 $W = \sum_i^n w_i$ に対する i 階以上の重量 $W_i = \sum_i^n w_i$ を表す基準化重量で，次式で与えられる。

$$\alpha_i = \frac{\sum_i^n w_i}{\sum_1^n w_i} = \frac{W_i}{W} \tag{1.17}$$

建築物の 1 次固有周期 T (s) は次式によって計算する†。

$$T = (0.02 + 0.01\lambda)\,h \tag{1.18}$$

ここで，λ : S 造または木造部分の高さの建築物の高さに対する比，h (m) : 建築物の高さである。

† 昭 55 建告 1793（ZRtAi 等告示）［170 頁］では λ の代わりに α が用いられ，表現が若干異なっているが同一の値を与える。なお，この計算に用いる建築物の高さは令第 2 条第 6 号による高さではなく，振動性状を考慮した高さである。また，固有値解析によって 1 次固有周期を求めることもできるが，水平剛性には（固有周期が長く計算されることになる）ひび割れによる剛性低下や地盤・基礎・基礎杭の変形を考慮することはできない [3]。

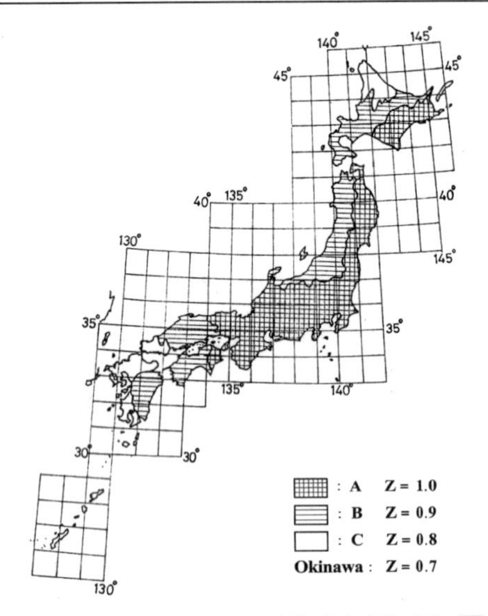

図 1.12　地震地域係数 Z（ルート 1, 2, 3, 4, 5 に適用）

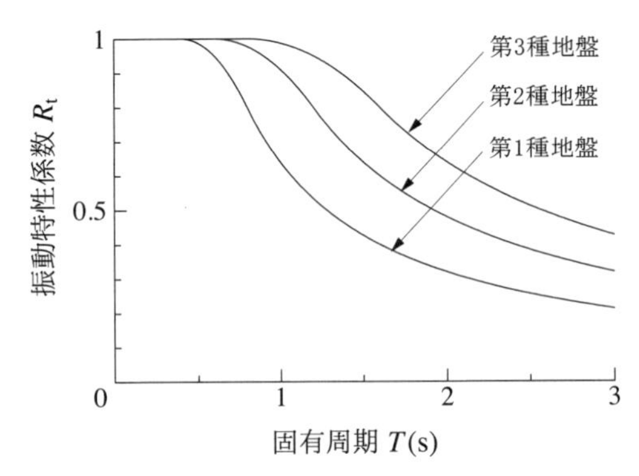

図 1.13　振動特性係数 R_t（ルート 1, 2, 3 に適用）

表 1.5　振動特性係数* R_t（ルート 1, 2, 3 に適用）

T	$T < T_c$	$T_c \leqq T < 2T_c$	$T \geqq 2T_c$
R_t	1	$1-0.2\left(\dfrac{T}{T_c}-1\right)^2$	$\dfrac{1.6T_c}{T}$

* : R_t を他の方法で求めてもよいが，その値は本表から求めた値の 0.75 以上とする。
T : 建築物の 1 次固有周期，
T_c : 地盤周期で第 1, 2, 3 種地盤に対してそれぞれ 0.4, 0.6, 0.8 (s) である［表 1.6（29 頁）参照］。

表 1.6　地盤種別（ルート[1], [2], [3]に適用）

地盤種別	地盤特性	T_c (s)*
第 1 種地盤	岩盤，硬質砂礫層その他主として第 3 紀以前の地層によって構成されるもの，または地盤周期などについての調査もしくは研究の結果に基づき，これと同程度の地盤周期を有すると認められるもの。	0.4
第 2 種地盤	第 1 種地盤および第 3 種地盤以外のもの。	0.6
第 3 種地盤	腐植土，泥土その他これらに類するもので大部分が構成されている沖積層（盛土を含む）で，その深さがおおむね 30 m 以上のもの，沼沢（しょうたく），泥海（でいかい）などを埋め立てた地盤の深さがおおむね 3 m 以上あり，かつこれらで埋め立てられてからおおむね 30 年経過していないもの，または地盤周期などについての調査もしくは研究の結果に基づき，これらと同程度の地盤周期を有すると認められるもの。	0.8

* 地盤周期 T_c は表 1.5［28 頁］で用いられている。

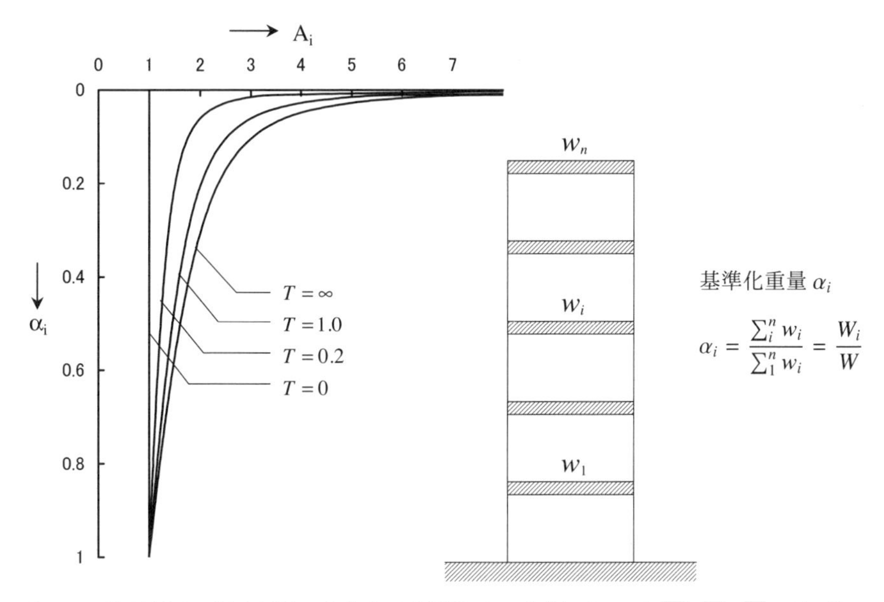

図 1.14　地震層せん断力係数の分布を示す係数（A_i 分布）（ルート[1], [2], [3]に適用）

固有値解析によって各次の固有周期と刺激関数を求め，R_t を加速度応答スペクトルとして，各次の応答を求める。それらの 2 乗和平方根（SRSS）によって各階の層せん断力を求め，各階の地震層せん断力係数の分布係数（A_i に相当）を求めることができるが，A_i の代わりに用いる際には 1 階で $A_1 = 1$ となるように係数を基準化する [3]（なお，低層建築物上の塔状建築物については 171 頁参照）。

(2) 地上部分の地震力（ルート4に適用）

(i) 損傷限界地震力（ルート4に適用）

建築物の i 階に生ずる損傷限界時の地震力 $P_{\mathrm{d}i}$ (kN) は次式[†]によって計算する。

$$P_{\mathrm{d}i} = S_{\mathrm{Ad}}\, m_i\, B_{\mathrm{d}i}\, Z\, G_{\mathrm{s}} \tag{1.19}$$

ここで，S_{Ad} (m/s²)：工学的基盤における損傷限界時の加速度応答値[‡]，m_i (t)：i 階の質量，$B_{\mathrm{d}i}$：損傷限界時の加速度分布係数，Z：地震地域係数［図 1.12（28 頁）参照］，G_{s}：表層地盤の加速度増幅率である。

S_{Ad} (m/s²) は次のように与えられる［図 1.15（31 頁）参照］。

$$S_{\mathrm{Ad}} = \begin{cases} (0.64 + 6\,T_{\mathrm{d}}) & T_{\mathrm{d}} < 0.16 \text{ の場合} \\ 1.6 & 0.16 \leqq T_{\mathrm{d}} < 0.64 \text{ の場合} \\ 1.024/T_{\mathrm{d}} & 0.64 \leqq T_{\mathrm{d}} \text{ の場合} \end{cases} \tag{1.20}$$

ここで，T_{d} (s)：建築物の損傷限界応答周期[§]である。

(ii) 安全限界地震力（ルート4に適用）

建築物の i 階に生ずる安全限界時の地震力 $P_{\mathrm{s}i}$ (kN) は次式[¶]によって計算する。

$$P_{\mathrm{s}i} = S_{\mathrm{As}}\, m_i\, B_{\mathrm{s}i}\, F_{\zeta}\, Z\, G_{\mathrm{s}} \tag{1.21}$$

ここで，S_{As} (m/s²)：工学的基盤における安全限界時の加速度応答値，m_i (t)：i 階の質量，$B_{\mathrm{s}i}$：安全限界時の加速度分布係数，F_{ζ}：安全限界時の減衰による加速度低減率[‖]，Z：地震地域係数，G_{s}：表層地盤の加速度増幅率である。

[†] 令第 82 条の 5 第 3 号［156 頁］ハの表 5.3［158 頁］による。

[‡] 令第 82 条の 5 の表 5.3［158 頁］と表 5.4［159 頁］では $S_{\mathrm{Ad}}, S_{\mathrm{As}}$ という記号を用いず，(1.20) 式［30 頁］と (1.22) 式［31 頁］が直接 (1.19) 式［30 頁］と (1.21) 式［30 頁］に代入された形で示されているが，$S_{\mathrm{Ad}}, S_{\mathrm{As}}$ という記号を用いる方が分かりやすいので，このように表す。なお，解説書 [3] の表 7.2-1 では「加速度応答スペクトル」という用語を用いている。

[§] 令第 82 条の 5 第 3 号［156 頁］では損傷限界固有周期と表現しているが，本来の固有周期とは意味が異なるので本書では損傷限界応答周期と表示する。安全限界固有周期も同じ理由で安全限界応答周期と表示する［33 頁の解説参照］。

[¶] 令第 82 条の 5 第 5 号［157 頁］ハの表 5.4［159 頁］による。

[‖] 令第 82 条の 5 第 5 号［157 頁］では F_{h} の記号を用いている。これは減衰定数を h で表しているからであるが，高さを表す記号 h と紛らわしいので，添字に用いる場合を含め本書では減衰定数をすべて ζ（ツェータまたはゼータと読む）で表す。

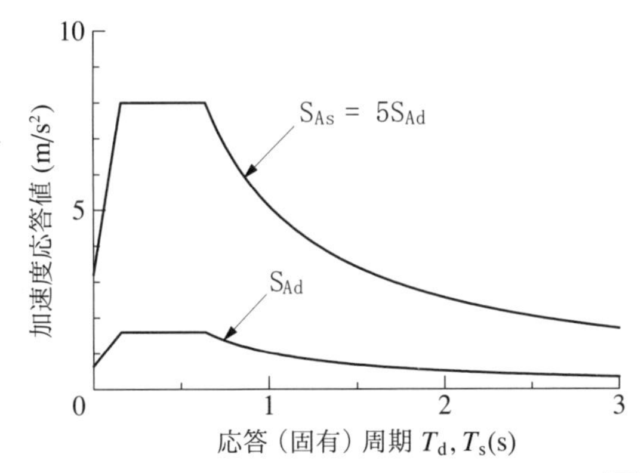

図 1.15 損傷限界と安全限界の加速度応答スペクトル（ルート4, 5に適用）

S_{As} (m/s²) は次のように与えられる［図 1.15（31 頁）参照］。

$$S_{As} = \begin{cases} (3.2 + 30\,T_s) & T_s < 0.16 \text{ の場合} \\ 8.0 & 0.16 \leqq T_s < 0.64 \text{ の場合} \\ 5.12/T_s & 0.64 \leqq T_s \text{ の場合} \end{cases} \tag{1.22}$$

ここで，T_s (s)：建築物の安全限界応答周期である。

なお，ルート4に用いる各種パラメータは 1.5 節［33 頁以降］に示されている。

(3) 応答スペクトル（ルート5に適用）

稀地震動の解放工学的基盤における加速度応答スペクトルは損傷限界の応答スペクトルと同一で，極稀地震動の解放工学的基盤における加速度応答スペクトルは安全限界の応答スペクトルと同一である［(1.20) 式〔30 頁〕，(1.22) 式〔31 頁〕，図 1.15（31 頁）参照］。

地表面における地震動は，工学的基盤における加速度応答スペクトル（減衰定数 5%）に地震地域係数 Z を乗じ，表層地盤による増幅を考慮し，時刻歴として作成され，その継続時間は 60 (s) 以上とする。時刻歴としての地震動は構造耐力上安全であることを検証するために必要な個数以上とする。

(4) 地下部分の地震力（ルート[1]，[2]，[3]，[4]に適用）

地下部分の地震力は，当該地下部分の重量に次式†の水平震度 k を用いて計算する［図 1.16（32 頁）参照］。

$$k \geqq 0.1\left(1-\frac{H}{40}\right)Z \tag{1.23}$$

ここで，H：当該地下部分の深さ (m)（20 を超える場合は 20 とする），Z：地震地域係数［図 1.12（28 頁）参照］である。

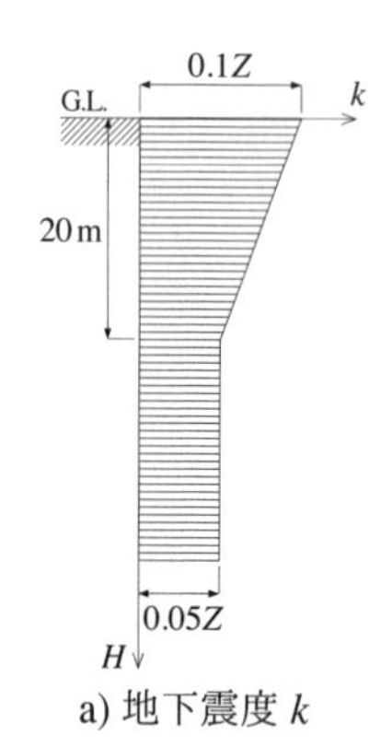

a) 地下震度 k

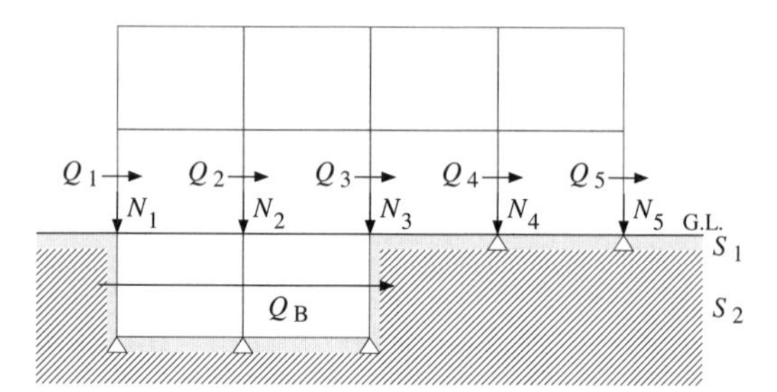

b) 地階の地震層せん断力 Q_B（杭のない場合）

k：当該地下部分の水平震度
N_1～N_5：柱の軸力
Q_1～Q_5：柱のせん断力
Q_B：地下部分の層せん断力
Q_P：杭のせん断力
S_1：表層の軟質（埋戻し）地盤
S_2：支持地盤
Z：地震地域係数

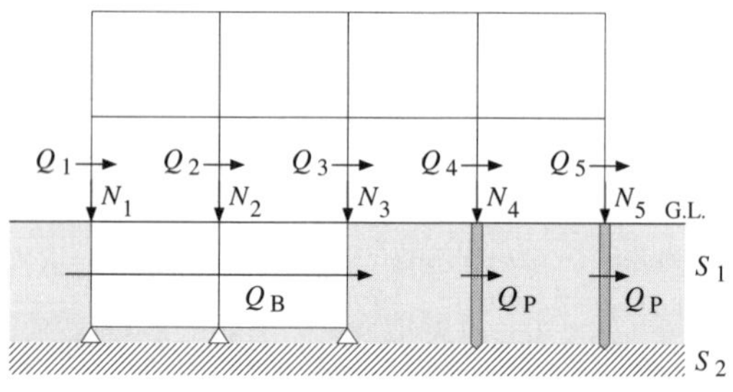

c) 地階の地震層せん断力 Q_B（杭のある場合）

図 1.16　地下部分の地震層せん断力 Q_B と地下震度 k（ルート[1]，[2]，[3]，[4]に適用）

解説「地下部分の地震力と地震層せん断力」

地下部分の地震力を計算するための水平震度が (1.23) 式［32 頁］［図 1.16a（32 頁）参照］のように与えられている。地表面で 0.1 Z の水平震度は当該地下部分の深さによって 0.05 Z を下限として直線的に小さくなっている。地下部分の地震力

† 令第 88 条第 4 項［170 頁］による。

を求める際には，地上部分の地震層せん断力を求める際に考慮されていない 1 階床重量なども含める。地下部分には地上部分からの地震力も伝達されるので，部分地下の地震層せん断力を計算する場合は次のように行う。

基礎が支持地盤に直接支持されている場合（同図 b 参照），地下部分の地震層せん断力 Q_B は地上部分から伝達される地震層せん断力 Q_1, Q_2, Q_3 と地下部分の水平震度 k に地下部分の重量を乗じて求められる地下部分に生ずる地震力の和として計算される（Q_4, Q_5 は基礎から支持地盤 S_2 に直接伝達されると仮定する）。

なお，実際の計算においては，各柱の軸力 N_1，・・・N_5 を計算し，それに比例した各柱の地震力の負担分を考え，直接基礎から地盤へ伝達される地震力と地下階に伝達される地震力を求めている場合が多いようである。

同図 c のように杭が併用されている場合には，杭直上の柱のせん断力 Q_4, Q_5 がすべて杭に伝達されるとは限らないので，地下部分と杭部分の水平剛性を適切に評価し，杭に伝達されるせん断力 ΣQ_P を求める。地下部分には，$(Q_4 + Q_5)$ から杭に伝達されるせん断力 ΣQ_P を減じたせん断力が地下部分のせん断力に加算されると考えることになろう。

1.5 限界耐力計算に用いる各種パラメータ

解説「限界耐力計算（ルート4）の考え方」

限界耐力計算には地震時以外も含まれるが，本書ではルート4と呼ぶ地震時について説明する。

ある架構の保有水平耐力を求めるため図 1.17［34 頁］a のように水平力 P_i を各階に与え，その大きさを徐々に増大させる（増分解析またはプッシュオーバ解析という）と，いずれかの階でその階の損傷限界（短期許容応力度，同図 b の A 点の近傍）に達し，更に荷重を増加させると安全限界（保有水平耐力，同図の B 点の近傍）に達する。

（各階ごとに損傷限界時の耐力または保有水平耐力を求めた場合には，各階の耐力を 1 階の層せん断力係数に換算し，その中の最小のものから 1 階の層せん断力を求める。そして，その 1 階の層せん断力となるように各階の地震力を求める。）

損傷限界または安全限界に達した時の変位を用い図 1.18 a 右［35 頁］のように 1 質点に置換した場合の (1.25) 式［36 頁］による有効質量 M と (1.28) 式［36 頁］

による代表変位 Δ を求めると，(1.24) 式［35 頁］を用いて（損傷限界または安全限界）の周期を計算することができる。

線形弾性の範囲では，図 1.18 b［35 頁］の点線 a の傾きで表される剛性が一定であるから，周期も一定で，これが通常の固有周期である。なお，損傷限界は，ほぼこの範囲にあると考えられる。しかし，線形弾性の範囲を超えて塑性領域に入ると変位に応じて剛性は時々刻々変化する。例えば，安全限界に達した時の応答（履歴特性曲線）が同図 b の紡錘(ぼうすい)形で表されるとすると，その時の剛性を図の破線 b の傾きで表す（これを等価線形化法と呼ぶ）ことができ，周期も計算することができる（法令では損傷限界固有周期・安全限界固有周期と呼んでいるが，剛性が時々刻々変化する場合には固有周期という用語は適切ではないと考え，本書では「応答周期」という用語を用いている）。

（損傷または安全）限界応答周期が求まると，(1.19) 式［30 頁］または (1.21) 式［30 頁］から地震力を求めることができる。これらの地震力から計算される地震層せん断力より建築物の損傷限界耐力（短期許容応力度時の水平耐力）または保有水平耐力が大きいことを検証する。

なお，(1.21) 式［30 頁］には減衰による加速度低減率 F_ζ（ζ はツェータまたはゼータと読む）が含まれているが，(1.19) 式［30 頁］には含まれていない。この理由は，損傷限界までは（ほぼ）線形弾性範囲と考えているが，安全限界では応答が図 1.18 b［35 頁］の紡錘形のようになることによって消費されるエネルギーを考慮するためである。

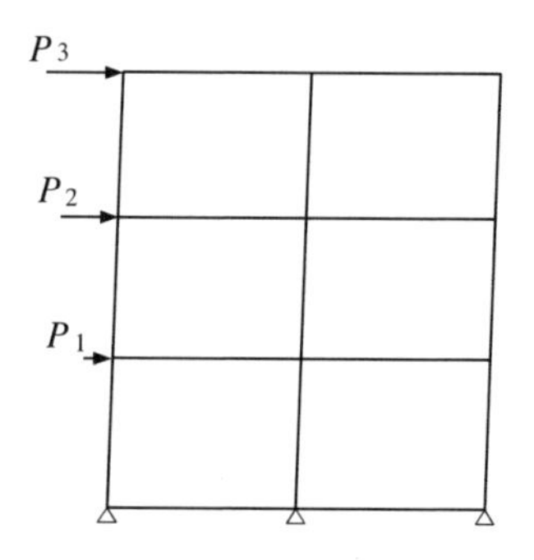

a) 増分（プッシュオーバ）解析

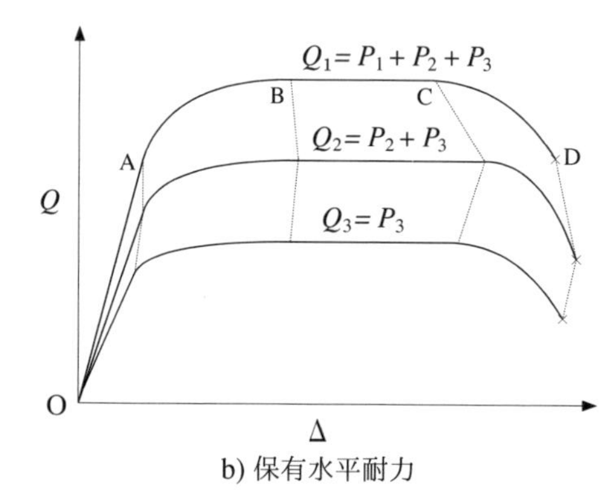

b) 保有水平耐力

図 1.17　増分解析と保有水平耐力

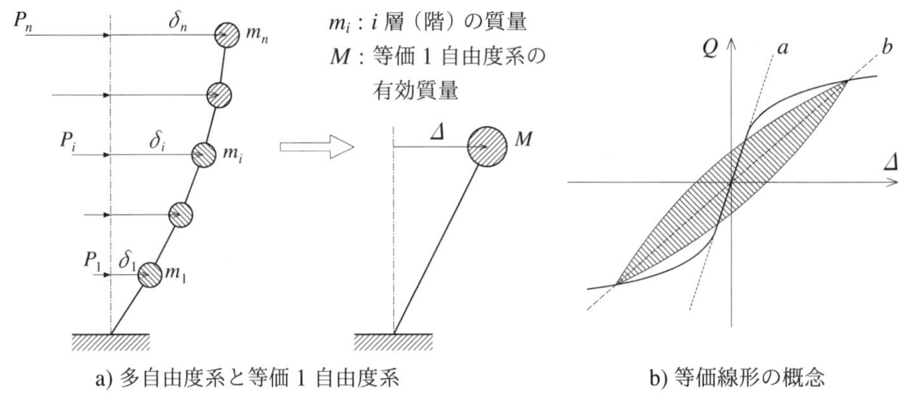

a) 多自由度系と等価 1 自由度系　　b) 等価線形の概念

図 1.18　限界耐力計算（ルート[4]）の考え方

(1) 建築物の応答周期（ルート[4]に適用）†

(i) 損傷限界応答周期（ルート[4]に適用）

損傷限界応答周期 T_{d} (s) は次式によって計算する。ただし，地盤調査によって地盤特性を求めた場合は，周期調整係数 r を乗じることができる。また，固有値解析などによっても T_{d} を求めることができる。

$$T_{\mathrm{d}} = 2\pi \sqrt{M_{\mathrm{ud}} \frac{\Delta_{\mathrm{d}}}{Q_{\mathrm{d}}}} \tag{1.24}$$

ここで，M_{ud} (t) : 次式による建築物の損傷限界の有効質量である［図 1.18 a（35 頁）参照］。

解説「固有周期を求める基本式」

動力学や振動論の本には固有周期を求める基本的な式として $T = 2\pi\sqrt{m/k}$（ここで，m : 質量，k : 剛性）が示されているであろう。剛性とは単位の変位（変形）を与えるのに必要な力として定義されるので，$Q_{\mathrm{d}}/\Delta_{\mathrm{d}}$ は水平剛性を表している。よって，(1.24) 式［35 頁］は基本式から容易に求まる。

なお，限界耐力計算については拙著 [2] の中で多少詳しく説明している。

† この節の (1)〜(4) までの規定は令第 82 条の 5［156 頁］に基づく平 12 建告 1457（限界耐力計算告示）［159 頁］の要約である。

$$M_{\mathrm{ud}} = \frac{(\sum m_i\,\delta_{\mathrm{d}i})^2}{\sum m_i\,\delta_{\mathrm{d}i}^2} \tag{1.25}$$

ここで，m_i (t)：i 階の質量，$\delta_{\mathrm{d}i}$ (m) ：次式による損傷限界時の地震力 $P^*_{\mathrm{d}i}$ (kN) によって生ずる i 階の基礎からの変位である[†]。

$$P^*_{\mathrm{d}i} = \frac{B_{\mathrm{d}i}\,m_i}{\sum_{i=1}^{n} B_{\mathrm{d}i}\,m_i} Q_{\mathrm{d}} \tag{1.26}$$

ここで，$B_{\mathrm{d}i}$：損傷限界時の i 階の加速度分布係数，Q_{d} (kN)：建築物の損傷限界耐力で，次式による 1 階の層せん断力係数（の換算値）$q_{\mathrm{d}i}$ の最小値に建築物の全重量 (kN) を乗じて計算する。

$$q_{\mathrm{d}i} = \frac{Q_{\mathrm{d}i}}{\dfrac{\sum_{i=i}^{n} B_{\mathrm{d}i}\,m_i}{\sum_{i=1}^{n} B_{\mathrm{d}i}\,m_i} \sum_{i=1}^{n} m_i\,g} \tag{1.27}$$

ここで，$Q_{\mathrm{d}i}$ (kN)：i 階の損傷限界耐力である。

建築物の損傷限界代表変位 Δ_{d} (m) は次式によって計算する［図 1.18 a（35 頁）参照］。

$$\Delta_{\mathrm{d}} = \frac{\sum m_i\,\delta_{\mathrm{d}i}^2}{\sum m_i\,\delta_{\mathrm{d}i}} \tag{1.28}$$

解説「総和を求める $\sum$ について」

総和を求める記号には $\sum$ が用いられ，総和の範囲が前後関係などから明白な場合は，(1.25) 式［36 頁］のように総和の範囲を示さない場合もある。一方，(1.26) 式［36 頁］のように総和の範囲を示している場合もある。

例えば，全総数 n の建築物において各層の質量を m_i とすると，建築物の全質量 M は次式のように表され，いずれの表示でも分かるであろう。

$$M = \sum m_i \text{ または } M = \sum_1^n m_i \text{ または } M = \sum_{i=1}^n m_i \text{ または } M = \sum_{i=1}^{n} m_i \tag{1.29}$$

しかし，第 i 層より上の質量 M_i を表すには，次のように総和の範囲を示す必要

[†] 本書では $P_{\mathrm{d}i}$ は荷重として与えられる (1.19) 式［30 頁］の地震力を示し，これと区別するため建築物の耐力から求まる (1.26) 式［36 頁］の地震力に記号 $P^*_{\mathrm{d}i}$ を用いる。$P_{\mathrm{s}i}$ と $P^*_{\mathrm{s}i}$ も同様の区別をするために用いる。また，告示では建築物の全層数を N と大文字で表しているが，本書では小文字の n を用いる。

がある。

$$M_i = \sum_i^n m_i \text{ または } M_i = \sum_{i=i}^n m_i \text{ または } M_i = \sum_{j=i}^n m_j \text{ または } M_i = \sum_{j=i}^{n} m_j \quad (1.30)$$

上の (1.30) 式の i, j はともに層番号を示しているが，j は計算途中でのみ用いられ計算後には表示されないダミー変数である。2 番目の式にはダミー変数にも計算後にも表示される変数にも i が用いられていて，$i = i$ の最初の i はダミー変数である。それに対して，3 番目と 4 番目の式のように（i とは異なる）ダミー変数 j を用いる方がより正確な表現である。しかし，一般には簡略化して 1 番目の式のように表示する場合が多く，本書でもこのような表示を用い，更に総和範囲が明白な場合には，(1.29) 式の 1 番目の式のように総和範囲を省略している。

(ii) 安全限界応答周期（ルート 4 に適用）

安全限界応答周期 T_s (s) は，損傷限界応答周期 T_d と同様に求める。ただし，建築物の安全限界耐力 Q_s (kN) は次式による 1 階の層せん断力係数（の換算値）q_{si} の最小値に建築物の全重量 (kN) を乗じて計算する。

$$q_{si} = \frac{Q_{ui}}{F_{ei}\dfrac{\sum_{i=i}^n B_{si}\, m_i}{\sum_{i=1}^n B_{si}\, m_i}\sum_{i=1}^n m_i\, g} \quad (1.31)$$

ここで，Q_{ui} (kN)：i 階の保有水平耐力，F_{ei}：i 階の形状係数，すなわち i 階の F_e の値［図 1.8 左（21 頁）参照］である。

(iii) 安全限界変位（ルート 4 に適用）

i) 安全限界変位　安全限界変位は，保有水平耐力時にその階の 1 つの部材が次の (1.32) 式の限界変形角 R_u (rad) に達した時の層間変位以下とする。ただし，その部材を取り除いたと仮定しても架構が倒壊・崩壊に至らない場合は，その部材を取り除いた架構について安全限界変位を求めることができる。

$$R_u = R_b + R_s + R_x \quad (1.32)$$

ここで，R_b (rad)：次式による曲げに対する部材の変形角，R_s (rad)：安全限界耐力時の部材のせん断変形角，R_x (rad)：隣接部材との接合部における変形と構造形式に応じて求まる部材の変形角である。

$$R_{\mathrm{b}} = \frac{\phi_{\mathrm{y}}\, a}{3} + (\phi_{\mathrm{u}} - \phi_{\mathrm{y}})\, \ell_{\mathrm{p}} \left(1 - \frac{\ell_{\mathrm{p}}}{2a}\right) \tag{1.33}$$

ここで，ϕ_{y} (rad/m)：損傷限界時の部材の曲率，a (m)：部材のせん断スパンで，部材の内法長さの 1/2，ϕ_{u} (rad/m)：部材の最大耐力時のヒンジ領域での曲率（ただし，安全限界耐力時に部材の耐力が低下していない場合はその曲率とすることができる），ℓ_{p} (m)：ヒンジ領域の長さである。

ii) 安全限界変位の高さに対する割合　安全限界変位の各階の高さに対する割合†は，1/75（木造階では 1/30）を超えないものとする。ただし，特別な調査研究による場合は，この限りではない。

(iv) 周期調整係数（ルート 4 に適用）

損傷限界の周期調整係数 r は次式‡によって計算する。

$$r = \sqrt{1 + \left(\frac{T_{\mathrm{sw}}}{T_{\mathrm{d}}}\right)^2 + \left(\frac{T_{\mathrm{ro}}}{T_{\mathrm{d}}}\right)^2} \tag{1.34}$$

ここで，T_{sw} (s)：次式によるスウェイ固有周期である。

$$T_{\mathrm{sw}} = 2\pi \sqrt{\frac{M_{\mathrm{ud}}}{K_{\mathrm{h}}}} \tag{1.35}$$

ここで，M_{ud} (t)：建築物の有効質量，K_{h} (kN/m)：水平地盤ばね定数である。

T_{ro} (s)：次式によるロッキング固有周期である。

$$T_{\mathrm{ro}} = 2\pi \sqrt{\frac{M_{\mathrm{ud}}}{K_{\mathrm{r}}}}\, H \tag{1.36}$$

ここで，K_{r} (kN m/rad)：回転地盤ばね定数，H (m)：建築物の代表高さ（代表変位と基礎からの変位が同一となる基礎底面からの高さ）である。

安全限界の周期調整係数 r は，(1.34) 式［38 頁］によって $T_{\mathrm{d}}, M_{\mathrm{ud}}$ をそれぞれ $T_{\mathrm{s}}, M_{\mathrm{us}}$ に置き換えて損傷限界の場合と同様に計算する。

(2) 加速度分布係数（ルート 4 に適用）

加速度分布係数は，応答周期に応じた刺激関数に次式で用いられる係数 p, q を乗じて計算する。《以下では損傷限界時の場合について説明する。記号に用いられ

---

† 安全限界時の「層間変形角」のことである。

‡ この式の誘導は拙著 [2] の 63 頁に示されている。

表 1.7　係数 p（ルート 4 に適用）

階　数	損傷限界応答周期 (s)	
	$T_\mathrm{d} \leqq 0.16$	$0.16 < T_\mathrm{d}$
1	$1.00 - (0.20/0.16)T_\mathrm{d}$	0.80
2	$1.00 - (0.15/0.16)T_\mathrm{d}$	0.85
3	$1.00 - (0.10/0.16)T_\mathrm{d}$	0.90
4	$1.00 - (0.05/0.16)T_\mathrm{d}$	0.95
5 以上	1.00	1.00

ている添字の “d” は損傷（damage）限界時を示しており，安全（safety）限界時の場合にはその添字を “s” に置き換えて用いる。》

ただし，地上部分の階数 n が 5 以下の場合は次式を用いてもよい。

$$B_{\mathrm{d}i} = p\,q\,r_\mathrm{m}\,b_{\mathrm{d}i} \tag{1.37}$$

ここで，係数 p : 表 1.7［39 頁］，係数 q : (1.38) 式［39 頁］，有効質量比 r_m : (1.39) 式［39 頁］で計算する。

$$q = \begin{cases} \dfrac{0.75}{r_\mathrm{m}} & r_\mathrm{m} < 0.75 \text{ の場合} \\ 1.0 & r_\mathrm{m} \geqq 0.75 \text{ の場合} \end{cases} \tag{1.38}$$

$$r_\mathrm{m} = \frac{M_\mathrm{ud}}{\sum_{i=1}^{n} m_i} \tag{1.39}$$

ここで，有効質量 M_ud : (1.25) 式［36 頁］，係数 $b_{\mathrm{d}i}$: 次式で計算する†。

$$b_{\mathrm{d}i} = \begin{cases} 1 + (\sqrt{\alpha_i} - \alpha_i^2)\dfrac{2T}{1+3T} \cdot \dfrac{\sum_{i=1}^{n} m_i}{m_n} & (i = n) \\ 1 + (\sqrt{\alpha_i} - \sqrt{\alpha_{i+1}} - \alpha_i^2 + \alpha_{i+1}^2)\dfrac{2T}{1+3T} \cdot \dfrac{\sum_{i=1}^{n} m_i}{m_i} & (i \neq n) \end{cases} \tag{1.40}$$

ここで，α_i : (1.17) 式［27 頁］による基準化重量，T (s) : (1.18) 式［27 頁］による建築物の 1 次固有周期である。

† 平 12 建告 1457（限界耐力計算告示）［159 頁］では (1.40) 式［39 頁］の T として (1.18) 式［27 頁］が代入された表示となっている。なお，$b_{\mathrm{d}i}$ は地震層せん断力係数を計算する際に用いる A_i を各階の地震力を求めるために換算したもので，このようなことに関しては拙著 [2] の 65 頁に示してある。

(3) 表層地盤の加速度増幅率（ルート4に適用）

工学的基盤以浅(いせん)にある表層地盤の加速度増幅率†G_s は，次式によって計算する［図 1.19（40 頁）参照］。

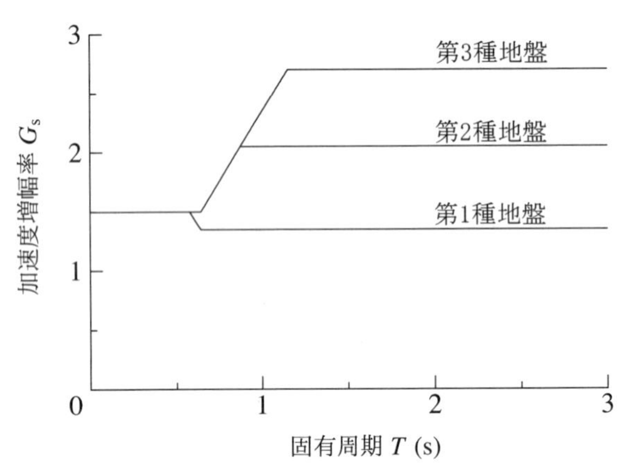

図 1.19 表層地盤の加速度増幅率 G_s（ルート4に適用）

（第 1 種地盤の場合）

$$G_s = \begin{cases} 1.5 & T < 0.576 \text{ の場合} \\ \dfrac{0.864}{T} & 0.576 \leqq T < 0.64 \text{ の場合} \\ 1.35 & 0.64 \leqq T \text{ の場合} \end{cases} \quad (1.41)$$

ここで，T (s)：建築物の応答（固有）周期である。

（第 2 種地盤または第 3 種地盤の場合）

$$G_s = \begin{cases} 1.5 & T < 0.64 \text{ の場合} \\ 1.5\left(\dfrac{T}{0.64}\right) & 0.64 \leqq T < T_u \text{ の場合} \\ g_v & T_u \leqq T \text{ の場合} \end{cases} \quad (1.42)$$

† 多少複雑な式となっているが，工学的基盤の加速度応答スペクトル［図 1.15（31 頁）］に G_s を乗ずると新耐震の $R_t C_0$ とほぼ一致するようになっている。

ここで，

$$T_u = 0.64\left(\frac{g_v}{1.5}\right) \tag{1.43}$$

$$g_v = \begin{cases} 2.025 & \text{第 2 種地盤の場合} \\ 2.7 & \text{第 3 種地盤の場合} \end{cases} \tag{1.44}$$

更に，**安全限界**に対しては表層地盤の加速度増幅率 G_s を表 1.8〔41 頁〕によって計算することができる。

表 1.8　安全限界の表層地盤の加速度増幅率 G_s［図 1.20（42 頁）参照］
（ルート 4 に適用）

［この表の G_s に (1.53) 式〔43 頁〕の相互作用に関する係数 β を乗じることができる。］

T	$G_s \geqq 1.23$
$T \leqq 0.8\,T_2$	$G_{s2}\dfrac{T}{0.8\,T_2}$
$0.8\,T_2 < T \leqq 0.8\,T_1$	$\dfrac{G_{s1}-G_{s2}}{0.8(T_1-T_2)}T + G_{s2} - 0.8\dfrac{G_{s1}-G_{s2}}{0.8(T_1-T_2)}T_2$
$0.8\,T_1 < T \leqq 1.2\,T_1$	G_{s1}
$1.2\,T_1 < T$	$\dfrac{G_{s1}-1}{\dfrac{1}{1.2\,T_1}-0.1}\dfrac{1}{T} + G_{s1} - \dfrac{G_{s1}-1}{\dfrac{1}{1.2\,T_1}-0.1}\dfrac{1}{1.2\,T_1}$

T (s)：建築物の安全限界応答周期，T_1, T_2 (s)：表層地盤の 1 次，2 次卓越周期，
G_{s1}, G_{s2}：表層地盤の 1 次，2 次増幅率である。

(i) 表層地盤の 1 次と 2 次の卓越周期（ルート 4 に適用）

表 1.8［41 頁］において，表層地盤の 1 次卓越周期 T_1 (s) と 2 次卓越周期 T_2 (s) は次式によって計算する†。

$$T_1 = \frac{4(\sum H_i)^2}{\sum \sqrt{\dfrac{G_i}{\rho_i}}H_i} \qquad T_2 = \frac{T_1}{3} \tag{1.45}$$

† 基礎固定の均一せん断モデルの場合，1 次固有周期を T_1 とすると，一般的に i 次固有周期 T_i は $T_i = T_1/(2i-1)$ で表される。

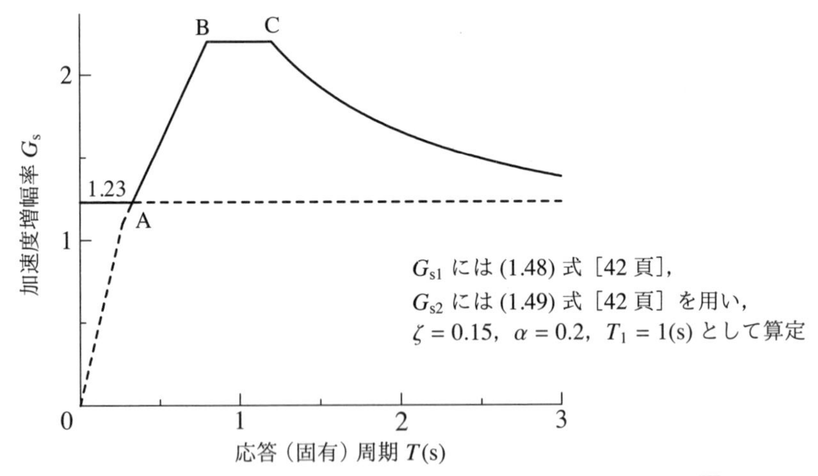

図 1.20 安全限界の表層地盤の加速度増幅率 G_s の一例（ルート 4 に適用）

ここで，H_i (m)：地盤の i 層の層厚，ρ_i (t/m^3)：地盤の i 層の密度，G_i：地盤の i 層のせん断剛性で，次式によって計算する[†]。

$$G_i = r_{\mathrm{G}i}\, G_{0i} \tag{1.46}$$

ここで，$r_{\mathrm{G}i}$：（地震時に生ずる地盤のせん断歪みに応じた）地盤の i 層のせん断剛性低減係数，G_{0i}：地盤の i 層の基本せん断剛性で，次式により計算する。

$$G_{0i} = \rho_i\, V_{si}^2 \tag{1.47}$$

ここで，V_{si} (m/s)：地盤の i 層のせん断波速度である。

(ii) 表層地盤の 1 次と 2 次の増幅率（ルート 4 に適用）

表 1.8［41 頁］で用いる表層地盤の 1 次卓越周期の増幅率 G_{s1} と 2 次卓越周期の増幅率 G_{s2} は，次式[‡]によって計算する。

$$G_{s1} = \frac{1}{1.57\,\zeta + \alpha} \geqq 1.2 \tag{1.48}$$

$$G_{s2} = \frac{1}{4.71\,\zeta + \alpha} \tag{1.49}$$

[†] 平 12 建告 1457（限界耐力計算告示）［159 頁］では式の代わりに文章で示されており，低減係数の記号 $r_{\mathrm{G}i}$ は本書で導入したものである。

[‡] $1.57 \approx \pi/2$, $4.71 \approx 3\pi/2$ である。

ここで，ζ：表層地盤の減衰定数，α：波動インピーダンス比で，次式によって計算する。

$$\alpha = \frac{\sum \sqrt{\dfrac{G_i}{\rho_i}} H_i \ \sum \rho_i H_i}{(\sum H_i)^2} \frac{1}{\rho_B V_B} \tag{1.50}$$

ここで，ρ_B (t/m^3)：工学的基盤の密度，V_B (m/s)：工学的基盤のせん断波速度である。

(iii) 表層地盤の減衰定数（ルート 4 に適用）

表層地盤の減衰定数 ζ は次式によって計算する。

$$\zeta = \frac{\sum \zeta_i E_i}{\sum E_i} \geqq 0.05 \tag{1.51}$$

ここで，ζ_i：表層地盤の i 層の減衰定数，E_i：表層地盤の i 層の最大弾性歪(ひずみ)エネルギーで，次式により計算する。

$$E_i = \frac{G_i}{2H_i}(u_i - u_{i-1})^2 \tag{1.52}$$

ここで，u_i (m)：i 層最上部の工学的基盤からの相対変位である。

(iv) 相互作用係数（ルート 4 に適用）

建築物と表層地盤との相互作用に関する係数 β は，次式によって計算する。

$$\beta = \frac{K_{hb}\left\{1 - (1 - \dfrac{1}{G_s})\dfrac{D_e}{\sum H_i}\right\} + K_{he}}{K_{hb} + K_{he}} \geqq 0.75 \tag{1.53}$$

ここで，K_{hb} (kN/m)：建築物の地下部分の底面における水平地盤ばね定数，G_s：表1.8［41 頁］によって計算される値，H_i (m)：地盤の i 層の層厚，D_e (m)：地表面から基礎底面までの深さ，K_{he} (kN/m)：建築物の地下部分の側面における水平地盤ばね定数である。

(4) 加速度低減率（ルート 4 に適用）

(1.21) 式［30 頁］に用いる加速度低減率 F_ζ は次式［図 1.21（44 頁）の実線参照］によって計算する。

$$F_\zeta = \frac{1.5}{1 + 10\zeta} \tag{1.54}$$

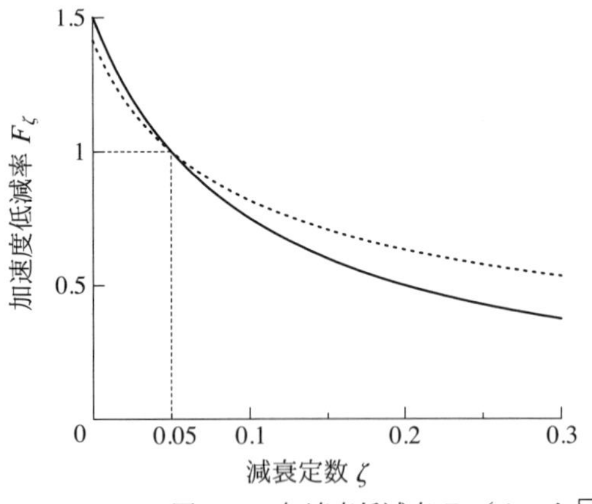

図 1.21　加速度低減率 F_ζ（ルート 4 に適用）

ここで，ζ：建築物の減衰定数で，以下の i)〜iv) のいずれかによって計算する。

i) 建築物の減衰定数 ζ を部材の減衰定数 ${}_{\mathrm{m}}\zeta_{\mathrm{e}i}$ から求める場合は，次式による。

$$\zeta = \frac{\sum_{i=1}^{N}({}_{\mathrm{m}}\zeta_{\mathrm{e}i} \cdot {}_{\mathrm{m}}E_i)}{\sum_{i=1}^{N} {}_{\mathrm{m}}E_i} + 0.05 \tag{1.55}$$

ここで，${}_{\mathrm{m}}E_i$ (kN m)† ：建築物の安全限界変形時の各部材の変形とその時の部材の耐力の積の 1/2，N：部材の総数である。

イ．木造，S 造，RC 造の部材の減衰定数 ${}_{\mathrm{m}}\zeta_{\mathrm{e}i}$ は次式によって計算する。

$${}_{\mathrm{m}}\zeta_{\mathrm{e}i} = \gamma_1(1 - 1/\sqrt{{}_{\mathrm{m}}D_{\mathrm{f}i}}) \tag{1.56}$$

ここで，

$$\gamma_1 = \begin{cases} 0.25 & \text{隣接部材と緊結されている部材} \\ 0.20 & \text{その他の部材と座屈が生ずる圧縮筋かい} \end{cases} \tag{1.57}$$

${}_{\mathrm{m}}D_{\mathrm{f}i}$ は各部材の塑性の程度‡を表し，次式により計算する。

$${}_{\mathrm{m}}D_{\mathrm{f}i} = \frac{{}_{\mathrm{m}}\delta_{\mathrm{s}i}}{{}_{\mathrm{m}}\delta_{\mathrm{d}i}} \geqq 1 \tag{1.58}$$

† 建築基準法に基づく告示ではエネルギー (Energy) や仕事 (Work) を表すのに記号 W が用いられているが，本書では E を用いる。

‡ 一般には，「塑性率」（ダクティリティ・ファクター，ductility factor）といわれるもので，記号は μ で表されることが多い。

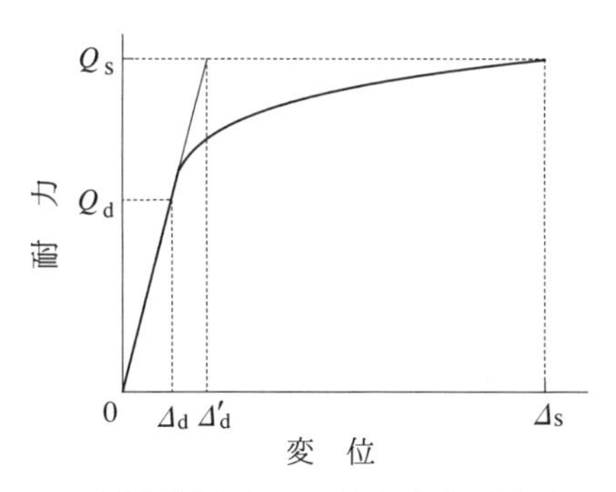

図 1.22　損傷限界（Δ_d, Q_d）と安全限界（Δ_s, Q_s）

ここで，${}_m\delta_{si}$ (m)：建築物の安全限界変位時に各部材に生ずる変形，${}_m\delta_{di}$ (m)：各部材の損傷限界時の変形である。

ロ． 木造，S 造，SRC 造以外の構造または部材の減衰定数 ${}_m\zeta_{ei}$ は，γ_1 を 0.25 とした (1.56) 式［44 頁］の値を上限とし，次式によって求める安全限界時の等価粘性減衰定数を 0.8 倍した数値以下とする。

$$ {}_m\zeta_{ei} = \frac{1}{4\pi}\frac{\Delta E_i}{{}_m E_i} \tag{1.59} $$

ここで，ΔE_i (kN m)：安全限界時に生ずる各部材の変形を最大点とする履歴特性曲線で囲まれる面積，${}_m E_i$ (kN m)：安全限界時に生ずる各部材の変形とその際の部材の耐力の積の 1/2 とする。

ii) 前の i) において ${}_m D_{fi}$ が 1 以上である部材について，γ_1 がすべて等しい場合は，建築物の減衰定数 ζ を次式によって計算することができる。

$$ \zeta = \gamma_1(1 - 1/\sqrt{D_f}) + 0.05 \tag{1.60} $$

ここで，γ_1：(1.57) 式［44 頁］により，D_f：建築物の塑性率で次式によって計算する［図 1.22（45 頁）参照[†]］。

$$ D_f = \frac{\Delta_s\, Q_d}{\Delta_d\, Q_s} \geqq 1 \tag{1.61} $$

ここで，Δ_d (m)：損傷限界代表変位，Δ_s (m)：安全限界代表変位，Q_d (kN)：損傷限界耐力，Q_s (kN)：安全限界耐力である。

[†] 図 1.22［45 頁］から $D_f = \Delta_s/\Delta'_d$ として計算していることになる。

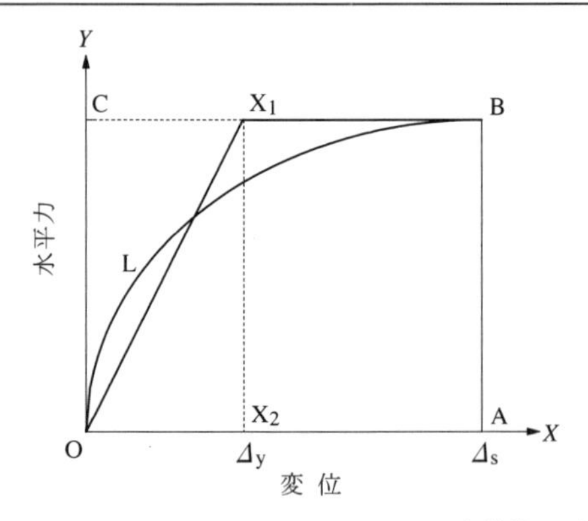

左図において，特性曲線Lと点B,点A,点Oで囲まれる面積が，点X_1，点B,点A,点Oで囲まれる台形の面積に等しくなるように，特性曲線Lを完全弾塑性（$O-X_1-B$）に置き換える。

図1.23　建築物に生ずる水平力と変位

iii) 建築物に生ずる水平力とそれによって建築物に生ずる変位の関係†から減衰定数ζを求める場合は，次式による。

$$\zeta = \gamma_1(1 - 1/\sqrt{D_f}) + 0.05 \tag{1.62}$$

ここで，γ_1：前のi)の(1.57)式［44頁］の係数，D_f：建築物の塑性率で，次式による。

$$D_f = \Delta_s/\Delta_y \geqq 1 \tag{1.63}$$

ここで，Δ_s (m)：(1.28)式［36頁］の添字dをsに置き換えて得られる建築物の安全限界代表変位，Δ_y (m)：図1.23［46頁］の点X_2における建築物の変位である。

iv) 地盤調査によって地盤特性を求めた場合は，建築物の減衰定数ζを次式によって計算することができる。

$$\zeta = \frac{1}{r^3}\left\{\zeta_{sw}\left(\frac{T_{sw}}{T_s}\right)^3 + \zeta_{ro}\left(\frac{T_{ro}}{T_s}\right)^3 + \zeta_b\right\} \tag{1.64}$$

ここで，r：安全限界時の周期調整係数［(1.34)式〔38頁〕参照］，$\zeta_{sw} \leqq 0.3$（上限）：水平地盤粘性減衰定数，$\zeta_{ro} \leqq 0.15$（上限）：回転地盤粘性減衰定数，ζ_b：前のi)またはii)で求めた建築物の地上部分の減衰定数，T_s (s)：安全限界応答周期，T_{sw} (s)：安全限界時のスウェイ固有周期，T_{ro} (s)：安全限界時のロッキング固有周期である。

† 図1.23［46頁］に示すように，平12建告1457（限界耐力計算告示）［159頁］では「特性曲線」と表示されているが，一般には「荷重変位（変形）曲線」と呼ばれることが多い。

第 2 章

構造計算について

2.1 構造計算の基本

(1) 引張力を受ける場合

例えば，図 2.1［48 頁］に示すような断面積 A の一様な部材に，荷重 P が作用する場合を考えてみる。部材のどの位置においても水平断面には同一の軸方向力（単に「軸力」ともいう）P が引張力として作用しており，断面一様に引張力が生じていると仮定すると，単位断面積に生じている引張力（これを引張応力度という）σ は次のように得られる。

$$\sigma = \frac{P}{A} \tag{2.1}$$

この応力度が次式のように許容される応力度 σ_{a} 以下であるならば，安全と考えることができる。

$$\sigma \leqq \sigma_{\mathrm{a}} \tag{2.2}$$

このような検討を行うことが **(a) 許容応力度計算**[†]である。

しかし，部材の剛性が低すぎて変形（この場合は部材の伸び）が大きすぎて支障が生ずることもあるので，図 2.1［48 頁］のように部材の長さを ℓ，ヤング係数を E として変形 δ を計算すると次のようになる。

[†] 令第 82 条の 6［160 頁］による一連の計算としての「許容応力度等計算」とは異なり，ここでは狭い意味での「許容応力度計算」で，単に許容応力度を用いて構造物の安全性を検証することを意味している。

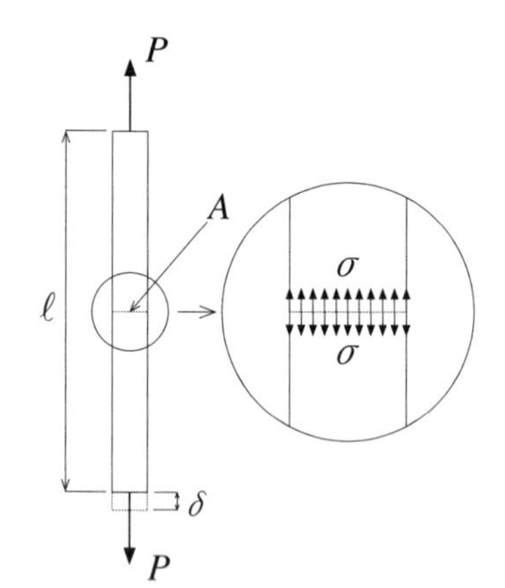

引張力 P を受ける断面積 A の部材に生ずる応力度 σ は

$$\sigma = \frac{P}{A}$$

変形（伸び）δ はヤング係数を E とすると

$$\delta = \frac{P\ell}{EA}$$

図 2.1　引張力を受ける部材

$$\delta = \frac{P\ell}{EA} \tag{2.3}$$

このような (b) **変形計算**を行い，支障がないことを検証することもある。

更に，この部材の（単位断面積当たりの）強度を f とすると，崩壊荷重 P_{u} は次式で得られる。

$$P_{\mathrm{u}} = fA \tag{2.4}$$

このように (c) **保有耐力計算**†を行い，荷重・外力と比較して崩壊に対する安全性を検討することもある。

解説**「軸方向力の正負について」**

軸方向力の引張と圧縮を区別するため，引張力を正（+）で表し，圧縮力を負（−）で表すことがある。または符号を付けずに「引張」または「圧縮」と表示している場合も多い。地盤や杭，コンクリートには通常圧縮力が作用するので，軸方向力が引張となる場合を（−）で表すこともある。

引張と圧縮は符号の違いのみではなく，圧縮力を受ける細長い部材には，引張力を受けても決して生じない，座屈という現象が起こるので，座屈に対する検討が必要となる［444 頁参照］。

† 令第 82 条［152 頁］〜第 82 条の 4［155 頁］による一連の計算としての「保有水平耐力計算」とは異なり，ここでは狭い意味での「保有耐力計算」を意味している。

(2) 曲げモーメントを受ける場合

実際の構造物は単に引張力を受ける図 2.1［48 頁］のように単純ではない。例えば，水泳の飛び板飛込の台（スプリングボード）のように図 2.2 a［49 頁］に示す先端に集中荷重 P を受ける片持梁(かたもちばり)を考えてみる。

この梁に生ずるせん断力 Q は同図 b のように全断面一様で $Q = -P$（せん断力の符号については 407 頁参照）となり，曲げモーメント M は（先端からの距離を x とすると）同図 c のように $M = Px$ となる[†]。

ある部材に（引張または圧縮の）軸方向力のみが作用した場合には，図 2.3 a［50 頁］のように断面に一様な応力度が生ずる。しかし，曲げモーメントが作用する場合には，同図 b のように応力度は最外縁(えん)で最大[‡]となり，その最大の応力度 $\sigma_{\max}$ は

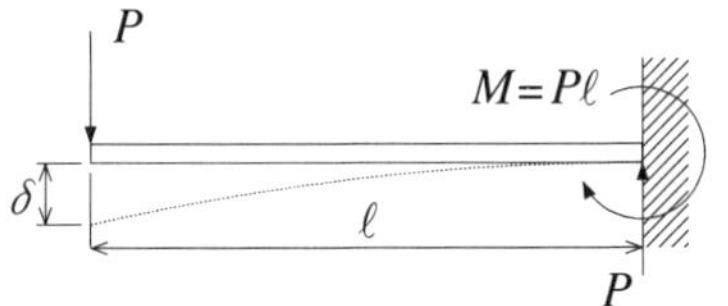

a) 先端に集中荷重を受ける片持梁

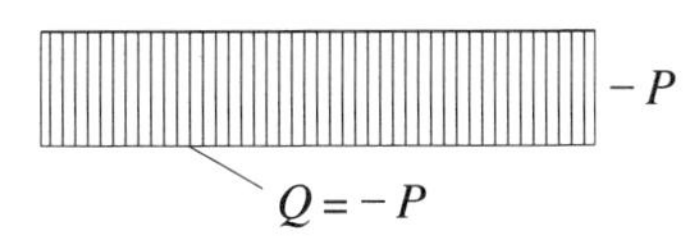

b) せん断力の分布

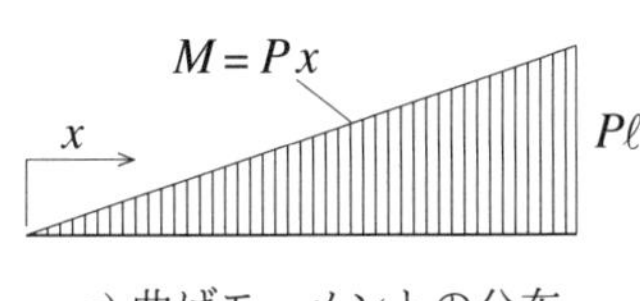

c) 曲げモーメントの分布

梁を一様な $b \times h$ の矩形断面と仮定すると，断面積 A，断面 2 次モーメントは I，断面係数 Z，塑性断面係数 Z_p は次のようになる。

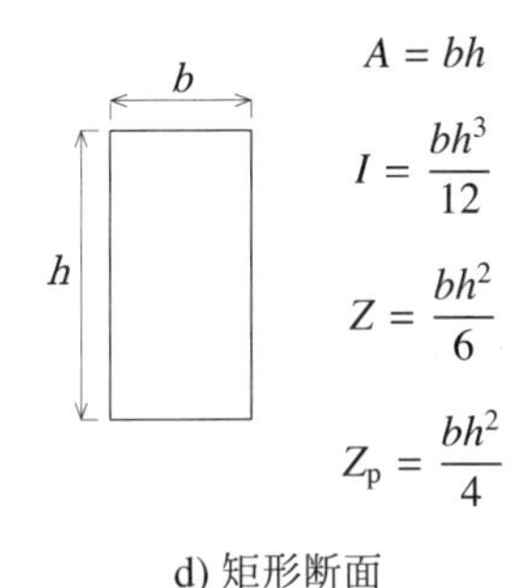

d) 矩形断面

図 2.2　先端に集中荷重を受ける片持梁と矩形断面

[†] 軸方向力，せん断力，曲げモーメントなどを求めることは応力解析などと呼ばれ，複雑な構造ではかなりやっかいな解析・計算をする必要があり，構造力学の主要な部分を占めている［第 III 部（397 頁以降）参照］。

[‡] 応力度は（対称断面の場合）断面の中央で引張から圧縮に変化し，部材の全長にわたって応力度が 0 となる面があり，これを中立面という。

図 2.3　断面に生ずる軸方向応力度

曲げモーメント M を断面係数 Z［図 2.3 d（50 頁）参照］で除して得られる［(9.35) 式〔416 頁〕参照］。図 2.2 c のように曲げモーメントは固定端（右端の $x = \ell$）で最大となるので，次式の σ_{max} が許容応力度 σ_{a} 以下であれば安全ということになる。

$$\sigma_{\mathrm{max}} = \frac{M}{Z} = P\ell\frac{6}{bh^2} = \frac{6\ell}{bh^2}P \leqq \sigma_{\mathrm{a}} \tag{2.5}$$

あるいは，許容荷重 P_{a} を次のように表すこともできる。

$$P_{\mathrm{a}} = \frac{bh^2}{6\ell}\sigma_{\mathrm{a}} \tag{2.6}$$

上式から許容曲げモーメント M_{a} を求めると次式となる。

$$M_{\mathrm{a}} = P_{\mathrm{a}}\,\ell = Z\sigma_{\mathrm{a}} \tag{2.7}$$

以上のような計算と検証を行うことが（曲げモーメントに対する）**(a) 許容応力度計算**である。

なお，鉄筋コンクリート造の場合は (2.20) 式［72 頁］に示されているように許容曲げ耐力を計算する。

次に，撓(たわみ)の検討を行ってみよう。先端に集中荷重 P を受ける長さ ℓ の片持梁先端の撓 δ は，梁のヤング係数を E，断面 2 次モーメントを I［図 2.2 d（49 頁）参照］として次式で与えられる［(10.84) 式〔456 頁〕参照］。

$$\delta = \frac{P\ell^3}{3EI} \tag{2.8}$$

この式を用いて変形の計算を行い，撓が許容値以内であることを必要に応じて検証する。これが **(b) 変形計算**である†。

† 平 12 建告 1459（梁床撓制限告示）［153 頁，299 頁］ではこのようにして得られる弾性撓に（クリープによる）変形増大係数を乗じた撓を用いることを定めている。

保有耐力（崩壊荷重）は，部材の材料特性に影響される。靭性（粘り）がなくある応力度に達するとすぐに破断してしまうような脆性的（ぜいせいてき）な材料では，崩壊荷重は曲げモーメントによって生ずる最大応力度が材料強度 f となる場合として計算することになる。すなわち，崩壊曲げモーメント M_u は (2.7) 式と同様に次式で計算される。

$$M_u = Z f \tag{2.9}$$

しかし，材料に靭性（じんせい）が十分ある場合は，図 2.3 c［50 頁］のように全断面が塑性化するとして崩壊荷重を計算することがある。この場合には，材料強度に塑性断面係数 Z_p ［図 2.2 d（49 頁）参照］を乗じて崩壊曲げモーメントを求めることができる［531 頁参照］。このような計算が **(c) 保有耐力計算**である。

$$M_u = Z_p f \tag{2.10}$$

(3) せん断力について

部材が細長い場合は，せん断力の影響は少なく，曲げモーメントのみによって強度や変形を計算して差し支えない場合が多い。しかし，部材が短くなるとせん断力の影響が無視できなくなり，幅の広い壁などではせん断力が支配的となる。

せん断応力度が部材断面に一様に生ずるとすると，平均せん断応力度 τ_{ave} は次式となる。

$$\tau_{ave} = \frac{Q}{A} \tag{2.11}$$

しかし，せん断応力度は断面に一様に生ずるのではなく，例えば図 2.4 a［52 頁］のように分布するので，最大せん断応力度 τ_{max} を次式のように表す†。

$$\tau_{max} = \kappa \tau_{ave} = \kappa \frac{Q}{A} \tag{2.12}$$

ここで，κ は形状係数である。

矩形（くけい）（長方形）断面の場合にはせん断応力度は放物線状に分布し，$\kappa = 1.5$ となり（円形断面の場合は $\kappa = 4/3$），最大せん断応力度は次のようになる［(9.43) 式〔417 頁〕参照］。

$$\tau_{max} = 1.5 \frac{Q}{bh} \tag{2.13}$$

† 部材断面の角度によって軸方向応力度もせん断応力度も変化し，ある部材断面とそれに直交する断面には同じ大きさで逆向きのせん断応力度が生じている［モールの応力円（437 頁）参照］。

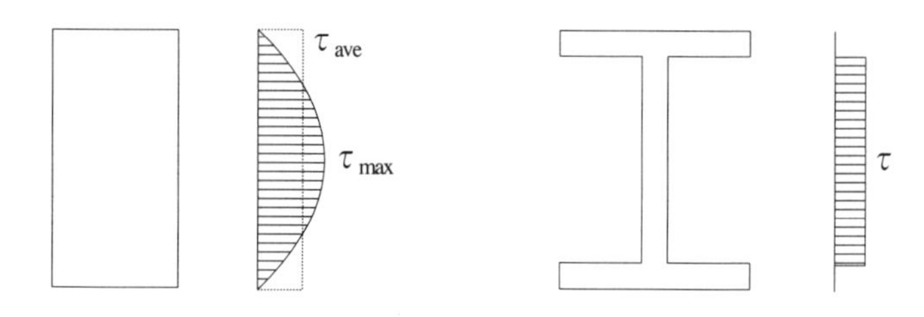

a) 矩形断面に生ずるせん断応力度　　b) H 形断面に生ずるせん断応力度

図 2.4 断面に生ずるせん断応力度

H 形断面の場合は，フランジの部分が曲げモーメントを負担し，ウェブの部分がせん断力を負担すると仮定して差し支えない場合が多い。よって，ウェブの部分に生ずるせん断応力度 τ はウェブの断面積を A_{web} とすると次式のようにほぼ一様に分布する。

$$\tau = \frac{Q}{A_{web}} \tag{2.14}$$

なお，鉄筋コンクリート造の場合は (2.21) 式［73 頁］以下に示されているように部材の幅 b と応力中心間距離 j の積を用いて許容せん断耐力を計算する。

(4) 変形計算について

変形計算を行う際の計算式として，引張力を受ける場合の (2.3) 式［48 頁］と片持梁の場合 (2.8) 式［50 頁］を示した。実際の構造物については，このような簡単な式で表すことができないので，構造物を適切にモデル化し，構造解析によって各部材の応力と変形を同時に求めることになる。もっとも，小梁などを，両端ピン，両端固定，一端固定・他端ピンなどと簡略化し，その部分の応力と変形を求めることもある［図 2.6（57 頁）参照］。

変形計算が法令で明確に規定されたのは，1981 年に施行された新耐震の層間変形角［6 頁参照］の規定である。それ以前でも，変形計算を行うことはあったが，それは構造設計者の判断に任されていた。構造材料の強度が低い場合は，部材断面が必然的に大きくなり，強度について検討すると，変形が極端に大きくなることはなく，変形による検証はそれほど重要でなかった。しかし，高強度材料の出現とともに，部材断面が以前より小さくなり，その結果として構造物に生ずる変形は大きくなってきたため，変形に対する検討が以前より重要になってきている。

なお，令第 82 条の 2（層間変形角）［154 頁］は建築物の水平方向の変形に対する規定で，平 12 建告 1459（梁床撓制限告示）［153 頁］は鉛直方向の変形（撓）の規定である。

2.2　構造計算と荷重・外力

(1) 構造計算のフロー

構造計算のフローはおよそ図 2.5［53 頁］に示される計算ステップより成る。すなわち，

1) 建築物を解析可能な構造モデルに置換する。
2) それに作用する荷重・外力を算定する。
3) 構造解析によって，部材の応力・変形などを求める。
4) その応力によって生ずる応力度が許容応力度以下であることを確かめ，あるいは許容応力度以下となるように補強鉄筋を定める。また，変形も許容できる範囲であることを検証する。
5) 必要な場合には，保有水平耐力を求め，大地震動時の検証を行う。

なお，いずれの計算ステップにおいても要件を満足しない場合には，モデル・材料・部材寸法などを変更し，すべての計算ステップが満足されるように，繰り返し計算を行うことになる。

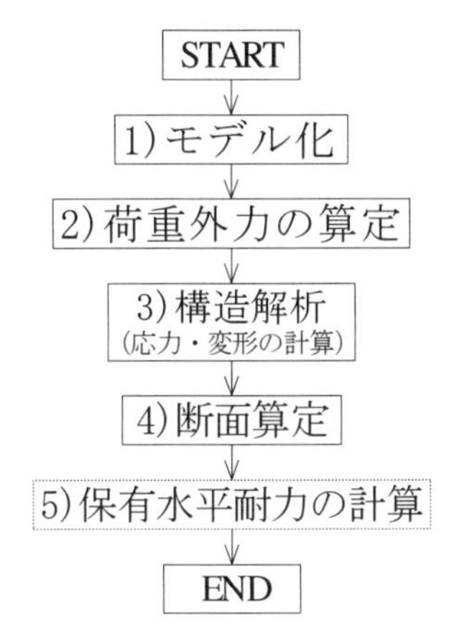

計算ステップの要件が満足されない場合には，モデル・材料・部材寸法などを変更し，繰り返し計算を行う（保有水平耐力の計算は，選択した耐震計算ルートで必要な場合に行う）。

図 2.5　構造計算の基本的なフロー

構造計算を行う際のモデル化や関連する諸数値の設定などは構造技術者の専門知識に基づく判断に任されていたが，構造計算書偽装問題に端を発した法令の改正により，例えば平19国交告594（ルート1～3算定法告示）［153頁，281頁］などによって法的に規制されている。

(2) 法令による荷重・外力

構造物に作用する力は「荷重」あるいは「外力」と呼ばれている。荷重・外力は力として作用する場合が多いが，その他に例えば基礎の変位を引き起こす地盤の変形，温度の変化，その他の環境の変化なども構造物に影響を及ぼすので，荷重・外力を含め構造物に対する「作用」という表現も国際的には用いられている[†]。

建築基準法の第20条［90頁］では「建築物は自重，積載荷重，積雪荷重，風圧，土圧および水圧ならびに地震その他の震動および衝撃に対して安全な構造とし，・・・」と規定されており，建築基準法施行令第83条第1項［162頁］では次の荷重および外力を採用している。

固定荷重：令第84条［165頁］
積載荷重：令第85条［166頁］
積雪荷重：令第86条［167頁］
風圧力：令第87条［168頁］
地震力：令第88条［169頁］

第2項では，その他に実況に応じ次の外力を採用することになっている。

土圧
水圧
震動および衝撃

各荷重は同時に作用することもあるので，法令では荷重・外力の組合せを表2.1［55頁］のように規定している。なお，この表は（保有水平耐力計算）令第82条第2号［152頁］の表5.1［152頁］と（限界耐力計算）令第82条の5第3号［156頁］の表5.2［156頁］をまとめたものである。

[†] ISO/TC98は「構造物の設計の基本」を扱っている技術委員会（Technical Committee:TC）で，そこで作成されているISO規格ではaction（作用）という用語が用いられている。

表 2.1　荷重・外力の組合せ

力の種類	荷重・外力の状態	一般区域	多雪区域	備考
長期応力	常　時	$G+P$	$G+P$	
	積雪時		$G+P+0.7\,S$	
短期応力（損傷限界）	積雪時	$G+P+S$	$G+P+S$	
	暴風時	$G+P+W$	$G+P+W$	*
			$G+P+0.35\,S+W$	
	地震時	$G+P+K$	$G+P+0.35\,S+K$	
（安全限界）	積雪時	$G+P+1.4S$	$G+P+1.4S$	
	暴風時	$G+P+1.6W$	$G+P+1.6W$	*
			$G+P+0.35\,S+1.6W$	

G：固定荷重によって生ずる応力
P：積載荷重によって生ずる応力
S：積雪荷重によって生ずる応力
W：風圧力によって生ずる応力
K：地震力によって生ずる応力

＊ 建築物の転倒，柱の引抜きなどを検討する場合，P については実況に応じて積載荷重を減らした数値による。

1) 長期応力に対しては長期許容応力度，短期応力と限界耐力計算の損傷限界に対しては短期許容応力度，限界耐力計算の安全限界に対しては材料強度を用いる。
2) 大地震動に対する保有水平耐力［21 頁参照］と極稀地震に対する安全限界［24 頁参照］の場合は（荷重・外力によって生ずる応力を単に加算することによって検証することはできないので），この表には表示していない。
3) 短期応力（損傷限界）の S は（3 日間程度の継続時間を想定した）50 年再現期間値，（安全限界）の値は 500 年再現期待値，高さ 10m の 10 分間平均風速から計算される W も再現期間は S と同じである [3]。

解説「**固定荷重**」

固定荷重は，各部分ごとに体積に単位重量を乗じて重量を求め，それらの和として得られるので，荷重・外力の中でもっとも容易に求めることができると思われるが，複雑な建築物になるとかなり難しい。このため，最近では固定荷重のみを求める計算にもコンピュータ・ソフトを用いている場合が多い。しかし，手計算で固定荷重を求めると，建築物の構造全体の概要が自ずと把握できるので，その後の構造計算・解析の中で適切な判断をすることができ，更に計算の誤りなどを防ぐ効果がある。固定荷重を求める単純な計算にも，コンピュータは確かに便利ではあるが，構造設計者が構造物全体の概要を把握する機会をみすみす手放しているように感じている。（ベテランの技術者であっても，単位が cgs から SI に変わって，計算結果が正しいかどうかを即座に見分けることが難しいこともあるので，）時には部分的に手計算を行い，誤りがないかどうかを自ら確認するようなことをすべきと思っている。

構造物にどのような荷重・外力が作用するかを求める部分は，構造計算の中で「荷重拾い」と呼ばれ，（部材に生ずる応力や変形を求める計算に比べ）比較的単純で容易と考えられるかも知れないが，重要な計算である。

解説「荷重・外力の組合せと許容応力度，材料強度」

構造計算において，地震以外の荷重・外力に対する検証も重要である。ここでは法令で定められている荷重・外力とその組合せについて簡単に説明する。

なお，令第82条［152頁］では「長期に生ずる力」，「長期の応力度」，「長期に生ずる力に対する許容応力度」と表現しているが，本書ではそれぞれ「長期応力」，「長期応力度」，「長期許容応力度」という用語を用いる。「短期応力」，「短期応力度」，「短期許容応力度」という用語も同様である。

長年用いられている許容応力度を用いた構造計算では，表2.1［55頁］（安全限界を除く）に従って構造耐力上主要な部分に生ずる長期応力または短期応力を線形（弾性）解析によって求め，各部分に生ずる応力度が長期または短期許容応力度を超えないことを検証する。

この際に用いる許容応力度は材料強度を安全率で除して得られ，例えばコンクリートでは材料強度の2/3が短期許容応力度，1/3が長期許容応力度，鋼材では材料強度（降伏点強度にほぼ等しい）が短期許容応力度で，その2/3が長期許容応力度である［2.6節（78頁以降）参照］。

材料強度とは各々の材料が有している強度そのもので，それを超える力が作用すると材料に破壊が生じたり，あるいは変形が非常に大きくなるなどの不都合が生ずる。なお，法令で規定されている材料強度［324頁以降参照］には若干の安全率が見込まれていると考えられる。材料強度は保有水平耐力を計算する際などで用いられる。

限界耐力計算においては，表2.1［55頁］の短期応力の地震時は適用しないが，（それに相当する稀地震動に対する）損傷限界の検証を短期許容応力度を用いて行う。安全限界の場合には，許容応力度ではなく材料強度を用いて検証する。

また，限界耐力計算には地震以外の荷重・外力も含まれており，損傷限界の場合は線形（弾性）解析を行い，短期許容応力度を用いて検証する。（地震を除く）積雪と暴風時の安全限界の場合も線形（弾性）解析を行うが，安全限界の場合には（短期許容応力度ではなく）材料強度を用いて検証する。

2.3　構造物のモデル化と構造解析

実際の構造物をそのまま解析することは不可能で，何らかの簡略化を行い，構造解析（例えば各部分の応力や変形，保有水平耐力などを求めること）を行うことになる。この簡略化はモデル化，モデル化されたものは構造モデルまたは数学モデルなどと呼ばれている。構造モデルは構造解析と密接に関連しており，構造物をモデル化する際には，どのような構造解析を行うかを考えておく必要がある。

(1) 構造部材のモデル化

1) 線材置換

手計算でも，コンピュータによる解析であっても，構造部材のモデル化として，通常よく用いられているのは線材置換で，柱や梁などを線材と仮定して解析を行う。柱や梁の端部をピンあるいは固定と仮定したり，材端の条件によっては一端固定・他端ピンと仮定することもモデル化［図 2.6（57 頁）参照］の一種である。

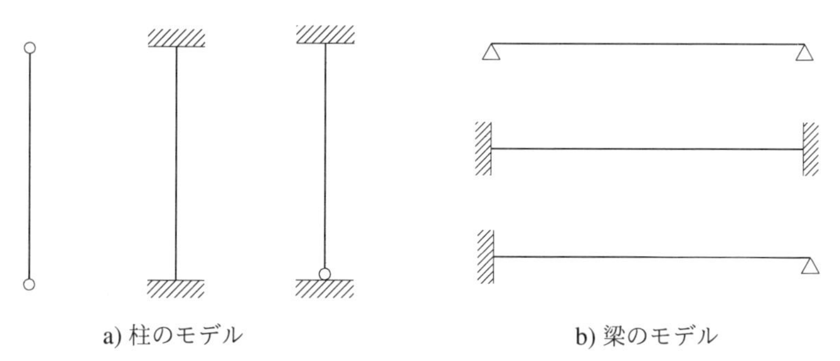

a) 柱のモデル　　b) 梁のモデル

図 2.6　柱・梁を線材置換した構造モデルの例
（端部をピン・固定とするのもモデル化の一種である。）

2) 軸変形・曲げ変形・せん断変形

構造部材を線材に置換した構造物モデルをトラス［図 2.7 a（58 頁）参照］と仮定し，部材の軸（方向の）変形［図 2.8 a（59 頁）参照］のみを考慮したり，ラーメン［図 2.7 b 参照）と仮定し，部材の曲げ変形［同図 2.8 b 参照］のみを考慮して解

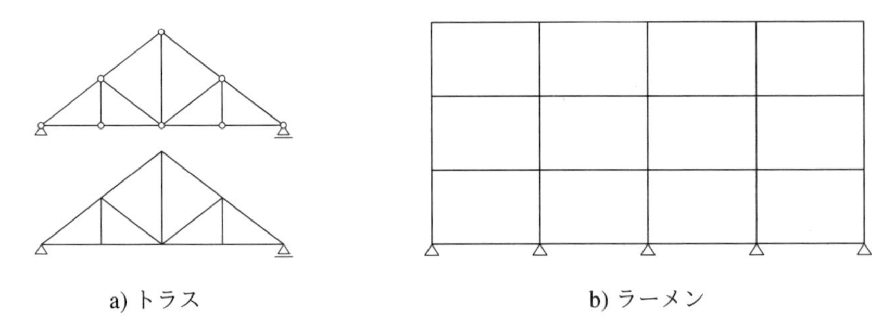

a) トラス　　b) ラーメン

図 2.7　よく用いられる構造モデルのトラスとラーメン

トラスの節点では回転が自由であることを明示するために，本図 a の上のように節点に○印を描くこともあるが，一般には本図 a の下のように描くことが多い。いずれの場合でも，トラスの部材には軸力のみが作用し，節点ではモーメントは伝達されないピン接合と考える。

析することが多い†。部材が線材と仮定できるような細長い部材の場合には，せん断変形［同図 c 参照］は通常は無視して差し支えない。このような簡略化は，手計算の場合には必須であるが，コンピュータを用いる場合は，部材の軸変形・曲げ変形・せん断変形を同時に考慮することも可能である。

解説「**変形と変位**」

物体の形状の変化が「変形」で，構造部材の変形は「軸変形」・「曲げ変形」・「せん断変形」に区別して通常考える。「変位」とはある点の移動を示し，建築物の「頂部の変位」，「層間変位」などのように用いられる。層間変位の高さに対する割合は「層間変形角」である。荷重と変形の関係を表すグラフを「荷重変形曲線」というが，変形ではなく変位を示す場合には「荷重変位曲線」ということもある。

床版のように平面的に広がっている場合でも，一方向の部材と見なすことができるならば線材に置換し解析することができる。水平力を受ける耐力壁‡の場合は，せん断変形が支配的となり，単に線材に置換することには問題があるが，その場合

† ただし，部材が変形しても，構造物の形状は変わらない（トラスやラーメンにおいて，各部材で構成される三角形や矩形の形状は変わらない）と仮定し，微小変形の範囲で通常は解析している。

‡ 鉄筋コンクリート造のような比較的重量の大きな構造の場合には，風圧力より地震力が支配的となる。このため「耐力壁」の代わりに「耐震壁」という用語が用いられることが多い。なお，法令・告示には「耐震壁」という用語は用いられておらず，すべて「耐力壁」である。英語では，水平力を負担する壁を shear wall，鉛直力を負担する壁を bearing wall と呼んでいる。

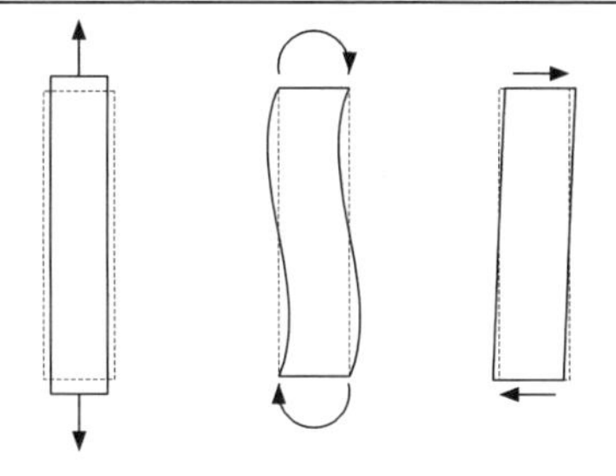

トラスの解析においては軸変形のみが考慮され，撓角法（たわみかくほう）においては曲げ変形のみが考慮される。耐力壁についてはせん断変形が支配的であるが，アスペクト比の大きな場合には曲げ変形も考慮する必要がある。コンピュータを用いて解析する場合には，部材ごとに軸変形・曲げ変形・せん断変形を同時に考慮することもできる。

図 2.8　部材の変形

でも線材を組み合わせて耐力壁を解析することもある［図 2.10（61 頁）参照］。なお，床版や耐力壁を連続体としてモデル化したり，有限要素に分割したモデルを用いる場合もある。

(2) 架構のモデル化と解析法

複雑な構造物を線材の組合せと考え，トラスやラーメン† ［図 2.7（58 頁）参照］として解析する場合，(特に，手計算では) **平面モデル**に置換して解析することが多い。平面モデルに置換した上で，偏心による捩れを考慮するため，各通り（とお）ごとの平面モデルが負担する地震力の影響を考慮するモデルは**疑似**（ぎじ）立体モデルと呼ばれる。コンピュータを用いる解析では，疑似立体ではなく，より精緻な**立体モデル**を考えて X, Y 方向の他に任意方向から作用する水平力（地震力や風圧力）やその他の外力に対する解析も可能である［図 2.19（66 頁）参照］。

多くの建築物は多層多スパンのラーメンとして解析される［図 2.9（60 頁）参照］。現在ではパソコンで解析可能なソフトがあり，手計算で解析することは稀であるが，手計算で可能な解析方法として，**撓角法**（たわみかくほう）［477 頁参照］，**固定モーメント法**［493 頁参照］などがある。これらの解析は基本的に構造部材が線形弾性範囲にある場合に適用される。

コンピュータを用いる場合は，多数の未知数を有する連立方程式の解を求め，その解から任意の位置での応力や変形を求めることが可能である。このため，部材端の条件を変えることによってラーメン・トラスはもちろんのこと，それらを組合せ

† 英語では，トラスは truss，ラーメンは moment resisting frame という。なお，ラーメン Rahmen はドイツ語である。

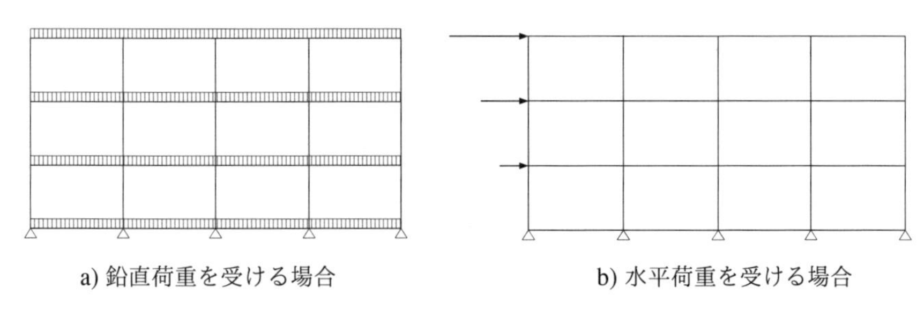

a) 鉛直荷重を受ける場合　　b) 水平荷重を受ける場合

図 2.9　鉛直荷重と水平荷重を受ける多層多スパンのラーメン

たモデル，手計算では解析が難しい立体モデル，部材の軸変形・曲げ変形・せん断変形の同時考慮，更に弾性解析のみならず弾塑性解析も可能である。

ただし，いかに精緻なモデルであっても何らかのモデル化（簡略化）を行っているので，解析結果を解釈する際には，解析に用いたモデルの特徴を考慮した工学的判断が必要である。

(3) その他の構造要素のモデル化

1) 耐力壁のモデル化

耐力壁のモデル化は解析結果に大きく影響するので，適切なモデルを用いることが重要である。解説書 [3] では耐力壁のモデル化として，a) ブレース置換［図 2.10 i（61 頁）参照］，b) 線材置換［同図 ii, iii 参照］，c)（境界梁を考慮した）独立耐力壁［図 2.11（61 頁）参照］がモデル化の例として示されている。基礎地盤の変形による耐力壁の回転を考慮する場合には，基礎と地盤の間にばねを設定したモデル［図 2.10 iv（61 頁）参照］などを用いることができる。基礎が浮き上がる現象をばねの特性に持たせることも可能である。手計算で解析するには，一般に耐力壁のみを取り出したモデルを用いることになり，その場合は耐力壁の変形・浮上りを拘束する境界梁・直交梁の影響を考慮する必要がある［図 2.11（61 頁）参照］。

2) 構造部材の分割モデル

弾性域を超える保有水平耐力を計算する場合には，部材断面をいくつかに分割し，一部材を複数の線材の組合せと考えることもある［図 2.12 a（62 頁）参照］。更に，X, Y 両方向からの力を受ける柱の場合には，柱断面を X, Y 両方向に分割し

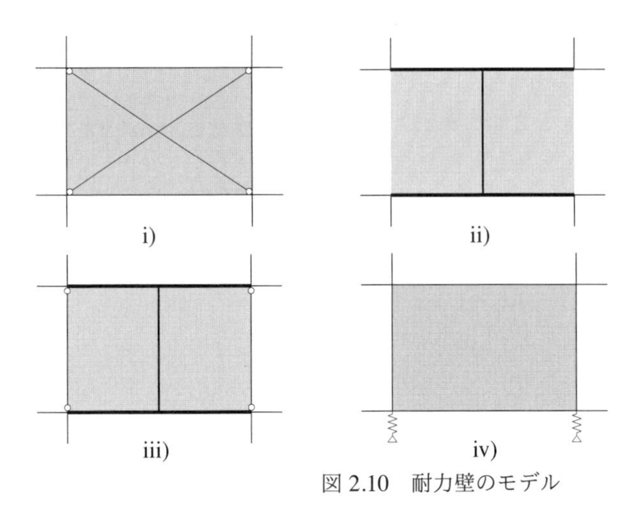

耐力壁内に含まれる梁の変形は（単独の梁の変形よりも）小さいので，剛性を実際の断面特性より増大させて解析するのが一般的である（剛と仮定する場合もある）。

図 2.10 耐力壁のモデル

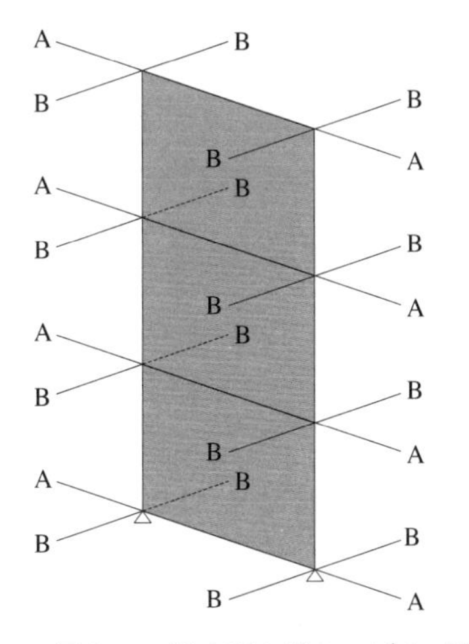

耐力壁を手計算によって解析するには，独立耐力壁にモデル化する。その際には，耐力壁の変形・回転を拘束する境界梁 A，および直交梁 B を考慮する。

図 2.11 独立耐力壁のモデル（境界梁 A，直交梁 B）

て（同図 b 参照），線材を多数束ねたような MS モデル†とする場合もある。このような精緻なモデルであっても，部材の捩れ変形の影響は考慮されていないことが多い。

† 「MS（エムエス）モデル」または「マルチスプリング・モデル」と呼ばれる。

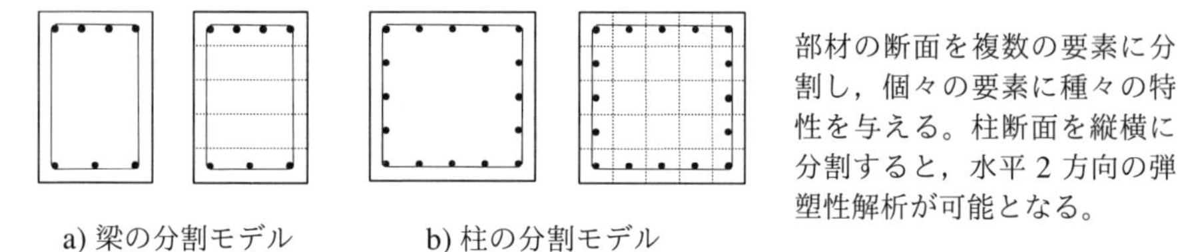

図 2.12　梁と柱の分割モデル

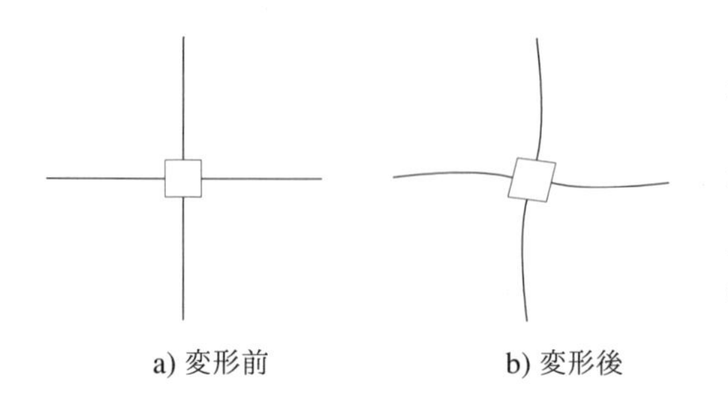

柱・梁接合部分をパネルにモデル化する。この矩形パネルはせん断力を受けると菱形に変形し，接合部の変形を考慮した解析が可能となる。

図 2.13　接合パネルの変形を考慮したモデル

3) 接合部のモデル化

線材と線材を剛に接合したモデルでは，接合部の変形を考慮することができないので，接合部分にせん断変形する要素をモデル化の中に組み込むこともある［図 2.13（62 頁）参照］。

2.4　弾塑性解析と動的解析

(1) 弾塑性解析と保有水平耐力

1) 弾塑性解析

構造解析において，通常は構造部材が線形弾性［図 2.14 a（63 頁）参照］であると仮定して**弾性解析**（線形解析ともいう）を行う。保有水平耐力を求める場合や安全限界を検証する場合には，構造部材が弾性域を超えることを考慮し，**塑性解析**[†]（非線形解析ともいう）を行う。構造部材の特性として，構造実験に基づく荷重・変

[†] 弾性範囲から塑性範囲まで解析を行う場合には**弾塑性解析**という用語を用いることがある。

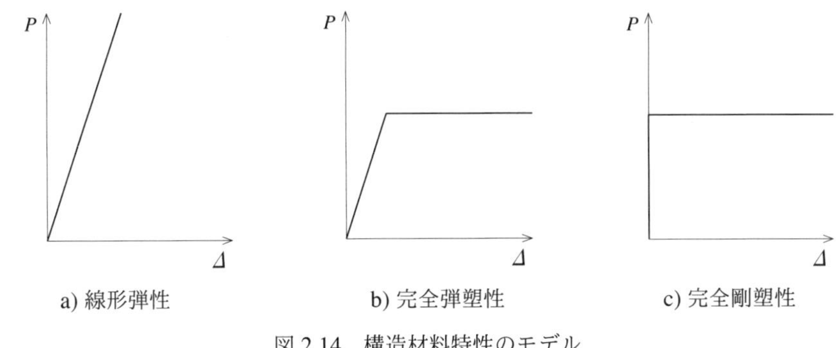

a) 線形弾性　b) 完全弾塑性　c) 完全剛塑性

図 2.14　構造材料特性のモデル

位特性を用いることもあるが，簡略して完全弾塑性［同図 b 参照］と仮定したり，更に簡略して完全剛塑性［同図 c 参照］と仮定することもある†。

2) 保有水平耐力

モデル化した構造物の崩壊メカニズムが分かるならば，手計算でも保有水平耐力を求めることができる。例えば，**節点振分け法**［533 頁参照］，**仮想仕事法**［540 頁参照］，**極限解析**［547 頁参照］などの解析法がある。なお，手計算では保有水平耐力に達したときの層間変形角などを計算することは事実上無理である。

コンピュータ・ソフトを用いて保有水平耐力を求める解析法には**増分解析**［図 2.15（64 頁）参照］があり，最近ではほとんどの場合この解析法によって保有水平耐力を求めている。増分解析では，例えば図 2.15［64 頁］のように荷重を与え，その大きさを徐々に増加させ（このため増分解析‡と呼ばれる），構造部材が降伏した場合はその影響を逐次取り入れて，図 2.16［64 頁］のような荷重変形曲線を求める。荷重が小さい範囲では図 2.15 a のように線形弾性の挙動を示すが，荷重が大きくなるに従い同図 b のように塑性ヒンジが少しずつ形成され，そして同図 c のように崩壊メカニズムが形成されると荷重は増加することなく，変形のみが増加する。この崩壊メカニズムが形成された時の耐力が保有水平耐力である。

保有水平耐力の検証に用いる場合は，若干の余裕を見て，ある層間変形角（例えば 1/100）に達した時の層せん断力を保有水平耐力としている場合が多い。そして，

---

† 線形弾性を「線形」または「弾性」と，完全弾塑性を「弾塑性」と，完全剛塑性を「剛塑性」と省略する場合も多い。

‡ プッシュオーバ（解析）ともいう。

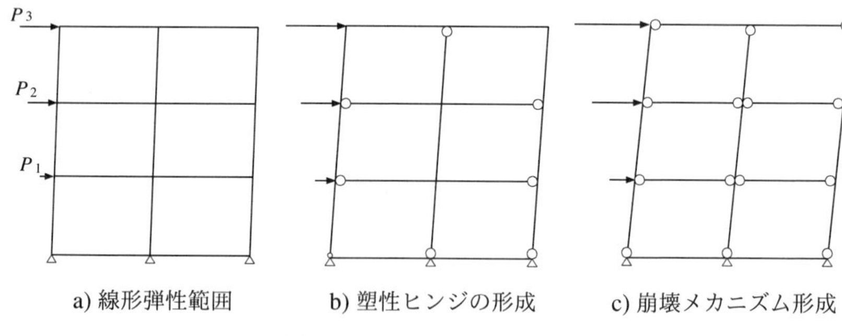

図 2.15　増分解析による保有水平耐力の求め方

梁・柱端の○印は塑性ヒンジを示し，例えば A_i 分布による地震層せん断力 Q_i から各階の地震力 P_i を求め，それに比例する水平力の大きさを徐々に増大させながら，崩壊メカニズムが形成されるまで解析を行う。

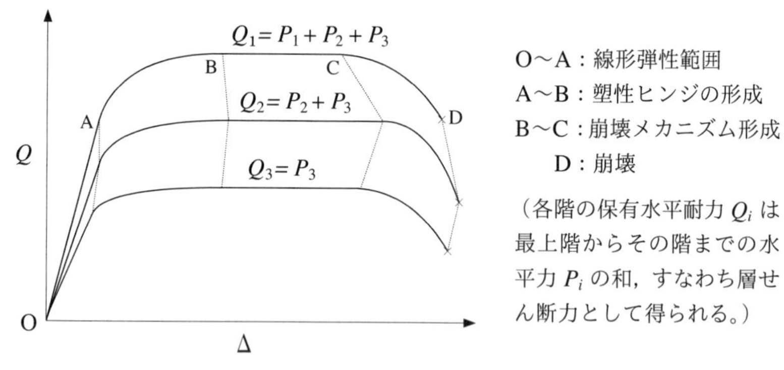

図 2.16　荷重変形曲線から得られる各階の保有水平耐力

更に大きな層間変形角（例えば 1/50）に達するまで解析を行い，その時の部材の挙動などから設計に用いた構造特性係数 D_s が適切であるかどうかを確認している。

解説「左加力と右加力」

増分解析の際に，図 2.17 a［65 頁］のように加力するのを「左加力」，同図 b のような加力を「右加力」という。通常，梁の伸縮は無視するので，左加力でも右加力でも加える力が小さい範囲では，応力の（向きは変わるが）大きさは変わらない。しかし，同図において，A～B 通り間に耐力壁があるとすると，その耐力は耐力壁が浮上るかどうかによって支配されることが多い。同図 a の場合の浮上り

に抵抗する力 N_L と同図 b の場合の浮上りに抵抗する力 N_R を比べると，通常は N_R の方が大きいので，この場合は右加力の方が保有水平耐力が大きく計算されることになる。このため，左加力と右加力で必要保有水平耐力が異なることもあり，更に加力方向により D_s の値が異なることもあるため，両加力による検証を行うことが必要な場合もある。

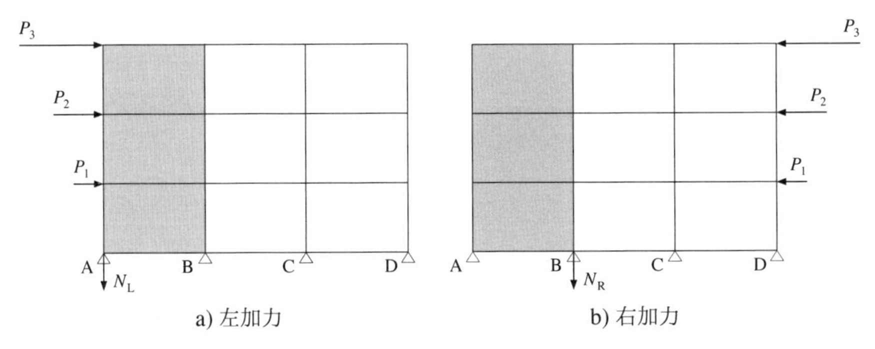

図 2.17 増分解析における左加力と右加力

(2) 動的解析

1) 動的解析に用いる構造モデル

動的解析に用いる建築物の構造モデルには種々あるが，例えば図 2.18［66 頁］のように各階の質量を床の位置に集中させ，各階の水平力に対する変形特性を表すばねで結合した（串団子のような）質点系モデルとし，良好な硬質地盤に支持されている場合は，a) 基礎固定モデルとして解析することが多い。建築物と地盤の影響を比較的簡単に取り入れるため，地下室・基礎の質量に水平方向のばねと回転ばねを取り付けたのが b) SR（スウェイ・ロッキングまたはエスアール）モデルである。更に，基礎杭と地盤との影響を取り入れたのが c) 相互作用モデルである。

なお，建築物の構造モデルとして図 2.20［68 頁］のように表示する場合も多いが，水平方向の運動を解析する場合には（串団子のような）質点系モデルと同一である。

串団子のようなモデルではなく図 2.19 a［66 頁］のような平面（2 次元）モデルや（捩れの影響を考慮するため）平面モデルを組合せた疑似立体モデルを用いて動的解析をすることもできる。更に，捩れ振動を含めた解析を直接に行うには，b) 立体（3 次元）モデル（同図 b）を用いることもある。この場合には，床の剛性や吹

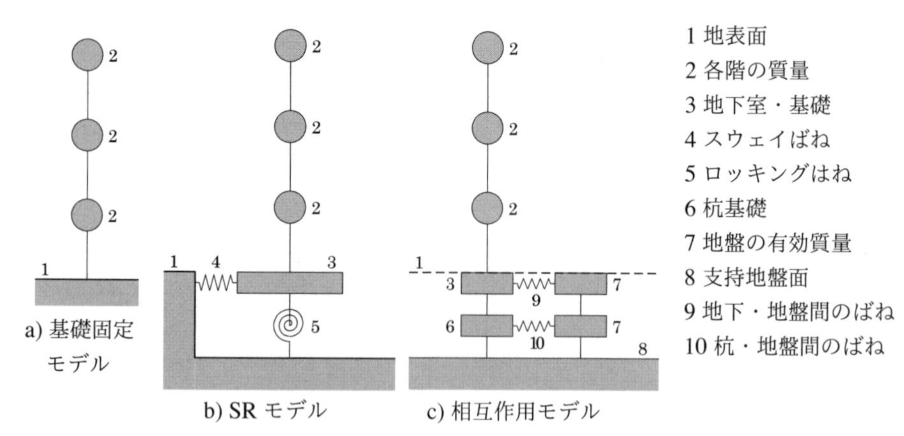

図 2.18 動的解析モデルの例（文献 [8] の図を加筆修正したもの。）

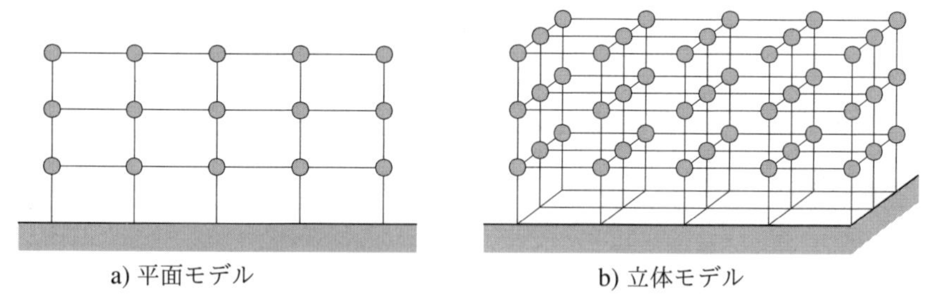

図 2.19 平面（2 次元）モデルと立体（3 次元）モデル

き抜けの影響も取り入れることが可能である。また，2 次元モデルや 3 次元モデルと SR モデルや相互作用モデルを組み合わせる解析も可能である。

各階の水平力に対する非線形特性は，例えば増分解析によって図 2.16［64 頁］のような各階の荷重変形曲線を求め，それに基づいて正負を含む複数回の加力に対する特性（履歴特性）を各階のばね特性に反映させ，弾塑性解析を行うことができる。平面モデルや立体モデルの場合は，柱・梁・耐力壁・ブレースなどの構造部材ごとに履歴特性を与え（動的解析の中で増分解析を行い）非線形解析を行うこともできる。

2) 動的解析の方法

地震動の（通常は）加速度の時刻歴を入力し，それに対する構造物の応答を時々刻々求めていく**時刻歴解析**（「時刻歴応答解析」ともいう）［図 2.20（68 頁）参照］は**動的解析**の 1 つである。動的解析には，構造物の振動モードを求め，モードごとに応答を求める**モーダル・アナリシス**（モード解析法）や，モードごとの最大応答を応答スペクトルから求め，それらを組み合わせて構造物全体の最大応答を求める**応答スペクトル法**も含まれる。

> 解説「**動的解析**」
>
> 動的解析には，時刻歴解析，モーダル・アナリシス（モード解析法），応答スペクトル法がある。その概要は次のとおりである。
>
> **時刻歴解析**：時間に関する微分方程式で表される運動方程式を数値積分によって解き，構造物の地震応答を時刻歴で求める［図 2.20（68 頁）参照］。非常に短い時間間隔（通常は 1/100 秒，非線形まで解析する場合は更に短くする）で逐次積分を行い，構造物の挙動が非線形となる場合にはその影響を逐次取り入れることができるので，線形解析から非線形解析までに適用できる。コンピュータ・ソフトを用いなければ実際には計算することができない。
>
> **モーダル・アナリシス（モード解析法）**：振動の固有モード（振動モード）とそれに対する固有周期を求め［これを固有値解析という，図 2.21，図 2.22（68 頁）参照］，各モードごとの応答を重ね合わせて構造物全体の応答を求める。固有値や重ね合わせは，（厳密には）構造物が線形である範囲でのみ成り立つが，非線形の度合いが大きくない場合には，等価な線形に置き換えて計算することもある。各モードごとに，時刻歴解析を行い時刻歴としての応答を求めることも可能であるが，通常は次の応答スペクトル法によって最大応答を推測することが多い。
>
> **応答スペクトル法**：振動の固有モードとそれに対する固有周期を求める（ここまでは，モーダル・アナリシスと同じである）。各モードの最大応答を応答スペクトル［図 2.23（69 頁）参照］によって求めるので，応答スペクトル法と呼ばれる。構造物の最大応答は各モードの最大応答から計算する。この際，単に各モードの最大応答の和を求めるのではなく（各モードの最大応答は同時には生じないため），二乗和の平方根（SRSS）によって推測する場合が多い（この推測方法には他にもいくつかある [2]）。

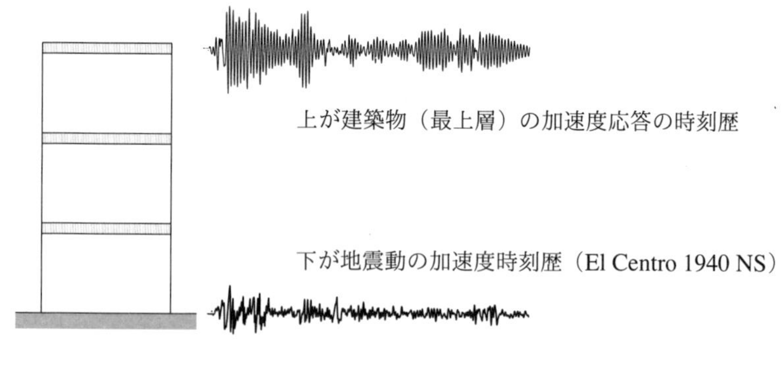

図 2.20 簡単な時刻歴解析の例

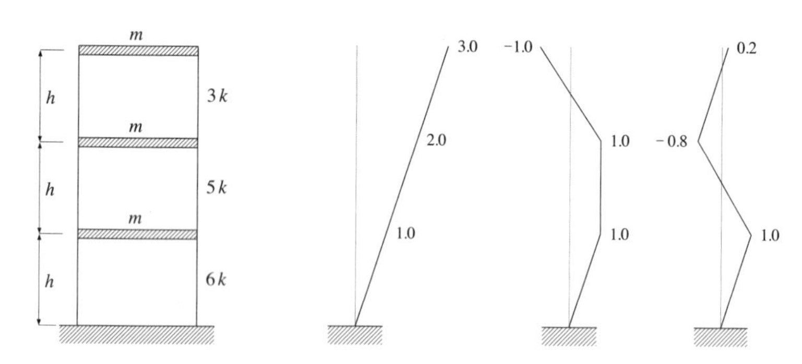

a) 3 層せん断モデル　b) 各次の振動モード（左から順に 1, 2, 3 次）

図 2.21 3 層モデルと各次の振動モード

（1 次固有周期は $2\pi\sqrt{m/k}$ となり，2, 3 次固有周期はその $1/\sqrt{6}, 1/\sqrt{15}$ 倍となる。）

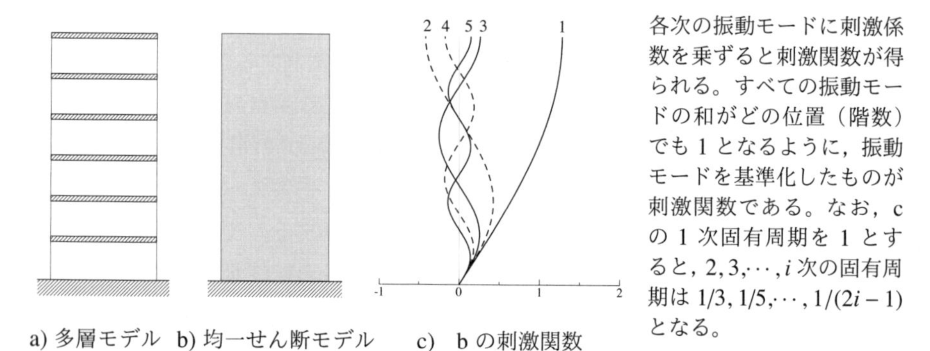

a) 多層モデル　b) 均一せん断モデル　c) b の刺激関数

図 2.22 基礎固定せん断モデルと刺激関数

各次の振動モードに刺激係数を乗ずると刺激関数が得られる。すべての振動モードの和がどの位置（階数）でも 1 となるように，振動モードを基準化したものが刺激関数である。なお，c の 1 次固有周期を 1 とすると，$2, 3, \cdots, i$ 次の固有周期は $1/3, 1/5, \cdots, 1/(2i-1)$ となる。

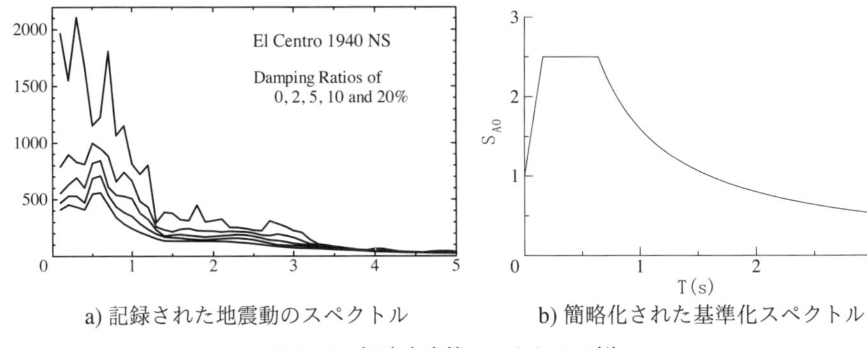

a) 記録された地震動のスペクトル　　b) 簡略化された基準化スペクトル

図 2.23　加速度応答スペクトルの例

解説「要求スペクトルと耐力スペクトル」

地震動によって建築物が振動し，その振動が最大となる時間帯での応答は単純調和運動（sin または cos）で表されるとすると，加速度応答 S_a・速度応答 S_v・変位応答 S_d の間には次の関係がある。

$$S_a = \omega S_v = \omega^2 S_d \tag{2.15}$$

円振動数 ω と周期 T の間には $\omega = (2\pi/T)$ の関係があるので，上式から次式が得られる。

$$S_a = \left(\frac{2\pi}{T}\right)^2 S_d \tag{2.16}$$

上式より，T を一定とすると，S_a と S_d は比例しているので，縦軸を S_a とし横軸を S_d とした図において，原点から始まる放射状の直線はある一定の T を示すことになる［図 2.24 b（70 頁）の原点 O からの直線参照］。

通常の応答スペクトルは横軸が周期［図 2.23（69 頁）参照］，縦軸が S_a・S_v・S_d で，それぞれ加速度応答スペクトル・速度応答スペクトル・変位応答スペクトルという。これに対して，縦軸を S_a，横軸を S_d として応答スペクトルを表したものを要求スペクトル（demand spectrum）という［加速度・変位スペクトル，S_a–S_d スペクトルともいう］。例えば，図 2.24 a［70 頁］は（設計用）加速度応答スペクトの一例であるが，これを要求スペクトルに変換すると同図の b となる。要求スペクトルは通常の応答スペクトルから容易に得られ，応答スペクトルに比べて特別な情報を有しているものではない。

しかし，地震力を受ける構造物の荷重変位曲線は，縦軸が荷重，横軸が変位［図 2.16（64 頁）参照］なので，この荷重変位曲線と要求スペクトルを重ねて描くことにより，建築物の耐力特性と地震動の特性を 1 つの図で示すことができるという利点がある。

例えば，図 2.16［64 頁］のような各層の荷重変形曲線を，限界耐力計算で行うように，等価 1 自由度系［図 1.18（35 頁）参照］に置き換えて，荷重変形曲線を求め，図 2.25 a［71 頁］のように得られたとする。図中の a, b, c は異なる 3 棟の建築物に対する荷重変位曲線を表しており，これらの縦軸を S_{d} と同じ単位に変換し要求スペクトルに重ねて描くと図 2.25 b［71 頁］のようになる。このような荷重変位曲線を耐力スペクトル（capacity spectrum）という。

図 2.25 b の耐力スペクトル a は要求スペクトル A を直線的に横切ってから（× で示される）崩壊に至るので，耐力スペクトル a で表される建築物は要求スペクトル A で表される地震動に対して弾性限以内の挙動をすることになる。耐力スペクトル b で表される建築物は，塑性領域に入るが要求スペクトル A で表される地震動に耐えることができる。耐力スペクトル c で表される建築物は，要求スペクトル A を横切ることがないので，この地震動に耐えることができない。

要求スペクトル B で表される地震動に対しては，耐力スペクトル a, b で表される建築物は弾性限以内で耐えることができ，耐力スペクトル c で表される建築物は塑性領域に入るが耐えることができることになる。

以上のように地震動の特性を表す要求スペクトルと建築物の特性表す耐力スペクトルを比較し耐震性を検証する設計法を「耐力スペクトル法」（Capacity Spectrum Method）[9] といい，限界耐力計算にも取り入れられている [10]。しかし，建築物の特性を耐力スペクトル，地震動の特性を要求スペクトルで単に表すことの妥当性については地震被害調査を含む今後の調査研究が必要であろう。

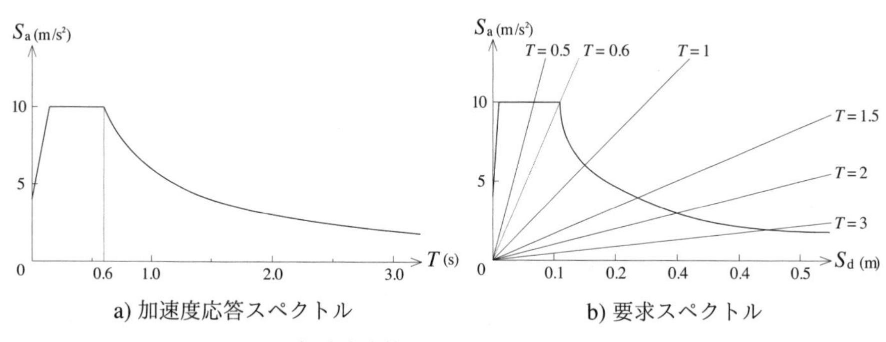

図 2.24　加速度応答スペクトルと要求スペクトル

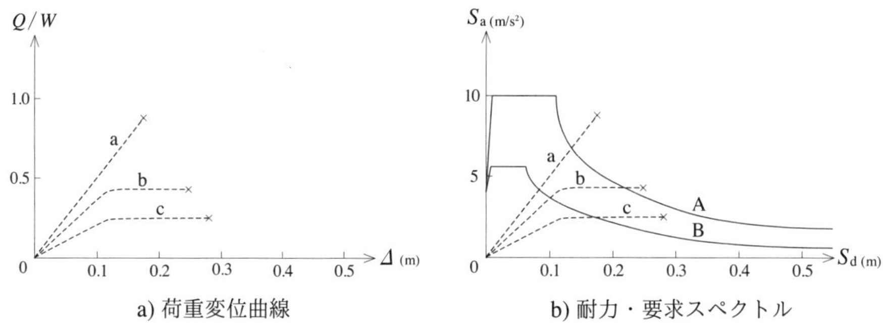

図 2.25　荷重変位曲線と耐力・要求スペクトル

2.5　断面算定

(1) 断面算定とは

構造解析によって得られた構造部材の応力（曲げモーメント，軸方向力，せん断力）によって生ずる応力度が許容応力度を満足するか，変形は許容値を満足するかなどを検証する構造計算のステップは断面算定と呼ばれる［図 2.5（53 頁）参照］。

もし，許容応力度やその他の許容値を満足しない場合には，仮定断面を変更したり，（鉄筋コンクリート造の場合には）補強鉄筋を変更することになる。

部材断面を変更するとそれに生ずる応力も変動するので，構造計算においては，繰り返し計算するのが通常である。

(2) 木造・鉄骨造などの断面算定に用いる式

断面全体がほぼ一様な材質である（木造・鉄骨造などの）場合には，次の各式を用いて部材に生ずる応力度が許容応力度以下であることを検証する。

1) 曲げモーメントに対して

曲げモーメント M によって部材に生ずる最大の縁(ふち)応力度 $\sigma_{\max}$ は，次式で計算される［416 頁の (9.35) 式参照］。

$$\sigma_{\max} = \frac{M}{Z} \tag{2.17}$$

ここで，Z : 部材の断面係数である。

2) せん断力に対して

せん断力 Q によって部材に生ずる最大のせん断応力度 $\tau_{\max}$ は，次式で計算される。

$$\tau_{\max} = \kappa \tau_{\mathrm{ave}} = \kappa \frac{Q}{A} \tag{2.18}$$

ここで，A：部材の断面積，κ：形状係数で例えば矩形断面の場合は $\kappa = 1.5$ である。なお，H 形鋼の場合はウェブの断面積 A を用いて $\kappa = 1.0$ として，せん断応力度を求める［図 2.4（52 頁）参照］。

3) 軸方向力に対して

引張力 P によって部材に生ずる最大の軸方向応力度 σ は，次式で計算される［図 2.1（48 頁）参照］。

$$\sigma = \frac{P}{A} \tag{2.19}$$

圧縮力を受ける部材には座屈［444 頁参照］が生ずることがあるので，その影響を考慮する必要がある。

平 13 国交告 1024（特殊な強度告示）［355 頁］には各種材料について座屈の許容応力度と材料強度が示されているので，引張力と同様の計算によって応力度を求め，それが座屈の許容応力度あるいは材料強度以下であることを検証する。

(3) 鉄筋コンクリート造の断面算定に用いる式

鉄筋コンクリート造の場合，コンクリートの引張応力度を無視し，部材の耐力を計算するのが一般的である。コンクリートのひび割れについては許容する場合・許容しない場合において算定式も異なるため，基規準などでは詳細な規定がある。ここでは学会 RC 規準 [5] に示されている主な式を以下に示す。

1) 梁の許容曲げ耐力

梁の曲げ耐力 M は，釣合鉄筋比†以下の場合は，次式で計算される。

$$M = a_{\mathrm{t}} f_{\mathrm{t}} j \tag{2.20}$$

ここで，a_{t}：引張鉄筋の全断面積，f_{t}：鉄筋の許容応力度，j は応力中心間距離（$\frac{7}{8}d$ としてよい）である［図 2.26（73 頁）参照］。

† 圧縮側のコンクリートと同時に引張側の鉄筋が許容応力度に達する鉄筋比のことで，これ以下の鉄筋量の場合には，鉄筋によって曲げ耐力が決定される。

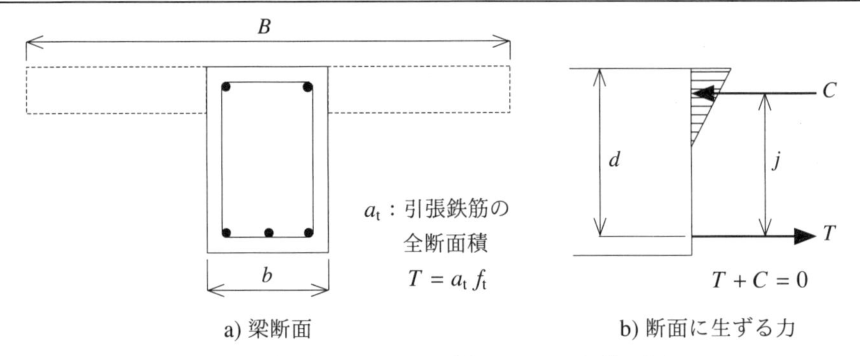

図 2.26　鉄筋コンクリート造梁の断面に生ずる応力

梁の断面 2 次モーメントを求める際には，スラブの協力幅を含めた有効幅 B を用いる。スラブ筋については，許容応力計算の場合は安全側となるので，（梁と一体となって挙動する部分を考慮しても差し支えがないが）考慮しないことが多い。保有水平耐力を求める場合には，スラブ筋を無視することが安全側になるとは限らないので，終局曲げモーメントには一般にスラブ筋を考慮する。C はコンクリートと圧縮鉄筋による圧縮力で $T + C = 0$ となるように生じ，釣合鉄筋比以下の場合は $j = \frac{7}{8}d$ としてよい。

2) 梁・柱の許容せん断耐力

i) 長期許容せん断耐力 Q_{AL} は次式による。

$$Q_{AL} = b\, j\, \alpha\, f_s \tag{2.21}$$

$$\alpha = \frac{4}{M/(Qd)+1} \quad \text{かつ} \quad 1 \leqq \alpha \leqq 2\ (\text{柱の場合は } 1 \leqq \alpha \leqq 1.5) \tag{2.22}$$

ここで，b：梁・柱の幅（T 形梁の場合はウェブの幅），j：応力中心間距離（$\frac{7}{8}d$ としてよい），d：梁・柱の有効成，f_s：コンクリートの長期許容せん断応力度，α：(2.22) 式の割増係数，M：最大モーメント，Q：最大せん断力である。

なお，せん断ひび割れを許容する場合，梁の長期許容せん断耐力は（あばら筋を考慮し）次式により算定してよい。

$$Q_{AL} = b\, j \left\{ \alpha\, f_s + 0.5\, {}_w f_t\, (p_w - 0.002) \right\} \tag{2.23}$$

ここで，p_w：次式によるあばら筋比で 0.006（0.6%）を超える場合は 0.006 として計算する。

$$p_w = \frac{\sum a_w}{b\, x} \tag{2.24}$$

$\sum a_w$：あばら筋の断面積の和，x：あばら筋の間隔，${}_w f_t$：あばら筋のせん断補強用長期許容引張応力度である《その他の記号は (2.21) 式［73 頁］で用いられている記号に準ずる》［柱の帯筋比については図 4.7（131 頁）参照］。

ii) 短期許容せん断耐力 Q_{AS} は次式による。

$$Q_{AS} = bj\left\{\frac{2}{3}\alpha f_s + 0.5\,{}_w f_t (p_w - 0.002)\right\} \tag{2.25}$$

ここで，f_s：コンクリートの短期許容せん断応力度，${}_w f_s$：せん断補強筋（あばら筋または帯筋）の短期許容引張応力度，p_w：次式のせん断補強筋比である。

$$p_w = \frac{\sum a_w}{b\,x} \tag{2.26}$$

$\sum a_w$：せん断補強筋の断面積の和，x：せん断補強筋の間隔である［その他の記号は (2.21) 式〔73 頁〕で用いられている記号に準ずる］。

iii) 大地震動（安全性確保）のための許容せん断耐力 Q_A は次式による。

$$Q_A = bj\{\alpha f_s + 0.5\,{}_w f_t (p_w - 0.002)\} \quad ：梁の場合 \tag{2.27}$$

$$Q_A = bj\{f_s + 0.5\,{}_w f_t (p_w - 0.002)\} \quad ：柱の場合 \tag{2.28}$$

ここで，p_w が 0.012（1.2%）を超える場合は 0.012 とする［その他の記号は (2.21) 式〔73 頁〕，(2.25) 式〔74 頁〕で用いられている記号に準ずる］。

以上の他に，ルート③において保有水平耐力を計算する場合には，梁のせん断耐力を示す (7.5) 式［290 頁］と耐力壁のせん断耐力を示す (7.7) 式［291 頁］が「ルート①～③算定法告示」（281 頁）に示されている。

3) 柱の許容軸方向力と許容曲げ耐力

柱の許容耐力については，軸方向力 N と曲げモーメント M を同時に受け［図 2.27（75 頁）参照］，梁の許容曲げ耐力［72 頁］のように簡単に表すことができない。ここでは矩形断面について学会 RC 規準 [5] で示されている概要を示す。

軸方向力 N を，曲げモーメント M を，偏心距離を e で表すと，一般に次式が得られる。

$$e = \frac{M}{N} \quad すなわち \quad M = eN \tag{2.29}$$

中立軸深さ x_n は次式から求めることができる。

$$x_n - \frac{D}{2} + e = \frac{I_n}{S_n} \tag{2.30}$$

ここで，D：柱成，S_n：中立軸に関する（鉄筋の断面積をヤング係数比倍し引張コンクリート断面を無視した）有効等価断面の 1 次モーメント，I_n：その 2 次モーメントである。

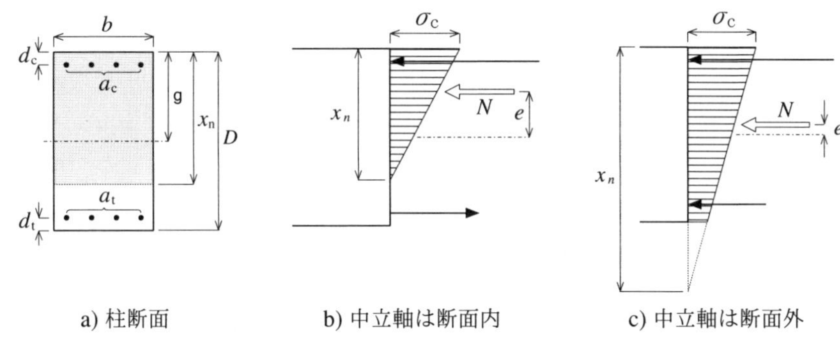

a) 柱断面　　b) 中立軸は断面内　　c) 中立軸は断面外

図 2.27　RC 造柱断面とコンクリートの応力度分布と鉄筋の応力

図 2.27［75 頁］に示されているように，偏心距離 e が大きく中立軸が断面内にある場合（同図 b）と小さく e が中立軸が断面外にある場合（同図 c）において計算式は次のように異なる。

i) 中立軸が断面内の場合

矩形断面の場合，S_n と I_n は次式となる。

$$S_n = \left\{\frac{1}{2}\left(\frac{x_n}{D}\right)^2 + (n-1)\,p_c\left(\frac{x_n}{D} - \frac{d_c}{D}\right) - n\,p_t\left(1 - \frac{d_t}{D} - \frac{x_n}{D}\right)\right\} bD^2 \tag{2.31}$$

$$I_n = \left\{\frac{1}{3}\left(\frac{x_n}{D}\right)^3 + (n-1)\,p_c\left(\frac{x_n}{D} - \frac{d_c}{D}\right)^2 + n\,p_t\left(1 - \frac{d_t}{D} - \frac{x_n}{D}\right)^2\right\} bD^3 \tag{2.32}$$

ここで，b：柱幅，d_c：圧縮縁と圧縮鉄筋の距離，d_t：引張縁と引張鉄筋の距離，n：鉄筋とコンクリートのヤング係数比，$p_c = a_c/(bD)$：圧縮鉄筋比，$p_t = a_t/(bD)$：引張鉄筋比である。

N_1 は圧縮縁のコンクリート応力度 σ_c が許容圧縮応力度 f_c に，N_2 は圧縮側鉄筋が鉄筋の許容圧縮応力度 ${}_rf_c$ に，N_3 は引張鉄筋が鉄筋の許容引張応力度 f_t に，それぞれ達したときの軸方向力で，許容軸方向力 N はそれらの最小値である。

$$N_1 = \frac{S_n}{x_n} f_c \tag{2.33}$$

$$N_2 = \frac{S_n}{n\,(x_n - d_c)}\,{}_rf_c \tag{2.34}$$

$$N_3 = \frac{S_n}{n\,(D - d_t - x_n)} f_t \tag{2.35}$$

なお，許容曲げモーメントは (2.29) 式［74 頁］から求めることができる。

ii) 中立軸が断面外の場合

コンクリート全断面が圧縮となるので，(2.31) 式と (2.32) 式［75 頁］は次のように簡単になる。

$$S_{\mathrm{n}} = A_{\mathrm{e}}(x_{\mathrm{n}} - g) \tag{2.36}$$

$$I_{\mathrm{n}} = I_{\mathrm{g}} + A_{\mathrm{e}}(x_{\mathrm{n}} - g)^2 \tag{2.37}$$

ここで，g：等価断面の重心と圧縮縁との距離で，等価断面とは鉄筋の断面積をヤング係数比倍して算定した断面である。

x_{n} を求める (2.30) 式［74 頁］も次のように簡単になる。

$$x_{\mathrm{n}} = \frac{I_g}{A_{\mathrm{e}}\{g + e - (D/2)\}} + g \tag{2.38}$$

ここで，A_{e}：等価断面積と I_g：等価断面 2 次モーメントは次のように表される。

$$A_{\mathrm{e}} = \{1 + (n-1)(p_{\mathrm{c}} + p_{\mathrm{t}})\}\, bD \tag{2.39}$$

$$I_g = \left\{\frac{1}{3} - \frac{g}{D} + \left(\frac{g}{D}\right)^2 + (n-1)\,p_{\mathrm{c}}\left(\frac{g}{D} - \frac{d_{\mathrm{c}}}{D}\right)^2 + (n-1)\,p_{\mathrm{t}}\left(1 - \frac{g}{D} - \frac{d_{\mathrm{t}}}{D}\right)^2\right\} bD^3 \tag{2.40}$$

許容軸方向力 N は次の N_1 と N_2 の小さい方となる（全断面が圧縮となるので N_3 を考える必要はない）。

$$N_1 = \frac{f_{\mathrm{c}}}{\dfrac{1}{A_{\mathrm{e}}} + \dfrac{g + e - (D/2)}{I_g}\, g} \tag{2.41}$$

$$N_2 = \frac{{}_{\mathrm{r}}f_{\mathrm{c}}}{n\left\{\dfrac{1}{A_{\mathrm{e}}} + \dfrac{g + e - (D/2)}{I_g}(g - d_{\mathrm{c}})\right\}} \tag{2.42}$$

iii) RC 造柱の M–N 曲線

以上より，許容軸方向力 N と許容曲げモーメント M の関係を模式的に表すと図 2.28［77 頁］のようになる。同図において，点線 A より上の実線は (2.41) 式，点線 A～B 間の実線は (2.33) 式，点線 B～C 間の実線は (2.35) 式で決まっている。高強度コンクリートで e の小さい場合を除き，圧縮鉄筋で決まることはないので，(2.34) 式と (2.42) 式で求まる N_2 は同図に示されていない。

以前の RC 規準（例えば [11]）には種々のコンクリートと鉄筋の組合せに対して図 2.28 のような図が多数示されていたが，コンピュータを用いて容易に計算できるので，現在の RC 規準 [5] では 1 つの組合せに対する M–N 曲線が例として示されているのみである。

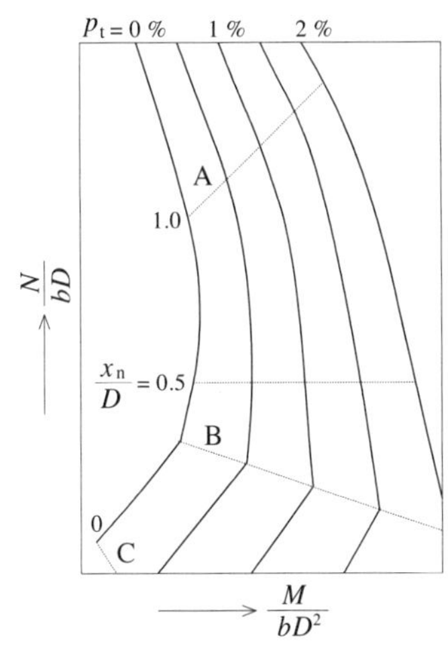

横軸は基準化した許容曲げモーメント $\dfrac{M}{bD^2}$,
縦軸は基準化した許容軸方向力 $\dfrac{N}{bD}$,
実線は鉄筋比 p_t（圧縮も引張も同一),
点線は中立軸深さ比 x_n/D である。

点線 A より上の実線は圧縮縁コンクリートの応力度で決まる (2.41) 式,
点線 A〜B 間の実線は圧縮縁コンクリートの応力度で決まる (2.33) 式,
点線 B〜C 間の実線は引張鉄筋の応力度できまる (2.35) 式を示している。

図 2.28 鉄筋コンクリート造柱の M–N 曲線の模式図

4) 捩れの影響

図 2.29 a［78 頁］のような片持梁（または片持スラブ）の端部には曲げモーメント $M = P\ell$ が生ずる。片持梁はもちろんのこと，片持梁が柱に接続している場合には，柱もこの曲げモーメントに抵抗できるように設計する必要がある。

片持梁（または片持スラブ）が同図 b のように（柱ではなく）梁に接続している場合には，端部の曲げモーメントは梁に対する捩りモーメントとして作用するので，梁はこの捩りモーメントに抵抗できるように設計する。

捩れの影響については未解明の部分もあるので，同図 c のように捩りモーメントに抵抗できるような梁（またはスラブ）が連続しているように設計するのが好ましい。

また，同図 d のように梁が柱の中心に対して偏心している場合には，地震時に梁に生ずる応力が柱に対する捩りモーメントとして作用する。この捩りモーメントによって柱への地震被害を増大させる場合がある。特に，柱の内面に梁がある場合（柱を横切って配置されている同図 d の点線で示すような床スラブがない場合）には，地震時の被害が大きくなる傾向がある。やむを得ず，梁によって捩れが生ずるような場合には，柱のせん断耐力に対して余裕のある設計をすることが推奨される。なお，捩れの影響については文献 [5] の 364〜373 頁に多少詳しい説明がある。

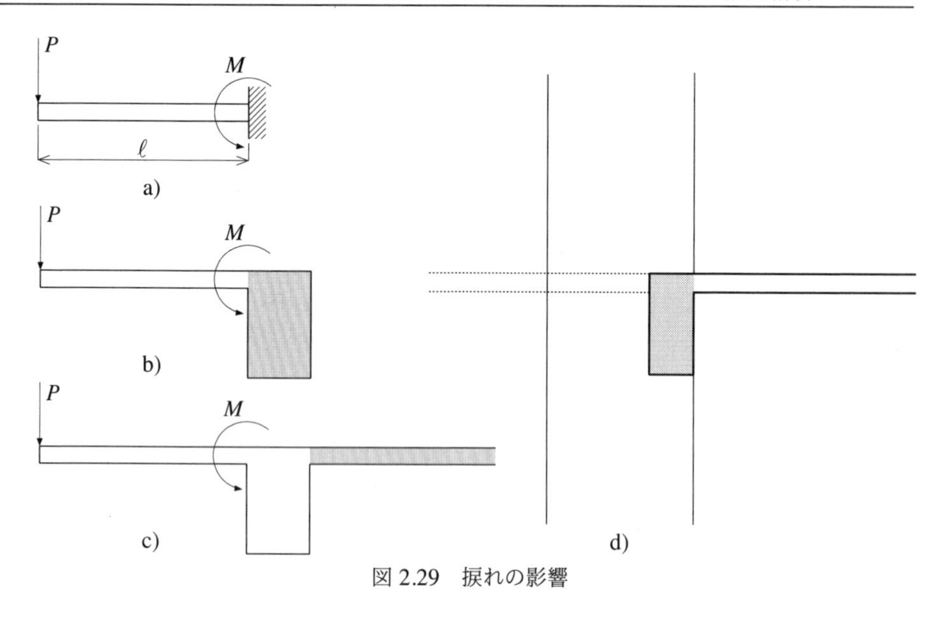

図 2.29 捩れの影響

2.6 許容応力度・材料強度・基準強度

長期・短期の**許容応力度**[†]は表 2.1［55 頁］の荷重・外力の組合せによる長期・短期の応力によって構造部材に生ずる応力度が長期許容応力度・短期許容応力度を超えないことを確かめる際に用いる。**材料強度**[‡]は大地震動（極稀地震動）の検証に用いる保有水平耐力の計算と表 2.1［55 頁］の安全限界の積雪時・暴風時の検証を行う際に用いる。

建築基準法施行令（以下「令」）では，**木材**の許容応力度は令第 89 条［175 頁］，材料強度は令第 95 条［183 頁］，**鋼材**などの許容応力度は令第 90 条［176 頁］，材料強度は令第 96 条［183 頁］，**コンクリート**の許容応力度は令第 91 条［177 頁］，材料強度は令第 97 条［185 頁］，**溶接**の許容応力度は令第 92 条［179 頁］，材料強度は令第 98 条［185 頁］，**高力ボルト**接合の許容応力度は令第 92 条の 2［180 頁］，

† 法令では例えば表 5.9［175 頁］のように「長期に生ずる力に対する許容応力度」，「短期に生ずる力に対する許容応力度」と表現されているが，本書では「長期許容応力度」，「短期許容応力度」あるいは「長期・短期の許容応力度」などと簡略化した用語を用いている。

‡ 材料強度が導入されたのは，1981 年の新耐震施行時のことで，それ以前は短期と長期の許容応力度のみが法令で与えられていた。

地盤および**基礎杭**の許容応力度は令第 93 条［181 頁］にそれぞれ定められている。その他の材料などについて，令第 89 条［175 頁］～令第 99 条［186 頁］に基づく告示によって許容応力度・材料強度・基準強度が定められているので，本書では令の各条に続いて示されている枠の中で示されている告示を参照して欲しい。

令に基づく基準強度・材料強度・許容応力度の関係を示したのが表 2.2［80 頁］である［ただし，組積体の部分は平 13 国交告 1024（特殊な強度告示）〔182 頁〕の規定である］。木材の基準強度には圧縮・曲げ・引張・せん断の 4 種類があるが，他の材料では 1 種類である。材料強度は基本的に基準強度と同じで，許容応力度はそれに安全率を見込み低減した値となっている。鋼材のせん断の材料強度と許容応力度に $1/\sqrt{3}$ が乗じてあることについては 442 頁に説明してある。

なお，鋼材のせん断，コンクリートの引張・せん断・付着，組積体のせん断は基準強度（材料強度）から表 2.2［80 頁］に示されているように算定される。

基準強度の値については各構造材料ごとに告示で示されているが，主な値を示したのが表 2.3［81 頁］～表 2.6［82 頁］である。

解説「**基準強度・材料強度・許容応力度**」

表 2.2［80 頁］より，基準強度・材料強度・許容応力度は次のように決められていることが分かる。

基準強度：材料の強度を表し（木材を除き）材料・材種ごとに 1 つの値である。鋼材は引張強度（圧縮・曲げも同一の値），鉄筋も引張強度（圧縮も同一の値），コンクリートは圧縮強度が基準強度である。木材には，圧縮・引張・曲げ・せん断に対する強度が基準強度として決められている。基準強度を基に材料強度・許容応力度が決められている。

材料強度：保有水平耐力や極稀な荷重に対する検証を行う際に用いる強度で，基本的には基準強度そのものである。ただし，鋼材のせん断の材料強度は基準強度の $1/\sqrt{3}$ 倍，コンクリートの引張・せん断の材料強度は基準強度の 1/10 倍，付着の材料強度は普通コンクリートと軽量コンクリートに対して個別に与えられている。木材の圧縮・引張・曲げ・せん断の材料強度は，それぞれの基準強度と同一である。

許容応力度：短期と長期の許容応力度がある。鋼材と鉄筋は材料強度が短期許容応力度で，その 2/3 倍が長期許容応力度である。木材とコンクリートは材料強度の 2/3 倍が短期許容応力度，短期許容応力度の 1/2 倍が長期許容応力度である。

表 2.2　主な構造材料の基準強度・材料強度・許容応力度（N/mm^2）

材　料	種　類	基準強度	材料強度	許容応力度	
				短　期	長　期
木　材	圧　縮	F_c	F_c	$\frac{2}{3}F_c$	$\frac{1.1}{3}F_c$
	引　張	F_t	F_t	$\frac{2}{3}F_t$	$\frac{1.1}{3}F_t$
	曲　げ	F_b	F_b	$\frac{2}{3}F_b$	$\frac{1.1}{3}F_b$
	せん断	F_s	F_s	$\frac{2}{3}F_s$	$\frac{1.1}{3}F_s$
鋼　材	圧縮, 引張, 曲げ	F	F	F	$\frac{2}{3}F$
	せん断		$\frac{1}{\sqrt{3}}F$	$\frac{1}{\sqrt{3}}F$	$\frac{2}{3\sqrt{3}}F$
鉄　筋	圧縮，引張	F	F	F	$\frac{2}{3}F$
コンクリート	圧　縮	F	F	$\frac{2}{3}F$	$\frac{1}{3}F$
	引張，せん断		$\frac{1}{10}F$	$\frac{1}{15}F$	$\frac{1}{30}F$
	付　着		2.1（1.8）	1.4（1.2）	0.7（0.6）
組積体	圧　縮	F	F	$\frac{2}{3}F$	$\frac{1}{3}F$
	せん断			$\frac{\sqrt{0.1\alpha F}}{2}$	$\frac{\sqrt{0.1\alpha F}}{3}$

F_c，F_t，F_b，F_s：木材の繊維方向の圧縮，引張り，曲げ，せん断に対する基準強度，積雪荷重の場合，いずれの応力度に対しても長期許容応力度（中長期許容応力度）は $(\frac{1.43}{3})F$，短期許容応力度（中短期許容応力度）は $(\frac{1.6}{3})F$ とする。

F：基準強度で，鋼材と鉄筋の場合は降伏点強度，コンクリートの場合は設計基準強度（通常 F_c で表すことが多い），組積体の場合は設計基準強度，
α：組積ユニットの厚さに対する打込み目地と充填コンクリートの厚さの比（打込み目地でない場合は $\alpha = 1$）［図 2.30（80 頁）参照］である。

打込み目地

目地モルタルを敷かずに組積ユニットを積み上げ，その後にコンクリート（またはモルタル）を打ち込み，それが目地に回り込む

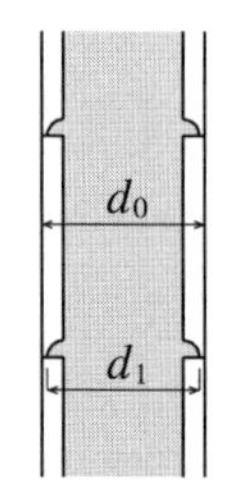

$$\alpha = \frac{d_1}{d_0}$$

d_0：組積体ユニットの厚さ
d_1：打込み目地と充填コンクリートの厚さ

図 2.30　組積体の許容応力度式の係数 α

表 2.3 主な木材の繊維方向の基準強度 (N/mm²)

樹 種	区分・等級	圧 縮	引 張	曲 げ	せん断
べいまつ	甲種 1 級	27.0	20.4	34.2	2.4
	乙種 3 級	13.8	8.4	13.8	
ひのき	甲種 1 級	30.6	22.8	38.4	2.1
	乙種 3 級	23.4	13.8	23.4	
べいつが	甲種 1 級	21.0	15.6	26.4	2.1
	乙種 3 級	17.4	10.3	17.4	
えぞまつ とどまつ	甲種 1 級	27.0	16.2	27.0	1.8
	乙種 3 級	13.8	5.4	9.0	
すぎ	甲種 1 級	21.6	13.2	21.6	1.8
	乙種 3 級	18.0	10.8	18.0	
べいまつ，べいつが えぞまつ，とどまつ	E70	9.6	7.2	12.0	2.1
	E150	39.8	29.4	48.6	1.8*
からまつ ひのき，ひば	E50	11.4	8.4	13.8	2.1
	E150	44.4	33.0	55.2	
すぎ	E50	19.2	14.4	24.0	1.8
	E150	41.4	31.2	51.6	
あかまつ，くろまつ，べいまつ	無等級	22.2	17.7	28.2	2.4
からまつ，ひば，ひのき，べいひ	無等級	20.7	16.2	26.7	2.1
つが，べいつが	無等級	19.2	14.7	25.2	2.1
もみ，えぞまつ，とどまつ，べにまつ，すぎ，べいすぎ，スプルース	無等級	17.7	13.5	22.2	1.8

目視等級は樹種ごとに甲種構造材の 1, 2, 3 級，乙種構造材も 1, 2, 3 級の 6 種に区分されている。**機械等級**はヤング係数を測定し，その値に応じて等級 E50, E70, E90, E110, E130, E150 のように区分される。いずれの場合についても，ここではその一部を示している。なお，せん断の*印はえぞまつ，とどまつに対する値を示す。

解説「**応力度・歪度曲線**」

鋼材の引張とコンクリートの圧縮に対する破壊までの応力度（σ）・歪度（ϵ）曲線を模式的に示すと図 2.31［83 頁］のようになる。

鋼材は降伏点（同図の F）までほぼ線形弾性であるが，その後はほぼ一定の降

表 2.4 主な鋼材の基準強度

材 種	厚 さ	基準強度 (N/mm^2)
SS400 など	40mm 以下	235
	40mm 超	215
SN490 など	40mm 以下	325
	40mm 超	295

この表では代表的な材種のみを表示する。材種名の 3 桁の数字（例えば 400）は引張強さ (N/mm^2) を示し，降伏点強度に相当する基準強度はその 0.6〜0.7 倍程度となっている。

表 2.5 主な鉄筋の基準強度

種 類	材 種	基準強度 (N/mm^2)
丸 鋼	SR235	235
	SR295	295
異形鉄筋	SDR235	235
	SDR295	295
	SDR345	345
	SD390	390

この表では代表的な材種のみを示す。鋼材と異なり材種名の 3 桁の数字（例えば 235）は基準強度（N/mm^2）を表している。

表 2.6 主なコンクリートの設計基準強度

種 類	基準強度 (N/mm^2)
$F_c = 18\,N/mm^2$	18
$F_c = 21\,N/mm^2$	21
$F_c = 24\,N/mm^2$	24
⋮	⋮

コンクリートの種類を表すのに一般に F_c が用いられ，この値が設計基準強度である。学会 RC 規準 [5] では，F_c の範囲として普通コンクリートは 18〜60 N/mm^2，軽量コンクリート 1 種は 18〜36 N/mm^2，軽量コンクリート 2 種は 18〜27 N/mm^2 と単位体積重量の表の中で示されている。

伏点強度 F で歪が増加し，更に歪が増加すると最大の引張強さ（同図の F_{max}）に到達し，破断に至る。なお，鋼材の材種を示す SS400 の 400 は最大強度 F_{max} の値，鉄筋の SR235 の 235 は降伏点強度 F の値をいずれも N/mm^2 の単位で表している。

コンクリートは図 2.31 b［83 頁］に示されているように線形弾性の範囲が極めて小さく，なだらかな上に凸の曲線となり，最大の圧縮強度 F に到達した後に，破壊する。コンクリートの圧縮強度 F は例えば $F_c = 21\,N/mm^2$ のように表現さ

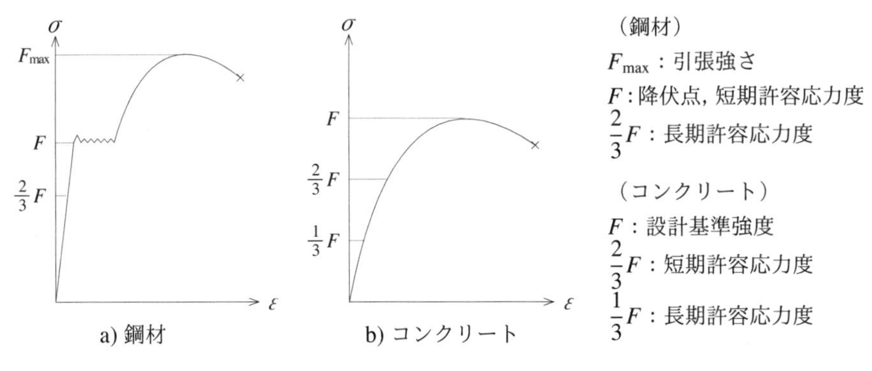

図 2.31　応力度・歪度曲線と応力度の関係

れ，これが設計基準強度である。なお，コンクリート強度は，打設時の気温その他諸々の条件によってばらつきが生じるため，材令 91 日の構造体コンクリート強度が（品質）基準強度よりも低強度となる確率（不良率）が 5% 以下となるように（標準養生した供試体の材令 28 日の圧縮強度が不良率 4% で調合管理強度を満足し，かつ限りなく 0 に近い不良率で調合管理強度の 85% を満足するように）調合強度を設定している [12]。

木材の場合には，鋼材のような明確な降伏点はなく，コンクリートに似た曲線となるが最大強度に達した後，すぐに破壊してしまうことが多い。

解説「許容応力度計算に用いる許容応力度と保有水平耐力計算に用いる材料強度」

許容応力度計算では，構造部材に生ずる応力度が許容応力度以内であるならば安全とする。この際，構造部材の挙動を線形弾性と仮定して解析し，一般には，許容応力度を低めに設定すると，安全性に対する余裕が大きくなる。

しかし，保有水平耐力の計算には，構造部材の弾性・線形域を超えた非線形解析を行い，構造部材の実際の耐力を基に部分的に崩壊形式などを求めながら，建築物全体が崩壊に至る挙動を順次計算していく。ここで重要なことは，構造部材の耐力を低めに推定し構造物の耐力に余裕を持たせようとしても，必ずしも安全性には直結しないことがある。このため，実際の耐力をできる限り正確に推定する必要がある。構造部材の耐力を計算する際に用いるのが「材料強度」で，1981 年の建築基準法改正（新耐震）時に導入されたものである。

長期許容応力度は荷重が長期間作用しても，構造的に問題が生じない範囲で定められている。材料が完全に線形弾性であるならばその限界を許容応力度とすることも考えられるが，木材やコンクリートには，荷重が長期間作用すると変形が徐々に増加する（場合によっては崩壊に至る）クリープ現象が生ずるため，それに対する安全率も考慮されて長期許容応力度が定められている。このため，材料強度 F に対して，木材は 1.1/3，コンクリートは 1/3 を長期許容応力度としているが，クリープ現象が生じない鋼材では 2/3 を長期許容応力度としている。

短期許容応力度にはクリープ現象を考慮する必要がないので，木材とコンクリートでは $2/3F$ を短期許容応力度，鋼材では（降伏点強度に相当する）材料強度 F を短期許容応力度としている。

木材は異方性の材料で，圧縮・引張・曲げ・せん断に対して基準強度が与えられている。コンクリートには圧縮，引張，せん断，付着に対して許容応力度と材料強度が定められているが，構造計算においてコンクリートの引張強度は一般的に無視される。

解説「許容応力度設計と終局強度設計」

日本では，保有水平耐力の計算や安全限界の検証の場合には（弾塑性解析を行い）終局強度が用いられるが，その他の場合には，（線形弾性解析を行い）（長期または短期）許容応力度が用いられている。しかし，海外の多くの国では許容応力度を用いる設計から，（線形弾性解析を行い）終局強度を用いる設計へと移行している。

構造物の安全性は，荷重と耐力の比較によって検証されることが多い。荷重を低めに見積もり，耐力も低めに見積もっても，荷重を高めに見積もり，耐力も高めに見積もっても，安全率を同じように設定することができる。しかし，安全率が荷重や耐力に分散して含まれていると，真の安全率が不明確になる。特に，重力による鉛直方向の荷重と地震力による水平方向の荷重が組み合わさる場合を考えると安全率が一層不明確になってくる。更に，重力は常時作用しているが地震力が作用するのは短時間である。このようなことを考え，想定される最大の荷重を考え，それと構造物の終局強度を比較し，安全性を検証する方が合理的であると考えるようになってきている。

このような理由により，荷重には（最も不利になるであろう）荷重係数を乗じ，それによって生ずる応力と構造物（実際には構造部材）の終局耐力を比較することによって安全性を検証する終局強度設計が海外では主流になっている。

第 II 部

建築基準法の構造関連規定

第 3 章

建築基準法・施行令の構成と概要

3.1　構造関係規定の構成と概要

構造関係の規定は建築基準法（以下「法」）と同施行令（以下「令」）および関連告示に定められているので，ここではその規定の概要を示し，若干の解説を加えることにする。ただし，用語や表示を含めて各規定その通りではなく，次頁に示すように，仮名を漢字にしたり，逆に漢字を仮名にしたり，誤解が生じないと考えられる範囲で要約・省略も行っている。このため，実務においては法・令・告示そのものや解説書 [3] などを参照し，誤りのないようにして欲しい。

単位については，例えば（単位 mm）と書かれているものを，単に（mm）と示している。また，1 平方メートルにつき 100 kN は 100 kN/m^2 のように表示している。表については，2 頁にわたる部分を 2 つの表に分割していたり，表中に示されている記号の説明などを本文に移している場合もある。表の番号と標題については法・令・告示では付けられていないのが一般的であるが，本書では参照しやすいように番号と標題を付けている。また，式にも番号を付けている。

なお，法・令・告示の中の（　）が二重・三重になっている場合は外側に《　》，【　】を用い，[　] は説明のために書き加えた部分である。また，多くの基準・解説書と異なり，枠で囲まれた部分は法・令・告示の本文ではなく解説などを示している。

法令に基づく告示は，法令本文に続き枠の中で，その概要が示されている。その概要の中で，告示の標題に続き頁数が示されている告示については，告示本文が第 6 章～第 8 章で示されている。すべての関連告示が示されている訳ではないので，その他の告示については，法令集を参照して欲しい。

（法令）	（本書）	（法令）	（本書）	（法令）	（本書）
あばら筋	肋筋	型わく	型枠	けた	桁
及び	および	木ずり	木摺	ささえ	支え
かた木	堅木	くい	杭	さび	錆
から	～	くぎ	釘	しっくい	漆喰

（法令）	（本書）	（法令）	（本書）
せっこう	石膏	・・・しなければならない。	・・・する。
建て	建	・・・してはならない。	・・・しない。
たる木	垂木	・・・すること。	・・・する。
つり木	吊り木	・・・であって,	・・・で,
出すみ	出隅	・・・であるときは	・・・では
手すり	手摺	・・・にあっては,	・・・では,
等	など	・・・については,	・・・には,
並びに	ならびに	・・・によるものによって	・・・によって
軒の高さ	軒高	・・・場合には,	・・・場合は,
延べ面積	延面積	・・・場合において,	・・・場合,
はり	梁	・・・場合においては,	・・・場合には,
はりせい	梁成	・・・ものとして	・・・として
張り間	張間	コンクリートブロック（造）	CB（造）
引張り	引張	鉄筋コンクリート（造）	RC（造）
へい	塀	鉄骨造	S造
みぞ	溝	鉄骨鉄筋コンクリート（造）	SRC（造）
又は	または	プレストレストコンクリート（造）	PC（造）
むな木	棟木	鉄筋コンクリート組積造	RM造
若しくは	もしくは	日本工業規格	JIS
屋根ふき材	屋根葺材	日本農林規格	JAS
良く	よく	地階を除く階数がX	地上X階建

「許容応力度等計算」,「耐久性等関係規定」,「畜舎等建築物」などについては，一連の用語なので,「等」は漢字のまま用いる。その他，略称や標題などに「等」を用いている場合がある。

3.2　建築基準法による手続き・構造耐力・材料などの規定

建築基準法は次の第1章～第7章（第1条～第106条）よりなるが，ここでは構造と特に関係のある部分のみを示す。

第１章　総則（第 1 条～第 18 条の 3）
第２章　建築物の敷地，構造および建築設備（第 19 条～第 41 条）
第３章　都市計画区域などにおける建築物の敷地，構造，建築設備および用途（第 41 条の 2～第 68 条の 9）
第３章の２　型式適合認定など（第 68 条の 10～第 68 条の 26）
第４章　建築協定（第 69 条～第 77 条）
第４章の２　指定資格検定機関など（第 77 条の 2～第 77 条の 57）
第４章の３　建築基準適合判定資格者の登録（第 77 条の 58～第 77 条の 65）
第５章　建築審査会（第 78 条～第 83 条）
第６章　雑則（第 84 条～第 97 条の 6）
第７章　罰則（第 98 条～第 106 条）

（建築物の建築などに関する申請および確認）

第６条[†]

［確認申請：建築主は次に掲げる建築物を建築する場合は，確認の申請書を提出し，確認済証を受ける。］

１号 別表第 1［本書では省略］（い）欄に掲げる用途［劇場，映画館，病院，学校，体育館，百貨店，倉庫，車庫など］に供する特殊建築物で，その用途に供する部分の床面積の合計が 100 m^2 を超えるもの。

２号 木造の建築物で 3 以上の階を有し，または延面積 500 m^2，高さ 13 m もしくは軒高 9 m を超えるもの。

３号 木造以外の建築物で 2 以上の階を有し，または延面積 200 m^2 を超えるもの。

４号 前 3 号に掲げる建築物を除くほか，都市計画区域もしくは準都市計画区域（いずれも都道府県知事が都道府県都市計画審議会の意見を聴いて指定する区域を除く）もしくは景観法（平成 16 年法律第 110 号）第 74 条第 1 項の準景観地区（市町村長が指定する区域を除く）内または都道府県知事が関係市町村の意見を聴いてその区域の全部もしくは一部について指定する区域内における建築物

2～9 項　［確認申請の手続きに関する項で本書では省略］

[†] 法令・告示では，算用数字・漢数字を用い項・号などと書いていないが，参照する際には項・号を付けている。本書ではすべて算用数字を用い，混同を防ぐため項・号を付けて表示している。

（構造耐力）

第20条　建築物は，自重，積載荷重，積雪荷重，風圧，土圧および水圧ならびに地震その他の震動および衝撃に対して安全な構造とし，次の各号に掲げる建築物の区分に応じ，それぞれ当該各号に定める基準に適合すること。

> 建築物の高さと規模に応じて採用すべき構造計算方法が示されている。地震に関する部分が本書の「耐震計算ルート」（7頁以降）［図1.1（8頁）参照］に示されている。その概要を次に示す。
>
> **1号**　ルート5（時刻歴解析）の適用となる高さ60mを超える「超高層建築物」，
>
> **2号**　ルート4（限界耐力計算）またはルート3（保有水平耐力計算）の適用となる高さ60m以下の「大規模建築物」，
>
> **3号**　ルート1（許容耐力計算）の適用となる高さ31m以下の「中規模建築物」，
>
> **4号**　ルート0（構造計算不要）の適用となる「小規模建築物」の規定である。
>
> いずれのルートも上位の（番号の大きな）ルートを用いることができる。
>
> なお，構造計算不要（所要の構造規定を満足する必要がある）の通称「4号建築物」とは次の建築物である。
>
> 木造：階数 ≦ 2，延面積 ≦ 500 m^2，高さ ≦ 13m，軒高 ≦ 9m の建築物
>
> 木造以外：平屋建，延面積 ≦ 200 m^2 の建築物
>
> （かつ，石造，れんが造では，高さ ≦ 13m，軒高 ≦ 9m）

1号［超高層建築物］高さ60mを超える建築物：

当該建築物の安全上必要な構造方法に関して政令［令第36条（96頁）～第80条の3（146頁），第129条の2の4（建築設備に関する規定で本書では省略）］で定める技術基準に適合すること。この場合，その構造方法は，荷重および外力によって建築物の各部分に連続的†に生ずる力および変形を把握すること，その他の政令［令第81条（147頁）～第99条（186頁）］で定める基準に従った構造計算によって安全性が確かめられたものとして国土交通大臣の認定を受けたものであること。

2号［大規模建築物］高さ60m以下の建築物のうち，第6条第1項第2号［89頁］に掲げる建築物（高さ13mまたは軒高9mを超えるものに限る）または同項第3号に掲げる建築物（地上4階建以上であるS造の建築物，高さ20m

† 時間的に連続であることを意味し，具体的には時刻歴（応答）解析を行う。

を超える RC 造または SRC 造の建築物，その他これらの建築物に準ずるとして政令［令第 36 条の 2（98 頁)］で定める建築物に限る)：

次に掲げる基準のいずれかに適合すること。

イ 当該建築物の安全上必要な構造方法に関して政令［令第 36 条（96 頁)，令第 129 条の 2 の 4（建築設備に関する規定で本書では省略)］で定める技術基準に適合すること。この場合，その構造方法は，地震力によって建築物の地上部分の各階に生ずる水平方向の変形を把握すること，その他の政令［令第 81 条（147 頁)］で定める基準に従った構造計算で，国土交通大臣［平 19 国交告 592† (構造計算原則告示)，92 頁，192 頁］が定めた方法によるもの，または国土交通大臣の認定を受けたプログラムによって確かめられる安全性を有すること。

ロ 前号に定める基準に適合すること。

3 号［中規模建築物］高さ 60 m 以下の建築物のうち，第 6 条第 1 項第 2 号［89 頁］または第 3 号に掲げる建築物その他その主要構造部（床，屋根および階段を除く）を石造，れんが造，コンクリートブロック［CB］造，無筋コンクリート造その他これらに類する構造とした建築物で高さ 13 m または軒高 9 m を超えるもの（前号に掲げる建築物を除く)：

次に掲げる基準のいずれかに適合すること。

イ 当該建築物の安全上必要な構造方法に関して政令［令第 36 条（96 頁)，第 129 条の 2 の 4（建築設備に関する規定で本書では省略)］で定める技術基準に適合すること。この場合，その構造方法は，構造耐力上主要な部分ごとに応力度が許容応力度を超えないことを確かめること，その他の政令［令第 81 条第 3 項（151 頁)］で定める基準に従った構造計算で，国土交通大臣［平 19 国交告 592（構造計算原則告示)，92 頁，192 頁］が定めた方法によるもの，または国土交通大臣の認定を受けたプログラムによって確かめられる安全性を有すること。

ロ 前 2 号に定める基準のいずれかに適合すること。

4 号［小規模建築物，4 号建築物］前 3 号に掲げる建築物以外の建築物：

次に掲げる基準のいずれかに適合すること。

† 「平成 19 年国土交通省告示第 592 号」をこのように略して表示する。

イ　当該建築物の安全上必要な構造方法に関して政令［令第36条（96頁），第129条の2の4（建築設備に関する規定で本書では省略）］で定める技術的基準に適合すること。

ロ　前3号に定める基準のいずれかに適合すること。

「構造計算原則告示」

法第20条第2号イ［91頁］および第3号イの規定に基づき次の告示がある。

平19国交告592「建築物の構造方法が安全性を有することを確かめるための構造計算の方法を定める件」［192頁］

（概要） 構造計算において採用すべき解析方法や算定式などの原則を定めている。

1号　令第3章第8節［147頁］に規定する構造計算は，

イ　建築物が弾性的な挙動をする場合は，固定モーメント法，撓角（たわみかく）法など，

ロ　塑性的な挙動を考慮する場合は，増分解析，極限解析，節点振分け法など，

ハ　変形の増大に伴う塑性的な挙動を解析する場合は，増分解析法などを用いる。

2号　計算の際に特別な算定式・数値を用いる場合は，それらが適切であることを確かめる。

2項　前項に規定する基準の適用上1の建築物であっても別の建築物とみなすことができる部分として政令で定める部分が2以上ある建築物の当該建築物の部分は，同項の規定の適用については，それぞれ別の建築物とみなす。

（大規模の建築物の主要構造部）

第21条　高さ13mまたは軒高9mを超える建築物《その主要構造部（床，屋根および階段を除く）の政令で定める部分の全部または一部に木材，プラスチックその他の可燃材料を用いたものに限る》は，第2条第9号の2イ［本書では省略］に掲げる基準に適合するもの［主要構造部が耐火構造］とする。ただし，構造方法，主要構造部の防火の措置その他の事項について防火上必要な政令で定める技術的基準に適合する建築物（政令で定める用途に供するものを除く）は，この限りでない。

2項　延面積3 000 m^2 を超える建築物《その主要構造部（床，屋根および階段を除く）の前項の政令で定める部分の全部または一部に木材，プラスチックその他の可燃材料を用いたものに限る》は，第2条第9号の2イ［本書では省略］に掲げる基準に適合するもの［主要構造部が耐火構造］とする。

（建築材料の品質）

第 37 条　建築物の基礎，主要構造部その他安全上，防火上または衛生上重要である政令［令第 144 条の 3（本書では省略）］で定める部分に使用する木材，鋼材，コンクリートその他の建築材料として国土交通大臣が定めるもの（以下この条において「指定建築材料」）は，次の各号の 1 に該当するものとする。

1 号　その品質が，指定建築材料ごとに国土交通大臣の指定する JIS または JAS に適合するもの。

2 号　前号に掲げるもののほか，指定建築材料ごとに国土交通大臣が定める安全上，防火上または衛生上必要な品質に関する技術的基準に適合するものであることについて国土交通大臣の認定を受けたもの。

「指定材料告示」

法第 37 条第 1 号［93 頁］，第 2 号に基づく告示には，

平 12 建告 1446「建築物の基礎，主要構造部などに使用する建築材料ならびにこれらの建築材料が適合すべき JIS または JAS および品質に関する技術基準を定める件」（平 26 国交告 1415 改正）がある。

（概要） 建築材料が適合すべき，法第 37 条［93 頁］第 1 号に対応する JIS と JAS（「指定 JIS 等規格」と呼ばれる）が別表第 1（本書では省略），第 2 号に対応する品質基準およびその測定方法などが別表第 2（本書では省略），検査項目と検査方法が別表第 3（本書では省略）（大臣が定めたものは「指定建築材料」と呼ばれる）に示されている。この告示は全体で 80 頁を超えるものである。

（特殊の構造方法または建築材料）

第 38 条　この章の規定およびこれに基づく命令の規定は，その予想しない特殊の構造方法または建築材料を用いる建築物については，国土交通大臣がその構造方法または建築材料がこれらの規定に適合するものと同等以上の効力があると認める場合には，適用しない。

平成 12 年の法改正による性能規定化にともない削除されていた旧法第 38 条が復活し，内容は旧第 38 条をほぼ受け継いでいる。これによって，性能規定のみでは対応できなかった特殊な構造や工法，材料なども大臣認定により使用できるようになり，既存不適格建築物に対する増改築などが可能となることも期待される。

（市町村の条例による制限の緩和）

第41条　第6条第1項第4号［89頁］の区域外では，市町村は，土地の状況により必要と認める場合には，国土交通大臣の承認を得て，条例で，区域を限り，第19条，第21条，第28条，第29条および第36条［これらの条は第21条（92頁）を除き本書では省略］の規定の全部もしくは一部を適用せず，またはこれらの規定による制限を緩和することができる。ただし，第6条第1項第1号［89頁］および第3号の建築物については，この限りでない。

（工作物への準用）

第88条［本書では省略］

（要約）法第88条では，煙突，広告塔，高架水槽，擁壁その他これらに類する工作物で政令で指定するもの，昇降機，ウォーターシュート，飛行塔その他これらに類する工作物で政令で指定するもの，および製造施設，貯蔵施設，遊戯施設等の工作物で政令で指定するものに法を準用する場合の適用条項が示されている。

3.3　建築基準法施行令による構造技術基準（令第36～39条）

建築基準法施行令は，次のように第1章～第10章（第1条～第150条）よりなるが，本書では構造と特に関係のある部分のみを示す。

第1章　総則（第1条～第18条）

第2章　一般構造（第19条～第35条）

第3章　構造強度（第36条～第106条）

第4章　耐火構造，準耐火構造，防火構造，防火区画など（第107条～第116条）

第5章　避難施設など（第116条の2～第129条の3）

第5章の2　特殊建築物などの内装（第128条の3の2～第129条）

第5章の2の2　避難上の安全の検証（第129条2～第129条の2の2）

第5章の3　主要構造部を木造とすることができる大規模の建築物（第128条の2の3）

第5章の4　建築設備など（第129条の2の4～第129条の15）

第6章　建築物の用途（第130条～第130条の9の5）

第７章　建築物の各部分の高さなど（第130条の10～第136条）
第７章の２　防火地域または準防火地域内の建築物
（第136条の2～第136条の2の3）
第７章の２の２　特定防火街区整備地区内の建築物（第136条の2の4）
第７章の３　地域計画などの区域（第136条の2の5～第136条の2の8）
第７章の４　都市計画区域および準都市計画区域以外の区域内の建築物の敷地
および構造（第136条の2の9～第136条の2の10）
第７章の５　型式適合認定など（第136条の2の11～第136条の2の13）
第７章の６　指定確認検査機関など（第136条の2の14～第136条の2の18）
第７章の７　建築基準適合判定資格者の登録手数料（第136条の2の19）
第７章の８　工事現場の危害の防止（第136条の2の20～第136条の8）
第７章の９　簡易な構造の建築物に対する制限の緩和
（第136条の9～第136条の11）
第７章の10　１の敷地と見なすことなどによる制限の緩和（第136条の12）
第８章　既存の建築物に対する制限の緩和など（第137条～第137条の18）
第９章　工作物（第138条～第144条の2の4）
第10章　雑則（第144条の3～第150条）

第１章　総則

第１節　用語の定義等

（用語の定義）

第１条　［第1号～第6号のうち，ここでは第2号と第3号のみを示す。］

２号 地階　床が地盤面下にある階で，床面から地盤面までの高さがその階の天井の高さの1/3以上のものをいう

３号 構造耐力上主要な部分　基礎，基礎杭，壁，柱，小屋組，土台，斜材（筋かい，方杖，火打材その他これらに類するもの），床版，屋根版または横架材（梁，桁その他これらに類するもの）で，建築物の自重もしくは積載荷重，積雪荷重，風圧，土圧もしくは水圧または地震その他の震動もしくは衝撃をささえるもの。

第 3 章　構造強度

第 1 節　総則

（構造方法に関する技術的基準）

第 36 条　法第 20 条第 1 項第 1 号［90 頁］の政令で定める技術的基準（建築設備に係る技術的基準を除く）は，耐久性等関係規定《この条から第 36 条の 3［99 頁］まで，第 37 条［100 頁］，第 38 条［100 頁］第 1 項，第 5 項および第 6 項，第 39 条［101 頁］第 1 項および第 4 項，第 41 条［103 頁］，第 49 条［115 頁］，第 70 条［126 頁］，第 72 条［127 頁］（第 79 条の 4［134 頁］および第 80 条［135 頁］において準用する場合を含む），第 74 条［128 頁］～第 76 条［129 頁］まで（これらの規定を第 79 条の 4［134 頁］および第 80 条［135 頁］において準用する場合を含む），第 79 条［133 頁］（第 79 条の 4［134 頁］において準用する場合を含む），第 79 条の 3［134 頁］ならびに第 80 条の 2［135 頁］（国土交通大臣が定めた安全上必要な技術的基準のうちその指定する基準に係る部分に限る）の規定，以下同じ》に適合する構造方法を用いること。

令第 36 条第 1 項［96 頁］に基づく告示には，
平 13 国交告 1540（2×4 プレハブ告示）［135 頁，235 頁］，
平 14 国交告 411（丸太組構法告示）［136 頁，256 頁］，
平 19 国交告 599（ALC パネル告示）［137 頁］，
平 13 国交告 1641（軽量形鋼造告示）［137 頁］，
平 14 国交告 464（CFT 造告示）［138 頁］，
平 13 国交告 1025（壁式ラーメン造告示）［138 頁］，
平 13 国交告 1026（WRC 造告示）［139 頁］，
平 15 国交告 463（RM 造告示）［139 頁，264 頁］，
平 14 国交告 326（デッキプレート版告示）［140 頁］，
平 14 国交告 463（システムトラス告示）［141 頁］，
平 12 建告 2009（免震構造告示）［142 頁］，
昭 58 建告 1320（PC 造告示）［144 頁］，
平 14 国交告 410（アルミ合金造告示）［144 頁］，
平 14 国交告 666（膜構造告示）［145 頁］，
平 14 国交告 667（テント倉庫告示）［145 頁］がある。

ここで，頁数が 2 つある場合は，前が告示概要，後が告示本文の頁数（以下同様）である。

2 項　法第 20 条第 1 項第 2 号イ［91 頁］の政令で定める技術的基準（建築設備に係る技術的基準を除く）は，次の各号に掲げる場合の区分に応じ，それぞれ当該各号に定める構造方法を用いる。

1 号 第 81 条第 2 項第 1 号イ［148 頁，保有水平耐力計算］に掲げる構造計算によって安全性を確かめる場合：
この節から第 4 節の 2［120 頁］まで，第 5 節《第 67 条第 1 項［124 頁］（同項各号に掲げる措置に係る部分を除く）および第 68 条第 4 項［125 頁］（これらの規定を第 79 条の 4［134 頁］において準用する場合を含む）を除く》，第 6 節《第 73 条［127 頁］，第 77 条［130 頁］第 2 号〜第 6 号，第 77 条の 2［132 頁］第 2 項，第 78 条［132 頁］（プレキャスト鉄筋コンクリートで造られた梁で 2 以上の部材を組み合わせるものの接合部に適用される場合に限る）および第 78 条の 2 第 1 項第 3 号［132 頁］（これらの規定を第 79 条の 4［134 頁］において準用する場合を含む）を除く》，第 6 節の 2［134 頁］，第 80 条［135 頁］および第 7 節の 2［135 頁］《第 80 条の 2［135 頁］（国土交通大臣が定めた安全上必要な技術的基準のうちその指定する基準に係る部分に限る）を除く》の規定に適合する構造方法

2 号 第 81 条第 2 項第 1 号ロ［148 頁，限界耐力計算］に掲げる構造計算によって安全性を確かめる場合：
耐久性等関係規定に適合する構造方法

3 号 第 81 条第 2 項第 2 号イ［148 頁，許容応力度等計算］に掲げる構造計算によって安全性を確かめる場合：
この節から第 7 節の 2［135 頁］までの規定に適合する構造方法

令第 36 条第 2 項第 1 号［97 頁］に基づく告示には，
平 13 国交告 1540（2 × 4 プレハブ告示）［135 頁，235 頁］，
平 13 国交告 1641（軽量形鋼造告示）［137 頁］，
平 14 国交告 464（CFT 造告示）［138 頁］，
平 13 国交告 1026（WRC 造告示）［139 頁］，

平15国交告463（RM造告示）［139頁，264頁］，
平14国交告326（デッキプレート版告示）［140頁］，
平14国交告463（システムトラス告示）［141頁］，
昭58建告1320（PC造告示）［144頁］，
平14国交告410（アルミ合金造告示）［144頁］がある。

3項　法第20条第1項第3号イ［91頁］および第4号イ［91頁］の政令で定める技術的基準（建築設備に係る技術的基準を除く）は，この節から第7節の2［135頁］までの規定に適合する構造方法を用いる。

（地上4階建以上であるS造の建築物などに準ずる建築物）

第36条の2　法第20条第1項第2号［90頁］の政令で定める建築物［高さ60m以下の大規模建築物］は，次に掲げる建築物とする。

1号　地上4階建以上である組積造または補強CB造の建築物
2号　［地上4階建以上の他］地上3階建以下であるS造の建築物で，高さ13mまたは軒高9mを超えるもの
3号　RC造とSRC造とを併用する建築物で，高さ20mを超えるもの
4号　木造，組積造，補強CB造もしくはS造のうち2以上の構造を併用する建築物，またはこれらの構造のうち1以上の構造とRC造もしくはSRC造とを併用する建築物で，次のイまたはロのいずれかに該当するもの
　イ　地上4階建以上である建築物
　ロ　高さ13mまたは軒高9mを超える建築物
5号　前各号に掲げるものの他，その安全性を確かめるために地震力によって地上部分の各階に生ずる水平方向の変形を把握することが必要であるものとして，構造または規模を限って国土交通大臣が指定する建築物［平19国交告593（ルート1適用告示），98頁］

「ルート1適用告示」
　令第36条の2第5号［98頁］の規定に基づき次の告示がある。
平19国交告593「建築基準法施行令第36条の2第5号の国土交通大臣が指定する建築物を定める件」（平27国交告186改正）［194頁］

（概要）地震力による水平方向の変形を把握する必要がある建築物を規定しているが「・・・該当するもの以外のもの」という表現となっており，実際にはルート[1]の適用条件を定めている告示である。なお，第1号～第4号までが10頁以降の節で要約されている。

1号　S造の規定［10頁］，

2号　RC造の規定［12頁］，

3号　木造，組積造，補強CB造，S造，RC造，SRC造を併用する建築物の規定［14頁］，

4号　木造とRC造を併用する建築物の規定［14頁］，

5号　床版または屋根版にデッキプレート版を用いた建築物の規定，

6号　床版または屋根版に軽量気泡コンクリートパネルを用いた建築物の規定，

7号　屋根版にシステムトラスを用いた建築物の規定，

8号　骨組膜構造の規定がある。

（構造設計の原則）

第36条の3　建築物の構造設計に当たっては，その用途，規模および構造の種別ならびに土地の状況に応じて柱，梁，床，壁などを有効に配置し，建築物全体が，これに作用する自重，積載荷重，積雪荷重，風圧，土圧および水圧ならびに地震その他の震動および衝撃に対して，一様に構造耐力上安全であるようにする。

2項　構造耐力上主要な部分は，建築物に作用する水平力に耐えるように，釣合いよく配置する。

3項　建築物の構造耐力上主要な部分には，使用上の支障となる変形または振動が生じないような剛性および瞬間的破壊が生じないような靭性（じんせい）をもたすようにする。

解説「構造設計の原則」

令第36条の3には，概念的なことしか書かれていないような感じがするかも知れないが，非常に重要な規定である。この原則を忘れ，構造計算の一貫プログラムを用い，解説本などに頼り切っている傾向が見られる。構造技術者が自ら構造の健全性を考え，これらの原則を実践できるのであれば，法・令・告示で詳細に定められている規定の大部分が不要となるであろう。構造技術者が自らこのようになる努力をして欲しいと願っている。

なお，ISO/TC98（構造物の設計の基本を扱う技術委員会）では構造健全性

（structural integrity または structural robustness）とは想定外と思われるような作用が生じても，構造物が容易に破壊されないようなことを意味している用語として用いられている [13]。

（別の建築物とみなすことができる部分）

第36条の4　法第20条第2項［92頁］（法第88条第1項において準用する場合を含む）の政令で定める部分は，建築物の2以上の部分がエキスパンションジョイントその他の相互に応力を伝えない構造方法のみで接している場合における当該建築物の部分とする。

第2節　構造部材など

（構造部材の耐久）

第37条　構造耐力上主要な部分で特に腐食(ふしょく)，腐朽(ふきゅう)または摩損(まそん)のおそれのあるものには，腐食，腐朽もしくは摩損しにくい材料または有効な錆止め，防腐(ぼうふ)もしくは摩損防止のための措置をした材料を使用する。

（基礎）

第38条　建築物の基礎は，建築物に作用する荷重および外力を安全に地盤に伝え，かつ地盤の沈下または変形に対して構造耐力上安全なものとする。

2項　建築物には，異なる構造方法による基礎を併用しない。

3項　建築物の基礎の構造は，建築物の構造，形態および地盤の状況を考慮して国土交通大臣が定めた構造方法を用いる。この場合，高さ13 m または延面積3 000 m^2 を超える建築物で，当該建築物に作用する荷重が最下階の床面積につき100 kN/m^2 を超えるものは，基礎の底部（基礎杭を使用する場合は，当該基礎杭の先端）を良好な地盤に達するようにする。

令第38条第3項［100頁］に基づく告示には，
平12建告2009（免震構造告示）［142頁］がある。

4項　前2項の規定は，建築物の基礎について国土交通大臣が定める基準に従った構造計算によって構造耐力上安全であることが確かめられた場合には，適用しない。

「基礎構造告示」

令第38条第3項［100頁］，第4項の規定に基づき次の告示がある。

平12建告1347「建築物の基礎の構造方法および構造計算の基準を定める件」［201頁］
(概要) 基礎の構造方法および構造計算の基準である。
第1　基礎の構造は地盤の長期に生ずる力に対する許容応力度（長期許容地耐力度）20 kN/m^2 未満の場合は基礎杭を用いた構造，20 以上 30 kN/m^2 未満の場合は基礎杭を用いた構造またはべた基礎，30 kN/m^2 以上の場合は基礎杭を用いた構造，べた基礎または布基礎とする。その他に，
2項　基礎杭を用いた構造の規定，
3項　べた基礎の規定，
4項　布基礎の規定，
第2　基礎の構造計算の基準の規定がある。

令第38条第4項［100頁］に基づく告示には，
平14国交告474（特定畜舎等告示）［141頁］，
平14国交告667（テント倉庫告示）［145頁］がある。

5項　打撃，圧力または振動により設けられる基礎杭は，それを設ける際に作用する打撃力その他の外力に対して構造耐力上安全なものとする。
6項　建築物の基礎に木杭を使用する場合には，その木杭は，平屋建の木造建築物に使用する場合を除き，常水面下にあるようにする。

（屋根葺材など）
第39条　屋根葺材，内装材，外装材，帳壁その他これらに類する建築物の部分および広告塔，装飾塔その他建築物の屋外に取り付けるものは，風圧ならびに地震その他の震動および衝撃によって脱落しないようにする。
2項　屋根葺材，外装材および屋外に面する帳壁の構造は，構造耐力上安全なものとして国土交通大臣が定めた構造方法を用いる。

「外装材等告示」
令第39条第2項［101頁］の規定に基づき次の告示がある。
昭46建告109「屋根葺材，外装材および屋外に面する帳壁の構造方法」（平12建告1348改正）［204頁］
(概要) 屋外に面する非構造部材の地震や台風などによる被害を防ぐ規定である。

第 1 屋根葺材の規定，
第 2 外装材の規定，
第 3 屋外に面する帳壁の規定がある。

3 項　特定天井（脱落によって重大な危害を生ずるおそれがあるものとして国土交通大臣が定める天井，以下同じ）の構造は，構造耐力上安全なものとして，国土交通大臣が定めた構造方法を用いるものまたは国土交通大臣の認定の受けたものとする。

「特定天井告示」

令第 39 条第 3 項［102 頁］の規定に基づき次の告示がある［図 3.1（102 頁）参照］。

平 25 国交告 771「特定天井および特定天井の構造耐力上安全な構造方法を定める件」［207 頁］

（概要）大規模な吊り天井（特定天井）の地震被害を防ぐための規定である。

第 1 用語，
第 2 特定天井，
第 3 特定天井の構造方法がある。

4 項　特定天井で特に腐食，腐朽その他の劣化のおそれのあるものには，腐食，腐朽その他の劣化しにくい材料または有効なさび止め，防腐その他の劣化防止のための措置をした材料を使用する。

「特定天井告示」は，2011 年東日本大震災の教訓から 2013 年に制定された。天井被害の防止は，人命保護の他に機能維持のためにも重要である。左の写真は，余震によって天井被害が拡大しないように，落下の可能性がある天井部分を取り除き，再開した時のサンフランシスコ空港ターミナルビルである。

図 3.1　（参考）サンフランシスコ空港ビルの天井被害（1989 年米国ロマプリータ地震）

第 4 章

施行令による構造種別と構造要件

4.1　木造の構造要件（第 3 章第 3 節第 40～50 条）

第 3 節　木造

（適用範囲）

第 40 条　この節の規定は，木造の建築物または木造と組積造その他の構造とを併用する建築物の木造の構造部分に適用する。ただし，茶室，あずまや，その他これらに類する建築物，または延面積 10 m^2 以内の物置，納屋，その他これらに類する建築物には適用しない。

枠組壁工法および木質プレハブ工法には， 平 13 国交告 1540（2 × 4 プレハブ告示）［135 頁，235 頁］， 　丸太組工法には， 平 14 国交告 411（丸太組構法告示）［136 頁，256 頁］による基準があるので，本節の規定は適用されない。

（木材）

第 41 条　構造耐力上主要な部分に使用する木材の品質は，節（ふし），腐れ，繊維の傾斜，丸身（まるみ）などによる耐力上の欠点のないものとする。

（土台および基礎）

第42条 構造耐力上主要な部分である柱で最下階の部分に使用するものの下部には土台を設ける。ただし，当該柱を基礎に緊結した場合，または平屋建の建築物で足固めを使用した場合（地盤が軟弱な区域として特定行政庁が国土交通大臣の定める基準に基づいて規則で指定する区域内では，当該柱を基礎に緊結した場合に限る）には，この限りでない。

「軟弱地盤区域告示」

令第42条第1項［104頁］の規定に基づき次の告示がある。

昭62建告1897「建築基準法施行令の規定に基づき地盤が軟弱な区域として特定行政庁が区域を指定する基準」［213頁］

（概要） 地盤が軟弱な区域は，次の各号の1に該当する区域である。

1号 地耐力度が小さく不同沈下のおそれがある区域，

2号 地震時に液状化するおそれがある砂質土地盤区域，

3号 昭55建告1793（Z Rt Ai等告示）［170頁］の第3種地盤に該当する区域である。

2項 土台は基礎に緊結する。ただし，前項ただし書の規定によって指定した区域外における平屋建の建築物で延面積50 m^{2}以内のものについては，この限りでない。

（柱の小径）

第43条 構造耐力上主要な部分である柱の張間方向および桁行方向の小径は，それぞれの方向でその柱に接着する土台，足固め（あしがため），胴差，梁，桁その他の構造耐力上主要な部分である横架材の相互間の垂直距離に対して，表4.1［105頁］に掲げる割合以上とする。ただし，国土交通大臣が定める基準［平12建告1349（木造柱計算告示），213頁］に従った構造計算によって構造耐力上安全であると確かめられた場合には，この限りでない。

2項 地上2階建以上の建築物の1階の構造耐力上主要な部分である柱の張間方向および桁行方向の小径は13.5 cmを下回らない。ただし，当該柱と土台または基礎および当該柱と梁，桁その他の横架材とをそれぞれボルト締その他これに類する構造方法により緊結し，かつ国土交通大臣が定める基準［平12建告1349（木造柱計算告示），213頁］に従った構造計算によって構造耐力上安全であることが確かめられた場合には，この限りでない。

表 4.1　柱の小径（横架材の相互間の垂直距離に対する割合）

柱		張間または桁行方向の相互間隔が 10 m 以上の柱＊		左欄以外の柱	
建築物		最上階または階数が 1 の建築物の柱	その他の階の柱	最上階または階数が 1 の建築物の柱	その他の階の柱
(1)	土蔵造の建築物その他これに類する壁の重量が特に大きい建築物	$\frac{1}{22}$	$\frac{1}{20}$	$\frac{1}{25}$	$\frac{1}{22}$
(2)	(1) に掲げる建築物以外の建築物で屋根を金属板，石板，木板その他これらに類する軽い材料で葺いたもの	$\frac{1}{30}$	$\frac{1}{25}$	$\frac{1}{33}$	$\frac{1}{30}$
(3)	(1) および (2) に掲げる建築物以外の建築物	$\frac{1}{25}$	$\frac{1}{22}$	$\frac{1}{30}$	$\frac{1}{28}$

＊ または学校，保育所，劇場，映画館，演芸場，観覧場，公会堂，集会場，物品販売業を営む店舗（床面積の合計が 10m² 以内のものを除く）もしくは公衆浴場の用途に供する建築物の柱

「木造柱計算告示」

令第 43 条第 1 項［104 頁］ただし書，および第 2 項ただし書の規定に基づき次の告示がある。

平 12 建告 1349「木造の柱の構造耐力上の安全性を確かめるための構造計算の基準を定める件」（平 13 国交告 1024 改正）［213 頁］

(概要) 柱に対して長期・短期の許容応力度による検証を行う規定である。

3 項　法第 41 条［94 頁］の規定によって，条例で，法第 21 条第 1 項［92 頁］および第 2 項の全部もしくは一部を適用せず，またはこれらの規定による制限を緩和する場合には，当該条例で，柱の小径の横架材の相互間の垂直距離に対する割合を補足する規定を設ける。

4 項　前 3 項の規定による柱の小径に基づいて算定した柱の所要断面積の 1/3 以上を欠き取る場合には，その部分を補強する。

5 項　階数が 2 以上の建築物における隅柱またはこれに準ずる柱は，通し柱とす

る。ただし，接合部を通し柱と同等以上の耐力を有するように補強した場合は，この限りでない。

6項　構造耐力上主要な部分である柱の有効細長比（断面の最小2次率半径†に対する座屈長さの比，以下同じ）は150以下とする。

解説「**有効細長比**」

有効細長比 r は，断面の最小2次半径 i に対する座屈長さ ℓ の比である［10.4 圧縮材に生ずる座屈（444頁）参照］。

$$r = \frac{\ell}{i} \tag{4.1}$$

矩形断面 $b \times h$ の断面2次モーメント I は次式で与えられる。

$$I = \frac{b\,h^3}{12} \tag{4.2}$$

よって，この断面の断面2次半径 $i = \sqrt{I/A}$ は次式となる。

$$i = \frac{h}{2\sqrt{3}}$$

座屈長さとは，両端がピン支持された一般的な柱の場合は，柱の長さに等しいので，$\ell = 270\,(\mathrm{cm})$ として有効細長比 $r = 150$ から柱の小径を計算すると次のようになる。なお，柱の中間に柱軸力の1/50以上の力に抵抗できる横架材を設けた場合は，その点を支持点として座屈長さを考えることができる[3]。

$r = \ell/i$ すなわち $150 = 270/i$，よって $i = 270/150 = 1.8\,(\mathrm{cm})$ となる。この値を用いて，$i = h/(2\sqrt{3}) = 1.8$ とすると，柱の小径 $h = 6.23\,(\mathrm{cm})$ となるので，通常の柱断面では第43条第6項［106頁］の規定に抵触することはない。ちなみに，有効細長比150とすると，断面が $9 \times 9\,(\mathrm{cm})$ の柱長さは390(cm)，断面が $12 \times 12\,(\mathrm{cm})$ の柱長さは520(cm)となる。

なお，$\ell = 270\,(\mathrm{cm})$ として表4.1［105頁］の値から柱の小径 h を計算すると，$h/\ell = 1/20$ の場合は $h = 270/20 = 13.5\,(\mathrm{cm})$，$h/\ell = 1/30$ の場合は $h = 270/30 = 9.0\,(\mathrm{cm})$ となるので，柱の小径は第6項の規定ではなく，表4.1や第2項［104頁］の規定によって決定される場合が多いことが分かる。

† ここでは「2次率半径」といっているが，通常は「2次半径」と呼ばれることが多く，告示などでも「2次半径」が用いられている［446頁参照］。

（梁などの横架材）

第 44 条　梁，桁その他の横架材には，その中央部付近の下側に構造耐力上支障のある欠込みをしない［図 9.23（414 頁）参照］。

（筋かい）

第 45 条　引張力を負担する筋かいは，厚さ 1.5 cm 以上で幅 9 cm 以上の木材，または径 9 mm 以上の鉄筋を使用する。

2 項　圧縮力を負担する筋かいは，厚さ 3 cm 以上で幅 9 cm 以上の木材を使用する。

3 項　筋かいは，その端部を，柱と梁その他の横架材との仕口に接近して，ボルト，かすがい，釘，その他の金物で緊結する。

> 緊結するための接合方法については，令第 47 条［113 頁］および平 12 建告 1460（木造継手告示）［113 頁，227 頁］によって規定されている。

4 項　筋かいには，欠込みをしない。ただし，筋かいをたすき掛けにするためにやむを得ない場合において，必要な補強を行ったときは，この限りでない。

（構造耐力上必要な軸組など）

第 46 条　構造耐力上主要な部分である壁，柱および横架材を木造とした建築物には，すべての方向の水平力に対して安全であるように，各階の張間方向および桁行方向に，それぞれ壁を設けまたは筋かいを釣合いよく配置する[†]。

2 項　前項の規定は，次の各号のいずれかに該当する木造の建築物または建築物の構造部分には，適用しない。

1 号　次に掲げる基準に適合するもの。

- **イ**　構造耐力上主要な部分である柱および横架材（間柱，小梁その他これに類するものを除く，以下この号において同じ）に使用する集成材その他の木材の品質が，当該柱および横架材の強度および耐久性に関し国土交通大臣の定める基準［昭 62 建告 1898（集成材等告示），214 頁］に適合している。
- **ロ**　構造耐力上主要な部分である柱の脚部が，一体の RC 造の布基礎に緊結している土台に緊結し，または RC 造の基礎に緊結している。
- **ハ**　イおよびロに掲げるもののほか，国土交通大臣が定める基準［昭 62 建告

[†] 法令では「壁または筋かいを入れた軸組」などと表現されているが，通常は「耐力壁」と呼ばれている。

1899（木造S造計算告示），215頁］に従った構造計算によって，構造耐力上安全であることが確かめられた構造である。

2号　方杖（その接着する柱が添木などによって補強されているものに限る），控柱または控壁があって構造耐力上支障がない。

「集成材等告示」

令第46条第2項第1号イ［107頁］の規定に基づき次の告示がある。

昭62建告1898「構造耐力上主要な部分である柱および横架材に使用する集成材その他の木材の品質の強度および耐久性に関する基準」（平27国交告816改正）［214頁］

（概要）柱や横架材に用いる集成材・単板積層材・木質接着成形軸材料・木質複合軸材料・製材・木材などの強度および耐久性に関する基準である。

解説**「木造の構成方法」**

令第46条［107頁］第1項と第2項によって，次の3種類の主架構の構成方法を規定している。

構成方法1：耐力壁を用いる架構で**在来軸組工法**と呼ばれており，所要の耐力壁を釣り合いよく配置する。［第46条第1項］

構成方法2：**集成材**などを用いる架構で従来は「大断面木造建築物」と呼ばれていたもの（第46条第2項1号イ～ハ）で，大規模になると「燃えしろ計算」が要求される。使用する材料は昭62建告1898（集成材等告示）［108頁，214頁］を満足する必要がある。

構成方法3：**方杖**，**控柱**または**控壁**を用いる架構（第46条第2項第2号）で，方杖によって柱が折損しないように補強する必要がある。

3項　床組および小屋梁組の隅角（ぐうかく）には火打材を使用し，小屋組には振れ止めを設ける。ただし，国土交通大臣が定める基準［昭62建告1899（木造S造計算告示），215頁］に従った構造計算によって構造耐力上安全であることが確かめられた場合には，この限りでない。

解説**「ダイヤフラム」**

地震力，風圧力は床面・小屋梁面などの水平構面を通して耐力壁に伝達される必要がある。この（ダイヤフラムと呼ばれる）水平構面の剛性と耐力を確保する規定で，主架構の構成方法にかかわらず適用される。

「木造 S 造計算告示」

令第 46 条第 2 項［107 頁］第 1 号ハおよび第 3 項，第 48 条第 1 項第 2 号［113 頁］ただし書ならびに第 69 条［125 頁］の規定に基づき次の告示がある。

昭 62 建告 1899「木造もしくは鉄骨造の建築物または建築物の構造部分の構造耐力上安全であることを確かめるための構造計算の基準」（平 19 国交告 617 改正）［215 頁］

(概要) 木造では壁量規定を適用しない場合，S 造では軸組・床組・小屋梁組に斜材や RC 造の壁・屋根版・床版を用いない場合の構造計算の基準である。

1 号 長期・短期許容応力度，変形または振動による支障がないことの検証，

2 号 層間変形角の検証または $C_0 = 0.3$ による検証，

3 号 木造にあっては，偏心率または保有水平耐力の検証がある。

4 項　階数が 2 以上または延面積が 50 m^2 を超える木造の建築物においては，第 1 項の規定によって各階の張間方向および桁行方向に配置する壁を設けまたは筋かいを入れた軸組を，それぞれの方向につき，表 4.2［110 頁］の軸組の種類の欄に掲げる区分に応じて当該軸組の長さに同表の倍率の欄に掲げる数値を乗じて得た長さの合計が，その階の床面積《その階または上の階の小屋裏，天井裏その他これらに類する部分に物置などを設ける場合には，当該物置などの床面積および高さに応じて国土交通大臣が定める［平 12 建告 1351（木造物置壁量告示），216 頁］面積をその階の床面積に加えた面積》に表 4.3［111 頁］に掲げる数値（特定行政庁が第 88 条第 2 項［170 頁］の規定によって指定した区域内における場合には，表 4.3 に掲げる数値のそれぞれ 1.5 倍とした数値）を乗じて得た数値以上で，かつその階（その階より上の階がある場合には，当該上の階を含む）の見付面積（張間方向または桁行方向の鉛直投影面積，以下同じ）からその階の床面からの高さが 1.35 m 以下の部分の見付面積を減じたものに表 4.4［111 頁］に掲げる数値を乗じて得た数値以上となるように，国土交通大臣が定める基準［平 12 建告 1352（木造 4 分割法告示），217 頁］に従って設置する［図 4.1（112 頁）参照］。

「木造物置壁量告示」

令第 46 条第 4 項［109 頁］の規定に基づき次の告示がある。

平 12 建告 1351「木造の建築物に物置などを設ける場合に階の床面積に加える面積を定める件」［216 頁］

(概要) 物置の内法高さを考慮して，壁量計算の際の床面積を調整する規定である。

表4.2　耐力壁の種類と壁倍率

	軸組［耐力壁］の種類	倍率［壁倍率］
(1)	土塗壁または木摺その他これに類するものを柱および間柱の片面に打ち付けた壁を設けた軸組	0.5
(2)	木摺その他これに類するものを柱および間柱の両面に打ち付けた壁を設けた軸組	1
	厚さ1.5cm以上で幅9cm以上の木材または径9mm以上の鉄筋の筋かいを入れた軸組	
(3)	厚さ3cm以上で幅9cm以上の木材の筋かいを入れた軸組	1.5
(4)	厚さ4.5cm以上で幅9cm以上の木材の筋かいを入れた軸組	2
(5)	9cm角以上の木材の筋かいを入れた軸組	3

*　(2)〜(5)の筋かいをたすき掛けに入れた場合はそれぞれの値の2倍，(1)または(2)の壁と(2)〜(5)の筋かい（たすき掛けを含む）を併用した場合は，それぞれの値の和とする。ただし，いずれの場合も，その値は5を超えないこと。［222頁の解説参照］

**　国土交通大臣の定める構造方法，または国土交通大臣の認定を受けたものは，0.5〜5の範囲内において国土交通大臣が定める数値とする［これに基づき種々の耐力壁とその倍率が**昭56建告1100**（木造耐力壁告示）〔110頁，219頁〕によって規定されている］。

「木造4分割法告示」

令第46条第4項［109頁］の規定に基づき次の告示がある。

平12建告1352「木造建築物の軸組の設置の基準を定める件」（平19国交告1227改正）［217頁］

（概要）各階の張間方向・桁行方向に壁または筋かいを入れた軸組（耐力壁）を釣合よく配置するための規定で通称「4分割法」と呼ばれている。

「木造耐力壁告示」

令第46条第4項表4.2［110頁］の規定に基づき次の告示がある。

昭56建告1100「建築基準法施行令第46条第4項表1(1)項〜(7)項までに掲げる軸組と同等以上の耐力を有する軸組および当該軸組に係る倍率の数値」（平19国交告615改正）［219頁］

（概要）表4.2［110頁］に示した耐力壁以外の耐力壁とその壁倍率を定めた規定である。

表 4.3　地震力に対する必要壁量

建築物	階の床面積に乗ずる数値 (cm/m²)					
	階数が 1 の建築物	階数が 2 の建築物の 1 階	階数が 2 の建築物の 2 階	階数が 3 の建築物の 1 階	階数が 3 の建築物の 2 階	階数が 3 の建築物の 3 階
第 43 条第 1 項の表 4.1［105 頁］の (1) または (3) に掲げる建築物［重い屋根］	15	33	21	50	39	24
第 43 条第 1 項の表 4.1［105 頁］の (2) に掲げる建築物［軽い屋根］	11	29	15	46	34	18
この表における階数の算定については，地階の部分の階数は算定しない。						

（参考）令 46 に基づくこの表には積雪に対する規定はないが，積雪を考慮する場合には表 6.24［247 頁］が参考となる。

表 4.4　風圧力に対する必要壁量

	区　域	見付面積に乗ずる数値 (cm/m²)
(1)	特定行政庁がその地方における過去の風の記録を考慮して，しばしば強い風が吹くと認めて規則で指定する区域	50 を超え，75 以下の範囲内において特定行政庁が，その地方における風の状況に応じて規則で定める数値
(2)	(1) に掲げる区域以外の区域	50

解説「床面からの高さ 1.35 m」

耐力壁に加わる風圧力による層せん断力は階の見付面積の上半分である。このため，階高の 1/2 より上の見付面積と表現することも考えたが，大屋根の場合も考慮し，また在来木造や枠組壁工法の一般的な階高が 2.7m 程度であるため，分かり易く適用に誤りがない床面から 1.35m という表現にした。なお，階高の大きな住宅が増えているが，この場合でも安全側の規定となっている。

解説「壁量計算」

令第 46 条第 4 項［109 頁］は，地震力と風圧力に対して必要な耐力壁を各階の張間方向および桁行方向に配置する規定で，「壁量計算」と呼ばれている。

各耐力壁の長さ（実長）に壁倍率を乗じたものが「有効壁量」で，その張間方向または桁行方向について合計したものが，その方向の耐力壁が負担できる水平力

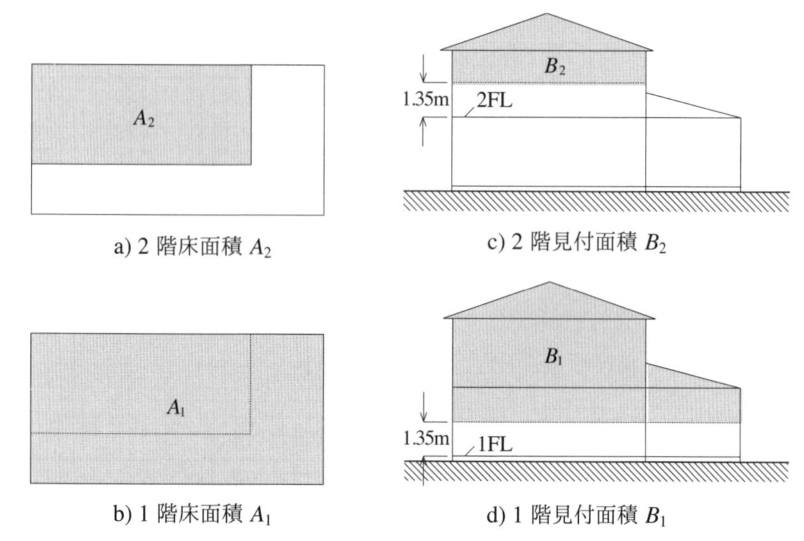

図 4.1　（参考）木造の壁量計算に用いる床面積と見付面積

を表す尺度となる。

建築物に作用する地震力は，その負担する床面積にほぼ比例するので，地震力に対する単位床面積 (m^2) 当たりの必要壁量 (cm) を示している表 4.3［111 頁］の値に床面積を乗じたものが「地震力に対する必要壁量」となる。

建築物に作用する風圧力は，その見付面積にほぼ比例するので，風圧力に対する単位見付面積 (m^2) 当たりの必要壁量 (cm) を示している表 4.4［111 頁］の値に見付面積を乗じたものが「風圧力に対する必要壁量」となる。

なお，（階数にカウントされない）納屋や物置などがある場合は，**平 12 建告 1351**（木造物置壁量告示）［109 頁，216 頁］に従って床面積の補正が必要である。

ある階に作用する風圧力は階高の上半分を考えるとよいので，床面から 1.35 m（階高を 2.7 m と仮定し，その 1/2）より上の見付面積を用いるが，それより上にある階についてはすべての見付面積を加える［図 4.1（112 頁）参照］。

結局，張間方向および桁行方向について各階とも次式が満足されるように耐力壁を配置する。

有効壁量の合計　≧　必要壁量

耐力壁は釣り合いよく配置することが重要で，このために国土交通大臣が定める基準が**平 12 建告 1352**（木造 4 分割法告示）［110 頁，217 頁］である。

耐力壁には表 4.2［110 頁］の他に**昭 56 建告 1100**（木造耐力壁告示）［110 頁，219 頁］によって種々の耐力壁が示されている。いずれの耐力壁も接合部は第 47 条［113 頁］および**平 12 建告 1460**（木造継手告示）［113 頁，227 頁］に従う必要がある。

（構造耐力上主要な部分である継手または仕口）

第 47 条　構造耐力上主要な部分である継手または仕口（しぐち）†は，ボルト締，かすがい打，込み栓打その他の国土交通大臣が定める構造方法［平 12 建告 1460（木造継手告示），113 頁，227 頁］によりその部分の存在応力を伝えるように緊結する。この場合，横架材の丈（たけ）‡が大きいこと，柱と鉄骨の横架材とが剛に接合していることなどにより柱に構造耐力上支障のある局部応力が生じるおそれのあるときは，当該柱を添木などによって補強する。

解説**「存在応力」**

狭い意味では「構造部材や接合部に生じている応力」のことであるが，将来起こるかも知れない地震力などによって生ずるであろう応力も含まれている。

「木造継手告示」

令第 47 条第 1 項［113 頁］の規定に基づき次の告示がある。

平 12 建告 1460「木造の継手および仕口の構造方法を定める件」［227 頁］

（概要）耐力壁の壁倍率が確保されるようにするための継手・仕口の規定である。

2 項　前項の規定によるボルト締には，ボルトの径に応じ有効な大きさと厚さを有する座金を使用する。

（学校の木造の校舎）

第 48 条　学校における壁，柱および横架材を木造とした校舎は，次に掲げるところによる。

1 号　外壁には，第 46 条第 4 項［109 頁］の表 4.2［110 頁］の (5) に掲げる筋かいを使用する。

2 号　桁行が 12 m を超える場合には，桁行方向の間隔 12 m 以内ごとに第 46 条第

† 「しくち」ともいう。

‡ 「成（せい）」ともいう。

4項の表4.2［110頁］の(5)に掲げる筋かいを使用した通し壁の間仕切壁を設ける。ただし，控柱または控壁を適当な間隔に設け，国土交通大臣が定める基準［昭62建告1899（木造S造計算告示），109頁，215頁］に従った構造計算によって構造耐力上安全であることが確かめられた場合には，この限りでない。

3号 桁行方向の間隔2m（屋内運動場その他規模が大きい室においては，4m）以内ごとに柱，梁および小屋組を配置し，柱と梁または小屋組とを緊結する。

4号 構造耐力上主要な部分である柱は，13.5cm角以上のもの（2階建の1階の柱で，張間方向または桁行方向に相互の間隔が4m以上のものは，13.5cm角以上の柱を2本合わせて用いたもの，または15cm角以上のもの）とする。

令第48条第1項第2号［113頁］ただし書に基づき，
昭62建告1899（木造S造計算告示）［109頁，215頁］がある。

2項 前項の規定は，次の各号のいずれかに該当する校舎には，適用しない。

1号 第46条第2項［107頁］第1号に掲げる基準［昭62建告1898（集成材等告示），108頁，214頁］に適合する。

2号 国土交通大臣が指定する日本工業規格（JIS）に適合する。

「木造校舎告示」

令第48条第2項第2号［114頁］の規定に基づき次の告示がある。
平12建告1453「学校の木造の校舎の日本工業規格を指定する件」（平27国交告699改正）［229頁］
（概要）学校の木造校舎の日本工業規格は，JIS A3301（木造校舎の構造設計標準）–2015である（旧JIS A3301–1993でもよい）。経済的で安全な木造校舎のための規格であるが，現在では用いられることがなく，死文化しているようである。

解説**「木造校舎の構造」**

令第48条［113頁］で想定している木造校舎には次の3種類がある。

(1) 第1項第1号～第4号の規定を満たすもの。桁行方向の間隔12m以内ごとに9cm角以上の木材の筋かいを入れた耐力壁を設ける。

(2) 令第46条第2項第1号［107頁］の規定を満たすもの。「木造の構成方法2」［108頁参照］の集成材などを用いた大断面木造建築物のことである。

(3) JISに適合するもの。

（外壁内部などの防腐措置など）

第 49 条　木造の外壁のうち，鉄網モルタル塗その他軸組が腐りやすい構造である部分の下地には，防水紙その他これに類するものを使用する。

2 項　構造耐力上主要な部分である柱，筋かいおよび土台のうち，地面から 1 m 以内の部分には，有効な防腐措置を講ずるとともに，必要に応じて，白蟻（しろあり）その他の虫による害を防ぐための措置を講ずる。

第 50 条　削除［されている。］

4.2　組積造の構造要件（第 3 章第 4 節第 51～62 条）

第 4 節　組積造

（適用範囲）

第 51 条　この節の規定は，れんが造，石造，CB 造その他の組積造（補強 CB 造を除く，以下この項および第 4 項において同じ）の建築物または組積造と木造その他の構造とを併用する建築物の組積造の構造部分に適用する。ただし，高さ 13 m 以下，かつ軒高 9 m 以下の建築物の部分で，鉄筋，鉄骨または RC によって補強され，かつ国土交通大臣が定める基準［平 12 建告 1353（組積造計算告示），115 頁，232 頁］に従った構造計算によって構造耐力上安全であることが確かめられたものについては，適用しない。

> 「組積造計算告示」
>
> 令第 51 条第 1 項［115 頁］ただし書の規定に基づき次の告示がある。
>
> **平 12 建告 1353**「補強された組積造の建築物の部分などの構造耐力上の安全性を確かめるための構造計算の基準を定める件」（平 19 国交告 1228 改正）［232 頁］
>
> **（概要）** 鉄筋・鉄骨・RC で補強された組積造に対する構造計算の基準を定めたもので，長期・短期の許容応力度と外装材の風圧に対する検証がある。

2 項　高さ 4 m 以下，かつ延面積 20 m^2 以内の建築物については，この節の規定中第 55 条第 2 項［117 頁］および第 56 条［117 頁］の規定は，適用しない。

3 項　構造耐力上主要な部分でない間仕切壁で高さ 2 m 以下のものについては，この節の規定中第 52 条［116 頁］および第 55 条第 5 項［117 頁］の規定に限り適用する。

4 項　れんが造，石造，CB 造その他の組積造の建築物（高さ 13 m または軒高 9 m

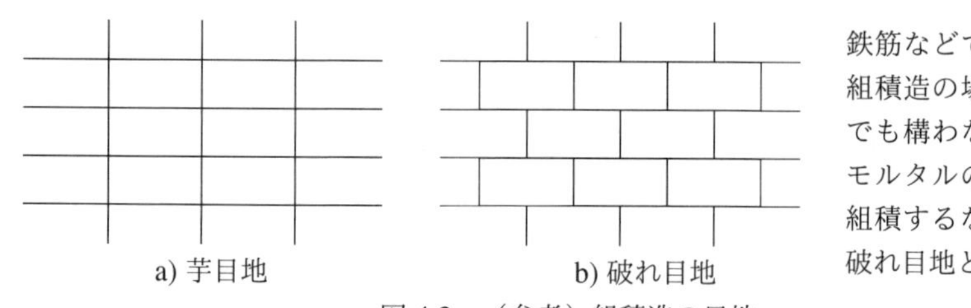

鉄筋などで補強された組積造の場合は芋目地でも構わないが，目地モルタルのみを用いて組積するなどの場合は破れ目地とする。

図 4.2　（参考）組積造の目地

を超えるものに限る）または組積造と木造その他の構造とを併用する建築物（高さ 13 m または軒高 9 m を超えるものに限る）については，この節の規定中第 59 条の 2［118 頁］に限り適用する。

（組積造の施工）

第 52 条　組積造に使用するれんが，石，CB その他の組積材は，組積するに当たって充分に水洗いをする。

2 項　組積材は，その目地塗面（めじぬりめん）の全部にモルタルが行きわたるように組積する。

3 項　前項のモルタルは，セメントモルタルでセメントと砂との容積比が 1 : 3 のもの，もしくはこれと同等以上の強度を有するもの，または石灰入りセメントモルタルでセメントと石灰と砂との容積比が 1 : 2 : 5 のもの，もしくはこれと同等以上の強度を有するものとする。

4 項　組積材は芋目地[†]［図 4.2（116 頁）参照］ができないように組積する。

第 53 条　削除［されている。］

（壁の長さ）

第 54 条　組積造の壁の長さは 10 m 以下とする。

2 項　前項の壁の長さは，その壁に相隣（あいとな）って接着する 2 つの壁（控壁でその基礎の部分における長さが，控壁の接着する壁の高さの 1/3 以上のものを含む，以下この節において「対隣壁（たいりんへき）」）がその壁に接着する部分間の中心距離をいう。

（壁の厚さ）

第 55 条　組積造の壁の厚さ（仕上材料の厚さを含まない，以下この節において同じ）は，その建築物の階数およびその壁の長さ（前条第 2 項の壁の長さ，以下この

[†] 縦目地が一直線に揃っている目地［図 4.2（116 頁）参照］。

表 4.5　組積造の壁の厚さ

建築物の階数	壁の長さ	
	5 m 以下の場合（cm）	5 m を超える場合（cm）
階数が 2 以上の建築物	30	40
階数が 1 の建築物	20	30

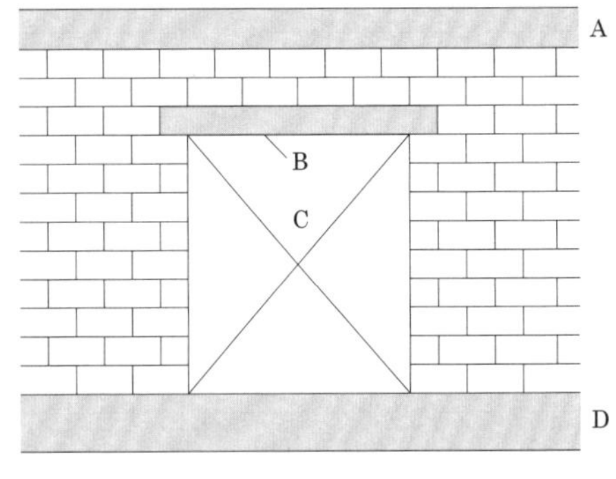

A：臥梁
B：まぐさ
C：開口部
D：基礎

臥梁，まぐさ，基礎は通常 RC 造とする。

図 4.3　（参考）組積造の臥梁とまぐさ

節において同じ）に応じて，それぞれ表 4.5［117 頁］の数値以上とする。

2 項　組積造の各階の壁の厚さは，その階の壁の高さの 1/15 以上とする。

3 項　組積造の間仕切壁の厚さは，前 2 項の規定による壁の厚さより 10 cm 以下を減らすことができる。ただし，20 cm 以下としない。

4 項　組積造の壁を二重壁とする場合には，前 3 項の規定は，そのいずれか一方の壁について適用する。

5 項　組積造の各階の壁の厚さは，その上にある壁の厚さより薄くしない。

6 項　S 造，RC 造または SRC 造の建築物における組積造の帳壁は，この条の規定の適用については，間仕切壁とみなす。

（臥梁）

第 56 条　組積造の壁には，その各階の壁頂（切妻壁がある場合には，その切妻壁の壁頂）に S 造または RC 造の臥梁を設ける［図 4.3（117 頁）参照］。ただし，その壁頂に RC 造の屋根版，床版などが接着する場合または階数が 1 の建築物で壁の厚さが壁の高さの 1/10 以上の場合もしくは壁の長さが 5 m 以下の場合には，この限りでない。

（開口部）

第57条　組積造の壁における窓，出入り口その他の開口部は，次の各号に定めるところによる。

1号　各階の対隣壁によって区画されたおのおのの壁における開口部の幅の総和は，その壁の長さの 1/2 以下とする。

2号　各階における開口部の幅の総和は，その階における壁の長さの総和の 1/3 以下とする。

3号　1 の開口部とその直上にある開口部との垂直距離は，60 cm 以上とする。

2項　組積造の壁の各階における開口部相互間隔または開口部と対隣壁の中心との水平距離は，その壁の厚さの 2 倍以上とする。ただし，開口部周囲を鉄骨または RC で補強した場合には，この限りでない。

3項　幅が 1 m を超える開口部の上部には，RC 造のまぐさを設ける［図 4.3（117 頁）参照］。

4項　組積造のはね出し窓またははね出し縁は，鉄骨または RC で補強する。

5項　壁付暖炉の組積造の炉胸（ろきょう）[†]は，暖炉および煙突を充分に支持するに足りる基礎の上に造り，かつ上部を積出（つみだ）[‡]しとしない構造とし，木造の建築物に設ける場合には，更に鋼材で補強する。

（壁の溝）

第58条　組積造の壁に，その階の壁の高さの 3/4 以上連続した縦壁溝を設ける場合には，その深さは壁の厚さの 1/3 以下とし，横壁溝を設ける場合には，その深さは壁の厚さの 1/3 以下，かつ長さを 3 m 以下とする。

（鉄骨組積造である壁）

第59条　鉄骨組積造である壁の組積造の部分は，鉄骨の軸組にボルト，かすがいその他の金物で緊結する。

（補強を要する組積造）

第59条の2　高さ 13 m または軒高 9 m を超える建築物にあっては，国土交通大臣が定める構造方法［平 12 建告 1354（組積造補強告示），119 頁，232 頁］によ

---

† 暖炉上部から煙突につながるように狭まっていく部分

‡ この「積出し」の意味は明確ではないが，暖炉の上部が広くなる「迫出し」を意味していると推測される。

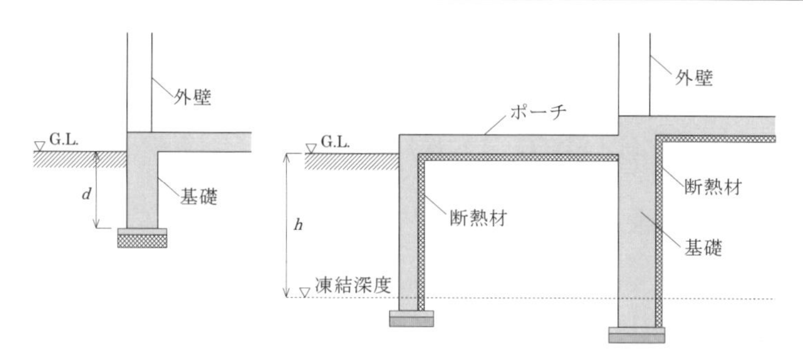

地盤が凍結する地域の根入れ深さ d は凍結深度 h（札幌 60 cm，北見 120 cm）より深くする。

図 4.4　（参考）根入れ深さ d と凍結深度 h

り，鉄筋，鉄骨または RC によって補強する。

「組積造補強告示」
令第 59 条の 2［118 頁］の規定に基づき次の告示がある。
平 12 建告 1354「組積造の建築物などを補強する構造方法を定める件」［232 頁］
（概要）組積造を鉄筋・鉄骨・RC によって補強する場合の構造規定である。

（手摺または手摺壁）

第 60 条　手摺または手摺壁は，組積造としてはならない。ただし，これらの頂部に RC 造の臥梁を設けた場合には，この限りでない。

（組積造の塀）

第 61 条　組積造の塀は，次の各号に定めるところによる。

1 号　高さは，1.2 m 以下とする。

2 号　各部分の壁の厚さは，その部分から壁頂までの垂直距離の 1/10 以上とする。

3 号　長さ 4 m 以下ごとに，壁面からその部分における壁の厚さの 1.5 倍以上突出した控壁（木造のものを除く）を設ける。ただし，その部分における壁の厚さが前号の規定による壁の厚さの 1.5 倍以上ある場合には，この限りでない。

4 号　基礎の根入れの深さは，20 cm 以上とする［図 4.4（119 頁）参照］。

（構造耐力上主要な部分などの支え）

第 62 条　組積造である構造耐力上主要な部分または構造耐力上主要な部分でない組積造の壁で高さが 2 m を超えるものは，木造の構造部分で支えてはならない。

4.3　補強コンクリートブロック（CB）造の構造要件（令第4節の2第62条の2～8）

第4節の2　補強CB造

（適用範囲）

第62条の2　この節の規定は，補強CB造の建築物または補強CB造とRC造その他の構造とを併用する建築物の補強CB造の構造部分に適用する。

2項　高さ4m以下で，かつ延面積20 m^{2}以内の建築物については，この節の規定中の第62条の6［121頁］および第62条の7［121頁］の規定に限り適用する。

第62条の3　削除［されている。］

（耐力壁）

第62条の4　各階の補強CB造の耐力壁の中心線により囲まれた部分の水平投影面積は，60 m^{2}以下とする。

2項　各階の張間方向および桁行方向に配置する補強CB造の耐力壁の長さのそれぞれの方向についての合計は，その階の床面積1 m^{2}につき15 cm以上とする。

3項　補強CB造の耐力壁の厚さは15 cm以上で，かつ，その耐力壁に作用するこれと直角な方向の水平力に対する構造耐力上主要な支点間の水平距離（以下第62条の5第2項［121頁］において「耐力壁の水平力に対する支点間距離」）の1/50以上とする。

4項　補強CB造の耐力壁は，その端部および隅角部に径12 mm以上の鉄筋を縦に配置するほか，径9 mm以上の鉄筋を縦横に80 cm以内の間隔で配置する。

5項　補強CB造の耐力壁は，前項の規定による縦筋の末端をかぎ状に折り曲げてその縦筋の径の40倍以上基礎または基礎梁および臥梁または屋根版に定着するなどの方法により，これらと互いにその存在応力を伝えることができる構造とする。

6項　第4項の規定による横筋は，次の各号に定めるところによる。

1号 末端は，かぎ状に折り曲げる。ただし，補強CB造の耐力壁の端部以外の部分における異形鉄筋の末端にあっては，この限りでない。

2号 継手の重ね長さは，溶接する場合を除き，径の25倍以上とする。

3号 補強CB造の耐力壁の端部が他の耐力壁または構造耐力上主要な部分である柱に接着する場合には，横筋の末端をこれらに定着し，これらの鉄筋に溶接する場合を除き，定着される部分の長さを径の25倍以上とする。

（臥梁（がりょう））

第62条の5　補強CB造の耐力壁には，その各階の壁頂にRC造の臥梁を設ける。ただし，階数が1の建築物で，その壁頂にRC造の屋根版が接着する場合には，この限りでない。

2項　臥梁の有効幅は，20cm以上で，かつ耐力壁の水平力に対する支点間距離の1/20以上とする。

（目地および空洞部）

第62条の6　CBは，その目地塗面の全部にモルタルが行きわたるように組積し，鉄筋を入れた空洞部および縦目地に接する空洞部は，モルタルまたはコンクリートで埋める。

2項　補強CB造の耐力壁，門，または塀の縦筋は，CBの空洞内部で継いではならない。ただし，溶接接合その他これと同等以上の強度を有する接合方法による場合には，この限りでない。

（帳壁（ちょうへき）†）

第62条の7　補強CB造の帳壁は，鉄筋で，木造および組積造（補強CB造を除く）以外の構造耐力上主要な部分に緊結する。

（塀）

第62条の8　補強CB造の塀は，次の各号（高さ1.2m以下の塀にあっては，第5号および第7号を除く）に定めるところによる。ただし，国土交通大臣が定める基準［平12建告1355（ブロック塀計算告示），121頁，233頁］に従った構造計算によって構造耐力上安全であることが確かめられた場合には，この限りでない。

「ブロック塀計算告示」

令第62条の8［121頁］ただし書の規定に基づき次の告示がある。

平12建告1355「補強CB造の塀の構造耐力上の安全性を確かめるための構造計算の基準を定める件」［233頁］

（概要）補強CB造の塀の地震力と風圧力に対する構造計算の基準である。

† 鉛直あるいは水平方向の荷重を負担しない壁で，非耐力壁のことである。

1978年宮城県沖地震の際に，死者16名のうち11名がブロック塀の被害によって亡くなった。

その後の地震においてもブロック塀の被害が多数生じていることを忘れてはいけない。

図4.5　（参考）ブロック塀の被害（1978年宮城県沖地震）

1号　高さは，2.2 m以下とする。

2号　壁の厚さは，15 cm（高さ2 m以下の塀にあっては10 cm）以上とする。

3号　壁頂および基礎には横に，壁の端部および隅角部には縦に，それぞれ径9 mm以上の鉄筋を配置する。

4号　壁内には，径9 mm以上の鉄筋を縦横に80 cm以内の間隔で配置する。

5号　長さ3.4 m以下ごとに，径9 mm以上の鉄筋を配置した控壁で基礎の部分において壁面から高さの1/5以上突出したものを設ける。

6号　第3号および第4号の規定により配置する鉄筋の末端は，かぎ状に折り曲げて，縦筋にあっては壁頂および基礎の横筋に，横筋にあってはこれらの縦筋に，それぞれかぎ掛けして定着する。ただし，縦筋をその径の40倍以上基礎に定着させる場合には，縦筋の末端は，基礎の横筋にかぎ掛けしないことができる。

7号　基礎の丈は，35 cm以上とし，根入れの深さは30 cm以上とする［図4.4（119頁）参照］。

4.4 鉄骨（S）造の構造要件（第 3 章第 5 節第 63～70 条）

第 5 節 S 造

（適用の範囲）

第 63 条 この節の規定は，S 造の建築物または S 造と RC 造その他の構造とを併用する建築物の S 造の構造部分に適用する。

（材料）

第 64 条 S 造の建築物の構造耐力上主要な部分の材料は，炭素鋼もしくはステンレス鋼（この節において「鋼材」）または鋳鉄（ちゅうてつ）とする。

2 項 鋳鉄は，圧縮応力または接触応力以外の応力が存在する部分には，使用しない。

（圧縮材の有効細長比）

第 65 条 構造耐力上主要な部分である鋼材の圧縮材（圧縮力を負担する部材，以下同じ）の有効細長比†は，柱では 200 以下，柱以外のものでは 250 以下とする。

（柱の脚部）

第 66 条 構造耐力上主要な部分である柱の脚部は，国土交通大臣が定める基準［平 12 建告 1456（S 造柱脚告示），123 頁］に従ったアンカーボルトによる緊結その他の構造方法により基礎に緊結する。ただし，滑節（かっせつ）構造‡である場合には，この限りでない。

「S 造柱脚告示」

令第 66 条［123 頁］の規定に基づき次の告示がある。

平 12 建告 1456「S 造の柱の脚部を基礎に緊結する構造方法の基準を定める件」（平 19 国交告 1229 改正）

（概要）（1995 年阪神・淡路大震災において柱脚の不備による被害が多かったため設けられた）S 造柱の脚部の構造規定である。**1 号** 露出形式柱脚，**2 号** 根巻き形式柱脚，**3 号** 埋込み形式柱脚があり，構造詳細が規定されているが，規定の大部

† 解説「有効細長比」（106 頁）参照。

‡ 「ローラー」支点（支持）ともいわれる。

分は許容応力度計算や保有水平耐力計算によって適用を除外することができる。

（接合）

第 67 条　構造耐力上主要な部分である鋼材の接合は，接合される鋼材が炭素鋼であるときは高力ボルト接合，溶接接合もしくはリベット接合（構造耐力上主要な部分である継手または仕口に係るリベット接合では，添板リベット接合）またはこれらと同等以上の効力を有するものとして国土交通大臣の認定を受けた接合方法に，接合される鋼材がステンレス鋼であるときは高力ボルト接合もしくは溶接接合またはこれらと同等以上の効力を有するものとして国土交通大臣の認定を受けた接合方法に，それぞれよらなければならない。ただし，軒高 9 m 以下，かつ張間 13 m 以下の建築物（延面積 3 000 m^2 を超えるものを除く）では，ボルトが緩まないように次の各号のいずれかに該当する措置を講じたボルト接合によることができる。

1 号　当該ボルトをコンクリートで埋め込む。
2 号　当該ボルトに使用するナットの部分を溶接する。
3 号　当該ボルトにナットを二重に使用する。
4 号　前 3 号に掲げるもののほか，これらと同等以上の効力を有する戻り止めをする。

2 項　構造耐力上主要な部分である継手または仕口の構造は，その部分の存在応力を伝えることができるものとして，国土交通大臣が定めた構造方法を用いるものまたは国土交通大臣の認定を受けたものとする［平 12 建告 1464（S 造継手告示），124 頁］。この場合，柱の端面を削り仕上げとし，密着する構造とした継手または仕口で引張応力が生じないものは，その部分の圧縮力および曲げモーメントの 1/4（柱の脚部においては 1/2）以内を接触面から伝えている構造とみなすことができる。

「S 造継手告示」

令第 67 条第 2 項［124 頁］の規定に基づき次の告示がある。

平 12 建告 1464「S 造の継手または仕口の構造方法を定める件」

（概要） S 造の継手・仕口に高力ボルト・ボルト・リベット・溶接を用いる場合の構造規定である。

解説「メタルタッチ」

令第67条第2項［124頁］の後半は，部材の端面を接触させて圧縮応力を伝達させる「メタルタッチ」の規定である。溶接・リベット・ボルトもなく単に接触している面では引張応力は伝達されないが，圧縮応力は伝達されると考えてもよいであろう。しかし，引張応力が生じない範囲で圧縮応力をいくらでも伝達させるのではなく，ある程度の安全性を見込み，メタルタッチで伝達できる圧縮力と曲げモーメントの割合を定めている。

（高力ボルト，ボルトおよびリベット）

第68条　高力ボルト，ボルトまたはリベットの相互間の中心距離は，その径の2.5倍以上とする。

2項　高力ボルト孔の径は，高力ボルトの径より2mmを超えて大きくしない。ただし，高力ボルトの径が27mm以上であり，かつ構造耐力上支障がない場合は，高力ボルト孔の径を高力ボルトの径より3mmまで大きくすることができる。

3項　前項の規定は，同項の規定に適合する高力ボルト接合と同等以上の効力を有するものとして国土交通大臣の認定を受けた高力ボルト接合には，適用しない。

4項　ボルト孔の径は，ボルトの径より1mmを超えて大きくしない。ただし，ボルトの径が20mm以上であり，かつ構造耐力上支障がない場合は，ボルト孔の径をボルトの径より1.5mmまで大きくすることができる。

5項　リベットは，リベット孔に十分埋まるように打つ。

（斜材，壁などの配置）

第69条　軸組，床組および小屋梁組には，すべての方向の水平力に対して安全であるように，国土交通大臣が定める基準に従った構造計算［昭62建告1899（木造S造計算告示），109頁，215頁］によって構造耐力上安全であることが確かめられた場合を除き，形鋼，棒鋼もしくは構造用ケーブルの斜材またはRC造の壁，屋根版もしくは床版を釣り合いよく配置する。

令第69条［125頁］に基づく告示には，
昭62建告1899（木造S造計算告示）［109頁，215頁］がある。

（柱の防火被覆）

第70条　地上3階建以上の建築物（法第2条第9号の2イ[†]に掲げる基準に適合する［主要構造部が耐火構造の］建築物および同条第9号の3イに該当する［主要構造部が準耐火構造の］建築物を除く）では，1の柱のみの火熱による耐力の低下によって建築物全体が容易に倒壊するおそれがある場合として国土交通大臣が定める場合には，当該柱の構造は，通常の火災による火熱が加えられた場合に，加熱開始後30分間構造耐力上支障のある変形，溶融，破壊その他の損傷を生じないものとして国土交通大臣が定めた構造方法を用いるもの，または国土交通大臣の認定を受けたものとする［平12建告1356（S造柱耐火告示），126頁］。

「S造柱耐火告示」

令第70条［126頁］の規定に基づき次の告示がある。

平12建告1356「S造の建築物について1の柱のみの火熱による耐力の低下によって建築物全体が容易に倒壊するおそれがある場合などを定める件」

（概要）

第1　1の柱のみの火熱による耐力の低下によって建築物全体が容易に倒壊するおそれがある場合とは，1の柱を除いたと仮定した場合に，建築物に常時作用している荷重によって生ずる応力度が，短期許容応力度を超える場合とする。

第2　火災による加熱開始後30分間構造耐力上支障のある変形，溶融，破壊その他の損傷を生じさせない方法とは，

1号　厚さ12mm以上の石膏ボード，

2号　厚さ12mm以上の窯業系サイディング，

3号　厚さ12mm以上の繊維強化セメント板で覆ったもの，

4号　厚さ9mm以上の石膏ボードに厚さ9mm以上の石膏ボードまたは難燃合板を重ねて覆ったもの，

5号　厚さ15mm以上の鉄網モルタル塗りで覆ったものである。

[†] 法の本文は本書では省略するが，法第2条は（用語の定義）で，第9号の2は「耐火建築物」，第9号の3は「準耐火建築物」の定義である。

4.5　鉄筋コンクリート（RC）造の構造要件（第3章第6節第71～79条）

第6節　RC造

（適用の範囲）

第71条　この節の規定は，RC造の建築物またはRC造とS造その他の構造とを併用する建築物のRC造の構造部分に適用する。

2項　高さ4m以下，かつ延面積30 m^{2}以内の建築物または高さ3m以下の塀には，この節の規定中第72条［127頁（コンクリートの材料）］，第75条［129頁（コンクリートの養生）］および第79条［133頁（鉄筋のかぶり厚さ）］の規定に限り適用する。

（コンクリートの材料）

第72条　RC造に使用するコンクリートの材料は，次の各号に定めるところによる。

1号 骨材，水および混和材料は，鉄筋を錆させ，またはコンクリートの凝結および硬化を妨げるような酸，塩，有機物または泥土（でいど）を含まない。

2号 骨材は，鉄筋相互間および鉄筋とせき板†との間を容易に通る大きさである。

3号 骨材は，適切な粒度および粒形のもので，かつ当該コンクリートに必要な強度，耐久性および耐火性が得られるものである。

（鉄筋の継手および定着）

第73条　鉄筋の末端は，かぎ状に折り曲げて，コンクリートから抜け出ないように定着する。ただし，次の各号に掲げる部分以外の部分に使用する異形鉄筋では，その末端を折り曲げないことができる。

1号 柱および梁（基礎梁を除く）の出隅部分

2号 煙突

2項　主筋または耐力壁の鉄筋（以下この項において「主筋など」）の継手の重ね長さは，継手を構造部材における引張力の最も小さい部分に設ける場合には，主筋

† 型枠の面材部分のこと。

などの径（径の異なる主筋などをつなぐ場合には，細い主筋などの径，以下この条において同じ）の25倍以上とし，継手を引張力の最も小さい部分以外の部分に設ける場合には，主筋などの径の40倍以上とする。ただし，国土交通大臣が定めた［平12建告1463（鉄筋継手告示），128頁］構造方法を用いる継手では，この限りでない。

「鉄筋継手告示」

令第73条第2項［127頁］ただし書《第79条の4［134頁（SRC造）］で準用する場合を含む》に基づき次の告示がある。

平12建告1463「鉄筋の継手の構造方法を定める件」

（概要）鉄筋の継手を，(1) 圧接継手，(2) 溶接継手，(3) 機械式継手とする場合の構造方法の規定である。ただし，加力実験によって性能が確かめられた場合には，この規定によらないことができる。

3項　柱に取り付ける梁の引張鉄筋は，柱の主筋に溶接する場合を除き，柱に定着される部分の長さをその径の40倍以上とする。ただし，国土交通大臣が定める基準［平23国交告432（RC梁筋定着告示），128頁］に従った構造計算によって構造耐力上安全であることが確かめられた場合は，この限りでない。

4項　軽量骨材を使用するRC造について前2項の規定を適用する場合には，これらの項中「25倍」を「30倍」と，「40倍」を「50倍」とする。

「RC梁筋定着告示」

令第73条3項ただし書き［128頁］に基づき次の告示がある。

平23国交告432「RC造の柱に取り付ける梁の構造耐力上の安全性を確かめるための構造計算の基準を定める件」

（概要）梁の引張鉄筋の柱への定着長さ（鉄筋径をdとして$40d$，軽量コンクリートでは$50d$）を構造計算によって，耐震計算ルートにかかわらず，緩和することができる規定である。

（コンクリートの強度）

第74条　RC造に使用するコンクリートの強度は，次に定めるものとする。

1号　4週圧縮強度は，12 N/mm^2（軽量骨材を使用する場合には，9 N/mm^2）以上である。

2号　設計基準強度（設計に際し採用する圧縮強度，以下同じ）との関係において国土交通大臣が安全上必要であると認めて定める基準［昭56建告1102（コンクリート強度告示），129頁］に適合するものである。

2項　前項に規定するコンクリートの強度を求める場合には，国土交通大臣が指定する強度試験による［昭56建告1102（コンクリート強度告示），129頁］。

「コンクリート強度告示」
令第74条第1項第2号［129頁］，第2項に基づき次の告示がある。
昭56建告1102「設計基準強度との関係において安全上必要なコンクリート強度の基準など」（平12建告1462改正）
（概要） コンクリートの強度の基準と試験方法の規定である。
第1　現場水中養生などを行った供試体の場合，材齢28日の圧縮強度の平均値が設計基準強度以上である。コンクリートから切り取ったコア供試体の場合，圧縮強度の平均値が材齢28日で設計基準強度の7/10以上，かつ材齢91日で設計基準強度以上である。
第2　コンクリートの強度試験はJIS A1108–1999，JIS A1107–1999による。

3項　コンクリートは，打上りが均質で密実になり，かつ必要な強度が得られるようにその調合を定める。

（コンクリートの養生）
第75条　コンクリート打込み中および打込み後5日間は，コンクリートの温度が2度を下らないようにし，かつ乾燥，震動などによってコンクリートの凝結および硬化が妨げられないように養生する。ただし，コンクリートの凝結および硬化を促進するための特別の措置を講ずる場合は，この限りでない。

（型枠および支柱の除去）
第76条　構造耐力上主要な部分に係る型枠および支柱は，コンクリートが自重および工事の施工中の荷重によって著しい変形またはひび割れその他の損傷を受けない強度になるまでは，取りはずさない。
2項　前項の型枠および支柱の取りはずしに関し必要な技術的基準は，国土交通大臣が定める［昭46建告110（RC造型枠告示），130頁］。

「RC 造型枠告示」

令第76条第2項［129頁］に基づき次の告示がある。

昭46建告110「現場打コンクリートの型枠および支柱の取りはずしに関する基準」（昭63建告1655改正）

（概要）

第1 せき板および支柱の存置期間を，建築物の部分・セメントの種類・荷重状態・気温または養生温度に応じて2日から28日の間で定めている。

第2 支柱の盛かえについての規定である。

（柱の構造）

第77条 構造耐力上主要な部分である柱は，次に定める構造とする［図4.6（131頁），図4.7（131頁）参照］。

1号 主筋は4本以上とする。

2号 主筋は，帯筋と緊結する。

3号 帯筋の径は，6 mm以上とし，その間隔は，15 cm（柱に接着する壁，梁その他の横架材から上方または下方に柱の小径の2倍以内の距離にある部分では，10 cm）以下で，かつ最も細い主筋の径の15倍以下とする。

4号 帯筋比（柱の軸を含むコンクリートの断面の面積に対する帯筋の断面積の和の割合として国土交通大臣が定める方法［昭56建告1106（RC柱帯筋比告示），130頁］により算出した数値）は，0.2%以上とする。

5号 柱の小径は，その構造耐力上主要な支点間の距離の1/15以上とする。ただし，国土交通大臣が定める基準［平23国交告433（RC柱径告示），131頁］に従った構造計算によって構造耐力上安全であることが確かめられた場合は，この限りでない。

6号 主筋の断面積の和は，コンクリートの断面積の0.8%以上とする。

「RC 柱帯筋比告示」

令第77条4号［130頁］に基づき次の告示がある。

昭56建告1106「RC造の柱の帯筋比を算出する方法」

（概要）帯筋比は，柱の軸を含む断面における1組の帯筋の断面の中心を通る直線と，相隣り合う1組の帯筋の断面の中心を通る直線とで，はさまれた部分のコンクリートの面積に対する帯筋の面積の割合として算出する［図4.7（131頁）参照］。

帯筋（フープ）間隔は1971年から15 cm（実質10 cm）以下となるように改正された。これが耐震性の向上に有効であったことは，1995年阪神淡路大震災で明らかになった。

図4.6　（参考）1971年以降の帯筋間隔は10 cm以下（1978年宮城県沖地震）

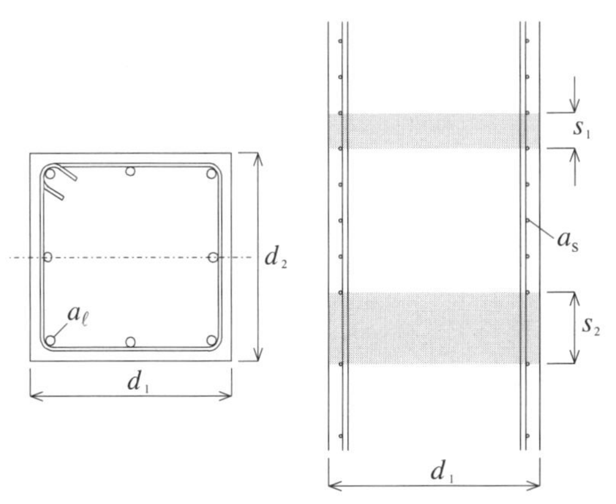

柱の主筋比 p_ℓ
（柱主筋の断面積の和を柱の断面積で除したもの）

$$p_\ell = \frac{\sum a_\ell}{d_1\, d_2}$$

柱の帯筋比 p_s
（1組の帯筋の断面積の和を力を受ける方向に直交する柱幅に帯筋間隔を乗じた面積で除したもの）

$$p_{s1} = \frac{\sum a_s}{d_1\, s_1} \qquad p_{s2} = \frac{\sum a_s}{d_1\, s_2}$$

（Y 方向の力を考える場合）

図4.7　（参考）柱の主筋比と帯筋比

厳密にはコンクリートの断面積に対する鉄筋の断面積の比を求めるので，分母から鉄筋の断面積を減じることになる。しかし，差が非常に小さく，また安全側となるので，図のように計算するのが一般的である。

「RC柱径告示」

令第77条5号［130頁］に基づき次の告示がある。

平23国交告433「RC造の柱の構造耐力上の安全性を確かめるための構造計算の基準を定める件」

（概要）柱の小径（支点間距離の1/15）を構造計算によって，耐震計算ルートにかかわらず，緩和することができる規定である。

（床版の構造）

第77条の2　構造耐力上主要な部分である床版は，次に定める構造とする。ただし，第82条第4号［153頁，変形・振動の検討］に掲げる構造計算によって振動または変形による使用上の支障が起こらないことが確かめられた場合には，この限りでない。

1号 厚さ8cm以上，かつ短辺方向における有効張間長さの1/40以上とする。

2号 最大曲げモーメントを受ける部分における引張鉄筋の間隔は，短辺方向で20cm以下，長辺方向で30cm以下，かつ床版の厚さの3倍以下とする。

2項　前項の床版のうちプレキャストRCで造られた床版は，同項の規定によるほか，次に定める構造とする。

1号 周囲の梁などとの接合部は，その部分の存在応力を伝えることができるものとする。

2号 2以上の部材を組み合わせるものは，これらの部材相互を緊結する。

（梁の構造）

第78条　構造耐力上主要な部分である梁は，複筋梁†とし，これに肋筋を梁の丈の3/4（臥梁では，30cm）以下の間隔で配置する。

（耐力壁）

第78条の2　耐力壁は，次に定める構造とする。

1号 厚さは，12cm以上とする。

2号 開口部周囲に径12mm以上の補強筋を配置する。

3号 径9mm以上の鉄筋を縦横に30cm（複配筋として配置する場合は，45cm）以下の間隔で配置する。ただし，平家建の建築物では，その間隔を35cm（複配筋として配置する場合は，50cm）以下とすることができる。

4号 周囲の柱および梁との接合部は，その部分の存在応力を伝えることができるものとする。

† 断面の引張側のみではなく圧縮側にも（梁の上側にも下側にも）補強筋を配する梁のこと。圧縮鉄筋はクリープによって生じる撓の抑制，地震荷重に対する靭性の確保に効果がある[3]。

2項　壁式構造の耐力壁は，前項の規定によるほか，次に定める構造とする。

1号 長さは，45 cm 以上とする。
2号 その端部および隅角部に径 12 mm 以上の鉄筋を縦に配置する。
3号 各階の耐力壁は，その頂部および脚部を当該耐力壁の厚さ以上の幅の壁梁（最下階の耐力壁の脚部では，布基礎または基礎梁）に緊結し，耐力壁の存在応力を相互に伝えることができるようにする。

（鉄筋のかぶり厚さ）

第79条　鉄筋に対するコンクリートのかぶり厚さは，耐力壁以外の壁または床では 2 cm 以上，耐力壁，柱または梁では 3 cm 以上，直接土に接する壁，柱，床もしくは梁または布基礎の立上り部分では 4 cm 以上，基礎（布基礎の立上り部分を除く）では捨コンクリートの部分を除いて 6 cm 以上とする。

2項　前項の規定は，水，空気，酸または塩による鉄筋の腐食を防止し，かつ鉄筋とコンクリートとを有効に付着させることにより，同項に規定するかぶり厚さとした場合と同等以上の耐久性および強度を有するものとして，国土交通大臣が定めた［平 13 国交告 1372（鉄筋かぶり厚特例告示），133 頁］構造方法を用いる部材および国土交通大臣の認定を受けた部材については，適用しない。

「鉄筋かぶり厚特例告示」

令第 79 条第 2 項［133 頁］および令第 79 条の 3 第 2 項［134 頁（SRC 造）］に基づき次の告示がある。

平 13 国交告 1372「建築基準法施行令第 79 条第 1 項の規定を適用しない RC 造の部材および同令第 79 条の 3 第 1 項の規定を適用しない SRC 造の部材の構造方法を定める件」（平 27 国交告 184 改正）

（概要）鉄筋のかぶり厚さについて令第 79 条第 1 項［133 頁］および令第 79 条の 3 第 1 項［134 頁］《ともに令第 5 章の 4 第 1 節「建築設備の構造強度」第 139 条（煙突および煙突の支線），第 140 条（RC 造の柱など），第 141 条（広告塔または高架水槽など），第 142 条（擁壁）までを準用する場合を含む》を適用しない構造方法の規定である。

1項 プレキャスト RC 造またはプレキャスト SRC 造の部材，
2項 ポリマーセメントモルタルまたはエポキシ樹脂モルタルを用いる場合の規定である。

4.6　鉄骨鉄筋コンクリート（SRC）造の構造要件（第3章第6節の2第79条の2〜4）

第6節の2　SRC造

（適用の範囲）

第79条の2　この節の規定は，SRCの建築物またはSRC造とRC造その他の構造とを併用する建築物のSRC造の構造部分に適用する。

（鉄骨のかぶり厚さ）

第79条の3　鉄骨に対するコンクリートのかぶり厚さは，5 cm以上とする。

2項　前項の規定は，水，空気，酸または塩による鉄骨の腐食を防止し，かつ鉄骨とコンクリートとを有効に付着させることにより，同項に規定するかぶり厚さとした場合と同等以上の耐久性および強度を有するものとして，国土交通大臣が定めた構造方法［平13国交告1372（鉄筋かぶり厚特例告示），133頁］を用いる部材および国土交通大臣の認定を受けた部材には，適用しない。

令第73条の3第2項［134頁］に基づく告示には， **平13国交告1372**（鉄筋かぶり厚特例告示）［133頁］がある。

（SRC造に対する第5節および第6節の規定の準用）

第79条の4　SRC造の建築物または建築物の部分には，前2節（第65条［123頁］，第70条［126頁］および第77条第4号［130頁］を除く）の規定を準用する。この場合，第72条第2号［127頁］中「鉄筋相互間および鉄筋とせき板」とあるのは「鉄骨および鉄筋の間ならびにこれらとせき板」と，第77条第6号［130頁］中「主筋」とあるのは「鉄骨および主筋」と読み替える。

解説「鉄骨鉄筋コンクリート造」の英語表示 鉄骨鉄筋コンクリート造は日本独特の構造で1923年関東大震災以降，地震にも火災にも強い構造として定着した。SRC造と略称されるが，英語でSteel Reinforced Concreteといっても意味が伝わらない。会議などではSRC造の説明を多少行い，その後はSteel Frame Reinforced Concrteteを用いるのがよいようである。なお，Steel Encased Reinforced Concrteteというような表現もあるが，コンクリート充填鋼管のようなものを連想させるようである。

4.7　その他の構造など（第 3 章第 7 節第 80 条〜80 条の 3）

第 7 節　無筋コンクリート造

（無筋コンクリート造に対する第 4 節および第 6 節の規定の準用）

第 80 条　無筋コンクリート造の建築物または無筋コンクリート造とその他の構造とを併用する建築物の無筋コンクリート造の構造部分には，この章の第 4 節［115 頁］（第 52 条［116 頁］を除く）の規定ならびに第 71 条［127 頁］（第 79 条［133 頁］に関する部分を除く），第 72 条［127 頁］および第 74 条［128 頁］〜第 76 条［129 頁］までの規定を準用する。

第 7 節の 2　構造方法に関する補則

（構造方法に関する補則）

第 80 条の 2　第 3 節［103 頁］〜前節までに定めるもののほか，国土交通大臣が，次の各号に掲げる建築物または建築物の構造部分の構造方法に関し，安全上必要な技術的基準を定めた場合には，それらの建築物または建築物の構造部分は，その技術的基準に従った構造とする。

1 号　木造，組積造，補強 CB 造，S 造，RC 造，SRC 造または無筋コンクリート造の建築物または建築物の構造部分で，特殊の構造方法によるもの

2 号　木造，組積造，補強 CB 造，S 造，RC 造，SRC 造および無筋コンクリート造以外の建築物または建築物の構造部分

「2 × 4 プレハブ告示」

令第 36 条第 1 項［96 頁］，第 2 項第 1 号［97 頁］，第 80 条の 2 第 1 号［135 頁］，第 94 条［182 頁］，第 99 条［186 頁］に基づき次の告示がある。

平 13 国交告 1540「枠組壁工法または木質プレハブ工法を用いた建築物または建築物の構造部分の構造工法に関する安全上必要な技術的基準を定める件」（平 27 国交告 910 改正）［235 頁］

（概要）枠組壁工法（2 × 4）と木質プレハブ工法の技術的基準である。

令第80条の2第1号［135頁］に基づく規定が，
第1 階数，**第2** 材料，**第3** 土台，**第4** 床版，**第5** 壁など，
第6 根太などの横架材，**第7** 小屋組など，**第8** 防腐措置など，
第9 保有水平耐力と同等以上に安全性を確かめることができる構造計算，
第10 構造計算にによって構造耐力上安全であることが確かめられた建築物などである。

令第94条［182頁］および第99条［186頁］に基づく規定が第2第3号である。令36条第1項［96頁］に基づく規定が，
第11 耐久性等関係規定の指定，

同条第2項第1号に基づく規定が，
第12 令第36条第2項第1号［97頁］の規定（保有水平耐力計算の適用除外）に基づく技術的基準の指定である。

「2×4壁床告示」

「平13国交告1540（2×4プレハブ告示）」の枠組壁工法の部分から一部を取り出した告示として，法施行規則第8条の3に基づき次の告示がある。

平13国交告1541「構造耐力上主要な部分である壁および床版に，枠組壁工法により設けられるものを用いる場合における技術的基準に適合する当該壁および床版の構造方法を定める件」（平27国交告910改正）

（概要） 枠組壁工法の壁や床版に新しい構法を取り入れる場合や，それらを他の工法に用いる際の技術的基準である。

第1 枠組壁工法の壁の規定で，平13国交告1540の第5とほぼ同一である。
第2 枠組壁工法の床版の規定で，平13国交告1540の第4とほぼ同一である。
第3 第1，第2の規定を構造計算によって緩和できる規定である。

「丸太組構法告示」

令第36条第1項［96頁］，第80条の2第1号［135頁］に基づき次の告示がある。

平14国交告411「丸太組構法を用いた建築物または建築物の構造部分の構造工法に関する安全上必要な技術的基準を定める件」（平27国交告816改正）［256頁］

（概要） 丸太組構法の技術的基準である。

第80条の2第1号［135頁］に基づく規定が，

第 1 適用の範囲，**第 2** 材料，**第 3** 土台など，**第 4** 耐力壁など，**第 5** 床版，
第 6 根太などの横架材，**第 7** 小屋組など，**第 8** 防腐措置などである。
　令 36 条第 1 項［96 頁］に基づく規定が，
第 9 耐久性等関係規定の指定である。

「ALC パネル告示」
　令第 36 条第 1 項［96 頁］，第 80 条の 2 第 1 号［135 頁］に基づき次の告示がある。
平 19 国交告 599「構造耐力上主要な部分である床版または屋根版に軽量気泡コンクリートパネルを用いる場合における当該床版または屋根版の構造方法に関する安全上必要な技術的基準を定める件」（平 19 国交告 1234 改正）
（概要） 床版・屋根版に軽量気泡コンクリートパネルを用いる場合の技術的基準である。
　令第 80 条の 2 第 1 号［135 頁］の規定に基づく規定が，
第 1 材料，**第 2** 床版または屋根版，**第 3** 防腐措置など，
　令第 36 条第 1 項［96 頁］に基づく部分が，
第 4 耐久性等関係規定の指定である。

「軽量形鋼造告示」
　令第 36 条第 1 項［96 頁］，第 2 項第 1 号［97 頁］，第 80 条の 2 第 1 号［135 頁］，第 81 条第 2 項第 1 号イ［148 頁］に基づき次の告示がある。
平 13 国交告 1641「薄板軽量形鋼造の建築物または建築物の構造部分の構造方法に関する安全上必要な技術的基準を定める等の件」（平 27 国交告 816 改正）
（概要） 薄板軽量形鋼造の技術的基準である。
　令第 80 条の 2 第 1 号［135 頁］に基づく規定が，
第 1 階数，**第 2** 材料，**第 3** 土台，**第 4** 床版，**第 5** 壁，**第 6** 柱など，
第 7 小屋組など，**第 8** 接合，**第 9** 防腐措置などである。
　令第 36 条第 1 項［96 頁］に基づき，
第 10 耐久性等関係規定の指定，
　同条第 2 項第 1 号に基づき令第 81 条第 2 項第 1 号イ［148 頁］の保有水平耐力計算を除外する基準として，
第 11 令第 36 条第 2 項第 1 号［97 頁］の規定（保有水平耐力計算の適用除外）に

　　基づく技術的基準の指定がある。
　その他に，
第12 構造計算がある。

「**CFT造告示**」
　令第36条第1項［96頁］，第2項第1号［97頁］，第80条の2第1号［135頁］に基づき次の告示がある。
平14国交告464「コンクリート充填鋼管造の建築物または建築物の構造方法に関する安全上必要な技術的基準を定める件」（平19国交告610改正）
(概要) コンクリート充填鋼管造の技術的基準である。
　令第80条の2第1号［135頁］に基づき，
第1 適用の範囲，**第2** 材料，**第3** 鋼管に充填するコンクリート，
第4 コンクリートの充填，**第5** 鋼管に充填するコンクリートの養生，
第6 コンクリートを充填する鋼管の接合，**第7** 柱の構造，**第8** 梁の構造，
第9 柱と梁の仕口の構造がある。
　令第36条第1項［96頁］に基づき，
第10 耐久性等関係規定の指定，
　同条第2項第1号に基づき
第11 令第36条第2項第1号［97頁］の規定（保有水平耐力計算の適用除外）に
　　基づく技術的基準の指定がある。

「**壁式ラーメン造告示**」
　令第36条第1項［96頁］，第80条の2第1号［135頁］，第81条第2項第1号イ［148頁］に基づき次の告示がある。
平13国交告1025「壁式ラーメンRC造の建築物または建築物の構造部分の構造方法に関する安全上必要な技術的基準を定める等の件」（平19国交告602改正）
(概要) 壁式ラーメンRC造の技術的基準である。
　令第80条の2第1号［135頁］に基づき，
第1 適用の範囲など，**第2** コンクリートおよびモルタルの強度，**第3** 鉄筋の種類，
第4 桁行方向の構造，**第5** 張間方向の構造，**第6** 床版および屋根版の構造，
第7 基礎梁，**第8** 層間変形角，**第9** 剛性率および偏心率，
第10 保有水平耐力，**第11** 靭性の確保，**第12** その他の計算がある。

令第36条第1項［96頁］に基づき，
第13 耐久性等関係規定の指定，がある。
令第81条第2項第1号イ［148頁］に基づき，第8〜第12までに適合する場合は，保有水平耐力計算と同等以上と認める。

「WRC造告示」
令第36条第1項［96頁］，第2項第1号［97頁］，第80条の2第1号［135頁］に基づき次の告示がある。
平13国交告1026「壁式RC造の建築物または建築物の構造部分の構造方法に関する安全上必要な技術的基準を定める件」（平19国交告603改正）
（概要） 壁式RC造の技術的基準である。
令第80条の2第1号［135頁］に基づき，
第1 適用の範囲など，**第2** コンクリートおよびモルタルの強度，
第3 接合部に使用する構造用鋼材の品質，**第4** 基礎梁，**第5** 床版および屋根版，
第6 耐力壁，**第7** 壁梁の構造，**第8** 接合部の構造がある。
令第36条第1項［96頁］に基づき，
第9 耐久性等関係規定の指定，
同条第2項第1号に基づき，令81条第2項第1号イ［148頁］の保有水平耐力計算を除外する基準として，
第10 令第36条第2項第1号［97頁］の規定（保有水平耐力計算の適用除外）に基づく技術的基準の指定がある。

「RM造告示」
令第36条第1項［96頁］，第2項第1号［97頁］，第80条の2第1号［135頁］，第81条第2項第1号イ［148頁］，第2号イに基づき次の告示がある。
平15国交告463「RM造の建築物または建築物の構造部分の構造方法に関する安全上必要な技術的基準を定める件」（平19国交告614改正）［264頁］
（概要） RM造の技術的基準である。
令第80条の2第1号［135頁］に基づき，
第1 適用の範囲，**第2** 階数など，
第3 構造耐力上主要な部分に使用する充填コンクリートの設計基準強度および構造耐力上主要な部分に使用する鉄筋の種類，

第4 構造耐力上主要な部分に使用する組積ユニットの品質，
第5 構造耐力上主要な部分に使用するRC組積体の設計基準強度，
第6 構造耐力上主要な部分に使用するRC組積体の構造，
第7 構造耐力上主要な部分である基礎梁の構造，
第8 構造耐力上主要な部分である床版および屋根版の構造，
第9 耐力壁の構造，
第10 構造耐力上主要な部分である壁梁の構造，
第11 構造計算によって構造耐力上安全であることが確かめられた建築物または建築物の構造部分がある。

令第36条第1項［96頁］に基づき，
第12 耐久性等関係規定の指定がある。

同条第2項第1号に基づき，保有水平耐力計算の適用除外の基準が，
第13 令第36条第2項第1号［97頁］の規定（保有水平耐力計算の適用除外）に基づく技術的基準の指定がある。

第11第1号イおよびロ，第3号ならびに第4号に適合する場合は，保有水平耐力計算と同等以上，第11第1号および第4号に適合する場合は，許容応力度等計算と同等以上と認める。

「デッキプレート版告示」

令第36条第1項［96頁］，第2項第1号［97頁］，第80条の2第1号［135頁］に基づき次の告示がある。

平14国交告326「構造耐力上主要な部分である床版または屋根版にデッキプレート版を用いる場合における当該床版または屋根版の構造方法に関する安全上必要な技術的基準を定める件」（平19国交告606改正）

（概要）床版または屋根版にデッキプレート版を用いる場合の技術的基準である。

令第80条の2第1号［135頁］に基づき，
第1 床版または屋根版，第2 接合，第3 防錆措置などがある。

令第36条第1項［96頁］に基づき，
第4 耐久性等関係規定の指定がある。

同条第2項第1号に基づき，令81条第2項第1号イ［148頁］の保有水平耐力計算を除外する基準として，

第5 令第36条第2項第1号［97頁］の規定（保有水平耐力計算の適用除外）に基づく技術的基準の指定がある。

「システムトラス告示」

令第36条第1項［96頁］，第2項第1号［97頁］，第80条の2第1号［135頁］，第2号に基づき次の告示がある。

平14国交告463「構造耐力上主要な部分にシステムトラスを用いる場合における当該構造耐力上主要な部分の構造方法に関する安全上必要な技術的基準を定める件」（平19国交告609改正）

（概要） 構造耐力上主要な部分にシステムトラスを用いる場合の技術的基準である。

令第80条の2第1号［135頁］および第2号に基づき，

第1 適用の範囲，**第2** 接合，**第3** 防錆措置などがある。

令第36条第1項［96頁］に基づき，

第4 耐久性等関係規定の指定がある。

同条第2項第1号に基づき，令第81条第2項第1号イ［148頁］の保有水平耐力計算を除外する基準として，

第5 令第36条第2項第1号［97頁］の規定（保有水平耐力計算の適用除外）に基づく技術的基準の指定がある。

「特定畜舎等告示」

令第38条第4項［100頁］，第80条の2第1号［135頁］，第81条第3項［151頁］に基づき次の告示がある。

平14国交告474「特定畜舎等建築物の構造方法に関する安全上必要な技術的基準を定める等の件」（平19国交告611改正）

（概要） 特定畜舎等建築物の技術的基準である。

令第80条の2第1号［135頁］および第2号に基づき，

第1 適用の範囲，

令第38条第4項［100頁］に基づき，

第2 特定畜舎等建築物の基礎について定める構造計算，

令第81条第3項［151頁］に基づき，

第3 特定畜舎等建築物の安全性を確かめることができる構造計算がある。

（本告示が適用されない畜舎やビニールハウスなどは，より軽微な構造とすることが認められている。しかし，積雪や強風によって崩壊する事故も多いので，このような施設に関わる場合には，本告示を参考にするなど適切な配慮が望まれる。）

「免震構造告示」

令第36条第1項［96頁］，第38条第3項［100頁］，第80条の2第2号［135頁］，第81条2項第1号ロ［148頁］に基づき次の告示がある。

平12建告2009「免震建築物の構造方法に関する安全上必要な技術的基準を定める等の件」（平27国交告184改正）

（概要） 免震建築物の技術的基準である。

第1 用語，**第2** 構造方法，

令第38条第3項［100頁］に基づき，

第3 基礎の構造，

令第80条の2第2号［135頁］に基づき，

第4 技術的基準，

令第36条第1項［96頁］に基づき，

第5 耐久性等関係規定，

令81条第2項第1号ロ［148頁］に基づき，

第6 限界耐力計算と同等以上の構造計算がある（第1～第6に標題はない）。

なお，この「免震構造告示」については，その考え方を動力学の観点から解説した部分が拙著 [2] に示されている。

ちょっと一言**「New Elm 工法と免震構造告示への要望」**

住宅の耐震改修が進まない理由として，耐震改修に要する費用が高いという経済的な面が大きい。外壁の補修などと同時に耐震改修を行うのであれば費用は比較的少ないが，耐震改修のみを行うための出費を惜しまないのはごく一部である。

このような状況の中で考えたのが New Elm（ニューエルム）工法である［図4.8（143頁）参照］。この工法では，既存の建物を持ち上げ，その下に新たに階を造る。すると，新しい階の分だけ床面積が増え，そこに車庫を設けると，路上駐車が少なくなる。また，ファミリー・ルームや趣味の部屋などを設けると，冬期の屋外活動が難しい雪国では特に利用価値がある。更に，新設の階と既存部分の間に免震装置を設けることによって，既存部分を補強することなく，地震に対する安

全性を高めることができる。北海道建築技術協会ではこれを New Elm 工法と呼び［Elm は Enlargement（増築）の略］，研究会を設けて活動を行ったが実現に至ってはいない。

この工法の実現のためには，次のような課題を解決する必要がある。

1) 新しく設ける階によって高さ制限に抵触することがある。延べ床面積が増加するため容積率にも抵触したり，既存部の外側に階段を設けると建蔽率に抵触することもある。住宅は，一般に高さも延べ面積も建蔽率も制限値一杯となっていることが多い。このため，敷地に余裕がない場合などでは，法制上の制限が一番の問題である。
2) 建物を一時的に持ち上げ，その下に階を設けることは現在の技術で可能であるが，まだまだ高価で，より安価な技術が必要であろう。
3) 住宅用の免震装置も高価で，安価なものが望まれる。また，「免震構造告示」（平12建告2009）では基礎と1階の間に免震装置を入れることのみを想定している。免震装置が雪に埋もれるとその機能を発揮できないため，1階と2階の間に免震装置を入れる必要がある。

以上のようなことを考えると，このような新しい工法を実現させるには，技術面のみではなく法制面からのアプローチも重要で，免震構造告示については3) が可能となるように改正されることを期待している［14］。

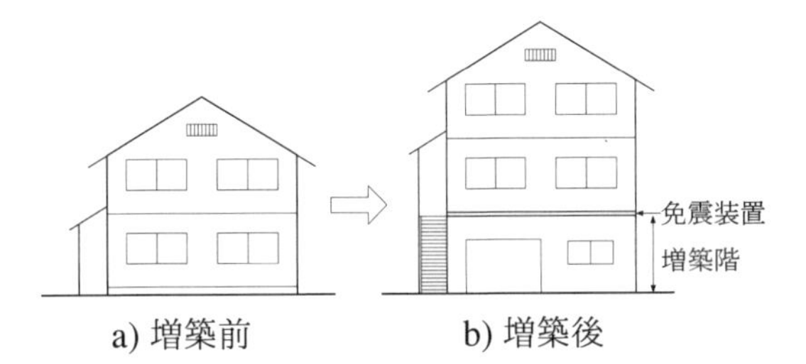

既存の建物を持ち上げ，その下に（免震装置を挟み込み）新たな階を増築する。

図 4.8　New Elm（新しい増築）工法

「PC 造告示」

令第36条第1項［96頁］，第2項第1号［97頁］，第3項［98頁］，第80条の2第2号［135頁］，第81条第2項第2号イ［148頁］，ロに基づき次の告示がある。

昭58建告1320「プレストレストコンクリート造の建築物または建築物の構造部分の構造方法に関する安全上必要な技術的基準」(平27国交告184改正)
(概要) プレストレストコンクリート(PC)造の技術的基準である。
令第80条の2第2号[135頁]に基づき,
第1 コンクリートの材料,
第2 緊張材の定着および接合部ならびに鉄筋の定着および継手,
第3 グラウト,第4 コンクリートの強度,第5 コンクリートの養生,
第6 プレストレスの導入,第7 型枠および支柱の除去,第8 柱の構造,
第9 床版の構造,第10 梁の構造,第11 耐力壁,
第12 緊張材および鉄筋のかぶり厚さがある。
令第81条第2項第2号イ[148頁],ロに基づき,
第13 応力度など,第14 層間変形角,第15 剛性率,偏心率など,
第16 保有水平耐力,第17 屋根葺材などの構造計算,
第18 限界耐力計算と同等以上に安全性を確かめることができる構造計算がある。
令第36条第1項[96頁]に基づき,
第19 耐久性等関係規定の指定がある。
同条第2項第1号[97頁]に基づき,保有水平耐力計算の適用除外の基準が,
第20 令第36条第2項第1号[97頁]の規定(保有水平耐力計算の適用除外)に基づく技術的基準の指定である。
第13,第14,第15第1号および第17に適合する場合は許容応力度等計算と同等以上,第13,第14,第15第2号および第17に適合する場合,または第13,第14,第16および第17に適合する場合は保有水平耐力計算と同等以上,第18に適合する場合は限界耐力計算と同等以上と認める。

「アルミ合金造告示」
令第36条第1項[96頁],第80条の2第2号[135頁]に基づき次の告示がある。
平14国交告410「アルミニウム合金造の建築物または建築物の構造部分の構造方法に関する安全上必要な技術的基準を定める件」(平19国交告607改正)
(概要) アルミニウム合金造の技術的基準である。
令第80条の2第2号[135頁]に基づき,
第1 適用の範囲,第2 材料,第3 圧縮材の有効細長比,第4 柱の脚部,

第5接合，第6斜材，壁などの配置，第7柱の防火被覆，第8防腐措置がある。
令第36条第1項［96頁］に基づき，
第9耐久性等関係規定の指定，
同条第2項第1号に基づき，保有水平耐力計算の適用除外の基準として，
第10令第36条第2項第1号［97頁］の規定（保有水平耐力計算の適用除外）に基づく技術的基準の指定がある。

「膜構造告示」
令第36条第1項［96頁］，第80条の2第2号［135頁］，第81条第2項第1号イ［148頁］，第2号イに基づき次の告示がある。
平14国交告666「膜構造の建築物または建築物の構造部分の構造方法に関する安全上必要な技術的基準を定める等の件」（平23国交告430改正）
（概要）膜構造の技術的基準である。
令第80条の2第2号［135頁］に基づき，
第1適用の範囲など，第2膜面の構造，第3膜面の定着，
令第36条第1項［96頁］に基づき，
第4耐久性等関係規定の指定がある。更に，
第5保有水平耐力計算または許容応力度等計算と同等以上に安全性を確かめることができる構造計算，
第6許容応力度，第7材料強度，第8基準強度がある。
令第81条第2項第1号イ［148頁］に基づき，第5第1項各号および第2項から第5項まで（第4項第2号を除く）に適合する場合は保有水平耐力計算と同等以上，令第81条第2項第2号イ［148頁］に基づき，第5第1項各号および第2項から第5項まで（第4項第3号を除く）に適合する場合は許容応力度等計算と同等以上と認める。

「テント倉庫告示」
令第36条第1項［96頁］，第38条第4項［100頁］，第80条の2第2号［135頁］，第81条第3項［151頁］に基づき次の告示がある。
平14国交告667「テント倉庫建築物の構造方法に関する安全上必要な技術的基準を定める等の件」（平19国交告613改正）

(概要) 膜構造のうち倉庫の用途に供する建築物（テント倉庫建築物）の技術的基準である。
　令第80条の2第2号［135頁］に基づき，
第1 適用の範囲など，**第2** 膜面の構造，**第3** 膜面と基礎または土台との接合がある。
　令第36条第1項［96頁］に基づき，
第4 耐久性等関係規定の指定，
　令第38条第4項［100頁］に基づき，
第5 テント倉庫建築物の基礎について定める構造計算がある。
　令第81条第3項［151頁］に基づき，
第6 テント倉庫建築物の安全性を確かめることができる構造計算がある。
　第6に適合する場合は，令第82条［152頁］各号［許容応力度計算，変形・振動の検証］および令第82条の4［155頁，屋根葺材などの計算］による構造計算と同等以上であると認める。

（土砂災害特別警戒区域内における居室を有する建築物の構造方法）
第80条の3［本書では省略］

(要約) 令第80条の3は，土砂災害警戒区域等における土砂災害防止対策の推進に関する法律（平成12年法律第57号）に規定する土砂災害特別警戒区域内における居室を有する建築物の外壁および構造耐力上主要な部分の構造は，国土交通大臣が定めた構造方法［平13国交告383（土砂災害告示），146頁］を用いる規定である。

「土砂災害告示」
　令第80条の3［146頁］に基づき次の告示がある。
平13国交告383「土砂災害特別警戒区域内における居室を有する建築物の外壁などの構造方法ならびに当該構造方法を用いる外壁などと同等以上の耐力を有する門または塀の構造方法を定める件」（平19国交告624改正）
(概要) 土砂災害特別警戒区域内における居室を有する建築物の規定である。
第1 用語，**第2** 外壁などの構造方法（急傾斜地の崩壊），
第3 外壁などの構造方法（土石流），**第4** 外壁などの構造方法（地滑り），
第5 門または塀の構造方法がある（第1～第5に標題はない）。

第 5 章

施行令による構造計算

5.1　構造計算（第 3 章第 8 節第 81〜82 条の 6）

第 8 節　構造計算

第 1 款　総則

第 81 条　法第 20 条第 1 項第 1 号［90 頁，超高層建築物］の政令で定める基準は，次のとおりとする。

1 号 荷重および外力によって建築物の各部分に連続的に生ずる力および変形を把握する†。

2 号 前号の規定により把握した力および変形が当該建築物の各部分の耐力および変形限度を超えないことを確かめる。

3 号 屋根葺材，特定天井，外装材および屋外に面する帳壁が，風圧ならびに地震その他の震動および衝撃に対して構造耐力上安全であることを確かめる。

4 号 前 3 号に掲げるもののほか，建築物が構造耐力上安全であることを確かめるために必要なものとして国土交通大臣が定める基準［平 12 建告 1461（超高層計算告示），148 頁，273 頁］に適合する。

「超高層計算告示」

令第 81 条第 1 項第 4 号［147 頁］の規定に基づき次の告示がある。

† 「時刻歴（応答）解析」を行うことを意味している。

平 12 建告 1461「超高層建築物の構造耐力上の安全性を確かめるための構造計算の基準を定める件」（平 25 国交告 772 改正）［273 頁］
（概要）超高層建築物の構造計算の基準である。

1号　固定荷重，積載荷重，その他の荷重・外力による長期荷重に対して損傷が生じない。

2号　積雪荷重の算定とそれに対する構造計算

3号　風圧力の算定とそれに対する構造計算

4号　地震力の算定とそれに対する構造計算

5号　第2号～第4号までの構造計算において，第1号の荷重・外力を適切に考慮する。

6号　第1号の荷重·外力による変形または振動によって使用上の支障が生じない。

7号　屋根葺材，特定天井，外装材および屋外に面する帳壁が風圧・地震力などに対して構造耐力上安全である。

8号　土砂災害警戒区域内の建築物は，自然現象による外力によって，破壊を生じないことを確かめる。

9号　令3章3節［103 頁］～7節の2［135 頁］の規定から適用除外された構造方法・材料が性能的に代替されていることを加力試験や FEM 解析などの構造計算によって確かめる。

2項　法第 20 条第1項第2号イ［91 頁，大規模建築物］の政令で定める基準は，次の各号に掲げる建築物の区分に応じ，それぞれ当該各号に定める構造計算による。

1号　高さ 31 m を超える建築物：次のイまたはロのいずれかに該当する構造計算

イ［ルート3同等］保有水平耐力計算またはこれと同等以上に安全性を確かめることができるものとして国土交通大臣が定める基準に従った構造計算

ロ［ルート4同等］限界耐力計算またはこれと同等以上に安全性を確かめることができるものとして国土交通大臣が定める基準に従った構造計算

2号　高さ 31 m 以下の建築物：次のイまたはロのいずれかに該当する構造計算

イ［ルート2同等］許容応力度等計算またはこれと同等以上に安全性を確かめることができるものとして国土交通大臣が定める基準に従った構造計算

ロ　前号に定める構造計算

令第81条第2項第1号イ［148頁，ルート3同等］に基づく告示には，
平13国交告1641（軽量形鋼造告示）［137頁］，
平13国交告1025（壁式ラーメン造告示）［138頁］，
平15国交告463（RM造告示）［139頁，264頁］，
平14国交告666（膜構造告示）［145頁］，
平27国交告189（方向別ルート3同等告示）［149頁，278頁］がある。

「方向別ルート3同等告示」
令第81条第2項第1号イ［148頁，ルート3同等］の規定に基づき次の告示がある。
平27国交告189「建築物の張間方向または桁行方向の規模または構造に基づく保有水平耐力計算と同等以上に安全性を確かめることができる構造計算の基準を定める件」［278頁］
（概要）ルート3が適用される建築物であっても，1方向にルート1，2を用いることができる規定で，その対象となるのは，構造種別ごとの規定に適合する建築物であって，
1号　大規模建築物［90頁］（高さ31m以下に限る）で，1方向にルート2，もう1方向にルート3を用いる場合，
2号　中規模建築物［91頁］で，1方向にルート1または2，もう1方向にルート3を用いる場合である。
（なお，ルートの混用については9頁の解説「方向別ルートの混用」参照。）

令第81条第2項第1号イ［148頁，ルート3同等］，ロ［ルート4同等］に基づく告示には，
昭58建告1320（PC造告示）［144頁］がある。

令第81条第2項第1号ロ［148頁，ルート4同等］に基づく告示には，
平12建告2009（免震構造告示）［142頁］がある。

令第81条第2項第2号イ［148頁，ルート2同等］に基づく告示には，
平15国交告463（RM造告示）［139頁］，
昭58建告1320（PC造告示）［144頁］，
平14国交告666（膜構造告示）［145頁］がある。

「エネルギー法告示」

令第81条第2項第1号ロ［148頁，ルート[4]同等］の規定に基づき次の告示がある。

平17国交告631「エネルギーの釣合いに基づく耐震計算などの構造計算を定める件」（平25国交告776改正）

（概要）エネルギー法による構造計算の規定である。

第1　用語，

第2　地震時を除き許容応力度計算を行う，

第3　積雪時・暴風時に限界耐力計算を行う，

第4　地上部分にエネルギー計算を行う，

第5　地下部分に許容応力度計算を行う，

第6　地上部分について，保有エネルギー吸収量が必要エネルギー吸収量以上であることを確かめる，

第7　変形・振動によって支障がないことを確かめる，

第8　屋根葺材，特定天井などが風圧ならびに地震その他の震動および衝撃に対して安全であることを確かめる，

第9　特別警戒区域内の建築物が破壊しないことを確かめる，がある。

「方向別ルート[2]同等告示」

令第81条第2項第2号イ［148頁，ルート[2]同等］の規定に基づき次の告示がある。

平19国交告1274「建築物の張間方向または桁行方向の規模または構造に基づく許容応力度等計算と同等以上に安全性を確かめることができる構造計算の基準を定める件」（平27国交告190改正）［279頁］

（概要）ルート[2]と同等のルート[1]を定めた規定で，ルート[2]が適用される場合であっても，1方向にルート[1]を用いることができる。その対象となる建築物は，

1号　地上3階建以下，高さ13m以下，軒高9m以下のS造（ルート[1-1]と[2]），

2号　地上2階建以下，高さ13m以下，軒高9m以下のS造（ルート[1-2]と[2]），

3号　高さ20m以下のRC造もしくはSRC造（ルート[1]と[2]）である。

（なお，ルートの混用については9頁の解説「方向別ルートの混用」参照。）

3 項　法第 20 条第 1 項第 3 号イ［91 頁，中規模建築物］の政令で定める基準は，次条各号［152 頁，許容応力度計算，変形・振動の検討］および第 82 条の 4［155 頁，屋根葺材などの検討］に定める構造計算またはこれと同等以上に安全性を確かめることができるものとして国土交通大臣が定める基準に従った構造計算による。

> 令第 81 条第 3 項［151 頁］に基づく告示には，
> **平 14 国交告 474**（特定畜舎等告示）［141 頁］，
> **平 14 国交告 667**（テント倉庫告示）［145 頁］がある。

> **「ルート 1 同等告示」**
> 令第 81 条第 3 項［151 頁］の規定に基づき次の告示がある。
> **平 19 国交告 832**「建築基準法施行令第 82 条各号および同令第 82 条の 4 に定めるところによる構造計算と同等以上に安全性を確かめることができる構造計算の基準を定める件」
> **（概要）** 令第 82 条各号［152 頁，許容応力度計算，変形・振動の検討］および第 82 条の 4［155 頁，屋根葺材などの検討］による構造計算と同等以上の構造計算とは，法施行規則第 1 条の 3 第 1 項第 1 号ロ (2) により国土交通大臣が指定した構造計算とする。

4 項　2 以上の部分がエキスパンションジョイントその他の相互に応力を伝えない構造方法のみで接している建築物の当該建築物の部分は，前 3 項の規定については，それぞれ別の建築物とみなす。

第 1 款の 2　保有水平耐力計算

> 解説 **「保有水平耐力計算」**
> 令の「保有水平耐力計算」とは，令第 82 条各号［許容応力度計算，変形・振動の検討］〜第 82 条の 4［屋根葺材などの検討］までの一連の計算を示している。本書では，この中の耐震計算の部分のみをルート 3 と呼んでいる［図 1.1（8 頁）参照］。
> なお，第 82 条［152 頁］の標題は（保有水平耐力計算）となっているが，この条の第 1 号〜第 4 号は，その中の許容応力度と変形・振動による使用上の支障のないことの検証の部分のみであることに注意が必要である。なお，第 82 条の 3［154 頁］の標題が（保有水平耐力）となっている。

（保有水平耐力計算）

第82条　前条第2項第1号イ［148頁］に規定する保有水平耐力計算とは，次の各号および次条［154頁］～第82条の4［155頁，屋根葺材などの検討］までに定める構造計算をいう。

1号［応力計算］第2款［162頁］に規定する荷重および外力によって建築物の構造耐力上主要な部分に生ずる力を国土交通大臣が定める方法により計算する。

2号［応力組合せ］前号の構造耐力上主要な部分の断面に生ずる長期および短期の各応力度を表5.1に掲げる式によって計算する。

表5.1　長期・短期応力と荷重・外力の組合せ

力の種類	荷重および外力について想定する状態	一般の場合	第86条第2項［167頁］ただし書の規定により特定行政庁が指定する多雪区域の場合	備考
長期に生ずる力	常時	$G+P$	$G+P$	
	積雪時		$G+P+0.7S$	
短期に生ずる力	積雪時	$G+P+S$	$G+P+S$	
	暴風時	$G+P+W$	$G+P+W$	*
			$G+P+0.35S+W$	
	地震時	$G+P+K$	$G+P+0.35S+K$	

この表において，G，P，S，W および K は，それぞれ次の力（軸方向力，曲げモーメント，せん断力など）を表す。
G：第84条［165頁］に規定する固定荷重によって生ずる力
P：第85条［166頁］に規定する積載荷重によって生ずる力
S：第86条［167頁］に規定する積雪荷重によって生ずる力
W：第87条［168頁］に規定する風圧力によって生ずる力
K：第88条［169頁］に規定する地震力によって生ずる力

* 建築物の転倒，柱の引抜きなどを検討する場合，P については実況に応じて積載荷重を減らした数値による。

3号［応力度検証］[†]第1号の構造耐力上主要な部分ごとに，前号の規定によって計算した長期および短期の各応力度が，それぞれ第3款［175頁以降］の規定による長期に生ずる力または短期に生ずる力に対する各許容応力度[‡]を超えな

[†] 本書では第82条第1～3号を「許容応力度計算」という。160頁の「許容応力度等計算」とは異なる。

[‡] それぞれ，「長期許容応力度」，「短期許容応力度」と略称されることが多く，またこれらの表現の方が分かり易いと考え，本書では略称を用いている。

いことを確かめる。

4号 ［変形・振動の検討］国土交通大臣が定める場合には，構造耐力上主要な部分である構造部材の変形または振動によって建築物の使用上の支障が起こらないことを国土交通大臣が定める方法によって確かめる。

「ルート[1]〜[3]算定法告示」

令第82条第1号［152頁，応力計算］，第82条の2［154頁，層間変形角］，第82条の3第1号［154頁，保有水平耐力の計算］，第82条の6第2号ロ［161頁，偏心率］の規定に基づき次の告示がある。

平19国交告594「保有水平耐力計算および許容応力度等計算の方法を定める件」［281頁］

（概要）ルート[1]〜[3]を行う際の構造計算の方法を定めている告示で，次の第1〜第5までがある。

第1 構造計算に用いる数値の設定方法

第2 荷重および外力によって建築物の構造耐力上主要な部分に生ずる力の計算方法

第3 地震力によって各階に生ずる水平方向の層間変位の計算方法

第4 保有水平耐力の計算方法

第5 各階の捩り剛性の計算方法

「梁床撓制限告示」

令第82条第4号［153頁，変形・振動の検討］の規定に基づき次の告示がある。

平12建告1459「建築物の使用上の支障が起こらないことを確かめる必要がある場合およびその確認方法を定める件」（平19国交告621改正）［299頁］

（概要）建築物の使用上の支障が起こらないことを確かめる場合およびその確認方法の規定である。

第1 構造種別ごとに梁・床版のスパンに対する厚さの規定を満たす場合は検証の必要はない，

第2 梁・床版の（変形増大係数を乗じた）撓を有効長さで除した値が1/250以下であることを確認する。

（層間変形角）

第82条の2［層間変形角］　建築物の地上部分については，第88条第1項［169頁］に規定する地震力（以下この款において「地震力」）によって各階に生ずる水平方向の層間変位を国土交通大臣が定める方法［平19国交告594（ルート[1]～[3]算定法告示），153頁，281頁］により計算し，当該層間変位の当該各階の高さに対する割合（第82条の6第2号イ［160頁］および第109条の2の2[†]において「層間変形角」）が1/200（地震力による構造耐力上主要な部分の変形によって建築物の部分に著しい損傷が生ずるおそれのない場合は1/120）以内であることを確かめる[‡]。

（保有水平耐力）

第82条の3［保有水平耐力］　建築物の地上部分については，第1号の規定によって計算した各階の水平力に対する耐力（以下この条および第82条の5［156頁，限界耐力計算］において「保有水平耐力」）が，第2号の規定によって計算した必要保有水平耐力以上であることを確かめる。

> 「建築物の地上部分については，・・・」と書いてあるので，保有水平耐力の検証を行う必要があるのは地上部分で，法令上は地下階や基礎・基礎杭に対する検証は必ずしも行う必要はない。

1号［保有水平耐力の計算］第4款［183頁］に規定する材料強度によって国土交通大臣が定める方法［平19国交告594（ルート[1]～[3]算定法告示），153頁，281頁］により保有水平耐力を計算する。

2号［必要保有水平耐力］地震力に対する各階の必要保有水平耐力を次式によって計算する。

$$Q_{un} = D_s F_{es} Q_{ud} \tag{5.1}$$

ここで，

Q_{un}：各階の必要保有水平耐力（kN），

D_s：各階の構造特性を表すものとして，建築物の構造耐力上主要な部分の構造方法に応じた減衰性および各階の靭性（じんせい）を考慮して国土交通大臣が定める数値［昭55建告1792（Ds Fes告示），155頁，301頁］，

---

† 令本文は本書では省略。準防火建築物の層間変形角は1/150以下とする。

‡ この確認は，すべての部材について行う（平19国交告594「ルート[1]～[3]算定法告示」第3第1号［286頁参照］）。

F_{es}：各階の形状特性を表すものとして，各階の剛性率および偏心率に応じて国土交通大臣が定める方法［昭55建告1792（Ds Fes告示），155頁，301頁］により算出した数値，

Q_{ud}：地震力によって各階に生ずる水平力（kN）である。

「Ds Fes告示」

令第82条の3第2号［154頁，必要保有水平耐力］の規定に基づき次の告示がある。

昭55建告1792「D_sおよびF_{es}を算出する方法を定める件」（平19国交告596改正）［301頁］

（概要）ルート3に用いるD_sとF_{es}の算出方法の規定である。

第1 D_sを算出する方法，

第2 柱および梁の大部分が木造である階のD_sを算出する方法，

第3 柱および梁の大部分がS造である階のD_sを算出する方法，

第4 柱および梁の大部分がRC造である階のD_sを算出する方法，

第5 柱および梁の大部分がSRC造である階のD_sを算出する方法，

第6 その他の階についてD_sを算出する方法［表1.4（22頁）参照］，

第7 F_{es}を算出する方法［(1.13)式〔21頁〕，図1.8（21頁）参照］がある。

（屋根葺材などの構造計算）

第82条の4［屋根葺材などの検討］　屋根葺材，外装材および屋外に面する帳壁については，国土交通大臣が定める基準［平12建告1458（局部風圧告示），155頁］に従った構造計算によって風圧に対して構造耐力上安全であることを確かめる。

「局部風圧告示」

令第82条の4［155頁，屋根葺材などの検討］の規定に基づき次の告示がある。

平12建告1458「屋根葺材および屋外に面する帳壁の風圧に対する構造耐力上の安全性を確かめるための構造計算の基準を定める件」（平19国交告1231改正）

（概要）風圧に対する屋根葺材などの構造計算の基準である。

1項 風圧に対する構造計算，

2項 屋根葺材のピーク風力係数，

3項 屋外に面する帳壁のピーク風力係数がある。

第1款の3　限界耐力計算

解説「限界耐力計算」

限界耐力計算とは，令第82条の5第1号［156頁］～第8号［158頁］までの一連の計算を示している。本書では，この中の耐震計算の部分をルート[4]と呼んでいる［図1.1（8頁）参照］。

第82条の5［限界耐力計算］　第81条第2項第1号ロ［148頁］に規定する限界耐力計算とは，次に定める構造計算をいう。

1号 地震時を除き，第82条［152頁］第1号～第3号［許容応力度計算］まで（地震に係る部分を除く）に定めるところによる。

2号 積雪時または暴風時に，建築物の構造耐力上主要な部分に生ずる力を表5.2［156頁］に掲げる式によって計算し，当該構造耐力上主要な部分に生ずる力が，それぞれ第4款［183頁］の規定による材料強度によって計算した当該構造耐力上主要な部分の耐力を超えないことを確かめる。

表5.2　積雪・暴風時の荷重・外力の組合せ（限界耐力計算）

荷重および外力について想定する状態	一般の場合	第86条第2項［167頁］ただし書の規定により特定行政庁が指定する多雪区域の場合	備　考
積雪時	$G+P+1.4S$	$G+P+1.4S$	
暴風時	$G+P+1.6W$	$G+P+1.6W$	*
		$G+P+0.35S+1.6W$	

この表において，G，P，S および W は，それぞれ次の力（軸方向力，曲げモーメント，せん断力などを）を表す。
G：第84条［165頁］に規定する固定荷重によって生ずる力
P：第85条［166頁］に規定する積載荷重によって生ずる力
S：第86条［167頁］に規定する積雪荷重によって生ずる力
W：第87条［168頁］に規定する風圧力によって生ずる力

＊ 建築物の転倒，柱の引抜きなどを検討する場合には，P については，建築物の実況に応じて積載荷重を減らした数値による。

3号 地震による加速度によって建築物の地上部分の各階に作用する地震力および各階に生ずる層間変位を次に定めるところによって計算し，当該地震力が，損傷限界耐力（建築物の各階の構造耐力上主要な部分の断面に生ずる応力度が第3款［175頁］の規定による短期許容応力度に達する場合の建築物の各階の水平力に対する耐力，以下この号において同じ）を超えないことを確かめるとともに，層間変位の当該各階の高さに対する割合が 1/200（地震力による構造耐力上主要な部分の変形によって建築物の部分に著しい損傷が生ずるおそれのない場合は 1/120）を超えないことを確かめる。

イ 各階が，損傷限界耐力に相当する水平力その他のこれに作用する力に耐えている時に当該階に生ずる水平力の層間変位（以下この号において「損傷限界変位」）を国土交通大臣が定める方法［平 12 建告 1457（限界耐力計算告示），159 頁］により計算する。

ロ 建築物のいずれかの階において，イによって計算した損傷限界変位に相当する変位が生じている時の建築物の固有周期[†]（以下この号および第 7 号において「損傷限界固有周期」）を国土交通大臣が定める［平 12 建告 1457（限界耐力計算告示），159 頁］方法により計算する。

ハ 地震により建築物の各階に作用する地震力を，損傷限界固有周期に応じて表 5.3 に掲げる式[‡]によって計算した当該階以上の各階の水平方向に生ずる力の総和として計算する[§]。

ニ 各階が，ハによって計算した地震力その他のこれに作用する力に耐えている時に当該階に生ずる水平方向の層間変位を国土交通大臣が定める［平 12 建告 1457（限界耐力計算告示），159 頁］方法により計算する。

4 号 第 88 条第 4 項［170 頁］に規定する地震力により建築物の地下部分の構造耐力上主要な部分の断面に生ずる応力度を第 82 条［152 頁］第 1 号［応力計算］および第 2 号［応力組合せ］の規定によって計算し，それぞれ第 3 款［175 頁］の規定による短期許容応力度を超えないことを確かめる。

5 号 地震による加速度によって建築物の各階に作用する地震力を次に定めるところによって計算し，当該地震力が保有水平耐力を超えないことを確かめる。

イ 各階が，保有水平耐力に相当する水平力その他のこれに作用する力に耐えている時に当該階に生ずる水平方向の最大の層間変位（以下この号において「安全限界変位」）を国土交通大臣が定める［平 12 建告 1457（限界耐

[†] 本書では「応答周期」と表示している［30 頁の脚注参照］。

[‡] 表 5.3 の式はスペクトルを用いると (1.19) 式と (1.20) 式［30 頁］のように表現でき，告示はこのように表示すべきであった思われる。

[§] 各階の水平方向の力が「地震力」で，その総和が「地震層せん断力」である。

表 5.3 損傷限界地震時に各階の水平方向に生ずる地震力

$T_\mathrm{d} < 0.16$ の場合	$P_{\mathrm{d}i} = (0.64 + 6\,T_\mathrm{d})\,m_i\,B_{\mathrm{d}i}\,Z\,G_\mathrm{s}$
$0.16 \leqq T_\mathrm{d} < 0.64$ の場合	$P_{\mathrm{d}i} = 1.6\,m_i\,B_{\mathrm{d}i}\,Z\,G_\mathrm{s}$
$0.64 \leqq T_\mathrm{d}$ の場合	$P_{\mathrm{d}i} = \dfrac{1.024\,m_i\,B_{\mathrm{d}i}\,Z\,G_\mathrm{s}}{T_\mathrm{d}}$

ここで,
T_d 建築物の損傷限界固有周期（秒）,
$P_{\mathrm{d}i}$ 各階に水平方向に生ずる力（kN）,
m_i 各階の質量《各階の固定荷重および積載荷重との和（第86条第2項［167頁］ただし書の規定によって特定行政庁が指定する多雪区域においては，更に積雪荷重を加えたもの）を重力加速度で除したもの》(t),
$B_{\mathrm{d}i}$ 建築物の各階に生ずる加速度の分布を表すものとして，損傷限界固有周期に応じて国土交通大臣が定める基準［平12建告1457（限界耐力計算告示），159頁］に従って算出した数値,
Z 第88条第1項［169頁］に規定するZの数値,
G_s 表層地盤による加速度の増幅率を表すものとして，表層地盤の種類に応じて国土交通大臣が定める方法［平12建告1457（限界耐力計算告示），159頁］により算出した数値である。

力計算告示)，159頁］方法により計算する。

ロ 建築物のいずれかの階において，イによって計算した安全限界変位に相当する変位が生じている時の建築物の周期（以下この号で「安全限界固有周期」）を国土交通大臣が定める［平12建告1457（限界耐力計算告示)，159頁］方法により計算する。

ハ 地震により建築物の各階に作用する地震力を，安全限界固有周期に応じて表5.4に掲げる式によって計算した当該階以上の各階に水平方向に生ずる力の総和として計算する。

6号 第82条第4号［153頁，変形・振動の検討］の規定による。

7号 屋根葺材，特定天井，外装材および屋外に面する帳壁が，第3号ニの規定によって計算した建築物の各階に生ずる水平方向の層間変位および同号ロの規定によって計算した建築物の損傷限界固有周期に応じて建築物の各階に生ずる加速度を考慮して国土交通大臣が定める［平12建告1457（限界耐力計算告示)，159頁］基準に従った構造計算によって風圧ならびに地震その他の震動および衝撃に対して構造耐力上安全であることを確かめる。

8号 特別警戒区域内における居室を有する建築物の外壁などが，自然現象の種類,

表 5.4　安全限界地震時に各階の水平方向に生ずる地震力

$T_s < 0.16$ の場合	$P_{si} = (3.2 + 30\,T_s)\,m_i\,B_{si}\,F_\zeta\,Z\,G_s$
$0.16 \leqq T_s < 0.64$ の場合	$P_{si} = 8\,m_i\,B_{si}\,F_\zeta\,Z\,G_s$
$0.64 \leqq T_s$ の場合	$P_{si} = \dfrac{5.12\,m_i\,B_{si}\,F_\zeta\,Z\,G_s}{T_s}$

ここで，
T_s　建築物の安全限界固有周期（秒），
P_{si}　各階に水平方向に生ずる力（kN），
m_i　第 3 号の表 5.3［158 頁］に規定する m_i の数値，
B_{si}　各階に生ずる加速度の分布を表すものとして，安全限界固有周期に対応する振動特性に応じて国土交通大臣が定める基準［平 12 建告 1457（限界耐力計算告示），159 頁］に従って算出した数値，
*F_ζ　安全限界固有周期における振動の減衰による加速度の低減率を表すものとして国土交通大臣が定める基準［平 12 建告 1457（限界耐力計算告示），159 頁］に従って算出した数値，
Z　第 88 条第 1 項［169 頁］に規定する Z の数値，
G_s　第 3 号の表 5.3 に規定する G_s の数値である。

* 告示では F_ζ ではなく F_h という記号が用いられているが，本書では添字を含め減衰定数を表すのに h ではなく ζ を用いている。

最大の力の大きさなどおよび土石などの高さなど（当該外壁などの高さが土石などの高さなど未満であるときは，自然現象の種類，最大の力の大きさなど，土石などの高さなどおよび当該外壁などの高さ）に応じて，国土交通大臣が定める［平 12 建告 1457（限界耐力計算告示），159 頁］基準に従った構造計算によって当該自然現象により想定される衝撃が作用した場合においても破壊を生じないものであることを確かめる。ただし，第 80 条の 3［146 頁］ただし書に規定する場合は，この限りでない。

「限界耐力計算告示」

令第 82 条の 5 第 3 号イ［157 頁］～ニ，第 5 号［157 頁］，第 7 号［158 頁］ならびに第 8 号［158 頁］の規定に基づき次の告示がある。

平 12 建告 1457「損傷限界変位，T_d，B_{di}，層間変位，安全限界変位，T_s，B_{si}，F_ζ および G_s を計算する方法ならびに屋根葺材などおよび外壁などの構造耐力上の安全を確かめるための構造計算の基準を定める件」（平 25 国交告 773 改正）

（概要） 限界耐力計算（ルート[4]）に用いる各種パラメータの算定などの基準を定めた規定である。

第1限界耐力計算は増分解析に基づいて行う，第2損傷限界変位，
第3損傷限界固有周期 T_{d}，第4加速度の分布係数 $B_{\mathrm{d}i}$，第5層間変位，
第6安全限界変位，第7安全限界固有周期 T_{s}，第8加速度の分布係数 $B_{\mathrm{s}i}$，
第9加速度の低減率 F_{ζ}，第10加速度の増幅率 G_{s}，
第11屋根葺材，特定天井などの構造計算，
第12土砂災害特別警戒区域内の建築物の規定がある（なお，第1〜第12に標題はない）。

この告示の要約が1.5節［33頁以降］に示されている。

第1款の4　許容応力度等計算

解説「許容応力度等計算」

許容応力度等計算とは，令第82条の6第1号［160頁］〜第3号までの一連の計算を示している［第1号によって令第82条（152頁），第82条の2（154頁，層間変形角），第82条の4（155頁，屋根葺材などの検討）も含まれている］。本書では，この中の耐震計算の部分をルート1とルート2に分けて説明している［図1.1（8頁）参照］。

第82条の6［許容応力度等計算］　第81条第2項第2号イ［148頁］に規定する許容応力度等計算とは，次に定める構造計算をいう。

1号 第82条各号［152頁，許容応力度計算，変形・振動の検討］，第82条の2［154頁，層間変形角］および第82条の4［155頁，屋根葺材などの検討］に定めるところによる。

2号 建築物の地上部分について，次に適合することを確かめる。

イ［剛性率］次の式[†]によって計算した各階の剛性率が，それぞれ6/10以上である[‡]。

$$R_{\mathrm{s}} = \frac{r_{\mathrm{s}}}{\bar{r}_{\mathrm{s}}} \tag{5.2}$$

ここで，R_{s}：各階の剛性率，r_{s}：各階の層間変形角の逆数，$\bar{r}_{\mathrm{s}}$：当該建築

† (1.5) 式［17頁］と同一である（なお，r_{s} の相加平均については同頁の脚注参照）。
‡ 解説書[3]の付録1-5.2によると，1階がRC造で2,3階が木造あるいは1,2階がRC造で3階が木造の場合には，この規定を満足しなくともよいことがある。

物についての r_s の相加平均である。

ロ ［偏心率］次の式†によって計算した各階の偏心率が，それぞれ15/100を超えない‡。

$$R_e = \frac{e}{r_e} \tag{5.3}$$

ここで，R_e：各階の偏心率，e：各階の構造耐力上主要な部分が支える固定荷重および積載荷重（第86条第2項［167頁］ただし書の規定により特定行政庁が指定する多雪区域にあっては，固定荷重，積載荷重および積雪荷重）の重心と当該各階の剛心をそれぞれ同一水平面に投影させて結ぶ線を計算しようとする方向と直交する平面に投影させた線の長さ (cm)［偏心距離，図1.3（16頁）参照］，r_e は国土交通大臣が定める方法［平19国交告594（ルート1～3計算告示），153頁，281頁］により算出した各階の剛心周りの捩り剛性の数値を当該各階の計算しようとする方向の水平剛性の数値で除した数値の平方根 (cm)［弾力半径，図1.3（16頁）参照］である。

3号 第2号に定めるほか，建築物の地上部分について，国土交通大臣がその構造方法に応じ，地震に対し，安全であることを確かめるために必要なものとして定める基準［昭55建告1791（ルート2計算告示），161頁，317頁］に適合する。

「ルート2計算告示」

令第82条の6第3号［161頁］の規定に基づき次の告示がある。

昭55建告1791「建築物の地震に対する安全性を確かめるために必要な構造計算の基準を定める件」（平27国交告185改正）［317頁］

（概要） ルート2の構造計算の基準を定めている規定である。この要約が17頁以降に示されている。

第1 木造のルート2の規定［17頁］,

第2 S造のルート2の規定［18頁］,

第3 RC造またはSRC造のルート2の規定［20頁］がある。

† (1.4) 式［15頁］と同一である。

‡ 偏心率の規定は剛床仮定に基づいているが，剛床仮定が成立しない場合であっても，バランスを確認するために剛床仮定の下で計算する [3]。

5.2　荷重および外力（令第3章第8節第2款第83～88条）

第2款　荷重および外力

（荷重および外力の種類）

第83条　建築物に作用する荷重および外力としては，次の各号に掲げるものを採用する。

1号 固定荷重［第84条（165頁）］
2号 積載荷重［第85条（166頁）］
3号 積雪荷重［第86条（167頁）］
4号 風圧力［第87条（168頁）］
5号 地震力［第88条（169頁）］

2項　前項に掲げるもののほか，建築物の実況に応じて，土圧，水圧，震動および衝撃による外力を採用する。

解説**「駐車場転落防止指針」**

本項に関連して「駐車場における自動車転落事故を防止するための装置等に関する設計指針」[3] がある。

（概要）自動車の転落防止装置 への荷重として，地面からの高さ 5.1 m（道路，広場などに転落するおそれのある場合は 2.1 m）以上である駐車場（機械式の駐車場を除く）に対して，衝撃力 : 250kN，衝突位置 : 床面から高さ 60cm，衝撃力の分布幅 : 160cm として，許容応力度設計を行う。この場合，JIS 規格の鋼材・棒鋼や普通コンクリーーの許容応力度は通常の短期許容応力度の 1.5 倍とすることができる。

解説**「耐津波計算告示」**

津波防災地域づくりに関する法律施行規則（平 23 国交省令第 99 号，本書では省略）の規定に基づき次の告示がある。

平 23 国交告 1318 「津波浸水想定を設定する際に想定した津波に対して安全な構造方法等を定める件」

（概要） 津波による波圧によって生ずる力を T として次式による力が材料強度による耐力を超えないことを確かめる。

$$G + P + T\ (\text{一般と多雪区域}) \qquad G + P + 0.35S + T\ (\text{多雪区域}) \tag{5.4}$$

ここで，記号などは表5.1［152頁］による。

津波による波圧 q_z（kN/m^2）は次式によって計算する［図5.1（163頁）参照］。

$$q_z = \rho g (a h - z) \tag{5.5}$$

ここで，ρ：水の単位体積質量（t/m^3），g：重力加速度［9.8］（m/s^2），h：津波浸水想定に定める水深［浸水深（しんすいしん）］（m），z：建築物の各部分の高さ（m），a：水深係数である。

水深係数 a は3とする。ただし，他の施設による波圧の軽減が見込まれる場合で，海岸および河川からの距離が500 m未満のものは2とし，2 500 m以上のものは1.5とする。

ピロティのような開放部分には波圧は作用しないものとすることができる。津波によって生ずる波力は，津波作用幅から開口部の幅を除いて，あるいは作用面積から開口部の面積を減じて（いずれも，開口部を無視した場合の値の0.7倍を下回らない範囲で）計算することができる。

その他，転倒・滑動・洗掘（せんくつ）の検討，漂流物の衝突によって容易に倒壊・崩壊しないことの確認を行う［図5.2（164頁）参照］。

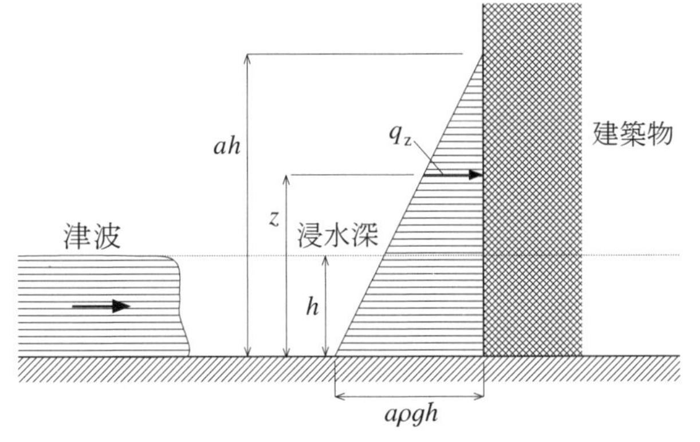

$q_z = \rho g (ah - z)$

$a = 3.0$：一般の場合

$a = 2.0$：津波の軽減効果が見込まれ，海岸・河川から500m未満の場合

$a = 1.5$：津波の軽減効果が見込まれ，海岸から500m以上の場合

図5.1　（参考）津波による波圧 q_z

a) 非構造要素が喪失したS造　　　b) 転倒したRC造

図5.2　（参考）津波被害例（2011年 東日本大震災）

解説「地下外壁に作用する圧力」[8], [16]

地盤面からの深さ z（m）における地下外壁に作用する圧力 p（kN/m^2）は，土圧 p_t と地表面載荷による圧力 p_o の和として次式のように表される［図5.3（164頁）参照）。

$$p = p_t + p_o = K_0 \gamma_t z + K_0 q \tag{5.6}$$

ここで，K_0：静止土圧係数（0.5程度），γ_t：土の湿潤単位体積重量（18 kN/m^3 程度），q：地表面に載荷される荷重（例えば10 kN/m^2）である。

地下水位 h（m）以深では，土圧 p_t' は浮力で同図aの点線のように減少し，水圧 p_w が加わるので，次式を用いる。

$$p = p_t' + p_w + p_o = \{K_0 \gamma_t h + K_0 \gamma' (z - h)\} + \gamma_w (z - h) + K_0 q \tag{5.7}$$

ここで，γ'：土の水中単位体積重量，γ_w：水の単位体積重量（9.8 kN/m^3）である。なお，γ' は土の飽和単位体積重量 γ_{sat} から γ_w を減じたものである。

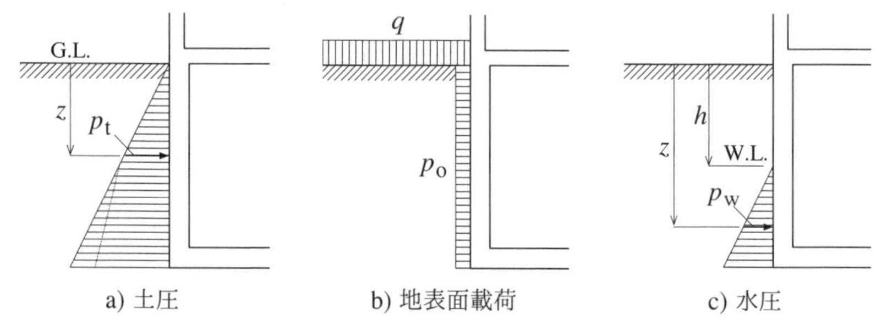

図5.3　（参考）地下外壁に作用する圧力 p

（固定荷重）

第84条 建築物の各部の固定荷重は，当該建築物の実況に応じて計算する。ただし，表5.5［165頁］に掲げる建築物の部分の固定荷重については，それぞれ同表の単位面積当たり荷重の欄に定める数値に面積を乗じて計算することができる。

表5.5 固定荷重

建築物の部分	種別		単位面積当たり荷重 (N/m^2)		備考
屋根	瓦葺	葺土がない場合	屋根面につき	640	下地および垂木を含み，母屋を含まない。
		葺土がある場合		980	
	波形鉄板葺	母屋に直接葺く場合		50	母屋を含まない。
	薄鉄板葺			200	下地および垂木を含み，母屋を含まない。
	ガラス屋根			290	鉄製枠を含み，母屋を含まない。
	厚形スレート葺			440	下地および垂木を含み，母屋を含まない。
木造の母屋	母屋の支点間の距離が2m以下の場合		屋根面につき	50	
	母屋の支点間の距離が4m以下の場合			100	
天井	さお縁		天井面につき	100	吊り木，受木およびその他の下地を含む。
	繊維板張，打上げ板張，合板張または金属板張			150	
	木毛セメント板張			200	
	格縁			290	
	漆喰塗			390	
	モルタル塗			590	
床	木造の床	板張	床面につき	150	根太を含む。
		畳敷		340	床板および根太を含む。
		床梁 張間4m以下の場合		100	
		床梁 張間6m以下の場合		170	
		床梁 張間8m以下の場合		250	
	コンクリート造の床の仕上げ	板張		200	根太および大引を含む。
		フロアリングブロック張		150	仕上げ厚さ1cmごとに，そのセンチメートルの数値を乗ずる。
		モルタル塗，人造石塗およびタイル張		200	
		アスファルト防水層		150	厚さ1cmごとに，そのセンチメートルの数値を乗ずる。
壁	木造の建築物の壁の軸組		壁面につき	150	柱，間柱および筋かいを含む。
	木造の建築物の壁の仕上げ	下見板張，羽目板張または繊維板張		100	下地を含み，軸組を含まない。
		木ずり漆喰塗		340	
		鉄網モルタル塗		640	
	木造の建築物の小舞壁			830	軸組を含む
	コンクリート造の壁の仕上げ	漆喰塗		170	仕上げ厚さ1cmごとに，そのセンチメートルの数値を乗ずる。
		モルタル塗および人造石塗		200	
		タイル張		200	

（積載荷重）

第 85 条　建築物の各部の積載荷重は，当該建築物の実況に応じて計算する。ただし，表 5.6 [166 頁][†]に掲げる室の床の積載荷重については，それぞれ同表の（い），（ろ）または（は）の欄に定める数値に床面積を乗じて計算することができる。

表 5.6　積載荷重

<table>
<tr><td colspan="3">構造計算の対象</td><td>（い）</td><td>（ろ）</td><td>（は）</td></tr>
<tr><td colspan="3">室の種類</td><td>床の構造計算をする場合 (N/m²)</td><td>大梁，柱または基礎の構造計算をする場合 (N/m²)</td><td>地震力を計算する場合 (N/m²)</td></tr>
<tr><td>(1)</td><td colspan="2">住宅の居室，住宅以外の建築物における寝室または病室</td><td>1800</td><td>1300</td><td>600</td></tr>
<tr><td>(2)</td><td colspan="2">事務室</td><td>2 900</td><td>1 800</td><td>800</td></tr>
<tr><td>(3)</td><td colspan="2">教室</td><td>2 300</td><td>2 100</td><td>1 100</td></tr>
<tr><td>(4)</td><td colspan="2">百貨店または店舗の売場</td><td>2 900</td><td>2 400</td><td>1 300</td></tr>
<tr><td rowspan="2">(5)</td><td rowspan="2">劇場，映画館，演芸場，観覧場，公会堂，集会場その他これらに類する用途に供する建築物の客席または集会場</td><td>固定席の場合</td><td>2 900</td><td>2 600</td><td>1 600</td></tr>
<tr><td>その他の場合</td><td>3 500</td><td>3 200</td><td>2 100</td></tr>
<tr><td>(6)</td><td colspan="2">自動車車庫および自動車通路</td><td>5 400</td><td>3 900</td><td>2 000</td></tr>
<tr><td>(7)</td><td colspan="2">廊下，玄関または階段</td><td colspan="3">(3)〜(5) までに掲げる室に連絡するものにあっては，(5) の「その他の場合」の数値による。</td></tr>
<tr><td>(8)</td><td colspan="2">屋上広場またはバルコニー</td><td colspan="3">(1) の数値による。ただし，学校または百貨店の用途に供する建築物にあっては，(4) の数値による。</td></tr>
</table>

表 5.7　柱・基礎の積載荷重低減係数

支える床の数	2	3	4	5	6	7	8	9 以上
積載荷重を減らすために乗ずべき数値	0.95	0.9	0.85	0.8	0.75	0.7	0.65	0.6

2 項　柱または基礎の垂直荷重による圧縮力を計算する場合には，前項の表 5.6 [166 頁] の（ろ）欄の数値は，その支える床の数に応じて，これに表 5.7 [166 頁]

[†] 日本では，例えば 1,800 と 0.95 のように書くが，ヨーロッパやラテン諸国では 1.800 と 0,95 のように書く場合が多い。ISO では小数点には「,」を用い，桁数を示すには半角のスペースを用いることにしている。本書では桁数の表示は ISO に準じているが，小数点には「.」を用いている。

の数値を乗じた数値まで減らすことができる。ただし，同項の表の (5) に掲げる室［劇場など］の床の積載荷重については，この限りでない。

3 項 倉庫業を営む倉庫における床の積載荷重は，第 1 項の規定によって実況に応じて計算した数値が 3 900 N/m^2 未満の場合においても，3 900 N/m^2 とする。

（積雪荷重）

第 86 条 積雪荷重[†]は，積雪の単位荷重に屋根の水平投影面積およびその地方における垂直積雪量を乗じて計算する。

2 項 前項に規定する積雪の単位荷重は，積雪量 1 cm ごとに 20 N/m^2 以上とする。ただし，特定行政庁は，規則で，国土交通大臣が定める基準［平 12 建告 1455（多雪区域告示），167 頁］に基づいて多雪区域を指定し，その区域につきこれと異なる定めをすることができる。

3 項 第 1 項に規定する垂直積雪量は，国土交通大臣が定める基準［平 12 建告 1455（多雪区域告示），167 頁］に基づいて特定行政庁が規則で定める数値とする。

「多雪区域告示」

令第 86 条第 2 項［167 頁］ただし書および第 3 項［167 頁］の規定に基づき次の告示がある。

平 12 建告 1455「多雪区域を指定する基準および垂直積雪量を定める基準を定める件」

（概要）次の第 1 と第 2 がある（第 1 と第 2 に標題はない）。

第 1 多雪区域を指定する基準

第 2 垂直積雪量を定める基準

4 項 屋根の積雪荷重は，屋根に雪止めがある場合を除き，その勾配が 60 度以下の場合においては，その勾配に応じて第 1 項の積雪荷重に次の式によって計算した屋根形状係数（特定行政庁が屋根葺材，雪の性状などを考慮して規則でこれと異なる数値を定めた場合には，その定めた数値）を乗じた数値とし，その勾配が 60 度を超える場合においては，0 とすることができる［図 5.4（168 頁）参照］。

$$\mu_b = \sqrt{\cos(1.5\beta)} \tag{5.8}$$

ここで，μ_b：屋根形状係数，β：屋根勾配（度）である。

---

† 積雪による構造物崩壊を防止するためには，適切な積雪荷重を採用することの他に，構造物のモデル化も重要である（295 参照）。

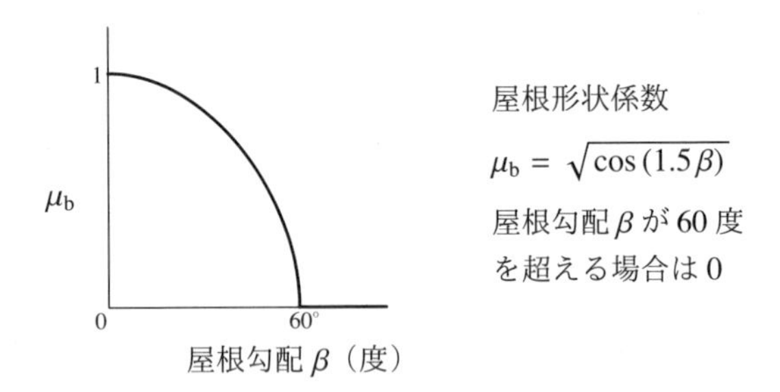

図 5.4　（参考）積雪荷重の屋根形状係数 μ_b

5 項　屋根面における積雪量が不均等となるおそれのある場合には，その影響を考慮して積雪荷重を計算する。

6 項　雪下ろしを行う慣習がある地方においては，その地方における垂直積雪量が 1 m を超える場合においても，積雪荷重は，雪下ろしの実況に応じて垂直積雪量を 1 m まで減らして計算することができる。

7 項　前項の規定により垂直積雪量を減らして積雪荷重を計算した建築物については，その出入り口，主要な居室またはその他の見やすい場所に，その軽減の実況その他必要な事項を表示する。

（風圧力）

第 87 条　風圧力は，速度圧に風力係数を乗じて計算する。

2 項　前項の速度圧は，次の式によって計算する。

$$q = 0.6\,E\,V_0^2 \tag{5.9}$$

ここで，

q： 速度圧 (N/m^2),

E： 当該建築物の屋根の高さおよび周辺の地域に存する建築物その他の工作物，樹木その他の風速に影響を与えるものの状況に応じて国土交通大臣が定める方法［平 12 建告 1454（風圧力計算告示），169 頁］により算出した数値，

V_0： その地方における過去の台風の記録に基づく風害の程度その他の風の性状に応じて 30〜46 m/秒までの範囲内において国土交通大臣が定める風速（m/秒）［平 12 建告 1454（風圧力計算告示），169 頁］である。

3 項　建築物に近接してその建築物を風の方向に対して有効にさえぎる他の建築物，防風林その他これらに類するものがある場合には，その方向における速度圧は，前項の規定による数値の 1/2 まで減らすことができる。

4項 第1項の風力係数は，風洞実験によって定める場合のほか，建築物または工作物の断面および平面の形状に応じて国土交通大臣が定める数値［平12建告1454（風圧力計算告示），169頁］による。

「風圧力計算告示」

令第87条第2項［168頁］および第4項［169頁］の規定に基づき次の告示がある。

平12建告1454「Eの数値を算出する方法ならびにV_0および風力係数の数値を定める件」

（概要） 次の第1〜第3がある（第1〜第3に標題はない）。

第1 Eの数値の算出，**第2** V_0の数値，**第3** 風力係数のC_fの数値

（地震力）

第88条 建築物の地上部分[†]の地震力については，当該建築物の各部分の高さに応じ，当該高さの部分が支える部分に作用する全体の地震力[‡]として計算するものとし，その数値は，当該部分の固定荷重と積載荷重との和（第86条第2項［167頁］ただし書の規定により特定行政庁が指定する多雪区域においては，更に積雪荷重を加える）に当該高さにおける地震層せん断力係数を乗じて計算する。この場合，地震層せん断力係数は，次の式によって計算する。

$$C_i = Z R_t A_i C_0 \tag{5.10}$$

ここで，

C_i： 建築物の地上部分の一定の高さにおける地震層せん断力係数，

Z： その地方における過去の地震の記録に基づく震害の程度および地震活動の状況その他地震の性状に応じて1.0〜0.7までの範囲内において国土交通大臣が定める数値［昭55建告1793（ZRtAi等告示），170頁］，

R_t： 建築物の振動特性を表すものとして，建築物の弾性域における固有周期および地盤の種類に応じて国土交通大臣が定める方法［昭55建告1793（ZRtAi等告示），170頁］により算出した数値，

A_i： 建築物の振動特性に応じて地震層せん断力係数の建築物の高さ方向の分布を

[†] 令第1条第2号の定義［95頁］にかかわらず，地階と見なせる（地階の階高の2/3以上が地面と接している，または地階の外周面の3/4以上が地面と接している）部分を除いた部分である[3]。

[‡] 「地震層せん断力」のことである。

表すものとして国土交通大臣が定める方法［昭 55 建告 1793（ZRtAi 等告示），170 頁］により算出した数値，

C_0： 標準せん断力係数である。

2 項 標準せん断力係数は，0.2 以上とする。ただし，地盤が著しく軟弱な区域として特定行政庁が国土交通大臣の定める基準［昭 55 建告 1793（ZRtAi 等告示），170 頁］に基づいて規則で指定する区域内における木造の建築物（第 46 条第 2 項第 1 号［107 頁］に掲げる基準に適合するものを除く）にあっては，0.3 以上とする。

3 項 第 82 条の 3 第 2 号［154 頁］の規定により必要保有水平耐力を計算する場合には，前項の規定にかかわらず，標準せん断力係数は 1.0 以上とする。

4 項 建築物の地下部分の各部分に作用する地震力は，当該部分の固定荷重と積載荷重の和に次の式†に適合する水平震度を乗じて計算する。ただし，地震時における建築物の振動の性状を適切に評価して計算することができる場合には，当該計算によることができる。

$$k \geqq 0.1\left(1-\frac{H}{40}\right)Z \tag{5.11}$$

ここで，

k： 水平震度，

H： 建築物の地下部分の各部分の地盤面からの深さ（20 を超えるときは 20 とする）(m)，

Z： 第 1 項に規定する Z の数値である。

「ZRtAi 等告示」

令第 88 条 1 項［169 頁］，2 項および 4 項の規定に基づき次の告示がある。

昭 55 建告 1793「Z の数値，R_t および A_i を算出する方法ならびに地盤が著しく軟弱な区域として特定行政庁が指定する基準を定める件」（平 19 国交告 597 改正）

(概要) 地震力を算定するパラメータなどの規定で，次の第 1〜第 4 がある。

第 1 Z の数値［表が与えられ，それから作成したものが図 1.12（28 頁）］

第 2 R_t を算出する方法［表 1.5（28 頁）が与えられ，それから作成したものが図 1.13（28 頁）］

† (1.23) 式［32 頁］と同一である。地下部分の水平震度の規定は新耐震以前はなかったが，慣例的に（Z = 1.0 の地域では）0.1 が用いられていた。これを踏襲し，地表面では 0.1Z とし，地盤中の地震観測結果などを基に，深くなるにつれ水平震度を徐々に低減させる現行規定となった。

第 3 A_i を算出する方法［与えられた (1.16) 式〔27 頁〕から作成したものが図 1.14（29 頁）］

第 4 地盤が著しく軟弱な区域［表 1.6（29 頁）の第 3 種地盤に該当する区域］

ちょっと一言**「低層建築物上の塔状建築物」**

A_i 分布は（各階の高さではなく）基準化重量 α_i をパラメータとしているため，高さ方向に不整形な建築物にも（ある程度）適用できるというメリットがある。しかし，低層建築物上の高層建築物（図 5.5 左）を 1 つの建築物として A_i 分布を用いると，a) 低層部が大きくなると高層部の地震層せん断力係数が極端に大きく計算され，b) 高層部の固有周期が長くなると低層部の地震層せん断力係数が小さくなり過ぎる。このようなことは新耐震導入当初から分かっていたので，低層部が極端に大きい場合は，低層部を切り離して，地震層せん断力を計算する方法が考えられた。その結果，低層部の平面が高層部の平面よりもおおむね 8 倍以下の場合は，一体の建築物とみなし，おおむね 8 倍を超える部分については，その部分が独立した建築物と考えて地震層せん断力を求めることにした [4]。平面の 8 倍という値は，詳細な検討に基づいた訳ではなく，塔屋の平面が建築物の平面の 1/8 以下の場合は，建築物の階数には含まれないという規定に準じた程度の暫定的な規定であった。しかし，必ずしも適切な値が求まるとは限らない暫定的な「タワー 8 倍則」が 2015 年に改訂された解説書 [3] に再び加えられた。

このため，低層建築物上の塔状建築物について以前検討したこと [15] を R_t，A_i などを用いるとして見直し，タワー 8 倍則よりは適用範囲がかなり広くなる次の方法を提案する。

ちょっと一言**「低層 RC 造・上層木造の建築物」**

1 階 RC 造，2, 3 階木造の場合，木造部分は RC 造部分に比べて軽いので，上層の基準化重量が小さくなり，その結果 A_i が極端に大きくなることがある。このような建築物にも「低層建築物上の塔状建築物」に対する提案が適用できる。この場合は，R_t の影響を受けないので，木造である 2 階の重量の 2 倍の RC 造部分を考慮して A_i を求めるのみでよい。すなわち，$n \leqq 2$ の場合は建築物全体の重量を考慮し，$n > 2$ の場合は $n = 2$ として A_i を求め，地震層せん断力は建築物全体の重量から求める。これは解説書 [3] と同じである。なお，このような建築物の剛性率については，ルート 2 の場合でも検討は不要となる [3]。

（提案）低層建築物上の塔状建築物の地震層せん断力（係数）

低層建築物上の塔状建築物については，図 5.5［173 頁］のように高層部 A と低層部 B に分割して以下のように地震層せん断力を求めてもよい。

低層建築物上の塔状建築物（図 5.5-1）の高層部最下階の重量を w，低層部最上階の重量を nw とする。

(1) $\boldsymbol{n \leqq 2}$ の場合，高層部と低層部を一体の建築物（通常の建築物）として計算する［これで終了］。

(2) $\boldsymbol{n > 2}$ の場合，低層部最上階の重量 pw までと高層部を一体として高層部 A（図 5.5-2），その他の部分を低層部 B（図 5.5-3）とする。高層部 A の（高さを用いた略算式による）固有周期から求まる**振動特性係数**を R_t，低層部 B の振動特性係数を 1 とする。

1) **最下階の地震層せん断力**は，$\boldsymbol{p = 10R_t}$ として高層部 A の最下階の地震層せん断力 Q_A（その係数 C_A），低層部 B の最下階の地震層せん断力 Q_B（その係数 C_B）を求める［$p > n$ となる場合は分割不要で，この場合は $Q_B = C_B = 0$ とする］。建築物全体の最下階の地震層せん断力は $Q_{AB} = Q_A + Q_B$（その係数 C_{AB}）として求める。

2) **低層部 B** の基準化重量 α_i から求めた A_i と C_B を用い，低層部 B の各階の地震層せん断力を求める［分割不要の場合および低層部の階数が 1 の場合，この計算は不要］。

3) **高層部 A** について，$\boldsymbol{p = 1/R_t}$（$p < 2$ の場合は $p = 2$）とした場合の α_i を用い，A_i を求める。次に，$\gamma = C_{AB}/C_A$ を計算し，A_i を次のように補正する［分割不要の場合および $\gamma = 1$ の場合は補正不要］。

i) 低層部の階数が 1 の場合は，$\sqrt{\gamma}$ を最上階の A_i に乗ずる。

ii) 低層部の階数が 2 以上の場合は，（$\sqrt{\gamma}$ を最上階の A_i に乗ずる他に）最上階から数えて低層部の階数まで $\sqrt{\gamma}$ と 1 を直線補間した値を A_i に乗ずる。

高層部 A の**各階の地震層せん断力**は，以上のように補正した A_i と C_A を用いて求める。

4) **建築物全体**としての各階の地震層せん断力は，高層部は高層部 A の地震層せん断力と同じで，低層部は高層部 A と低層部 B の地震層せん断力の和として求める［これで終了］。

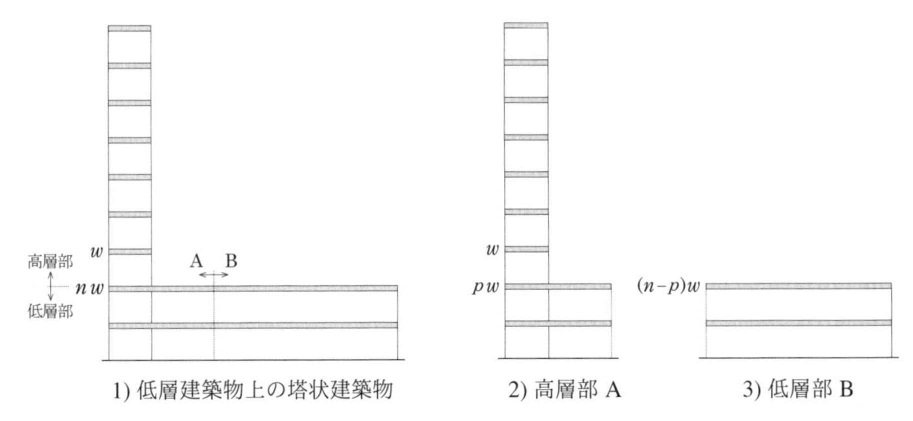

図 5.5　低層建築物上の塔状建築物を高層部 A と低層部 B に分割
（この図では高層部が低層部の左端に位置しているが，ここでは偏心を考えていない。）

計算例「低層建築物上の塔状建築物の地震層せん断力（係数）」

図 5.5［173 頁］において，15 階建（低層部 3 階），各階高 4m，重量は高層部各階 w，低層部各階 $n = 12$ の鉄骨造建築物について，$ZC_0 = 1.0$，第 2 種地盤（$T_c = 0.6\,\text{s}$）の地震層せん断力 Q_i と地震層せん断力係数 C_i を求める。

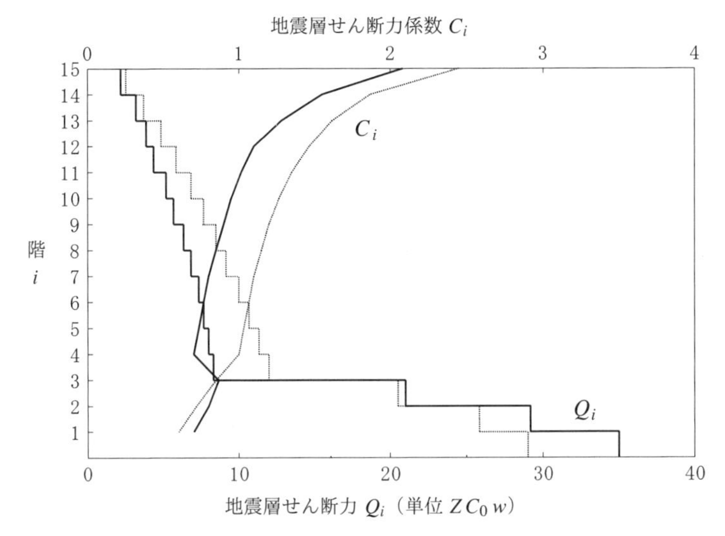

図 5.6　（計算例）低層建築物上の塔状建築物の Q_i と C_i
（点線は解説書 [3] の「タワー 8 倍則」による）

解　表 5.8［174 頁］のように計算すると，地震層せん断力 Q_i と地震層せん断力係数 C_i が求まり，それらの分布を示したのが図 5.6 の実線である。なお，同図の点線は解説書 [3] の「タワー 8 倍則」によって得られたものである。

表 5.8　（計算例）低層建築物上の塔状建築物（単位：重量 w，層せん断力 ZC_0w）

階	高層部 A			低層部 B					全体	
i	w_i	$\sum w_i$	Q_{Ai}	w_i	$\sum w_i$	α_i	A_i	Q_{Bi}	Q_i	C_i
15	1.00	1.00	2.09						2.09	2.090
14	1.00	2.00	3.11						3.11	1.557
13	1.00	3.00	3.86						3.86	1.286
12	1.00	4.00	4.41						4.41	1.103
11	1.00	5.00	5.10						5.10	1.019
10	1.00	6.00	5.72						5.72	0.953
9	1.00	7.00	6.28						6.28	0.898
8	1.00	8.00	6.80						6.80	0.850
7	1.00	9.00	7.27						7.27	0.808
6	1.00	10.00	7.69						7.69	0.769
5	1.00	11.00	8.07						8.07	0.734
4	1.00	12.00	8.41						8.41	0.701
3	5.33	17.33	11.10	6.67	6.67	0.333	1.48	9.89	20.99	0.875
2	5.33	22.67	13.26	6.67	13.33	0.667	1.19	15.91	29.17	0.810
1	5.33	28.00	14.93	6.67	20.00	1.000	1.00	20.00	34.93	0.728

高層部 A の A_i					
i	w_i	$\sum w_i$	α_i	A_i	補正 A_i
15	1.00	1.00	0.056	3.36	3.92
14	1.00	2.00	0.111	2.63	2.92
13	1.00	3.00	0.167	2.28	2.41
12	1.00	4.00	0.222	2.07	同左
11	1.00	5.00	0.278	1.91	同左
10	1.00	6.00	0.333	1.79	同左
9	1.00	7.00	0.389	1.68	同左
8	1.00	8.00	0.444	1.59	同左
7	1.00	9.00	0.500	1.51	同左
6	1.00	10.00	0.556	1.44	同左
5	1.00	11.00	0.611	1.38	同左
4	1.00	12.00	0.667	1.31	同左
3	2.00	14.00	0.778	1.20	同左
2	2.00	16.00	0.889	1.10	同左
1	2.00	18.00	1.000	1.00	同左

高層部 A：（高さ 60 m）固有周期 $T_A = 1.8(s)$，$R_t = 1.6T_c/T = 1.6 \times 0.6/1.8 = 0.533$，$C_A = 0.533$，

低層部 B：（高さ 12 m）固有周期 $T_B = 0.36(s)$，$C_B = 1.0$

$p = 10R_t = 5.33$（A_i を計算する場合，$1/R_t = 1.875$ なので $p = 2.0$）

高層部 A：$Q_A = 28.00 \times 0.533 = 14.93$

低層部 B：$Q_B = 20.00 \times 1.0 = 20.00$

全体：$Q_{AB} = (14.93 + 20.0)/(28.00 + 20.00) = 0.728$

$\gamma = C_{AB}/C_A = 0.728/0.533 = 1.36$，

A_i の補正係数：15 階 $\sqrt{\gamma} = \sqrt{1.36} = 1.168$，（直線補間により）14 階 1.112，13 階 1.056

5.3　許容応力度（令第 3 章第 8 節第 3 款第 89～94 条）

第 3 款　許容応力度

（木材）

第 89 条　木材の繊維方向の許容応力度は，表 5.9［175 頁］の数値による。ただし，第 82 条［152 頁］第 1 号～第 3 号［許容応力度計算］までの規定によって積雪時の構造計算をするに当たっては，長期に生ずる力に対する許容応力度［以下，長期許容応力度］は同表の数値に 1.3 を乗じて得た数値，短期に生ずる力に対する許容応力度［以下，短期許容応力度］は同表の数値に 0.8 を乗じて得た数値とする。

表 5.9　木材の繊維方向の許容応力度

長期許容応力度（N/mm^2）				短期許容応力度（N/mm^2）			
圧　縮	引　張	曲　げ	せん断	圧　縮	引　張	曲　げ	せん断
$\frac{1.1F_c}{3}$	$\frac{1.1F_t}{3}$	$\frac{1.1F_b}{3}$	$\frac{1.1F_s}{3}$	$\frac{2F_c}{3}$	$\frac{2F_t}{3}$	$\frac{2F_b}{3}$	$\frac{2F_s}{3}$
ここで，F_c，F_t，F_b および F_s は，それぞれ木材の種類および品質に応じて国土交通大臣が定める圧縮，引張，曲げおよびせん断に対する基準強度（N/mm^2）［平 12 建告 1452（木材基準強度告示），175 頁，324 頁］である。							

解説「**木材の雪荷重に対する許容応力度**」

雪荷重を長期荷重として扱う地域でも，年間の積雪期間はせいぜい数ヶ月のため，（木材の許容応力度は荷重継続期間に依存しているので）長期許容応力度は表 5.9［175 頁］の数値の 1.3 倍に増大させる。一方，雪荷重を短期荷重として扱う地域でも，年間の積雪期間は数日程度となることもあり（例えば地震力が作用する時間よりかなり長いので），短期許容応力度は同表の数値の 0.8 倍に低減する。

「**木材基準強度告示**」

令第 89 条 1 項［175 頁］の規定に基づき次の告示がある。

平 12 建告 1452「木材の基準強度 F_c，F_t，F_b および F_s を定める件」（平 27 国交告 910 改正）［324 頁］

（概要）木材の樹種・区分・等級などに応じた基準強度の規定である。

2項 堅木で特に品質優良なものをしゃち，込み栓の類に使用する場合には，その許容応力度は，それぞれ前項の表5.9［175頁］の数値の2倍まで増大することができる。

3項 基礎杭，水槽，浴室その他これらに類する常時湿潤状態にある部分に使用する場合には，その許容応力度は，それぞれ前2項の規定による数値の70%に相当する数値とする。

（鋼材など）

第90条 鋼材などの許容応力度は，表5.10［177頁］または表5.11［178頁］の数値による。

「ボルトせん断強度告示」

令第90条［176頁］および第96条［183頁］の規定に基づき次の告示がある。

平12建告1451「炭素鋼のボルトのせん断に対する許容応力度および材料強度を定める件」［332頁］

（概要） 炭素鋼のボルトの規定で次の第1と第2がある（第1と第2に標題はない）。

第1 長期せん断許容応力度

第2 せん断に対する材料強度

「鋼材基準強度告示」

令第90条［176頁］，第92条［179頁］，第96条［183頁］および第98条［185頁］の規定に基づき次の告示がある。

平12建告2464「鋼材などおよび溶接部の許容応力度ならびに材料強度の基準強度を定める件」（平19国交告623改正）［332頁］

（概要） 鋼材などの許容応力度・材料強度の基準強度の規定である。

第1 鋼材などの許容応力度の基準強度，

第2 溶接部の許容応力度の基準強度，

第3 鋼材などの材料強度の基準強度，

第4 溶接部の材料強度の基準強度がある。

なお，第3の規定により，JIS規格の炭素鋼の構造用鋼材，丸鋼，異形鉄筋については，材料強度の基準強度を1.1倍以下の値とすることができる。

表 5.10 鋼材（炭素鋼，ステンレス鋼，鋳鉄）の許容応力度

種類			長期許容応力度（$\mathrm{N/mm^2}$）				短期許容応力度（$\mathrm{N/mm^2}$）			
			圧縮	引張	曲げ	せん断	圧縮	引張	曲げ	せん断
炭素鋼	構造用鋼材		$\frac{F}{1.5}$	$\frac{F}{1.5}$	$\frac{F}{1.5}$	$\frac{F}{1.5\sqrt{3}}$	圧縮，引張，曲げまたはせん断の長期許容応力度のそれぞれ1.5倍とする。			
	ボルト	黒皮	—	$\frac{F}{1.5}$	—	—				
		仕上げ	—	$\frac{F}{1.5}$	—	$\frac{F}{2}$ *				
	構造用ケーブル		—	$\frac{F}{1.5}$	—	—				
	リベット鋼		—	$\frac{F}{1.5}$	—	$\frac{F}{2}$				
	鋳鋼		$\frac{F}{1.5}$	$\frac{F}{1.5}$	$\frac{F}{1.5}$	$\frac{F}{1.5\sqrt{3}}$				
ステンレス鋼	構造用鋼材		$\frac{F}{1.5}$	$\frac{F}{1.5}$	$\frac{F}{1.5}$	$\frac{F}{1.5\sqrt{3}}$				
	ボルト		—	$\frac{F}{1.5}$	—	$\frac{F}{1.5\sqrt{3}}$				
	構造用ケーブル		—	$\frac{F}{1.5}$	—	—				
	鋳鋼		$\frac{F}{1.5}$	$\frac{F}{1.5}$	$\frac{F}{1.5}$	$\frac{F}{1.5\sqrt{3}}$				
鋳鉄			$\frac{F}{1.5}$	—	—	—				
ここで，F：鋼材などの種類および品質に応じて国土交通大臣が定める基準強度 ($\mathrm{N/mm^2}$)［平12建告2464（鋼材基準強度告示），176頁，332頁］である。										

＊ F が240を超えるボルトについて，国土交通大臣がこれと異なる数値を定めた場合は，その定めた数値［平12建告1451（ボルトせん断強度告示），176頁，332頁］

［せん断の欄の $1/\sqrt{3}$ については，解説「鋼材のせん断強度」（442頁）に示してある。］

（コンクリート）

第91条 コンクリートの許容応力度は，表5.12［178頁］の数値による。ただし，異形鉄筋を用いた付着について，国土交通大臣が異形鉄筋の種類および品質に応じて別に数値を定めた場合［平12建告1450（コンクリート付着強度等告示），179頁，339頁］は，当該数値によることができる。

表 5.11 鋼材の許容応力度（丸鋼，異形鉄筋，溶接金網）

種類		長期許容応力度（N/mm^2）			短期許容応力度（N/mm^2）		
		圧縮	引張		圧縮	引張	
			せん断補強以外に用いる場合	せん断補強に用いる場合		せん断補強以外に用いる場合	せん断補強に用いる場合
丸鋼		$\frac{F}{1.5}$ (1)	$\frac{F}{1.5}$ (1)	$\frac{F}{1.5}$ (2)	F	F	F (3)
異形鉄筋	径が 28 mm 以下のもの	$\frac{F}{1.5}$ (4)	$\frac{F}{1.5}$ (4)	$\frac{F}{1.5}$ (2)	F	F	F (5)
	径が 28 mm を超えるもの	$\frac{F}{1.5}$ (2)	$\frac{F}{1.5}$ (2)	$\frac{F}{1.5}$ (2)	F	F	F (5)
鉄線の径が 4 mm 以上の溶接金網		—	$\frac{F}{1.5}$	$\frac{F}{1.5}$	—	F (6)	F

ここで，F：表 5.10［177 頁］に規定する基準強度［平 12 建告 2464（鋼材基準強度告示），176 頁，332 頁］である。

(1) 当該数値が 155 を超える場合は 155，(2) 当該数値が 195 を超える場合は 195，
(3) 当該数値が 295 を超える場合は 295，(4) 当該数値が 215 を超える場合は 215，
(5) 当該数値が 390 を超える場合は 390，(6) ただし，床版に用いる場合に限る。

表 5.12 コンクリートの許容応力度

長期許容応力度（N/mm^2）				短期許容応力度（N/mm^2）			
圧　縮	引　張	せん断	付　着	圧　縮	引　張	せん断	付　着
$\frac{F}{3}$	$\frac{F}{30}$（F が 21 を超えるコンクリートについて，国土交通大臣がこれと異なる数値を定めた場合*は，その定めた数値）		0.7（軽量骨材を使用するものにあっては，0.6）	圧縮，引張，せん断または付着の長期許容応力度のそれぞれの数値の 2 倍（F が 21 を超えるコンクリートの引張およびせん断について，国土交通大臣がこれと異なる数値を定めた場合*は，その定めた数値）とする。			

ここで，F：設計用基準強度 (N/mm^2) である。
*［平 12 建告 1450（コンクリート付着強度等告示），179 頁，339 頁］

「コンクリート付着強度等告示」
　令第91条［177頁］および第97条［185頁］の規定に基づき次の告示がある。
平12建告1450「コンクリートの付着，引張およびせん断に対する許容応力度および材料強度を定める件」［339頁］
（概要）コンクリートの付着，引張およびせん断に対する許容応力度および材料強度の規定で，
第1 異形鉄筋を用いた場合の付着に対する長期・短期許容応力度，
第2 引張およびせん断に対する長期・短期許容応力度，
第3 異形鉄筋を用いた場合の付着に対する材料強度がある。

2項　特定行政庁がその地方の気候，骨材の性状などに応じて規則で設計基準強度の上限の数値を定めた場合において，設計基準強度が，その数値を超えるときは，前項の表5.12［178頁］の適用に関しては，その数値を設計基準強度とする。

（溶接）
第92条　溶接継目ののど断面［図5.7（179頁）参照］に対する許容応力度は，表5.13［180頁］の数値による。

　令第92条［179頁］に基づく告示には，
平12建告2464（鋼材基準強度告示）［176頁，332頁］がある。

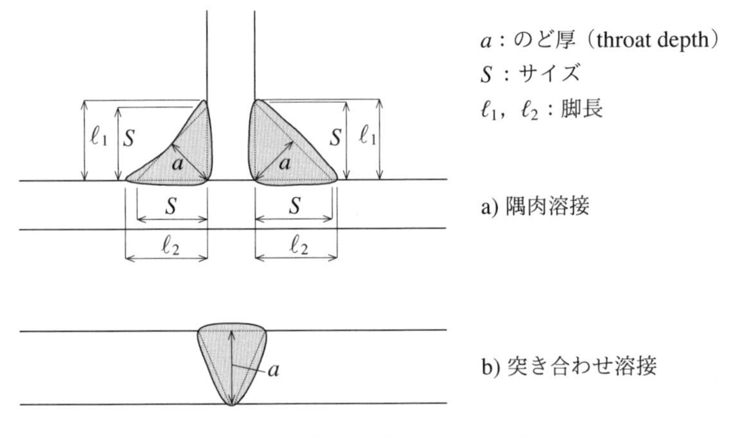

図5.7　（参考）溶接継目ののど断面

表 5.13 溶接継目ののど断面の許容応力度

継目の形式	長期許容応力度（N/mm^2）				短期許容応力度（N/mm^2）			
	圧 縮	引 張	曲 げ	せん断	圧 縮	引 張	曲 げ	せん断
突合せ	$\frac{F}{1.5}$			$\frac{F}{1.5\sqrt{3}}$	圧縮，引張，曲げまたはせん断の長期許容応力度のそれぞれの数値の1.5倍とする。			
突合せ以外のもの	$\frac{F}{1.5\sqrt{3}}$			$\frac{F}{1.5\sqrt{3}}$				
ここで，F：溶接される鋼材の種類および品質に応じて国土交通大臣が定める溶接部の基準強度 (N/mm^2)［平 12 建告 2464（鋼材基準強度告示），176 頁，332 頁］である。								

（高力ボルト接合）

第 92 条の 2 高力ボルト摩擦接合部の高力ボルトの軸断面に対する許容せん断応力度は，表 5.14［180 頁］の数値による。

表 5.14 高力ボルトの許容せん断応力度（単位 N/mm^2）

種類	長期許容応力度（N/mm^2）	短期許容応力度（N/mm^2）
1 面せん断	$0.3\,T_0$	長期許容せん断応力度の数値の 1.5 倍とする。
2 面せん断	$0.6\,T_0$	
ここで，T_0：高力ボルトの品質に応じて国土交通大臣が定める基準張力 (N/mm^2)［平 12 建告 2464（鋼材基準強度告示），176 頁，332 頁］である。		

「高力ボルト強度告示」

令第 92 条の 2［180 頁］，第 94 条［182 頁］および第 96 条［183 頁］の規定に基づき次の告示がある。

平 12 建告 2466「高力ボルトの基準張力，引張接合部の引張の許容応力度および材料強度の基準強度を定める件」（平 12 建告 2465 改正）［341 頁］

（概要） 高力ボルトの基準張力，引張の許容応力度および材料強度の基準強度の規定である。

第 1 高力ボルトの基準張力，

第 2 高力ボルト引張接合部の引張の許容応力度，

第 3 高力ボルトの材料強度の基準強度がある。

2 項　高力ボルトが引張力とせん断力を同時に受けるときの高力ボルト摩擦接合部の高力ボルトの軸断面に対する許容せん断応力度は，前項の規定にかかわらず，次の式により計算したものとする。

$$f_{st} = f_{so}\left(1 - \frac{\sigma_t}{T_0}\right) \tag{5.12}$$

ここで，

f_{st}：この項の規定による許容せん断応力度 (N/mm^2),

f_{so}：前項の規定による許容せん断応力度 (N/mm^2),

σ_t：高力ボルトに加わる外力により生ずる引張応力度 (N/mm^2),

T_0：前項の表 5.14（180 頁）による基準張力である。

（地盤および基礎杭）

第 93 条　地盤の許容応力度および基礎杭の許容支持力は，国土交通大臣が定める方法［平 13 国交告 1113（地盤杭支持力告示），181 頁，342 頁］によって，地盤調査を行い，その結果に基づいて定める。ただし，表 5.15［182 頁］に掲げる地盤の許容応力度については，地盤の種類に応じて，それぞれ同表の数値によることができる。

「地盤杭支持力告示」

　令第 93 条［181 頁］，第 94 条［182 頁］の規定に基づき次の告示がある。

平 13 国交告 1113「地盤の許容応力度および基礎杭の許容支持力を求めるための地盤調査の方法ならびにその結果に基づき地盤の許容応力度および基礎杭の許容支持力を定める方法など定める件」（平 19 国交告 1232 改正）［342 頁］

（概要） 地盤の許容応力度および基礎杭の許容支持力などの規定である。

　第 93 条［181 頁］に基づき，

第 1 地盤調査の方法，**第 2** 地盤の許容応力度，

第 3 地盤の改良体の許容応力度，**第 4** 載荷試験による地盤の許容応力度，

第 5 基礎杭の許容支持力，**第 6** 実況に応じた基礎杭の許容支持力，

　第 94 条［182 頁］に基づき，

第 7 地盤アンカーの引抜きの許容応力度，

第 8 杭体または地盤アンカーに用いる材料の許容応力度

がある（第 1～第 8 に標題はない）。

表 5.15　地盤の許容応力度

地　盤	長期許容応力度 (kN/m²)	短期許容応力度 (kN/m²)
岩盤	1 000	長期許容応力度のそれぞれの数値の2倍とする。
固結した砂	500	
土丹盤	300	
密実な礫層	300	
密実な砂質地盤	200	
砂質地盤（地震時に液状化のおそれのないものに限る）	50	
堅い粘土質地盤	100	
粘土質地盤	20	
堅いローム層	100	
ローム層	50	

（補則）

第94条　第89条［175頁］～前条までに定めるもののほか，構造耐力上主要な部分の材料の長期許容応力度および短期許容応力度は，材料の種類および品質に応じ，国土交通大臣が建築物の安全を確保するために必要なものとして定める数値［下記の告示参照］による。

「特殊な強度告示」

令第94条［182頁］の規定に基づき次の告示がある。

平13国交告1024「特殊な許容応力度および特殊な材料強度を定める件」（平27国交告910改正）［355頁］

（概要）木材のめり込み，鋼材の支圧など特殊な許容応力度・材料強度などの規定である。

第1 特殊な許容応力度として，第1号～第18号に木材・集成材のめり込み・圧縮・座屈の許容応力度，鋼材の支圧・圧縮・座屈の許容応力度，溶融亜鉛メッキ高力ボルトの許容せん断応力度，ターンバックルの引張の許容応力度，高強度鉄筋の許容応力度，タッピングねじなどの許容応力度，アルミニウム合金材・溶接・支圧・座屈，アルミニウム合金材の高力ボルト・タッピングねじなどの許容応力度，機械継手の許容応力度，コンクリート充填鋼管内部のコンクリートの許容応力度，組積体の許容応力度，鉄線の引張許容応力度，あと施工アンカーの許容応力度，丸鋼とコンクリートの付着の許容応力度，補強用の炭素繊維・アラミド繊維の許容応力度，緊張材の許容応力度，軽量気泡パネルの許容応力度がある。
第2特殊な材料強度として第1号〜第17号，
第3基準強度として第1号〜第8号の規定がある。

以上の**平13国交告1024**の他に，令第94条［182頁］に基づく告示には，
平13国交告1540（2×4プレハブ告示）［135頁，235頁］，
平12建告2466（高力ボルト強度告示）［180頁，341頁］，
平13国交告1113（地盤杭支持力告示）［181頁，342頁］がある。

5.4　材料強度（令第3章第8節第4款第95〜99条）

（木材）

第95条　木材の繊維方向の材料強度は，表5.16［183頁］の数値による。ただし，第82条の5第2号［156頁］の規定によって積雪時の構造計算をするに当たっては，同表の数値に0.8を乗じて得た数値とする。

表5.16　木材の繊維方向の材料強度

材料強度 (N/mm^2)			
圧　縮	引　張	曲　げ	せん断
F_c	F_t	F_b	F_s
この表において，F_c，F_t，F_b および F_s は，それぞれ第89条［175頁］第1項の表5.9［175頁］に規定する基準強度を表す。			

2項　第89条第2項［176頁］および第3項の規定［常時湿潤状態の場合］は，木材の材料強度について準用する。

（鋼材など）

第96条　鋼材などの材料強度は，表5.17［184頁］または表5.18［184頁］の数値による。

令第96条［167頁］に基づく告示には，
平12建告1451（高力ボルト強度告示）［176頁，332頁］，
平12建告2464（鋼材基準強度告示）［176頁，332頁］，
平12建告2466（高力ボルト強度告示）［180頁，341頁］がある。

表 5.17　鋼材（炭素鋼，ステンレス鋼，鋳鉄）の材料強度

種　類			材料強度 (N/mm^2)			
			圧　縮	引　張	曲　げ	せん断
炭素鋼	構造用鋼材		F	F	F	$F/\sqrt{3}$
	高力ボルト		—	F	—	$F/\sqrt{3}$
	ボルト	黒皮	—	F	—	—
		仕上げ	—	F	—	∗ $3F/4$
	構造用ケーブル		—	F	—	—
	リベット鋼		—	F	—	$3F/4$
	鋳鋼		F	F	F	$F/\sqrt{3}$
ステンレス鋼	構造用鋼材		F	F	F	$F/\sqrt{3}$
	高力ボルト		—	F	—	$F/\sqrt{3}$
	ボルト		—	F	—	$F/\sqrt{3}$
	構造用ケーブル		—	F	—	—
	鋳鋼		F	F	F	$F/\sqrt{3}$
鋳鉄			F	—	—	—

この表において，F：第90条［176頁］の表5.10［177頁］に規定する基準強度［平12建告2464（鋼材基準強度告示），176頁，332頁］［平12建告2466（高力ボルト強度告示），180頁，341頁］を表す。

∗ F が240を超えるボルトについて，国土交通大臣がこれと異なる数値を定めた場合は，その定めた数値［平12建告1451（ボルトせん断強度告示），176頁，332頁］

表 5.18　鋼材（丸鋼，異形鉄筋，溶接金網）の材料強度

種類	材料強度 (N/mm^2)		
	圧　縮	引　張	
		せん断補強以外に用いる場合	せん断補強に用いる場合
丸鋼	F	F	F（当該数値が295を超える場合には，295）
異形鉄筋	F	F	F（当該数値が390を超える場合には，390）
鉄線の径が4mm以上の溶接金網	—	F（ただし，床版に用いる場合に限る）	F

この表において，F：第90条［176頁］の表5.10［177頁］に規定する基準強度［平12建告2464（鋼材基準強度告示），176頁，332頁］を表す。

（コンクリート）

第 97 条 コンクリートの材料強度は，表 5.19［185 頁］の数値による。ただし，異形鉄筋を用いた付着について，国土交通大臣が異形鉄筋の種類および品質に応じて別に数値を定めた場合［平 12 建告 1450（コンクリート付着強度等告示），179 頁，339 頁］は，当該数値によることができる。

表 5.19 コンクリートの材料強度

材料強度 (N/mm²)			
圧 縮	引 張	せん断	付 着
F	*F*/10（*F* が 21 を超えるコンクリートについて，国土交通大臣がこれと異なる数値を定めた場合は，その定めた数値）		2.1（軽量骨材を使用する場合にあっては，1.8）
ここで，*F*：基準強度 (N/mm²) を表す。			

令第 97 条に基づく告示には，
平 12 建告 1450（コンクリート付着強度等告示）［179 頁，339 頁］がある。

2 項 第 91 条第 2 項［179 頁，特定行政庁による上限］の規定は，前項の設計基準強度について準用する。

（溶接）

第 98 条 溶接継目ののど断面に対する材料強度は，表 5.20［185 頁］の数値による。

表 5.20 溶接継目の材料強度

継目の形式	材料強度 (N/mm²)			
	圧 縮	引 張	曲 げ	せん断
突合せ	F			$F/\sqrt{3}$
突合せ以外のもの	$F/\sqrt{3}$			$F/\sqrt{3}$
ここで，*F*：第 92 条［179 頁］の表 5.13［180 頁］に規定する基準強度［平 12 建告 2464（鋼材基準強度告示），176 頁，332 頁］を表す。				

令第 98 条［185 頁］に基づく告示には，
平 12 建告 2464（鋼材基準強度告示）［176 頁，332 頁］，がある。

（補則）

第99条 第95条［183頁］〜前条までに定めるもののほか，構造耐力上主要な部分の材料の材料強度は，材料の種類および品質に応じ，国土交通大臣が地震に対して建築物の安全を確保するために必要なものとして定める数値［下記の告示参照］による。

> 令第99条［186頁］に基づく告示には，
> **平13国交告1540**（2× 4プレハブ告示）［135頁，235頁］，
> **平13国交告1024**（特殊な強度告示）［182頁，355頁］がある。

第100条〜第106条まで 削除［されている。］

5.5 建築設備，工作物（令第5章の4，第9章）

第5章の4 建築設備など

第1節 建築設備の構造強度

第129条の2の4 法第20条第1号［90頁］，第2号イ，第3号イおよび第4号イの政令で定める技術基準のうち建築設備に係るものは，次のとおりとする。

1号 建築物に設ける第129条の3第1項第1号および第2号に掲げる昇降機にあっては，第129条の4および第129条の5（これらの規定を第129条の12第2項において準用する場合を含む），第129条の6第1号，第129条の8第1項ならびに第129条の12第1項第6号の規定（第129条の3第2項第1号に掲げる昇降機にあっては，第129条の6第1号の規定を除く）に適合する。［建築設備に関して，本書では本条以外は省略する。］

2号 建築物に設ける昇降機以外の建築設備にあっては，構造耐力上安全なものとして国土交通大臣が定めた構造方法を用いる。

3号 法第20条第1号［90頁］〜第3号までに掲げる建築物に設ける屋上から突出する水槽，煙突その他これらに類するものにあっては，国土交通大臣が定める基準に従った構造計算により風圧ならびに地震その他の震動および衝撃に対して構造耐力上安全であることを確かめる［平12建告1388（設備構造告示），187頁］［平12建告1389（屋上突出物告示），187頁］。

「設備構造告示」

　令第 129 条の 2 の 4［186 頁］第 2 号の規定に基づき次の告示がある。

平 12 建告 1388「建築設備の構造耐力上安全な構造方法を定める件」（平 24 国交告 1447 改正）

（概要）建築設備の構造方法は，次の第 1～第 5 による。

第 1　支持構造部・緊結金物には有効な錆止めまたは防腐のための措置を講ずる，

第 2　屋上水槽などの支持構造部は構造耐力上主要な部分に緊結する，

第 3　煙突の構造は，1 号 煙突の屋上突出部の高さは鉄製支枠を設けたものを除き 90 cm 以下，2 号 RC のかぶり厚さは 5 cm 以上，厚さ 25 cm 以上の無筋コンクリート造などとする，

第 4　配管設備は，1 号 安全上支障のない構造とし，2 号 配管スリーブ，3 号 伸縮継手または可撓継手，4 号 吊り金物または防振ゴムなどを用いる，

第 5　給湯設備は安全上支障のない構造とし，1 号 アンカーボルトによる底部の緊結，2 号 上部の緊結，3 号 側部の緊結，4 号 階数に応じた水平震度（上，中，下階で $k = 0.4Z,\ 0.6Z,\ 1.0Z$）を用いて安全性を確認する，のいずれかによる。

「屋上突出物告示」

　令第 129 条の 2 の 4［186 頁］の規定に基づき次の告示がある。

平 12 建告 1389「屋上から突出する水槽，煙突などの構造計算の基準を定める件」（平 27 国交告 184 改正）

（概要）長期・短期許容応力度に対して表 5.1［152 頁］に準ずる構造計算を行う。なお，地震力による力 P は次式による。

$$P = kw \tag{5.13}$$

ここで，

k：水平震度（Z の数値に 1.0 以上の数値を乗じて得た数値），

w：固定荷重と積載荷重の和である。

　ただし，屋上水槽などがの転倒，移動などによる危害を防止するための有効な措置が講じられている場合は，この地震力を 1/2 を超えない範囲で低減することができる。

令第5章の4　建築設備などには第1節に引き続いて以下の節があるが，本書では省略する。
第1節の2 給水，排水その他の配管設備，第2節 昇降機，第3節 避雷設備

第9章　工作物

（工作物の指定）

第138条　煙突，広告塔，高架水槽，擁壁その他これらに類する工作物で法第88条第1項［94頁］の規定により政令で指定するものは，次に掲げるもの（鉄道および軌道の線路敷地内の運転保安に関するものその他他の法令により法およびこれに基づく命令の規定による規制と同等の規制を受けるものとして国土交通大臣が指定するもの［平23国交国1002「建築基準法及びこれに基づく命令の規定による規制と同等の規制を受けるものとして国土交通大臣が指定する工作物を定める件」（本書では省略)］を除く）とする。

1号 高さ6mを超える煙突（支枠および支線がある場合においては，これらを含み，ストーブの煙突を除く）
2号 高さ15mを超えるRC造の柱，鉄柱，木柱その他これらに類するもの（旗竿を除く）
3号 高さ4mを超える広告塔，広告板，装飾塔，記念塔その他これらに類するもの
4号 高さ8mを超える高架水槽，サイロ，物見塔その他これらに類するもの
5号 高さ2mを超える擁壁

2項　昇降機，ウオーターシュート，飛行塔その他これらに類する工作物で法第88条［94頁］第1項の規定により政令で指定するものは，次の各号に掲げるものとする。

1号 乗用エレベーターまたはエスカレーターで観光のためのもの（一般交通の用に供するものを除く）
2号 ウオーターシュート，コースターその他これらに類する高架の遊戯施設
3号 メリーゴーラウンド，観覧車，オクトパス，飛行塔その他これらに類する回転運動をする遊戯施設で原動機を使用するもの

3項 製造施設，貯蔵施設，遊戯施設などの工作物で法第88条［94頁］第2項の規定により政令で指定するものは，次に掲げる工作物《土木事業その他の事業に一時的に使用するためにその事業中臨時にあるもの，および第1号または第5号に掲げるもので建築物の敷地（法第3条［本書では省略］第2項の規定により法第48条［本書では省略］第1項～第13項までの規定の適用を受けない建築物については，第137条［本書では省略］に規定する基準時における敷地をいう）と同一の敷地内にあるものを除く》とする。

1号 法別表第2［本書では省略］（り）項第3号（13）または（13の2）の用途に供する工作物で用途地域（準工業地域，工業地域および工業専用地域を除く）内にあるもの，および同表（ぬ）項第1号（21）の用途に供する工作物で用途地域（工業地域および工業専用地域を除く）内にあるもの

2号 自動車車庫の用途に供する工作物で次のイからチまでに掲げるもの

イ 築造面積が50 m^2 を超えるもので第1種低層住居専用地域または第2種低層住居専用地域内にあるもの（建築物に附属するものを除く）

ロ 築造面積が300 m^2 を超えるもので第1種中高層住居専用地域，第2種中高層住居専用地域，第1種住居地域または第2種住居地域内にあるもの（建築物に附属するものを除く）

ハ 第1種低層住居専用地域または第2種低層住居専用地域内にある建築物に附属するもので築造面積に同一敷地内にある建築物に附属する自動車車庫の用途に供する建築物の部分の延面積の合計を加えた値が600 m^2《同一敷地内にある建築物（自動車車庫の用途に供する部分を除く）の延面積の合計が600 m^2 以下の場合においては，当該延面積の合計》を超えるもの（築造面積が50 m^2 以下のもの，およびニに掲げるものを除く）

ニ 第1種低層住居専用地域または第2種低層住居専用地域内にある公告†対象区域内の建築物に附属するもので次の（1）または（2）のいずれかに該当するもの

（1） 築造面積に同一敷地内にある建築物に附属する自動車車庫の用途に供する建築物の部分の延面積の合計を加えた値が2000 m^2 を超えるもの

（2） 築造面積に同一公告対象区域内にある建築物に附属する他の自動車車庫

† 「公告」：公の機関が連絡事項を官報・掲示などで広く一般に知らせること。

の用途に供する工作物の築造面積および当該公告対象区域内にある建築物に附属する自動車車庫の用途に供する建築物の部分の延面積の合計を加えた値が，当該公告対象区域内の敷地ごとにハの規定により算定される自動車車庫の用途に供する工作物の築造面積の上限の値を合算した値を超えるもの

ホ　第1種中高層住居専用地域または第2種中高層住居専用地域内にある建築物に附属するもので築造面積に同一敷地内にある建築物に附属する自動車車庫の用途に供する建築物の部分の延面積の合計を加えた値が3 000 m^2《同一敷地内にある建築物（自動車車庫の用途に供する部分を除く）の延面積の合計が3 000 m^2 以下の場合においては，当該延面積の合計》を超えるもの（築造面積が300 m^2 以下のもの，およびへに掲げるものを除く）

へ　第1種中高層住居専用地域または第2種中高層住居専用地域内にある公告対象区域内の建築物に附属するもので次の（1）または（2）のいずれかに該当するもの

（1）築造面積に同一敷地内にある建築物に附属する自動車車庫の用途に供する建築物の部分の延面積の合計を加えた値が10 000 m^2 を超えるもの

（2）築造面積に同一公告対象区域内にある建築物に附属する他の自動車車庫の用途に供する工作物の築造面積および当該公告対象区域内にある建築物に附属する自動車車庫の用途に供する建築物の部分の延面積の合計を加えた値が，当該公告対象区域内の敷地ごとにホの規定により算定される自動車車庫の用途に供する工作物の築造面積の上限の値を合算した値を超えるもの

ト　第1種住居地域または第2種住居地域内にある建築物に附属するもので築造面積に同一敷地内にある建築物に附属する自動車車庫の用途に供する建築物の部分の延面積の合計を加えた値が当該敷地内にある建築物（自動車車庫の用途に供する部分を除く）の延面積の合計を超えるもの（築造面積が300 m^2 以下のもの，およびチに掲げるものを除く）

チ　第1種住居地域または第2種住居地域内にある公告対象区域内の建築物に附属するもので，築造面積に同一公告対象区域内にある建築物に附属する他の自動車車庫の用途に供する工作物の築造面積および当該公告対象区域内にある建築物に附属する自動車車庫の用途に供する建築物の部分の延面積の合計

を加えた値が，当該公告対象区域内の敷地ごとにトの規定により算定される自動車車庫の用途に供する工作物の築造面積の上限の値を合算した値を超えるもの

3 号 高さ 8 メートルを超えるサイロその他これに類する工作物のうち飼料，肥料，セメントその他これらに類するものを貯蔵するもので第 1 種低層住居専用地域，第 2 種低層住居専用地域または第 1 種中高層住居専用地域内にあるもの

4 号 前項各号に掲げる工作物で第 1 種低層住居専用地域，第 2 種低層住居専用地域または第 1 種中高層住居専用地域内にあるもの

5 号 汚物処理場，ごみ焼却場または第 130 条の 2 の 2 各号［本書では省略］に掲げる処理施設の用途に供する工作物で都市計画区域または準都市計画区域（準都市計画区域にあつては，第 1 種低層住居専用地域，第 2 種低層住居専用地域または第 1 種中高層住居専用地域に限る）内にあるもの

6 号 特定用途制限地域内にある工作物で当該特定用途制限地域に係る法第 88 条第 2 項［本書では省略］において準用する法第 49 条の 2［本書では省略］の規定に基づく条例において制限が定められた用途に供するもの

令**第 9 章 工作物**には第 138 条に引き続いて以下の条項があるが，本書では関連告示（例えば，平 12 建告 1449「**工作物構造計算告示**」がある）を含め省略する。

第 138 条の 2（工作物に関する確認の特例）
第 139 条（煙突および煙突の支線）
第 140 条（RC 造の柱など）
第 141 条（広告塔または高架水槽など）
第 142 条（擁壁）
第 143 条（乗用エレベーターまたはエスカレーター）
第 144 条（遊戯施設）
第 144 条の 2（型式適合認定の対象とする工作物の部分および一連の規定）
第 144 条の 2 の 2（製造施設，貯蔵施設，遊戯施設など）
第 144 条の 2 の 3（処理施設）
第 144 条の 2 の 4（特定用途制限地域内の工作物）

第 6 章

法と令第 3 章第 1〜7 節による構造関係の主な告示

6.1　法第 20 条，令第 3 章第 1〜2 節に基づく告示

「構造計算原則告示」

平 19 国交告 592「建築物の構造方法が安全性を有することを確かめるための構造計算の方法を定める件」

本告示は，構造計算に用いる解析方法と算定式などを示している。

法第 20 条第 2 号イ［91 頁］および第 3 号イの規定に基づき，建築物の構造方法が安全性を有することを確かめるための構造計算の方法を次のように定める。

1 号　令第 3 章第 8 節［147 頁，(構造計算)］に規定する基準に従った構造計算は，次のイ〜ハまでに定めるところによる。

イ　令第 82 条各号［152 頁，許容応力度計算，変形・振動の検討］，令第 82 条の 2［154 頁，層間変形角］，令第 82 条の 4［155 頁，屋根葺材などの検討］，令第 82 条の 5［156 頁，限界耐力計算］(第 2 号，第 3 号，第 5 号および第 8 号を除く）および第 82 条の 6［160 頁，許容応力度等計算］の規定による構造計算またはこれと同等以上に安全性を確かめることができるものとして国土交通大臣が定める基準に従った構造計算を行う場合には，固定モーメント法［493 頁参照］，撓角法［477 頁参照］その他の解析法のうち荷重および外力によって建築物の構造耐力上主要な部分その他の部分に生ずる

力および変形を当該建築物の性状に応じて適切に計算できる方法を用いる。

ロ　令第 82 条の 3［154 頁，保有水平耐力］ならびに令第 82 条の 5［156 頁，限界耐力計算］第 2 号および第 8 号の規定による構造計算またはこれと同等以上に安全性を確かめることができるものとして国土交通大臣が定める基準に従った構造計算を行う場合には，増分解析［図 2.15（64 頁）参照］もしくは極限解析［547 頁参照］による方法または節点振分け法［533 頁参照］その他の解析法のうち荷重および外力によって建築物の構造耐力上主要な部分に生ずる力および各階の保有水平耐力その他の耐力を当該建築物の性状に応じて適切に計算できる方法を用いる。

ハ　令第 82 条の 5［156 頁，限界耐力計算］第 3 号および第 5 号の規定による構造計算を行う場合には，増分解析［図 2.15（64 頁）参照］による方法を用い，これと同等以上に安全性を確かめることができるものとして国土交通大臣が定める基準に従った構造計算を行う場合には，増分解析その他の解析法のうち荷重および外力によって建築物の構造耐力上主要な部分に生ずる力および変形ならびに各階の保有水平耐力その他の耐力を当該建築物の性状に応じて適切に計算できる方法を用いる。

2 号　前号に定める構造計算を行うに当たって，実験その他の特別な調査または研究の結果に基づく部材または架構その他の建築物の部分の耐力算定式または構造計算上必要となる数値を用いる場合には，当該耐力算定式または数値が建築物の性状に応じて適切であることを確かめる。

本告示では，建築物の予想される構造的な挙動を考慮し，構造解析法として以下のものが示されている。

イ　建築物が弾性的な挙動をすると仮定して差し支えない場合（許容応力度など，層間変形角，屋根葺材など，極稀地震動に関する部分を除く限界耐力計算，剛性率・偏心率の検討など）には，固定モーメント法，撓角法などを用いる。

ロ　建築物の塑性的な挙動を考慮し，材料強度を用いて検証する場合（保有水平耐力，積雪・暴風時の限界耐力計算，特別警戒区域内における検証など）には，増分解析法，極限解析法，節点振分け法などを用いる。

ハ　変形の増大にともなう塑性的な挙動を解析する場合（限界耐力計算の極稀地震動に対する検証）には，増分解析法などを用いる。

構造計算は構造耐力上主要な部分を一体として行うのが原則であるが，力と変形の釣り合いなどを整合させ，地上と地下あるいは構面ごとに分割して行うことも可能である [3]。

「ルート[1]適用告示」

平 19 国交告 593「建築基準法施行令第 36 条の 2 第 5 号の国土交通大臣が指定する建築物を定める件」（平 27 国交告 186 改正）

本告示では，地震力による水平方向の変形を把握する必要がある建築物を規定しているが「・・・該当するもの**以外のもの**」（告示は太文字を用いていない）という表現となっており，実際にはルート[1]の適用条件を定めている告示である。第 1～8 号まであり，この中の第 1～4 号が 10 頁以降の要約である。

1 号　地上 3 階建以下，軒高 9 m 以下の S 造［194 頁］
2 号　高さ 20 m 以下の RC 造または SRC 造［196 頁］
3 号　木造，組積造，補強 CB 造，S 造，RC 造，SRC 造の併用［198 頁］
4 号　木造と RC 造の併用［199 頁］
5 号　屋根版にデッキプレート版を用いた建築物［200 頁］
6 号　床版・屋根版に軽量気泡コンクリートパネルを用いた建築物［201 頁］
7 号　屋根版にシステムトラスを用いた建築物［201 頁］
8 号　骨組膜構造［201 頁］

令第 36 条の 2 第 5 号［98 頁］の規定に基づき，その安全性を確かめるために地震力によって地上部分の各階に生ずる水平方向の変形を把握することが必要であるものとして，構造または規模を限って国土交通大臣が指定する建築物は，次に掲げる建築物（平 14 国交告 474［(特定畜舎等告示)，141 頁］に規定する特定畜舎建築等建築物を除く）とする。

1 号　地上 3 階建以下，高さ 13 m 以下および軒高 9 m 以下である S 造の建築物で，次のイ～ハまでのいずれか（薄板軽量形鋼造の建築物および屋上を自動車の駐車その他これに類する積載荷重の大きな用途に供する建築物にあっては，イまたはハ）に該当するもの［ルート[1]］**以外のもの**

イ　次の (1)～(5) までに該当するもの［ルート[1-1]］

(1) 架構を構成する柱の相互間隔が 6 m 以下であるもの

(2) 延面積が 500 m^2 以内であるもの

(3) 令第 88 条第 1 項［169 頁］に規定する地震力について標準せん断力係数を 0.3 以上とする計算をして令第 82 条［152 頁］第 1 号～第 3 号［許容応力度計算］までに規定する構造計算をした場合に安全であることが確かめられたもの。この場合，構造耐力上主要な部分のうち冷間成形により加工した角形鋼管（厚さ 6 mm 以上のものに限る）の柱にあっては，令第 88 条第 1 項［169 頁］に規定する地震力によって当該柱に生ずる力の大きさの値にその鋼材の種別ならびに柱および梁の接合部の構造方法に応じて表 6.1［195 頁］に掲げる数値以上の係数を乗じて得た数値を当該柱に生ずる力の大きさの値とする。ただし，特別な調査または研究の結果に基づき，角形鋼管に構造耐力上支障のある急激な耐力の低下を生ずるおそれのないことが確かめられた場合には，この限りでない。

表 6.1　冷間成形角形鋼管の柱の応力割増係数

鋼材の種別		柱および梁の接合部の構造方法	
		（い）	（ろ）
		内ダイヤフラム形式（ダイヤフラムを落とし込む形式としたものを除く）	（い）欄に掲げる形式以外の形式
(1)	JIS-G3466（一般構造用角形鋼管）–2006 に適合する角形鋼管	1.3	1.4
(2)	(1) 欄に掲げる角形鋼管以外の角形鋼管のうち，ロール成形その他断面のすべてを冷間成形により加工したもの	1.2	1.3
(3)	(1) に掲げる角形鋼管以外の角形鋼管のうち，プレス成形その他断面の一部を冷間成形により加工したもの	1.1	1.2

(4) 水平力を負担する筋かいの軸部が降伏する場合において，当該筋かいの端部および接合部が破断しないことが確かめられたもの

(5) 特定天井が平 25 国交告 771 第 3 第 1 項［208 頁］に定める基準に適合するもの，令第 39 条第 3 項［102 頁］の規定に基づく国土交通大臣の認定を受けたものまたは同告示第 3 第 2 項第 1 号［210 頁］に定める基準に適合するもの。

ロ 次の(1)〜(7)までに該当するもの［ルート 1-2 ］

(1) 地上2階建以下であるもの

(2) 架構を構成する柱の相互間隔が12m以下であるもの

(3) 延面積500 m^2 以内（平家建のものでは3000 m^2 以内）であるもの

(4) イ(3)および(4)の規定に適合するもの

(5) 令第82条の6［許容応力度等計算］第2号ロ［161頁，偏心率］の規定に適合するもの

(6) 構造耐力上主要な部分である柱もしくは梁またはこれの接合部が局部座屈，破断などによって，または構造耐力上主要な部分である柱の脚部と基礎との接合部がアンカーボルトの破断，基礎の破壊などによって，それぞれ構造耐力上支障のある急激な耐力の低下を生ずるおそれのないことが確かめられたもの

(7) イ(5)の規定に適合するもの

ハ 法施行規則第1条の3第1項第1号ロ(2)［本書では省略］の規定に基づき，国土交通大臣があらかじめ安全であると確認した構造の建築物またはその部分

2号 高さ20m以下であるRC造（壁式ラーメンRC造，WRC造およびRM造を除く）もしくはSRC造の建築物またはこれらの構造を併用する構造の建築物であって，次のイまたはロに該当するもの［ルート 1 ］**以外のもの**

イ 次の(1)〜(3)に該当するもの

(1) 地上部分の各階の耐力壁《平19国交告594［(ルート 1 〜 3 算定法告示)，153頁，281頁］第1第3号イ(1)に規定する開口周比が0.4以下であるものに限る，以下この号において同じ》ならびに構造耐力上主要な部分である柱および耐力壁以外のRC造またはSRC造の壁（上端および下端が構造耐力上主要な部分に緊結されたものに限る）の水平断面積が次の式に適合するもの。ただし，SRC造の柱にあっては，同式中「0.7」とあるのは「1.0」とする。

$$\sum 2.5\,\alpha\,A_\mathrm{w} + \sum 0.7\,\alpha\,A_\mathrm{c} \geqq Z\,W\,A_i \qquad (6.1)$$

この式において，各記号はそれぞれ次の数値を表す。

α：コンクリートの設計基準強度による割り増し係数として，設計基準強度が18 N/mm^2 未満の場合は1.0，18 N/mm^2 以上の場合には使用するコンク

リートの設計基準強度（N/mm^2）を 18 で除した数値の平方根の数値（当該数値が $\sqrt{2}$ を超えるときは，$\sqrt{2}$）

A_w：当該階の耐力壁のうち計算しようとする方向に設けたものの水平断面積 (mm^2)

A_c：当該階の構造耐力上主要な部分である柱の水平断面積および耐力壁以外の RC 造または SRC 造の壁（上端および下端が構造耐力上主要な部分に緊結されたものに限る）のうち計算しようとする方向に設けたものの水平断面積 (mm^2)

Z：令第 88 条第 1 項［169 頁］に規定する Z の数値

W：令第 88 条第 1 項［169 頁］の規定により地震力を計算する場合における当該階が支える部分の固定荷重と積載荷重との和（令第 86 条第 2 項［167 頁］ただし書の規定により特定行政庁が指定する多雪区域においては，更に積雪荷重を加える）(N)

A_i：令第 88 条第 1 項［169 頁］に規定する当該階に係る A_i の数値

解説「$\sum 2.5\alpha A_w + \sum 0.7\alpha A_c \geqq ZWA_i$ の意味」

（6.1）式［196 頁］において，左辺第 1 項の 2.5 はコンクリート強度が $18N/mm^2$ の RC 造耐力壁の単位断面積当たりの水平耐力（N/mm^2，以下同じ），第 2 項の 0.7 は RC 造柱（SRC 造の柱は 1.0）と耐力壁以外の壁の単位断面積当たりの水平耐力で，α はコンクリート強度による割増（補正）係数である。よって，左辺は耐力壁と柱の水平断面積から略算した保有水平耐力を表している。右辺は (5.10) 式［169 頁］を参照すると，$C_0 = 1.0$ とした（大地震動）時の層せん断力となる。

結局，（6.1）式は，（5.1）式［154 頁］において $D_s F_{es} = 1.0$ としたことになり，構造的な粘りがあまりなくとも，大地震動に耐えることを確認していることになる。

(7.14) 式［322 頁］も同様であるが，構造的な粘りを多少期待し $D_s F_{es} = 0.75$ として，大地震動に耐えることができることを確認している。

(7.16) 式［323 頁］も同様の式であるが，左辺は袖壁付の RC 造柱と RC 造方立（ほうだて）壁の単位断面積当たりの強度を 1.8 と見積もって，保有水平耐力を略算している。

(2) 構造耐力上主要な部分が，地震力によって当該部分に生ずるせん断力として次の式によって計算した設計用せん断力に対して，せん断破壊などによって構造耐力上支障のある急激な耐力の低下を生ずるおそれのないことが確かめられたものであること。

$$Q_D = \min\left[Q_L + n\,Q_E, Q_0 + Q_y\right] \tag{6.2}$$

この式において，各記号はそれぞれ次の数値を表す。

Q_D：設計用せん断力 (N)

Q_L：固定荷重と積載荷重との和（令第86条第2項［167頁］ただし書の規定により特定行政庁が指定する多雪区域においては，更に積雪荷重を加える。以下この号において「常時荷重」）によって生ずるせん断力。ただし，柱の場合には0とすることができる (N)。

n：RC造では1.5（耐力壁では2.0），SRC造では1.0以上の数値

Q_E：令第88条第1項［169頁］の規定により地震力を計算する場合における当該地震力によって生ずるせん断力 (N)

Q_0：柱または梁において，部材の支持条件を単純支持とした場合に常時荷重によって生ずるせん断力。ただし，柱の場合には0とすることができる (N)。

Q_y：柱または梁において，部材の両端に曲げ降伏が生じた時のせん断力。ただし，柱の場合には柱頭に接続する梁の曲げ降伏を考慮した数値とすることができる (N)。

(3) 前号イ (5) の規定［特定天井告示］に適合するもの

ロ 法施行規則第1条の3第1項第1号ロ(2)［本書では省略］の規定に基づき，国土交通大臣があらかじめ安全であると認定した構造の建築物またはその部分［適合性判定を不要とするための規定］

3号 木造，組積造，補強CB造およびS造のうち2以上の構造を併用する建築物，またはこれらの構造のうち1以上の構造とRC造もしくはSRC造とを併用する建築物で，次のイ〜ヘに該当するもの［ルート1］以外のもの（次号イまたはロに該当するものを除く）

イ 地階を除く階数が3以下である

ロ 高さ13m以下，かつ軒高9m以下である

ハ 延面積 500 m^2 以内である

ニ S 造の構造部分を有する階が第 1 号イ (1), (3) および (4) に適合する

ホ RC 造および SRC 造の構造部分を有する階が前号イ (1) および (2) に適合する

ヘ 第 1 号イ (5) に適合する

4 号 木造と RC 造の構造を併用する建築物で，次のイまたはロに該当するもの［ルート 1］以外のもの（前号イ～へに該当するものを除く）

イ 次の (1)～(10) までに該当するもの

(1) 次の (i) または (ii) に該当するもの

(i) 地上 2 または 3 階建で，かつ 1 階部分を RC 造とし，2 階以上の部分を木造としたもの

(ii) 地上 3 階建で，かつ 1 階および 2 階部分を RC 造とし，3 階部分を木造としたもの

(2) 高さ 13 m 以下，かつ軒高 9 m 以下であるもの

(3) 延面積 500 m^2 以内であるもの

(4) 地上部分について，令第 82 条の 2［154 頁，層間変形角］に適合することが確かめられたもの

(5) (1)(i) に該当するもののうち地上 3 階建であるものでは，2 階および 3 階部分について，令第 82 条の 6［許容応力度等計算］第 2 号イ［160 頁，剛性率］に適合することが確かめられたもの。この場合，同号イ中「当該建築物」は「2 階および 3 階部分」と読み替える。

(6) (1)(ii) に該当するものにあっては，1 階および 2 階部分について，令第 82 条の 6［許容応力度等計算］第 2 号イ［160 頁，剛性率］に適合することが確かめられたもの。この場合，同号イ中「当該建築物」は「1 階および 2 階部分」と読み替える。

(7) 地上部分について，各階の偏心率が令第 82 条の 6［許容応力度等計算］第 2 号ロ［161 頁，偏心率］に適合することが確かめられたもの

(8) RC 造の構造部分について，昭 55 建告 1791［(ルート 2 計算告示)，161 頁，317 頁］第 3 第 1 号に定める構造計算を行ったもの

(9) 木造の構造部分について，昭 55 建告 1791［(ルート 2 計算告示)，161 頁，317 頁］第 1 に定める構造計算を行ったもの

(10) 第1号イ(5)の規定に適合するもの

ロ 次の(1)～(5)までに該当するもの

(1) 地上2階建で，1階部分をRC造とし，2階部分を木造としたもの

(2) イ(2)，(4)および(7)～(9)までに該当するもの

(3) 延面積3000 m^2 以内であるもの

(4) 2階部分の令第88条第1項［169頁］に規定する地震力について，標準せん断力係数を0.3以上《同項ただし書の区域内における木造のもの（令第46条第2項第1号［107頁］に掲げる基準に適合するものを除く）にあっては，0.45以上》とする計算をし，当該地震力によって令第82条［152頁］第1号～第3号［許容応力度計算］までに規定する構造計算をした場合に安全であることが確かめられたもの，または特別な調査もしくは研究の結果に基づき当該建築物の振動性状を適切に考慮し，安全上支障のないことが確かめられたもの

(5) 第1号イ(5)の規定に適合するもの

5号 構造耐力上主要な部分である床版または屋根版にデッキプレート版を用いた建築物で，デッキプレート版を用いた部分以外の部分（建築物の高さおよび軒高については当該屋根版を含む，以下同じ）が次のイ～トまでのいずれかに該当するもの［ルート1］以外のもの

イ 高さ13m以下，かつ軒高9m以下である木造のもの

ロ 地上3階建以下である組積造または補強CB造のもの

ハ 地上3階建以下，高さ13m以下および軒高9m以下であるS造のもので，第1号［194頁］イまたはロ（薄板軽量形鋼造のものおよび屋上を自動車の駐車その他これに類する積載荷重の大きな用途に供するものにあっては，イ）に該当するもの

ニ 高さ20m以下であるRC造（壁式ラーメンRC造，WRC造およびRM造を除く）もしくはSRC造のもの，またはこれらの構造を併用するもので，第2号イに該当するもの

ホ 木造，組積造，補強CB造およびS造のうち2以上の構造を併用するもの，またはこれらの構造のうち1以上の構造とRC造もしくはSRC造とを併用するもので，第3号［198頁］イ(1)～(5)までに該当するもの

ヘ 木造とRC造の構造を併用するもので，前号イ(1)～(9)まで，または前号

ロ (1)～(4) までに該当するもの

ト 第 1 号イ(5) の規定に適合するもの

6 号 構造耐力上主要な部分である床版または屋根版に軽量気泡コンクリートパネルを用いた建築物で，軽量気泡コンクリートパネルを用いた部分以外の部分（建築物の高さおよび軒高については当該屋根版を含む，以下同じ）が前号イもしくはハまたはホ（木造と S 造の構造を併用するものに限る）に該当するもの［ルート 1 ］以外のもの

7 号 屋根版にシステムトラスを用いた建築物で，屋根版以外の部分（建築物の高さおよび軒高については当該屋根版を含む，以下同じ）が第 5 号［200 頁］イ～トまでのいずれかに該当するもの［ルート 1 ］以外のもの

8 号 平 14 国交告 666［(膜構造告示)，145 頁］に規定する骨組膜構造の建築物で，次のイまたはロに該当するもの［ルート 1 ］以外のもの

イ 次の (1) または (2) に該当するもの

(1) 平 14 国交告 666［(膜構造告示)，145 頁］第 1 第 2 項第 1 号ロ(1)～(3) までに規定する構造方法に該当するもの

(2) 骨組の構造が第 5 号［200 頁］イ～トまでのいずれかに該当するもの

ロ 次の (1) および (2) に該当するもの

(1) 平 14 国交告 666［(膜構造告示)，145 頁］第 5 第 1 項各号および第 2 項～第 6 項まで（第 4 項を除く）に規定する構造計算によって構造耐力上安全であることが確かめられたもの

(2) 第 1 号イ(5) の規定に適合するもの

「基礎構造告示」

平 12 建告 1347「建築物の基礎の構造方法および構造計算の基準を定める件」

本告示は，基礎の構造方法と構造計算の基準で，次のような構成となっている。

第 1　杭基礎，べた基礎，布基礎の適用［202 頁］

　2 項　杭基礎［202 頁］

　3 項　べた基礎［203 頁］

　4 項　布基礎［203 頁］

第 2　基礎の構造計算［204 頁］

令第38条第3項［100頁］および第4項の規に基づき，建築物の基礎の構造方法および構造計算の基準を次のように定める。

第1　令第38条第3項［100頁］に規定する建築物の基礎の構造は，次の各号のいずれかに該当する場合を除き，地盤の長期許容応力度（改良された地盤にあっては，改良後の許容応力度，以下同じ）が20 kN/m^2 未満の場合には基礎杭を用いた構造，20 kN/m^2 以上30 kN/m^2 未満の場合には基礎杭を用いた構造またはべた基礎，30 kN/m^2 以上の場合には基礎杭を用いた構造，べた基礎または布基礎とする。

1号　木造の建築物のうち，茶室，あずまやその他これらに類するもの，または延面積10 m^2 以内の物置，納屋その他これらに類するものに用いる基礎である場合

2号　地盤の長期許容応力度が70 kN/m^2 以上の場合で，木造建築物または木造と組積造その他の構造とを併用する建築物の木造の構造部分のうち，令第42条第1項［104頁］ただし書の規定により土台を設けないものに用いる基礎である場合

3号　門，塀その他これらに類するものの基礎である場合

2項　建築物の基礎を基礎杭を用いた構造［杭基礎］とする場合には，次に定めるところによる。

1号　基礎杭は，構造耐力上安全に基礎杭の上部を支えるように配置する。

2号　木造の建築物もしくは木造と組積造その他の構造とを併用する建築物の木造の構造部分（平家建の建築物で延面積50 m^2 以下のものを除く）の土台の下または組積造の壁もしくは補強CB造の耐力壁の下には，一体のRC造（2以上の部材を組み合わせたもので，部材相互を緊結したものを含む，以下同じ）の基礎梁を設ける。

3号　基礎杭の構造は，次に定めるところによるか，またはこれらと同等以上の支持力を有するものとする。

イ　場所打ちコンクリート杭とする場合には，次に定める構造とする。

(1) 主筋として異形鉄筋を6本以上用い，かつ帯筋と緊結したもの

(2) 主筋の断面積の合計の杭断面積に対する割合を0.4% 以上としたもの

ロ　高強度PC杭とする場合には，JIS A 5337（プレテンション方式遠心力高強度プレストレストコンクリート杭）–1995に適合するもの

ハ 遠心力 RC 杭とする場合には，JIS A 5310（遠心力鉄筋コンクリート杭）–1995 に適合するもの

ニ 鋼管杭とする場合には，杭の肉厚は 6 mm 以上[†]とし，かつ杭の直径の 1/100 以上とする

3 項　建築物の基礎をべた基礎とする場合には，次に定めるところによる。

1 号 一体の RC 造とする。ただし，地盤の長期許容応力度が 70 kN/m^2 以上であって，かつ密実な砂質地盤その他著しい不同沈下などの生ずるおそれのない地盤にあり，基礎に損傷を生ずるおそれのない場合には，無筋コンクリート造とすることができる。

2 号 木造の建築物もしくは木造と組積造その他の構造とを併用する建築物の木造の土台の下または組積造の壁もしくは補強 CB 造の耐力壁の下にあっては，連続した立上り部分を設ける。

3 号 立上り部分の高さは地上部分で 30 cm 以上，立上り部分の厚さは 12 cm 以上，基礎の底盤の厚さは 12 cm 以上とする。

4 号 根入れの深さは，基礎の底部を雨水などの影響を受けるおそれのない密実で良好な地盤に達したものとした場合を除き，12 cm 以上とし，かつ凍結深度［図 4.4（119 頁）参照］よりも深いものとすること，その他凍上を防止するための有効な措置を講ずる。

5 号 RC 造とする場合には，次に掲げる基準に適合したものであること。

イ 立上り部分の主筋として径 12 mm 以上の異形鉄筋を，立上り部分の上端および立上り部分の下部の底盤にそれぞれ 1 本以上配置し，かつ補強筋と緊結する。

ロ 立上り部分の補強筋として径 9 mm 以上の鉄筋を 30 cm 以下の間隔で縦に配置する。

ハ 底盤の補強筋として径 9 mm 以上の鉄筋を縦横に 30 cm 以下の間隔で配置する。

ニ 換気口を設ける場合は，その周辺に径 9 mm 以上の補強筋を配置する。

4 項　建築物の基礎を布基礎とする場合には，次に定めるところによる。

---

† 構造耐力上主要な部分としてではなく，地盤改良的な地業とする場合は，適用除外となる [3]。

1 号　前項各号（第 5 号ハを除く）の規定による。ただし，根入れの深さ 24 cm 以上，底盤の厚さは 15 cm 以上とする。

2 号　底盤の幅は，地盤の長期許容応力度および建築物の種類に応じて，表 6.2［204 頁］に定める数値以上の数値とする。ただし，基礎杭を用いた構造とする場合には，この限りでない。

表 6.2　布基礎底盤の幅 (cm)

地盤の長期許容応力度 (kN/m^2)	建築物の種類		
	木造または S 造その他これらに類する重量の小さな建築物		その他の建築物
	平家建	2 階建	
30 以上 50 未満の場合	30	45	60
50 以上 70 未満の場合	24	36	45
70 以上の場合	18	24	30

3 号　RC 造とする場合，前号の規定による底盤の幅が 24 cm を超えるものとした場合には，底盤に補強筋として径 9 mm 以上の鉄筋を 30 cm 以下の間隔で配置し，底盤の両端部に配置した径 9 mm 以上の鉄筋と緊結する。

第 2　令第 38 条第 4 項［100 頁］に規定する建築物の基礎の構造計算は，次のとおりとする。

1 号　建築物，敷地，地盤その他の基礎に影響を与えるものの実況に応じて，土圧，水圧その他の荷重および外力を採用し，令第 82 条［152 頁］第 1 号〜第 3 号［許容応力度計算］までに定める構造計算を行う。

2 号　前号の構造計算を行うに当たり，自重による沈下その他の地盤の変形などを考慮して建築物または建築物の部分に有害な損傷，変形および沈下が生じないことを確かめる。

「外装材等告示」

昭 46 建告 109「屋根葺材，外装材および屋外に面する帳壁の構造方法」（平 12 建告 1348 改正）

本告示は，屋根葺材，外装材，屋外に面する帳壁の基準である。

令第 39 条第 2 項［101 頁］の規定に基づき，屋根葺材，外装材および屋外に面

する帳壁の構造方法を次のように定める。

第 1　屋根葺材は，次に定めるところによる。

1 号 屋根葺材は，荷重または外力により，脱落または浮き上がりを起さないように，垂木，梁，桁，野地板その他これらに類する構造部材に取り付ける。

2 号 屋根葺材および緊結金物その他これらに類するものが，腐食または腐朽するおそれがある場合には，有効な錆止めまたは防腐のための措置を講ずる。

3 号 屋根瓦は，軒およびけらば†から 2 枚通りまで 1 枚ごとに，その他の部分のうち棟にあっては 1 枚おきごとに，銅線，鉄線，釘などで下地に緊結し，またはこれと同等以上の効力を有する方法で，はがれ落ちないように葺く［図 6.1（205 頁）参照］。

第 2　外装材は，次の各号に定めるところによる。

1 号 建築物の屋外に面する部分に取り付ける飾石（かざりいし），張り石その他これらに類するものは，ボルト，かすがい，銅線その他の金物で軸組，壁，柱または構造耐力上主要な部分に緊結する。

2 号 建築物の屋外に面する部分に取り付けるタイルその他これらに類するものは，銅線，釘その他の金物またはモルタルその他の接着剤で下地に緊結する。

第 3　地上 3 階建以上である建築物の屋外に面する帳壁は，次に定めるところによる。

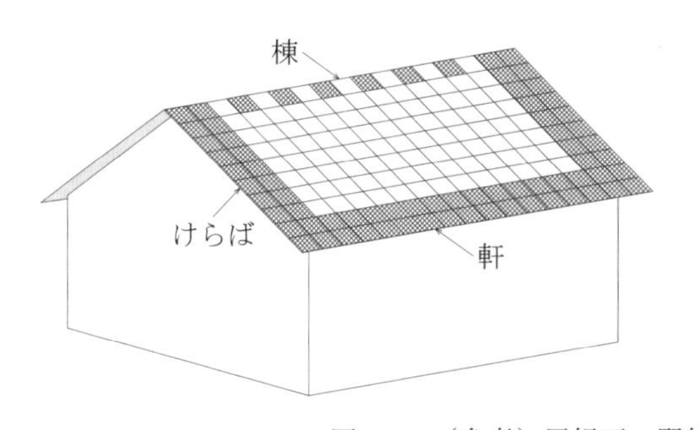

ハッチで示した屋根瓦は銅線，鉄線，釘などで下地に緊結する。

図 6.1　（参考）屋根瓦の緊結

† 「けらば」とは屋根の端部で，水平な軒を除く，傾斜している部分を示す。

1 号　帳壁およびその支持構造部分は，荷重または外力により脱落することがないように構造耐力上主要な部分に取り付ける。

2 号　プレキャストコンクリート板を使用する帳壁は，その上部または下部の支持構造部分において可動すること [図 6.2（206 頁）参照]。ただし，構造計算または実験によってプレキャストコンクリート板を使用する帳壁およびその支持構造部分に著しい変形が生じないことを確かめた場合には，この限りでない。

3 号　鉄網モルタル塗の帳壁に使用するラスシート，ワイヤラスまたはメタルラスは，JIS A5524（ラスシート（角形亜鉛鉄板ラス））–1994，JIS A5504（ワイヤラス）–1994 または JIS A5505（メタルラス）–1995 にそれぞれ適合するか，またはこれらと同等以上の性能を有し，かつ間柱または胴縁その他の下地材に緊結する。

4 号　帳壁として窓にガラス入りのはめ殺し戸（網入りガラス入りのものを除く）を設ける場合には，硬化性のシーリング材を使用しない。ただし，ガラスの落下による危害を防止するための措置が講じられている場合には，この限りでない。

5 号　高さ 31 m を超える建築物（高さ 31 m 以下の部分で高さ 31 m を超える部分の構造耐力上の影響を受けない部分を除く）の屋外に面する帳壁は，その高さの 1/150 の層間変位に対して脱落しないこと。ただし，構造計算によって帳壁が脱落しないことを確かめた場合には，この限りでない。

昭 46 建告 109（外装材等告示），[204 頁] 第 3 第 2 号は，このような被害を防ぐための規定である。この規定が設けられた後の 1995 年阪神・淡路大震災では，このような被害は生じなかった。

図 6.2　（参考）外壁プレキャスト板カーテンウオールの落下（1978 年宮城県沖地震）

「特定天井告示」

平 25 国交告 771「特定天井および特定天井の構造耐力上安全な構造方法を定める件」

本告示は，大規模な吊り天井（特定天井）の地震による被害を防ぐための構造基準である。

令第 39 条第 3 項［102 頁］の規定に基づき，特定天井を第 2 に，特定天井の構造方法を第 3 に定める。

第 1　この告示において次の各号に掲げる用語の意義は，それぞれ当該各号に定める。

1 号 吊り天井　天井のうち，構造耐力上主要な部分または支持構造部（以下「構造耐力上主要な部分等」）から天井面構成部材を吊り材により吊り下げる構造の天井

2 号 天井材　天井面構成部材，吊り材，斜め部材その他の天井を構成する材料

3 号 天井面構成部材　天井面を構成する天井板，天井下地材およびこれに附属する金物

4 号 天井面構成部材等　天井面構成部材ならびに照明設備その他の建築物の部分または建築物に取り付けるもの（天井材以外の部分のみで自重を支えるものを除く）であって，天井面構成部材に地震その他の震動および衝撃により生ずる力を負担させるもの

5 号 吊り材　吊りボルト，ハンガーその他の構造耐力上主要な部分等から天井面構成部材を吊るための部材

6 号 斜め部材　地震の震動により天井に生ずる力を構造耐力上主要な部分等に伝達するために天井面に対して斜めに設ける部材

7 号 吊り長さ　構造耐力上主要な部分（支持構造部から吊り下げる天井で，支持構造部が十分な剛性および強度を有する場合には，支持構造部）で吊り材が取り付けられた部分から天井面の下面までの鉛直長さ

第 2　特定天井

特定天井は，吊り天井であって，次の各号のいずれにも該当するものとする。

1号　居室，廊下その他の人が日常立ち入る場所に設けられるもの

2号　高さが6mを超える天井の部分で，その水平投影面積が200 m^2 を超えるものを含むもの

3号　天井面構成部材等の単位面積質量（天井面の面積の1 m^2 当たりの質量，以下同じ）が2kgを超えるもの

第3　特定天井の構造方法

特定天井の構造方法は，次の各号の基準に適合するものとする。

1号　天井面構成部材等の単位面積質量は，20kg以下とする。

2号　天井材（グラスウール，ロックウールその他の軟質な繊維状の材料からなる単位面積質量が4kg以下の天井板で，他の天井面構成部材に適切に取り付けられているものを除く）は，ボルト接合，ねじ接合その他これらに類する接合方法により相互に緊結する。

3号　支持構造部は十分な剛性および強度を有するものとし，建築物の構造耐力上主要な部分に緊結する。

4号　吊り材にはJIS A6517（建築用鋼製下地（壁・天井））– 2010に定める吊りボルトの規定に適合するものまたはこれと同等以上の引張強度を有するものを用いる。

5号　吊り材および斜め部材（天井材に緊結するものを除く）は，埋込インサートを用いた接合，ボルト接合その他これらに類する接合方法により構造耐力上主要な部分等に緊結する。

6号　吊り材は，天井面構成部材を鉛直方向に支持し，かつ天井面の面積が1 m^2 当たりの平均本数を1本（天井面構成部材等の単位面積質量が6kg以下のものは0.5本）以上とし，釣合よく配置する。

7号　天井面構成部材に天井面の段差その他の地震時に有害な応力集中が生ずる恐れのある部分を設けない。

8号　吊りの長さは，3m以下とし，おおむね均一とする。

9号　斜め部材《JIS G3302（溶融亜鉛めっき鋼板および鋼帯）– 2010，JIS G3321（溶融55% アルミニウム－亜鉛めっき鋼板および鋼帯）– 2010またはこれと同等以上の品質を有する材料を使用したものに限る》は，2本の斜め部材の下端を近接してV字状に配置したものを一組とし，次の式により算定した組

数以上を張間方向および桁行方向に釣合よく配置する。ただし，水平方向に同等以上の耐力を有することが確かめられ，かつ地震その他の震動および衝撃により天井に生ずる力を伝達するために設ける部材が釣合よく配置されている場合には，この限りでない。

$$n = \frac{k\,W}{3\,\alpha\,B}\,\gamma\,L_{\mathrm{b}}^{3} \tag{6.3}$$

ここで，n：2 本の斜め部材から構成される組数，k：天井を設ける階に応じて次の表 6.3 に掲げる水平震度，W：天井面構成部材および天井面構成部材に地震その他の震動および衝撃により生ずる力を負担させるものの総重量（kN），α：斜め部材の断面形状および寸法に応じて表 6.4 に掲げる数値，B：斜め部材の水平投影長さ（m），γ：斜め部材の細長比に応じて表 6.5 に掲げる割増係数，L_{b}：斜め材の長さ（m）である。

表 6.3　天井の水平震度（仕様規定の場合）

	天井を設ける階	水平震度
(1)	$0.3\,(2N+1)$ を超えない整数に 1 を加えた階から最上階までの階	$2.2\,r$
(2)	(1) および (3) 以外の階	$1.3\,r$
(3)	$0.11\,(2N+1)$ を超えない整数の階から最下階までの階	0.5

この表において，N：地上部分の階数，r：次式によって計算した数値

$$r = \min\left[\frac{1+0.125\,(N-1)}{1.5},\ 1.0\right]$$

表 6.4　斜め部材の断面による調整係数 α

	断面形状	寸法（mm）			α
		高さ	幅	板厚	
(1)	溝　形	38	12	1.2	0.785
(2)		38	12	1.6	1.000
(3)		40	20	1.6	4.361
(4)	その他の断面形状または寸法				$I/0.108$

この表において，I：当該断面形状および寸法の斜め部材の弱軸周りの断面 2 次モーメント（mm^4）

10 号　天井面構成部材と壁，柱その他の建築物の部分または建築物に取り付けるもの（構造耐力上主要な部分以外の部分で，天井面構成部材に地震その他の震動および衝撃による生ずる力を負担させるものを除く。以下「壁等」という）

表 6.5 斜め部材の細長比による割増係数 γ

細長比	割増係数
$\lambda < 130$ の場合	$\left\{\dfrac{18}{65\left(\dfrac{\lambda}{130}\right)^2}\right\}\left\{\dfrac{\dfrac{3}{2}+\dfrac{2}{3}\left(\dfrac{\lambda}{130}\right)^2}{1-\dfrac{2}{5}\left(\dfrac{\lambda}{130}\right)^2}\right\}$
$\lambda \geqq 130$ の場合	1

この表において，λ：斜め部材の細長比

との間に，6 cm 以上の隙間（当該隙間の全部または一部に相互に応力を伝えない部分を設ける場合には，当該部分を隙間と見なす。以下同じ）を設ける。ただし，特別な調査または研究の結果に基づいて，地震時に天井構成部材が壁等と衝突しないよう天井面構成部材と壁等との隙間を算出する場合には，当該算出によることができる。

11号 建築物の屋外に面する天井は，風圧により脱落することがないように取り付ける。

2項 前項の規定は，次の各号のいずれかに定める構造方法とする場合には，適用しない。

1号 次のイ〜ニまでに定めるところにより行う構造計算によって構造耐力上安全であることが確かめられた構造方法とする。この場合，吊り材，斜め部材その他の天井材は釣合よく配置し，吊り材を支持構造部に取り付ける場合には，支持構造部は十分な剛性および強度を有する。

イ 天井面構成部材の各部分が，地震の震動により生ずる力を構造耐力上有効に当該天井面構成部材の他の部分に伝えることができる剛性および強度を有することを確かめる。

ロ 天井面構成部材および天井面構成部材に地震その他の震動および衝撃による生ずる力を負担させるものの総重量に，天井を設ける階に応じて表 6.6 に掲げる水平震度以上の数値を乗じて得られた水平方向の地震力（計算しようとする方向の柱の相互間隔が 15 m を超える場合には，当該水平方向の地震力に加えて，天井面構成部材および天井面構成部材に地震その他の震動および衝撃により生ずる力を負担させるものの総重量に数値が 1 以上の鉛直震度を乗じて得られた鉛直方向の地震力）により天井に生ずる力が当

該天井の許容耐力《繰り返し載荷試験その他の試験または計算によって確認した損傷耐力（天井材の損傷または接合部分の滑りもしくは外れが生ずる力に対する耐力）に 2/3 以下の数値を乗じた値》を超えないことを確かめる。

表 6.6　天井の水平震度（構造計算の場合）

	天井を設ける階	水平震度
(1)	$0.3(2N+1)$ を超えない整数に 1 を加えた階から最上階までの階	$2.2rZ$
(2)	(1) および (3) 以外の階	$1.3rZ$
(3)	$0.11(2N+1)$ を超えない整数の階から最下階までの階	0.5

この表において，N：地上部分の階数，r：次式によって計算した数値

$$r = \min\left[\frac{1+0.125(N-1)}{1.5},\ 1.0\right]$$

Z：令第 88 条第 1 項［169 頁］に規定する Z の数値

ハ　天井面構成部材と壁等の隙間が，6 cm に吊り長さが 3 m を超える部分の長さに 1.5/200 を乗じた値を加えた数値以上であることを確かめる。ただし，特別な調査または研究の結果に基づいて，地震時に天井構成部材が壁等と衝突しないよう天井面構成部材と壁等との隙間を算出する場合には，当該算出によることができる。

ニ　イ～ハまでの構造計算を行うに当たり，風圧ならびに地震以外の震動および衝撃を適切に考慮する。

2 号　平 12 建告 1457［限界耐力計算告示，159 頁］第 11 第 2 号の規定に基づく構造計算によって構造耐力上安全であることが確かめられた構造方法とする。

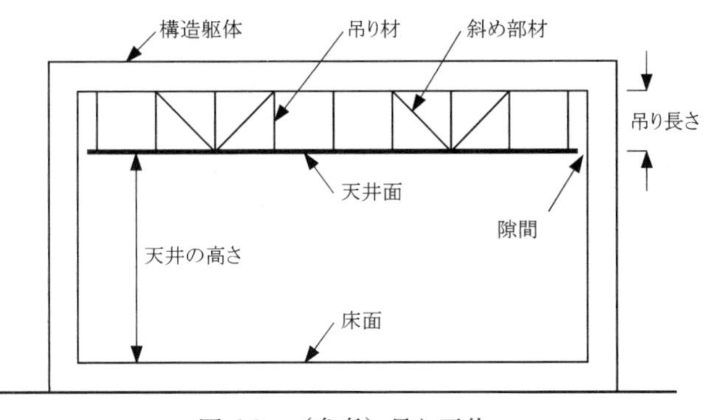

図 6.3　（参考）吊り天井

解説「天井の水平震度の適用階と割増係数 r」

天井の水平震度を求める際には，表 6.3［209 頁］，表 6.6［211 頁］ともに，上層階を示す (1) の階，中間階を示す (2) の階，下層階を示す (3) の階を同表の中の式によって区別する必要がある。階数が N の建築物において，どの階が (1), (2), (3) の階に区分されるかを示したのが表 6.7［212 頁］である。

なお，両表とも水平震度を求める際に用いる r の値は，次式より 5 階建以上の場合は $r = 1.0$ となり，4 階建以下では 1 より小さい値で $1/1.5 \leqq r < 1.0$ となることが分かる。

$$\frac{1 + 0.125\,(N - 1)}{1.5} = 1 \quad \text{の場合} \quad N = 5$$

表 6.7　（参考）表 6.3［209 頁］と表 6.6［211 頁］の (1), (2), (3) の適用階

階数 N	1	2	3	4	5	6	7	8	9	10	11	12
(1) の階	1	2	3	3, 4	4, 5	4–6	5–7	6–8	6–9	7–10	7–11	8–12
(2) の階	–	1	1, 2	1, 2	2, 3	2, 3	2–4	2–5	3–5	3–6	3–6	3–7
(3) の階	–	–	–	–	1	1	1	1	1, 2	1, 2	1, 2	1, 2

「特定天井告示」は，2011 年東日本大震災の教訓から 2013 年に制定されたが，それ以前の地震でも天井被害はたびたび見られた。

図 6.4　（参考）釧路空港ビルの天井被害（2003 年 十勝沖地震）
（植松武是氏提供）

6.2　木造関係の告示

「軟弱地盤区域告示」

昭 62 建告 1897「建築基準法施行令の規定に基づき地盤が軟弱な区域として特定行政庁が区域を指定する基準」

本告示は，軟弱地盤を指定するための基準である。軟弱地盤と指定された場合には，令第 46 条第 4 項［109 頁］の規定により，表 4.3［111 頁］による木造の必要壁量を 1.5 倍しなければならないことになる。

令第 42 条第 1 項［104 頁］の規定に基づき，地盤が軟弱な区域として特定行政庁が区域を指定する基準を次のように定める。

地盤が軟弱な区域は，次の各号の 1 に該当する区域とする。

1 号　地耐力度が小さく不同沈下のおそれがある区域

2 号　地震時に液状化するおそれがある砂質土（さしつど）地盤区域

3 号　地盤が昭 55 建告 1793［（Z Rt Ai 等告示），170 頁］第 2 の表［表 1.5（28 頁）］中 T_c に関する表［表 1.6（29 頁）］に掲げる第 3 種地盤に該当する区域

「木造柱計算告示」

平 12 建告 1349「木造の柱の構造耐力上の安全性を確かめるための構造計算の基準を定める件」（平 13 国交告 1024 改正）

本告示は，令第 43 条［104 頁］による柱の小径の規定適用を除外する際に行う構造計算の基準である。

令第 43 条 1 項［104 頁］ただし書および第 2 項ただし書に規定する木造の柱の構造耐力上の安全性を確かめるための構造計算の基準は，次のとおりとする。

1 号　令第 3 章第 8 節第 2 款［162 頁］に規定する荷重および外力によって当該柱に生ずる力を計算する。

2 号　前号の当該柱の断面に生ずる長期および短期の圧縮の各応力度を令第 82 条第 2 号［152 頁］の表 5.1［152 頁］に掲げる式によって計算する。

3 号　前号によって計算した長期および短期の圧縮の各応力度が，平 13 国交告

1024［(特殊な強度告示)，182頁，355頁］第1第1号ロに定める基準に従って計算した長期または短期に生ずる力に対する圧縮材の座屈の各許容応力度を超えないことを確かめる。

「集成材等告示」

昭62建告1898「構造耐力上主要な部分である柱および横架材に使用する集成材その他の木材の品質の強度および耐久性に関する基準を定める件」（平27国交告816改正）

本告示は，令第46条第2項第1号［107頁］の規定に基づき，従来「大断面木造建築物」と呼ばれていた木造建築物に使用される集成材などの品質基準を定めたものである。

令第46条第2項第1号イ［107頁］の規定に基づき，構造耐力上主要な部分である柱および横架材（間柱，小梁その他これらに類するものを除く）に使用する集成材その他の木材は，次のいずれかに適合すること。

1号　集成材のJAS（平成19年農林水産省告示第1152号）［本書では省略］第5条に規定する構造用集成材の規格および第6条に規定する化粧ばり構造用集成材の規格

2号　単板積層材のJAS（平成20年農林水産省告示第701号）［本書では省略］第4条に規定する構造用単板積層材の規格

3号　平13国交告1024［(特殊な強度告示)，182頁，355頁］第3第3号の規定に基づき，国土交通大臣が基準強度の数値を指定した集成材

4号　法第37条第2号［93頁］の規定による国土交通大臣の認定を受け，かつ平13国交告1540［(2×4プレハブ告示)，135頁，235頁］第2第3号の規定に基づき，国土交通大臣がその許容応力度および材料強度の数値を指定した木質接着成形軸材料または木質複合軸材料

5号　製材のJAS（平成19年農林水産省告示第1083号）［本書では省略］第5条に規定する目視等級区分製材の規格または同告示第6条に規定する機械等級区分構造用製材の規格のうち，含水率の基準が15%以下（乾燥割れにより耐力が低下するおそれの少ない構造の接合とした場合には，20%以下）のもの

6号　平12建告1452［(木材基準強度告示)，175頁，324頁］第6号の規定に基

づき，国土交通大臣が基準強度の数値を指定した木材のうち，含水率の基準が 15% 以下（乾燥割れにより耐力が低下するおそれの少ない構造の接合とした場合には，20% 以下）のもの

「木造 S 造計算告示」

昭 62 建告 1899「木造もしくは鉄骨（S）造の建築物または建築物の構造部分の構造耐力上安全であることを確かめるための構造計算の基準」（平 19 国交告 617 改正）

本告示は，木造については令第 46 条第 2 項第 1 号ハ［107 頁］などに基づき同条の壁量規定を適用しない場合，S 造については第 69 条［125 頁］に基づき軸組・床組・小屋梁組の構造規定を一部適用しない場合の構造計算の基準である。
1 号 許容応力度と使用上の支障などの計算［215 頁］，
2 号 層間変形角の確認，または標準せん断力係数 $C_0 \geqq 0.3$ とする許容応力度計算［215 頁］，
3 号 偏心率 $R_e \leqq 0.15$ の確認，または次のいずれかによる捩れの検討［215 頁］，
　イ C_0 に形状係数 F_e を乗じた許容応力度計算（ただし $R_e \leqq 0.3$），
　ロ 捩れ補正係数を乗じた許容応力度計算（ただし $R_e \leqq 0.3$），
　ハ 保有水平耐力計算（形状係数 F_{es} の影響の考慮）がある。

令第 46 条第 2 項第 1 号ハ［107 頁］および第 3 項，第 48 条第 1 項第 2 号［113 頁］ただし書ならびに第 69 条［125 頁］の規定に基づき，木造もしくは S 造の建築物または建築物の構造部分が構造耐力上安全であることを確かめるための構造計算の基準は，次のとおりとする。

1 号 令第 82 条［152 頁］各号［許容応力度計算，変形・振動の検討］に定めるところによる。

2 号 令第 82 条の 2［154 頁，層間変形角］に定めるところによる。ただし，令 88 条第 1 項［169 頁］に規定する標準せん断力係数を 0.3 以上とした地震力によって構造耐力上主要な部分に生ずる力を計算して令第 82 条［152 頁］第 1 号～第 3 号［許容応力度計算］までに規定する構造計算を行って安全性が確かめられた場合には，この限りでない。

3 号 木造建築物にあっては，令第 82 条の 6［許容応力度等計算］第 2 号ロ［161

頁，偏心率］に定めるところにより張間方向および桁行方向の偏心率を計算し，それぞれ0.15を超えないことを確かめる。ただし，偏心率が0.15を超える方向について，次のいずれかに該当する場合には，この限りでない。

イ 偏心率が0.3以下であり，かつ令第88条第1項［169頁］に規定する地震力について標準せん断力係数を0.2に昭55建告1792［(Ds Fes告示)，155頁，301頁］第7の表7.29［315頁］の式によって計算したF_eの数値を乗じて得た値以上とする計算をして令第82条［152頁］第1号～第3号［許容応力度計算］までに規定する構造計算を行って安全性が確かめられた場合

ロ 偏心率が0.3以下であり，かつ令88条第1項［169頁］に規定する地震力が作用する場合における各階の構造耐力上主要な部分の当該階の剛心からの距離に応じた捩れの大きさを考慮して当該構造耐力上主要な部分に生ずる力を計算して令第82条［152頁］第1号～第3号［許容応力度計算］までに規定する構造計算を行って安全性が確かめられた場合

ハ 令第82条の3［154頁，保有水平耐力］の規定に適合する場合

「木造物置壁量告示」

平12建告1351「木造の建築物に物置などを設ける場合に階の床面積に加える面積を定める件」

> 本告示は，小屋裏に物置などを設ける場合，重量の増加に応じて必要壁量を増大させる規定である。内法高さ（天井高さ）hによって収納物の重量が増減するため，高さhを2.1 (m)で除した（基準化した）値を面積に乗じて床面積に加える。なお，天井が傾斜している場合には，その平均高さを用いる。部分的な物置の範囲を超え，物置などの床面積が階の床面積の1/2を超える場合は，当該部分を階として算入する。

令第46条第4項［109頁］の規定に基づき，木造の建築物に物置などを設ける場合に階の床面積に加える面積は，次の式によって計算する。ただし，当該物置などの水平投影面積がその存する階の床面積の1/8以下である場合は，0とすることができる。

$$a = \frac{h}{2.1}A \tag{6.4}$$

ここで,
a：階の床面積に加える面積 (m^2),
h：当該物置などの内法高さの平均の値 (m)
(ただし，同一階に物置などを複数個設ける場合には，それぞれの h の最大の値),
A：当該物置などの水平投影面積 (m^2) である。

「木造 4 分割法告示」

平 12 建告 1352「木造建築物の軸組の設置の基準を定める件」(平 19 国交告 1227 改正)

本告示は，第 46 条第 4 項［109 頁］に基づく基準であるが，構造計算を行って偏心率が 0.3 以下であれば，この限りでない。この理由は，この基準が「各階の梁間方向および桁行方向に，壁または筋かいを入れた軸組みを釣合よく配置する」ためのもので，偏心率の計算によって釣合がよいことを確かめてもよいからである。

令第 46 条第 4 項［109 頁］の規定に基づく木造建築物には，次の基準に従って軸組［耐力壁］を設置する。ただし，令第 82 条の 6 第 2 号ロ［161 頁］に定める構造計算を行い，各階の梁間方向および桁行方向の偏心率が 0.3 以下であることを確認した場合には，この限りでない。

1 号　各階につき，建築物の梁間方向にあっては桁行方向，桁行方向にあっては梁間方向の両端からそれぞれ 1/4 の部分（以下「側端部分」）について，令第 46 条第 4 項［109 頁］の表 4.2［110 頁（壁倍率)］の数値に側端部分の軸組の長さを乗じた数値［有効壁量］の和（以下「存在壁量」）および同項の表 4.3［111 頁］の数値に側端部分の床面積（その階または上の階の小屋裏，天井裏その他これらに類する部分に物置などを設ける場合には，平 12 建告 1351［(木造物置壁量告示)，109 頁，216 頁］に規定する数値を加えた数値）を乗じた数値（以下「必要壁量」）を求める。この場合，階数については，建築物の階数にかかわらず，側端部分ごとに独立して計算する。

2 号　各側端部分のそれぞれについて，存在壁量を必要壁量で除した数値（以下「壁量充足率」）を求め，建築物の各階における梁間方向および桁行方向双方ごとに，壁量充足率の小さい方を壁量充足率の大きい方で除した数値（以下「壁率比」）を求める。

3号 前号の壁率比がいずれも0.5以上であることを確かめる。ただし，前号の規定により算出した側端部分の壁量充足率がいずれも1を超える場合には，この限りでない。

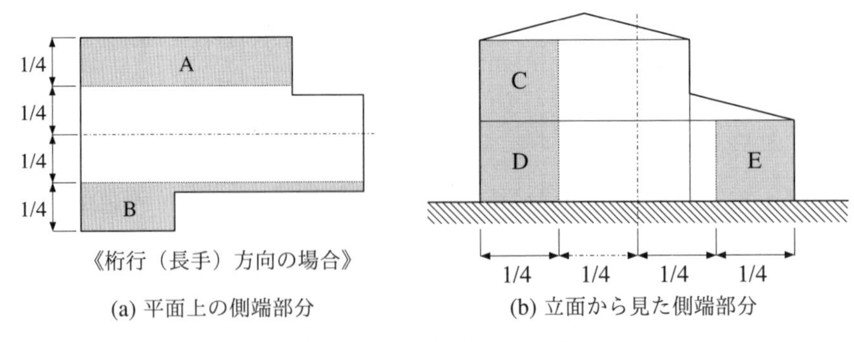

《桁行（長手）方向の場合》

(a) 平面上の側端部分　　(b) 立面から見た側端部分

図6.5　（参考）木造4分割法

解説「木造4分割法」

本告示は「各階の梁間方向および桁行方向に，壁または筋かいを入れた軸組み［耐力壁］を釣合よく配置する」ための基準で，「木造4分割法」と呼ばれている。

第1号では，各階について梁間方向と桁行方向の側端部分の存在壁量と必要壁量を計算する。《図6.5(a)のA, Bは桁行方向の場合を示しているが，同様のことを梁間方向についても行う。なお，存在壁量には1/4に分割する線上の耐力壁も含める。》

第2号では，各側端部分について壁量充足率（存在壁量/必要壁量）を求め，各階の各方向の壁率比（壁充足率の小さい方/壁充足率の大きい方）を計算する。この場合，階数は側端部分ごとに考える。《図6.5(b)のC, Dは2階建の2階，1階で，Eは平屋と考える。》

第3号では，壁率比≧0.5であることを確かめるが，側端部分の壁量充足率がいずれも1を超えている場合は（その側端部分に必要壁量が十分配置されているので），この必要はないとしている。

「木造耐力壁告示」

昭 56 建告 1100「建築基準法施行令第 46 条第 4 項表 1 (1) 項から (7) 項までに掲げる軸組と同等以上の耐力を有する軸組および当該軸組に係る倍率の数値」(平 19 国交告 615 改正)

本告示は，第 46 条第 4 項［109 頁］の表 4.2［110 頁］で規定されている耐力壁以外の耐力壁について，それらの仕様と壁倍率を定めている基準である。

令第 46 条第 4 項［109 頁］表 4.2［110 頁］(8) 項の規定に基づき，同表 (1) 項～(7) 項までに掲げる軸組と同等以上の耐力を有する軸組［以下では「耐力壁」†と表示］および当該軸組に係る倍率［以下では「壁倍率」†と表示］の数値をそれぞれ次のように定める。

第 1　令第 46 条第 4 項［109 頁］表 4.2［110 頁］(1) 項～(7) 項に掲げる耐力壁と同等以上の耐力を有する耐力壁は，次の各号［224 頁の解説参照］による。

1 号［**直張り仕様**（じかばり），表 6.8（223 頁）参照，壁倍率は同表の（は)］

別表第 1［表 6.8（223 頁)］（い）欄に掲げる材料を，同表（ろ）欄に掲げる方法によって柱および間柱ならびに梁，桁，土台その他の横架材の片面に打ち付けた耐力壁（材料を継ぎ合わせて打ち付ける場合には，その継手を構造耐力上支障が生じないように柱，間柱，梁，桁もしくは胴差または当該継手を補強するために設けた胴つなぎその他これらに類するものの部分に設けたものに限る。)

2 号［**胴縁仕様**（どうぶち），表 6.8（223 頁）参照，壁倍率は 0.5］

厚さ 1.5 cm 以上で幅 4.5 cm 以上の木材を 31 cm 以下の間隔で柱および間柱ならびに梁，桁，土台その他の横架材に釘《JIS A5508（鉄丸釘)–1975 に定める N50 またはこれと同等以上の品質を有するものに限る》で打ち付けた胴縁に，別表第 1［表 6.8（223 頁)］（い）欄に掲げる材料を釘《JIS A5508（鉄丸釘)–1975 に定める N32 またはこれと同等以上の品質を有するものに限る》で打ち付けた壁（釘の間隔が 15 cm 以下のものに限る）を設けた耐力壁

3 号［**受材仕様**（うけざい），表 6.9（224 頁）参照，壁倍率は同表の（は)］

厚さ 3 cm 以上で幅 4 cm 以上の木材を用いて柱および梁，桁，土台その他の

† 「耐力壁」・「壁倍率」という用語は木造関連の法令・告示では用いられていないが，分かり易くまた一般的にも用いられているので，本書ではこれらの用語を用いる。

横架材に釘《JIS A5508（鉄丸釘）– 1975 に定める N75 またはこれと同等以上の品質を有するものに限る》で打ち付けた受材（釘の間隔は 30 cm 以下に限る）ならびに間柱および胴つなぎその他これらに類するものに，別表第2［表 6.9（224 頁）］（い）欄に掲げる材料を同表（ろ）欄に掲げる方法によって打ち付けた耐力壁【材料を継ぎ合わせて打ち付ける場合には，その継手を構造耐力上支障がないように間柱または胴つなぎその他これらに類するものの部分に設けたものに限り，同表 (3) 項に掲げる材料を用いる場合には，その上に石膏プラスター《JIS A6904（石膏プラスター）– 1976 に定める石膏プラスターまたはこれと同等以上の品質を有するものに限る，次号において同じ》を厚さ 15 mm 以上塗ったものに限る】

4号［貫・真壁仕様，表 6.9（224 頁）参照，壁倍率は同表の（に)］

厚さ 1.5 cm 以上で幅 9 cm 以上の木材を用いて 61 cm 以下の間隔で 5 本以上設けた貫（継手を設ける場合には，その継手を構造耐力上支障がないように柱の部分に設けたものに限る）に，別表第2［表 6.9（224 頁)］（い）欄に掲げる材料を同表（ろ）欄に掲げる方法によって打ち付けた耐力壁（材料を継ぎ合わせて打ち付ける場合には，その継手を構造耐力上支障がないように貫の部分に設けたものに限り，同表 (3) 項に掲げる材料を用いる場合には，その上に石膏プラスターを厚さ 15 mm 以上塗ったものに限る。）

5号［床勝ち仕様，表 6.10（225 頁）参照，壁倍率は同表の（は)］

厚さ 3 cm 以上で幅 4 cm 以上の木材を用いて，床下地材の上から梁，土台その他の横架材に釘《JIS A5508（釘）– 2005 に定める N75 またはこれと同等以上の品質を有するものに限る》で打ち付けた受材（釘の間隔は 30 cm 以下に限る）ならびに柱および間柱ならびに梁，桁その他の横架材の片面に別表第3［表 6.10（225 頁)］（い）欄に掲げる材料を同表（ろ）欄に掲げる方法によって打ち付けた耐力壁

6号［土塗壁，表 6.11（225 頁）参照，壁倍率は同表の（は)］

厚さ 1.5 cm 以上で幅 10 cm 以上の木材を用いて 91 cm 以下の間隔で，柱との仕口にくさびを設けた貫（当該貫に継手を設ける場合には，その継手を構造耐力上支障が生じないように柱の部分に設けたものに限る）を 3 本以上設け，幅 2 cm 以上の割竹または小径 1.2 cm 以上の丸竹を用いた間渡し竹を柱および梁，桁，土台その他の横架材に差し込み，かつ当該貫に釘《JIS A5508

(釘)– 2005 に定める SFN25 またはこれと同等以上の品質を有するものに限る》で打ち付け，幅 2 cm 以上の割竹を 4.5 cm 以下の間隔とした小舞竹（柱および梁，桁，土台その他の横架材との間に著しい隙間がない長さとしたものに限る，以下同じ）またはこれと同等以上の耐力を有する小舞竹（土と一体の壁を構成する上で支障のないものに限る）を当該間渡し竹にシュロ縄，パーム縄，わら縄その他これらに類するもので締め付け，荒壁土（100 ℓ の荒木田土，荒土，京土その他これらに類する粘性のある砂質粘土に対して 0.4〜0.6 kg の藁（わら）すさを混合したもの，またはこれらと同等以上の強度を有するものに限る）を両面から全面に塗り，かつ中塗り土（100 ℓ の荒木田土，荒土，京土その他これらに類する粘性のある砂質粘土に対して 60〜150 ℓ の砂および 0.4〜0.8 kg の籾（もみ）すさを混合したもの，またはこれと同等以上の強度を有するものに限る）を別表第 4［表 6.11（225 頁）］(い) 欄に掲げる方法で全面に塗り，土塗壁の塗り厚（柱の外側にある部分を除く）を同表（ろ）欄に掲げる数値とした土塗壁による耐力壁

7 号［**面格子壁**（めんごうしかべ），表 6.12（225 頁）参照，壁倍率は同表の（は)］

別表第 5［表 6.12（225 頁)］(い) 欄に掲げる木材（含水率が 15% 以下のものに限る）を，同表 (ろ) 欄に掲げる間隔で互いに相欠き仕口により縦横に組んだ格子壁（継手のないものに限り，大入れ，短ほぞ差し，またはこれらと同等以上の耐力を有する接合方法によって柱および梁，桁，土台その他の横架材に緊結したものに限る）を設けた耐力壁

8 号［**落とし込み板壁**，壁倍率は 0.8］

厚さ 2.7 cm 以上で幅 13 cm 以上の木材（継手のないものに限り，含水率が 15% 以下のものに限る，以下この号において「落とし込み板」）に相接する落とし込み板に十分に水平力を伝達できる長さを有する小径が 1.5 cm 以上の木材のだぼ（楢（なら），欅（けやき）またはこれらと同等以上の強度を有する樹種で，節（ふし）などの耐力上の欠点のないものに限る），または直径 9 mm 以上の鋼製のだぼ《JIS G3112（鉄筋コンクリート用棒鋼)– 1987 に規定する SR235 もしくは SD295A に適合するもの，またはこれらと同等以上の強度を有するものに限る》を 62 cm 以下の間隔で 3 本以上配置し，落とし込み板が互いに接する部分の幅を 2.7 cm 以上として，落とし込み板を柱に設けた溝（構造耐力上支障がなく，かつ落とし込み板との間に著しい隙間のないものに限る）に入れて，

梁，桁，土台その他の横架材相互間全面に，水平に積み上げた壁を設けた耐力壁（柱相互の間隔を180〜230 cmとしたものに限る）

9号 ［**2種類の併用**，表6.13（226頁）参照，壁倍率はそれぞれの和で5以下］
別表第6［表6.13（226頁）］（い）欄および（ろ）欄の耐力壁を併用した耐力壁

10号 ［**3種類の併用**，表6.14（226頁）参照，壁倍率はそれぞれの和で5以下］
別表第7［表6.14（226頁）］（い）欄，（ろ）欄および（は）欄の耐力壁を併用した耐力壁

11号 ［**4種類の併用**，表6.15（227頁）参照，壁倍率はそれぞれの和で5以下］
別表第8［表6.15（227頁）］（い）欄，（ろ）欄，（は）欄および（に）欄の耐力壁を併用した耐力壁

12号 ［**大臣認定**，壁倍率は大臣の定める数値］
前各号に掲げるもののほか，国土交通大臣がこれらと同等以上の耐力を有するものと認める耐力壁

第2　壁倍率は次の各号に定める。

1号 第1第1号の耐力壁は，別表第1［表6.8（223頁）］（は）欄の数値

2号 第1第2号の耐力壁は，0.5

3号 第1第3号の耐力壁は，別表第2［表6.9（224頁）］（は）欄の数値

4号 第1第4号の耐力壁は，別表第2［表6.9（224頁）］（に）欄の数値

5号 第1第5号の耐力壁は，別表第3［表6.10（225頁）］（は）欄の数値

6号 第1第6号の耐力壁は，別表第4［表6.11（225頁）］（は）欄の数値

7号 第1第7号の耐力壁は，別表第5［表6.12（225頁）］（は）欄の数値

8号 第1第8号の耐力壁は，0.6

9号 第1第9号〜第11号の耐力壁にあっては，併用する耐力壁それぞれの壁倍率の和（当該数値の和が5を超える場合は5）［222頁の解説参照］

10号 第1第12号の耐力壁は，当該耐力壁について国土交通大臣が定めた数値

解説「壁倍率の上限」

壁倍率に上限があるのは，壁倍率の極端に大きな耐力壁を用い，少量の耐力壁で済まそうという設計を避けるためである。各種の木質プレハブ工法が開発されていた当時は，競って高倍率の耐力壁を用いる傾向があった。しかし，たとえ耐力壁の強度は十分であっても，周辺の部材や接合部などが破壊してしまうことが

ある。このようなことを防ぎ，適度の強度を持った耐力壁が建物全体にバランスよく配置されるように，（在来木造やプレハブにかかわらず）壁倍率の最大は 5 と定められている。

表 6.8　（別表第 1）直張り仕様耐力壁の壁倍率（胴縁仕様の耐力壁の壁倍率は 0.5）

	（い）	（ろ）釘打の方法		（は）
	材　料 *	釘の種類	釘の間隔	壁倍率
(1)	構造用合板（厚さ 5 mm 以上）	N50	15 cm 以下	2.5
(2)	パーティクルボード（厚さ 12 mm 以上），または構造用パネル			
(3)	ハードボード（厚さ 5 mm 以上）			2
(4)	硬質木片セメント板（厚さ 12 mm 以上）			
(5)	炭酸マグネシウム板（厚さ 12 mm 以上）	GNF40 または GNC40		
(6)	パルプセメント板（厚さ 8 mm 以上）			1.5
(7)	構造用石膏ボード A 種（厚さ 12 mm 以上）			1.7
(8)	構造用石膏ボード B 種（厚さ 12 mm 以上）			1.2
(9)	石膏ボード（厚さ 12 mm 以上）または強化石膏ボード（厚さ 12 mm 以上）			0.9
(10)	シージングボード（厚さ 12 mm 以上）	SN40	**	1
(11)	ラスシート（角波亜鉛鉄板の厚さ 0.4 mm 以上，メタルラスの厚さ 0.6 mm 以上）	N38	15 cm 以下	
1　釘は JIS A5508（釘）– 2005 に定めるものまたは同等以上の品質を有するもの。				
2（い）欄の材料を地面から 1 m 以内に用いる場合は，必要に応じて防腐措置および白蟻その他の虫による害を防ぐ措置を講ずる。				

* それぞれ次に適合するもの，
(1) 構造用合板の JAS（昭和 51 年農林省告示第 894 号）（屋外壁などの場合は，特類に限り，かつ表面単板をフェノール樹脂加工またはこれと同等以上の耐候性措置をしたものを除き 7.5 mm 以上），(2) JIS A5908（パーティクルボード）– 1994（曲げ強さによる区分 8 タイプを除く），または構造用パネルの JAS（昭和 62 年農林水産告示第 360 号），(3) JIS A5907（硬質繊維板）– 1977 の 450 または 350，(4) JIS A5417（木片セメント板）– 1985 の 0.9C，(5) JIS A6701（炭酸マグネシウム板）– 1983，(6) JIS A5414（パルプセメント板）– 1988，(7) JIS A6901（石膏ボード製品）– 2005 の構造用石膏ボード A 種（屋外壁など以外に用いる場合に限る），(8) JIS A6901（石膏ボード製品）– 2005 の構造用石膏ボード B 種（屋外壁など以外に用いる場合に限る），(9) JIS A6901（石膏ボード製品）– 2005 の石膏ボード，または強化石膏ボード（いずれも屋外壁など以外に用いる場合に限る），(10) JIS A5905（硬質繊維板）– 1979，(11) JIS A5524（ラスシート（角波亜鉛鉄板ラス））– 1977。

** 1 枚の壁材につき外周部分は 10 cm 以下，その他の部分は 20 cm 以下

表 6.9　(別表第 2) 受材仕様 (は) と貫・真壁仕様 (に) の耐力壁と壁倍率

	(い)	(ろ) 釘打の方法		(は)	(に)
	材　料*	釘の種類	釘の間隔	壁倍率	壁倍率
(1)	構造用合板 (厚さ 7.5 mm 以上)	N50	15 cm 以下	2.5	1.5
(2)	パーティクルボード (厚さ 12 mm 以上) または構造用パネル				
(3)	石膏ラスボード (厚さ 9 mm 以上)	GNF32 または GNC32		1.5	1.0
(4)	構造用石膏ボード A 種 (厚さ 12 mm 以上)	(は) の場合 GNF40 または GNC40, (に) の場合 GNF32 または GNC32		1.5	0.8
(5)	構造用石膏ボード B 種 (厚さ 12 mm 以上)			1.3	0.7
(6)	石膏ボード (厚さ 12 mm 以上) または強化石膏ボード (厚さ 12 mm 以上)			1.0	0.5

1　釘は JIS A5508 (釘)– 2005 に定めるもの, または同等以上の品質を有するもの。

2 (い) 欄の材料を地面から 1 m 以内に用いる場合は, 必要に応じて防腐措置および白蟻その他の虫による害を防ぐ措置を講ずる。

* それぞれ次に適合するもの, (1) 構造用合板の JAS (屋外壁などの場合は特類), (2) JIS A5908 (パーティクルボード)– 1994 (曲げ強さによる区分 8 タイプを除く), または構造用パネルの JAS (昭和 62 年農林水産告示第 360 号), (3) JIS A6906 (石膏ラスボード)– 1983, (4) JIS A6901 (石膏ボード製品)– 2005 の構造用石膏ボード A 種 (屋外壁など以外に用いる場合に限る), (5) JIS A6901 (石膏ボード製品)– 2005 の構造用石膏ボード B 種 (屋外壁など以外に用いる場合に限る), (6) JIS A6901 (石膏ボード製品)– 2005 の石膏ボード, または強化石膏ボード (いずれも屋外壁など以外に用いる場合に限る)。

解説「耐力壁の面材の仕様と壁倍率」

面材を用いた耐力壁の場合, 鉛直部材 (柱・間柱) と横架材 (梁・桁・土台) などで構成される軸組に面材をどのように張るかによって壁倍率が異なる。軸組に直接 (釘などで) 面材を張る「**直張り仕様**」の壁倍率が最も大きく, 胴縁の上から面材を張る「**胴縁仕様**」の壁倍率は (面材の種類にかかわらず) 0.5 となっている。受材に面材を張る「**受材仕様**」, 貫に面材を張り真壁とする「**貫・真壁仕様**」や床下地材 (床板) の上から面材を張る「**床勝ち仕様**」の壁倍率は, 直張り仕様と比べると (同じ場合もあるが) 小さめの値となっている。

表 6.10 （別表第 3）床勝ち仕様の耐力壁と壁倍率

	（い）	（ろ）釘打の方法		（は）
	材　料*	釘の種類	釘の間隔	壁倍率
(1)	構造用石膏ボード A 種（厚さ 12 mm 以上）	GNF40 または GNC40	15cm 以下	1.6
(2)	構造用石膏ボード B 種（厚さ 12 mm 以上）			1.0
(3)	石膏ボード（厚さ 12 mm 以上）または 強化石膏ボード（厚さ 12 mm 以上）			0.9
釘は JIS A5508（釘）– 2005 に定めるもの，または同等以上の品質を有するもの。				

* それぞれ，JIS A6901（石膏ボード製品）– 2005 に適合する，(1) 構造用石膏ボード A 種（屋外壁など以外に用いる場合に限る），(2) 構造用石膏ボード B 種（屋外壁など以外に用いる場合に限る），(3) 石膏ボード，または強化石膏ボード（いずれも屋外壁など以外に用いる場合に限る）。

表 6.11 （別表第 4）土塗壁の耐力壁と壁倍率

	（い）	（ろ）	（は）
	中塗り土の塗り方	土塗壁の塗り厚	壁倍率
(1)	両面塗り	7 cm 以上	1.5
(2)		5.5 cm 以上	1.0
(3)	片面塗り		1.0

表 6.12 （別表第 5）面格子壁の耐力壁と壁倍率

	（い）木材		（ろ）	（は）
	見付幅	厚　さ	格子の間隔	壁倍率
(1)	4.5 cm 以上	9.0 cm 以上	9 cm 以上 16 cm 以下	0.9
(2)	9.0 cm 以上		18 cm 以上 31 cm 以下	0.6
(3)	10.5 cm 以上	10.5 cm 以上		1.0

解説「木造耐力壁の開口」

耐力壁は原則として開口のないものとするが，径 50 cm 以下程度の換気扇用の開口があっても，筋かいを欠損せず，また開口周囲を適切に補強した場合は，耐力壁として扱うことができる。

表6.13　（別表第6）2種類の耐力壁を併用した耐力壁

	（い）	（ろ）
(1)	第1第1号［219頁］〜第5号［220頁］の耐力壁の1	第1第1号［219頁］〜第5号［220頁］，もしくは第8号［221頁］の耐力壁，もしくは令46条第4項表4.2［110頁］(1)〜(6)項までの耐力壁の1
(2)	第1第1号［219頁］もしくは第2号［219頁］の耐力壁，令46条第4項表4.2［110頁］(1)項（土塗壁を除く）または(2)項の耐力壁の1	第1第6号［220頁］または第7号［221頁］の耐力壁の1
(3)	第1第8号［221頁］の耐力壁	令46条第4項表4.2［110頁］(1)〜(4)項もしくは(6)項の耐力壁の1《(4)項の筋かいをたすき掛けに入れたものを除く》

表6.14　（別表第7）3種類の耐力壁を併用した耐力壁

	（い）	（ろ）	（は）
(1)	第1第1号［219頁］〜第5号［220頁］の耐力壁の1	令46条第4項表4.2［110頁］(1)項の耐力壁	令46条第4項表4.2［110頁］(2)〜(6)項の耐力壁の1
(2)	第1第1号［219頁］または第2号［219頁］の耐力壁の1	令46条第4項表4.2［110頁］(1)項の耐力壁（土塗壁を除く）	第1第8号［221頁］の耐力壁
(3)	第1第1号［219頁］〜第5号［220頁］の耐力壁の1	第1第1号［219頁］〜第5号［220頁］の耐力壁の1	第1第8号［221頁］の耐力壁，または令第46条第4項表4.2［110頁］(2)〜(6)項の耐力壁の1
(4)	第1第1号［219頁］または第2号［219頁］の耐力壁の1	第1第1号［219頁］もしくは第2号［219頁］の耐力壁，または令第46条第4項表4.2［110頁］(1)の耐力壁（土塗壁を除く）の1	第1第6号［220頁］または第7号［221頁］の耐力壁の1
(5)	第1第1号［219頁］もしくは第2号［219頁］の耐力壁，令第46条第4項表4.2［110頁］(1)または(2)項の耐力壁（土塗壁を除く）の1	第1第8号［221頁］の耐力壁	令第46条第4項表4.2［110頁］(1)〜(4)項，もしくは(6)項の耐力壁《(4)項の筋かいをたすき掛けに入れたものを除く》の1

表 6.15　（別表第 8）4 種類の耐力壁を併用した耐力壁

（い）	（ろ）	（は）	（に）
第 1 第 1 号［219 頁］または第 2 号［219 頁］の耐力壁の 1	第 1 第 6 号［220 頁］または第 7 号［221 頁］の耐力壁の 1	第 1 第 8 号［221 頁］の耐力壁	令第 46 条第 4 項表 4.2［110 頁］(1)～(4) 項，もしくは (6) 項の耐力壁《(4) 項の筋かいをたすき掛けに入れたものを除く》の 1

「木造継手告示」

平 12 建告 1460「木造の継手および仕口の構造方法を定める件」

本告示は，規定された壁倍率を確保できるように耐力壁の継手・仕口の仕様を定めた基準である。

令第 47 条［113 頁］に規定する木造の継手および仕口の構造方法は，次に定めるところによる。ただし，令第 82 条［152 頁］第 1 号～第 3 号［許容応力度計算］までに定める構造計算によって安全性が確かめられた場合は，この限りでない。

1 号 筋かい端部の仕口は，次に掲げる筋かいの種類に応じ，それぞれイ～ホまでの接合方法，またはこれらと同等以上の引張耐力を有する接合方法とする。

イ　径 9 mm 以上の鉄筋：
柱または横架材を貫通した鉄筋を三角座金を介してナット締めとしたもの，または当該鉄筋に止め付けた鋼板添え板に柱および横架材に対して長さ 9 cm の太め鉄丸釘《JIS A5508（釘）– 1992 のうち太め鉄丸釘に適合するもの，またはこれと同等以上の品質を有するもの，以下同じ》を 8 本打ち付けたもの

ロ　厚さ 1.5 cm 以上で幅 9 cm 以上の木材：
柱および横架材を欠き込み，柱および横架材に対してそれぞれ長さ 6.5 cm の鉄丸釘《JIS A5508（釘）– 1992 のうち鉄丸釘に適合するもの，またはこれと同等以上の品質を有するもの，以下同じ》を 5 本平打ちしたもの

ハ　厚さ 3 cm 以上で幅 9 cm 以上の木材：
厚さ 1.6 mm の鋼板添え板を，筋かいに対して径 12 mm のボルト《JIS B1180（六角ボルト）– 1994 のうち強度区分 4.6 に適合するもの，またはこれと同等以上の品質を有するもの，以下同じ》締めおよび長さ 6.5 cm の太め鉄丸釘を 3 本平打ち，柱に対して長さ 6.5 cm の太め鉄丸釘を 3 本

平打ち，横架材に対して長さ 6.5 cm の太め鉄丸釘を 4 本平打ちしたもの

ニ 厚さ 4.5 cm 以上で幅 9 cm 以上の木材：
厚さ 2.3 mm 以上の鋼板添え板を，筋かいに対して径 12 mm のボルト締め，および長さ 50 mm，径 4.5 mm のスクリュー釘 7 本の平打ち，柱および横架材に対してそれぞれ長さ 50 mm，径 4.5 mm のスクリュー釘 5 本の平打ちしたもの

ホ 厚さ 9 cm 以上で幅 9 cm 以上の木材：
柱または横架材に径 12 mm のボルトを用いた一面せん断接合としたもの

2 号 耐力壁の柱の柱脚および柱頭の仕口には，軸組の種類と柱の配置に応じて，平家部分または最上階の柱にあっては表 6.16［229 頁］に，その他の柱にあっては表 6.17［230 頁］に，それぞれ掲げる表 6.18［231 頁］（い）〜（ぬ）までに定めるところによる。ただし，当該仕口の周囲の耐力壁の配置を考慮し，柱頭または柱脚に必要とされる引張力が，当該部分の引張耐力を超えないことが確かめられた場合には，この限りでない。

3 号 前 2 号に掲げるほか，その他の構造耐力上主要な部分の継手または仕口には，ボルト締め，かすがい打，込み栓打その他の構造方法により，その部分の存在応力を伝えるように緊結する。

解説**「木造耐力壁の継手・仕口」**

平 12 建告 1460（木造継手告示）は令第 47 条［113 頁］の規定に基づき，接合部（継手・仕口）の仕様を定めたものである。

第 1 号では筋かい端部の接合方法を示している。各耐力壁には壁倍率が設定されており，筋かいを用いた場合の壁倍率に応じて必要とされる耐力を確保するための規定である。

第 2 号では耐力壁端部の柱と横架材との接合方法を示している。耐力壁に水平力が作用すると，その両端にある柱には圧縮力または引張力としての軸方向力（軸力）が作用する。圧縮力は，柱と横架材が接触していることによって伝達できるが，引張力については釘・ボルト・接合金物などを用いて伝達させる必要がある。壁倍率が大きくなると柱に生ずる軸力は当然大きくなるが，その他に上階から伝達される軸力も加わる。軸力による柱の浮き上がりは，連続する梁・桁などの横架材によって（部分的に）押さえ込まれるが，隅角部の柱については，生じる引張力を接合部で抵抗する必要がある。このようなことを勘案し，最上階の柱ある

いは最上階以外の柱，出隅の柱あるいは出隅以外の柱によって，接合方法の仕様が異なっている。

表 6.16 平屋または最上階の耐力壁の接合方法

*	耐力壁の種類		出隅の柱	その他の端部の柱
(1)	木摺その他これに類するものを柱および間柱の片面または両面に打ち付けた耐力壁		表 6.18（い）	表 6.18（い）
(2)	厚さ 1.5 cm 以上幅 9 cm 以上の木材の筋かい，または径 9 mm 以上の鉄筋の筋かいを入れた耐力壁		表 6.18（ろ）	表 6.18（い）
(3)	厚さ 3 cm 以上幅 9 cm 以上の木材の筋かいを入れた耐力壁	筋かいの下部が取り付く柱	表 6.18（ろ）	表 6.18（い）
		その他の柱	表 6.18（に）	表 6.18（ろ）
(4)	厚さ 1.5 cm 以上幅 9 cm 以上の木材の筋かいをたすき掛けに入れた耐力壁，または径 9 mm 以上の鉄筋の筋かいをたすき掛けに入れた耐力壁		表 6.18（に）	表 6.18（ろ）
(5)	厚さ 4.5cm 以上幅 9 cm 以上の木材の筋かいを入れた耐力壁	筋かいの下部が取り付く柱	表 6.18（は）	表 6.18（ろ）
		その他の柱	表 6.18（ほ）	
(6)	構造用合板などを昭 56 建告 1100（木造耐力壁告示）の表 6.8［223 頁］(1) 項または (2) 項に定める方法で打ち付けた耐力壁		表 6.18（ほ）	表 6.18（ろ）
(7)	厚さ 3 cm 以上幅 9 cm 以上の木材の筋かいをたすき掛けに入れた耐力壁		表 6.18（と）	表 6.18（は）
(8)	厚さ 4.5 cm 以上幅 9 cm 以上の木材の筋かいをたすき掛けに入れた耐力壁		表 6.18（と）	表 6.18（に）

* この欄は告示にはない。 表 6.18 は 231 頁に示されている。

「木造校舎告示」

平 12 建告 1453「学校の木造の校舎の日本工業規格を指定する件」（平 27 国交告 699 改正）

令第 48 条第 2 項第 2 号［114 頁］に規定する学校の木造の校舎の日本工業規格は，JIS A3301（木造校舎の構造設計標準）– 2015 とする。

［付則で 1993 の旧 JIS でもよいことが示されている。近年は本告示による木造校舎は建設されていないので，本告示は死文化しているようである。］

表6.17 最上階以外の耐力壁の接合方法

*	耐力壁の種類	上階および当該階の柱が共に出隅の柱の場合	上階の柱が出隅の柱で，当該階の柱が出隅の柱ではない場合	上階および当該階の柱が共に出隅の柱でない場合
(1)	木摺その他これに類するものを柱および間柱の片面または両面に打ち付けた耐力壁	表6.18（い）	表6.18（い）	表6.18（い）
(2)	厚さ1.5 cm以上幅9 cm以上の木材の筋かい，または径9 mm以上の鉄筋の筋かいを入れた耐力壁	表6.18（ろ）	表6.18（い）	表6.18（い）
(3)	厚さ3 cm以上幅9 cm以上の木材の筋かいを入れた耐力壁	表6.18（に）	表6.18（ろ）	表6.18（い）
(4)	厚さ1.5 cm以上幅9 cm以上の木材の筋かいをたすき掛けに入れた耐力壁，または径9 mm以上の鉄筋の筋かいをたすき掛けに入れた耐力壁	表6.18（と）	表6.18（は）	表6.18（ろ）
(5)	厚さ4.5 cm以上幅9 cm以上の木材の筋かいを入れた耐力壁	表6.18（と）	表6.18（は）	表6.18（ろ）
(6)	構造用合板などを昭56建告1100（木造耐力壁告示）の表6.8［223頁］(1)項または(2)項に定める方法で打ち付けた耐力壁	表6.18（ち）	表6.18（へ）	表6.18（は）
(7)	厚さ3 cm以上幅9 cm以上の木材の筋かいをたすき掛けに入れた耐力壁	表6.18（り）	表6.18（と）	表6.18（に）
(8)	厚さ4.5 cm以上幅9 cm以上の木材の筋かいをたすき掛けに入れた耐力壁	表6.18（ぬ）	表6.18（ち）	表6.18（と）

* この欄は告示にはない。　　表6.18は231頁に示されている。

表 6.18　耐力壁の接合方法

	接合方法
(い)	短ほぞ差し，かすがい打ち，またはこれらと同等以上の接合方法
(ろ)	長ほぞ差し込み栓打ち，もしくは厚さ 2.3 mm の L 字型の鋼板添え板を，柱および横架材に対してそれぞれ長さ 6.5 cm の太め鉄丸釘を 5 本平打ち，またはこれらと同等以上の接合方法
(は)	厚さ 2.3 mm の T 字型の鋼板添え板を，柱および横架材にそれぞれ長さ 6.5 cm の太め鉄丸釘を 5 本平打ち，もしくは厚さ 2.3 mm の V 字型の鋼板添え板を，柱および横架材にそれぞれ長さ 9 cm の太め鉄丸釘を 4 本平打ち，またはこれらと同等以上の接合方法
(に)	厚さ 3.2 mm の鋼板添え板に径 12 mm のボルトを溶接した金物を，柱に対して径 12 mm のボルト締め，横架材に対して厚さ 4.5 mm で 40 mm 角の角座金を介してナット締め，もしくは厚さ 3.2 mm の鋼板添え板を，上下階の連続する柱に対してそれぞれ径 12 mm のボルト締め，またはこれらと同等以上の接合方法
(ほ)	厚さ 3.2 mm の鋼板添え板に径 12 mm のボルトを溶接した金物を，柱に対して径 12 mm のボルト締めおよび長さ 50 mm で径 4.5 mm のスクリュー釘打ち，横架材に対して厚さ 4.5 mm で 40 mm 角の角座金を介してナット締め，または厚さ 3.2 mm の鋼板添え板を，上下階の連続する柱に対してそれぞれ径 12 mm のボルト締めおよび長さ 50 mm で径 4.5 mm のスクリュー釘打ち，またはこれらと同等以上の接合方法
(へ)	厚さ 3.2 mm の鋼板添え板を，柱に対して径 12 mm のボルト 2 本，横架材，布基礎もしくは上下階の連続する柱に対して当該鋼板添え板に止め付けた径 16 mm のボルトを介して緊結，またはこれらと同等以上の接合方法
(と)	厚さ 3.2 mm の鋼板添え板を，柱に対して径 12 mm のボルト 3 本，横架材（土台を除く），布基礎もしくは上下階の連続する柱に対して当該鋼板添え板に止め付けた径 16 mm のボルトを介して緊結，またはこれらと同等以上の接合方法
(ち)	厚さ 3.2 mm の鋼板添え板を，柱に対して径 12 mm のボルト 4 本，横架材（土台を除く），布基礎もしくは上下階の連続する柱に対して当該鋼板添え板に止め付けた径 16 mm のボルトを介して緊結，またはこれらと同等以上の接合方法
(り)	厚さ 3.2 mm の鋼板添え板を，柱に対して径 12 mm のボルト 5 本，横架材（土台を除く），布基礎もしくは上下階の連続する柱に対して当該鋼板添え板に止め付けた径 16 mm のボルトを介して緊結，またはこれらと同等以上の接合方法
(ぬ)	（と）に掲げる仕口を 2 組用いたもの

6.3 組積造，補強コンクリートブロック造関係の告示

「組積造計算告示」

平 12 建告 1353「補強された組積造の建築物の部分などの構造耐力上の安全性を確かめるための構造計算の基準を定める件」（平 19 国交告 1228 改正）

本告示は，補強組積造に対する構造計算の基準である。

令第 51 条第 1 項［115 頁］ただし書に規定する鉄筋，鉄骨または RC で補強された組積造の建築物の部分などの構造耐力上の安全性を確かめるための構造計算の基準は，令第 82 条［152 頁］各号［許容応力度計算，変形・振動の検討］および令第 82 条の 4［155 頁，屋根葺材などの検討］に定めるところによる。

「組積造補強告示」

平 12 建告 1354「組積造の建築物などを補強する構造方法を定める件」

本告示は，組積造の補強方法を定めた基準である。

令第 59 条の 2［118 頁］に規定する組積造の建築物などを補強する構造方法は，次のとおりとする。

第 1 組積造を鉄筋によって補強する場合には，次に定めるところによる。

イ 鉄筋で補強する組積造の耐力壁は，その端部および隅角部に径 12 mm 以上の鉄筋を縦に配置するほか，径 9 mm 以上の鉄筋を縦横に 80 cm 以下の間隔で配置したもの，または鉄筋を縦横に配置してこれと同等以上の耐力を有するものとする。

ロ 鉄筋で補強する組積造の耐力壁は，イの規定による縦筋の末端をかぎ状に折り曲げてその縦筋の径の 40 倍以上基礎または基礎梁および臥梁または屋根版に定着するなどの方法により，これらと互いにその存在応力を伝えることができる構造とする。

ハ イの規定による横筋は，次に定めるところによる。

(1) 末端はかぎ状に折り曲げる。ただし，鉄筋で補強する組積造の耐力壁の端部以外の部分における異形鉄筋の末端にあっては，この限りでない。

(2) 継手の重ね長さは，溶接する場合を除き，径の 25 倍以上とする。

(3) 鉄筋で補強する組積造の耐力壁の端部が他の耐力壁または構造耐力上主要な部分である柱に接着する場合には，横筋の末端をこれらに定着し，鉄筋に溶接する場合を除き，定着される部分の長さを径の 25 倍以上とする。

ニ 組積材は，その目地塗面の全部にモルタルが行きわたるように組積し，鉄筋を入れた空洞部および縦目地に接する空洞部は，モルタルまたはコンクリートで埋める。

ホ 組積材の耐力壁，門または塀の縦筋は，組積材の空洞部内で継いではならない。ただし，溶接接合その他これと同等以上の強度を有する接合方法による場合には，この限りでない。

第 2 組積造を鉄骨によって補強する場合には，補強する組積造の壁の組積造の部分は，鉄骨造の軸組にボルト，かすがいその他の金物で緊結する。

第 3 組積造を RC によって補強する場合には，補強する組積造の壁の組積造の部分は，RC 造の軸組または耐力壁にシアキー（接合部分に相互に設けた嵌合部(かんごうぶ)），鉄筋による接着またはこれらに類する方法で緊結する。

「ブロック塀計算告示」

平 12 建告 1355「補強コンクリートブロック（CB）造の塀の構造耐力上の安全性を確かめるための構造計算の基準を定める件」

本告示は，ブロック塀の風と地震に対する構造計算の基準である。

令第 62 条の 8［121 頁］ただし書に規定する補強 CB 造の塀の安全性を確かめるための構造計算の基準は，次のとおりとする。

1 号 補強 CB 造の塀の風圧力に関する構造計算は，次に定めるところによる。

イ 令第 87 条第 2 項［168 頁］の規定に準じて計算した速度圧に，同条第 4 項の規定に準じて定めた風力係数を乗じて得た風圧力に対して構造耐力上安全であることを確かめる。

ロ 必要に応じ，風向と直角方向に作用する風圧力に対して構造耐力上安全であることを確かめる。

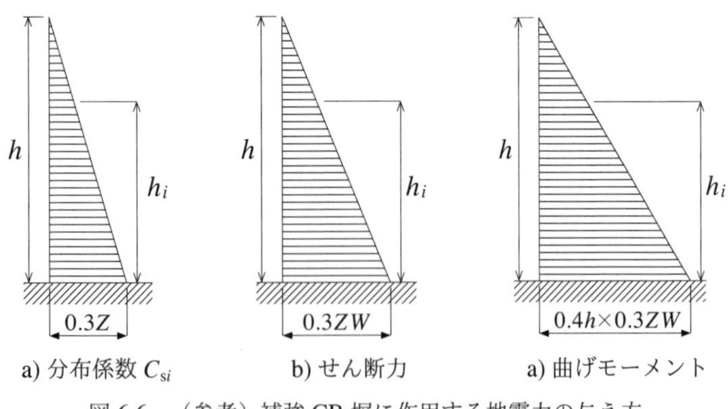

図 6.6　（参考）補強 CB 塀に作用する地震力の与え方

2号 補強 CB 造の塀の地震力に関する構造計算は，次に定めるところによる。

イ　補強 CB 造の塀の地上部分の各部分の高さに応じて表 6.19［234 頁］に掲げる式によって計算した地震力により生ずる曲げモーメントおよびせん断力に対して構造耐力上安全であることを確かめる。

表 6.19　補強 CB 造の塀に作用する地震力［図 6.6（234 頁）参照］

曲げモーメント (N m)	$0.4\,h\,C_{si}\,W$
せん断力 (N)	$C_{si}\,W$

この表において，

h：補強 CB 造の塀の地盤面からの高さ (m),

C_{si}：補強 CB 造の塀の地上部分の高さ方向の力の分布を表す係数で，計算しようとする当該補強 CB 造の塀の部分の高さに応じて次の式に適合する数値である。

$$C_{si} \geq 0.3\,Z\left(1 - \frac{h_i}{h}\right) \qquad (6.5)$$

ここで，Z：令第 88 条第 1 項［169 頁］に規定する Z の数値，

h_i：塀の地上部分の各部分の地盤面からの高さ (m) である。

W：塀の固定荷重と積載荷重との和 (N) である。

ロ　補強 CB 造の塀の地下部分は，地下部分に作用する地震力により生ずる力および地上部分から伝えられる地震力により生ずる力に対して構造耐力上安全であることを確かめる。この場合，地下部分に作用する地震力は，補強 CB 造の塀の地下部分の固定荷重と積載荷重との和に次の式に適合する

水平震度[†]を乗じて計算する。

$$k \geqq 0.1\left(1-\frac{H}{40}\right)Z \tag{6.6}$$

ここで，k：水平震度，H：補強 CB 造の塀の地下部分の各部分の地盤面からの深さ（20 を超えるときは 20 とする）(m)，Z：令第 88 条第 1 項［169 頁］に規定する Z の数値である。

6.4　構造方法に関する補則関係の告示

「2 × 4 プレハブ告示」

平 13 国交告 1540「枠組壁工法または木質プレハブ工法を用いた建築物または建築物の構造部分の構造工法に関する安全上必要な技術的基準を定める件」（昭 57 建告 56 全文改正，平 27 国交告 910 改正）

本告示は，枠組壁（2 × 4，ツーバイフォー）工法と木質プレハブ工法の基準で，次のように第 1～第 12 まである。

† 建築物の地下震度の (1.23) 式［32 頁］と同一である。

令第80条の2第1号［135頁］の規定に基づき，構造耐力上主要な部分に枠組壁工法（木材を使用した枠組に構造用合板その他これに類するものを打ち付けることにより，壁および床版を設ける工法，以下同じ），または木質プレハブ工法（木材を使用した枠組に構造用合板その他これに類するものをあらかじめ工場で接着することにより，壁および床版を設ける工法，以下同じ）を用いた建築物または建築物の構造部分（以下「建築物など」）の構造方法に関する安全上必要な技術的基準を**第1～第10**までに，同令第94条［182頁］および第99条［186頁］の規定に基づき，木質接着成形軸材料（平12建告1446［(指定材料告示)，93頁］第1第10号に規定する木質接着成形軸材料，以下同じ），木質複合軸材料（平12建告1446［(指定材料告示)，93頁］第1第11号に規定する木質複合軸材料，以下同じ），木質断熱複合パネル（平12建告1446［(指定材料告示)，93頁］第1第12号に規定する木質断熱複合パネル，以下同じ），および木質接着複合パネル（平12建告1446［(指定材料告示)，93頁］第1第13号に規定する木質接着複合パネル，以下同じ），ならびに第2第1号および第2号に掲げるもの以外の木材の許容応力度および材料強度を第2第3号に定め，同令第36条第1項［96頁］の規定に基づき，建築物などの構造方法に関する安全上必要な技術的基準のうち耐久性等関係規定を**第11**に，同条第2項第1号の規定に基づき，同令第81条第2項第1号イ［148頁］に規定する保有水平耐力計算によって安全性を確かめる場合に適用を除外することができる技術的基準を**第12**にそれぞれ指定し，ならびに同号イの規定に基づき，枠組壁工法または木質プレハブ工法を用いた建築物などの構造計算が，第9に適合する場合には，当該構造計算は，同号イに規定する保有水平耐力計算と同等以上に安全性を確かめることができると認める。

第1　階数

地上3階建以下とする。

第2　材料

1号　構造耐力上主要な部分に使用する枠組材の品質は，構造部材の種類に応じ，表6.20［237頁］に掲げる規格に適合するものとする。

2号　構造耐力上主要な部分に使用する床材，壁材または屋根下地材の品質は，構造部材および材料の種類に応じ，表6.21［238頁］と表6.22［239頁］に掲げる規格（構造耐力に係る規定に限る）に適合するものとする。

表 6.20　枠組材の品質

	構造部材の種類	規　格
(1)	土台，端根太(はしねだ)，側根太(がわねだ)，まぐさ，垂木(たるき)および棟木(むなぎ)	枠組壁工法構造用製材および枠組壁工法構造用たて継ぎ材のJAS[a] に規定する甲種枠組材の特級，1 級もしくは 2 級，もしくは甲種たて継ぎ材の特級，1 級もしくは 2 級，枠組壁工法構造用製材等規格第 6 条に規定する MSR 枠組材*の規格もしくは第 10 条に規定する MRS たて継ぎ材の規格，単板積層材のJAS[b] に規定する構造用単板積層材の特級，1 級もしくは 2 級，または集成材の JAS[c] 第 5 条に規定する構造用集成材の規格もしくは第 6 条に規定する化粧ばり構造用集成柱の規格
(2)	床根太および天井根太	(1) に掲げる規格，JIS G3302（溶融亜鉛めっき鋼板および鋼帯）– 1998 に規定する鋼板および鋼帯の規格，JIS G3312（塗装溶融亜鉛めっき鋼板および鋼帯）– 1994 に規定する鋼板および鋼帯の規格，JIS G3321（溶融 55% アルミニウム–亜鉛合金めっき鋼板および鋼帯）– 1998 に規定する鋼板および鋼帯の規格，JIS G3322（塗装溶融 55% アルミニウム–亜鉛合金めっき鋼板および鋼帯）– 1998 に規定する鋼板および鋼帯の規格，または JIS G3353（一般構造用溶接軽量 H 形鋼）– 1990 に規定する形鋼の規格（鋼材の厚さが 2.3mm 以上 6mm 以下に係る部分に限る，以下「軽量 H 形鋼規格」）
(3)	壁の上枠および頭つなぎ	(2) に掲げる規格《軽量 H 形鋼規格を除く，耐力壁に使用する場合には，(1) に掲げる規格に限る》，または枠組壁工法構造用製材等規格に規定する甲種枠組材の 3 級，乙種枠組材のコンストラクションもしくはスタンダード，甲種たて継ぎ材の 3 級もしくは乙種たて継ぎ材のコンストラクションもしくはスタンダード
(4)	壁のたて枠	(3) に掲げる規格（集成材規格第 5 条に規定する非対称異等級構成集成材に係るものを除く），または枠組壁工法構造用製材等規格に規定するたて枠用たて継ぎ材の規格
(5)	壁の下枠	(3) に掲げる規格または枠組壁工法構造用製材等規格に規定する乙種枠組材のユティリティもしくは乙種たて継ぎ材のユティリティ
(6)	筋かい	(3) に掲げる規格【(2) に掲げる規格《(1) に掲げる規格を除く》および集成材規格第 5 条に規定する非対称異等級構成集成材に係るものを除く】または製材の JAS[d] に規定する下地用製材の板類の 1 級

a) 昭和 49 年農林水産省告示第 600 号，以下「枠組壁工法構造用製材等規格」，
b) 平成 20 年農林水産省告示第 701 号，
c) 平成 19 年農林水産省告示第 1152 号，以下「集成材規格」，
d) 平成 19 年農林水産省告示第 1083 号。
［参考］ * Machine Stress Rated Lumber（機械強度等級区分製材）

表 6.21　床材，壁材または屋根下地の品質（その 1）

	構造部材の種類	材料の種類	規　格
(1)	屋外に面する部分（防水紙その他これに類するもので有効に防水されている部分を除く）に用いる壁材または湿潤状態となるおそれのある部分（常時湿潤状態となるおそれのある部分を除く）に用いる壁材	構造用合板	構造用合板の JAS（昭和 44 年農林水産省告示第 1371 号，以下「構造用合板規格」）に規定する特類
		構造用パネル	構造用パネルの JAS（昭和 62 年農林水産省告示第 360 号，以下「構造用パネル規格」）に規定する 1 級，2 級，3 級または 4 級
		パーティクルボード	JIS A5908（パーティクルボード）– 1994 に規定する 18 タイプ，13 タイプ，24–10 タイプ，17.5–10.5 タイプまたは 30–15 タイプ
		ハードボード	JIS A5905（繊維板）– 1994 に規定するハードファイバーボードの 35 タイプまたは 45 タイプ
		硬質木片セメント板	JIS A5404（木質系セメント板）– 2001 に規定する硬質木片セメント板
		フレキシブル板	JIS A5430（繊維強化セメント板）– 2001 に規定するフレキシブル板
		パルプセメント板	JIS A5414（パルプセメント板）– 1993 に規定する 1.0 板
		製材	製材の JAS（平成 19 年農林水産省告示第 1083 号）に規定する下地用製材の板類の 1 級
		シージングボード	JIS A5905（繊維板）– 1994 に規定するシージングボード
		ミディアムデンシティファイバーボード	JIS A5905（繊維板）– 1994 に規定するミディアムデンシティファイバーボード 30 タイプ（M タイプ，P タイプ）
		火山性ガラス質複層板	JIS A5440（火山性ガラス質複層板（VS ボード））– 2000 に規定する HⅢ
		ラスシート	JIS A5524（ラスシート）– 1994

3 号 次のいずれかに該当するもののうち，法第 37 条第 2 号［93 頁］の国土交通大臣の認定を受けたもの（ハ〜へまでのいずれかに該当するものは，国土交通大臣がその許容応力度および材料強度の数値を指定したものに限る），法施

表 6.22　床材，壁材または屋根下地の品質（その 2）

	構造部材の種類	材料の種類	規　格
(2)	常時湿潤状態となるおそれのある部分および (1) に掲げる部分以外の部分に用いる壁材	(1) に掲げる材料	(1) に掲げるそれぞれの規格（構造用合板については，構造用合板規格に規定する 1 類を含む）
		石膏ボード	JIS A6901（石膏ボード製品）– 2005 に規定する石膏ボード，構造用石膏ボード A 種および B 種ならびに強化石膏ボード
(3)	床材または屋根下地材	構造用合板	構造用合板規格に規定する特類または 1 類
		構造用パネル	構造用パネル規格に規定する 1 級，2 級，3 級または 4 級
		パーティクルボード	JIS A5908（パーティクルボード）– 1994 に規定する 18 タイプ，13 タイプ，24–10 タイプ，17.5–10.5 タイプまたは 30–15 タイプ
		硬質木片セメント板	JIS A5417（木片セメント板）– 1992 に規定する硬質木片セメント板
		ミディアムデンシティファイバーボード	JIS A5905（繊維板）– 1994 に規定するミディアムデンシティファイバーボード 30 タイプ（M タイプ，P タイプ）
		火山性ガラス質複層板	JIS A5440（火山性ガラス質複層板（VS ボード））– 2000 に規定する HⅢ

行規則第 8 条の 3［本書では省略］†の国土交通大臣の認定を受けた耐力壁に使用するもの，または前 2 号に掲げるもの以外の木材で国土交通大臣がその樹種，区分および等級などに応じてそれぞれ許容応力度および材料強度の数値を指定したものは，前 2 号の規定にかかわらず，当該材料を構造耐力上主要な部分に使用する材料とすることができる。

イ　構造用鋼材のうち厚さ 2.3 mm 未満の鋼板（こうはん）または鋼帯（こうたい）としたもの（床根太，天井根太，耐力壁以外の壁の上枠，頭つなぎ，耐力壁以外の壁のたて枠および耐力壁以外の壁の下枠に用いる場合に限る）

ロ　構造用鋼材のうち厚さを 2.3mm 以上 6mm 以下としたもの（床根太および天井根太に用いる場合に限る）

† 枠組壁工法による壁・床版で大臣の定める基準に適合し，大臣が定めた構造方法または大臣の認定を受けたもの。

ハ　木質接着成形軸材料

ニ　木質複合軸材料

ホ　木質断熱複合パネル

ヘ　木質接着複合パネル

4 号　第 1 号および第 3 号の場合，厚さ 2.3 mm 未満の鋼板または鋼帯を床根太，天井根太，耐力壁以外の壁の上枠，頭つなぎ，耐力壁以外の壁のたて枠および耐力壁以外の壁の下枠に用いる場合は，当該鋼板または鋼帯の厚さを 0.4 mm 以上のものとし，かつ冷間成形による曲げ部分（当該曲げ部分の内法（うちのり）の寸法を当該鋼板または鋼帯の厚さの数値以上とする）またはかしめ部分を有するもの（以下「薄板軽量形鋼」）とする。

解説「枠組壁工法やプレハブに用いる材料」

「構造用合板」とは構造耐力上主要な部分に用いるために作られた合板。ベニヤ板と呼ばれることもあるが，ベニヤ（veneer）とは合板（plywood）を構成する単板（たんぱん）のことである。

「構造用パネル」とは原木から切削（せっさく）した薄い木片に接着剤を加えてパネル状に加熱プレスしたもの。別名 OSB（Oriented Strand Board）と呼ばれる。

「パーティクルボード」とは木材の小片と接着剤を混合し熱圧成型したボードで，各小片は OSB より小さい。タイプを示す数字は曲げ強さ（N/mm^2）を表し，–で結ばれた前後の数字は縦方向と横方向の曲げ強さを示している。

「ハードボード」（硬質繊維板）とは木材の繊維を成型したボード，かさ比重 0.8 以上のものである。

「硬質木片セメント板」とは切削した木片とセメントを混練圧縮成型したボードで，かさ比重 0.9 以上のもの，

「フレキシブル板」とはセメントと補強繊維を高圧プレスで成形したボードで，繊維強化セメント板と呼ばれる。

「パルプセメント板」とはセメント，石綿，パルプ，スラグ，フライアッシュなどを成型したボード。

「製材」とは原木を切って角材や板材にしたもの。

「シージングボード」とは木材の繊維を成型したボードで，比重によって硬質（ハードボード）・中質（MDF），軟質（インシュレーションボード）に分類される。

「ミディアムデンシティファイバーボード」とは木材の繊維を成型したボードで，

MDF（中質繊維板）とも呼ばれる。
「火山性ガラス質複層板」とは鉱物質繊維と火山性ガラスを原料としたボードで，別名 SV ボードと呼ばれる。
「ラスシート」とは角波形の薄い亜鉛鉄板にメタルラスを溶接したもので，モルタルを塗るための下地材となる。
「石膏ボード」とは石膏を主成分とした素材を板状にして特殊な紙で包んだボード。
「木質接着成形軸材料」とは単板またはストランドを接着剤を用いて成形した軸材料。
「木質複合軸材料」とは製材，集成材，木質接着成形軸材料その他の木質材料を接着剤を用いて複合した軸材料。
「木質断熱複合パネル」とは平板状の断熱材の両面に構造用合板などを接着したパネルで枠組がないもの。
「木質接着複合パネル」とは木材の枠組に構造用合板などを接着したパネルである。

解説**「枠組壁工法に用いる製材の呼称と断面寸法」**
寸法形式 204 は断面が 2 インチ × 4 インチ（約 5 cm × 10 cm）の意味であるが，機械鋸（のこ）で切断するため正味の断面は約 1 cm ずつ小さくなり約 4 cm × 9 cm（規格では木材の収縮を考慮し，乾燥材で 38 mm × 89 mm）の断面の製材のことである。すなわち，1 インチが 2.5 cm として計算した断面から 1 cm ずつ減ずるとおおよその断面寸法が分かる。例えば，404 は約 9 cm × 9 cm（乾燥材で 89 mm × 89 mm），210 は約 4 cm × 24 cm（乾燥材で 38 mm × 235 mm）の断面である。

第 3　土台

1 号 1 階の耐力壁の下部には，土台を設ける。ただし，地階を設けるなどの場合で，当該耐力壁の直下の床根太などを構造耐力上有効に補強したときは，この限りでない。

2 号 土台は，次に定めるところにより，基礎に径 12 mm 以上で長さ 35 cm 以上のアンカーボルトまたはこれと同等以上の引張耐力を有するアンカーボルトで緊結する。

イ アンカーボルトは，その間隔を 2 m 以下とし，かつ隅角部および土台の継手（つぎて）の部分に配置する。

ロ 地上 3 階建の建築物のアンカーボルトは，イに定める部分のほか，1 階の床に達する開口部の両端のたて枠から15 cm以内の部分に配置する。

3号　土台の寸法は，枠組壁工法構造用製材等規格に規定する寸法形式204，205，206，208，304，306，404，406もしくは408に適合するもの，または厚さ38 mm以上で幅89 mm以上のもので，かつ土台と基礎もしくは床根太，端根太もしくは側根太との緊結に支障がないものとする。

第4　床版

1号　床根太，端根太および側根太の寸法は，枠組壁工法構造用製材等規格に規定する寸法形式206，208，210，212もしくは306に適合するもの，または厚さ38 mm以上で幅140 mm以上のもので，かつ床根太，端根太もしくは側根太と土台，頭つなぎもしくは床材との緊結に支障がないものとする。

2号　床根太の支点間の距離は8 m以下とする。この場合，床根太に枠組壁工法構造用製材等規格に規定する寸法形式212に適合するもの，または辺長比（当該床根太に使用する製材の厚さに対する幅の比）が286を38で除した数値［約7.5］より大きい数値の製材を使用する場合（床根太を2以上緊結して用いる場合，または床根太の支点間の距離を4.5 m未満とする場合を除く）にあっては，3 m以下ごとに転び止めを設ける。

3号　床根太相互および床根太と側根太との間隔（以下「床根太間隔」）は，65 cm以下とする。

4号　床版に設ける開口部は，これを構成する床根太と同寸法以上の断面を有する床根太で補強する。

5号　2階または3階の耐力壁の直下に耐力壁を設けない場合は，当該耐力壁の直下の床根太は，構造耐力上有効に補強する。

6号　床材は，厚さ15 mm以上の構造用合板，厚さ18 mm以上のパーティクルボードまたは構造用パネル（構造用パネル規格に規定する1級のものに限る）とする。ただし，床根太間隔を50 cm以下とする場合は，厚さ12 mm以上の構造用合板，厚さ15 mm以上のパーティクルボードまたは構造用パネル《構造用パネル規格に規定する1級，2級または3級（床根太相互または床根太と側根太との間隔が31 cmを超える場合は，同規格に規定する1級または2級）のものに限る》と，床根太間隔を31 cm以下とする場合は，厚さ18 mm以上の硬質木片セメント板と，それぞれすることができる。

7号 床版の各部材相互および床版の枠組材（床根太，端根太または側根太，以下同じ）と土台または頭つなぎ（第5第11号ただし書の規定により耐力壁の上枠と床版の枠組材とを緊結する場合には，当該上枠，以下この号において同じ）とは，表6.23［243頁］の緊結する部分の欄に掲げる区分に応じ，それぞれ同表の緊結の方法の欄に掲げるとおり緊結する。ただし，接合部の短期許容せん断耐力が，同表の緊結する部分の欄に掲げる区分に応じ，それぞれ同表の許容せん断耐力の欄に掲げる数値以上であることが確かめられた場合は，この限りでない。

表6.23　床版の緊結方法

	緊結する部分		緊結の方法			許容せん断耐力
			釘の種類	釘の本数	釘の間隔	
(1)	床根太と土台または頭つなぎ		CN75, CNZ75	2本	−	1箇所当たり1 100 N
			CN65, CNZ65 BN75	3本		
			BN65	4本		
(2)	端根太または側根太と土台または頭つなぎ	地上3階建の建築物の1階	CN75, CNZ75	−	25 cm 以下	1 m当たり2 200 N
			BN75	−	18 cm 以下	
		その他の階	CN75, CNZ75	−	50 cm 以下	1 m当たり1 100 N
			BN75	−	36 cm 以下	
(3)	床版の枠組材と床材	床材の外周部分	CN50, CNZ50	−	15 cm 以下	1 m当たり2 800 N
			BN50	−	10 cm 以下	
		その他の部分	CN50, CNZ50	−	20 cm 以下	1 m当たり2 100 N
			BN50	−	15 cm 以下	
ここで，釘の種類の欄に掲げる記号は，JIS A5508（釘）– 2005に規定する規格を表す。以下第5第15号および第7第9号の表6.28［251頁］，表6.29［253頁］において同様とする。						

8号 次に掲げる場合，令第82条［152頁］第1号〜第3号［許容応力度計算］までに定める構造計算および建築物などの地上部分について行う令第82条の6［許容応力度等計算］第2号［160頁，剛性率・偏心率の検討］に定める構造計算により，構造耐力上安全であることを確かめられたものについては，前各号の規定は，適用しない。

イ　2階以上の階の床版をRC造とする場合

ロ　2階以上の階の床根太に軽量H形鋼規格に規定する形鋼または第2第3号ロに規定する構造用鋼材（以下これらを総称して「軽量H形鋼規格」）を使用する場合

9号　前号に掲げるもののほか，次に掲げる場合，令第82条［152頁］第1号〜第3号［許容応力度計算］までに定める構造計算により，構造耐力上安全であることを確かめたものについては，第1号〜第7号までの規定は適用しない。この場合，同条各号中「構造耐力上主要な部分」を「床版」と読み替えて計算を行う。

イ　1階の床版をRC造とする場合

ロ　床梁またはトラスを用いる場合

ハ　床版に木質断熱複合パネルを使用する場合

ニ　床版に木質接着複合パネルを使用する場合

ホ　床根太，端根太または側根太に木質接着成形軸材料または木質複合軸材料を使用する場合

ヘ　床根太に薄板軽量形鋼を使用する場合

ト　1階の床根太に軽量H形鋼を使用する場合

10号　前2号に掲げるもののほか，大引きまたは床束を用いる場合において，当該大引きまたは床束およびそれらの支持する床版に常時作用している荷重《固定荷重と積載荷重の和（令第86条第2項［167頁］ただし書の規定によって特定行政庁が指定する多雪区域においては，更に積雪荷重を加えたもの）》によって生ずる応力度が，当該大引きまたは床束およびそれらの支持する床版の各断面の長期許容応力度を超えないことを確かめたものについては，第1号〜第7号までの規定は適用しない。

解説「釘の呼称」

釘は例えばN50と表示され，Nはnail（釘）の頭文字で「鉄丸釘」を表し，長さが50 mmであることを示している。CNはツーバイフォー工法に用いられる「太目丸釘」である。CNはcommon nail（普通釘）の頭文字で，北米では普通に用いられている釘である。ZNは「溶融亜鉛メッキ太目釘」で，Zはzinc（亜鉛）の頭文字である。NZは「メッキ鉄丸釘」，CNZは「メッキ太目鉄丸釘」，BNは「細目鉄丸釘」，GNは「石膏ボード用釘」で，Gはgypsum（石膏）の頭文字である。「PN釘」は従来の自動釘打ち機用釘のことで，Pはpneumatic（空気の）の頭文字

である。SN は「シージングボード用釘」で，S は sheathing board の意味である。S は「ステンレス鋼釘」で，S は stainless を表し，GNS と PNS は材質がステンレス鋼であることを示している。

第 5　壁など

1 号　耐力壁は，外壁または間仕切壁のそれぞれについて，木質接着複合パネルを使用するものと，これ以外の工法によるものとを併用しない。

2 号　耐力壁は，建築物に作用する水平力および鉛直力に対して安全であるように，釣合いよく配置する。この場合，耐力壁の負担する鉛直力を負担する柱または耐力壁以外の壁【常時作用している荷重《固定荷重と積載荷重との和（令第 86 条第 2 項［167 頁］ただし書の規定によって特定行政庁が指定する多雪区域においては，更に積雪荷重を加えたもの)》によって生ずる応力度が，当該柱または耐力壁以外の壁の各断面の長期許容応力度を超えないことが確かめられたものに限る】を設ける場合は，当該耐力壁に変えて当該柱または耐力壁以外の壁を配置することができる。

3 号　2 階部分または 3 階部分に耐力壁を設けず当該部分を小屋裏とする場合は，直下階の構造耐力上主要な部分が当該小屋裏の荷重を直接負担する構造とする。

4 号　耐力壁の下枠，たて枠および上枠の寸法は，枠組壁工法構造用製材等規格に規定する寸法形式 204，205，206，208，304，306，404，406 もしくは 408 に適合するもの，または厚さ 38 mm 以上で幅 89 mm 以上のもので，かつ下枠，たて枠もしくは上枠と床版の枠組材，頭つなぎ，まぐさ受けもしくは筋かいの両端部との緊結および下枠もしくは上枠とたて枠との緊結に支障がないものとする。

5 号　各階の張間方向および桁行方向に配置する耐力壁は，それぞれの方向につき，当該耐力壁の水平力に対する長さ 1 m 当たりの耐力を令第 46 条第 4 項［109 頁］表 4.2［110 頁］(2) 項に掲げる軸組の種類の水平力に対する長さ 1 m 当たりの耐力†で除して得た数値に当該耐力壁の長さを乗じて得た長さの合計を，その階の床面積（その階または上の階の小屋裏，天井裏その他これに類する部分に物置などを設ける場合は，平 12 建告 1351［(木造物置壁量告示)，

† 壁倍率 1 の壁の単位長さ（1 m 当たりの）耐力を示している。

216頁］に定める面積をその階の面積に加えた面積）に表6.24［247頁］[†]に掲げる数値（特定行政庁が令第88条第2項［170頁］の規定によって指定した区域内における場合は，同表に掲げる数値のそれぞれ1.5倍とした数値）を乗じて得た数値以上で，かつその階（その階より上の階がある場合は，当該上の階を含む）の見付面積（張間方向または桁行方向の鉛直投影面積，以下同じ）からその階の床面からの高さが1.35 m以下の部分の見付面積を減じたものに表6.25［248頁］に掲げる数値を乗じて得た数値以上とする。

6号 耐力壁線相互の距離は12 m以下とし，かつ耐力壁線で囲まれた部分の水平投影面積は40 m^2 以下とする。ただし，床版の枠組材と床材とを緊結する部分を構造耐力上有効に補強した場合は，当該水平投影面積を60 m^2（耐力壁線で囲まれた部分の長辺の長さに対する短辺の長さの比が1/2を超える場合にあっては72 m^2）以下とすることができる。

7号 外壁の耐力壁線相互の交叉（こうさ）する部分（以下この号および第10第1号において「交叉部」）には，長さ90 cm以上の耐力壁を1以上設ける。ただし，交叉部を構造耐力上有効に補強した場合は，交叉部に接する開口部または交叉部からの距離が90 cm未満の開口部で，幅（交叉部から開口部までの距離を含み，外壁の双方に開口部を設ける場合は，それらからの幅の合計とする）が4 m以下のものを設けるときは，この限りでない。

8号 耐力壁のたて枠相互の間隔は，表6.26［249頁］，表6.27［249頁］に掲げる数値以下《たて枠に枠組壁工法構造用製材等規格に規定する寸法形式206，306もしくは406に適合する製材または厚さ38mm以上で幅140mm以上の製材を使用する耐力壁は50 cm（当該耐力壁を3階建の建築物の3階，2階建の建築物の2階または平屋建の建築物に用いる場合は65 cm）以下，たて枠に枠組壁工法構造用製材等規格に規定する寸法形式208もしくは408に適合する製材または厚さ38mm以上で幅184mm以上の製材を使用する耐力壁については65 cm以下》とする。ただし，令第82条［152頁］第1号～第3号［許容応力度計算］までに定める構造計算によって構造耐力上安全であることが確かめられた場合には，たて枠相互の間隔は，当該計算に用いた数値（当

[†] 令第46条の表4.3［111頁］には積雪に対する規定が示されていないが，これは積雪を考慮しなくともよいという意味ではなく，特定行政庁や設計者の判断に委ねられていると考えるべきである。その際には，表6.24［247頁］を準用して差し支えないと考えられる。

表 6.24 地震力に対する壁量

建築物		階の床面積に乗ずる数値（単位 cm/m²）							
		a) 平屋建の建築物	b) 2 階建の建築物		c) 3 階建の小屋裏利用建築物		d) 3 階建の建築物		
			1 階	2 階	1 階	2 階	1 階	2 階	3 階
(1) 多雪区域以外	e) 軽い屋根	11	29	15	38	25	46	34	18
	f) 重い屋根	15	33	21	42	30	50	39	24
(2) 多雪区域の建築物	g) 積雪 1 m	25	43	33	52	42	60	51	35
	h) 積雪 1 m ～2 m	上下の欄の数値の直線補間							
	i) 積雪 2 m	39	57	51	66	60	74	68	55

ここで，屋根に雪止めがなく，かつその勾配が 30 度を超える建築物または雪下ろしを行う習慣のある地方における建築物は，垂直積雪量をそれぞれ次のイまたはロに定める数値とみなして，(2) を適用した場合における数値とすることができる。この場合，垂直積雪量が 1 m 未満の区域における建築物とみなされるものについては，直線補間の範囲を延長した数値とする。

イ　令第 86 条第 4 項［167 頁］に規定する屋根形状係数を垂直積雪量に乗じた数値（屋根の勾配が 60 度を超える場合は，0）

ロ　令第 86 条第 6 項［168 頁］の規定により積雪荷重の計算に用いられる垂直積雪量の数値

(1) 令第 86 条第 2 項［167 頁］ただし書の規定によって特定行政庁が指定する多雪区域（以下単に「多雪区域」）以外の区域における建築物，

a) 地上 1 階建の建築物，以下「平屋建の建築物」，

b) 地上 2 階建の建築物，以下「2 階建の建築物」，

c) 地上 3 階建の建築物で，3 階部分に耐力壁を設けず当該部分を小屋裏とし，かつ 3 階の床面積が 2 階の床面積の 1/2 以下の建築物，以下「3 階建の小屋裏利用建築物」，

d) 地上 3 階建の建築物で，左欄《a), b) c)》に掲げる建築物以外のもの，以下「3 階建の建築物」，

e) 屋根を金属板，石板，木板その他これらに類する軽い材料で葺いたもの，

f) 屋根をその他の材料で葺いたもの，

g) 令第 86 条第 1 項［167 頁］に規定する垂直積雪量（以下単に「垂直積雪量」）が 1 m の区域におけるもの，

h) 垂直積雪量が 1 m を超え 2 m 未満の区域におけるもの，

i) 垂直積雪量が 2 m の区域におけるもの。

表 6.25　風圧力に対する壁量

	区　域	見付面積に乗ずる数値（cm/m^2）
(1)	特定行政庁がその地方における過去の風の記録を考慮して，しばしば強い風が吹くと認めて規則で指定した区域	50を超え，75以下の範囲において特定行政庁がその地方における風の状況に応じて規則で定めた数値
(2)	(1) に掲げる区域以外の区域	50

該耐力壁に木質断熱複合パネルを用いる場合を除き，当該数値が65 cmを超えるときは65 cm）とすることができる。この場合，同条各号中「構造耐力上主要な部分」を「耐力壁」と読み替えて計算を行う。

9号 各耐力壁の隅角部および交叉部には次に定めるたて枠を用い，当該たて枠は相互に構造耐力上有効に緊結する。

イ たて枠に枠組壁工法構造用製材等規格に規定する寸法形式204，205または304に適合する製材のみを使用し，かつ耐力壁のたて枠相互の間隔が前号の表6.26［249頁］，表6.27［249頁］に掲げる数値以下となる耐力壁を使用する場合は，枠組壁工法構造用製材等規格に規定する寸法形式204または304に適合する製材を3本以上

ロ たて枠に枠組壁工法構造用製材等規格に規定する寸法形式206，208，306，404，406または408に適合する製材を使用し，耐力壁のたて枠相互の間隔が前号の表6.26［249頁］，表6.27［249頁］に掲げる数値以下となる耐力壁を使用する場合は，枠組壁工法構造用製材等規格に規定する寸法形式206，208，306，404，406または408に適合する製材をそれぞれ2本以上

ハ イおよびロ以外の場合は，次に定めるところによる。

(1) たて枠に枠組壁工法構造用製材等規格に規定する寸法形式206に適合する製材または厚さが38 mmを超え，幅が140 mmを超える製材を使用し，かつ耐力壁のたて枠相互の間隔が50 cm以下となる耐力壁または3階建の建築物の3階，2階建の建築物の2階もしくは平屋建の建築物の耐力壁のたて枠相互の間隔が65 cm以下となる耐力壁に使用する場合は，枠組壁工法構造用製材等規格に規定する寸法形式206に適合する製材を3本以上または厚さが38 mmを超え，幅が140 mmを超える製材を2本以上

表 6.26 たて枠の相互間隔（cm）

建築物			3 階建の建築物の 3 階，2 階建の建築物の 2 階または平屋建の建築物	3 階建の建築物の 2 階，3 階建の小屋裏利用建築物の 2 階または 2 階建の建築物の 1 階	3 階建の小屋裏利用建築物の 1 階
(1)	多雪区域以外の区域における建築物		65	50	45
(2)	多雪区域における建築物	積雪 1 m	50	45	35
		積雪 1～1.5 m	50	35	31
		積雪 1.5～2 m	45	35	31
ここで，屋根に雪止めがなく，かつその勾配が 30 度を超える建築物または雪下ろしを行う習慣のある地方における建築物は，垂直積雪量がそれぞれ第 5 号の表 6.24［247 頁］のイまたはロに定める数値の区域における建築物とみなして，この表の (2) を適用した場合における数値とすることができる。この場合，垂直積雪量が 1 m 未満の区域における建築物とみなされるものについては，表 6.27［249 頁］のとおりとする。					

表 6.27 たて枠の相互間隔（cm）（急な勾配屋根・雪下ろしを行う場合）

建築物	3 階建の建築物の 3 階，2 階建の建築物の 2 階または平屋建の建築物	3 階建の建築物の 2 階，3 階建の小屋裏利用建築物の 2 階または 2 階建の建築物の 1 階	3 階建の小屋裏利用建築物の 1 階
垂直積雪量が 50 cm 以下の区域における建築物とみなされるもの	50	50	45
垂直積雪量が 50 cm を超え 1 m 未満の区域における建築物とみなされるもの	50	45	41

(2) たて枠に枠組壁工法構造用製材等規格に規定する寸法形式 208 に適合する製材または厚さが 38 mm を超え，幅が 184 mm を超える製材を使用し，かつ耐力壁のたて枠相互の間隔が 65 cm 以下となる耐力壁に使用する場合は，枠組壁工法構造用製材等規格に規定する寸法形式 208 に適合する製材を 3 本以上（3 階建の建築物の 3 階，2 階建の建築物の 2 階または平屋建の建築物の耐力壁のたて枠相互の間隔が 65 cm 以下

となる耐力壁に使用する場合は2本以上），または厚さが38 mmを超え，幅が184 mmを超える製材を2本以上

10号　屋外に面する部分で，かつ隅角部または開口部の両端の部分にある耐力壁のたて枠は，直下の床の枠組に金物（釘を除く，以下同じ）または壁材で構造耐力上有効に緊結する。

11号　耐力壁の上部には，当該耐力壁の上枠と同寸法の断面を有する頭つなぎを設け，耐力壁相互を構造耐力上有効に緊結する。ただし，当該耐力壁の上枠と同寸法以上の断面を有する床版の枠組材または小屋組の部材（垂木，天井根太またはトラス，以下同じ）を当該上枠に緊結し，耐力壁相互を構造耐力上有効に緊結する場合には，この限りでない。

12号　耐力壁線に設ける開口部の幅は4 m以下とし，かつその幅の合計は当該耐力壁線の長さの3/4以下とする。

13号　幅90 cm以上の開口部の上部には，開口部を構成するたて枠と同寸法以上の断面を有するまぐさ受けによって支えられたまぐさを構造耐力上有効に設ける。ただし，構造耐力上有効な補強を行った場合は，この限りでない。

14号　筋かいには，欠込みをしない。

15号　壁の各部材相互および壁の各部材と床版，頭つなぎ（第11号ただし書の規定により耐力壁の上枠と床版の枠組材または小屋組の部材とを緊結する場合には，当該床版の枠組材または小屋組の部材，以下この号において同じ）またはまぐさ受けとは，表6.28［251頁］の緊結する部分の欄に掲げる区分に応じ，それぞれ同表の緊結の方法の欄に掲げるとおり緊結する。ただし，接合部の短期許容せん断耐力が，同表の緊結する部分の欄に掲げる区分に応じ，それぞれ同表の許容せん断耐力の欄に掲げる数値以上であることが確かめられた場合は，この限りでない。

16号　地階の壁は，一体のRC造（2以上の部材を組み合わせたもので，部材相互を緊結したものを含む）とする。ただし，直接土に接する部分および地面から30 cm以内の外周の部分以外の壁は，これに作用する荷重および外力に対して，第2号および第4号〜前号までの規定に準じ，構造耐力上安全なものとした枠組壁工法による壁とすることができる。

表 6.28 壁などの緊結方法

	緊結する部分		緊結の方法			許容せん断耐力
			釘の種類	釘の本数	釘の間隔	
(1)	たて枠と上枠または下枠		CN90, CNZ90	2 本	−	1 箇所当たり 1 000 N
			CN75, CNZ75 CN65, CNZ65 BN90, BN75	3 本		
			BN65	4 本		
(2)	下枠と床版の枠組材	3 階建の建築物の 1 階	CN90, CNZ90	−	25 cm 以下	1 m 当たり 3 200 N
			BN90	−	17 cm 以下	
		その他の階	CN90, CNZ90	−	50 cm 以下	1 m 当たり 1 600 N
			BN90	−	34 cm 以下	
(3)	上枠と頭つなぎ		CN90, CNZ90	−	50 cm 以下	1 m 当たり 1 600 N
			BN90	−	34 cm 以下	
(4)	たて枠とたて枠またはまぐさ受け		CN75, CNZ75	−	30 cm 以下	1 m 当たり 2 200N
			BN75	−	20 cm 以下	
(5)	壁の枠組材と筋かいの両端部		CN65, CNZ65	2 本*	−	1 箇所当たり 1 100 N
			BN65	3 本*		

*下枠，たて枠および上枠に対し

第 6　根太などの横架材

床根太，天井根太その他の横架材には，その中央部付近の下側に構造耐力上支障のある欠込をしない。

第 7　小屋組など

1 号　垂木および天井根太の寸法は，枠組壁工法構造用製材等規格に規定する寸法形式 204，205，206，208，210，212，304 もしくは 306 に適合するもの，または厚さ 38 mm 以上で幅 89 mm 以上のもので，かつ垂木もしくは天井根太と棟木，頭つなぎもしくは屋根下地材との緊結に支障がないものとする。

2 号　垂木相互の間隔は，65 cm 以下とする。

3 号　垂木には，垂木つなぎを構造耐力上有効に設ける。

4 号　トラスは，これに作用する荷重および外力に対して構造耐力上安全なものとする。

5 号　垂木またはトラスは，頭つなぎおよび上枠に金物で構造耐力上有効に緊結する。ただし，垂木またはトラスと次に掲げる部材のいずれかとを金物で構造耐力上有効に緊結する場合には，この限りでない。

イ 上枠（第5第11号ただし書の規定により耐力壁の上枠と垂木またはトラスとを緊結する場合に限る。）

ロ 上枠および天井根太（第5第11号ただし書の規定により耐力壁の上枠と天井根太とを緊結する場合に限る。）

6号 小屋組は，振れ止めを設けるなど水平力に対して安全なものとする。

7号 屋根版は，風圧力その他の外力に対して安全なものとする。

8号 屋根版に使用する屋根下地材は，厚さ12mm以上の構造用合板，厚さ15mm以上のパーティクルボードまたは構造用パネル（構造用パネル規格に規定する1級もしくは2級のものに限る）とする。ただし，垂木相互の間隔を50cm以下とする場合は，厚さ9mm以上の構造用合板，厚さ12mm以上のパーティクルボード，構造用パネル（垂木相互の間隔が31cmを超える場合は，構造用パネル規格に規定する1級，2級もしくは3級のものに限る）または厚さ15mm以上の硬質木片セメント板（垂木相互の間隔が31cmを超える場合は，厚さ18mm以上のものに限る）とすることができる。

9号 小屋組の各部材相互および小屋組の部材と頭つなぎ（第5第11号ただし書の規定により耐力壁の上枠と小屋組の部材とを緊結する場合には，当該上枠，以下この号において同じ）または屋根下地材とは，表6.29［253頁］の緊結する部分の欄に掲げる区分に応じ，それぞれ同表の緊結の方法の欄に掲げるとおり緊結する。ただし，接合部の短期許容せん断耐力が，同表の緊結する部分の欄に掲げる区分に応じ，それぞれ同表の許容せん断耐力の欄に掲げる数値以上であることが確かめられた場合は，この限りでない。

10号 令第82条［152頁］第1号～第3号［許容応力度計算］に定める構造計算によって構造耐力上安全であることが確かめられた場合（この場合，同条各号中「構造耐力上主要な部分」を「小屋組または屋根版」と読み替える）を除き，小屋の屋根または外壁（以下「屋根など」）に設ける開口部の幅は2m以下とし，かつその幅の合計は当該屋根などの下端の幅の1/2以下とする。ただし，構造耐力上有効な補強を行った開口部で，次のイ～ハまでに該当するものは，その幅を3m以下とすることができる。

イ 小屋の屋根に設けられるものである。

表 6.29 小屋組の緊結方法

<table>
<tr><th rowspan="2"></th><th rowspan="2" colspan="2">緊結する部分</th><th colspan="3">緊結の方法</th><th rowspan="2">許容せん断耐力</th></tr>
<tr><th>釘の種類</th><th>釘の本数</th><th>釘の間隔</th></tr>
<tr><td rowspan="3">(1)</td><td rowspan="3" colspan="2">垂木と天井根太</td><td>CN90, CNZ90</td><td>3 本</td><td rowspan="3">－</td><td rowspan="3">1 箇所当たり
2 400 N</td></tr>
<tr><td>CN75, CNZ75</td><td>4 本</td></tr>
<tr><td>BN90, BN75</td><td>5 本</td></tr>
<tr><td rowspan="2">(2)</td><td rowspan="2" colspan="2">垂木と棟木</td><td>CN75, CNZ75</td><td>3 本</td><td rowspan="2">－</td><td rowspan="2">1 箇所当たり
1 700 N</td></tr>
<tr><td>BN75</td><td>4 本</td></tr>
<tr><td rowspan="2">(3)</td><td rowspan="2" colspan="2">垂木，天井根太
またはトラスと
頭つなぎ</td><td>CN75, CNZ75</td><td>2 本</td><td rowspan="2">－</td><td rowspan="2">1 箇所当たり
1 100 N</td></tr>
<tr><td>CN65, CNZ65
BN75, BN65</td><td>3 本</td></tr>
<tr><td rowspan="4">(4)</td><td rowspan="4">垂木またはトラスと屋根下地</td><td rowspan="2">屋根下地材の外周部分</td><td>CN50, CNZ50</td><td>－</td><td>15 cm 以下</td><td rowspan="2">1 m 当たり
2 600 N</td></tr>
<tr><td>BN50</td><td>－</td><td>10 cm 以下</td></tr>
<tr><td rowspan="2">その他の部分</td><td>CN50, CNZ50</td><td>－</td><td>30 cm 以下</td><td rowspan="2">1 m 当たり
1 300 N</td></tr>
<tr><td>BN50</td><td>－</td><td>20 cm 以下</td></tr>
</table>

ロ 屋根の端部からの距離が 90 cm 以上である。

ハ 他の開口部からの距離が 180 cm 以上である。

11 号 屋根などに設ける幅 90 cm 以上の開口部の上部には，開口部を構成する部材と同寸法以上の断面を有するまぐさ受けによって支持されるまぐさを構造耐力上有効に設ける。ただし，これと同等以上の構造耐力上有効な補強を行った場合は，この限りでない。

12 号 母屋および小屋束を用いた小屋組とする場合，または木質断熱複合パネルもしくは木質接着複合パネルを用いた屋根版とする場合は，令第 82 条［152 頁］第 1 号～第 3 号［許容応力度計算］までに定める構造計算により，構造耐力上安全であることを確かめる。この場合，同条各号中「構造耐力上主要な部分」を「小屋組または屋根版」と読み替えて計算を行う。

13 号 天井根太に軽量 H 形鋼を使用する場合，令第 82 条第 1 号～第 3 号までに定める構造計算および建築物などの地上部分について行う令第 82 条の 6［許容応力度等計算］第 2 号［160 頁，剛性率・偏心率の検討］に定める構造計算により，構造耐力上安全であることを確かめられたものについては，第 1 号の規定は適用しない。

第8　防腐措置など

1号 土台が基礎と接する面および鉄網（てつもう）モルタル塗りその他の壁の枠組材が腐りやすい構造である部分の下地には，防水紙その他これに類するものを使用する。

2号 土台には，枠組壁工法構造用製材等規格に規定する防腐処理その他これに類する防腐処理を施した旨の表示があるものを用いる。ただし，同規格に規定する寸法形式404，406または408に適合するものを用いる場合は，防腐剤塗布，浸せきその他これに類する防腐措置を施したものを用いることができる。

3号 地面から1m以内の構造耐力上主要な部分（床根太および床材を除く）に使用する木材には，有効な防腐措置を講ずるとともに，必要に応じて白蟻その他の虫による害を防ぐための措置を講ずる。

4号 構造耐力上主要な部分のうち，直接土に接する部分および地面から30cm以内の外周の部分，鉄筋コンクリート造，鉄骨造†その他腐朽および白蟻その他の虫による害を防ぐための措置を講ずる。

5号 腐食のおそれのある部分および常時湿潤状態となるおそれのある部分の部材を緊結するための金物には，有効な錆止（さびど）めのための措置を講ずる。

6号 構造耐力上主要な部分に薄板軽量形鋼または軽量H形鋼を用いる場合は，当該薄板軽量形鋼または軽量H形鋼の表面仕上げはJIS G3302（溶融亜鉛めっき鋼板および鋼帯）– 1998に規定するめっきの付着量表示記号Z27その他これに類する有効な錆止めおよび摩損防止のための措置を講じたものとする。ただし，次に掲げる場合は，この限りでない。

イ 薄板軽量形鋼または軽量H形鋼を屋外に面する部分（防水紙その他これに類するもので有効に防水されている部分を除く）および湿潤状態となるおそれのある部分以外の部分に使用する場合

ロ 薄板軽量形鋼または軽量H形鋼に床材，壁材または屋根下地材などによる被覆その他これに類する有効な摩損防止のための措置を講じた場合

第9　保有水平耐力計算と同等以上に安全性を確かめることができる構造計算

令第81条第2項第1号イ［148頁］に規定する保有水平耐力計算と同等以上に安全性を確かめることができる構造計算を次の各号に定める。

† この「・・・鉄筋コンクリート造，鉄骨造・・・」の部分は告示の誤りと思われるが，告示のままの表現としている。

1 号　令第 82 条［152 頁］各号［許容応力度計算，変形・振動の検討］に定めるところによる。

2 号　構造耐力上主要な部分に使用する構造部材相互の接合部がその部分の存在応力を伝えることができるものであることを確かめる。

3 号　建築物などの地上部分について，令第 87 条第 1 項［168 頁］に規定する風圧力（以下「風圧力」）によって各階に生ずる水平方向の層間変位の当該各階の高さに対する割合が 1/200（風圧力による構造耐力上主要な部分の変形によって建築物などの部分に著しい損傷が生ずるおそれのない場合は，1/120）以内であることを確かめる。

4 号　建築物などの地上部分について，令第 88 条第 1 項［169 頁］に規定する地震力（以下「地震力」）によって各階に生ずる水平方向の層間変位の当該各階の高さに対する割合が 1/200（地震力による構造耐力上主要な部分の変形によって建築物などの部分に著しい損傷が生ずるおそれのない場合は，1/120）以内であることを確かめる。

5 号　建築物などの地上部分について，令第 82 条の 3［154 頁，保有水平耐力］各号に定めるところによる。この場合，耐力壁に木質接着複合パネルを用いる場合は，同条第 2 号中「各階の構造特性を表すものとして，建築物の構造耐力上主要な部分の構造方法に応じた減衰性および各階の靭性を考慮して国土交通大臣が定める数値」を「0.55 以上の数値[†]。ただし，当該建築物の振動に関する減衰性および当該階の靭性を適切に評価して算出することができる場合は，当該算出した数値によることができる。」と読み替える。

第 10　構造計算によって構造耐力上安全であることが確かめられた建築物など

1 号　次のイおよびロに定める構造計算によって構造耐力上安全であることが確かめられた建築物などについては，第 4 第 2 号（床根太の支点間の距離に係る部分に限る）および第 7 号，第 5 第 5 号，第 6 号，第 7 号（交叉部に設けた外壁の耐力壁の長さの合計が 90cm 以上である場合に限る），第 12 号および第 15 号ならびに第 7 第 9 号の規定を適用しない。

イ　第 9 第 1 号および第 2 号に定めるところによる。

ロ　建築物などの地上部分について，令第 82 条の 6［160 頁，許容応力度等計

† 構造特性係数 D_s の値で，0.55 は表 7.27［314 頁］などに示されている D_s の最大の値である。

算］第2号ロ［161頁，偏心率の検討］に定めるところによる。

2号　第9第1号および第2号に定める構造計算によって構造耐力上安全であることが確かめられた建築物などについては，第3第2号，第4第3号（床根太相互の間隔を1m以下とする場合に限る）および第7号，第5第5号，第9号，第11号および第15号ならびに第7第2号（垂木相互の間隔を1m以下とする場合に限る）および第9号の規定は適用しない。

第11　耐久性等関係規定の指定

令第36条第1項［96頁］に規定する耐久性等関係規定として，第8に定める安全上必要な技術的基準を指定する。

第12　令第36条第2項第1号の規定に基づく技術的基準の指定

令第36条第2項第1号［97頁］の規定に基づき，第9に規定する構造計算を行った場合に適用を除外することができる技術的基準として，第1および第3〜第7までの規定（第5第1号の規定を除く）に定める技術的基準を指定する。

「丸太組構法告示」

平14国交告411「丸太組構法を用いた建築物または建築物の構造部分の構造工法に関する安全上必要な技術的基準を定める件」（平27国交告816改正）

本告示は，丸太組構法（ログハウス）の基準で，次の第1〜第9がある。

令第80条の2第1号［135頁］の規定に基づき，構造耐力上主要な部分に丸太組構法《丸太，製材その他これに類する木材（以下「丸太材など」）を水平に積み上げることにより壁を設ける工法》を用いた建築物または建築物の構造部分の構造方法に関する安全上必要な技術的基準を第1〜第8までに定め，同令第36条第1項［96頁］の規定に基づき，構造耐力上主要な部分に丸太組構法を用いた建築物または建築物の構造部分の構造方法に関する安全上必要な技術的基準のうち耐久性等関係規定を第9に指定する。

第1　適用の範囲

1号 地上2階建以下とする。

2号 地上2階建の建築物は，1階部分の構造耐力上主要な部分を丸太組構法を用いたものとし，2階部分の構造耐力上主要な部分を木造《令第46条第2項［107頁］による場合，丸太組構法および平13国交告1540［(2×4プレハブ告示)，135頁，235頁］に規定する枠組壁工法（以下単に「枠組壁工法」）を除く，以下この号において同じ》としたもの，または丸太組構法もしくは枠組壁工法を用いたもののいずれかとし，他の構造を併用しない。ただし，建築物の1階部分から2階部分までの外壁を連続した丸太組構法を用いたものとした場合は，2階部分は丸太組構法を用いたものと木造としたもの，または枠組壁工法を用いたものとを併用することができる。

3号 第1号の規定にかかわらず，1階部分の構造耐力上主要な部分をRC造（2以上の部材を組み合わせたもので，部材相互を緊結したものを含む）またはS造（平13国交告1641［(軽量形鋼造告示)，137頁］に規定する薄板軽量形鋼造を除く）（以下「RC造など」）とし，2階以上の部分の構造耐力上主要な部分を丸太組構法を用いたものとした建築物（以下「RC造など併用建築物」）とし，最上階部分に耐力壁を設けず当該部分を小屋裏とした場合は，地上3階建以下とすることができる。この場合，第3中「基礎」を「1階部分の構造耐力上主要な部分または2階部分の床版についてもRC造などとした建築物の2階部分の床版」と，第3第1号および第4第2号中「1階部分」を「2階部分」と，第4第2号中「小屋裏利用2階建の建築物」を「RC造など併用建築物」と，第4第4号中「地上1階建の建築物または小屋裏利用2階建の建築物の耐力壁の高さは土台などの上端から耐力壁と屋根版が接する部分のうち最も高い部分における耐力壁の上端までとし，地上2階建の建築物（小屋裏利用2階建の建築物を除く，以下この号において同じ）の1階部分の耐力壁の高さは土台などの上端から2階部分の床版の上面までとし，2階部分の耐力壁の高さは 2 階部分の床版の上面から耐力壁と屋根版が接する部分のうち最も高い部分における耐力壁の上端までとする。」を「RC 造など併用建築物の耐力壁の高さは土台などの上端から耐力壁と屋根版が接する部分のうち最も高い部分における耐力壁の上端までとする。」と読み替え，第 2 第 3 号，第 4 第 3 号および第 11 号ならびに第 5 の規定は適用しない。

2 項　次に掲げる建築物は，令第 82 条［152 頁］第 1 号〜第 3 号［許容応力度計算］までに定める構造計算（以下「許容応力度計算」）により構造耐力上安全であることを確かめる。

1 号　延べ面積 300 m^2 を超える建築物

2 号　高さ 8.5 m を超える建築物

3 号　地上 2 階建以上の建築物《2 階部分に耐力壁を設けず当該部分を小屋裏とした建築物（以下「小屋裏利用 2 階建の建築物」）を除く》

第 2　材料

1 号　構造耐力上主要な部分に使用する丸太などの樹種は，枠組壁工法構造用製材および枠組壁工法構造用たて継ぎ材の JAS（昭和 49 年農林省告示第 600 号）別表 3［本書では省略］の樹種または集成材の JAS（平成 19 年農林水産省告示第 1152 号）第 5 条第 2 項 (1) イ表［本書では省略］の樹種とする。

2 号　構造耐力上主要な部分に使用する木材の品質は，腐れ，著しい曲がりなどによる耐力上の欠点がないものとする。

3 号　2 階部分に丸太組構法を用いた建築物の構造耐力上主要な部分に使用する丸太などの含水率は 20% 以下とする。ただし，小屋裏利用の 2 階建の建築物では，この限りでない。

第 3　土台など

1 号　1 階部分の耐力壁の下部には，基礎に存在応力を伝えることのできる形状とした丸太材など，または土台（以下「土台など」）を設ける。

2 号　土台などは，次に定めるところにより，径 13 mm 以上のアンカーボルトまたはこれと同等以上の引張耐力を有するアンカーボルトで，基礎に緊結する。ただし，次に定める接合と同等以上に存在応力を伝えることができるものとした場合は，この限りでない。

イ アンカーボルトの基礎に定着される部分の長さがその径の 25 倍以上である。

ロ アンカーボルトは，土台などの両端部および継手の部分に配置する。

ハ ロに定める部分のほか，土台などの長さが 2 m を超える場合は，アンカーボルトの間隔を 2 m 以下として土台などの部分に配置する。

第 4 耐力壁など

1 号 耐力壁は，建築物に作用する水平力および鉛直力に対して安全であるように，釣合いよく配置する。

2 号 小屋裏利用 2 階建の建築物においては，1 階部分の構造耐力上主要な部分が当該建築物の小屋裏の荷重を直接負担する構造とする。

3 号 耐力壁を構成する丸太材などは，これらに接する部材に円滑に存在応力を伝えることのできる形状とするほか，次に定めるところによる。

イ 2 階部分に丸太組構法を用いた建築物（小屋裏利用の 2 階建の建築物を除く）の丸太材などの断面積（壁相互の交叉部，耐力壁の最下部などで欠き取ることが必要とされる部分を除く，以下同じ）は 150 cm^2 以上で，かつ丸太材など相互の上下に接する部分の幅は 9 cm 以上とする。ただし，丸太材など相互の接触の実況その他の当該耐力壁の実況に応じた許容応力度計算または加力実験により，構造耐力上支障のあるめり込みおよび耐力壁の座屈を生じないことが確かめられた場合は，丸太材などの断面積を 120 cm^2 以上で，かつ丸太材など相互の上下に接する部分の幅を 7 cm 以上とすることができる。

ロ イに掲げる建築物以外の建築物の丸太材などの断面積は，105 cm^2 以上 1 400 cm^2 以下とする†。ただし，許容応力度計算によって構造耐力上安全であることが確かめられた場合は，この限りでない。

4 号 耐力壁の高さ《平屋建の建築物または小屋裏利用 2 階建の建築物の耐力壁の高さは土台などの上端から耐力壁と屋根版が接する部分のうち最も高い部分における耐力壁の上端までとし，地上 2 階建の建築物（小屋裏利用 2 階建の建築物を除く，以下この号において同じ）の 1 階部分の耐力壁の高さは土台

† 円形断面とすると直径約 12〜42 cm となる。

などの上端から2階部分の床版の上面までとし，2階部分の耐力壁の高さは2階部分の床版の上面から耐力壁と屋根版が接する部分のうち最も高い部分における耐力壁の上端までとする》は4m以下とし，かつ幅は当該耐力壁の高さに0.3を乗じて得た数値以上とする。この場合，地上2階建の建築物で1階部分と2階部分の耐力壁に丸太組構法を用いる場合は，1階部分と2階部分の耐力壁の高さの和は，6m以下とする。

5号 各階の耐力壁線相互の距離は6m以下とし，かつ耐力壁線で囲まれた部分の水平投影面積は30 m^2 以下とする。ただし，許容応力度計算によって構造耐力上安全であることが確かめられた場合は，この限りでない。この場合，各階の耐力壁線相互の距離が10mを超える場合または耐力壁線で囲まれた部分の水平投影面積が60 m^2 を超える場合は，令第82条の6［160頁，許容応力度等計算］第2号ロ［161頁，偏心率の検討］に定める構造計算を行い，当該階につき張間方向および桁行方向の偏心率が0.15以下であることを確認する。

6号 耐力壁相互の交叉部においては，張間方向および桁行方向に耐力壁を設け，かつ丸太材などを構造耐力上有効に組み，壁面から端部を20cm以上突出させる。ただし，当該交叉部に対して構造耐力上有効な補強を行った場合は，壁面からの丸太材などの突出を20cm以下とすることができる。

7号 外壁の耐力壁相互の交叉部には，耐力壁の最上部から土台などまでを貫く直径13mm以上の通しボルトを設ける。ただし，許容応力度計算によって構造耐力上安全であることが確かめられた場合は，この限りでない。

8号 耐力壁線に設ける開口部の上部には，丸太材などにより構成される壁を構造耐力上有効に設ける。ただし，これと同等以上の構造耐力上有効な補強を行った場合は，この限りでない。

9号 耐力壁の端部および開口部周囲は，通しボルトなどにより構造耐力上有効に補強する。

10号 丸太材などには，継手を設けない。ただし，構造耐力上有効な補強を行った場合は，この限りでない。

11号 2階部分の耐力壁線の直下には，1階部分の耐力壁線を設ける。

12号 耐力壁内には，次に定めるところにより，構造耐力上有効にだぼを設ける。ただし，許容応力度計算によって構造耐力上安全であることが確かめられ，かつホに定めるところによる場合は，この限りでない。

イ　だぼの材料は，JIS G3112（鉄筋コンクリート用棒鋼）– 1987 に規定する SR235 もしくは SD295A に適合する直径 9 mm 以上の鋼材もしくはこれと同等以上の耐力を有する鋼材または小径が 25 mm 以上の木材で第 2 第 1 号に規定する樹種とし，かつ節などの耐力上の欠点がないものとする。

ロ　だぼの長さは，相接（あいせつ）する丸太材などに十分に水平力を伝えることができる長さとする。

ハ　張間方向および桁行方向に配置するだぼの本数は，それぞれの方向につき，丸太材などの各段ごとに，次の (6.7) 式によって得られる数値または次の (6.8) 式によって得られる数値のいずれか多い数値以上とする。この場合，だぼの本数は，たぼ相互の間隔が 45 cm 以上のものについて算定する。

$$n_{\mathrm{w}} = \frac{S_{\mathrm{w}}}{S_{\mathrm{f}}} \tag{6.7}$$

$$n_{\mathrm{k}} = \frac{S_{\mathrm{k}}}{S_{\mathrm{f}}} \tag{6.8}$$

ここで，

n_{w} および n_{k}：だぼの本数，

S_{w}：令第 87 条［168 頁］に規定する風圧力によるせん断力 (N)，

S_{k}：令第 88 条［169 頁］に規定する地震力によるせん断力 (N)，

S_{f}：だぼの種類に応じて，それぞれ表 6.30［261 頁］のせん断強度の欄に掲げる数値である。

表 6.30　だぼのせん断強度

だぼの種類		せん断強度（N）
鋼材のだぼ		$3.9\{2\sqrt{1+20(d/D)^2}-1\}dD$，$42d^2$ または $7.9dD$ のうち最も小さい数値
木材のだぼ	断面形状が長方形その他これに類するもの	$0.94\{2\sqrt{1+15(d/D)^2}-1\}dD$，$8.9d^2$ または $1.9dD$ のうち最も小さい数値
	断面形状が円形のもの	$0.94\{2\sqrt{1+10(d/D)^2}-1\}dD$，$7.2d^2$ または $1.9dD$ のうち最も小さい数値
ここで，d：だぼの小径（鋼材のだぼでは 16 を超える場合は 16，木材のだぼでは 30 を超える場合は 30）（mm），D：各段の丸太などの見付け高さ（mm）を表す。		

ニ イに掲げる耐力およびにロ掲げる長さを有するアンカーボルト，通しボルトその他これらに類するボルトについては，ハの規定によるだぼの本数の算定に当たってはだぼと見なすことができる。

ホ 耐力壁内に設けるだぼは，建築物に作用する水平力に対して安全であるように，次に定めるところにより釣合よく配置する。ただし，令第82条の6［160頁，許容応力度等計算］第2号ロ［161頁，偏心率の検討］に定める構造計算を行い，各階につき，張間方向および桁行方向の偏心率が0.3以下であることを確認した場合は，この限りでない。

(1) 各階につき，建築物の張間方向にあっては桁行方向の，桁行方向にあっては張間方向の両端からそれぞれ1/4の部分（以下「側端部分」）について，それぞれ張間方向または桁行方向の耐力壁のだぼの本数（以下「存在だぼ量」）およびハ(2)に定めるだぼの本数（以下「必要だぼ量」）を求める。この場合，必要だぼ量は，側端部分ごとに独立して計算する。

(2) 各側端部分のそれぞれについて，存在だぼ量を必要だぼ量で除した数値（以下この号において「だぼ量充足率」）を求め，建築物の各階における張間方向および桁行方向双方ごとに，だぼ量充足率の小さい方をだぼ量充足率の大きい方で除した数値《(3)において「だぼ率比」》を求める†。

(3) (2)のだぼ率比がいずれも0.5以上であることを確かめる。ただし，(2)の規定により算出した側端部分のだぼ充足率がいずれも1を超える場合は，この限りでない。

13号 地階の壁は，一体のRC造（2以上の部材を組み合わせたもので，部材相互を緊結したものを含む）とする。

第5 床版

1階部分および2階部分の構造耐力上主要な部分に丸太組構法を用いた建築物の2階部分の床版は，次に定めるところによる。ただし，小屋裏利用の2階建の建築物にあっては，この限りでない。

---

† 平12建告1352（木造4分割法告示）［217頁］と同様の規定である。

１号 2 階部分の床材は，厚さ 12 mm 以上の構造用合板《構造用合板の JAS（昭和 44 年農林水産省告示第 1371 号）［本書では省略］に規定する 2 級》，構造用パネル《構造用パネルの JAS（昭和 62 年農林水産省告示第 360 号）［本書では省略］に規定する 1 級または 2 級》またはこれらと同等以上の剛性および耐力を有するものとする。

２号 床材と床梁または根太とは，釘《JIS A5508（くぎ）– 1992 に規定する N50 に適合するもの》を 15 cm 以下の間隔で打ち付ける接合方法，またはこれと同等以上のせん断耐力を有する接合部となる接合方法により，緊結する。

第 6　根太などの横架材

床根太，天井根太その他の横架材には，その中央部付近の下側に構造耐力上支障のある欠込をしない。

第 7　小屋組など

１号 屋根版は，風圧力その他の外力に対して安全なものとする。

２号 小屋組は，風圧力に対して安全であるように，構造耐力上主要な部分と緊結する。

第 8　防腐措置など

１号 地面から 1 m 以内の構造耐力上主要な部分（床根太および床材を除く），基礎の上端から 30 cm 以内の高さの丸太材などおよび木製のだぼで常時湿潤状態となるおそれのある部分に用いられるものには，有効な防腐措置を講ずるとともに，必要に応じて白蟻その他の虫による害を防ぐための措置を講ずる。

２号 常時湿潤状態となるおそれのある部分の部材を緊結するための金物には，有効な錆止めのための措置を講ずる。

第 9　耐久性等関係規定の指定

令第 36 条第 1 項［96 頁］に規定する耐久性等関係規定として，第 2 第 2 号および第 8 に定める安全上必要な技術的基準を指定する。

「RM 造告示」

平15国交告463「RM 造の建築物または建築物の構造部分の構造工法に関する安全上必要な技術的基準を定める件」（平19国交告614改正）

本告示は，構造計算をすることにより，5階建，軒高20mまで可能な［271頁参照］RM造（補強メーソンリー）の基準で，次のように第1〜第13まである。

令第80条の2第1号［135頁］の規定に基づき，RC造の建築物または建築物の構造部分で，特殊の構造方法によるものとして，RM造【組積ユニット《コンクリートブロック（CB）またはセラミックメーソンリーユニットで型枠状のもの，以下同じ》を組積し，それらの空洞部に縦横に鉄筋を配置し，コンクリートを充填して一体化した構造，以下同じ】の建築物または建築物の構造部分（以下「RM造の建築物など」）の構造方法に関する安全上必要な技術的基準を第1〜第11までに定め，同令第36条第1項［96頁］の規定に基づき，耐久性等関係規定を第12に，同条第2項第1号の規定に基づき，同令第81条第2項第1号イ［許容応力度等計算または同等以上，148頁］に規定する保有水平耐力計算によって安全性を確かめる場合に適用を除外することができる技術的基準を第13にそれぞれ指定し，同号イの規定に基づき，RM 造の建築物などの構造計算が，第 11 第 1 号イおよびロ，第 3 号ならびに第 4 に適合する場合には，当該構造計算は，同項第 1 号イに規定する保有水平耐力計算と同等以上に安全性を確かめることができるものと認め，同令第 81 条第 2 項第 2 号イ［148 頁，許容応力度等計算または同等以上］の規定に基づき，RM 造の建築物などの構造計算が，第 11 第 1 号および第 4 号に適合する場合には，当該構造計算は，同項第 2 号イに規定する許容応力度等計算と同等以上に安全性を確かめることができるものと認める。

第 1　適用の範囲

RM 造の建築物または建築物の構造部分の構造方法は，令第 3 章第 6 節（第 76 条［129 頁］，第 77 条［130 頁］，第 78 条［132 頁］，第 78 条の 2 第 1 項第 3 号［132 頁］および第 79 条［133 頁］の規定を除く）に定めるところによるほか，第 2〜第 11 までに定めるところによる。

第 2　階数など

1 号　地上 3 階建以下とする。

2 号　軒高は，12 m 以下とする。

3 号　RM 造の建築物の構造部分を有する階の階高《床版の上面からその直上階の床版の上面（最上階または平屋建の建築物では，構造耐力上主要な壁と屋根版が接して設けられる部分のうち最も低い部分における屋根版の上面）までの高さ》は，3.5 m 以下とする。

> **解説「RM 造の階数と軒高の制限」**
> 階数 3，軒高 12 m という制限は，第 11 の規定により構造計算を行うことによって，階数 5，軒高 20 m まで緩和できる。

第 3　構造耐力上主要な部分に使用する充填（じゅうてん）コンクリートの設計基準強度および構造耐力上主要な部分に使用する鉄筋の種類

1 号　充填コンクリートは，18 N/mm^2 以上の設計基準強度のものとする。

2 号　鉄筋は，径 9 mm 以上の異形鉄筋とする。

第 4　構造耐力上主要な部分に使用する組積ユニットの品質

1 号　ひび割れ，きず，歪（ひず）みなどによる耐力上の欠点がないものとする。

2 号　基本形組積ユニット［図 6.7（266 頁）参照］では，その形状は，次のイ〜へまでに定めるものとする。

イ　容積空洞率《組積ユニットの空洞部全体の容積を組積ユニットの外部形状容積（化粧を有するCBでは，その化粧の部分の容積を除く）で除して得た数値を百分率で表したもの》は，50% 以上 70% 以下とする。

ロ　フェイスシェル（充填コンクリートの型枠となる部分，以下同じ）の最小厚さは，25 mm 以上とする。

ハ　ウェブ（フェイスシェルを連結する部分，以下同じ）の形状は，組積した場合にコンクリートの充填に支障のないものとする。

ニ　ウェブの鉛直断面積の合計は，モデュール寸法（呼称寸法に目地厚さを加えたもの，以下同じ）によるフェイスシェルの鉛直断面積の 8% 以上とする。

ホ　ウェブの中央部の高さは，モデュール寸法による組積ユニットの高さの65% 以下とする。

ヘ　打込み目地組積ユニットでは，そのフェイスシェルの内端部の開先（隣接する組積ユニットにより構成される凹部，以下同じ）の幅は，8 mm 以上 12 mm 以下，隣接する打込み目地組積ユニットのフェイスシェルの接触面の内端から内側に 3 mm の位置における開先の幅は 3 mm 以上，奥行長さは 10 mm 以上とする。ただし，高い流動性を有するコンクリートの使用その他の目地部にコンクリートを密実に充填するための有効な措置を講ずる場合は，この限りでない。

3号　前号（イ，ニおよびホを除く）の規定は，異形組積ユニットについて準用する。

4号　圧縮強度は，CBでは 20N/mm^2 以上，セラミックメーソンリーユニットでは 40N/mm^2 以上とする。

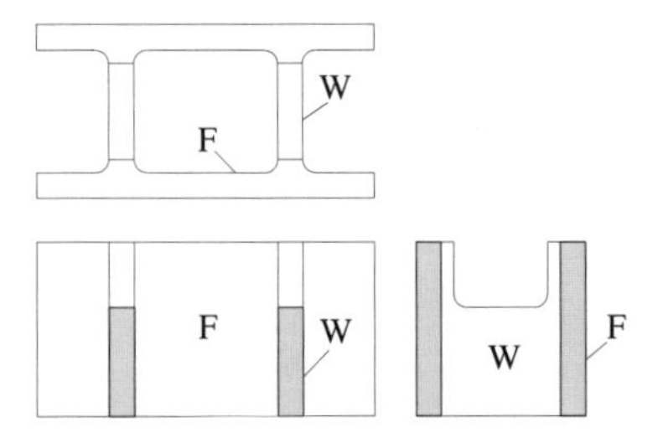

実際の組積ユニットはこの模式図より複雑な形状をしている（微妙な凹凸がある）。

F：フェイスシェル
W：ウェブ

図 6.7　（参考）基本形組積ユニットの例の模式図［図 2.30（80 頁）参照］

5号 体積吸水率（表乾重量から絶乾重量を引いた数値を表乾重量から水中重量[†]を引いた数値で除して得たものを百分率で表したもの，以下この号において同じ）は，組積ユニットの種類に応じて，表 6.31［267 頁］に掲げる式によって計算した数値以下の数値とする。

表 6.31 組積ユニットの体積吸水率

組積ユニットの種類	体積吸水率（%）
コンクリートブロック（CB）	$20-\left(\frac{2\sigma}{5}-8\right)$
セラミックメーソンリーユニット	$20-\left(\frac{2\sigma}{5}-16\right)$
ここで，σ：圧縮強度（N/mm^2）である。	

6号 フェイスシェルの吸水層（24 時間以上浸（ひた）したときに水が浸透する部分，以下同じ）の厚さは，当該フェイスシェルの厚さの 2/3 以下とする。ただし，鉄筋と組積ユニットとの適当な間隔の保持その他の鉄筋の錆止めのための有効な措置を講ずる場合は，この限りでない。

7号 外壁に用いるものでは，JIS A5406（建築用コンクリートブロック）–1994 の透水性試験により測定された透水性は，1 m^2 につき 200 mℓ/時以下とする。ただし，防水剤の塗布その他の建築物の内部に生ずる漏水を防止するための有効な措置を講ずる場合は，この限りでない。

第5 構造耐力上主要な部分に使用する RC 組積体の設計基準強度

RC 組積体は，18N/mm^2 以上の設計基準強度《打込み目地 RC 組積体（打込み目地組積ユニットを組積し，それらの空洞部にコンクリートを充填し，打込み目地部を形成して一体化したもの，以下同じ）では，等価設計基準強度（設計基準強度に打込み目地組積ユニットの厚さに対するその打込み目地部を含む水平断面における充填コンクリートの最大厚さの比を乗じて得た数値，以下同じ）》のものとする。

第6 構造耐力上主要な部分に使用する RC 組積体の構造

1号 組積ユニットの空洞部は，コンクリートで密実に充填する。

2号 組積ユニットは，その目地塗面の全部（打込み目地組積ユニットでは，床版，

[†] 一般に空中重量から水中重量を引くと体積が求まる。

土台その他これらに類するものに接する部分に限る）にモルタルが行きわたるように組積する。

3号 異形組積ユニットを使用する場合は，基本組積ユニットと組み合わせて使用する。

4号 各空洞部に配置する鉄筋は，一方向につき2本以下とする。ただし，鉄筋の実況に応じた引抜きに関する実験によって，これと同等以上に鉄筋に対する充填コンクリートの付着割裂が生じるおそれのないことが確かめられた場合には，この限りでない。

5号 継手および定着に使用する部分では，前号の規定にかかわらず，鉄筋を一方向につき3本以上とすることができる。

第7　構造耐力上主要な部分である基礎梁の構造

基礎梁（べた基礎および布基礎の立上り部分を含む，第8において同じ）は，一体のRC造（2以上の部材を組み合わせたもので，これらの部材相互を緊結したものを含む，第8および第9第8号において同じ）とする。ただし，RM造では，フェイスシェルの吸水層の厚さが当該フェイスシェルの厚さの2/3以下であるCBを用いたもので，かつ令第82条［152頁］第1号〜第3号［許容応力度計算］までに定める構造計算を行い，構造耐力上安全であることが確かめられたものとする。

第8　構造耐力上主要な部分である床版および屋根版の構造

1号 RC造とする。

2号 水平力によって生ずる力を構造耐力上有効に耐力壁および壁梁（建築物の最下階の床版では，基礎梁）に伝えることができる剛性および耐力を有する構造とする。

第9　耐力壁の構造

1号 各地上階の耐力壁のうち計算しようとする方向に設けたものの水平断面積の和は，それぞれ次の式†に適合するものとする。

$$\sum A_{\mathrm{w}} \geqq Z\,W\,A_i\,\beta \tag{6.9}$$

ここで，

† この(6.9)式と(6.1)式［196頁］を比較すると，$\alpha = 1/\beta$ の関係があり $F_{\mathrm{c}} = 18\,\mathrm{N/mm^2}$ の場合 $\alpha = \beta = 1$ となるので，この式はRM造耐力壁のせん断強度を（$F_{\mathrm{c}} = 18\,\mathrm{N/mm^2}$ の場合）$1\,\mathrm{N/mm^2}$ として(6.1)式と同様の検証を行っていることになる［197頁の解説参照］。

A_w：当該階の耐力壁のうち計算しようとする方向に設けたものの水平断面積 (mm^2)，

Z：令第 88 条第 1 項［169 頁］に規定する Z の数値，

W：令第 88 条第 1 項［169 頁］の規定により地震力を計算する場合における当該階が支える部分の固定荷重と積載荷重との和（令第 86 条第 2 項［167 頁］ただし書の規定により特定行政庁が指定する多雪区域においては，更に積雪荷重を加えたもの）(N)，

A_i：令第 88 条第 1 項［169 頁］に規定する当該階に係る A_i の数値，

β：RC 組積体の設計基準強度（打込み目地 RC 組積体では，等価設計基準強度）(N/mm^2) で 18 を除した数値の平方根（$1/\sqrt{2}$ 未満のときは，$1/\sqrt{2}$）である。

2 号　耐力壁は，釣合よく配置する。

3 号　耐力壁の中心線により囲まれた部分の水平投影面積は，60 m^2 以下とする。ただし，令第 82 条［152 頁］第 1 号～第 3 号［許容応力度計算］までに定める構造計算によって構造耐力上安全であることが確かめられた場合には，この限りでない。

4 号　耐力壁の長さは，両端部の縦筋および 1 以上の中間縦筋（両端部の縦筋以外の縦筋）を配置できる長さ（590 mm を超えるときは 590 mm）以上とする。

5 号　耐力壁の厚さは，鉛直方向の力に対する構造耐力上主要な支点間の鉛直距離を 22 で除して得た数値以上で，かつ 190 mm 以上とする。ただし，令第 82 条［152 頁］第 1 号～第 3 号［許容応力度計算］までに定める構造計算によって構造耐力上安全であることが確かめられた場合には，120 mm 以上とすることができる。

6 号　耐力壁に用いる縦筋は，次のイ～ハまでに定めるものとする。

イ　縦筋の鉄筋比（耐力壁の水平断面における RC 組積体の断面積に対する縦筋の断面積の和の割合）は，0.2% 以上とする。ただし，令第 82 条［152 頁］第 1 号～第 3 号［許容応力度計算］までに定める構造計算によって構造耐力上安全であることが確かめられた場合には，0.15% 以上とすることができる。

ロ　縦筋の間隔は，モデュール寸法による組積ユニットの長さ以下で，かつ 400 mm 以下とする。

ハ　両端部の縦筋の径は，階の区分に応じて表 6.32［270 頁］に掲げる数値以上とする。ただし，令第 82 条［152 頁］第 1 号～第 3 号［許容応力度計算］までに定める構造計算によって構造耐力上安全であることが確かめられた場合には，12 mm 以上とすることができる。

表 6.32　耐力壁端部の縦筋の径

<table>
<tr><th colspan="2">階</th><th>端部の縦筋の径（mm）</th></tr>
<tr><td rowspan="2">地上階</td><td>最上階から数えた階数が 3 以内の階</td><td>12</td></tr>
<tr><td>最上階から数えた階数が 4 以上の階</td><td rowspan="2">15</td></tr>
<tr><td colspan="2">地　階</td></tr>
</table>

7 号　耐力壁に用いる横筋については，その鉄筋比（耐力壁の壁面と直交する鉛直断面における RC 組積体の断面積に対する横筋の断面積の和の割合，以下この号において同じ）および横筋の間隔は，階の区分に応じてそれぞれ表 6.33［270 頁］による。ただし，横筋の鉄筋比を 0.15% 以上とし，かつ令第 82 条［152 頁］第 1 号～第 3 号［許容応力度計算］までに定める構造計算によって構造耐力上安全であることが確かめられた場合には，この限りでない。

表 6.33　耐力壁横筋の鉄筋比と間隔

<table>
<tr><th colspan="2">階</th><th>横筋の鉄筋比（%）</th><th>横筋の間隔</th></tr>
<tr><td rowspan="2">地上階</td><td>最上階から数えた階数が 3 以内の階</td><td>0.2 以上</td><td>モデュール寸法による組積ユニットの高さ，または 300 mm のうちいずれか大きい数値以下</td></tr>
<tr><td>最上階から数えた階数が 4 以上の階</td><td rowspan="2">0.25 以上</td><td rowspan="2">モデュール寸法による組積ユニットの高さ，または 200 mm のうちいずれか大きい数値以下</td></tr>
<tr><td colspan="2">地　階</td></tr>
</table>

8 号　地階の耐力壁は，一体の RC 造とする。ただし，RM 造では，フェイスシェルの吸水層の厚さが当該フェイスシェルの厚さの 2/3 以下である CB を用いたもので，かつ令第 82 条［152 頁］第 1 号～第 3 号［許容応力度計算］までに定める構造計算を行い，構造耐力上安全であることが確かめられたものとする。

第 10　構造耐力上主要な部分である壁梁の構造

1 号　丈(たけ)[†]は，450 mm 以上とする。ただし，令第 82 条［152 頁］第 1 号～第 3 号

[†] 成(せい)ともいう。例えば，ルート[1]～[3]算定法告示の 290 頁参照。

［許容応力度計算］までに定める構造計算によって構造耐力上安全であることが確かめられた場合には，この限りでない。

2号 複筋梁とする。

3号 壁梁に用いる鉄筋は，次のイ～ハまでに定めるものとする。

イ 壁梁の長さ方向に配置される鉄筋相互間の間隔は，それぞれ 400 mm 以下とする。

ロ 上端筋および下端筋（壁梁の長さ方向に配置される鉄筋のうちそれぞれ上端および下端に配置されるもの，以下この号において同じ）は，径 12 mm 以上とし，上端筋の断面積の合計および下端筋の断面積の合計がそれぞれ次の式に適合するように配置する。

$$a_t \geqq 0.002\,b\,d \tag{6.10}$$

ここで，

a_t：上端筋の断面積の合計または下端筋の断面積の合計（mm^2），

b：壁梁の厚さ（mm），

d：壁梁の有効丈（引張側端部の鉄筋と圧縮縁との重心間の距離）（mm）

である。

ハ 肋筋（あばらきん）相互の間隔は，200 mm 以下とする。

ニ 肋筋比（梁の軸を含む水平断面における一組の肋筋の断面の中心を通る直線と，隣り合う一組の肋筋の断面の中心を通る直線とではさまれた部分の RC 組積体の断面積に対する肋筋の断面積の和の割合）は 0.25%（壁梁の内法長さを丈で除して得た数値が 1.5 未満の場合には，0.3%）以上とする。

第 11 構造計算によって構造耐力上安全であることが確かめられた建築物または建築物の部分

1号 次のイ～ハまでに定めるところにより行う構造計算によって構造耐力上安全が確かめられた建築物または建築物の構造部分については，第 2 第 1 号中「3 以下」は「5 以下」，第 2 第 2 号中「12 m 以下」は「20 m 以下」と読み替えて適用する。

イ 令第 82 条［152 頁］各号［許容応力度計算，変形・振動の検討］に定めるところによる。

ロ 令第 82 条の 2［154 頁，層間変形角の検討］に規定する層間変形角が，

RM 造の構造部分を有する階では 1/2000 以内であり，かつその他の階では 1/200（地震力による構造耐力上主要な部分の変形によって建築物の部分に著しい損傷が生ずるおそれのない場合には，1/120）以内であることを確かめる。

ハ　令第 82 条の 6［160 頁，許容応力度等計算］第 2 号［160 頁，剛性率・偏心率の検討］に定めるところによる。

ニ　各地上階の耐力壁のうち計算しようとする方向に設けたものの水平断面積の和が次の式に適合することを確かめる。

$$\sum 2A_{\mathrm{w}} \geqq ZWA_i\beta \tag{6.11}$$

この式において，各記号は第 9 第 1 号［268 頁］に定める数値を表す。

2 号　前号に掲げる建築物または建築物の構造部分については，第 9 第 1 号［268 頁］の規定は適用しない。

3 号　第 1 号イおよびロに定めるところにより行う構造計算によって構造耐力上安全であることが確かめられ，かつ令第 82 条の 3［154 頁，保有水平力計算］第 1 号の規定によって計算した各地上階の水平力に対する耐力が同条第 2 号の規定によって計算した必要保有水平耐力以上であることが確かめられた建築物または建築物の構造部分については，第 2 第 1 号中「3 以下」は「5 以下」，第 2 第 2 号中「12 m 以下」は「20 m 以下」，第 10 第 3 号ニ中「0.25%」は「0.15%」と読み替えて適用する。

4 号　令第 82 条の 4［155 頁，屋根葺材などの検討］に定めるところによる。

第 12　耐久性等関係規定の指定

令第 36 条第 1 項［96 頁］に規定する耐久性等関係規定として，第 3 第 1 号，第 4《第 2 号イおよび同号ニ〜へまで，ならびに第 3 号（第 2 号へを準用する部分に限る）を除く》，第 5 および第 6 第 1 号に定める安全上必要な技術的基準を指定する。

第 13　令第 36 条第 2 項第 1 号に基づく技術的基準の指定

令第 36 条第 2 項第 1 号［97 頁］の規定に基づき，第 11 第 1 号イおよびロ，第 3 号ならびに第 4 号に規定する構造計算を行った場合に適用を除外することのできる技術的基準として，第 2 第 3 号，第 8 第 1 号，第 9 第 1 号および第 10 第 3 号ロに定める技術的基準を指定する。

第 7 章

構造計算関係の主な告示

7.1　超高層建築物の告示

「超高層計算告示」

平 12 建告 1461「超高層建築物の構造耐力上の安全性を確かめるための構造計算の基準を定める件」（平 25 国交告 772 改正）

本告示は，超高層建築物の構造計算に関する規定で，地震以外については限界耐力計算を行う。地震については，表 7.1（275 頁）の加速度応答スペクトルに適合する地震波を用い時刻歴応答解析を行うルート 5 の規定である。なお，加速度応答スペクトルは，限界耐力計算の加速度応答スペクトル（図 1.15［31 頁］）と同一である。

令第 81 条第 1 項第 4 号［147 頁］の規定に基づき，超高層建築物の構造耐力上の安全性を確かめるための構造計算の基準を次のように定める。

1 号　建築物の各部分の固定荷重および積載荷重その他の実況に応じた荷重および外力（令第 86 条第 2 項［167 頁］ただし書の規定によって特定行政庁が指定する多雪区域における積雪荷重を含む）により建築物の構造耐力上主要な部分に損傷を生じないことを確かめる。

2 号　建築物に作用する積雪荷重について次に定める方法による構造計算を行う。

イ　令第 86 条［167 頁］に規定する方法によって建築物に作用する積雪荷重を計算する。ただし，特別な調査または研究により当該建築物の存する区域における 50 年再現期待値（年超過確率が 2% に相当する値）を求めた場合には，当該値とすることができる。

ロ　イの規定によって計算した積雪荷重によって，建築物の構造耐力上主要な部分に損傷を生じないことを確かめる。

ハ　イの規定によって計算した積雪荷重の1.4倍に相当する積雪荷重によって，建築物が倒壊，崩壊などしないことを確かめる。

ニ　イ～ハまでに規定する構造計算は，融雪装置その他積雪荷重を軽減するための措置を講じた場合には，その効果を考慮して積雪荷重を低減して行うことができる。この場合，その出入口またはその他の見やすい場所に，その軽減の実況その他必要な事項を表示する。

3号　建築物に作用する風圧力について次に定める方法による構造計算を行う。この場合，水平面内での風向と直交する方向および捩れ方向の建築物の振動ならびに屋根面においては鉛直方向の振動を適切に考慮する。

イ　地上10mにおける平均風速が令第87条第2項［168頁］の規定に従って地表面粗度区分を考慮して求めた数値以上である暴風によって，建築物の構造耐力上主要な部分《建築物の運動エネルギーを吸収するために設けられた部材であって，疲労，履歴および減衰に関する特性が明らかであり，ロに規定する暴風および第4号ハに規定する地震動に対して所定の性能を発揮することが確かめられたもの（以下「制振部材」）を除く》に損傷を生じないことを確かめる。

ロ　地上10mにおける平均風速がイに規定する風速の1.25倍に相当する暴風によって，建築物が倒壊，崩壊などしないことを確かめる。

4号　建築物に作用する地震力について次に定める方法による構造計算を行う。ただし，地震の作用による建築物の影響が暴風，積雪その他の地震以外の荷重および外力の作用による影響に比べて小さいことが確かめられた場合には，この限りでない。この場合，建築物の規模および形態に応じた上下方向の地震動，当該地震動に直交する方向の水平動，地震動の位相差および鉛直方向の荷重に対する水平方向の変形の影響†を適切に考慮する。

† いわゆる「$P-\Delta$（ピーデルタ）効果」のことである。柱の曲げモーメントは地震力のような水平方向の荷重によって生ずるものが支配的である。しかし，水平方向に変形Δが生ずると（鉛直方向の地震動によって変動する）自重のような鉛直方向の荷重Pによっても曲げモーメントが生じ，この曲げモーメントは$P\Delta$で表されるので，このような影響を「$P-\Delta$効果」と呼んでいる（拙著[2]の332頁に多少詳しい説明がある）。

イ 建築物に水平方向に作用する地震動は，次に定めるところによる。ただし，敷地の周辺における断層，震源からの距離その他地震動に対する影響および建築物への効果を適切に考慮して定める場合には，この限りでない。

(1) 解放工学的基盤《表層地盤による影響を受けないものとした工学的基盤（地下深所にあって十分な層厚と剛性を有し，せん断波速度が約 400 m/秒以上の地盤）》における加速度応答スペクトル（地震時に建築物に生ずる加速度の周期ごとの特性を表す曲線をいい，減衰定数 5% に対するもの）を表 7.1［図 1.15（31 頁）参照］に定める数値に適合するものとし，表層地盤による増幅を適切に考慮する。

表 7.1　加速度応答スペクトル

周期（秒）	加速度応答スペクトル（m/秒 ^{2}）	
	稀に発生する地震動	極めて稀に発生する地震動
$T < 0.16$	$(0.64 + 6T)Z$	稀に発生する地震動に対する加速度応答スペクトルの 5 倍の数値
$0.16 \leqq T < 0.64$	$1.6Z$	
$0.64 \leqq T$	$(1.024/T)Z$	
ここで，T：建築物の周期（秒），Z：令第 88 条第 1 項［169 頁］に規定する Z の数値である。		

(2) 開始から終了までの継続時間を 60 秒以上とする。

(3) 適切な時間の間隔で地震動の数値（加速度，速度もしくは変位またはこれらの組合せ）が明らかにされている。

(4) 建築物が地震動に対して構造耐力上安全であることを検証するために必要な個数以上である。

ロ イに規定する稀に発生する地震動によって建築物の構造耐力上主要な部分が損傷しないことを，運動方程式に基づき確かめる。ただし，制振部材にあっては，この限りでない。

ハ イに規定する極めて稀に発生する地震動によって建築物が倒壊，崩壊などしないことを，運動方程式に基づき確かめる。

ニ イ～ハまでの規定は，建築物が次に掲げる基準に該当する場合には，適用しない。

(1) 地震が応答の性状に与える影響が小さいものである。

(2) イに規定する稀に発生する地震動と同等以上の効力を有する地震力に

よって建築物が損傷しないことを確かめたものである。

(3) イに規定する極めて稀に発生する地震動と同等以上の効力を有する地震力によって建築物が倒壊，崩壊などしないことを確かめたものである。

5号 第2号～第4号までに規定する構造計算を行うに当たり，第1号に規定する荷重および外力を適切に考慮する。

6号 第1号に規定する実況に応じた荷重および外力に対して，構造耐力上主要な部分である構造部材の変形または振動によって建築物の使用上の支障が起こらないことを確かめる。

7号 屋根葺材，特定天井，外装材および屋外に面する帳壁が，風圧ならびに地震その他の震動および衝撃に対して構造耐力上安全であることを確かめる。

8号 土砂災害警戒区域等における土砂災害防止対策の推進に関する法律（平成12年法律第57号）[本書では省略] 第8条第1項に規定する土砂災害特別警戒区域内における居室を有する建築物では，令第80条の3 [146頁] ただし書の場合を除き，土砂災害の発生原因となる自然現象の種類に応じ，それぞれ平13国交告383 [(土砂災害告示)，146頁] 第2第2号，第3第2号または第4第2号に定める外力によって外壁など（令第80条の3 [146頁] に規定する外壁など）が破壊を生じないものであることを確かめる。この場合，第1号に規定する荷重および外力を適切に考慮する。

9号 前各号の構造計算が，次に掲げる基準に適合していることを確かめる。

イ 建築物のうち令第3章第3節 [103頁]～第7節の2 [135頁] までの規定に該当しない構造方法とした部分（当該部分が複数存在する場合には，それぞれの部分）について，当該部分の耐力および靭性その他の建築物の構造特性に影響する力学特性値が明らかである。

ロ イの力学特性値を確かめる方法は，次のいずれかによる。

(1) 当該部分およびその周囲の接合の実況に応じた加力試験

(2) 当該部分を構成するそれぞれの要素の剛性，靭性その他の力学特性値および要素相互の接合の実況に応じた力および変形の釣合いに基づく構造計算

ハ 構造計算を行うに当たり，構造耐力に影響する材料の品質が適切に考慮されている。

7.2　構造計算ルート関係の告示

「Exp.J. 分離確認告示」

平 27 国交告 180「構造計算基準に適合する部分の計画を定める件」

本告示は，エキスパンションジョイントを設けて増改築を行う場合，増改築部分のみの構造計算でよい場合を定めた規定である。

法施行規則第 1 条の 3 第 10 項の規定に基づき，構造計算基準に適合する部分の計画を次のように定める。

法施行規則第 1 条の 3 第 10 項に規定する構造計算基準に適合する部分の計画は，増築または改築後において，増築または改築に係る部分とそれ以外の部分とがエキスパンションジョイントその他の相互に応力を伝えない構造方法のみで接するものとなる建築物の計画（以下「分離増改築計画」）のうち，増築または改築に係る部分以外の部分《増築または改築前において独立部分（建築物の 2 以上の部分がエキスパンションジョイントその他の相互に応力を伝えない構造方法のみで接している場合における当該建築物の部分をいう）が 2 以上ある建築物にあっては，当該独立部分それぞれ，以下「既存部分」》の計画（次の各号のいずれかに該当するものに限る）であって，直前の確認において既存部分の構造方法が構造計算（令第 81 条第 2 項第 1 号イ［148 頁，ルート3］もしくはロ［148 頁，ルート4］または第 2 号イ［148 頁，ルート2］または第 3 項［151 頁，大臣告示］に定める構造計算に限る，以下同じ）により確かめられる安全性を有することが確認されたことにより，分離増改築計画のうち当該既存部分の構造方法が，その安全性を確かめる場合に用いることが認められる構造計算によって確かめられる安全性を有することが確認できるものとする。

1 号　直前の確認を受けた計画から変更がないもの

2 号　直前の確認を受けた計画から行われた変更が法施行規則第 3 条の 2 第 8 号～第 11 号までに掲げるものその他の変更であって，直前の確認において構造方法の安全性を確かめた構造計算による既存部分の構造方法の安全性の確認に影響を及ぼさないことが明らかなもののみであるもの

「方向別ルート[3]同等告示」

平27国交告189「建築物の張間方向または桁行方向の規模または構造に基づく保有水平耐力計算と同等以上に安全性を確かめることができる構造計算の基準を定める件」

> 本告示は，ルート[3]が適用される場合であっても，1方向にルート[1]または[2]を適用することができる場合を定めた規定である。（なお，ルートの混用については9頁の解説「方向別ルートの混用」参照。）

令第81条第2項第1号イ［148頁］の規定に基づき，保有水平耐力計算［ルート[3]］と同等以上に安全性を確かめることができる構造計算の基準は，次の各号に定める基準とする。

1号 法第20条第1項第2号に掲げる建築物（高さ31m以下のものに限る）［90頁，大規模建築物］が令第3章第1節～第7節の2［96頁～，構造種別ごとの各規定］までの規定に適合する場合は，次のイおよびロに該当するもの

イ 建築物の張間方向または桁行方向のいずれかの方向について，令第3章第8節第1款の4に規定する許容応力度等計算［160頁，ルート[2]］によって構造耐力上安全であることが確かめられたもの。

ロ イの規定により構造耐力上安全であることが確かめられた方向以外の方向について，令第3章第8節第1款の2に規定する保有水平耐力計算［151頁，ルート[3]］によって構造耐力上安全であることが確かめられたもの。

2号 法第20条第1項第3号［91頁，中規模建築物］に掲げる建築物が令第3章第1節～第7節の2［96頁～，構造種別ごとの各規定］までの規定に適合する場合は，次のイまたはロに該当するもの

イ 前号イまたはロに定める基準に該当するもの

ロ 次の(1)および(2)に該当するもの

(1) 建築物の張間方向または桁行方向のいずれかの方向について，令第82条各号［152頁，許容応力度計算，変形・振動の検討］および令第82条の4［155頁，屋根葺材などの検討］に定める構造計算［ルート[1]］によって構造耐力上安全であることが確かめられたもの。

(2) (1)の規定により構造耐力上安全であることが確かめられた方向以外の

方向について，令第 3 章第 8 節第 1 款の 2 に規定する保有水平耐力計算［ルート3］によって構造耐力上安全であることが確かめられたもの。

「方向別ルート2同等告示」

平 19 国交告 1274「建築物の張間方向または桁行方向の規模または構造に基づく許容応力度等計算と同等以上に安全性を確かめることができる構造計算の基準を定める件」（平 27 国交告 190 改正）

本告示は，ルート2と同等と見なされるルート1を定めた規定である。この規定により，ルート2が適用される場合であっても，1 方向にルート1を適用することができる。（なお，ルートの混用については 9 頁の解説「方向別ルートの混用」参照。）

令第 81 条第 2 項第 2 号イ［148 頁］の規定に基づき，許容応力度等計算［ルート2］と同等以上に安全性を確かめることができる構造計算の基準は，次の各号に定める基準とする。

1 号　地上 3 階建以下，高さ 13 m 以下および軒高 9 m 以下である S 造の建築物の張間方向または桁行方向が平 19 国交告 593［(ルート1適用告示)，98 頁，194 頁］第 1 号イ［S 造ルート1-1］の規定を満たす場合には，次のイおよびロに該当するもの

イ［S 造ルート1-1］建築物の張間方向または桁行方向のうち平 19 国交告 593［(ルート1適用告示)，98 頁，194 頁］第 1 号イの規定を満たす方向について，令第 82 条［152 頁］各号［許容応力度計算，変形・振動の検討］および令第 82 条の 4［155 頁，屋根葺材などの検討］に定める構造計算によって構造耐力上安全であることが確かめられたもの。

ロ［S 造ルート2］イに掲げる方向以外の方向について，次の (1) および (2) に該当するもの

(1) 令第 3 章第 8 節第 1 款の 4［160 頁］に規定する許容応力度等計算によって構造耐力上安全であることが確かめられたもの。

(2) 平 19 国交告 593［(ルート1適用告示)，98 頁，194 頁］第 1 号イ (1) の規定［柱の相互間隔 ≦ 6 m］を満たすもの。

2号 地上2階建以下，高さ13m以下および軒高9m以下であるS造の建築物の張間方向または桁行方向が平19国交告593［(ルート[1]適用告示)，98頁，194頁］第1号ロ［S造ルート[1-2]］の規定を満たす場合には，次のイおよびロに該当するもの

イ［S造ルート[1-2]］建築物の張間方向または桁行方向のうち平19国交告593［(ルート[1]適用告示)，98頁，194頁］第1号ロの規定［S造ルート[1-2]］を満たす方向について，令第82条［152頁］各号［許容応力度計算，変形・振動の検討］および令第82条の4［155頁，屋根葺材などの検討］に定める構造計算によって構造耐力上安全であることが確かめられたものである。

ロ［S造ルート[2]］イに掲げる方向以外の方向について，次の(1)および(2)に該当するもの

(1) 令第3章第8節第1款の4［160頁］に規定する許容応力度等計算によって構造耐力上安全であることが確かめられたもの。

(2) 平19国交告593［(ルート[1]適用告示)，98頁，194頁］第1号ロ(2)の規定［柱の相互間隔≦ 12m］を満たすもの。

3号 高さが20m以下であるRC造（壁式ラーメンRC造，WRC造およびRM造を除く）もしくはSRCの建築物の張間方向または桁行方向が平19国交告593［(ルート[1]適用告示)，98頁，194頁］第2号イの規定［RC造,SRC造ルート[1]］を満たす場合には，次のイおよびロに該当するもの

イ［RC造,SRC造ルート[1]］建築物の張間方向または桁行方向のうち平19国交告593［(ルート[1]適用告示)，98頁，194頁］第2号イの規定［RC造,SRC造ルート[1]］を満たす方向について，令第82条［152頁］各号［許容応力度計算，変形・振動の検討］および第82条の4［155頁，屋根葺材などの検討］に定める構造計算によって構造耐力上安全であることが確かめられたもの。

ロ［RC造,SRC造ルート[2]］イに掲げる方向以外の方向について，令第3章第8節第1款の4［160頁］に規定する許容応力度等計算によって構造耐力上安全であることが確かめられたもの。

4号 法第20条第1項第3号［91頁，中規模建築物］に掲げる建築物にあっては，次のイおよびロに該当するもの

イ　建築物の張間方向または桁行方向のいずれかの方向について，令第 82 条各号［許容応力度計算，変形・振動の検討］および令第 82 条の 4［屋根葺材などの検討］に定める構造計算によって構造耐力上安全であることが確かめられたもの。

ロ　イの規定により構造耐力上安全であることが確かめられた方向以外の方向について，令第 3 章第 8 節第 1 款の 4［許容応力度等計算，160 頁］に規定する許容応力度等計算によって構造耐力上安全であることが確かめられたもの。

7.3　保有水平耐力，許容応力度等計算の告示

「ルート[1]～[3]算定法告示」

平 19 国交告 594「保有水平耐力計算および許容応力度等計算の方法を定める件」

本告示は，保有水平耐力計算のルート[3]と許容応力度等計算のルート[2]と[1]を行う際の構造計算に関する規定で，次のように第 1～第 5 がある。 第 1　構造計算に用いる数値の設定方法［281 頁］ 第 2　荷重および外力によって建築物の構造耐力上主要な部分に生ずる力の計算方法［283 頁］ 第 3　地震力によって各階に生ずる水平方向の層間変位の計算方法［286 頁］ 第 4　保有水平耐力の計算方法［286 頁］ 第 5　各階の剛心周りの捩り剛性の計算方法［293 頁］

令第 82 条第 1 号［152 頁，応力計算］，第 82 条の 2［154 頁，層間変形角］，第 82 条の 3［保有水平耐力］第 1 号［154 頁］および第 82 条の 6［許容応力度等計算］第 2 号ロ［161 頁，偏心率］の規定に基づき，保有水平耐力計算および許容応力度等計算の方法を次のように定める。

第 1　構造計算に用いる数値の設定方法

1 号　建築物の架構の寸法，耐力，剛性，剛域その他の構造計算に用いる数値は，当該建築物の実況に応じて適切に設定する。

2 号　前号の数値の設定を行う場合には，接合部の構造方法その他当該建築物の実況に応じて適切な設定の組合せが複数存在するときは，それらのすべての仮

定に基づき構造計算をして当該建築物の安全性を確かめる。

3 号 壁に開口を設ける場合には，開口を設けない場合と同等以上の剛性および耐力を有するように当該開口部の周囲が補強されている場合を除き，次のイまたはロの区分に応じ，それぞれ当該各号に定める方法により当該壁の剛性および耐力を低減した上で耐力壁として構造計算を行うか，当該壁を非構造部材（構造耐力上主要な部分以外の部分，以下同じ）として取り扱った上で第 2 第 2 号の規定による。この場合，開口部の上端を当該階の梁に，かつ開口部の下端を当該階の床版にそれぞれ接するものとした場合には，当該壁を一つの壁として取り扱ってはならない。

イ RC 造とした耐力壁（周囲の構造耐力上主要な部分である柱および梁に緊結された場合に限る）に開口部を設ける場合で，当該開口部が (1) に適合することを確かめた場合：

当該開口部を有する耐力壁のせん断剛性の数値に (2) によって計算した低減率を乗じるとともに，当該開口部を有する耐力壁のせん断耐力の数値に (3) によって計算した低減率を乗じて構造計算を行う。

(1) 次の式によって計算した開口周比 r_0 が 0.4 以下である。

$$r_0 = \sqrt{\frac{h_0\,\ell_0}{h\,\ell}} \tag{7.1}$$

ここで，

h_0：開口部の高さ (m),

ℓ_0：開口部の長さ (m),

h：開口部を有する耐力壁の上下の梁の中心間距離 (m),

ℓ：開口部を有する耐力壁の両端の柱の中心間距離 (m) である。

(2) 当該開口部を有する耐力壁のせん断剛性低減率 r_1 を次の式によって計算する。

$$r_1 = 1 - 1.25\,r_0 \tag{7.2}$$

ここで，r_0 は (1)［(7.1) 式］による。

(3) 当該開口部を有する耐力壁のせん断耐力の低減率 r_2 を次の式によって計算する。

$$r_2 = 1 - \max\left\{r_0, \frac{\ell_0}{\ell}, \frac{h_0}{h}\right\} \tag{7.3}$$

ここで，記号は (1) による。

ロ 開口部を有する耐力壁の剛性および耐力の低減について特別な調査または研究が行われている場合：

当該開口部を有する耐力壁の剛性および耐力を当該特別な調査または研究の結果に基づき低減して構造計算を行う。

4号 壁以外の部材に開口部を設ける場合には，開口部を設けない場合と同等以上の剛性および耐力を有するように当該開口部の周囲が補強されている場合を除き，当該部材の剛性および耐力の低減について特別な調査または研究の結果に基づき算出した上で構造耐力上主要な部分として構造計算を行うか，当該部材を非構造部材として取り扱った上で第2第2号の規定による。

第2 荷重および外力によって建築物の構造耐力上主要な部分に生ずる力の計算方法

1号 令第82条第1号［152頁，応力計算］の規定に従って構造耐力上主要な部分に生ずる力を計算するに当たっては，次のイおよびロに掲げる基準に適合すること。

イ 構造耐力上主要な部分に生ずる力は，当該構造耐力上主要な部分が弾性状態にあるものとして計算する。

ロ 基礎または基礎杭の変形を考慮する場合には，平13国交告1113［(地盤杭支持力告示)，181頁，342頁］第1に規定する地盤調査の結果に基づき，当該基礎または基礎杭の接する地盤が弾性状態にあることを確かめる。

2号 前号の計算に当たっては，非構造部材から伝達される力の影響を考慮して構造耐力上主要な部分に生ずる計算をする。ただし，特別な調査または研究の結果に基づき非構造部材から伝達される力の影響がないものとしても構造耐力上安全であることが確かめられた場合には，この限りでない。

3号 前2号の規定によって構造耐力上主要な部分に生ずる力を計算するほか，次のイ～ニまでに掲げる場合に応じてそれぞれ当該イ～ニまでに定める方法によって計算を行う。ただし，特別な調査または研究の結果に基づき，イ～ニまでに定める方法による計算と同等以上に建築物または建築物の部分が構造耐力上安全であることを確かめることができる計算をそれぞれ行う場合には，この限りでない。

イ 建築物の地上部分の剛節架構［ラーメン］の一部にRC造またはSRC造で

ある耐力壁を配置する架構とし，かつ地震時に当該架構を設けた階における耐力壁（その端部の柱を含む）が負担するせん断力の和が当該階に作用する地震力の1/2を超える場合：

当該架構の柱（耐力壁の端部となる柱を除く）について，当該柱が支える部分の固定荷重と積載荷重の和（令第86条第2項［167頁］ただし書の規定により特定行政庁が指定する多雪区域においては，更に積雪荷重を加える，以下「常時荷重」）に令第88条第1項［169頁］に規定する地震層せん断力係数を乗じた数値の0.25倍以上となるせん断力が作用するものとし，これと常時荷重によって生ずる力を組み合わせて計算した当該柱の断面に生ずる応力度が令第3章第8節第3款［175頁］の規定による短期に生ずる力に対する許容応力度を超えないことを確かめる。

> イの規定は，耐力壁が地震力の（1/2を超える）大半を負担する場合においても，ラーメン部分がある程度（中地震動による地震力の0.25倍以上）の水平耐力を持つようにする規定である。なお，柱のみについて規定されているが，梁も柱耐力に見合う耐力が必要である。

ロ　地上4階建以上である建築物または高さが20mを超える建築物のいずれかの階において，当該階が支える部分の常時荷重の20％以上の荷重を支持する柱を架構の端部に設ける場合［4本柱の建築物など］：

建築物の張間方向および桁行方向以外の方向†に水平力が作用するものとして令第82条［152頁］第1号～第3号［許容応力度計算］までに規定する構造計算を行い安全であることを確かめる。

ハ　地上4階建以上である建築物または高さが20mを超える建築物であって，昇降機塔その他これらに類する建築物の屋上から突出する部分（当該突出部分の高さが2mを超えるものに限る）または屋外階段その他これに類する建築物の外壁から突出する部分を設ける場合：

作用する荷重および外力《地震力にあっては，当該部分が突出する方向と直交する方向の水平震度（令第88条第1項［169頁］に規定するZの数値に1.0以上の数値を乗じて得た数値または特別な調査もしくは研究に基づき当該部分の高さに応じて地震動の増幅を考慮して定めた数値を乗じて

† 通常は斜め45度でよい。または，張間・桁行各方向の地震層せん断力を1.25倍して検討してもよい[3]。

得た数値）に基づき計算した数値》に対して，当該部分および当該部分が接続される構造耐力上主要な部分に生ずる力を計算して令 82 条［152 頁］第 1 号～第 3 号［許容応力度計算］までに規定する構造計算を行い安全であることを確かめる。

> 解説 **「塔屋の水平震度」**
>
> 塔屋の水平震度が 1.0 × Z と規定されたのは，新耐震導入時である。これは，中地震動として地表面における最大加速度が 80～100 ガル程度と考え，短期許容応力度を用いて設計する場合の値である。すなわち，建築物の応答倍率が地表面に対して数倍となり，その上の塔屋の応答倍率は建築物に対して数倍となり，合わせて塔屋の応答倍率は地表面のおよそ 10 倍になると考えた結果である［図 7.1（285 頁），平 12 建告 1389（187 頁）参照］。

旧耐震によって設計していたため，大きな被害を受けた塔屋（現行の水平震度 1.0 で設計されていたのであれば，これほど大きな被害にはならなかったと考えられる。）

図 7.1　（参考）塔屋の被害例（2011 年 東日本大震災）

二 片持ちのバルコニーその他これに類する建築物の外壁から突出する部分（建築物の外壁から突出する部分の長さが 2 m 以下のものを除く）を設ける場合：

作用する荷重および外力《地震力にあっては，当該部分の鉛直震度（令第 88 条第 1 項［169 頁］に規定する Z の数値に 1.0 以上の数値を乗じて得た数値）に基づき計算した数値》に対して，当該部分および当該部分が接続される構造耐力上主要な部分に生ずる力を計算して令第 82 条［152 頁］第 1 号～第 3 号［許容応力度計算］までに規定する構造計算を行い安全であることを確かめる[†]。

第3　地震力によって各階に生ずる水平方向の層間変位の計算方法

> 層間変形角の規定は個々の鉛直部材について検討するが，剛性率を計算する際には階の平均的な層間変形角を用いることを示している。

1号 令第82条の2［154頁，層間変形角］に規定する層間変位は，地震力が作用する場合における各階の上下の床版と壁または柱とが接する部分の水平方向の変位の差の計算しようとする方向の成分として計算する。この場合，同条に規定する層間変形角（当該層間変位の当該各階の高さに対する割合）については，上下の床版に接する壁および柱のすべてについて確かめる。

2号 前号の規定にかかわらず，令第82条の6［許容応力度等計算］第2号イ［160頁，剛性率の検討］の規定に従って剛性率を計算する場合における層間変形角の算定に用いる層間変位は，各階において当該階が計算しようとする方向のせん断力に対して一様に変形するものとして計算した水平剛性の数値に基づき計算する。ただし，特別な調査または研究によって建築物の層間変位を計算した場合には，この限りでない。

第4　保有水平耐力の計算方法

1号 令第82条の3［保有水平耐力］第1号［154頁］に規定する保有水平耐力は，建築物の地上部分の各階ごとに，架構が次に定める崩壊形に達する時におけ

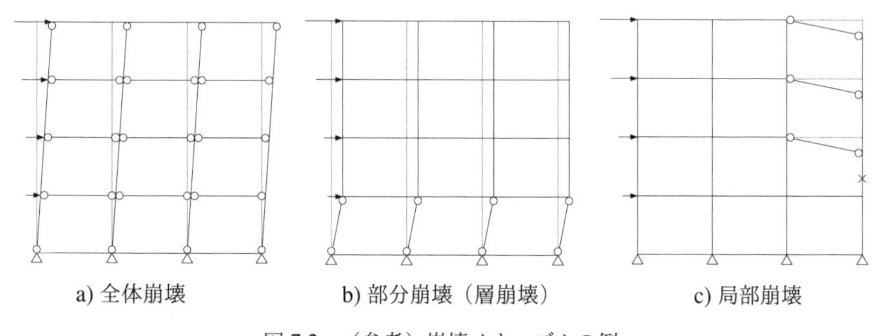

図7.2　（参考）崩壊メカニズムの例

[†] 海外の基準では，下向きの力を増加させるのみではなく，上向きの力を作用させて検証している場合もある。

る当該各階の構造耐力上主要な部分に生じる水平力の和のうち最も小さい数値以下の数値として計算する［図 7.2（286 頁）参照］。

イ　全体崩壊形《建築物のすべての梁（最上階の梁および 1 階の床版に接する梁を除く）の端部ならびに最上階の柱頭および 1 階の柱脚に塑性ヒンジが生じること，1 階の耐力壁の脚部に塑性ヒンジが生じることその他の要因によって建築物の全体が水平力に対して耐えられなくなる状態，以下同じ》

ロ　部分崩壊形（全体崩壊形以外の状態で，建築物の特定の階においてすべての柱頭および柱脚に塑性ヒンジが生じること，耐力壁がせん断破壊することその他の要因によって建築物の特定の階が水平力に対して耐えられなくなる状態，以下同じ）

ハ　局部崩壊形（建築物の構造耐力上主要な部分のいずれかが破壊し，架構が水平力に対しては引き続き耐えられる状態であっても，常時荷重に対して架構の一部が耐えられなくなる状態，以下同じ）

2 号　各階の保有水平耐力を増分解析により計算する場合には，建築物の地上部分の各階について標準せん断力係数（令第 88 条［169 頁］に規定する地震力の計算時に用いる係数）の数値を漸増させ，これに応じた地震層せん断力係数に当該各階が支える部分の常時荷重を乗じた数値を水平力として作用させる。この場合，当該地震層せん断力係数を計算する場合に用いる A_i は，令第 88 条第 1 項［169 頁］に規定する A_i（以下単に「A_i」）を用いる。ただし，次のイ～ハまでのいずれかに該当する場合には，A_i に同項に規定する D_s（以下単に「D_s」）および F_{es}（以下単に「F_{es}」）を乗じた数値を A_i に替えて用いることができる。

イ　A_i を用いて増分解析を行い，架構の崩壊状態が全体崩壊形となることが確かめられた場合

ロ　A_i を用いて増分解析を行い，架構の崩壊状態が部分崩壊形または局部崩壊形となることが確かめられ，かつ崩壊する階（部分崩壊形では水平力に対して不安定となる階，局部崩壊形では局部的な崩壊が生じる階）以外の階である建築物の部分（崩壊する階が架構の中間である場合には，当該階の上方および下方のそれぞれの建築物の部分）について，すべての梁（当該建築物の部分の最上階の梁および最下階の床版に接する梁を除く）の端部ならびに最上階の柱頭および最下階の柱脚に塑性ヒンジが生じることその

他の要因によって当該建築物の部分の全体が水平力に対して耐えられなくなる状態となることが確かめられた場合

ハ 建築物の振動特性に関する特別な調査または研究によって地震力に耐えている建築物の各階の層せん断力の高さの分布について D_s および F_{es} を考慮して計算した数値とすることができることが確かめられた場合

3号 構造耐力上主要な部分である柱，梁もしくは壁またはこれらの接合部について，第1号における架構の崩壊状態の確認に当たっては，局部座屈，せん断破壊などによる構造耐力上支障のある急激な耐力の低下が生ずるおそれのないことを，次のイ～ニまでに掲げる方法その他特別な調査または研究の結果に基づき適切であることが確かめられた方法による。

イ 木造の架構では，構造耐力上主要な部分である柱もしくは梁またはこれらの接合部がその部分の存在応力を伝えることができる。

ロ S造の架構において冷間成形により加工した角形鋼管（厚さ6mm以上のものに限る，以下ロにおいて単に「角形鋼管」）を構造耐力上主要な部分である柱に用いる場合には，次に定める構造計算を行う。ただし，特別な調査または研究の結果に基づき，角形鋼管に構造耐力上支障のある急激な耐力の低下を生ずるおそれのないことが確かめられた場合には，この限りでない。

(1) 構造耐力上主要な部分である角形鋼管を用いた柱がJIS G3466（一般構造用角形鋼管）– 2006に適合する場合には，構造耐力上主要な部分である柱および梁の接合部（最上階の柱頭部および1階の柱の脚部である接合部を除く）について，昭55建告1791［(ルート2計算告示)，161頁，317頁］第2第3号イに適合することを確かめるほか，当該柱が1階の柱である場合には，地震時に柱の脚部に生ずる力に1.4《柱および梁の接合部の構造方法を内ダイヤフラム形式（ダイヤフラムを落とし込む形式としたものを除く）とした場合は1.3》以上の数値を乗じて令第82条［152頁］第1号～第3号［許容応力度計算］までに規定する構造計算をして当該建築物が安全であることを確かめる。

(2) 構造耐力上主要な部分である角形鋼管を用いた柱がJIS G3466（一般構造用角形鋼管）– 2006に適合する角形鋼管以外の角形鋼管である場合には，当該柱の存する階ごとに，柱および梁の接合部（最上階の柱頭部および 1 階の柱脚部を除く）について次の式に適合することを確かめる。ただし，次の式に適合しない階に設けた角形鋼管の柱の材端（梁その他の横架材に接着する部分，以下 (2) において同じ），最上階の角形鋼管の柱頭部および 1 階の角形鋼管の柱脚部の耐力を，鋼材の種別ならびに柱および梁の接合部の構造方法に応じて表 7.2［289 頁］に掲げる係数を乗じて低減し，かつ当該耐力を低減した柱に接着する梁の材端《柱に接着する部分，以下 (2) において同じ》に塑性ヒンジを生じないものとして令第 82 条の 3［154 頁，保有水平耐力］に規定する構造計算を行い安全であることを確かめた場合には，この限りでない。

表 7.2　柱・梁の接合方法による低減係数

鋼材の種別	柱および梁の接合部の構造方法	
	（い）	（ろ）
	内ダイヤフラム形式（ダイヤフラムを落とし込む形式としたものを除く）	（い）欄に掲げる形式以外の形式
ロール成形その他断面のすべてを冷間成形により加工したもの	0.80	0.75
プレス成形その他断面の一部を冷間成形により加工したもの	0.85	0.80

$$\Sigma M_{\mathrm{pc}} \geqq \Sigma \min\{1.5M_{\mathrm{pb}}, 1.3M_{\mathrm{pp}}\} \quad (7.4)$$

ここで，

M_{pc}：各階の柱および梁の接合部において柱の材端に生じうるものとした最大の曲げモーメント (N m),

M_{pb}：各階の柱および梁の接合部において梁の材端に生じうるものとした最大の曲げモーメント (N m),

M_{pp}：各階の柱および梁の接合部に生じうるものとした最大の曲げモーメント (N m) である。

ハ RC 造の架構では，使用する部分および第 1 号の計算を行う場合における部材（せん断破壊を生じないものとした部材に限る）の状態に応じ，表 7.3［290 頁］の式によって構造耐力上主要な部分にせん断破壊を生じないことを確かめる。ただし，特別な調査または研究の結果に基づき，構造耐力上主要な部分にせん断破壊を生じないことが確かめられた場合には，この限りでない。

表 7.3　せん断破壊防止の検証

使用する部分	第1号の計算を行う場合における部材の状態	
	（い）	（ろ）
	部材の両端にヒンジが生ずる状態	（い）欄に掲げる状態以外の状態
梁	$Q_b \geqq Q_0 + 1.1Q_M$	$Q_b \geqq Q_0 + 1.2Q_M$
柱	$Q_c \geqq 1.1Q_M$	$Q_c \geqq 1.25Q_M$
耐力壁	−	$Q_w \geqq 1.25Q_M$

表 7.3［290 頁］において，

Q_b：(7.5) 式［290 頁］による梁のせん断耐力 (N),

Q_c：(7.6) 式［290 頁］による柱のせん断耐力 (N),

Q_w：(7.7) 式［291 頁］による耐力壁のせん断耐力 (N),

Q_0：第1号の計算において部材に作用しうるものとした力のうち長期に生ずるせん断力 (N),

Q_M：第1号の計算において部材に作用するものとした力のうち地震力によって生ずるせん断力 (N) である。

$$Q_b = \left\{ \frac{0.068 p_t^{0.23} (F_c + 18)}{M/(Q\,d) + 0.12} + 0.85\sqrt{p_w\,\sigma_{wy}} \right\} b\,j \tag{7.5}$$

ここで，

p_t：引張鉄筋比 (%),

F_c：コンクリートの設計基準強度（設計に際し採用する圧縮強度，以下同じ）(N/mm^2),

M/Q：梁のシアスパン（梁の有効長さ内における当該梁に作用する最大の曲げモーメント M と最大のせん断力 Q の比とし，$d \leqq M/Q \leqq 3d$ とする）(mm),

d：梁の有効成（せい）(mm),

p_w：せん断補強筋比 (小数),

σ_{wy}：せん断補強筋の材料強度 (N/mm^2),

b：梁の幅 (mm),

j：応力中心距離（梁の有効成に 7/8 を乗じて計算した数値）(mm) である。

$$Q_c = Q_b + 0.1\,\sigma_0\,b\,j \tag{7.6}$$

ここで，

Q_b：当該柱を梁とみなして計算した場合における部材のせん断耐力 (N),

σ_0：平均軸応力度（$\sigma_0 \leqq 0.4F_c$ とする）(N/mm^2),

b：柱の幅 (mm),

j：応力中心距離（柱の有効成に 7/8 を乗じて計算した数値）(mm) である。

$$Q_{\mathrm{w}} = \left\{ \frac{0.068 p_{\mathrm{te}}^{0.23} (F_{\mathrm{c}} + 18)}{\sqrt{M/(Q\,D) + 0.12}} + 0.85 \sqrt{p_{\mathrm{wh}}\, \sigma_{\mathrm{wh}}} + 0.1\, \sigma_0 \right\} t_{\mathrm{e}}\, j \tag{7.7}$$

ここで，

p_{te}：等価引張鉄筋比《$100a_{\mathrm{t}}/(t_{\mathrm{e}}\,d)$ によって計算した数値とする。この場合，d は耐力壁の有効長さで，周囲の柱および梁と緊結された耐力壁で水平方向の断面が I 形とみなせる場合（以下「I 形断面の場合」）には $D - D_{\mathrm{c}}/2$（D_{c} は圧縮側柱の成），耐力壁の水平方向の断面が長方形の場合（以下「長方形断面の場合」）には $0.95D$ とする》(%),

a_{t}：I 形断面の場合は引張側柱内の主筋断面積，耐力壁の水平方向の断面が長方形の場合は端部の曲げ補強筋の断面積 (mm^2),

t_{e}：耐力壁の厚さ（I 形断面の場合には，端部の柱を含む水平方向の断面の形状に関して長さと断面積とがそれぞれ等しくなるように長方形の断面に置き換えたときの幅の数値とし，耐力壁の厚さの 1.5 倍を超える場合には，耐力壁の厚さの 1.5 倍の数値）(mm),

F_{c}：コンクリートの設計基準強度 (N/mm^2),

M/Q：耐力壁のシアスパン（当該耐力壁の高さ内における最大の曲げモーメント M と最大のせん断力 Q の比とし，$D \leqq M/Q \leqq 3D$ とする）(mm),

D：耐力壁の全長（I 形断面の場合には端部の柱の成を加えた数値）(mm),

p_{wh}：t_{e} を厚さと考えた場合の耐力壁のせん断補強筋比 (小数),

σ_{wy}：せん断補強筋の材料強度 (N/mm^2),

σ_0：耐力壁の全断面積に対する平均軸方向応力度 (N/mm^2),

j：応力中心距離（耐力壁の有効長さ［d］に 7/8 を乗じて計算した数値）(mm) である。

ニ　平 19 国交告 593［(ルート[1]適用告示)，98 頁，194 頁］第 2 号イ (2) の規定による。この場合，式中「n : 1.5（耐力壁にあっては 2.0）以上の数値」とあるのは「n : 1.5（耐力壁にあっては 1.0）以上の数値」と読み替える。ただし，特別な調査または研究の結果に基づき RC 造である構造耐力上主要な部分に損傷を生じないことを別に確かめることができる場合には，この限りでない。

4 号　RC 造または SRC 造である建築物の構造部分で，令第 73 条［127 頁］，第 77 条第 2 号［130 頁］～第 6 号までのいずれか，第 77 条の 2 第 2 項［132 頁］，第 78 条［132 頁］または第 78 条の 2 第 1 項第 3 号［132 頁］の規定に適合しないものについては，当該構造部分に生ずる力を表 7.4［292 頁］に掲げる式によって計算し，当該構造部分に生ずる力が，それぞれ令第 3 章第 8 節第

表 7.4　荷重・外力の組合せ

<table>
<tr><th>荷重および外力について想定する状態</th><th>一般の場合</th><th>令第 86 条第 2 項［167 頁］ただし書の規定により特定行政庁が指定する多雪区域の場合</th><th>備　考</th></tr>
<tr><td>積雪時</td><td>$G + P + 1.4S$</td><td>$G + P + 1.4S$</td><td></td></tr>
<tr><td rowspan="2">暴風時</td><td rowspan="2">$G + P + 1.6W$</td><td>$G + P + 1.6W$</td><td rowspan="2">*</td></tr>
<tr><td>$G + P + 0.35 S + 1.6W$</td></tr>
<tr><td>地震時</td><td>$G + P + K$</td><td>$G + P + 0.35 S + K$</td><td></td></tr>
<tr><td colspan="3">ここで，G，P，S，W および K は，それぞれ次の力（軸方向力，曲げモーメント，せん断力など）を表す。
G　令第 84 条［165 頁］に規定する固定荷重によって生ずる力
P　令第 85 条［166 頁］に規定する積載荷重によって生ずる力
S　令第 86 条［167 頁］に規定する積雪荷重によって生ずる力
W　令第 87 条［168 頁］に規定する風圧力によって生ずる力
K　令第 88 条［169 頁］に規定する地震力によって生ずる力
《標準層せん断力係数を 1.0 以上とする。ただし，当該建築物の振動に関する減衰性および当該部材を含む階の靭性を適切に評価して計算をすることができる場合には，標準層せん断力係数を当該計算により得られた数値（当該数値が 0.3 未満のときは 0.3）とすることができる。》</td><td>* 建築物の転倒，柱の引抜きなどを検討する場合には，P は建築物の実況に応じて積載荷重を減らした数値による。</td></tr>
</table>

［荷重・外力の組合せは，基本的に限界耐力計算の表 5.2（156 頁）と同じで，それに表 5.1（152 頁）の短期・地震時を加えたものとなっている。］

4 款［183 頁］の規定による材料強度によって計算した当該構造部分の耐力を超えないことを確かめる。ただし，当該構造部分の実況に応じた加力実験によって耐力，靭性および付着に関する性能が当該構造部分に関する規定に適合する部材と同等以上であることが確認された場合には，この限りでない。

> ここでは，限界耐力計算の極稀に生ずる外力に対する検討によって，令の構造規定を緩和できることを示している。

5 号　建築物の塔状比（計算しようとする方向における架構の幅に対する高さの比）が 4 を超える場合には，次のイまたはロに掲げる層せん断力のいずれかが作用するとした場合に建築物の地盤，基礎杭および地盤アンカーに生ずる力を計算し，当該力が地盤にあっては平 13 国交告 1113［(地盤杭支持力告示)，342 頁］第 1 に規定する方法による地盤調査（以下この号において単に「地盤調査」）によって求めた極限応力度に基づき計算した極限支持力の数値，基礎杭および地盤アンカーにあっては令第 3 章第 8 節第 4 款［183 頁］の規定による材料強度に基づき計算した当該基礎杭および地盤アンカーの耐力ならびに地盤調査によって求めた圧縮方向および引抜き方向の極限支持力の数値をそれぞれ超えないことを確かめる。ただし，特別な調査または研究によって地震力が作用する建築物の全体の転倒が生じないことを確かめた場合は，この限りでない。

イ 令第 88 条［169 頁］第 1 項に規定する地震力について標準層せん断力係数を 0.3 以上として計算した層せん断力

ロ 第 1 号の規定によって計算した保有水平耐力に相当する層せん断力が生ずる場合に各階に作用するものとした層せん断力

第 5 各階の剛心周りの振り剛性の計算方法

令第 82 条の 6 第 2 号ロ［161 頁］の各階の剛心周りの振り剛性は，当該階が計算しようとする方向のせん断力に対して一様に変形するものとして計算した水平剛性の数値に基づき，次の式によって計算した数値とする［図 1.5（16 頁）参照］。ただし，特別な調査または研究の結果に基づき各階の剛心周りの振り剛性を計算した場合には，この限りでない。

$$K_{\mathrm{R}} = \Sigma\,(k_{\mathrm{x}}\,\bar{Y}^2) + \Sigma\,(k_{\mathrm{y}}\,\bar{X}^2) \qquad (7.8)$$

ここで，

K_{R} : 剛心周りの振り剛性 (N m),

k_{x} : 令第 82 条の 2［154 頁，層間変形角］に規定する構造計算を行う場合における各部材の張間方向の剛性 (N/m),

$\bar{Y}$: 剛心と各部材をそれぞれ同一水平面上に投影させて結ぶ線を桁行方向の平面に投影させた線の長さ (m),

k_{y} : 令第 82 条の 2［154 頁，層間変形角］に規定する構造計算を行う場合における各部材の桁行方向の剛性 (N/m),

$\bar{X}$: 剛心と各部材をそれぞれ同一水平面上に投影させて結ぶ線を張間方向の平面に投影させた線の長さ (m) である。

ちょっと一言「**大地震動でも建築物は転倒しない。**」

大分以前のことだが，地震動による物体の転倒について研究したことがある [17]。図 7.3 a 左のように物体が床の上に載っている。話を簡単にするため，物体

は質量 m，幅 B，高さ H の均質で剛な角柱とし，床も剛で水平とする。床に水平加速度 $-a$ が生じると，物体には逆向きの加速度 a が生じ，それによって水平力 ma が慣性力として生じる。物体には重力による鉛直力 mg（g は重力加速度）が下方に作用しているので，もし ma と mg の合力が物体の底端部 O の外側に向くような加速度が作用すると，物体は浮き上がることになる。すなわち，物体が浮き上がるための水平加速度は次式で表される。

$$a \geqq \frac{B}{H}g \tag{7.9}$$

しかし，上式は単に物体が浮き上がる条件で，転倒する条件ではない。物体が転倒するためには，図 7.3 a 右のように重心 G が底端部 O の直上まで移動する必要がある。このためには，物体の重心が持ち上がる，すなわち位置エネルギーが増加する必要があり，この条件は次式の床の速度 v で表すことができる。

$$v \geqq 10\frac{B}{\sqrt{H}} = 10\frac{B}{H}\sqrt{H} \quad (\text{単位は cm，秒}) \tag{7.10}$$

物体の転倒に必要な加速度は (7.9) 式より B/H に比例するが，速度については (7.10) 式より B/H が一定の場合 $\sqrt{H}$ に比例することが分かる。すなわち，形状が相似（同じアスペクト比）の物体であっても大きな物体は（その大きさの平方根に比例して）倒れ難いことになる（図 7.3 b 参照）。

そこで，$B/H = 0.25$（塔状比 4）で大きさの異なる物体を考えてみると，浮き上がる加速度は $0.25g$ で一定である。しかし，転倒に必要な速度は，高さが 200cm（家具程度）の場合で 35 (cm/秒)，高さ 10m（3 階建）の場合で 79 (cm/秒)，高さ 30m（10 階建）の場合で 137 (cm/秒)，高さ 100m（30 階建）の場合で 250 (cm/秒) となる。

さて，建築物の設計の際に想定している大地震動による応答速度は良好な（第 1 種）地盤の場合 100 (cm/秒) で，速度の応答倍率を 2 と考えると，地盤の速度は 50 (cm/秒) となる。よって，家具程度の物体は転倒しても，建築物のように大規模な物体は転倒しないことになる。

もっとも，軟弱地盤（第 3 種地盤）では地盤の速度が 2 倍となり，更に浮き上がる際に地盤と接している低端部が沈下すると，建築物は転倒しやすくなる。この他にも（影響は小さいが上下方向の地震動など）検討しなければならない点はあるが，転倒を防ぐために建築物の浮き上がりを必ずしも阻止する必要はない。

建築物を地盤に緊結したり，基礎と杭を緊結することによって，建築物への地震入力エネルギーが増大し，被害が増大することになりかねない。むしろ，浮き上がりや滑りを許容した方が建築物の地震被害を低減させることができる。建築物の動的挙動について（現行の設計法でも考慮しているが），更に多角的な面から考慮し，地震被害を実際に低減することができる設計法へと発展することを期待している [18]。

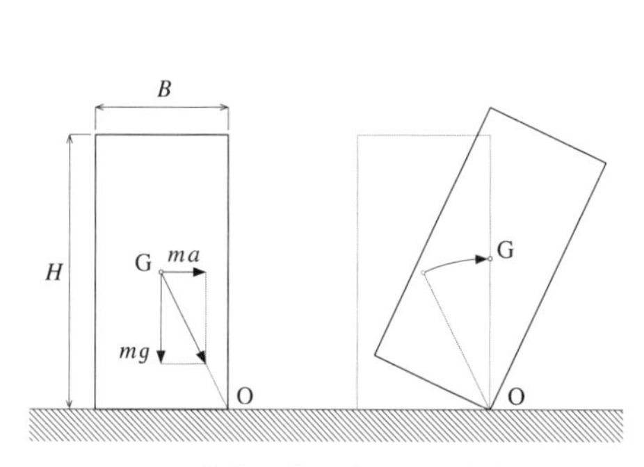

a) 物体に作用する力と転倒

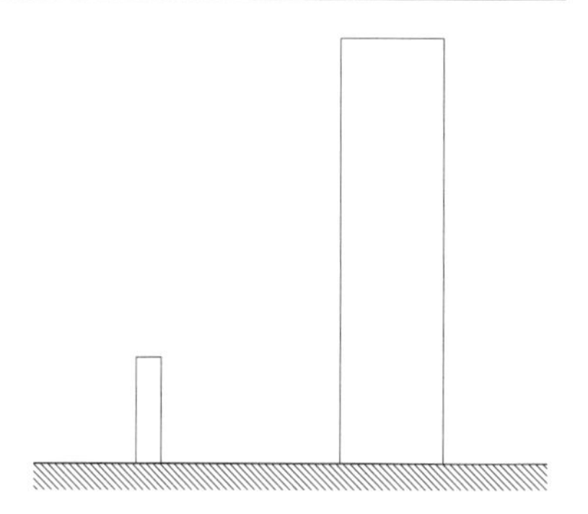

b) 同じ塔状比（アスペクト比）でも大きな物体は倒れ難い

図 7.3　地震動による物体の転倒

ちょっと一言**「積雪による大スパン構造物の崩壊」**

積雪によって大スパン構造物の崩壊は時々生じ，その原因として (1) 積雪が異常に多かった，(2) 雪が片寄って積もった，(3) 雨が降って雪が重くなったなどがある。しかし，他にも原因があるのではと思い，次のように考えてみた。

等分布荷重 w を受ける図 7.4 a の構造物を同図 b のようにモデル化し，柱頭・梁端の曲げモーメントを M_1，梁中央の曲げモーメントを M_C とする。経済設計となるように $M_1 = M_C$ とすると，これらの値は $w\ell^2/16$（ℓ はスパン）となり，柱脚 A と D には反力 $P_1 = w\ell^2/(16h)$（h は高さ）が作用する。

大スパン構造物には A～D 間に繋（つなぎ）梁が設けられていない場合もあるので，P_1 は基礎と地盤との摩擦力によって生ずるとし，基礎に作用する鉛直力は $w\ell/2$，摩擦係数を 0.5 とすると摩擦力は $F = w\ell/4$ となる。$\ell = nh$（高さの n 倍がスパン）とし，摩擦力と反力が等しいとすると $n = 4$ となる。よって，n が 4（スパンが高さの 4 倍）を超えると反力は摩擦力を超え，n が更に大きくなると，梁の曲げモーメントは図 7.4 c のように単純梁に近づき，梁中央の曲げモーメントは

$M_0 = w\ell^2/8$ と同図 b の 2 倍のなり，これが崩壊原因の一つに違いない。

更に，同図 d のように反力 P_2 が逆向きに生ずると，柱頭・梁端に曲げモーメント $M_2 = P_2 h$ が生じ，梁中央の曲げモーメントは $M_M = M_0 + M_2$ となる。このような状態はめったに生じないと思われるが，基礎が移動し柱脚 A～D 間が広がったり，あるいは（低温により）梁が縮み柱頭 B～C 間が短くなっても P_2 が生ずる。

この影響を（計算の詳細は省略するが）推察すると，柱脚 A～D 間が $h/20$ 広がると，$M_2 = M_1 = M_0/2$ となり，これも崩壊原因となる。もっとも，柱脚が $h/20$ 広がる（左右の柱が 1/40 傾く）ことは通常は起こらないかも知れないが，高さ 5m・スパン 50m の場合には柱脚が 25cm 広がることになり，地盤・地形状況によってはこの程度のことは考えられる。温度による影響も考えられるが，温度変化が 50 度程度では崩壊を引き起こすことはないであろう。

以上のような考察から，積雪による大スパン構造物崩壊の原因は，積雪が多かったことの他に，基礎を繋ぐ梁がないこと，そして十分な摩擦力が生じなかった，あるいは柱脚が広がるように基礎が移動したことが考えられる。対策として，剛強な繋梁を設けるか，設けない場合は同図 c の状態となることを想定した設計を行い，基礎が移動し難いように設計するならば，この種の事故は大幅に防げると思っている [19]。

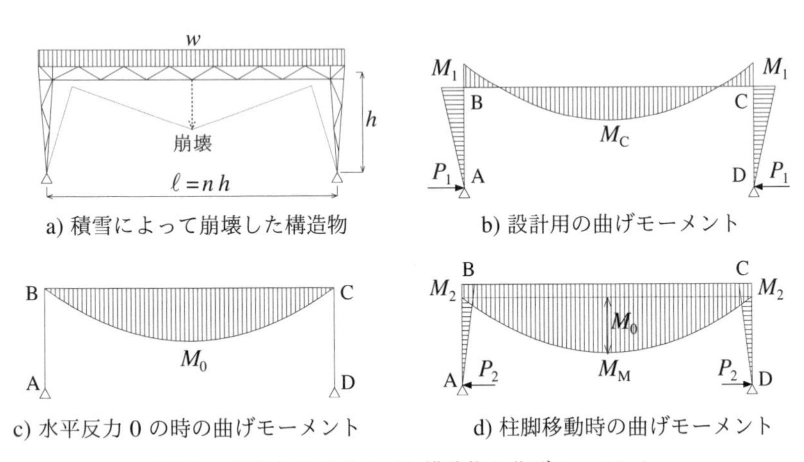

図 7.4　積雪による大スパン構造物の曲げモーメント

ちょっと一言「**耐震壁を有効に活用しよう！**」

最近の RC 造建築物では，耐震性が低くなるにもかかわらず，耐震壁を避け，壁の周囲にスリット（隙間）を設けている場合が非常に多い。このままでは「2010 年前後に建てられた建築物は地震時に揺れが大きく，耐震性に問題があるものが多い」といわれることにもなりかねないので，この点について考え・提案したい [20]。

建築物が耐震的であるためには，強度と靭性の両者が必要である。この背景には，極く稀に起こる大地震動は非常に強烈で，建築物は強度のみでは抵抗することはできず，靭性（構造的な粘り）によって何とか崩壊を防止し，人命のみは守るという耐震設計の基本的な考え方がある。これを次式のように表すことがある。

$$\text{耐震性} = \text{強度} \times \text{靭性} \tag{7.11}$$

しかし，上式による耐震性が同じでも大地震動を受けた際の建築物の被害程度は，その強度によって大きく異なる。すなわち，耐震壁が多く強度が高い建築物は（靭性が多少低くとも）変形が小さいので，ひび割れなどがあまり生じない。一方，柱と梁で構成されるラーメン構造のように靭性の高い建築物は（一般的に強度が低いので）変形が大きく，（構造スリットが適切に設けられていない場合には）壁などにひび割れが発生し（スリットを設けない構面外の壁には大きなひび割れが発生し），（柱・梁にはひび割れが生じていなくとも）見た目の被害はかなり大きくなり，大きな揺れによって家具などの転倒も多くなるのである。

最近の RC 造マンションなどはラーメン構造とし，耐震壁を避ける傾向にある。この主な理由は，(i) 耐震壁を用いると設計変更の作業が繁雑になり，(ii) 耐震壁を用いないほうが構造計算が容易になるからであるらしい。

その結果，耐震壁の有効性は過去の地震被害で繰り返し証明されているにもかかわらず，設計変更や構造計算の煩雑さを避けるため，構造的により健全な建築物を設計することを怠っているのである。しかも，耐震壁として有効に利用できる壁があるのに，その壁の周囲（通常は両端と下端）に構造的な隙間（スリット）を設け，あえて耐震壁としない場合が非常に多い。また，平面的に不整形な建築物の場合には，構造上は平面的に分離し，個々の平面は整形となるようにエキスパンションジョイント（Exp.J.）を設けている場合もある。この場合，Exp.J. が適切でなければ，地震時に Exp.J. 部に被害が集中し，構造的に一体としていたほうが地震被害が小さかったはずという結果を招くことになる。

このように，好ましいとは思われない構造設計が流行っている理由には，（構造設計者にも責任があろうが）耐震規定にも問題がある。すなわち，現行の規定では，耐震壁を用いると構造計算が面倒になり，設計変更も難しくなるのである。

既存の建築物を耐震補強する際には，耐震壁を新設・増設することが通常行われているのに，新しい建築物には耐震壁を避ける現在の傾向は何としても阻止したいので，次のように提案する。

（提案）通常の構造計算を行った建築物（必ずしもラーメン構造である必要はなく，既に壁があってもよい）に次のように壁を加える場合には，（耐震性が向上するので）構造計算を再度行わなくてもよい（もちろん再計算をしてもよい）。

1) 平面の中央の幅 1/3 以内に壁を加える。
2) 平面の端部（幅の 0.4 倍以内に）に壁を加える場合は，反対側の端部にも（幅の 0.4 倍以内に）同じ（程度の）壁を加える。
3) 立面的には壁を 1 階から上階（途中階まででもよい）まで連続して配置する。

なお，壁は開口の有無にかかわらず，また必ずしも耐震壁である必要はないが，壁によって柱が短柱となりせん断破壊を引き起こすような（悪影響を与える）場合には，その壁にスリットを設ける。

この提案は安直過ぎると思われるかも知れないが，壁に構造スリットを設けるよりも，簡単に（場合によっては）安価に建築物の耐震性を高めることができるので，この提案が早急に実現されるようにと願っている。

ここで上記の提案を紹介したのは，平 19 国交告 594（281 頁，ルート[1]～[3]算定法告示）が結果的に耐震壁を用いることを避けるようにしているのではないかと感じているからである。全ての建築物に適用可能な構造計算方法をあらかじめ決めておくことは難しく，特に構造モデル化については一律に決めることは不可能に近い。構造技術者が個々の建築物の有している特徴を考慮し，構造モデルを決めるべきであろう。ルート[1]～[3]算定法告示によって，構造計算や構造モデル化の基本方針を構造技術者に示すのはよいが，詳細は構造技術者の判断と責任に任せ，この告示がよりよい建築物ができるように運用されることを期待している。

「梁床撓制限告示」

平 12 建告 1459「建築物の使用上の支障が起こらないことを確かめる必要がある場合およびその確認方法を定める件」（平 19 国交告 621 改正）

この告示は，梁と床版について，その撓や振動によって支障が起こらないようにする規定である。

令第 82 条第 4 号［153 頁，変形・振動の検討］の規定に基づき，建築物の使用上の支障が起こらないことを確かめる必要がある場合およびその確認方法を次のように定める。

第 1　令第 82 条第 4 号［153 頁，変形・振動の検討］に規定する使用上の支障が起こらないことを確認することが必要な場合は，建築物の部分に応じて表 7.5［300 頁］に掲げる条件式を満たす場合以外の場合とする。

第 2　令第 82 条第 4 号［153 頁，変形・振動の検討］に規定する使用上の支障が起こらないことを確認する方法は，次のとおりとする。

1 号 当該建築物の実況に応じた固定荷重および積載荷重によって梁または床版に生ずる撓の最大値を計算する。ただし，令第 85 条［166 頁］の表 5.6［166 頁］に掲げる室の床の積載荷重については，同表（は）欄に定める数値によって計算することができる。

2 号 前号で求めた撓の最大値に，構造形式に応じて表 7.6［300 頁］に掲げる長期間の荷重により変形が増大することの調整係数（以下「変形増大係数」）を乗じ，更に当該部材の有効長さで除して得た値が 1/250 以下であることを確認する。ただし，変形増大係数を載荷実験により求めた場合には，当該数値を用いることができる。

解説**「変形・撓について」** 467 頁の例題に示されるように，変形・撓の計算値は，部材端部の支持条件に大きく依存する。よって，変形・撓を可能な限り正確に推定するには，部材の構造性能はもちろんのこと部材端部の支持条件を適切に設定する必要がある。更に，時間的に変形・撓が増大するクリープの影響を考慮する変形増大係数を乗じて実際に生じるであろう変形・撓を計算する。なお，この計算には積載荷重として令第 85 条の表 5.6［166 頁］の（は）欄に掲げる数値を用いてよい [3]。

表 7.5　使用上の支障が起こらない条件

建築物の部分		条件式
木造	梁（床面に用いるものに限る，以下この表において同じ）	$\frac{D}{\ell} > \frac{1}{12}$
鉄骨造	デッキプレート版（床版としたもののうち平 14 国交告 326［（デッキプレート版告示），140 頁］の規定に適合するものに限る，以下同じ）	$\frac{t}{\ell_x} > \frac{1}{25}$
	梁	$\frac{D}{\ell} > \frac{1}{15}$
RC 造	床版（片持ち以外の場合）	$\frac{t}{\ell_x} > \frac{1}{30}$
	床版（片持ちの場合）	$\frac{t}{\ell_x} > \frac{1}{10}$
	梁	$\frac{D}{\ell} > \frac{1}{10}$
SRC 造	梁	$\frac{D}{\ell} > \frac{1}{12}$
アルミニウム合金造	梁	$\frac{D}{\ell} > \frac{1}{10}$
軽量気泡コンクリートパネルを用いた構造	床版	$\frac{t}{\ell_x} > \frac{1}{25}$

ここで，
t：床版の厚さ（mm），
ℓ_x：床版の短辺方向の有効長さ（デッキプレート版または軽量気泡コンクリートパネルにあっては，支点間距離）（mm），
D：梁の成（mm），
ℓ：梁の有効長さ（mm）である。

表 7.6　変形増大係数

構造の形式		変形増大係数
木造		2
鉄骨造		1（デッキプレート版にあっては，1.5）
鉄筋コンクリート造	床版	16
	梁	8
鉄骨鉄筋コンクリート造		4
アルミニウム合金造		1
軽量気泡コンクリートパネルを用いた構造		1.6

7.4　構造特性係数などの告示

「Ds Fes 告示」

昭 55 建告 1792「Ds および Fes を算出する方法を定める件」（平 19 国交告 596 改正）

本告示は，ルート3で用いる構造特性係数 D_s と形状係数 F_{es} の規定で，次のように第 1～第 7 がある。

令第 82 条の 3 第 2 号［154 頁，保有水平耐力］の規定に基づき，D_s および F_{es} を算出する方法を次のように定める。

第 1　Ds を算出する方法

建築物の各階の D_s は，柱および梁の大部分が木造である階では第 2，柱および梁の大部分が S 造である階では第 3，柱および梁の大部分が RC 造である階では第 4，柱および梁の大部分が SRC 造である階では第 5，その他の階では第 6 に，それぞれ定める方法による。ただし，特別な調査または研究の結果に基づき当該建築物の振動に関する減衰性および当該階の靭性を適切に評価して算出することができる場合には，当該算出によることができる。

第 2　柱および梁の大部分が木造である階について Ds を算出する方法

［集成材等建築物］柱および梁の大部分が木造である階のうち，令第 46 条第 2 項第 1 号イ［107 頁，集成材］およびロ［柱脚の緊結］に掲げる基準に適合するもの（柱および梁の小径が 15 cm 以上で，かつ木材の繊維方向と直交する断面の面積が 300 cm^2 以上である部材を用いるものに限る）にあっては，次の各号に定める方法により D_s を算出する。

1 号　柱および梁の種別は，建築物の架構が崩壊形（当該階の柱および梁の接合部の破壊，梁の曲げ破壊その他の要因によって当該階が水平力に対して耐えられなくなる状態，第 2 において同じ）に達する時に当該部材に生ずる力が令第 3 章第 8 節第 4 款［183 頁］に規定する材料強度によって計算した当該部材の耐力の 2/3 以下である場合には FA とし，それ以外の場合は FC とする。

2 号 接合部の種別を，表 7.7［302 頁］に掲げる接合部の構造方法に応じて定める。

表 7.7 木造の接合部の種別

	接合部の構造方法	接合部の種別
(1)	木材のめり込みにより破壊する接合部（接合部に木材のめり込みの材料強度に相当する応力が作用する場合において，当該接合部に割裂き，せん断などによる破壊が生じないものに限る）	SA
(2)	(1) に掲げるもの以外のもので，接合する木材の厚さが当該接合に用いるボルトその他これに類する接合具（以下この表において「ボルトなど」）の径の 12 倍以上である接合部（ボルトなどの降伏時に木材部分に割裂き，せん断などによる損傷が生じないものに限る）	SB
(3)	(1) および (2) に掲げるもの以外のもので，接合する木材の厚さが当該接合に用いるボルトなどの径の 8 倍以上である接合部（ボルトなどの降伏時に木材部分に割裂き，せん断などによる損傷が生じないものに限る）	SC
(4)	(1)〜(3) までに掲げるもの以外の接合部	SD

3 号 D_s を計算する階における柱および梁ならびに接合部について，異なる種別が混在する場合の部材群としての種別は，次のイおよびロによって定める。

イ FA および FC の種別の柱および梁が存在する場合は FC とする。

ロ 接合部は，次に定めるところによる。

(1) SC および SD の種別が存在しない場合は SB とする。

(2) SD の種別が存在せず，SC の種別が存在する場合は SC とする。

(3) SD の種別が存在する場合は SD とする。

4 号 各階の D_s は，表 7.8［303 頁］の（い）欄に掲げる部材群としての種別および同表の（ろ）〜（に）欄まで掲げる架構の形式に応じ，同表に従って定めた数値以上の数値とする。

2 項［集成材等建築物以外］柱および梁の大部分が木造である階のうち，前項に規定する以外の階では，当該階の D_s は，0.55 以上の数値とする。ただし，第 1 ただし書きの規定による場合では，架構の性状および架構の形式に応じ，表 7.9［303 頁］に掲げる数値以上の数値とすることができる。

表 7.8　木造の D_s（その 1）

	（い）		（ろ）	（は）	（に）
	部材群としての種別		架構の形式		
	柱および梁の部材群としての種別	接合部の部材群としての種別	剛節架構またはアーチ架構で筋かいを設けない構造とした場合	（ろ）欄および（に）欄に掲げる架構以外の架構の場合	$\beta_u \geqq 0.7$ の場合
(1)	FA	SA	0.25	0.3	0.35
(2)		SB	0.3	0.35	0.4
(3)		SC	0.35	0.4	0.45
(4)	柱および梁の部材群としての種別が FC である場合または接合部の部材群としての種別が SD である場合		0.4	0.45	0.5
ここで，β_u：筋かいの水平耐力の和を保有水平耐力の数値で除した数値である。					

表 7.9　木造の D_s（その 2）

架構の形式		（い）	（ろ）
架構の性状		（ろ）欄に掲げる架構以外の架構	各階に生ずる水平力の大部分を当該階の筋かいによって負担する形式の架構
(1)	架構を構成する部材に生ずる応力に対して割裂き，せん断破壊などの耐力が急激に低下する破壊が著しく生じ難いことなどのため，塑性変形の度が特に高いもの	0.3	0.35
(2)	(1) に掲げるもの以外のもので架構を構成する部材に生ずる応力に対して割裂き，せん断破壊などの耐力が急激に低下する破壊が生じ難いことなどのため，塑性変形の度が高いもの	0.35	0.4
(3)	(1) および (2) に掲げるもの以外のもので架構を構成する部材に塑性変形を生じさせる応力に対して当該部材に割裂き，せん断破壊などが生じないことなどのため，耐力が急激に低下しないもの	0.4	0.45
(4)	(1)〜(3) までに掲げるもの以外のもの	0.45	0.5

第 3 柱および梁の大部分が S 造である階について Ds を算出する方法

柱および梁の大部分が S 造である階では，次に定める方法により D_s を算出する。

1 号 筋かいの種別を，表 7.10［304 頁］に従い，有効細長比（断面の最小二次率半径に対する座屈長さの比，以下同じ）の数値に応じて求める。

表 7.10 S 造の筋かいの種別

	有効細長比	筋かいの種別
(1)	$\lambda \leqq 495/\sqrt{F}$	BA
(2)	$495/\sqrt{F} < \lambda \leqq 890/\sqrt{F}$ または $1980/\sqrt{F} \leqq \lambda$	BB
(3)	$890/\sqrt{F} < \lambda < 1980/\sqrt{F}$	BC

ここで，
λ：筋かいの有効細長比，
F：平 12 建告第 2464［(鋼材基準強度告示)，176 頁，332 頁］第 1 に規定する基準強度 (N/mm^2) である。

2 号 柱および梁の種別を，次のイ～ハまでに掲げるところによって定める。

イ 炭素鋼《平 12 建告 2464［(鋼材基準強度告示)，176 頁，332 頁］第 1 に規定する基準強度が 205 N/mm^2 以上で，かつ 375 N/mm^2 以下のものに限る》の場合には，柱および梁の種別は，表 7.11［305 頁］に従い，柱および梁の区分に応じて幅厚比（円形鋼管では，径厚比）の数値が，同表に掲げる式によって計算した数値以下の数値となる種別として定める。

ロ ステンレス鋼の場合には，柱および梁の種別は，表 7.12［306 頁］と表 7.13［306 頁］に従い，柱および梁の区分に応じて H 形鋼の幅厚比は，同表に掲げる式によって計算した数値が 1 以下となる種別として，角形鋼管の幅厚比および円形鋼管の径厚比では，それぞれ同表に掲げる数値以下の数値となる種別として定める。

ハ イおよびロに定めるほか，崩壊形に達する場合に塑性ヒンジを生じないことが明らかな柱の種別は，梁の種別によることとし，種別の異なる柱および梁が接合されている場合における柱の種別（崩壊形に達する場合に塑性ヒンジを生じないことが明らかな柱の種別を含む）は，当該柱および梁の接合部において接合される部材《崩壊形（当該階の柱に接着するすべての梁の端部に塑性ヒンジが生じることその他の要因によって当該階が水平力

表 7.11 炭素鋼の柱および梁の種別

柱および梁の区分							柱および梁の種別
部材	柱				梁		
断面形状	H 形鋼		角形鋼管	円形鋼管	H 形鋼		
部位	フランジ	ウェブ	ー	ー	フランジ	ウェブ	
幅厚比または径厚比	$9.5\sqrt{\frac{235}{F}}$	$43\sqrt{\frac{235}{F}}$	$33\sqrt{\frac{235}{F}}$	$50\left(\frac{235}{F}\right)$	$9\sqrt{\frac{235}{F}}$	$60\sqrt{\frac{235}{F}}$	FA
	$12\sqrt{\frac{235}{F}}$	$45\sqrt{\frac{235}{F}}$	$37\sqrt{\frac{235}{F}}$	$70\left(\frac{235}{F}\right)$	$11\sqrt{\frac{235}{F}}$	$65\sqrt{\frac{235}{F}}$	FB
	$15.5\sqrt{\frac{235}{F}}$	$48\sqrt{\frac{235}{F}}$	$48\sqrt{\frac{235}{F}}$	$100\left(\frac{235}{F}\right)$	$15.5\sqrt{\frac{235}{F}}$	$71\sqrt{\frac{235}{F}}$	FC
	FA，FB および FC のいずれにも該当しない場合						FD
ここで，F：平 12 建告第 2464［(鋼材基準強度告示)，176 頁，332 頁］第 1 に規定する基準強度 (N/mm^2) である。							

に対して耐えられなくなる状態をいう，以下同じ）が明確な場合は，崩壊形に達する場合に塑性ヒンジが生じる部材に限る》の種別に応じ，次に定めるところによる。

(1) FC および FD の種別が存在しない場合は FB とする。

(2) FD の種別が存在せず，FC の種別が存在する場合は FC とする。

(3) FD の種別が存在する場合は FD とする。

3 号 D_s を計算する階における筋かいならびに柱および梁の部材群としての種別は，次のイおよびロによって定める。

イ 次の (1)〜(3) までに掲げる場合に該当する場合には，当該階の部材の耐力の割合の数値に応じ，表 7.14［307 頁］に従って定める。

(1) 筋かい端部の接合部が昭 55 建告 1791［(ルート2計算告示)，161 頁，317 頁］第 2 第 2 号［筋かい保有耐力接合］に適合する場合

(2) 柱および梁の接合部が昭 55 建告 1791［(ルート2計算告示)，161 頁，317 頁］第 2 第 7 号［局部座屈防止など］に適合する場合

(3) 梁の横補剛が十分であって急激な耐力の低下のおそれがない場合

ロ イの (1)〜(3) までに掲げる場合に該当しない場合，または部材の種別が FD である柱および梁について当該部材を取り除いた建築物の架構に局部崩壊が生ずる場合には，柱および梁の部材群としての種別は D とする。

表 7.12 ステンレス鋼の柱の種別

部材	柱						
断面形状	H形鋼		角形鋼管		円形鋼管		柱の種別
鋼種	235N級鋼	325N級鋼	235N級鋼	325N級鋼	235N級鋼	325N級鋼	
幅厚比または径厚比	$\left(\frac{b/t_f}{11}\right)^2+\left(\frac{d/t_w}{43}\right)^2$	$\left(\frac{b/t_f}{11}\right)^2+\left(\frac{d/t_w}{31}\right)^2$	25	25	72	44	FA
	$\left(\frac{b/t_f}{13}\right)^2+\left(\frac{d/t_w}{51}\right)^2$ および $(d/t_w)/47$	$\left(\frac{b/t_f}{13}\right)^2+\left(\frac{d/t_w}{38}\right)^2$	28	28	83	51	FB
	$\left(\frac{b/t_f}{18}\right)^2+\left(\frac{d/t_w}{67}\right)^2$ および $(d/t_w)/48$	$\left(\frac{b/t_f}{18}\right)^2+\left(\frac{d/t_w}{51}\right)^2$ および $(d/t_w)/41$	34	34	112	68	FC
	FA，FB および FC のいずれにも該当しない場合						FD

ここで，
b： フランジの半幅（フランジの半分の幅）(mm)，
d： ウェブの成 (mm)，
t_f： フランジの厚さ (mm)，
t_w： ウェブの厚さ (mm) である［図 7.7（320 頁）参照］。

表 7.13 ステンレス鋼の梁の種別

部材	梁						
断面形状	H形鋼		角形鋼管		円形鋼管		梁の種別
鋼種	235N級鋼	325N級鋼	235N級鋼	325N級鋼	235N級鋼	325N級鋼	
幅厚比または径厚比	$\left(\frac{b/t_f}{13}\right)^2+\left(\frac{d/t_w}{67}\right)^2$ および $(d/t_w)/65$	$\left(\frac{b/t_f}{9}\right)^2+\left(\frac{d/t_w}{47}\right)^2$ および $(d/t_w)/58$	32	32	72	44	FA
	$\left(\frac{b/t_f}{12}\right)^2+\left(\frac{d/t_w}{90}\right)^2$ および $(d/t_w)/68$	$\left(\frac{b/t_f}{12}\right)^2+\left(\frac{d/t_w}{66}\right)^2$ および $(d/t_w)/58$	38	38	88	53	FB
	$\left(\frac{b/t_f}{18}\right)^2+\left(\frac{d/t_w}{153}\right)^2$ および $(d/t_w)/71$	$\left(\frac{b/t_f}{18}\right)^2+\left(\frac{d/t_w}{101}\right)^2$ および $(d/t_w)/61$	51	51	132	80	FC
	FA，FB および FC のいずれにも該当しない場合						FD

ここで，
b： フランジの半幅（フランジの半分の幅）(mm)，
d： ウェブの成 (mm)，
t_f： フランジの厚さ (mm)，
t_w： ウェブの厚さ (mm) である［図 7.7（320 頁）参照］。

表 7.14 鉄骨の部材群の種別

	部材の耐力の割合	部材群としての種別
(1)	$\gamma_A \geqq 0.5$ かつ $\gamma_C \leqq 0.2$	A
(2)	$\gamma_C < 0.5$（部材群としての種別が A の場合を除く）	B
(3)	$\gamma_C \geqq 0.5$	C

ここで，
γ_A：筋かいの部材群としての種別を定める場合には種別 BA である筋かいの耐力の和をすべての筋かいの水平耐力の和で除した数値，柱および梁の部材群としての種別を定める場合には種別 FA である柱の耐力の和を種別 FD である柱を除くすべての柱の水平耐力の和で除した数値，
γ_C：筋かいの部材群としての種別を定める場合には種別 BC である筋かいの耐力の和をすべての筋かいの水平耐力の和で除した数値，柱および梁の部材群としての種別を定める場合には種別 FC である柱の耐力の和を種別 FD である柱を除くすべての柱の水平耐力の和で除した数値である。

4 号 各階の D_s は，前号の規定に従って求めた当該階の筋かいならびに柱および梁の部材群としての種別に応じ，表 7.15［307 頁］に掲げる数値以上の数値とする。

表 7.15 S 造の D_s

			柱および梁の部材群としての種別			
			A	B	C	D
筋かいの部材群としての種別	A または $\beta_u = 0$ の場合		0.25	0.3	0.35	0.4
	B	$0 < \beta_u \leqq 0.3$ の場合	0.25	0.3	0.35	0.4
		$0.3 < \beta_u \leqq 0.7$ の場合	0.3	0.3	0.35	0.45
		$\beta_u > 0.7$ の場合	0.35	0.35	0.4	0.5
	C	$0 < \beta_u \leqq 0.3$ の場合	0.3	0.3	0.35	0.4
		$0.3 < \beta_u \leqq 0.5$ の場合	0.35	0.35	0.4	0.45
		$\beta_u > 0.5$ の場合	0.4	0.4	0.45	0.5

ここで，β_u：筋かい（耐力壁を含む）の水平耐力の和を保有水平耐力の数値で除した数値である。

第4　柱および梁の大部分がRC造である階についてDsを算出する方法

柱および梁の大部分がRC造である階では，次に定める方法によりD_sを算出する。

1号 柱および梁の種別を，表7.16［309頁］に従い，柱および梁の区分に応じて定める。ただし，崩壊形に達する場合に塑性ヒンジを生じないことが明らかな柱の種別は，表によらず梁の種別によることとし，種別の異なる柱および梁が接合されている場合における柱の種別（崩壊形に達する場合に塑性ヒンジを生じないことが明らかな柱の種別を含む）は，当該柱および梁の接合部において接合される部材（崩壊形に達する場合に塑性ヒンジが生じる部材に限る）の種別に応じ，次に定めるところによる。

(1) FCおよびFDの種別が存在しない場合はFBとする。

(2) FDの種別が存在せず，FCの種別が存在する場合はFCとする。

(3) FDの種別が存在する場合はFDとする。

2号 耐力壁の種別を，表7.17［309頁］に従い，耐力壁の区分に応じて定める。

3号 D_sを計算する階における柱および梁ならびに耐力壁の部材群としての種別を，表7.18［310頁］に従い，当該階の部材の耐力の割合の数値に応じて定める。ただし，部材の種別がFDである柱および梁ならびに部材の種別がWDである耐力壁について当該部材を取り除いた建築物の架構に局部崩壊が生ずる場合には，部材群としての種別はそれぞれDとする。

4号 各階のD_sは，次のイ～ハまでのいずれかによって定める数値とする。

イ 耐力壁を設けない剛節架構[†]とした場合は，前号の規定により定めた当該階の柱および梁の部材群としての種別に応じ，表7.19［310頁］に掲げる数値以上の数値とする。

ロ 壁式構造とした場合には，前号の規定により定めた当該階の耐力壁の部材群としての種別に応じ，表7.20［310頁］に掲げる数値以上の数値とする。

ハ 剛節架構と耐力壁を併用した場合には，前号の規定により定めた当該階の柱および梁ならびに筋かいの部材群としての種別に応じ，表7.21［311頁］に掲げる数値以上の数値とする。

5号 第1号の計算において各階の崩壊形を増分解析を用いて確認する場合は，地

[†] いわゆる「ラーメン」（構造）のことである。

表 7.16　RC 造の柱・梁の種別

柱および梁の区分							柱および梁の種別
部材	柱および梁	柱				梁	
条件	破壊の形式	h_0/D の数値	σ_0/F_c の数値	p_t の数値	τ_u/F_c の数値	τ_u/F_c の数値	
	*	2.5 以上	0.35 以下	0.8 以下	0.1　以下	0.15 以下	FA
		2.0 以上	0.45 以下	1.0 以下	0.125 以下	0.2　以下	FB
		－	0.55 以下	－	0.15　以下	－	FC
	FA，FB または FC のいずれにも該当しない場合						FD

*せん断破壊，付着割裂破壊および圧縮破壊その他の構造耐力上支障のある急激な耐力の低下のおそれのある破壊を生じないこと。

1. ここで，

h_0：柱の内法（うちのり）高さ (cm)，D：柱の幅 (cm)，

σ_0：D_s を算定しようとする階が崩壊形に達する場合の柱の断面に生ずる軸方向応力度 (N/mm^2)，

p_t：引張鉄筋比 (%)，

F_c：コンクリートの設計基準強度 (N/mm^2)，

τ_u：D_s を算定しようとする階が崩壊形に達する場合の柱または梁の断面に生ずる平均せん断応力度である。

2. 柱の上端または下端に接着する梁について，崩壊形に達する場合に塑性ヒンジが生ずることが明らかな場合には，表中の h_0/D に替えて $2M/(QD)$ を用いることができる。この場合，M は崩壊形に達する場合の当該柱の最大曲げモーメント，Q は崩壊形に達する場合の当該柱の最大せん断力を表す。

表 7.17　RC 造の耐力壁の種別

耐力壁の区分				耐力壁の種別
部材	耐力壁	壁式構造以外の構造の耐力壁	壁式構造の耐力壁	
条件	破壊の形式	τ_u/F_c の数値	τ_u/F_c の数値	
	*	0.2　以下	0.1　以下	WA
		0.25 以下	0.125 以下	WB
		－	0.15　以下	WC
	WA，WB または WC のいずれにも該当しない場合			WD

*せん断破壊その他の構造耐力上支障のある急激な耐力の低下のおそれのある破壊を生じない。

ここで，τ_u および F_c は表 7.16［309 頁］と同じ。

上部分の各階について標準せん断力係数（令第 88 条［169 頁］に規定する地震力の計算に用いる係数）の数値を漸増させ，これに応じた地震層せん断力

表 7.18　RC 造部材群の種別

	部材の耐力の割合	部材群としての種別
(1)	$\gamma_A \geqq 0.5$ かつ $\gamma_C \leqq 0.2$	A
(2)	$\gamma_C < 0.5$（部材群としての種別が A の場合を除く）	B
(3)	$\gamma_C \geqq 0.5$	C

ここで，

γ_A：柱および梁の部材群としての種別を定める場合には種別 FA である柱の耐力の和を種別 FD である柱を除くすべての柱の水平耐力の和で除した数値，耐力壁の部材群としての種別を定める場合には種別 WA である耐力壁の耐力の和を種別 WD である耐力壁を除くすべての耐力壁の水平耐力の和で除した数値，

γ_C：柱および梁の部材群としての種別を定める場合には種別 FC である柱の耐力の和を種別 FD である柱を除くすべての柱の水平耐力の和で除した数値，耐力壁の部材群としての種別を定める場合には種別 WC である耐力壁の耐力の和を種別 WD である耐力壁を除くすべての耐力壁の水平耐力の和で除した数値である。

表 7.19　RC 造（剛節架構）の D_s

柱および梁の部材群としての種別	D_s の数値
A	0.3
B	0.35
C	0.4
D	0.45

表 7.20　RC 造（壁式構造）の D_s

耐力壁の部材群としての種別	D_s の数値
A	0.45
B	0.5
C	0.55
D	0.55

係数に当該各階が支える部分の固定荷重と積載荷重の和（令第 86 条第 2 項［167 頁］ただし書の規定により特定行政庁が指定する多雪区域においては，更に積雪荷重を加える）を乗じた数値を水平力として作用させる。この場合，当該地震層せん断力係数を計算する場合に用いる A_i は，令第 88 条第 1 項［169 頁］に規定する A_i を用いる。

表 7.21　RC 造（剛節架構・耐力壁併用）の D_s

			柱および梁の部材群としての種別			
			A	B	C	D
耐力壁の部材群としての種別	A	$0 < \beta_u \leqq 0.3$ の場合	0.3	0.35	0.4	0.45
		$0.3 < \beta_u \leqq 0.7$ の場合	0.35	0.4	0.45	0.5
		$\beta_u > 0.7$ の場合	0.4	0.45	0.45	0.55
	B	$0 < \beta_u \leqq 0.3$ の場合	0.35	0.35	0.4	0.45
		$0.3 < \beta_u \leqq 0.7$ の場合	0.4	0.4	0.45	0.5
		$\beta_u > 0.7$ の場合	0.45	0.45	0.5	0.55
	C	$0 < \beta_u \leqq 0.3$ の場合	0.35	0.35	0.4	0.45
		$0.3 < \beta_u \leqq 0.7$ の場合	0.4	0.45	0.45	0.5
		$\beta_u > 0.7$ の場合	0.5	0.5	0.5	0.55
	D	$0 < \beta_u \leqq 0.3$ の場合	0.4	0.4	0.45	0.45
		$0.3 < \beta_u \leqq 0.7$ の場合	0.45	0.5	0.5	0.5
		$\beta_u > 0.7$ の場合	0.55	0.55	0.55	0.55
ここで，β_u：耐力壁（筋かいを含む）の水平耐力の和を保有水平耐力の数値で除した数値である。						

第 5　柱および梁の大部分が SRC 造である階について Ds を算出する方法

柱および梁の大部分が SRC 造である階では，次に定める方法により D_s を算出する。

1 号 柱の種別を，表 7.22［312 頁］に従い，崩壊形に達する時に生ずる力の条件および部材の破壊の状況に応じて定める。

2 号 耐力壁の種別は，崩壊形に達する時の当該耐力壁の破壊の状況がせん断破壊である場合には WC とし，せん断破壊以外の破壊である場合には WA とする。

3 号 D_s を計算する階における柱および耐力壁の部材群としての種別を，表 7.23［312 頁］に従い，当該階の部材の耐力の割合の数値に応じて定める。ただし，部材の種別が FD である柱について当該部材を取り除いた建築物の架構に局部崩壊が生ずる場合には，部材群としての種別は D とする。

4 号 各階の D_s は，次のイ～ハまでのいずれかによって定める数値とする。

イ　耐力壁を設けない剛節架構とした場合には，前号の規定により定めた当該階の柱および梁の部材群としての種別に応じ，表 7.24［313 頁］に掲げる

表 7.22　SRC 造柱の種別

崩壊形に達する時に柱に生ずる力の条件		部材の破壊の状況	
		曲げ破壊	せん断破壊
$N/N_0 \leqq 0.3$ の場合	${}_sM_0/M_0 \geqq 0.4$ の場合	FA	FB
	${}_sM_0/M_0 < 0.4$ の場合	FB	FC
$0.3 < N/N_0 \leqq 0.4$ の場合	${}_sM_0/M_0 \geqq 0.4$ の場合	FB	FC
	${}_sM_0/M_0 < 0.4$ の場合	FC	FD
$N/N_0 > 0.4$ の場合		FD	FD

ここで,
N : 崩壊形に達する時に柱に生ずる圧縮力 (kN),
N_0 : 材料強度によって計算した柱の圧縮耐力 (kN),
${}_sM_0$: 材料強度によって計算した柱の鉄骨部分の曲げ耐力 (kN m),
M_0 : 材料強度によって計算した柱の曲げ耐力 (kN m),
いずれの場合も材料強度は令第 3 章第 8 節第 4 款［183 頁］の規定による。

表 7.23　SRC 造部材群の種別

	部材の耐力の割合	部材群としての種別
(1)	$\gamma_A \geqq 0.5$ かつ $\gamma_C \leqq 0.2$	A
(2)	$\gamma_C < 0.5$（部材群としての種別が A の場合を除く）	B
(3)	$\gamma_C \geqq 0.5$	C

ここで,
γ_A : 柱の部材群としての種別を定める場合には種別 FA である柱の耐力の和を種別 FD である柱を除くすべての柱の水平耐力の和で除した数値，耐力壁の部材群としての種別を定めるに場合は種別 WA である耐力壁の耐力の和をすべての耐力壁の水平耐力の和で除した数値,
γ_C : 柱の部材群としての種別を定める場合には種別 FC である柱の耐力の和を種別 FD である柱を除くすべての柱の水平耐力の和で除した数値，耐力壁の部材群としての種別を定める場合には種別 WC である耐力壁の耐力の和をすべての耐力壁の水平耐力の和で除した数値である。

数値以上の数値とする。

ロ 壁式構造とした場合には，前号の規定により定めた当該階の耐力壁の部材群としての種別に応じ，表 7.25［313 頁］に掲げる数値以上の数値とする。

ハ 剛節架構と耐力壁を併用した場合には，前号の規定により定めた当該階の柱および梁ならびに筋かいの部材群としての種別に応じ，表 7.26［313 頁］に掲げる数値以上の数値とする。

5 号［増分解析をする場合は］第 4 第 5 号の規定による。

表 7.24　SRC 造（剛節架構）の D_s

柱および梁の部材群としての種別	D_s の数値
A	0.25
B	0.3
C	0.35
D	0.4

表 7.25　SRC 造（壁式構造）の D_s

耐力壁の部材群としての種別	D_s の数値
A	0.4
B	0.45
C	0.5
D	0.5

表 7.26　SRC 造（剛節架構・耐力壁併用）の D_s

			柱および梁の部材群としての種別			
			A	B	C	D
耐力壁の部材群としての種別	A	$0 < \beta_u \leqq 0.3$ の場合	0.25	0.3	0.35	0.4
		$0.3 < \beta_u \leqq 0.7$ の場合	0.3	0.35	0.4	0.45
		$\beta_u > 0.7$ の場合	0.35	0.4	0.4	0.5
	B	$0 < \beta_u \leqq 0.3$ の場合	0.3	0.3	0.35	0.4
		$0.3 < \beta_u \leqq 0.7$ の場合	0.35	0.35	0.4	0.45
		$\beta_u > 0.7$ の場合	0.4	0.4	0.45	0.5
	C	$0 < \beta_u \leqq 0.3$ の場合	0.3	0.3	0.35	0.4
		$0.3 < \beta_u \leqq 0.7$ の場合	0.35	0.4	0.4	0.45
		$\beta_u > 0.7$ の場合	0.45	0.45	0.45	0.5
	D	$0 < \beta_u \leqq 0.3$ の場合	0.35	0.35	0.4	0.4
		$0.3 < \beta_u \leqq 0.7$ の場合	0.4	0.45	0.45	0.45
		$\beta_u > 0.7$ の場合	0.5	0.5	0.5	0.5
ここで，β_u：耐力壁（筋かいを含む）の水平耐力の和を保有水平耐力の数値で除した数値である。						

第6　その他の階について Ds を算出する方法

第2～第5までに掲げる階以外の階には，表 7.27［314 頁］の数値以上の数値を用いる。

表 7.27　構造特性係数 D_s

架構の形式		(い)	(ろ)	(は)
架構の性状		剛接架構またはこれに類する形式の架構	(い)欄および(は)欄に掲げるもの以外のもの	各階に生ずる水平力の大部分を当該階の耐力壁または筋かいによって負担する形式の架構
(1)	架構を構成する部材に生ずる応力に対してせん断破壊など耐力が急激に低下する破壊が著しく生じ難いことなどのため，塑性変形の度が特に高いもの	0.3	0.35	0.4
(2)	(1) に掲げるもの以外のもので架構を構成する部材に生ずる応力に対してせん断破壊など耐力が急激に低下する破壊が生じ難いことなどのため，塑性変形の度が高いもの	0.35	0.4	0.45
(3)	(1) および (2) に掲げるもの以外のもので架構を構成する部材に塑性変形を生じさせる応力に対して当該部材にせん断破壊などが生じないことなどのため，耐力が急激に低下しないもの	0.4	0.45	0.5
(4)	(1)～(3) までに掲げるもの以外のもの	0.45	0.5	0.55

［この表を簡略化したのが表 1.4（22 頁）である。］

第7　Fes を算出する方法

建築物の各階の F_{es} は，当該階について，令第 82 条の 6 第 2 号イ［160 頁］の規定による剛性率に応じた表 7.28［315 頁］に掲げる F_s の数値に同号ロの規定による偏心率に応じた表 7.29［315 頁］に掲げる F_e の数値を乗じて算出する。ただし，当該階の剛性率および偏心率と形状特性との関係を適切に評価して算出することができる場合には，当該算出によることができる。

表 7.28 剛性率 R_s とそれに対する形状係数 F_s［図 1.8 右，21 頁参照］

剛性率		F_s の数値
(1)	$R_s \geqq 0.6$ の場合	1.0
(2)	$R_s < 0.6$ の場合	$2.0 - R_s/0.6$
ここで，R_s：各階の剛性率である。		

表 7.29 偏心率 R_e とそれに対する形状係数 F_e［図 1.8 左，21 頁参照］

偏心率		F_e の数値
(1)	$R_e \leqq 0.15$ の場合	1.0
(2)	$0.15 < R_e < 0.3$ の場合	(1) と (3) とに掲げる数値を直線的に補間した数値
(3)	$R_e \geqq 0.3$ の場合	1.5
ここで，R_e：各階の偏心率である。		

ちょっと一言「**構造特性係数 D_S の算定方法**」

法令では (5.1) 式［154 頁］によって，各層の必要保有水平耐力 Q_{un} が $C_0 = 1.0$ とした設計用層せん断力 Q_{ud} に構造特性係数 D_s と形状係数 F_{es} を乗じた次式で与えられている。

$$Q_{un} = D_s F_{es} Q_{ud}$$

この式は，手計算で保有水平耐力を求めるための便法と考えるべきである。すなわち，建物の（変形に伴う耐力低下を取り入れた）弾塑性挙動を適切に取り入れた増分解析では，1 層モデルの場合には図 7.5［316 頁］のような荷重変形曲線 a が求まるはずである。ここで，B を許容変形とすると，例えばエネルギー一定則［22 頁参照］を用いて構造特性係数 D_s を次のように求めることができる。

$$D_s = \frac{1}{\sqrt{2\mu - 1}} \tag{7.12}$$

多層の場合も同様に，各層の荷重変形曲線から D_s を求めることができる。更に，電算プログラムによる増分解析が一般的になった現時点では，適切な外力分布を用いるならば F_s は（この影響は自動的に考慮されるので）不要であり，床ダイヤフラムの弾塑性の強度・剛性も取り入れた立体解析を行うならば，建物の捩れ変形や吹き抜けの影響も考慮されるので F_e も不要になる。

現行の Ds Fes 告示（昭 55 建告 1792，301 頁）では，部材を細かくランク付けし，それらの耐力比から D_s を求めている。しかし，部材を単に区分するのではなく，その構造特性を明確に示すべきであろう。その結果，（変形の増大に伴う耐力低下が考慮された）増分解析が可能となり，D_s を求めるための荷重変形曲線を求めることができる。残念ながら，現在の増分解析プログラムは，降伏に至った後の耐力低下を考慮していないので，（P-Δ 効果なども考慮した）新しい立体弾塑性解析プログラムが望まれる。

最後に，現行の D_s は 0.05 刻みの値となっていることについて考えてみよう。$C_0 = 1.0$ を低減する係数としては，0.05 刻みは工学的に十分細かな区分であるようにも思えるが，D_s の最低値の 0.25 から考えると，0.05 は 20% という大雑把な区分である。部材ランクのごくわずかな違いが層の保有水平耐力の 20% も影響するとは思われない場合も多く，少なくとも現行の D_s が階段関数的に決められている点を連続的となるように改正すべきであろう。もちろん，荷重変形曲線から D_s を算定するならば，このような問題点も同時に解決されることになる。

もっとも，D_s の算定には，繰り返し荷重による耐力の低下や変形増大にともなう履歴減衰の減少なども考慮する必要がある。すなわち，繰り返し荷重を受ける荷重変形曲線の模式図は，例えば図 7.6 参照［317 頁］のようになる。荷重を単調に増加させると荷重変形曲線 a（骨格曲線）が得られる。正負の荷重を加えると曲線 b となり，この紡錘形の面積によって履歴減衰が生じる。繰り返し荷重を受けると曲線 c のように最大荷重は低下し，変形を大きくすると紡錘形 d は偏平となり，履歴減衰は減少する（点線は完全弾塑性の場合である）。このような現象をすべて取り入れたプログラムを期待している。

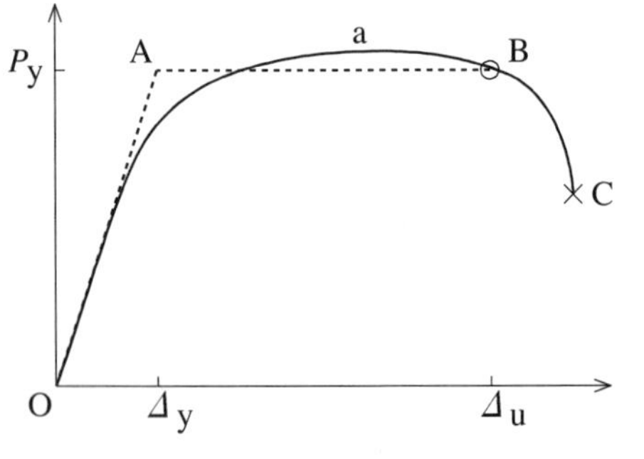

荷重変形曲線 a が得られ，点 B を許容変形とする。この曲線を点線で表した保有水平耐力 P_y のバイリニアに置き換え，$\mu = \Delta_u/\Delta_y$ とすると構造特性係数 D_s は（エネルギー一定則を用いると）次式のように求まる。

$$D_s = \frac{1}{\sqrt{2\mu - 1}}$$

図 7.5　（参考）荷重変形曲線から D_s を求める

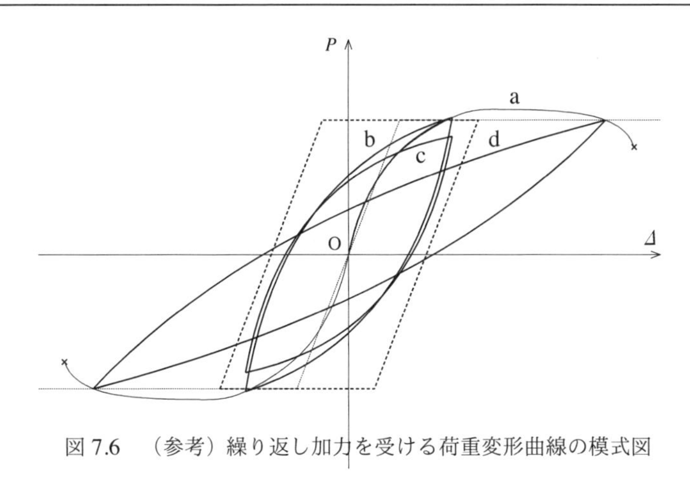

図 7.6 （参考）繰り返し加力を受ける荷重変形曲線の模式図

「ルート[2]計算告示」

昭 55 建告 1791「建築物の地震に対する安全性を確かめるために必要な構造計算の基準を定める件」（平 27 国交告 185 改正）

> 本告示は**ルート[2]**の構造計算をするための規定で，次のように第 1～3 がある。これが「(f) 強度，靭性」［17 頁以降］に要約されている。
> **第 1** 木造の建築物などに関する基準［317 頁］
> **第 2** S 造の建築物などに関する基準［318 頁］
> **第 3** RC 造または SRC 造の建築物などに関する基準［322 頁］

令第 82 条の 6［許容応力度等計算］第 3 号［161 頁］の規定に基づき，建築物の地震に対する安全性を確かめるために必要な構造計算の基準を次のように定める。

第 1 木造の建築物などに関する基準

［ルート[2]］木造の建築物または木造とその他の構造とを併用する建築物については，次の各号に定める構造計算を行う。

1 号 水平力を負担する筋かいを設けた階（地階を除く）を含む建築物にあっては，令第 82 条第 1 号［152 頁，応力計算］の規定により計算した当該階の構造耐力上主要な部分に生ずる令第 88 条第 1 項［169 頁］の規定による地震力による応力の数値に表 7.30［318 頁］の数値以上の数値を乗じて得た数値を当該応力の数値として令第 82 条第 2 号［152 頁］および第 3 号に規定する構造計算［許容応力度計算］を行う。

表 7.30　木造筋かいの水平力負担率による割増係数

$\beta \leqq 5/7$ の場合	$1 + 0.7\beta$
$\beta > 5/7$ の場合	1.5
ここで，β：令第 88 条第 1 項［169 頁］に規定する地震力により建築物の各階に生ずる水平力に対する当該階の筋かいが負担する水平力の比である。	

表 7.31　S 造筋かいの水平力負担率による割増係数

$\beta \leqq 5/7$ の場合	$1 + 0.7\beta$
$\beta > 5/7$ の場合	1.5
ここで，β：令第 88 条第 1 項［169 頁］に規定する地震力により建築物の各階に生ずる水平力に対する当該階の筋かいが負担する水平力の比である。	

2 号　水平力を負担する筋かいで木材を使用したものについては，当該筋かいの端部または接合部に木材のめり込みの材料強度に相当する応力が作用する場合に，当該筋かいに割裂，せん断破壊などが生じないことを確かめる。

3 号　水平力を負担する筋かいでその軸部に専(もっぱ)ら木材以外の材料を使用したものについては，当該筋かいの軸部が降伏する場合に，当該筋かいの端部および接合部が破断しないことを確かめる。

4 号　建築物の地上部分の塔状比（計算しようとする方向における架構の幅に対する高さの比）が 4 を超えないことを確かめる。

5 号　前各号に掲げるもののほか，必要がある場合には，構造耐力上主要な部分である柱もしくは梁またはこれらの接合部が，割裂，せん断破壊などによって構造耐力上支障のある急激な耐力の低下を生ずるおそれのないことを確かめる。

第 2　S 造の建築物などに関する基準

［ルート 2 ］S 造の建築物または S 造とその他の構造とを併用する建築物については，次の各号に定める構造計算を行う。

1 号　水平力を負担する筋かいを設けた階（地階を除く）を含む建築物にあっては，令第 82 条第 1 号［152 頁，応力計算］の規定により計算した当該階の構造耐力上主要な部分に生ずる令第 88 条第 1 項［169 頁］の規定による地震力による応力の数値に表 7.31 の数値以上の数値を乗じて得た数値を当該応力の数値として令第 82 条第 2 号［152 頁］および第 3 号［許容応力度計算］に規定する構造計算を行う。

2 号　水平力を負担する筋かいの軸部が降伏する場合に，当該筋かいの端部および接合部が破断しないことを確かめる。

3号 冷間成形により加工した角形鋼管（厚さ6mm以上のものに限る，以下この号において単に「角形鋼管」）を構造耐力上主要な部分である柱に用いる場合には，次に定める構造計算を行う。ただし，特別な調査または研究の結果に基づき，角形鋼管に構造耐力上支障のある急激な耐力の低下を生ずるおそれのないことが確かめられた場合には，この限りでない。

イ 構造耐力上主要な部分である柱および梁の接合部（最上階の柱頭および1階の柱の脚部である接合部を除く）について，次の式に適合することを確かめる。

$$\sum M_{\mathrm{pc}} \geqq 1.5 \sum M_{\mathrm{pb}} \tag{7.13}$$

ここで，

M_{pc}：当該接合部における柱の材端（梁その他の横架材に接着する部分）に生じうるものとして計算した最大の曲げモーメント（N m），

M_{pb}：当該接合部における梁の材端（柱に接着する部分）に生じうるものとして計算した最大の曲げモーメント（N m）である。

ロ 構造耐力上主要な部分である角形鋼管を用いた柱が1階の柱であり，かつJIS G3466（一般構造用角形鋼管）–2006に適合する場合には，イに掲げるほか，地震時に当該柱の脚部に生ずる力に1.4《柱および梁の接合部の構造方法を内ダイヤフラム形式（ダイヤフラムを落とし込む形式としたものを除く）とした場合は1.3》以上の数値を乗じて令第82条［152頁］第1号～第3号［許容応力度計算］までに規定する構造計算をした場合に当該建築物が安全であることを確かめる。

4号 柱および梁に炭素鋼（平12建告2464［(鋼材基準強度告示)，176頁，332頁］第1に規定する基準強度が205N/mm^{2}以上375N/mm^{2}以下のものに限る）を用いる場合には，表7.32［320頁］の（い）欄に掲げる柱および梁の区分に応じ，幅厚比（円形鋼管では，径厚比）が同表の（ろ）欄に掲げる数値以下の数値となることを確かめる。ただし，特別な調査または研究の結果に基づき，鋼材の断面に構造耐力上支障のある局部座屈を生じないことが確かめられた場合には，この限りでない。

5号 柱および梁にステンレス鋼を用いる場合には，表7.33［321頁］の（い）欄に掲げる柱および梁の区分に応じ，H形鋼では同表の（ろ）欄に掲げる式に

表 7.32　炭素鋼部材の幅厚比・径厚比［7.7 図（320 頁）参照］

（い）			（ろ）
柱および梁の区分			数　値
部　材	断面形状	部　位	
柱	H 形鋼	フランジ	$9.5\sqrt{235/F}$
		ウェブ	$43\sqrt{235/F}$
	角形鋼管	–	$33\sqrt{235/F}$
	円形鋼管	–	$50\,(235/F)$
梁	H 形鋼	フランジ	$9\sqrt{235/F}$
		ウェブ	$60\sqrt{235/F}$
ここで，F：平 12 建告 2464［(鋼材基準強度告示)，176 頁，332 頁］第 1 に規定する基準強度（N/mm^2）である。			

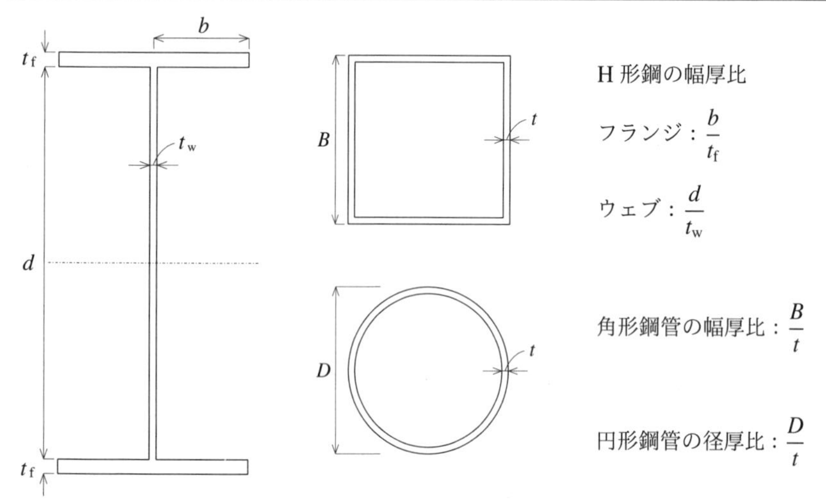

図 7.7　（参考）H 形鋼，角形鋼管の幅厚比と円形鋼管の径厚比

よって計算した数値が 1 以下になることを，角形鋼管の幅厚比および円形鋼管の径厚比はそれぞれ同欄に掲げる数値以下の数値となることを，それぞれ確かめる。ただし，特別な調査または研究の結果に基づき，鋼材の断面に構造耐力上支障のある局部座屈を生じないことが確かめられた場合には，この限りでない。

6 号　第 1 第 4 号の規定［塔状比 ≦ 4］による。

7 号　前各号に掲げるもののほか，構造耐力上主要な部分である柱もしくは梁また

表 7.33　ステンレス鋼部材の幅厚比・径厚比［7.7 図（320 頁）参照］

（い）			（ろ）
柱および梁の区分			数　値
部　材	断面形状	鋼　種	
柱	H 形鋼	235N 級鋼	$\left(\frac{b/t_f}{11}\right)^2+\left(\frac{d/t_w}{43}\right)^2$
		325N 級鋼	$\left(\frac{b/t_f}{11}\right)^2+\left(\frac{d/t_w}{31}\right)^2$
	角形鋼管	235N 級鋼	25
		325N 級鋼	25
	円形鋼管	235N 級鋼	72
		325N 級鋼	44
梁	H 形鋼	235N 級鋼	$\left(\frac{b/t_f}{9}\right)^2+\left(\frac{d/t_w}{67}\right)^2$ および $\frac{d/t_w}{65}$
		325N 級鋼	$\left(\frac{b/t_f}{9}\right)^2+\left(\frac{d/t_w}{47}\right)^2$
	角形鋼管	235N 級鋼	32
		325N 級鋼	32
	円形鋼管	235N 級鋼	72
		325N 級鋼	44

ここで，
b：フランジの半幅（フランジの半分の幅）(mm)，
d：ウェブの成（mm)，
t_f：フランジの厚さ（mm)，
t_w：ウェブの厚さ（mm）である。

はこれらの接合部が局部座屈，破断などによって，または構造耐力上主要な部分である柱の脚部の基礎との接合部がアンカーボルトの破断，基礎の破壊などによって，それぞれ構造耐力上支障のある急激な耐力の低下を生ずるおそれのないことを確かめる。

第3 RC造またはSRC造の建築物などに関する基準

RC造の建築物もしくはRC造とその他の構造とを併用する建築物，またはSRC造の建築物もしくはSRC造とその他の構造とを併用する建築物については，次の各号に定める構造計算のうちいずれかを行う。ただし，第1号ハおよび第2号ロ（第1号ロの規定の適用に係る部分を除く）の規定以外の規定にあっては，実験によって耐力壁ならびに構造耐力上主要な部分である柱および梁が地震に対して十分な強度を有し，または十分な靭性をもつことが確かめられた場合には，この限りでない。

1号［ルート2-1］次のイ～ハまでに掲げる基準に適合することを確かめる。

イ 各階のRC造またはSRC造の耐力壁（平19国交告第594［(ルート1～3算定法告示）153頁，281頁］第1第3号イ(1)に規定する開口周比が0.4以下であるものに限る，以下同じ），構造耐力上主要な部分である柱および耐力壁以外の壁（上端および下端が構造耐力上主要な部分に緊結されたものに限る）の水平断面積が次の式に適合する。ただし，SRC造の柱にあっては，同式中「0.7」とあるのは「1.0」とする。

$$\sum 2.5\,\alpha\,A_{\mathrm{w}} + \sum 0.7\,\alpha\,A_{\mathrm{c}} \geqq 0.75\,Z\,W\,A_i \qquad (7.14)$$

ここで，

α：コンクリートの設計基準強度による割り増し係数として，設計基準強度が18N/mm^{2}未満の場合にあっては1.0，18N/mm^{2}以上の場合にあっては使用するコンクリートの設計基準強度（N/mm^2）を18で除した数値の平方根（当該数値が$\sqrt{2}$を超えるときは，$\sqrt{2}$），

A_{w}：当該階の耐力壁のうち計算しようとする方向に設けたものの水平断面積（mm^2），

A_{c}：当該階の構造耐力上主要な部分である柱の水平断面積および耐力壁以外の壁（上端および下端が構造耐力上主要な部分に緊結されたものに限る）のうち計算しようとする方向に設けたものの水平断面積(mm^2)，

Z：令第88条第1項［169頁］に規定するZの数値，

W：令第88条第1項［169頁］の規定により地震力を計算する場合における当該階が支える部分の固定荷重と積載荷重の和（令第86条第2項［167頁］ただし書の規定により特定行政庁が指定する多雪区域においては，更に積雪荷重を加える）(N)，

A_i：令第 88 条第 1 項［169 頁］に規定する当該階に係る A_i の数値である。

ロ 構造耐力上主要な部分が，地震力によって当該部分に生ずるせん断力として次の式によって計算した設計用せん断力に対して，せん断破壊などによって構造耐力上支障のある急激な耐力の低下を生ずるおそれのないこと。

$$Q_D = \min\left[(Q_L + n\,Q_E), (Q_0 + Q_y)\right] \tag{7.15}$$

ここで，

Q_D：設計用せん断力（N），

Q_L：固定荷重と積載荷重の和（令第 86 条第 2 項［167 頁］ただし書の規定により特定行政庁が指定する多雪区域においては，更に積雪荷重を加える，以下この号および第 5 号において「常時荷重」）によって生ずるせん断力，ただし，柱の場合には 0 とすることができる（N），

n：2.0（構造耐力上主要な部分でない腰壁または垂壁が取り付く柱にあっては，2.0 と階高を開口部の高さで除した数値のうちいずれか大きい方の数値）以上の数値，

Q_E：令第 88 条第 1 項［169 頁］の規定により地震力を計算する場合における当該地震力によって生ずるせん断力（N），

Q_0：単純支持とした時の常時荷重によって生ずるせん断力，ただし，柱の場合には 0 とすることができる（N），

Q_y：柱または梁の両端が曲げ耐力に達した時のせん断力，ただし，柱においては柱頭に接続する梁の曲げ耐力の和の 1/2（最上階の柱頭にあっては曲げ耐力の和）の数値が当該柱頭部の曲げ耐力を超えない場合には，当該数値を柱頭部の曲げ耐力とすることができる（N）である。

ハ 第 1 第 4 号の規定［塔状比 ≦ 4］による。

2 号［ルート 2-2 ］次のイおよびロに掲げる基準に適合することを確かめる。

イ 各階の RC 造または SRC 造の耐力壁および構造耐力上主要な部分である柱の水平断面積が次の式に適合する。ただし，SRC 造の柱およびこれに緊結された耐力壁にあっては，「1.8」とあるのは「2.0」とする。

$$\sum 1.8\,\alpha\,A_w + \sum 1.8\,\alpha\,A_c \geqq Z\,W\,A_i \tag{7.16}$$

ここで，α, A_w, Z, W, A_i：前号イに定める数値，A_c：当該階の構造耐力上主要な部分である柱の水平断面積（mm^2）である。

ロ 前号ロおよびハの規定による。

第 8 章

許容応力度，基準強度，材料強度関係の主な告示

8.1 木材の基準強度

「木材基準強度告示」

平 12 建告 1452「木材の基準強度 F_c, F_t, F_b および F_s を定める件」（平 27 国交告 910 改正）

本告示は木材の基準強度を定めたもので，次のように第 1 号～7 号がある。

1 号　製材の JAS に適合する構造用製材の目視等級区分によるもの［324 頁］
2 号　製材の JAS に適合する構造用製材の機械等級区分によるもの［325 頁］
3 号　枠組壁工法構造用製材および枠組壁工法構造用たて継ぎ材の JAS に適合するもの［325 頁］
4 号　枠組壁工法構造用製材等規格に適合する MSR 枠組材および MSR たて継ぎ材［325 頁］
5 号　無等級材（JAS に定められていない木材）［327 頁］
6 号　前各号に掲げる以外の木材で，国土交通大臣が指定したもの［327 頁］

令第 89 条第 1 項［175 頁］の規定に基づき，木材の基準強度 F_c, F_t, F_b および F_s は，次の各号に掲げる木材の種類および品質に応じて，それぞれ当該各号に掲げるところによる。

１号 製材の JAS（平成 19 年農林水産省告示第 1083 号）［本書では JAS 関係規定は省略］に適合する構造用製材（ただし，円柱類にあってはすぎ，からまつおよびひのきに限る）の目視等級区分によるもの

その樹種，区分および等級に応じてそれぞれ表 8.1［326 頁］と表 8.2［327 頁］の数値とする。ただし，垂木，根太その他荷重を分散して負担する目的で並列して設けた部材（以下「並列材」）では，曲げに対する基準強度 F_b の数値について，当該部材群に構造用合板またはこれと同等以上の面材をはる場合には 1.25，その他の場合には 1.15 を乗じた数値とすることができる。

２号 製材の JAS に適合する構造用製材（ただし，円柱類にあってはすぎ，からまつおよびひのきに限る）の機械等級区分によるもの

その樹種および等級に応じてそれぞれ表 8.3［328 頁］の数値とする。ただし，並列材では，曲げに対する基準強度 F_b の数値について，当該部材群に構造用合板またはこれと同等以上の面材をはる場合には 1.15 を乗じた数値とすることができる。

３号 枠組壁工法構造用製材および枠組壁工法構造用たて継ぎ材の JAS（昭和 49 年農林省告示第 600 号，以下「枠組壁工法構造用製材等規格」）に適合する枠組壁工法構造用製材のうち，寸法形式が 104，203，204，304 もしくは 404 のもの，または枠組壁工法構造用たて継ぎ材のうち，寸法形式が 203 もしくは 204 のもの

その樹種群，区分および等級に応じてそれぞれ表 8.4［329 頁］と表 8.5［330 頁］に掲げる数値とする。この場合，当該寸法形式以外の寸法形式の枠組壁工法構造用製材および枠組壁工法構造用たて継ぎ材については，表 8.4［329 頁］と表 8.5［330 頁］に掲げる数値に表 8.6［330 頁］に掲げる数値を乗じた数値とする。更に，並列材にあっては，曲げに対する基準強度 F_b の数値について，当該部材群に構造用合板またはこれと同等以上の面材を張る場合には 1.25，その他の場合には 1.15 を乗じた数値とすることができる。

４号 枠組壁工法構造用製材等規格に適合する MSR 枠組材および MSR たて継ぎ材

その曲げ MSR 等級に応じてそれぞれ表 8.7［331 頁］に掲げる数値とする。ただし，並列材にあっては，曲げに対する基準強度 F_b の数値について，当該部材群に構造用合板またはこれと同等以上の面材を張る場合には 1.15 を乗じた数値とすることができる。

表 8.1　目視等級による木材の基準強度（その 1）

樹種	区分	等級	基準強度（N/mm^2）			
			F_c	F_t	F_b	F_s
あかまつ	甲種構造材	1 級	27.0	20.4	33.6	2.4
		2 級	16.8	12.6	20.4	
		3 級	11.4	9.0	14.4	
	乙種構造材	1 級	27.0	16.2	26.4	
		2 級	16.8	10.2	16.8	
		3 級	11.4	7.2	11.4	
べいまつ	甲種構造材	1 級	27.0	20.4	34.2	2.4
		2 級	18.0	13.8	22.8	
		3 級	13.8	10.8	17.4	
	乙種構造材	1 級	27.0	16.2	27.0	
		2 級	18.0	10.8	18.0	
		3 級	13.8	8.4	13.8	
からまつ	甲種構造材	1 級	23.4	18.0	29.4	2.1
		2 級	20.4	15.6	25.8	
		3 級	18.6	13.8	23.4	
	乙種構造材	1 級	23.4	14.4	23.4	
		2 級	20.4	12.6	20.4	
		3 級	18.6	10.8	17.4	
ダフリカからまつ	甲種構造材	1 級	28.8	21.6	36.0	2.1
		2 級	25.2	18.6	31.2	
		3 級	22.2	16.8	27.6	
	乙種構造材	1 級	28.8	17.4	28.8	
		2 級	25.2	15.0	25.2	
		3 級	22.2	13.2	22.2	
ひば	甲種構造材	1 級	28.2	21.0	34.8	2.1
		2 級	27.6	21.0	34.8	
		3 級	23.4	18.0	29.4	
	乙種構造材	1 級	28.2	16.8	28.2	
		2 級	27.6	16.8	27.6	
		3 級	23.4	12.6	20.4	
ひのき	甲種構造材	1 級	30.6	22.8	38.4	2.1
		2 級	27.0	20.4	34.2	
		3 級	23.4	17.4	28.8	
	乙種構造材	1 級	30.6	18.6	30.6	
		2 級	27.0	16.2	27.0	
		3 級	23.4	13.8	23.4	

表 8.2　目視等級による木材の基準強度（その 2）

樹　種	区　分	等　級	基準強度（N/mm²）			
			F_c	F_t	F_b	F_s
べいつが	甲種構造材	1 級	21.0	15.6	26.4	2.1
		2 級	21.0	15.6	26.4	
		3 級	17.4	13.2	21.6	
	乙種構造材	1 級	21.0	12.6	21.0	
		2 級	21.0	12.6	21.0	
		3 級	17.4	10.2	17.4	
えぞまつおよびとどまつ	甲種構造材	1 級	27.0	20.4	34.2	1.8
		2 級	22.8	17.4	28.2	
		3 級	13.8	10.8	17.4	
	乙種構造材	1 級	27.0	16.2	27.0	
		2 級	22.8	13.8	22.8	
		3 級	13.8	5.4	9.0	
すぎ	甲種構造材	1 級	21.6	16.2	27.0	1.8
		2 級	20.4	15.6	25.8	
		3 級	18.0	13.8	22.2	
	乙種構造材	1 級	21.6	13.2	21.6	
		2 級	20.4	12.6	20.4	
		3 級	18.0	10.8	18.0	

5 号　無等級材（JAS に定められていない木材）

その樹種に応じてそれぞれ表 8.8［331 頁］に掲げる数値とする。ただし，並列材にあっては，曲げに対する基準強度 F_b の数値について，当該部材群に構造用合板またはこれと同等以上の面材をはる場合には 1.25 を，その他の場合には 1.15 を乗じた数値とすることができる。

6 号　前各号に掲げる以外の木材で，国土交通大臣が指定したもの

その樹種，区分および等級などに応じてそれぞれ国土交通大臣が指定した数値とする。

解説「**木材基準強度の割増係数**」

木材の強度は節などの欠点，比重，含水率など種々の要因によってかなりばらつくが，基準強度はおおむね強度の（平均値ではなく）下限値を表している。このため，柱や梁など単一の部材ではなく，垂木・根太などのように複数の部材が並んでいる場合（並列材の場合）には，荷重が分散し複数の部材に作用するため，

表 8.3　機械等級による木材の基準強度

樹　種	等　級	基準強度（N/mm²）			
		F_c	F_t	F_b	F_s
あかまつ，べいまつ，ダフリカからまつ，べいつが，えぞまつ および とどまつ	E 70	9.6	7.2	12.0	樹種に応じ，前号の表［表 8.1（326 頁），表 8.2（327 頁）］の基準強度による。
	E 90	16.8	12.6	21.0	
	E110	24.6	18.6	30.6	
	E130	31.8	24.0	39.6	
	E150	39.0	29.4	48.6	
からまつ，ひのき および ひば	E 50	11.4	8.4	13.8	
	E 70	18.0	13.2	22.2	
	E 90	24.6	18.6	30.6	
	E110	31.2	23.4	38.4	
	E130	37.8	28.2	46.8	
	E150	44.4	33.0	55.2	
すぎ	E 50	19.2	14.4	24.0	
	E 70	23.4	17.4	29.4	
	E 90	28.2	21.0	34.8	
	E110	32.4	24.6	40.8	
	E130	37.2	27.6	46.2	
	E150	41.4	31.2	51.6	

平均値に近い値を用いることができる。このため，1.25 または 1.15 という割り増し係数を乗ずることができる規定となっている。

解説「2 × 4 製材規格」

枠組壁工法構造用製材は Dimension Lumber（ディメンション・ランバー）と呼ばれる北米規格と基本的に同じである。樹種の D-Fir-L（ディー・ファー・エル）は Douglas Fir Larch（ダグラス・ファー・ラーチ）の略，Hem-Tam（ヘム・タム），Hem-Fir（ヘム・ファー）と読み，S-P-F（エス・ピー・エフ）は Spruce（スプルース）· Pine（パイン）· Fir（ファー），W ceder（ダブル・シーダー）は Western Ceder，SYP（エス・ワイ・ピー）は Southern Yellow Pine（サザン・イエロー・パイン）の略，JS I は日本の（Japanese）樹種群（Species）の I 類を意味している。区分の甲種は北米の Structural Light Framing と Structural Joists and Planks，乙種は Light Framing のことで，特級，1 級，2 級，3 級，コンストラクション，スタンダード，ユーティリティーは北米規格の Select Structural, No.1, No.2, No.3, Construction, Standard, Utility のことである。

表 8.4 枠組壁工法構造用製材等の基準強度（その 1）

樹種群	区分	等級	基準強度（N/mm^2）			
			F_c	F_t	F_b	F_s
DFir-L	甲種	特級	25.8	24.0	36.0	2.4
		1 級	22.2	16.2	24.6	
		2 級	19.2	15.0	21.6	
		3 級	11.4	8.4	12.6	
	乙種	コンストラクション	21.6	11.4	16.2	
		スタンダード	17.4	6.6	9.6	
		ユーティリティ	11.4	3.0	4.2	
	たて枠用たて継ぎ材		17.4	6.6	9.6	
Hem-Tam	甲種	特級	18.0	13.8	29.4	2.1
		1 級	15.0	8.4	18.0	
		2 級	12.6	6.6	13.8	
		3 級	7.2	3.6	8.4	
	乙種	コンストラクション	14.4	4.8	10.2	
		スタンダード	11.4	3.0	5.4	
		ユーティリティ	7.2	1.2	3.0	
	たて枠用たて継ぎ材		11.4	3.0	5.4	
Hem-Fir	甲種	特級	24.0	22.2	34.2	2.1
		1 級	20.4	15.0	23.4	
		2 級	18.6	12.6	20.4	
		3 級	10.8	7.2	12.0	
	乙種	コンストラクション	19.8	9.6	15.6	
		スタンダード	16.8	5.4	9.0	
		ユーティリティ	10.8	2.4	4.2	
	たて枠用たて継ぎ材		16.8	5.4	9.0	
S-P-F または Spruce-Pine-Fir	甲種	特級	20.4	16.8	30.0	1.8
		1 級	18.0	12.0	22.2	
		2 級	17.4	11.4	21.6	
		3 級	10.2	6.6	12.6	
	乙種	コンストラクション	18.6	8.4	16.2	
		スタンダード	15.6	4.8	9.0	
		ユーティリティ	10.2	2.4	4.2	
	たて枠用たて継ぎ材		15.6	4.8	9.0	
W Ceder	甲種	特級	15.0	14.4	23.4	1.8
		1 級	12.6	10.2	16.8	
		2 級	10.2	10.2	16.2	
		3 級	6.0	6.0	9.6	
	乙種	コンストラクション	11.4	7.2	12.0	
		スタンダード	9.0	4.2	6.6	
		ユーティリティ	6.0	1.8	3.6	
	たて枠用たて継ぎ材		9.0	4.2	6.6	

表 8.5　枠組壁工法構造用製材等の基準強度（その 2）

樹種群	区分	等級	基準強度（N/mm²）			
			F_c	F_t	F_b	F_s
SYP	甲種	特級	24.1	26.2	39.0	2.4
		1 級	20.7	16.1	24.4	
		2 級	18.7	11.9	18.5	
		3 級	10.7	6.8	10.6	
	乙種	コンストラクション	19.9	8.9	13.9	
		スタンダード	16.5	5.0	7.8	
		ユーティリティ	10.7	2.3	3.7	
	たて枠用たて継ぎ材		16.5	5.0	7.8	
JS I	甲種	特級	24.9	20.6	33.6	2.1
		1 級	21.1	14.1	23.7	
		2 級	18.2	12.5	22.2	
		3 級	10.6	7.3	12.9	
	乙種	コンストラクション	19.8	9.5	16.9	
		スタンダード	16.0	5.3	9.3	
		ユーティリティ	10.6	2.5	4.4	
	たて枠用たて継ぎ材		16.0	5.3	9.3	
JS II	甲種	特級	15.7	16.0	28.4	1.8
		1 級	15.7	12.2	20.4	
		2 級	15.7	12.2	19.5	
		3 級	9.1	7.1	11.3	
	乙種	コンストラクション	15.7	9.3	14.8	
		スタンダード	13.8	5.1	8.2	
		ユーティリティ	9.1	2.4	3.9	
	たて枠用たて継ぎ材		13.8	5.1	8.2	
JS III	甲種	特級	20.9	16.9	22.5	2.1
		1 級	18.3	11.3	16.1	
		2 級	17.0	9.7	15.5	
		3 級	9.8	5.7	9.0	
	乙種	コンストラクション	17.9	7.4	11.8	
		スタンダード	14.9	4.1	6.5	
		ユーティリティ	9.8	1.9	3.1	
	たて枠用たて継ぎ材		14.9	4.1	6.5	

表 8.6　枠組壁工法構造用製材等の基準強度の補正係数

寸法形式	応力の種類			
	圧縮	引張	曲げ	せん断
106, 205, 206, 306, 406	0.96	0.84	0.84	1.00
208, 408	0.93	0.75	0.75	
210	0.91	0.68	0.68	
212	0.89	0.63	0.63	

表 8.7　MSR 枠組材および MSR たて継ぎ材の基準強度

MSR 等級*	基準強度（N/mm^2）			
	F_c	F_t	F_b	F_s
900Fb-0.6E，900Fb-1.0E 900Fb-1.2E	9.6	5.4	13.2	樹種群に応じ，枠組壁工法構造用製材および枠組工法構造用たて継ぎ材の基準強度［表 8.4 (329 頁)，表 8.5 (330 頁)］による。
1200Fb-0.7E，1200Fb-0.8E 1200Fb-1.2E，1200Fb-1.5E	12.6	9.0	17.4	
1350Fb-1.3E，1350Fb-1.8E	13.8	11.4	19.8	
1450Fb-1.3E	15.0	12.0	21.0	
1500Fb-1.3E，1500Fb-1.4E 1500Fb-1.8E	15.6	13.2	22.2	
1650Fb-1.3E，1650Fb-1.4E 1650Fb-1.5E，1650Fb-1.8E	16.8	15.0	24.0	
1800Fb-1.6E，1800Fb-2.1E	18.6	17.4	26.4	
1950Fb-1.5E，1950Fb-1.7E	19.8	20.4	28.8	
2100Fb-1.8E	21.6	23.4	30.6	
2250Fb-1.6E，2250Fb-1.9E	22.8	25.8	33.0	
2400Fb-1.7E，2400Fb-2.0E	24.6	28.2	34.8	
2550Fb-2.1E	26.4	30.0	37.2	
2700Fb-2.2E	27.6	31.2	39.6	
2850Fb-2.3E	29.4	33.6	41.4	
3000Fb-2.4E	30.6	34.8	43.8	
3150Fb-2.5E	32.4	36.6	45.6	
3300Fb-2.6E	35.4	38.4	48.0	

［参考］*MRS: Machine Stress Rated（機械強度等級区分）

表 8.8　無等級木材の基準強度

樹　種		基準強度（N/mm^2）			
		F_c	F_t	F_b	F_s
針葉樹	あかまつ，くろまつ，およびべいまつ	22.2	17.7	28.2	2.4
	からまつ，ひば，ひのき，べいひ，およびべいひば	20.7	16.2	26.7	2.1
	つが，およびべいつが	19.2	14.7	25.2	2.1
	もみ，えぞまつ，とどまつ，べにまつ，すぎ，べいすぎ，およびスプルース	17.7	13.5	22.2	1.8
広葉樹	かし	27.0	24.0	38.4	4.2
	くり，なら，ぶな，けやき	21.0	18.0	29.4	3.0

8.2　ボルト，鋼材，溶接部の許容応力度と材料強度

「ボルトせん断強度告示」

平 12 建告 1451「炭素鋼のボルトのせん断に対する許容応力度および材料強度を定める件」

本告示は炭素鋼ボルトのせん断に対する許容応力度と材料強度を定めたもので，次のように第 1〜2 がある。

令第 90 条［176 頁］および第 96 条［183 頁］の規定に基づき，炭素鋼のボルトのせん断に対する許容応力度および材料強度を次のように定める。

第 1　令第 90 条［176 頁］に規定する基準強度が 240 N/mm^2 を超える炭素鋼のボルトの長期せん断許容応力度は，基準強度に応じて表 8.9［332 頁］に掲げる数値とする。

第 2　令第 96 条［183 頁］に規定する基準強度が 240 N/mm^2 を超える炭素鋼のボルトのせん断に対する材料強度は，第 1 に規定する［表 8.9（332 頁）］長期せん断許容応力度の数値の 1.5 倍の数値とする。

表 8.9　炭素鋼ボルトのせん断許容応力度

基準強度（N/mm^2）	長期せん断許容応力度（N/mm^2）
240 を超え 180 $\sqrt{3}$ 以下の場合	120
180 $\sqrt{3}$ を超える場合	$\dfrac{F}{1.5\sqrt{3}}$
ここで，F：令第 90 条［176 頁］に規定する鋼材の基準強度（N/mm^2）である。	

「鋼材基準強度告示」

平 12 建告 2464「鋼材などおよび溶接部の許容応力度ならびに材料強度の基準強度を定める件」（平 19 国交告 623 改正）

本告示は鋼材などと溶接部の許容応力度と材料強度の基準強度を定めたもので，次のように第 1〜第 4 がある。

第 1　鋼材などの許容応力度の基準強度［333 頁］

第 2　溶接部の許容応力度の基準強度［333 頁］

第 3　鋼材などの材料強度の基準強度［333 頁］

第4　溶接部の材料強度の基準強度［339頁］

令第90条［176頁］，第92条［179頁］，第96条［183頁］および第98条［185頁］の規定に基づき，鋼材などおよび溶接部の許容応力度ならびに鋼材などおよび溶接部の材料強度の基準強度を次のように定める。

第1　鋼材などの許容応力度の基準強度

1号　鋼材などの許容応力度の基準強度は，次号に定めるもののほか，表8.10［333頁］～表8.15［337頁］の数値とする。

表8.10　炭素鋼構造用鋼材の基準強度

鋼材などの種類および品質		基準強度（N/mm^{2}）
SKK400，SHK400など表8.11［334頁］の(a)の鋼材	鋼材の厚さが40mm以下のもの	235
	鋼材の厚さが40mmを超え100mm以下のもの	215
SGH400，SGC400など表8.12［335頁］の(a)の鋼材		280
SHK490M	鋼材の厚さが40mm以下のもの	315
SS490	鋼材の厚さが40mm以下のもの	275
	鋼材の厚さが40mmを超え100mm以下のもの	255
SKK490，SM490Aなど表8.11［334頁］の(b)の鋼材	鋼材の厚さが40mm以下のもの	325
	鋼材の厚さが40mmを超え100mm以下のもの	295
SGH490，SGC490など表8.12［335頁］の(b)の鋼材		345
SM520B，SM520C	鋼材の厚さが40mm以下のもの	355
	鋼材の厚さが40mmを超え75mm以下のもの	335
	鋼材の厚さが75mmを超え100mm以下のもの	325
SS540	鋼材の厚さが40mm以下のもの	375
SDP1T，SDP1TG	鋼材の厚さが40mm以下のもの	205
SDP2，SDP2G，SDP3	鋼材の厚さが40mm以下のもの	235

ここで，
SDP1T，SDP1TG，SDP2，SDP2G，SDP3はJIS G3352（デッキプレート）–2003，
その他の鋼材は表8.11［334頁］と表8.12［335頁］の規格による。

2号　法第37条第1号［93頁］の国土交通大臣の指定するJISに適合するもののうち前号の表8.10［333頁］～表8.15［337頁］に掲げる種類以外の鋼材など

表 8.11　JIS と鋼材などの種類と品質（その 1）

種類および品質		
(a)	(b)	(c)
JIS A5525（鋼管ぐい）–1994		
SKK400	SKK490	
JIS A5526（H 形鋼ぐい）–1994		
SHK400，SHK400M		SHK490M
JIS G3101（一般構造用圧延鋼材）–1995		
SS400		SS490，SS540
JIS G3106（溶接構造用圧延鋼材）–1999		
SM400A，SM400B，SM400C	SM490A，SM490B，SM490C，SM490YA，SM490YB	SM520B，SM520C
JIS G3114（溶接構造用耐候性熱間圧延鋼材）–1998		
SMA400AW，SMA400AP，SMA400BW，SMA400BP，SMA400CW，SMA400CP	SMA490AW，SMA490AP，SMA490BW，SMA490BP，SMA490CW，SMA490CP	
JIS G3136（建築構造用圧延鋼材）–1994		
SN400A，SN400B，SN400C	SN490B，SN490C	
JIS G3138（建築構造用圧延棒鋼）–1996		
SNR400A，SNR400B	SNR490B	
JIS G3350（一般構造用軽量形鋼）–1987		
SSC400		
JIS G3353（一般構造用溶接軽量 H 形鋼）–1990		
SWH400，SWH400L		
JIS G3444（一般構造用炭素鋼管）–1994		
STK400	STK490	
JIS G3466（一般構造用角形鋼管）–1988		
STKR400	STKR490	
JIS G3475（建築構造用炭素鋼管）–1996		
STKN400W，STKN400B	STKN490B	

および同条第 2 号の国土交通大臣の認定を受けた鋼材などの許容応力度の基準強度は，その種類および品質に応じてそれぞれ国土交通大臣が指定した数値とする。

表 8.12　JIS と鋼材などの種類と品質（その 2）

種類および品質	
(a)	(b)
JIS G3302（溶融亜鉛めっき鋼板および鋼帯）–1998	
SGH400，SGC400	SGH490，SGC490
JIS G3312（塗装亜鉛めっき鋼板および鋼帯）–1994	
CGC400	CGC490
JIS G3321（溶融 55% アルミニウム－亜鉛合金メッキ鋼板および鋼帯）–1998	
SGLH400，SGLC400	SGLH490，SGLC490
JIS G3322（塗装溶融 55% アルミニウム－亜鉛合金メッキ鋼板および鋼帯）–1998	
CGLC400	CGLC490

3 号　前 2 号の場合，鋼材などを加工する場合には，加工後の当該鋼材などの機械的性質，化学成分その他の品質が加工前の当該鋼材などの機械的性質，化学成分その他の品質と同等以上であることを確かめる。ただし，次のイ～ハまでのいずれかに該当する場合は，この限りでない。

イ　切断，溶接，局部的な加熱，鉄筋の曲げ加工その他の構造耐力上支障がない加工を行うとき。

ロ　摂氏 500 度以下の加熱を行うとき。

ハ　鋼材など（鋳鉄および鉄筋を除く，以下ハにおいて同じ）の曲げ加工（厚さ 6 mm 以上の鋼材などの曲げ加工では，外側曲げ半径が当該鋼材など厚さの 10 倍以上となるものに限る）を行うとき。

第 2　溶接部の許容応力度の基準強度

1 号　溶接部の許容応力度の基準強度は，次号に定めるもののほか，表 8.16［338 頁］～表 8.18［339 頁］の数値（異なる種類または品質の鋼材を溶接する場合には，接合される鋼材の基準強度のうち小さな値となる数値，次号ならびに第 4 第 1 号本文および第 2 号において同じ）とする。

2 号　法第 37 条第 1 号［93 頁］の国土交通大臣の指定する JIS に適合するもののうち前号の表 8.16［338 頁］～表 8.18［339 頁］に掲げる種類以外の鋼材などおよび同条第 2 号の国土交通大臣の認定を受けた鋼材に係る溶接部の許容応力度の基準強度は，その種類および品質に応じてそれぞれ国土交通大臣が指定した数値とする。

表 8.13　炭素鋼のボルト・構造用ケーブルなどの基準強度

<table>
<tr><th colspan="4">鋼材などの種類および品質</th><th>基準強度（N/mm^2）</th></tr>
<tr><td rowspan="4">ボルト</td><td colspan="3">黒　皮</td><td>185</td></tr>
<tr><td rowspan="3">仕上げ</td><td rowspan="3">強度区分</td><td>4.6，4.8</td><td>240</td></tr>
<tr><td>5.6，5.8</td><td>300</td></tr>
<tr><td>6.8</td><td>420</td></tr>
<tr><td colspan="2">構造用ケーブル</td><td colspan="3">構造用ケーブルの種類に応じて，次のいずれかの数値とする。
1：JIS G3525（ワイヤーロープ）–1998 の付表 1～付表 10 までの区分に応じてそれぞれの表に掲げる破断荷重 (kN) に 1000/2 を乗じた数値を構造用ケーブルの種類および形状に応じて求めた有効断面積（mm^2）で除した数値
2：JIS G3546（異形線ロープ）–2000 の付表 1～付表 6 までの区分に応じてそれぞれの表に掲げる破断荷重 (kN) に 1000/2 を乗じた数値を構造用ケーブルの種類および形状に応じて求めた有効断面積（mm^2）で除した数値
3：JIS G3549（構造用ワイヤーロープ）–2000 の付表 1～付表 16 までの区分に応じてそれぞれの表に掲げる破断荷重 (kN) に 1000/2 を乗じた数値を構造用ケーブルの種類および形状に応じて求めた有効断面積（mm^2）で除した数値</td></tr>
<tr><td colspan="4">リベット鋼</td><td>235</td></tr>
<tr><td rowspan="3">鋳　鋼</td><td colspan="3">SC480，SCW410，SCW410CF</td><td>235</td></tr>
<tr><td colspan="3">SW480，SCW480CF</td><td>275</td></tr>
<tr><td colspan="3">SCW490CF</td><td>315</td></tr>
<tr><td colspan="5">ここで，
4.6，4.8，5.6，5.8 および 6.8 は JIS B1051（炭素鋼および合金鋼製締結用部品の機械的性質－第 1 部：ボルト，ねじおよび植込みボルト）–2000 に定める強度区分，
SC480 は JIS G5101（炭素鋼鋳鋼品）–1991，
SCW410 および SCW480 は JIS G5102（溶接構造用鋳鋼品）–1991，
SCW410CF，SCW480CF および SCW490CF は JIS G5201（溶接構造用遠心力鋳鋼管）–1991 の規格による。
その他の鋼材は表 8.11［334 頁］と表 8.12［334 頁］の規格による。</td></tr>
</table>

第 3　鋼材などの材料強度の基準強度

1 号　鋼材などの材料強度の基準強度は，次号に定めるもののほか，第 1 の表 8.10［333 頁］～表 8.15［337 頁］の数値とする。ただし，炭素鋼の構造用鋼材，丸鋼および異形鉄筋のうち，同表に掲げる JIS に定めるものについては，同表の数値のそれぞれ 1.1 倍以下の数値とすることができる。

2 号　法第 37 条第 1 号［93 頁］の国土交通大臣の指定する JIS に適合するものの

表 8.14 ステンレス鋼の基準強度

鋼材などの種類および品質		基準強度（N/mm^2）
構造用鋼材	SUS304A，SUS316A，SDP4，SDP5	235
	SUS304N2A，SDP6	325
ボルト	A2-50，A4-50	210
構造用ケーブル		JIS G3550（構造用ステンレス鋼ワイヤーロープ）–2003 の付表の区分に応じてそれぞれの表に掲げる破断荷重 (kN) に 1000/2 を乗じた数値を構造用ケーブルの種類および形状に応じて求めた有効断面積（mm^2）で除した数値
鋳　鋼	SCS13AA-CF	235
ここで， SUS304A，SUS316A，SUS304N2A および SCS13AA-CF は JIS G4321（建築構造用ステンレス鋼材）–2000， SDP4，SDP5 および SDP63 は JIS G3352（デッキプレート）–2003， A2-50 および A4-50 は JIS B1054-1（耐食ステンレス鋼製締結用部品の機械的性質–第 1 部：ボルト，ねじおよび植込みボルト）–2001 の規格による。		

表 8.15 鉄筋などの基準強度

鋼材などの種類および品質		基準強度（N/mm^2）
鋳　鉄		150
丸　鋼	SR235，SRR235	235
	SR295	295
異形鉄筋	SDR235	235
	SDR295A，SD295B	295
	SD345	345
	SD390	390
鉄線の径が 4 mm 以上の溶接金網		295
ここで， SR235，SR295，SD295A，SD295B，SD345 および SD390 は JIS G3112（鉄筋コンクリート用棒鋼）–1987， SRR235 および SDR235 は JIS G3117（鉄筋コンクリート用再生棒鋼）–1987 の規格による。		

うち第 1 の表 8.10［333 頁］～表 8.15［337 頁］に掲げる種類以外の鋼材などおよび同条第 2 号の国土交通大臣の認定を受けた鋼材などの材料強度の基準強度は，その種類および品質に応じてそれぞれ国土交通大臣が指定した数値とする。

表 8.16　炭素鋼の溶接部の基準強度

鋼材などの種類および品質			基準強度（N/mm^2）
構造用鋼材	SKK400，SHK400 など表 8.11［334 頁］の (a) の鋼材（SHK400 と SNR400A を除く）	鋼材の厚さが 40mm 以下のもの	235
		鋼材の厚さが 40mm を超え 100mm 以下のもの	215
	SGH400，SGC400 など表 8.12［335 頁］の (a) の鋼材		280
	SHK400M	鋼材の厚さが 40mm 以下のもの	315
	SKK490，SM490A など表 8.11［334 頁］の (b) の鋼材	鋼材の厚さが 40mm 以下のもの	325
		鋼材の厚さが 40mm を超え 100mm 以下のもの	295
	SGH490，SGC490 など表 8.12［335 頁］の (b) の鋼材		345
	SM520B，SM520C	鋼材の厚さが 40mm 以下のもの	355
		鋼材の厚さが 40mm を超え 75mm 以下のもの	335
		鋼材の厚さが 75mm を超え 100mm 以下のもの	325
	SDP1T，SDP1TG	鋼材の厚さが 40mm 以下のもの	205
	SDP2，SDP2G，SDP3	鋼材の厚さが 40mm 以下のもの	235
鋳　鋼	SCW410，SCW410CF		235
	SCW480，SCW480CF		275
	SCW490F		315
ここで，鋼材の規格は表 8.10［333 頁］に同じ（表 8.11［334 頁］と表 8.12［335 頁］参照）の規格による。			

表 8.17　ステンレス鋼の溶接部の基準強度

鋼材などの種類および品質		基準強度（N/mm^2）
構造用鋼材	SUS304A，SUS316A，SDP4，SDP5	235
	SUS304N2A，SDP6	325
鋳　鋼	SCS13AA-CF	235
ここで，鋼材の規格は表 8.14［337 頁］と同じ。		

表 8.18　鉄筋などの溶接部の基準強度

鋼材の種類および品質		基準強度（N/mm^2）
丸　鋼	SR235，SRR235	235
	SR295	295
異形鉄筋	SDR235	235
	SD295A，SD295B	295
	SD345	345
	SD390	390
ここで，鋼材の規格は表 8.15［337 頁］と同じ。		

3 号　第 1 第 3 号の規定は，前 2 号の場合に準用する。

第 4　溶接部の材料強度の基準強度

1 号　溶接部の材料強度の基準強度は，次号に定めるもののほか，第 2 の表 8.16［338 頁］～表 8.18［339 頁］の数値とする。ただし，炭素鋼の構造用鋼材，丸鋼および異形鉄筋のうち，同表に掲げる JIS に定めるものについては，同表のそれぞれ 1.1 倍以下とすることができる。

2 号　法第 37 条第 1 号［93 頁］の国土交通大臣の指定する JIS に適合するもののうち第 2 の表 8.16［338 頁］～表 8.18［339 頁］に掲げる種類以外の鋼材などおよび同条第 2 号の国土交通大臣の認定を受けた鋼材に係る溶接部の材料強度の基準強度は，その種類および品質に応じてそれぞれ国土交通大臣が指定した数値とする。

8.3　コンクリート，高力ボルト，地盤，基礎杭

「コンクリート付着強度等告示」

平 12 建告 1450「コンクリートの付着，引張およびせん断に対する許容応力度および材料強度を定める件」

> 本告示はコンクリートの付着，引張，せん断に対する許容応力度と材料強度を定めたものである。

令第 91 条［177 頁］および第 97 条［185 頁］の規定基づき，コンクリートの付着，引張およびせん断に対する許容応力度および材料強度を次のように定める。

第 1　令第 91 条第 1 項［177 頁］に規定する異形鉄筋として異形棒鋼または再生

表 8.19　鉄筋の付着の許容応力度（N/mm^2）

鉄筋の使用位置		設計基準強度（N/mm^2）	
		22.5 以下の場合	22.5 を超える場合
(1)	梁の上端	$\frac{1}{15}F$	$0.9+\frac{2}{75}F$
(2)	(1) に示す位置以外の位置	$\frac{1}{10}F$	$1.35+\frac{1}{25}F$
ここで，F：設計基準強度である。			

棒鋼を用いる場合のコンクリートの付着に対する長期許容応力度および短期許容応力度は，次のとおりとする。

1 号　長期付着許容応力度は，鉄筋の使用位置および令第 74 条第 1 項第 2 号［129 頁］に規定するコンクリートの設計基準強度（以下「設計基準強度」）に応じ，それぞれ表 8.19［340 頁］に掲げる式によって計算した数値とする。ただし，コンクリート中に設置した異形鉄筋の引抜きに関する実験によって付着強度を確認した場合には，当該付着強度の 1/3 の数値とすることができる。

2 号　短期付着許容応力度は，前号に定める数値の 2 倍の数値とする。

第 2　令第 91 条第 1 項［177 頁］に規定する設計基準強度が 21 N/mm^2 を超えるコンクリートの長期の引張およびせん断の各許容応力度は，設計基準強度に応じて次の式により算出した数値とする。ただし，実験によってコンクリートの引張またはせん断強度を確認した場合には，当該強度にそれぞれ 1/3 を乗じた数値とすることができる。

$$F_s = 0.49 + \frac{F}{100} \tag{8.1}$$

ここで，

F_s：コンクリートの長期許容応力度（N/mm^2），

F：設計基準強度（N/mm^2）である。

第 3　令第 97 条［185 頁］に規定する異形鉄筋を用いた場合のコンクリートの付着に対する材料強度は，第 1 第 1 号に定める数値の 3 倍の数値とする。

2 項　令第 97 条［185 頁］に規定する設計基準強度が 21 N/mm^2 を超えるコンクリートの引張およびせん断に対する材料強度は，第 2 に定める数値の 3 倍の数値とする。

コンクリートと鉄筋の付着許容応力度：日本建築学会 [5] では，この規定と異なる値が異形鉄筋に対して示されており，特に短期は長期の 1.5 倍となっている。

「高力（こうりき）ボルト強度告示」

平 12 建告 2466「高力ボルトの基準張力，引張接合部の引張の許容応力度および材料強度の基準強度を定める件」（平 12 建告 2465 改正）

本告示は高力ボルトの基準強度，引張接合部の許容応力度と材料強度の基準強度を定めたものである。

令第 92 条の 2［180 頁］，第 94 条［182 頁］および第 96 条［183 頁］の規定に基づき，高力ボルトの基準張力，高力ボルト引張接合部の引張の許容応力度および高力ボルトの材料強度の基準強度をそれぞれ次のように定める。

第 1　高力ボルトの基準張力

1 号 高力ボルトの基準張力は，次号に定めるもののほか，表 8.20［342 頁］の数値とする。

2 号 法第 37 条第 2 号［93 頁］の国土交通大臣の認定を受けた高力ボルトの基準張力は，その品質に応じてそれぞれ国土交通大臣が指定した数値とする。

第 2　高力ボルトの引張接合部の引張の許容応力度

1 号 高力ボルトの引張接合部の高力ボルトの軸断面に対する引張の許容応力度は，次号に定めるもののほか，表 8.21［342 頁］の数値とする。

2 号 法第 37 条第 2 号［93 頁］の国土交通大臣の認定を受けた高力ボルト引張接合部の引張の許容応力度は，その品質に応じてそれぞれ国土交通大臣が指定した数値とする。

第 3　高力ボルトの材料強度の基準強度

1 号 高力ボルトの材料強度の基準強度は，次号に定めるもののほか，表 8.22［342 頁］の数値とする。

2 号 法第 37 条第 2 号［93 頁］の国土交通大臣の認定を受けた高力ボルトの材料強度の基準強度は，その品質に応じてそれぞれ国土交通大臣が指定した数値とする。

表 8.20　高力ボルトの基準張力

	高力ボルトの品質		高力ボルトの基準張力 (N/mm^2)
	高力ボルトの種類	高力ボルトの締付ボルト張力（N/mm^2）	
(1)	1　種	400 以上	400
(2)	2　種	500 以上	500
(3)	3　種	535 以上	535
ここで，1 種，2 種および 3 種は，JIS B1186（摩擦接合用高力六角ボルト・六角ナット・平座金のセット）–1995 に定める 1 種，2 種および 3 種の摩擦接合用高力ボルト，ナットおよび座金の組合せを表す。			

表 8.21　高力ボルト接合部の引張の許容応力度

表 8.20［342 頁］の高力ボルトの品質	引張の長期許容応力度（N/mm^2）	引張の短期許容応力度（N/mm^2）
(1) 項に掲げるもの	250	引張の長期許容応力度の 1.5 倍とする。
(2) 項に掲げるもの	310	
(3) 項に掲げるもの	330	

表 8.22　高力ボルトの材料強度の基準強度

高力ボルトの品質	基準強度（N/mm^2）
F8T	640
F10T	900
F11T	950
ここで，F8T，F10T および F11T は，JIS B1186（摩擦接合用高力六角ボルト・六角ナット・平座金のセット）–1995 に定める F8T，F10T および F11T の高力ボルトを表す。	

「地盤杭支持力告示」

平 13 国交告 1113「地盤の許容応力度および基礎杭の許容支持力を求めるための地盤調査の方法ならびにその結果に基づき地盤の許容応力度および基礎杭の許容支持力を定める方法などを定める件」（平 19 国交告 1232 改正）

本告示は地盤調査の方法，地盤の許容応力度，基礎杭の許容支持力を定めたもので，次のように第 1～第 8（標題はない）がある。

第 1　地盤調査の方法［343 頁］

第 2　地盤の許容応力度［343 頁］

令第 93 条［181 頁］の規定基づき，地盤の許容応力度および基礎杭の許容支持力を求めるための地盤調査の方法を第 1 に，その結果に基づき地盤の許容応力度および基礎杭の許容支持力を定める方法を第 2～第 6 に定め，ならびに同令第 94 条［182 頁］の規定に基づき，地盤アンカーの引抜き方向の許容応力度を第 7 に，杭体または地盤アンカー体に用いる材料の許容応力度を第 8 に定める。

第 1 地盤の許容応力度および基礎杭の許容支持力を求めるための地盤調査の方法は，次の各号に掲げるものとする。

1 号 ボーリング調査
2 号 標準貫入試験
3 号 静的貫入試験
4 号 ベーン試験
5 号 土質試験
6 号 物理探査
7 号 平板載荷試験
8 号 載荷試験
9 号 杭打ち試験
10 号 引抜き試験

第 2 地盤の許容応力度を定める方法は，表 8.23［344 頁］の (1) 項，(2) 項または (3) 項に掲げる式による。ただし，地震時に液状化するおそれのある地盤の場合または (3) 項に掲げる式を用いる場合において，基礎の底盤から下方 2 m 以内の距離にある地盤にスウェーデン式サウンディングの荷重が 1 kN 以下で自沈する層が存在する場合もしくは基礎の底部から下方 2 m を超え 5 m 以内の距離にある地盤にスウェーデン式サウンディングの荷重が 500 N 以下で自沈する層が存在する場合には，建築物の自重による沈下その他の地盤の変形などを考慮して建築物または建築物の部分に有害な損傷，変形および沈下が生じないことを確かめる。

表 8.23［344 頁］において，

q_a：地盤の許容応力度（kN/m^2），

i_c，i_γ，i_q：基礎に作用する荷重の鉛直方向に対する傾斜角に応じて次の式によって計算した数値，

$$i_c = i_q = (1 - \theta/90)^2 \qquad i_\gamma = (1 - \theta/\phi)^2 \tag{8.2}$$

表 8.23 地盤の許容応力度 q_a (kN/m^2)

	地盤の長期許容応力度を定める場合	地盤の短期許容応力度を定める場合
(1)	$q_a = \frac{1}{3}(i_c \alpha C N_c + i_\gamma \beta \gamma_1 B N_\gamma + i_q \gamma_2 D_f N_q)$	$q_a = \frac{2}{3}(i_c \alpha C N_c + i_\gamma \beta \gamma_1 B N_\gamma + i_q \gamma_2 D_f N_q)$
(2)	$q_a = q_t + \frac{1}{3} N' \gamma_2 D_f$	$q_a = 2q_t + \frac{1}{3} N' \gamma_2 D_f$
(3)	$q_a = 30 + 0.6\bar{N}_{sw}$	$q_a = 60 + 1.2\bar{N}_{sw}$

[(1) は地盤の内部摩擦角による場合，(2) は平板載荷試験による場合，(3) はスウェーデン式サウンディングによる場合に適用する。]

これらの式で，θ：基礎に作用する荷重の鉛直方向に対する傾斜角（θ が ϕ を超える場合は ϕ とする）（度），ϕ：地盤の特性によって求めた内部摩擦角（度），

α，β： 基礎荷重面の形状に応じて表 8.24［344 頁］に掲げる係数，

C： 基礎荷重面下にある地盤の粘着力（kN/m^2），

B： 基礎荷重面の短辺または短径（m），

N_c，N_γ，N_q： 地盤内部の摩擦角に応じて表 8.25［345 頁］に掲げる支持力係数，

γ_1： 基礎荷重面下にある地盤の単位体積重量または水中単位体積重量（kN/m^3），

γ_2： 基礎荷重面下より上方にある地盤の平均単位体積重量または水中単位体積重量（kN/m^3），

D_f： 基礎に近接した最低地盤面から基礎荷重面までの深さ（m），

q_t： 平板載荷試験による降伏荷重度の 1/2 の数値または極限応力度の 1/3 の数値のうちいずれか小さい数値（kN/m^2），

N'： 基礎荷重面下の地盤の種類に応じて表 8.26［345 頁］に掲げる係数，

$\bar{N}_{sw}$： 基礎の底部から下方 2 m 以内の距離にある地盤のスウェーデン式サウンディングにおける 1 m あたりの半回転数（150 を超える場合は 150）の平均値（回）である。

表 8.24 係数 α，β の値

係　数	基礎荷重面の形状	
	円　形	円形以外の形状
α	1.2	$1.0 + 0.2\frac{B}{L}$
β	0.3	$0.5 - 0.2\frac{B}{L}$
ここで，B および L：それぞれの基礎荷重面の短辺または短径および長辺または長径の長さ（m）である。		

表 8.25 支持力係数 N_c，N_γ，N_q の値

支持力係数	内部摩擦係数（度）									
	0	5	10	15	20	25	28	32	36	40 以上
N_c	5.1	6.5	8.3	11.0	14.8	20.7	25.8	35.5	50.6	75.3
N_γ	0	0.1	0.4	1.1	2.9	6.8	11.2	22.0	44.4	93.7
N_q	1.0	1.6	2.5	3.9	6.4	10.7	14.7	23.2	37.8	64.2
この表に掲げる内部摩擦角以外の内部摩擦角に応じた N_c，N_γ および N_q は表に掲げる数値をそれぞれ直線的に補間した数値とする。										

表 8.26 係数 N' の値

係数	地盤の種類		
	密実な砂質地盤	砂質地盤（密実なものを除く）	粘土質地盤
N'	12	6	3

第 3 セメント系固化材を用いて改良された地盤の改良体（セメント系固化材を改良前の地盤と混合し固結したもの，以下同じ）の許容応力度を定める方法は，表 8.27［346 頁］に掲げる改良体の許容応力度による。この場合，改良体の設計基準強度（設計に際し採用する圧縮強度，以下第 3 において同じ）は，改良体から切り取ったコア供試体もしくはこれに類する強度に関する特性を有する供試体について行う強度試験により得られた材齢が 28 日の供試体の圧縮強度の数値またはこれと同程度に構造耐力上支障がないと認められる圧縮強度の数値以下とする。

第 4 第 2 および第 3 の規定にかかわらず，地盤の許容応力度を定める方法は，適用する改良の方法，改良の範囲および地盤の種類ごとに，基礎の構造形式，敷地，地盤その他の基礎に影響を与えるものの実況に応じた平板載荷試験または載荷試験の結果に基づいて，表 8.28［346 頁］に掲げる式によることができる。

第 5 基礎杭の許容支持力を定める方法は，基礎杭の種類に応じて，次の各号に定めるところによる。

1 号 支持杭の許容支持力は，打ち込み杭，セメントミルク工法による埋込み杭またはアースドリル工法，リバースサーキュレーション工法もしくはオールケーシング工法による場所打ちコンクリート杭（以下「アースドリル工法などによる場所打ち杭」）の場合には，表 8.29［346 頁］の (1) 項または (2) 項の式《基礎杭の周囲の地盤に軟弱な粘土質地盤，軟弱な粘土質地盤の上部にある砂

表 8.27　地盤の改良体の許容応力度（kN/m^2）

改良体の長期許容応力度（kN/m^2）	改良体の短期許容応力度（kN/m^2）
$\frac{1}{3}F$	$\frac{2}{3}F$
ここで，F：改良体の設計基準強度（kN/m^2）である。	

表 8.28　改良された地盤の許容応力度 q_a（kN/m^2）

改良された地盤の長期許容応力度の場合	改良された地盤の短期許容応力度の場合
$q_a = \frac{1}{3}q_b$	$q_a = \frac{2}{3}q_b$
ここで， q_a：改良された地盤の許容応力度（kN/m^2）， q_b：平板載荷試験または載荷試験による極限応力度（kN/m^2）である。	

表 8.29　支持杭の許容支持力 R_a（kN/m^2）［記号は 347 頁参照］

	支持杭の長期許容支持力	支持杭の短期許容支持力
(1)	$R_a = \frac{1}{3}R_u$	$R_a = \frac{2}{3}R_u$
(2)	$R_a = q_p A_p + \frac{1}{3}R_F$	$R_a = 2q_p A_p + \frac{2}{3}R_F$

［場所打ち杭には (1) または (2)，ただし軟弱地盤・液状化のおそれのある地盤がある場合は (2)，その他の杭には (1) の式（軟弱地盤・液状化のおそれのある地盤のない場合に限る）を適用し，杭体の許容耐力とのいずれか小さい数値とする。］

質地盤または地震時に液状化するおそれのある地盤が含まれる場合にあっては (2) 項の式》，その他の基礎杭の場合には，同表の (1) 項の式（基礎杭の周囲の地盤に軟弱な粘土質地盤，軟弱な粘土質地盤の上部にある砂質地盤または地震時に液状化するおそれのある地盤が含まれない場合に限る）によりそれぞれ計算した地盤の許容支持力または杭体の許容耐力のうちいずれか小さい数値とする。ただし，同表の (1) 項の地盤の長期許容支持力は，同表の (1) 項の地盤の短期許容支持力の数値未満の数値で，かつ限界沈下量（載荷試験から杭頭荷重の載荷によって生ずる杭頭沈下量を求め，杭体および建築物または建築物の部分に有害な損傷，変形および沈下が生じないと認められる場合における杭頭沈下量，以下同じ）に対応した杭頭荷重の数値とすることができる。

解説「**軟弱地盤・液状化のおそれのある地盤と杭の支持力**」

軟弱地盤の判断には，軟弱地盤区域告示［213 頁］がある。その他，地盤沈下が進行している地域，モンケン自沈（杭を打込むドロップハンマーの自重のみで杭が沈む）が認められる地盤，地質調査報告書に地盤沈下のおそれの記載がある場合，N 値が 4 未満の場合などは軟弱地盤と判断される。

液状化のおそれのある地盤の判断には，日本建築学会の建築基礎構造設計指針 [16] による F_ℓ 値を用いる場合と予想地盤変位の略算値 D_{cy} を用いる場合がある。その他に，道路橋仕方書にも示されている P_L 値を用いる場合がある（文献 [3] 477 頁参照）。

杭の支持力については，軟弱地盤の沈下による杭への負の摩擦力（ネガティブ・フリクション）の計算を行い，杭支持力からその分を低減する。液状化のおそれのある地盤については，その部分の摩擦力を無視して杭の支持力を計算し，杭の水平地盤反力係数 $k_{h\ell}$ は次式で求める。

$$k_{h\ell} = \beta\, k_{h0}\, y_r^{-1/2} \tag{8.3}$$

ここで，

k_{h0}：液状化のない場合の杭の水平地盤反力係数，

β：N_a（補正 N 値）から求まる補正係数，

y_r：液状化を考慮した杭と地盤の相対変位である。

また，塑性水平地盤反力 p_y には α を乗じて低減するが，暫定的に $\alpha = \beta$ となっている（文献 [16] 69 頁参照）。

表 8.29［346 頁］において，

R_a：地盤の許容支持力（kN），

R_u：載荷試験による極限支持力（kN），

q_p：基礎杭の先端の地盤の許容応力度（表 8.30［348 頁］の左欄に掲げる基礎杭にあっては右欄の当該各項に掲げる式により計算した数値）（kN/m^2），

A_p：基礎杭の先端の有効断面積（m^2），

R_F：次の式により計算した基礎杭とその周囲の地盤（地震時に液状化するおそれのある地盤を除き，軟弱な粘土質地盤または軟弱な粘土質地盤の上部にある砂質地盤にあっては，建築物の自重による沈下その他の地盤の変形などを考慮して建築物または建築物の部分に有害な損傷，変形および沈下が生じないことを確かめたものに限る，以下表 8.29［346 頁］において同じ）との摩擦力（kN）である。

表 8.30　基礎杭先端の地盤の許容応力度 q_p (kN/m^2)

基礎杭の種類	基礎杭の先端の地盤の許容応力度
打込み杭	$q_p = \frac{300}{3}\bar{N}$
セメントミルク工法による埋込み杭	$q_p = \frac{200}{3}\bar{N}$
アースドリル工法などによる場所打ち杭	$q_p = \frac{150}{3}\bar{N}$
ここで，$\bar{N}$：基礎杭の先端付近の地盤の標準貫入試験による打撃回数の平均値（60 を超えるときは 60 とする）（回）である。	

表 8.31　摩擦杭の許容支持力 R_a (kN)

	基礎杭と周囲の地盤との長期摩擦力	基礎杭と周囲の地盤との短期摩擦力
(1)	$R_a = \frac{1}{3}R_u$	$R_a = \frac{2}{3}R_u$
(2)	$R_a = \frac{1}{3}R_F$	$R_a = \frac{2}{3}R_F$
ここで，R_a：基礎杭とその周囲の地盤との摩擦力（kN），R_u および R_F：それぞれ前号に掲げる数値とする。		

［場所打ち杭には (1) または (2)，ただし軟弱地盤・液状化のおそれのある地盤がある場合は (2)，その他の杭には (1) の式（軟弱地盤・液状化のおそれのある地盤のない場合に限る）を適用し，杭体の許容耐力とのいずれか小さい数値とする。］

$$R_F = \left(\frac{10}{3}\bar{N}_S L_S + \frac{1}{2}\bar{q}_u L_C\right)\psi \tag{8.4}$$

ここで，

$\bar{N}_S$：基礎杭の周囲の地盤のうち砂質地盤の標準貫入試験による打撃回数（30 を超えるときは 30 とする）の平均値（回），

L_S：基礎杭がその周囲の地盤のうち砂質地盤に接する長さの合計（m），

$\bar{q}_u$：基礎杭の周囲の地盤のうち粘土質地盤の一軸圧縮強度（200 を超えるときは 200 とする）の平均値（kN/m^2），

L_C：基礎杭がその周囲の地盤のうち粘土質地盤に接する長さの合計（m），

ψ：基礎杭の周囲の長さ（m）である。

2号 摩擦杭の許容支持力は，打ち込み杭，セメントミルク工法による埋込み杭またはアースドリル工法などによる場所打ち杭の場合には，表 8.31［348 頁］の (1) 項または (2) 項の式《基礎杭の周囲の地盤に軟弱な粘土質地盤，軟弱な粘土質地盤の上部にある砂質地盤または地震時に液状化するおそれのある地盤が含まれる場合には (2) 項の式》，その他の基礎杭の場合には，表 8.31［348 頁］の (1) 項の式（基礎杭の周囲の地盤に軟弱な粘土質地盤，軟弱な粘土質地盤の上部にある砂質地盤または地震時に液状化するおそれのある地盤が含まれない場合に限る）によりそれぞれ計算した基礎杭とその周囲の地盤との摩擦力または杭体の許容耐力のうちいずれか小さい数値とする。ただし，同表の (1) 項の基礎杭とその周囲の地盤との長期摩擦力は，同表の (1) 項の基礎杭とその周囲の地盤との短期摩擦力の数値未満の数値で，かつ限界沈下量に対応した杭頭荷重の数値とすることができる。

3 号 基礎杭の引抜き方向の許容支持力は，打ち込み杭，セメントミルク工法による埋込み杭またはアースドリル工法などによる場所打ち杭の場合には，表 8.32［349 頁］の (1) 項または (2) 項の式《基礎杭の周囲の地盤に軟弱な粘土質地盤，軟弱な粘土質地盤の上部にある砂質地盤または地震時に液状化するおそれのある地盤が含まれる場合には (2) 項の式》，その他の基礎杭の場合には，表 8.32［349 頁］の (1) 項の式（基礎杭の周囲の地盤に軟弱な粘土質地盤，軟弱な粘土質地盤の上部にある砂質地盤または地震時に液状化するおそれのある地盤が含まれない場合に限る）によりそれぞれ計算した地盤の引抜き方向の許容支持力または杭体の許容耐力のうちいずれか小さい数値とする。

表 8.32　地盤の引抜き方向の許容支持力（杭用）${}_{t}R_{a}$（kN）

	地盤の引抜き方向の長期許容支持力	地盤の引抜き方向の短期許容支持力
(1)	${}_{t}R_{a} = \frac{1}{3}\,{}_{t}R_{u} + w_{p}$	${}_{t}R_{a} = \frac{2}{3}\,{}_{t}R_{u} + w_{p}$
(2)	${}_{t}R_{a} = \frac{4}{15} R_{F} + w_{p}$	${}_{t}R_{a} = \frac{8}{15} R_{F} + w_{p}$

ここで，
${}_{t}R_{a}$：地盤の引抜き方向の許容支持力（kN），
${}_{t}R_{u}$：引抜き試験より求めた極限引抜き抵抗力（kN），
R_{F}：第 1 号［(8.4) 式（348 頁）参照］に掲げる R_{F}，
w_{p}：基礎杭の有効自重（基礎杭の自重より実況によって求められた浮力を減じた数値）（kN）である。

［場所打ち杭には (1) または (2)，ただし軟弱地盤・液状化のおそれのある地盤がある場合は (2)，その他の杭には (1) の式（軟弱地盤・液状化のおそれのある地盤のない場合に限る）を適用し，杭体の許容耐力とのいずれか小さい数値とする。］

第6　第5の規定にかかわらず，基礎杭の許容支持力または基礎杭の引抜き方向の許容支持力を定める方法は，基礎の構造形式，敷地，地盤その他の基礎に影響を与えるものの実況に応じて次に定めるところにより求めた数値によることができる。

1号　基礎杭の許容支持力は，表8.33［350頁］に掲げる式により計算した地盤の許容支持力または基礎杭の許容耐力のうちいずれか小さい数値とする。ただし，地盤の許容支持力は，適用する地盤の種類および基礎杭の構造方法ごとに，それぞれ基礎杭を用いた載荷試験の結果に基づき求めたものとする。

表8.33　試験に基づく地盤の許容支持力（試験に基づく杭用）R_a（kN）

地盤の長期許容支持力	地盤の短期許容支持力
$R_a = \frac{1}{3}\left\{\alpha \bar{N} A_p + (\beta \bar{N}_s L_s + \gamma \bar{q}_u L_c)\psi\right\}$	$R_a = \frac{2}{3}\left\{\alpha \bar{N} A_p + (\beta \bar{N}_s L_s + \gamma \bar{q}_u L_c)\psi\right\}$

表8.33［350頁］において，

R_a：地盤の許容支持力（kN），

$\bar{N}$：基礎杭の先端付近の地盤の標準貫入試験による打撃回数の平均値（60を超えるときは60）（回），

A_p：基礎杭の先端の有効断面積（m^2），

$\bar{N}_s$：基礎杭の周囲の地盤のうち砂質地盤の標準貫入試験による打撃回数の平均値（回），

L_s：基礎杭がその周囲の地盤のうち砂質地盤に接する長さの合計（m），

$\bar{q}_u$：基礎杭の周囲の地盤のうち粘土質地盤の一軸圧縮強度の平均値（kN/m^2），

L_c：基礎杭がその周囲の地盤のうち粘土質地盤に接する長さの合計（m），

ψ：基礎杭の周囲の長さ（m），

α，βおよびγ：基礎杭の先端付近の地盤または基礎杭の周囲の地盤（地震時に液状化するおそれのある地盤を除き，軟弱な粘土質地盤または軟弱な粘土質地盤の上部にある砂質地盤にあっては，建築物の自重による沈下その他の地盤の変形などを考慮して建築物または建築物の部分に有害な損傷，変形および沈下が生じないことを確かめたものに限る）の実況に応じた載荷試験より求めた数値である。

2号　基礎杭の引抜き方向の許容支持力は，表8.34［351頁］に掲げる式により計算した地盤の引抜き方向の許容支持力または基礎杭の許容耐力のうちいずれか小さい数値とする。ただし，地盤の引抜き方向の許容支持力は，適用する地盤の種類および基礎杭の構造方法ごとに，それぞれ基礎杭を用いた引抜き試験の結果に基づき求めたものとする。

表 8.34　地盤の引抜き方向の許容支持力（試験に基づく杭用）${}_{\rm t}R_{\rm a}$（kN）

地盤の引抜き方向の長期許容支持力	地盤の引抜き方向の短期許容支持力
${}_{\rm t}R_{\rm a}=\dfrac{1}{3}\left\{\kappa\bar{N}A_{\rm p}+(\lambda\bar{N}_{\rm s}L_{\rm s}+\mu\bar{q}_{\rm u}L_{\rm c})\psi\right\}+w_{\rm p}$	${}_{\rm t}R_{\rm a}=\dfrac{2}{3}\left\{\kappa\bar{N}A_{\rm p}+(\lambda\bar{N}_{\rm s}L_{\rm s}+\mu\bar{q}_{\rm u}L_{\rm c})\psi\right\}+w_{\rm p}$

表 8.34［351 頁］において，

${}_{\rm t}R_{\rm a}$：地盤の引抜き方向の許容支持力（kN），

$\bar{N}$：基礎杭の先端付近の地盤の標準貫入試験による打撃回数の平均値（60 を超えるときは 60 とする）（回），

$A_{\rm p}$：基礎杭の先端の有効断面積（$\rm m^2$），

$\bar{N}_{\rm s}$：基礎杭の周囲の地盤のうち砂質地盤の標準貫入試験による打撃回数の平均値（回），

$L_{\rm s}$：基礎杭がその周囲の地盤のうち砂質地盤に接する長さの合計（m），

$\bar{q}_{\rm u}$：基礎杭の周囲の地盤のうち粘土質地盤の一軸圧縮強度の平均値（$\rm kN/m^2$），

$L_{\rm c}$：基礎杭がその周囲の地盤のうち粘土質地盤に接する長さの合計（m），

ψ：基礎杭の周囲の長さ（m），

$w_{\rm p}$：基礎杭の有効自重（基礎杭の自重より実況によって求められた浮力を減じた数値）（kN），

κ，λ および μ：基礎杭の先端付近の地盤または基礎杭の周囲の地盤（地震時に液状化するおそれのある地盤を除き，軟弱な粘土質地盤または軟弱な粘土質地盤の上部にある砂質地盤にあっては，建築物の自重による沈下その他の地盤の変形などを考慮して建築物または建築物の部分に有害な損傷，変形および沈下が生じないことを確かめたものに限る）の実況に応じた引抜き載荷試験より求めた数値である。

第 7　地盤アンカーの引抜き方向の許容応力度は，鉛直方向に用いる場合に限り，表 8.35［352 頁］に掲げる式により計算した地盤の引抜き方向の許容支持力または地盤アンカー体の許容耐力のうちいずれか小さな数値を地盤アンカー体の種類および形状により求まる有効断面積で除した数値による。

表 8.35　地盤の引抜き方向の許容支持力（地盤アンカー用）$_{t}R_a$（kN）

地盤の引抜き方向の長期許容支持力	地盤の引抜き方向の短期許容支持力
$_{t}R_a = \frac{1}{3}\,_{t}R_u$	$_{t}R_a = \frac{2}{3}\,_{t}R_u$
ここで， $_{t}R_a$：地盤の引抜き方向の許容支持力（kN）， $_{t}R_u$：第 1 に定める引抜き試験により求めた極限引抜き抵抗力（kN）である。	

表 8.36　杭体のコンクリートの許容応力度（N/mm^2）

杭体の打設の方法	長期許容応力度（N/mm^2）			短期許容応力度（N/mm^2）		
	圧縮	せん断	付着	圧縮	せん断	付着
(1)：＊	$\frac{F}{4}$	$\frac{F}{40}$ または $\frac{3}{4}(0.49 + \frac{F}{100})$ のうちいずれか小さい数値	$\frac{3}{40}F$ または $\frac{3}{4}(1.35 + \frac{F}{25})$ のうちいずれか小さい数値	圧縮の長期許容応力度の数値の 2 倍とする。	せん断または付着の長期許容応力度のそれぞれの数値の 1.5 倍とする。	
(2)：(1) 以外の場合	$\frac{F}{4.5}$ または 6 のうちいずれか小さい数値	$\frac{F}{45}$ または $\frac{3}{4}(0.49 + \frac{F}{100})$ のうちいずれか小さい数値	$\frac{F}{15}$ または $\frac{3}{4}(1.35 + \frac{F}{25})$ のうちいずれか小さい数値			
ここで，F：設計基準強度（N/mm^2）である。						

＊掘削時に水もしくは泥水を使用しない方法によって打設する場合または強度，寸法および形状を杭体の打設の状況を考慮した強度試験により確認できる場合

第 8　杭体または地盤アンカー体に用いる材料の許容応力度は，次に掲げるところによる。

1 号　場所打ちコンクリート杭に用いるコンクリートの許容支持力は，杭体の打設の方法に応じて表 8.36［352 頁］の数値による。この場合，令第 74 条第 1 項第 2 号［129 頁］に規定する設計基準強度（以下第 8 において単に「設計基準強度」）は 18 N/mm^2 以上とする。

2 号　遠心力 RC 杭および振動詰め RC 杭に用いるコンクリートの許容応力度は，表 8.37［353 頁］の数値による。この場合，設計基準強度は 40 N/mm^2 以上とする。

表 8.37 遠心力および振動詰め RC 杭のコンクリートの許容応力度（N/mm^2）

長期許容応力度（N/mm^2）			短期許容応力度（N/mm^2）		
圧縮	せん断	付着	圧縮	せん断	付着
$\frac{F}{4}$ または 11 のうちいずれか小さい数値	$\frac{3}{4}(0.49+\frac{F}{100})$ または 0.7 のうちいずれか小さい数値	$\frac{3}{4}(1.35+\frac{F}{25})$ または 2.3 のうちいずれか小さい数値	圧縮の長期許容応力度の数値の 2 倍とする。	せん断または付着の長期許容応力度のそれぞれの数値の 1.5 倍とする。	
ここで，F：設計基準強度（N/mm^2）である。					

表 8.38 外殻鋼管付きコンクリート杭のコンクリートの許容応力度（N/mm^2）

圧縮の長期許容応力度（N/mm^2）	圧縮の短期許容応力度（N/mm^2）
$\frac{F}{3.5}$	圧縮の長期許容応力度の 2 倍とする。
ここで，F：設計基準強度（N/mm^2）である。	

3 号 外殻鋼管付きコンクリート杭に用いるコンクリートの圧縮の許容応力度は，表 8.38［353 頁］の数値による。この場合，設計基準強度は 80 N/mm^2 以上とする。

4 号 PC 杭に用いるコンクリートの許容応力度は，表 8.39［354 頁］の数値による。この場合，設計基準強度は 50 N/mm^2 以上とする。

5 号 遠心力高強度 PC 杭《JIS A5373（プレキャストプレストレスコンクリート製品）–2004 付属書 5 PC 杭に適合するもの》に用いるコンクリートの許容応力度は，表 8.40［354 頁］の数値による。この場合，設計基準強度は 80 N/mm^2 以上とする。

6 号 前各号の規定にかかわらず，杭体の構造方法および施工方法ならびに当該杭体に用いるコンクリートの許容応力度の種類ごとに応じて行われた杭体を用いた試験により構造耐力上支障がないと認められる場合には，当該杭体のコンクリートの許容応力度の数値を当該試験結果により求めた許容応力度とすることができる。

7 号 杭体または地盤アンカー体に用いる緊張材の許容応力度は，平 13 国交告 1024［(特殊な強度告示)，182 頁，355 頁］第 1 第 17 号の規定を準用する。

8 号 杭体または地盤アンカー体に用いる鋼材などの許容応力度は，令第 90 条［176

表 8.39　PC 杭のコンクリートの許容応力度（N/mm²）

長期許容応力度（N/mm²）			短期許容応力度（N/mm²）		
圧縮	曲げ引張	斜め引張	圧縮	曲げ引張	斜め引張
$\frac{F}{4}$ または 15 のうちいずれか小さい数値	$\frac{\sigma_e}{4}$ または 2 のうちいずれか小さい数値	$\frac{0.07}{4}F$ または 0.9 のうちいずれか小さい数値	圧縮または曲げ引張の長期許容応力度のそれぞれの数値の 2 倍とする。		斜め引張の長期許容応力度の数値の 1.5 倍とする。
ここで，F：設計基準強度（N/mm²），σ_e：有効プレストレス量（N/mm²）である。					

表 8.40　遠心力高強度 PC 杭のコンクリートの許容応力度（N/mm²）

長期許容応力度（N/mm²）			短期許容応力度（N/mm²）		
圧縮	曲げ引張	斜め引張	圧縮	曲げ引張	斜め引張
$\frac{F}{3.5}$	$\frac{\sigma_e}{4}$ または 2.5 のうちいずれか小さい数値	1.2	圧縮または曲げ引張の長期許容応力度のそれぞれの数値の 2 倍とする。		斜め引張の長期許容応力度の数値の 1.5 倍とする。
ここで，F：設計基準強度（N/mm²），σ_e：有効プレストレス量（N/mm²）である。					

頁］に定めるところによる。ただし，鋼管杭にあっては，腐食しろを除いた杭体の肉厚を杭体の半径で除した数値が 0.08 以下の場合には，圧縮および曲げに対する許容応力度に対して，次に掲げる式によって計算した低減係数を乗じる。

$$R_c = 0.08 + 2.5\frac{t-c}{r} \tag{8.5}$$

ここで，

R_c： 低減係数，

t： 杭体の肉厚（mm），

c： 腐食しろ（有効な防食措置を行う場合を除き，1 以上とする）（mm），

r： 杭体の半径（mm）である。

2 項　杭体に継手を設ける場合には，杭体に用いる材料の圧縮の長期許容応力度は，継手部分の耐力，剛性および靭性に応じて低減させる。ただし，溶接継手《鋼管杭とする場合には，JIS A5525（鋼管杭）–1994 に適合するものに限る》またはこれと同等以上の耐力，剛性および靭性を有する継手を用いる場合には，この限りでない。

8.4　特殊な許容応力度，材料強度

「特殊な強度告示」

平 13 国交告 1024「特殊な許容応力度および特殊な材料強度を定める件」（平 27 国交告 910 改正）

本告示は，他では規定されていない材料の許容応力度，材料強度，基準強度を定めたもので，次のように第 1～第 3 があり，その中の各号で材料ごとの規定がある。 第 1　特殊な許容応力度［356 頁］ 1 号　木材のめり込みと圧縮材の座屈の許容応力度［356 頁］ 2 号　集成材などのめり込みと圧縮材の座屈の許容応力度［358 頁］ 3 号　鋼材などの支圧と圧縮材・曲げ材の座屈の許容応力度［358 頁］ 4 号　亜鉛メッキ高力ボルト許容せん断応力度［364 頁］ 5 号　ターンバックルの許容引張応力度［364 頁］ 6 号　高強度鉄筋の許容応力度［364 頁］ 7 号　タッピングねじなどの許容応力度［364 頁］ 8 号　アルミニウム合金材などの許容応力度［364 頁］ 9 号　トラス用機械式継手の許容応力度［370 頁］ 10 号　コンクリート充填鋼管内部のコンクリートの許容応力度［370 頁］ 11 号　組積体の許容応力度［371 頁］ 12 号　鉄線の許容応力度［373 頁］ 13 号　大臣の認定を受けた接合部の許容応力度［373 頁］ 14 号　あと施工アンカーの許容応力度［373 頁］ 15 号　丸鋼の付着の許容応力度［373 頁］ 16 号　炭素繊維・アラミド繊維の許容応力度［374 頁］ 17 号　軽量気泡コンクリートの許容応力度［374 頁］ 第 2　特殊な材料強度［376 頁］ 1 号　木材のめり込みと圧縮材の座屈の材料強度［376 頁］ 2 号　集成材などのめり込みと圧縮材の座屈の材料強度［377 頁］ 3 号　鋼材などの支圧と圧縮材の座屈の材料強度［378 頁］ 4 号　ターンバックルの材料強度［380 頁］ 5 号　高強度鉄筋の材料強度［380 頁］

令第94条［182頁］の規定に基づき，（中略）「特殊な許容応力度」（中略）同令第99条［186頁］の規定に基づき（中略）「特殊な材料強度」（中略）をそれぞれ次のように定める。

第1　特殊な許容応力度

1号　木材のめり込みおよび木材の圧縮材（以下この号において単に「圧縮材」）の座屈の許容応力度は，次に掲げるものとする。

イ　木材のめり込み許容応力度は，その繊維方向と加力方向とのなす角度に応じて次に掲げる数値（基礎杭，水槽，浴室その他これらに類する常時湿潤状態にある部分に使用する場合には，当該数値の70%に相当する数値）による。

表 8.41　木材のめり込みの許容応力度

建築物の部分		めり込みの長期許容応力度（N/mm²）		めり込みの短期許容応力度（N/mm²）	
		積雪時	積雪時以外	積雪時	積雪時以外
(1)	土台その他これに類する横架材（当該部材のめり込みによって他の部材の応力に変化が生じない場合に限る）	$\frac{1.5F_{cv}}{3}$	$\frac{1.5F_{cv}}{3}$	$\frac{2F_{cv}}{3}$	$\frac{2F_{cv}}{3}$
(2)	(1) に掲げる場合以外の場合	$\frac{1.43F_{cv}}{3}$	$\frac{1.1F_{cv}}{3}$	$\frac{1.6F_{cv}}{3}$	$\frac{2F_{cv}}{3}$
ここで，F_{cv}：木材の種類および品質に応じて第 3 第 1 号［384 頁］に規定するめり込みに対する基準強度（N/mm²）である。					

表 8.42　木材の座屈許容応力度

有効細長比	座屈の長期許容応力度（N/mm²）	座屈の短期許容応力度（N/mm²）
$\lambda \leqq 30$ の場合	$\frac{1.1}{3}F_c$	$\frac{2}{3}F_c$
$30 < \lambda \leqq 100$ の場合	$\frac{1.1}{3}(1.3-0.01\lambda)F_c$	$\frac{2}{3}(1.3-0.01\lambda)F_c$
$\lambda > 100$ の場合	$\frac{1.1}{3}\frac{3\,000}{\lambda^2}F_c$	$\frac{2}{3}\frac{3\,000}{\lambda^2}F_c$
ここで，λ：有効細長比，F_c：令第 89 条第 1 項［175 頁］の表 5.9［175 頁］に掲げる圧縮に対する基準強度（N/mm²）である。		

(1) 10 度以下の場合　令第 89 条第 1 項［175 頁］の表 5.9［175 頁］に掲げる圧縮の許容応力度の数値

(2) 10 度を超え，70 度未満の場合　(1) と (3) とに掲げる数値を直線的に補間した数値

(3) 70 度以上 90 度以下の場合　表 8.41［357 頁］に掲げる数値

□ 圧縮材の許容応力度は，その有効細長比（断面の最小 2 次率半径†に対する座屈長さの比，以下同じ）に応じて，表 8.42［357 頁］の各式によって計

† 一般には「2 次半径」（361 頁参照）と呼ばれる。

算した数値（基礎杭，水槽，浴室その他これらに類する常時湿潤状態にある部分に使用する場合には，当該数値の70%に相当する数値）による。ただし，令第82条［152頁］第1号～第3号［許容応力度計算］までの規定によって積雪時の構造計算をするに当たっては，長期許容応力度は同表の数値に1.3を乗じた数値，短期許容応力度は同表の数値に0.8を乗じて得た数値とする。

2号　集成材などの繊維方向，集成材などのめり込み，および集成材など圧縮材（以下この号において単に「圧縮材」）の座屈の許容応力度は次に掲げるものとする。

イ　集成材などの繊維方向の許容応力度は，表8.43［359頁］の数値（基礎杭，水槽，浴室その他これらに類する常時湿潤状態にある部分に使用する場合には，当該数値の70%に相当する数値）による。ただし，令第82条［152頁］第1号～第3号［許容応力度計算］までの規定によって積雪時の構造計算をするに当たっては，長期許容応力度は同表の数値に1.3を乗じた数値，短期許容応力度は同表の数値に0.8を乗じて得た数値とする。

ロ　集成材などのめり込み許容応力度は，その繊維方向と加力方向とのなす角度に応じて次に掲げる数値（基礎杭，水槽，浴室その他これらに類する常時湿潤状態にある部分に使用する場合には，当該数値の70%に相当する数値）による。

(1) 10度以下の場合　イの表8.43［359頁］に掲げる圧縮の許容応力度の数値

(2) 10度を超え，70度未満の場合　(1)と(3)に掲げる数値を直線的に補間した数値

(3) 70度以上90度以下の場合　表8.44［359頁］に掲げる数値

ハ　圧縮材の座屈の許容応力度は，その有効細長比に応じて，表8.45［359頁］の各式によって計算した数値（基礎杭，水槽，浴室その他これらに類する常時湿潤状態にある部分に使用する場合には，当該数値の70%に相当する数値）による。ただし，令第82条［152頁］第1号～第3号［許容応力度計算］の規定によって積雪時の構造計算をするに当たっては，長期許容応力度は同表の数値に1.3を乗じた数値，短期許容応力度は同表の数値に0.8を乗じて得た数値とする。

表 8.43　集成材などの繊維方向の許容応力度

長期許容応力度（N/mm^2）				短期許容応力度（N/mm^2）			
圧　縮	引　張	曲　げ	せん断	圧　縮	引　張	曲　げ	せん断
$\frac{1.1F_c}{3}$	$\frac{1.1F_t}{3}$	$\frac{1.1F_b}{3}$	$\frac{1.1F_s}{3}$	$\frac{2F_c}{3}$	$\frac{2F_t}{3}$	$\frac{2F_b}{3}$	$\frac{2F_s}{3}$
ここで，F_c，F_t，F_b，F_s：それぞれ集成材などの種類および品質に応じて第 3 第 2 号［388 頁］イに規定する圧縮，引張，曲げ，せん断に対する基準強度（N/mm^2）である。							

表 8.44　集成材などのめり込みの許容応力度

建築物の部分		めり込みの長期許容応力度（N/mm^2）		めり込みの短期許容応力度（N/mm^2）	
		積雪時	積雪時以外	積雪時	積雪時以外
(1)	土台その他これに類する横架材（当該部材のめり込みによって他の部材の応力に変化が生じない場合に限る）	$\frac{1.5F_{cv}}{3}$	$\frac{1.5F_{cv}}{3}$	$\frac{2F_{cv}}{3}$	$\frac{2F_{cv}}{3}$
(2)	(1) に掲げる場合以外の場合	$\frac{1.43F_{cv}}{3}$	$\frac{1.1F_{cv}}{3}$	$\frac{1.6F_{cv}}{3}$	$\frac{2F_{cv}}{3}$
ここで，F_{cv}：木材の種類および品質に応じて第 3 第 1 号［384 頁］に規定するめり込みに対する基準強度（N/mm^2）である。					

表 8.45　集成材などの座屈の許容応力度

有効細長比	座屈の長期許容応力度（N/mm^2）	座屈の短期許容応力度（N/mm^2）
$\lambda \leqq 30$ の場合	$\frac{1.1}{3}F_c$	$\frac{2}{3}F_c$
$30 < \lambda \leqq 100$ の場合	$\frac{1.1}{3}(1.3-0.01\lambda)F_c$	$\frac{2}{3}(1.3-0.01\lambda)F_c$
$\lambda > 100$ の場合	$\frac{1.1}{3}\frac{3\,000}{\lambda^2}F_c$	$\frac{2}{3}\frac{3\,000}{\lambda^2}F_c$
ここで，λ：有効細長比，F_c：第 3 第 2 号イ［388 頁］に規定する基準強度（N/mm^2）である。		

表 8.46　鋼材などの支圧の許容応力度

支圧の形式		支圧の長期許容応力度（N/mm²）	支圧の短期許容応力度（N/mm²）
(1)	すべり支承またはローラー支承の支承部に支圧が生ずる場合その他これに類する場合	$1.9F$	支圧の長期許容応力度の 1.5 倍とする。
(2)	ボルトまたはリベットによって接合される鋼材などのボルトまたはリベットの軸部分に接触する面に支圧が生ずる場合その他これに類する場合	$1.25F$	
(3)	(1) および (2) に掲げる場合以外の場合	$\dfrac{F}{1.1}$	
ここで，F：平 12 建告 2464［(鋼材基準強度告示)，176 頁，332 頁］第 1 に規定する基準強度の数値（N/mm²）である。			

表 8.47　炭素鋼および鋳鉄の座屈の許容応力度［記号は 361 頁参照］

圧縮材の有効細長比と限界細長比との関係	圧縮材の座屈の長期許容応力度（N/mm²）	圧縮材の座屈の短期許容応力度（N/mm²）
$\lambda \leqq \Lambda$ の場合	$F\left\{\dfrac{1-\dfrac{2}{5}\left(\dfrac{\lambda}{\Lambda}\right)^2}{\dfrac{3}{2}+\dfrac{2}{3}\left(\dfrac{\lambda}{\Lambda}\right)^2}\right\}$	圧縮材の座屈の長期の許容応力度の 1.5 倍とする。
$\lambda > \Lambda$ の場合	$\dfrac{\dfrac{18}{65}F}{\left(\dfrac{\lambda}{\Lambda}\right)^2}$	

3 号　鋼材などの支圧，鋼材などの圧縮材（以下この号において単に「圧縮材」）の座屈および鋼材などの曲げ材（以下この号において単に「曲げ材」）の座屈の許容応力度は，次に掲げるものとする。

イ　鋼材などの支圧は，表 8.46［360 頁］の数値《(1) 項および (3) 項において異種の鋼材などが接合する場合には，小さな値となる数値》による。

ロ　圧縮材の座屈の許容応力度は，炭素鋼および鋳鉄にあっては表 8.47［360 頁］，ステンレス鋼にあっては表 8.48［361 頁］の数値による。

表 8.47［360 頁］において，

F：平 12 建告 2464［(鋼材基準強度告示)，176 頁，332 頁］第 1 に規定する基準強度（N/mm^2），

λ：有効細長比，

Λ：次の式によって計算した限界細長比である。

$$\Lambda = \frac{1\,500}{\sqrt{F/1.5}} \tag{8.6}$$

表 8.48　ステンレス鋼の座屈の許容応力度

圧縮材の一般化有効細長比	圧縮材の座屈の長期許容応力度（N/mm^2）	圧縮材の座屈の短期許容応力度（N/mm^2）
${}_c\lambda \leqq 0.2$ の場合	$\dfrac{F}{1.5}$	圧縮材の座屈の長期許容応力度の 1.5 倍とする。
$0.2 < {}_c\lambda \leqq 1.5$ の場合	$\dfrac{(1.12 - 0.6\,{}_c\lambda)F}{1.5}$	
$1.5 < {}_c\lambda$ の場合	$\dfrac{1}{3}\dfrac{F}{{}_c\lambda^2}$	

表 8.48［361 頁］において，

${}_c\lambda$：次の式によって計算した軸方向に係る一般化有効細長比，

F：平 12 建告 2464［(鋼材基準強度告示)，176 頁，332 頁］第 1 に規定する基準強度（N/mm^2）である。

$${}_c\lambda = \left(\frac{\ell_k}{i}\right)\sqrt{\frac{F}{\pi^2 E}} \tag{8.7}$$

この式において，

ℓ_k：有効座屈長さ（mm），

i：最小断面 2 次半径（mm），

F：平 12 建告 2464［(鋼材基準強度告示)，176 頁，332 頁］第 1 に規定する基準強度（N/mm^2），

E：ヤング係数（N/mm^2）である。

ハ　曲げ材の座屈の許容応力度は，炭素鋼にあっては表 8.49［362 頁］，ステンレス鋼にあっては表 8.50［363 頁］の数値による。ただし，令第 90 条［176 頁］に規定する曲げの許容応力度の数値を超える場合には，当該数値を曲げ材の座屈の許容応力度の数値とする。

表 8.49　炭素鋼の曲げ材の座屈の許容応力度

曲げ材の種類および曲げの形式		曲げ材の座屈の長期許容応力度 (N/mm^2)	曲げ材の座屈の短期許容応力度 (N/mm^2)
(1)	荷重面内に対称軸を有する圧延形鋼およびプレートガーダーその他これに類する組立材で，強軸周りに曲げを受ける場合	$F\left\{\frac{2}{3}-\frac{4}{15}\frac{(\ell_b/i)^2}{C\Lambda^2}\right\}$ または $\frac{89\,000}{\left(\frac{\ell_b h}{A_f}\right)}$ のうち大きい数値	曲げ材の座屈の長期許容応力度の 1.5 倍とする。
(2)	鋼管および箱形断面材の場合，(1) に掲げる曲げ材で弱軸周りに曲げを受ける場合ならびにガセットプレートで面内に曲げを受ける場合	$\frac{F}{1.5}$	
(3)	溝形断面材および荷重面内に対称軸を有しない材の場合	$\frac{89\,000}{\left(\frac{\ell_b h}{A_f}\right)}$	

表 8.49［362 頁］において，

F：平 12 建告 2464［(鋼材基準強度告示)，176 頁，332 頁］第 1 に規定する基準強度（N/mm^2），

ℓ_b：圧縮フランジの支点間距離（mm），

i：圧縮フランジと曲げ材の成の 1/6 とからなる T 形断面のウェブ†軸周りの断面 2 次半径（mm），

C：次の式によって計算した修正係数（2.3 を超える場合は，2.3 とし，補剛区間内の曲げモーメントが M_1 より大きい場合は 1 とする），

$$C = 1.75 + 1.05\left(\frac{M_2}{M_1}\right) + 0.3\left(\frac{M_2}{M_1}\right)^2 \tag{8.8}$$

この式において，

M_1 および M_2：それぞれ座屈区間端部における小さい方および大きい方の強軸周りの曲げモーメント，

M_2/M_1：当該曲げが複曲率となる場合には正，単曲率となる場合は負とする，

Λ：ロの表［表 8.47（360 頁）］に規定する限界細長比［(8.6) 式，361 頁］，

h：曲げ材の成（mm），

A_f：圧縮フランジの断面積（mm^2）である。

† 本告示では「ウェッブ」と書かれているが，他の告示では「ウェブ」が用いられているので（例えば，266 頁参照），本書では「ウェブ」を用いる。

表 8.50　ステンレス鋼の曲げ材の座屈の許容応力度

<table>
<tr><th colspan="4">曲げ材の種類および曲げの形式</th><th>曲げ材の座屈の長期許容応力度（N/mm²）</th><th>曲げ材の座屈の短期許容応力度（N/mm²）</th></tr>
<tr><td rowspan="6">(1)</td><td rowspan="6">荷重面内に対称軸を有する圧延形鋼およびプレートガーダーその他これに類する組立材で，強軸周りに曲げを受ける場合</td><td rowspan="3">$-0.5 \leqq M_r \leqq 1.0$ の場合</td><td>${}_b\lambda \leqq {}_b\lambda_y$ の場合</td><td>$\dfrac{F}{1.5}$</td><td rowspan="8">曲げ材座屈の長期許容応力度の 1.5 倍とする。</td></tr>
<tr><td>${}_b\lambda_y < {}_b\lambda \leqq 1.3$ の場合</td><td>$\dfrac{1-0.4\dfrac{{}_b\lambda-{}_b\lambda_y}{1.3-{}_b\lambda_y}}{1.5+0.7\dfrac{{}_b\lambda-{}_b\lambda_y}{1.3-{}_b\lambda_y}}F$</td></tr>
<tr><td>$1.3 < {}_b\lambda$ の場合</td><td>$\dfrac{F}{2.2\,{}_b\lambda^2}$</td></tr>
<tr><td rowspan="3">$-1.0 \leqq M_r < -0.5$ の場合</td><td>${}_b\lambda \leqq \dfrac{0.46}{\sqrt{C}}$ の場合</td><td>$\dfrac{F}{1.5}$</td></tr>
<tr><td>$\dfrac{0.46}{\sqrt{C}} < {}_b\lambda \leqq \dfrac{1.3}{\sqrt{C}}$ の場合</td><td>$\dfrac{0.693}{\sqrt{\sqrt{C}\,{}_b\lambda+0.015}} \cdot \dfrac{F}{1.12+0.83\,{}_b\lambda\sqrt{C}}$</td></tr>
<tr><td>$\dfrac{1.3}{\sqrt{C}} < {}_b\lambda$ の場合</td><td>$\dfrac{F}{2.2C\,{}_b\lambda^2}$</td></tr>
<tr><td>(2)</td><td colspan="3">鋼管および箱形断面材の場合，(1) に掲げる曲げ材で弱軸周りに曲げを受ける場合ならびにガセットプレートで面内に曲げを受ける場合</td><td>$\dfrac{F}{1.5}$</td></tr>
<tr><td>(3)</td><td colspan="2">溝形断面材および荷重面内に対称軸を有しない材の場合</td><td>${}_b\lambda \leqq {}_b\lambda_y$ の場合</td><td>$\dfrac{F}{1.5}$</td></tr>
</table>

表 8.50［363 頁］において，

M_r : M_2 を M_1 で除して得た数値《M_2，M_1 は (8.8) 式［362 頁］の M_2，M_1 と同じ》，

${}_b\lambda$: 次の式によって計算した曲げモーメントに係る一般化有効細長比，

$$ {}_b\lambda = \sqrt{\frac{M_y}{M_e}} \tag{8.9} $$

ここで，

M_y：降伏曲げモーメント（N mm），
M_e：次の式によって計算した弾性横座屈曲げモーメント（N mm），

$$M_e = C\sqrt{\frac{\pi^2 E^2 I_y I_w}{(k_b \ell_b)^2} + \frac{\pi^2 E^2 I_y GJ}{\ell_b^2}} \qquad (8.10)$$

この式において，
C：表 8.49［362 頁］に規定する修正係数［(8.8) 式，362 頁］，
E：ヤング係数（N/mm^2），
I_y：曲げ材の弱軸周りの断面 2 次モーメント（mm^4），
I_w：曲げ材の曲げ捩り定数（mm^6），
ℓ_b：横座屈補剛間隔（mm），
k_b：有効横座屈長さ係数として，曲げ材の一方の材端が剛接合されている場合には 0.55，スパンの中間で補剛されている場合には 0.75，ただし，計算によって当該係数を算出できる場合には，当該計算によることができる，
G：曲げ材のせん断弾性係数（N/mm^2），
J：曲げ材のサンブナン捩り係数†である。

C：表 8.49［362 頁］に規定する修正係数［(8.8) 式，362 頁］，
F：平 12 建告 2464［(鋼材基準強度告示)，176 頁，332 頁］第 1 に規定する基準強度（N/mm^2），
${}_b\lambda_y$：次の式による一般化降伏限界細長比である。

$${}_b\lambda_y = 0.7 + 0.17\left(\frac{M_2}{M_1}\right) - 0.07\left(\frac{M_2}{M_1}\right)^2 \qquad (8.11)$$

4 号　溶融亜鉛メッキなどを施した高力ボルト摩擦接合部の高力ボルトの軸断面に対する許容せん断応力度は，表 8.51［365 頁］の数値による。

5 号　ターンバックルの引張の許容応力度は，表 8.52［365 頁］の数値による。

6 号　高強度鉄筋の許容応力度は，表 8.53［365 頁］の数値による。

7 号　タッピングねじなどの許容応力度は，表 8.54［366 頁］の数値による。

8 号　アルミニウム合金材，アルミニウム合金材の溶接継目ののど断面，アルミニウム合金材の支圧，アルミニウム合金材の圧縮材の座屈，アルミニウム合金材の高力ボルト摩擦接合部およびタッピングねじまたはドリリングタッピングねじを用いたアルミニウム合金材の接合部の許容応力度は，次に掲げるものとする。

---

† J は捩れに対する断面特性を表す係数で本書の (9.50) 式［419 頁］の極断面 2 次モーメント I_p と同じである。なお，EI を曲げ剛性というのと同様に，GJ を捩り剛性という。

表 8.51　溶融亜鉛メッキ高力ボルトの許容せん断応力度

種　類	長期許容せん断応力度（N/mm^2）	短期許容せん断応力度（N/mm^2）
1 面せん断	$\dfrac{\mu T_0}{1.5}$	長期許容せん断応力度の 1.5 倍とする。
2 面せん断	$\dfrac{2\mu T_0}{1.5}$	

ここで，μ：高力ボルト摩擦接合部のすべり係数，T_0：平 12 建告 2466［（高力ボルト強度告示），180 頁，341 頁］第 1 に規定する基準強度（N/mm^2）である［表 8.20（342 頁）参照］。

表 8.52　ターンバックルの引張の許容断応力度

引張の長期許容応力度（N/mm^2）	引張の短期許容応力度（N/mm^2）
$\dfrac{F}{1.5}$	引張の長期許容応力度の 1.5 倍とする。

ここで，F：ターンバックルの種類および品質に応じて第 3 第 4 号［392 頁］に規定する基準強度（N/mm^2）である［表 8.97（392 頁）参照］。

表 8.53　高強度鉄筋の許容応力度

種　類	長期許容応力度（N/mm^2）			短期許容応力度（N/mm^2）		
	圧　縮	引　張		圧　縮	引　張	
		せん断補強以外に用いる場合	せん断補強に用いる場合		せん断補強以外に用いる場合	せん断補強に用いる場合
径 28mm 以下のもの	$\dfrac{F}{1.5}$（当該数値が 215 を超える場合*には 215）	$\dfrac{F}{1.5}$（当該数値が 215 を超える場合*には 215）	$\dfrac{F}{1.5}$（当該数値が 195 を超える場合*には 195）	F	F	F（当該数値が 490 を超える場合*には 490）
径 28mm を超えるもの	$\dfrac{F}{1.5}$（当該数値が 195 を超える場合*には 195）	$\dfrac{F}{1.5}$（当該数値が 195 を超える場合*には 195）	$\dfrac{F}{1.5}$（当該数値が 195 を超える場合*には 195）	F	F	F（当該数値が 490 を超える場合*には 490）

ここで，F：高強度鉄筋の種類に応じて第 3 第 5 号［392 頁］に規定する基準強度（N/mm^2）である［表 8.98（392 頁）参照］。
*：法第 37 条第 2 号［93 頁］の国土交通大臣の認定を受けた場合を除く。

表 8.54　タッピングねじなどの許容応力度

長期許容応力度（N/mm^2）		短期許容応力度（N/mm^2）	
引　張	せん断	引　張	せん断
$\dfrac{F}{1.5}$	$\dfrac{F}{1.5\sqrt{3}}$	引張またはせん断の長期許容応力度のそれぞれの数値の 1.5 倍とする。	
ここで，F：タッピングねじなどの種類に応じて第 3 第 6 号［392 頁］に規定する基準強度（N/mm^2）である［表 8.99（393 頁）参照]。			

イ　アルミニウム合金材の許容応力度は，表 8.55［367 頁］に掲げる数値による。

ロ　アルミニウム合金材の溶接継目ののど断面に対する許容応力度は，表 8.56［367 頁］の数値による。

ハ　アルミニウム合金の支圧の許容応力度は，表 8.57［368 頁］の数値《(1) 項および (3) 項において異種のアルミニウム合金材が接触する場合には，小さな値となる数値》による。

ニ　アルミニウム合金部材の圧縮材の座屈の許容応力度は，表 8.58［368 頁］の数値による。

表 8.58［368 頁］において，

${}_{c}\lambda$：次の式によって計算した軸方向に係る一般化有効細長比，

$$ {}_{c}\lambda = \left(\frac{\ell_k}{i}\right)\sqrt{\frac{F}{\pi^2 E}} \tag{8.12} $$

この式において，

ℓ_k：有効座屈長さ（mm），

i：最小断面 2 次半径（mm），

E：ヤング係数（N/mm^2）である。

${}_{c}\lambda_p$：塑性限界細長比（0.2 とする），

${}_{c}\lambda_e$：弾性限界細長比（$1/\sqrt{0.5}$ とする），

F：アルミニウム合金部材の種類および質別に応じてイの表 8.55［367 頁］に定める基準強度（N/mm^2），

ν：次の式によって計算した数値（2.17 を超える場合は，2.17 とする）である。

表 8.55 アルミニウム合金材の許容応力度

<table>
<tr><td colspan="2" rowspan="2"></td><td colspan="4">長期許容応力度（N/mm^2）</td><td colspan="4">短期許容応力度（N/mm^2）</td></tr>
<tr><td>圧縮</td><td>引張</td><td>曲げ</td><td>せん断</td><td>圧縮</td><td>引張</td><td>曲げ</td><td>せん断</td></tr>
<tr><td rowspan="2">アルミニウム合金材</td><td>軟化域以外</td><td>$\frac{F}{1.5}$</td><td>$\frac{F}{1.5}$</td><td>$\frac{F}{1.5}$</td><td>$\frac{F}{1.5\sqrt{3}}$</td><td colspan="4" rowspan="4">圧縮，引張，曲げまたはせん断の長期許容応力度のそれぞれの数値の 1.5 倍とする。</td></tr>
<tr><td>軟化域</td><td>$\frac{F_w}{1.5}$</td><td>$\frac{F_w}{1.5}$</td><td>$\frac{F_w}{1.5}$</td><td>$\frac{F_w}{1.5\sqrt{3}}$</td></tr>
<tr><td colspan="2">ボルト</td><td>–</td><td>$\frac{F}{1.5}$</td><td>–</td><td>$\frac{F}{1.5\sqrt{3}}$</td></tr>
<tr><td colspan="2">リベット</td><td>–</td><td>$\frac{F}{1.5}$</td><td>–</td><td>$\frac{F}{1.5\sqrt{3}}$</td></tr>
<tr><td colspan="10">ここで，F および F_w：それぞれアルミニウム合金材の種類および質別に応じて第 3 第 7 号［393 頁］に規定する基準強度および溶接部の基準強度（N/mm^2）である［表 8.100（394 頁）参照］。また，軟化域は，加熱の影響により強度および剛性の低下が生じるアルミニウム合金材の部分をいう。</td></tr>
</table>

表 8.56 アルミニウム合金材の溶接継目ののど断面に対する許容応力度

<table>
<tr><td rowspan="2">継目の形式</td><td colspan="4">長期許容応力度（N/mm^2）</td><td colspan="4">短期許容応力度（N/mm^2）</td></tr>
<tr><td>圧縮</td><td>引張</td><td>曲げ</td><td>せん断</td><td>圧縮</td><td>引張</td><td>曲げ</td><td>せん断</td></tr>
<tr><td>突合せ</td><td colspan="3">$\frac{F_w}{1.5}$</td><td>$\frac{F_w}{1.5\sqrt{3}}$</td><td colspan="4" rowspan="2">圧縮，引張，曲げまたはせん断の長期許容応力度のそれぞれの数値の 1.5 倍とする。</td></tr>
<tr><td>突合せ以外のもの</td><td colspan="3">$\frac{F_w}{1.5\sqrt{3}}$</td><td>$\frac{F_w}{1.5\sqrt{3}}$</td></tr>
<tr><td colspan="9">ここで，F_w：溶接されるアルミニウム合金材の種類および質別に応じてイの表 8.55［367 頁］に定める溶接部の基準強度（N/mm^2）である。</td></tr>
</table>

$$\nu = \frac{3}{2} + \frac{2}{3}\left(\frac{{}_c\lambda}{{}_c\lambda_e}\right)^2 \tag{8.13}$$

ホ アルミニウム合金部材の曲げ材（荷重面に対称軸を持ち，かつ弱軸回りに曲げモーメントを受ける H 形断面材または角形断面材その他これらに類する横座屈の生ずるおそれのないものを除く）の座屈の許容応力度は，表 8.59［369 頁］の数値による。

表 8.59［369 頁］において，

表 8.57 アルミニウム合金材の支圧の許容応力度

支圧の形式		支圧の長期許容応力度（N/mm^2）	支圧の短期許容応力度（N/mm^2）
(1)	すべり支承またはローラー支承の支承部に支圧が生ずる場合その他これに類する場合	$1.65\,F$	支圧の長期許容応力度のそれぞれ 1.5 倍とする。
(2)	ボルトまたはリベットによって接合されるアルミニウム合金材のボルトまたはリベットの軸部分に接触する面に支圧が生ずる場合（ボルトまたはリベットの径の板厚に対する比が 4 以上で座金を用いない場合を除く）その他これに類する場合	$1.1\,F$	
(3)	(1) 項および (2) 項に掲げる場合以外の場合	$\dfrac{F}{1.25}$	
ここで，F：アルミニウム合金材の種類および質別に応じてイの表 8.55［367 頁］に定める基準強度（N/mm^2）である。			

表 8.58 アルミニウム合金の座屈の許容応力度［記号は 366 頁参照］

圧縮材の曲げ座屈細長比と限界細長比との関係	圧縮材の座屈の長期許容応力度（N/mm^2）	圧縮材の座屈の短期許容応力度（N/mm^2）
${}_{c}\lambda \leqq {}_{c}\lambda_{p}$ の場合	$\dfrac{F}{\nu}$	圧縮材の座屈の長期許容応力度の 1.5 倍とする。
${}_{c}\lambda_{p} < {}_{c}\lambda \leqq {}_{c}\lambda_{e}$ の場合	$\left(1.0 - 0.5\dfrac{{}_{c}\lambda - {}_{c}\lambda_{p}}{{}_{c}\lambda_{e} - {}_{c}\lambda_{p}}\right)\dfrac{F}{\nu}$	
${}_{c}\lambda_{e} < {}_{c}\lambda$ の場合	$\dfrac{1}{{}_{c}\lambda^{2}}\dfrac{F}{\nu}$	

${}_{b}\lambda$： 次の式によって計算した曲げモーメントに係る一般化有効細長比，

$$ {}_{b}\lambda = \sqrt{\frac{M_{y}}{M_{e}}} \tag{8.14} $$

この式において，

M_{y}： 降伏曲げモーメント（N mm），

M_{e}： 次の式によって計算した弾性横座屈曲げモーメント（N mm），

$$ M_{e} = C\sqrt{\frac{\pi^{2}E^{2}I_{y}I_{w}}{(k_{b}\ell_{b})^{2}} + \frac{\pi^{2}EI_{y}GJ}{{\ell_{p}}^{2}}} \tag{8.15} $$

表 8.59 アルミニウム合金の曲げ材の座屈許容応力度［記号は 367 頁参照］

曲げ材の横座屈細長比と限界細長比との関係	曲げ材の座屈の長期許容応力度（N/mm²）	曲げ材の座屈の短期許容応力度（N/mm²）
${}_{\mathrm{b}}\lambda \leqq {}_{\mathrm{b}}\lambda_{\mathrm{p}}$ の場合	$\dfrac{F}{\nu}$	曲げ材の座屈の長期許容応力度の 1.5 倍とする。
${}_{\mathrm{b}}\lambda_{\mathrm{p}} < {}_{\mathrm{b}}\lambda \leqq {}_{\mathrm{b}}\lambda_{\mathrm{e}}$ の場合	$\left(1.0 - 0.5\dfrac{{}_{\mathrm{b}}\lambda - {}_{\mathrm{b}}\lambda_{\mathrm{p}}}{{}_{\mathrm{b}}\lambda_{\mathrm{e}} - {}_{\mathrm{b}}\lambda_{\mathrm{p}}}\right)\dfrac{F}{\nu}$	
${}_{\mathrm{b}}\lambda_{\mathrm{e}} < {}_{\mathrm{b}}\lambda$ の場合	$\dfrac{1}{{}_{\mathrm{b}}\lambda^2}\dfrac{F}{\nu}$	

表 8.60 修正係数 C の数値

荷重の状況および部材の支持条件など	C の数値
補剛区間の曲げモーメントが M_1 より大きい場合	1.0
中間に横補剛支点を持たない単純梁において等分布荷重が作用する場合	1.13
中間に横補剛支点を持たない単純梁において中間集中荷重が作用する場合	1.36

（断面の形状が角形，溝形，Z 形または荷重面に対称軸を持たない一軸対称面に該当する場合は次式とする。）

$$M_{\mathrm{e}} = C\sqrt{\frac{\pi^2 E I_{\mathrm{y}} G J}{{\ell_{\mathrm{p}}}^2}} \tag{8.16}$$

これらの式において，

C： 次の式で計算した修正係数（2.3 を超える場合は，2.3 とする），ただし，表 8.60［369 頁］に掲げる荷重の状況および部材の支持条件などに該当する場合には，それぞれ当該右欄に掲げる数値とすることができる。

$$C = 1.75 + 1.05\left(\frac{M_2}{M_1}\right) + 0.3\left(\frac{M_2}{M_1}\right)^2 \tag{8.17}$$

この式において，M_2 および M_1 は，それぞれ座屈区間端部における小さい方および大きい方の強軸回りの曲げモーメントを表すものとし，M_2/M_1 は当該曲げモーメントが複曲率となる場合には正，単曲率となる場合には負とする，以下同じ。

E： ヤング係数（N/mm²），

I_{y}： 曲げ材の弱軸周りの断面 2 次モーメント（mm⁴），

I_{w}： 曲げ材の曲げ捩り定数（mm⁶），

ℓ_{b}： 横座屈補剛間隔（mm），

k_{b}： 有効座屈長さ係数として，曲げ材の一方の材端が剛接合されている場合には 0.55，スパンの中間で補剛されている場合には 0.75 とする，た

だし，計算によって当該係数を計算できる場合には，当該計算によることができる，

G：曲げ材のせん断弾性係数（N/mm^2），

J：曲げ材のサンブナン捩り定数（mm^4）である。

${}_{b}\lambda_{p}$：次の式より計算した塑性限界細長比（補剛区間内の曲げモーメントが M_1 より大きい場合には0.3とする），

$$ {}_{b}\lambda_{p} = 0.6 + 0.3\left(\frac{M_2}{M_1}\right) \quad (8.18) $$

${}_{p}\lambda_{e}$：弾性限界細長比（$1/\sqrt{0.5}$ とする），

F：イの表8.55［367頁］に定める基準強度（N/mm^2），

ν：次の式によって計算した数値（2.17を超える場合は，2.17とする）である。

$$ \nu = \frac{3}{2} + \frac{2}{3}\left(\frac{{}_{b}\lambda}{{}_{b}\lambda_{e}}\right)^2 \quad (8.19) $$

ヘ　アルミニウム合金部材の高力ボルト摩擦接合部の高力ボルトの軸断面に対する許容応力度については，第1第4号［364頁］の規定を準用する。

ト　タッピングねじまたはドリリングタッピングねじを用いたアルミニウム合金材の接合部の許容応力度は，表8.61［371頁］の数値による。

9号　トラス用機械式継手の許容応力度は，表8.62［371頁］に掲げる許容耐力をトラス用機械式継手の種類および形状ならびに力の種類に応じて求めた有効面積（曲げにあっては有効断面係数）で除した数値による。

10号　コンクリート充填鋼管造の鋼管の内部に充填されたコンクリートの圧縮，せん断および付着の許容応力度は，次に掲げるものとする。

イ　コンクリート充填鋼管造の鋼管の内部に充填されたコンクリートの圧縮およびせん断の許容応力度は次のコンクリートの鋼管への充填方法に応じて，表8.63［372頁］の数値による。ただし，実験によってコンクリートのせん断強度を確認した場合には，せん断の長期許容応力度は，当該せん断強度に1/3を乗じた数値とすることができる。

ロ　鋼管の内部に充填されたコンクリートと鋼管の内部との付着の許容応力度は，次に掲げる数値による。

(1)　コンクリートと鋼管（炭素鋼管に限る）の内部との長期許容付着応力度は，円形断面にあっては$0.15N/mm^2$，角形断面にあっては$0.1N/mm^2$とする。

(2)　コンクリートと鋼管の内部との付着に関する実験によって，コンクリートの種類，鋼管の種類，鋼管の内部の加工状態その他の実況に応

表 8.61　アルミニウム合金タッピングねじなどの許容応力度

長期許容応力度（N/mm²）		短期許容応力度（N/mm²）	
引　張	せん断	引　張	せん断
$2.1\beta\left(\dfrac{d^2-d_1^2}{p\,d^4}\right)^{0.5} t^{1.2} F_T$	$2.1\left(\dfrac{t}{d}\right)^{1.5} F_T$	引張またはせん断の長期許容応力度のそれぞれの数値の 1.5 倍とする。	

ここで，
β：被接合材の面外変形のある場合には 0.6，面外変形のない場合には 1.0 とした数値，
d：タッピングねじまたはドリリングタッピングねじの径（mm），
d_1：タッピングねじの先端側の被接合材に設けた孔の径（ドリリングタッピングねじにあっては，当該ドリリングタッピングねじの径の数値に 0.75 を乗じて得た数値とする）（mm），
p：タッピングねじまたはドリリングタッピングねじ山相互の間隔（mm），
t：タッピングねじまたはドリリングタッピングねじの先端側の被接合材の厚さ（mm），
F_T：第 3 第 7 号［393 頁］に定めるタッピングねじを用いた接合部の基準強度（N/mm²）である。

表 8.62　トラス用機械式継手の許容耐力

長期許容耐力			短期許容耐力		
圧　縮	引　張	曲　げ	圧　縮	引　張	曲　げ
$\dfrac{2F_c}{3}$	$\dfrac{2F_t}{3}$	$\dfrac{2F_b}{3}$	圧縮，引張および曲げの長期許容耐力のそれぞれの 1.5 倍の数値とする。		

ここで，F_c，F_t および F_b は，それぞれトラス用機械式継手の実況および力の種類に応じた加力試験により求めた次の数値を表す。
F_c：圧縮の最大耐力の 70% 以下の数値で，かつ圧縮の降伏耐力（トラス用機械式継手が降伏する耐力，以下同じ）以下の数値（N），
F_t：引張の最大耐力の 70% 以下の数値で，かつ引張の降伏耐力以下の数値（N），
F_b：曲げの最大耐力の 70% 以下の数値で，かつ曲げの降伏耐力以下の数値（N m）である。

じた付着強度を確認した場合においては，長期許容付着応力度は，(1) の規定によらず当該付着強度の 1/3 とすることができる。

(3) コンクリートと鋼管の内部との短期許容付着応力度は，長期許容付着応力度の 1.5 倍の数値とする。

11 号　組積体の圧縮およびせん断ならびに RC 組積体の付着の許容応力度は，次に掲げるものとする。

イ　組積体の圧縮およびせん断の許容応力度は，表 8.64［373 頁］に掲げる数値による。

表8.63　コンクリート充填鋼管造コンクリートの許容応力度

コンクリートの鋼管への充填方法		長期許容応力度（N/mm^2）		短期許容応力度（N/mm^2）	
		圧　縮	せん断	圧　縮	せん断
(1)	充填されたコンクリート強度を鋼管への充填状況を考慮した強度試験により確認する場合	$\frac{F}{3}$	$\frac{F}{30}$ または $(0.49+\frac{F}{100})$ のうちいずれか小さい数値	$\frac{2(F+\alpha)}{3}$ または F のうちいずれか小さい数値	長期許容応力度の1.5倍
(2)	(1)によらず，次に定める落とし込み充填工法*または圧入工法**によった場合	$\frac{F}{3}$	$\frac{F}{30}$ または $(0.49+\frac{F}{100})$ のうちいずれか小さい数値	$\frac{2F}{3}$	長期許容応力度の1.5倍

* 落し込み充填工法にあっては次に定めるところによる。
イ：トレミー管，フレキシブルホースその他鋼管内に密実に，かつ隙間なくコンクリートを打設できる方法を用いる。
ロ：コンクリートの自由落下高さを1m以内とする。
ハ：鋼管の内部からのコンクリートの締固めその他密実に，かつ隙間なくコンクリートを充填する措置を講ずる。
** 圧入工法にあっては次に定めるところによる。
イ：圧入口は，鋼管のシーム部（鋼管を形成する鋼板の継目部分）ならびに鋼管の柱の床面および梁下からそれぞれ1mまたは柱幅のいずれか大きい方の数値以下の位置に設けないとともに，開口部の補強を行う。ただし，平13国交告1372［(鉄筋かぶり厚特例告示)，133頁］第2に定める構造計算を行い，鋼管について構造耐力上安全であることが確かめられた場合は，これと異なる位置に設けることができる。
ロ：圧入1回当たりのコンクリート圧入量を確保して圧入を開始する方法による。

ここで，F：設計基準強度（N/mm^2），α：鋼管とコンクリートの相互拘束効果によるコンクリート強度の割り増しについて実況に応じた強度試験により求めた数値（N/mm^2）である。

ロ　RC組積体における充填コンクリートの鉄筋との付着の許容応力度は，平12建告1450［(コンクリート付着強度等告示)，179頁，339頁］第1号の規定を準用する。この場合，第1第1号［340頁］中「令第74条第1項第2号［128頁］に規定するコンクリートの設計基準強度」を「RC組積体の設計基準強度（充填コンクリートの設計基準強度がRC組積体の設計基準強度を下回る場合には，その設計基準強度）」，同号ただし書中「コンク

表 8.64 組積体の圧縮とせん断の許容応力度

種 類	長期許容応力度(N/mm^2)		短期許容応力度(N/mm^2)	
	圧 縮	せん断	圧 縮	せん断
組積体（打込み目地 RC 組積体を除く）	$\frac{F}{3}$	$\frac{\sqrt{0.1F}}{3}$	$\frac{2F}{3}$	$\frac{\sqrt{0.1F}}{2}$
打込み目地［図 2.30（80 頁）参照］RC 組積体	$\frac{F}{3}$	$\frac{\sqrt{0.1\alpha F}}{3}$	$\frac{2F}{3}$	$\frac{\sqrt{0.1\alpha F}}{2}$

ここで，打込み目地 RC 組積体は，打込み目地組積ユニットを組積し，それらの空洞部にコンクリートを充填し，打込み目地部を形成して一体化したもの，
F：設計基準強度（実況に応じた圧縮強度試験より求めた材齢が 28 日の供試体の圧縮強度の平均値以下のものに限る，以下ロにおいて同じ）(N/mm^2)，
α：打込み目地組積ユニットの厚さに対するその打込み目地部を含む水平断面における充填コンクリートの最大厚さの比である。

表 8.65 鉄線の引張の許容応力度

長期許容応力度（N/mm^2）	短期許容応力度（N/mm^2）
$F/1.5$	F

ここで，F：鉄線の種類および品質に応じて第 3 第 8 号に規定する基準強度（N/mm^2）［表 8.101（394 頁）参照］である。

リート」を「RC 組積体」と読み替える。

12 号 鉄線の引張の許容応力度は表 8.65［373 頁］の数値による。

13 号 令第 67 条第 1 項［124 頁］の国土交通大臣の認定を受けた鋼材の接合，同条第 2 項の国土交通大臣の認定を受けた継手または仕口および令第 68 条第 3 項［125 頁］の国土交通大臣の認定を受けた高力ボルト接合の許容応力度は，令第 89 条［175 頁］～第 92 条［179 頁］まで，第 1 号［356 頁］～前号までおよび平 13 国交告 1540［(2 × 4 プレハブ告示)，135 頁，235 頁］第 2 第 3 号に定める数値による。ただし，国土交通大臣が別に数値を定める場合には，この限りでない。

14 号 あと施工アンカー（既存の RC 造などの部材とこれを補強するための部材との接合に用いるもの，第 2 第 13 号［383 頁］において同じ）の接合部の引張およびせん断の許容応力度は，その品質に応じてそれぞれ国土交通大臣が指定した数値とする。

表 8.66　丸鋼とコンクリートの付着の許容応力度

丸鋼の使用位置		付着の長期許容応力度 (N/mm^2)	付着の短期許容応力度 (N/mm^2)
(1)	梁の上端	(4/100) F または 0.9 のうちいずれか小さい数値	付着の長期許容応力度のそれぞれの2倍とする。
(2)	(1) に示す位置以外の位置	(6/100) F または 1.35 のうちいずれか小さい数値	
ここで，F：設計基準強度（N/mm^2）である。			

表 8.67　緊張材の許容応力度

緊張材の種類	引張の長期許容応力度 (N/mm^2)	引張の短期許容応力度 (N/mm^2)
径が 13 mm 以下のねじ切り鋼棒	$0.6F_u$ または $0.75F_y$ のうちいずれか小さい数値	$0.9F_y$
その他の緊張材	$0.7F_u$ または $0.8F_y$ のうちいずれか小さい数値	
ここで，F_u および F_y：それぞれ表 8.68［375 頁］および表 8.69［376 頁］に掲げる引張強さおよび耐力である。ただし，法第 37 条第 2 号［93 頁］の国土交通大臣の認定を受けた緊張材の引張強さおよび耐力は，その種類および品質に応じてそれぞれ国土交通大臣が指定した数値とする。		

15 号　丸鋼とコンクリートの付着の許容応力度は，丸鋼の使用位置および令第 74 条第 1 項第 2 号［129 頁］に規定するコンクリートの設計基準強度（以下「設計基準強度」）に応じ，それぞれ表 8.66［374 頁］に掲げる式によって計算した数値とする。ただし，コンクリート中に設置した丸鋼の引抜きに関する実験によって付着強度を確認した場合には，付着の長期許容応力度について当該付着強度の 1/3 の数値とすることができる。

16 号　既存の RC 造などの柱，梁などを補強するために用いる炭素繊維，アラミド繊維その他これらに類する材料の引張の許容応力度は，その品質に応じそれぞれ国土交通大臣が指定した数値とする。

17 号　緊張材の許容応力度は，表 8.67［374 頁］の数値による。

18 号　軽量気泡コンクリートパネルに使用する軽量気泡コンクリートの圧縮およびせん断の許容応力度は，表 8.70［376 頁］の数値による。ただし，法第 37 条第 2 号［93 頁］の国土交通大臣の認定を受けた軽量気泡コンクリートパネル

表 8.68　緊張材（単一鋼線）の引張強さと耐力

緊張材の種類および品質				引張強さ (N/mm^2)	耐　力 (N/mm^2)
単一鋼線	丸線および異形線	SWPR1AN, SWPR1AL, SWPD1N, SWPD1L	径が 5 mm のもの	1 620	1 420
			径が 7 mm のもの	1 515	1 325
			径が 8 mm のもの	1 470	1 275
			径が 9 mm のもの	1 420	1 225
		SWPR1BN, SWPR1BL	径が 5 mm のもの	1 720	1 520
			径が 7 mm のもの	1 615	1 425
			径が 8 mm のもの	1 570	1 375
	2 本より線	SWPR2N, SWPR2L	2.9 mm 2 本より	1 930	1 710
	3 本より線	SWPD3N, SWPD3L	2.9 mm 3 本より	1 925	1 705
	7 本より線	SWPR7AN, SWPR7AL	9.3 mm 7 本より	1 720	1 460
			10.8 mm 7 本より	1 720	1 460
			12.4 mm 7 本より	1 720	1 460
			15.2 mm 7 本より	1 730	1 470
		SWPR7BN, SWPR7BL	9.5 mm 7 本より	1 860	1 580
			11.1 mm 7 本より	1 860	1 590
			12.7 mm 7 本より	1 850	1 580
			15.2 mm 7 本より	1 880	1 600
	19 本より線	SWPR19N, SWPR19L	17.8 mm 19 本より	1 855	1 580
			19.3 mm 19 本より	1 850	1 585
			20.3 mm 19 本より	1 825	1 555
			21.8 mm 19 本より	1 830	1 580
			28.6 mm 19 本より	1 780	1 515
ここで，単一鋼線，鋼より線で示される緊張材の種類は，それぞれ JIS G3536（PC 鋼線および PC 鋼より線）–1999 に定める緊張材の種類である。					

に使用する軽量気泡コンクリートの圧縮およびせん断の許容応力度にあっては，その品質に応じてそれぞれ国土交通大臣が指定した数値とする。

表 8.69 緊張材（棒鋼）の引張強さと耐力

緊張材の種類および品質				引張強さ（N/mm²）	耐 力（N/mm²）
棒鋼	PC 鋼棒	SBPR785/1030	径が 40 mm 以下のもの	1030	785
		SBPR930/1080		1080	930
		SBPR930/1180		1180	930
		SBPR1080/1230		1230	1080
	細径異形 PC 鋼棒	SBPDN(L)930/1080	径が 13 mm 以下のもの	1080	930
		SBPDN(L)1080/1230		1230	1080
		SBPDN(L)1275/1420		1420	1275

ここで，PC 鋼棒で示される緊張材の種類は，JIS G3109（PC 鋼棒）–1994 に定める緊張材の種類を，細径異形 PC 鋼棒で示される緊張材の種類は，JIS G3137（細径異形 PC 鋼棒）–1994 に定める緊張材の種類をそれぞれ表す。

表 8.70 軽量気泡コンクリートの圧縮およびせん断の許容応力度

長期許容応力度（N/mm²）		短期許容応力度（N/mm²）	
圧 縮	せん断	圧 縮	せん断
1.3	0.08	2.0	0.12

第 2 特殊な材料強度

1 号 木材のめり込みおよび木材の圧縮材（以下この号において単に「圧縮材」）の座屈の材料強度は，次に掲げるとおりとする。

イ 木材のめり込みの材料強度は，その繊維方向と加力方向とのなす角度に応じて次に掲げる数値（基礎杭，水槽，浴室その他これらに類する常時湿潤状態にある部分に使用する場合には，当該数値の 70% に相当する数値）による。ただし，土台その他これに類する横架材（当該部材のめり込みによって他の部材の応力に変化が生じない場合に限る）以外について，令第 82 条の 5 第 2 号［156 頁］の規定によって積雪時の構造計算をするに当たっては，当該数値に 0.8 を乗じた数値とする。

(1) 10 度以下の場合 令第 95 条第 1 項［183 頁］の表 5.16［183 頁］に掲げる圧縮の材料強度の数値

(2) 10 度を超え，70 度未満の場合 (1) と (3) とに掲げる数値を直線的に補間した数値

表 8.71　木材の座屈の材料強度

有効細長比	圧縮材の座屈の材料強度（N/mm^2）
$\lambda \leqq 30$ の場合	F_c
$30 < \lambda \leqq 100$ の場合	$(1.3 - 0.01\lambda)\,F_c$
$\lambda > 100$ の場合	$(3000/\lambda^2)\,F_c$
ここで，λ：有効細長比，F_c：令 89 条第 1 項［175 頁］の表 5.9［175 頁］に掲げる圧縮に対する基準強度（N/mm^2）である。	

表 8.72　集成材などの材料強度

材料強度（N/mm^2）			
圧　縮	引　張	曲　げ	せん断
F_c	F_t	F_b	F_s
ここで，F_c，F_t，F_b および F_s：それぞれ第 1 第 2 号［358 頁］イの表 8.43［359 頁］に規定する基準強度である。			

表 8.73　集成材などの座屈の材料強度

有効細長比	圧縮材の座屈の材料強度（N/mm^2）
$\lambda \leqq 30$ の場合	F_c
$30 < \lambda \leqq 100$ の場合	$(1.3 - 0.01\lambda)F_c$
$100 < \lambda$ の場合	$(3000/\lambda^2)F_c$
ここで，λ：有効細長比，F_c は第 1 第 2 号イ［358 頁］の表 8.41［357 頁］に掲げる圧縮に対する基準強度（N/mm^2）である。	

(3) 70 度以上 90 度以下の場合　木材の種類および品質に応じて第 3 第 1 号［384 頁］の表 8.83［385 頁］に掲げるめり込みに対する基準強度の数値

ロ 圧縮材の座屈の材料強度は，その有効細長比に応じて，表 8.71［377 頁］の各式によって計算した数値（基礎杭，水槽，浴室その他これらに類する常時湿潤状態にある部分に使用する場合には，当該数値の 70% に相当する数値）による。ただし，土台その他これに類する横架材（当該部材のめり込みによって他の部材の応力に変化が生じない場合に限る）以外について，令第 82 条の 5 第 2 号［156 頁］の規定によって積雪時の構造計算をするに当たっては，同表［表 8.71（377 頁)］の数値に 0.8 を乗じた数値とする。

2 号　集成材などの繊維方向，集成材などのめり込みおよび集成材などの圧縮材（以下この号において単に「圧縮材」）の座屈の材料強度は，次に掲げるものとする。

イ 集成材などの繊維方向の材料強度は，表 8.72［377 頁］の数値（基礎杭，水槽，浴室その他これらに類する常時湿潤状態にある部分に使用する場合には，当該数値の 70% に相当する数値）による。ただし，土台その他これに類する横架材（当該部材のめり込みによって他の部材の応力に変化が生じない場合に限る）以外について，令第 82 条の 5 第 2 号［156 頁］の規定によって積雪時の構造計算をするに当たっては，同表［表 8.72，377 頁］の数値に 0.8 を乗じた数値とする。

ロ 集成材などのめり込みの材料強度は，その繊維方向と加力方向とのなす角度に応じて次に掲げる数値（基礎杭，水槽，浴室その他これらに類する常時湿潤状態にある部分に使用する場合には，当該数値の 70% に相当する数値）による。ただし，土台その他これに類する横架材（当該部材のめり込みによって他の部材の応力に変化が生じない場合に限る）以外について，令第 82 条の 5 第 2 号［156 頁］の規定によって積雪時の構造計算をするに当たっては，当該数値に 0.8 を乗じた数値とする。

(1) 10 度以下の場合　イの表 8.72［377 頁］に掲げる圧縮の材料強度の数値

(2) 10 度を超え 70 度未満の場合　(1) と (3) とに掲げる数値を直線的に補間した数値

(3) 70 度以上 90 度以下の場合　集成材などの種類および品質に応じて第 3 第 2 号ロ［388 頁］の表 8.95［391 頁］に掲げるめり込みに対する基準強度の数値

ハ 圧縮材の座屈の材料強度は，その有効細長比に応じて，表 8.73［377 頁］の各式によって計算した数値（基礎杭，水槽，浴室その他これらに類する常時湿潤状態にある部分に使用する場合には，当該数値の 70% に相当する数値）による。ただし，土台その他これに類する横架材（当該部材のめり込みによって他の部材の応力に変化が生じない場合に限る）以外について，令第 82 条の 5 第 2 号［156 頁］の規定によって積雪時の構造計算をするに当たっては，同表 8.73［377 頁］の数値に 0.8 を乗じて得た数値とする。

3 号 鋼材などの支圧および鋼材などの圧縮材（以下この号において単に「圧縮材」）

表 8.74 鋼材などの支圧の材料強度

支圧の形式		支圧の材料強度（N/mm^2）
(1)	すべり支承またはローラー支承の支承部に支圧が生ずる場合その他これに類する場合	$2.9\,F$
(2)	ボルトまたはリベットによって接合される鋼材などのボルトまたはリベットの軸部分に接触する面に支圧が生ずる場合またはこれに類する場合	$1.9\,F$
(3)	(1) および (2) に掲げる場合以外の場合	$1.4\,F$
ここで，F：平 12 建告 2464［(鋼材基準強度告示)，176 頁，332 頁］第 3 に規定する基準強度（N/mm^2）である。		

表 8.75 炭素鋼および鋳鉄の座屈の材料強度［記号は 379 頁参照］

圧縮材の有効細長比と限界細長比との関係	圧縮材の座屈の材料強度（N/mm^2）
$\lambda \leqq \Lambda$ の場合	$F\left\{1-\frac{2}{5}\left(\frac{\lambda}{\Lambda}\right)^2\right\}$
$\lambda > \Lambda$ の場合	$\frac{(3/5)F}{(\lambda/\Lambda)^2}$

表 8.76 ステンレス鋼の座屈の材料強度［記号は 380 頁参照］

圧縮材の一般化有効細長比	圧縮材の座屈の材料強度（N/mm^2）
${}_c\lambda \leqq 0.2$ の場合	F
$0.2 < {}_c\lambda \leqq 1.5$ の場合	$(1.12 - 0.6\,{}_c\lambda)\,F$
$1.5 < {}_c\lambda$ の場合	$\frac{1}{2}\frac{F}{{}_c\lambda^2}$

の座屈の材料強度は，次に掲げるとおりとする。

イ 鋼材などの支圧の材料強度は，表 8.74［379 頁］の数値《(1) 項および (3) 項において異種の鋼材などが接合する場合には，小さな数値》による。

ロ 圧縮材の座屈の材料強度は，炭素鋼および鋳鉄にあっては表 8.75［379 頁］，ステンレス鋼にあっては表 8.76［379 頁］の数値による。

表 8.75［379 頁］において，

F： 平 12 建告 2464［(鋼材基準強度告示)，176 頁，332 頁］第 3 に規定する基準強度（N/mm^2），

表 8.77　高強度鉄筋の材料強度

<table>
<tr><th colspan="3">材料強度（N/mm²）</th></tr>
<tr><th rowspan="2">圧　縮</th><th colspan="2">引　張</th></tr>
<tr><th>せん断補強以外に用いる場合</th><th>せん断補強に用いる場合</th></tr>
<tr><td>F</td><td>F</td><td>F《当該数値が 490 を超える場合（法第 37 条第 2 号［93 頁］の国土交通大臣の認定を受けた場合を除く）には，490》</td></tr>
<tr><td colspan="3">ここで，F：第 1 第 6 号［364 頁］の表 8.53［365 頁］に規定する基準強度である。</td></tr>
</table>

表 8.78　タッピングねじなどの材料強度

<table>
<tr><th colspan="2">材料強度（N/mm²）</th></tr>
<tr><th>引　張</th><th>せん断</th></tr>
<tr><td>F</td><td>F/ √3</td></tr>
<tr><td colspan="2">ここで，F：第 1 第 7 号［364 頁］の表 8.54［366 頁］に規定する基準強度である。</td></tr>
</table>

λ：有効細長比，
Λ：次の式によって計算した限界細長比である。

$$\Lambda = \frac{1\,500}{\sqrt{F/1.5}} \tag{8.20}$$

表 8.76［379 頁］において，
${}_{c}\lambda$：次の式によって計算した軸方向に係る一般化有効細長比，
F：平 12 建告 2464［(鋼材基準強度告示)，176 頁，332 頁］第 3 に規定する基準強度（N/mm²）である。

$$ {}_{c}\lambda = \left(\frac{\ell_k}{i}\right)\sqrt{\frac{F}{\pi^2 E}} \tag{8.21}$$

この式において，
ℓ_k：有効座屈長さ（mm），
i：最小断面 2 次半径（mm），
E：ヤング係数（N/mm²）である。

4 号 ターンバックルの引張の材料強度は，ターンバックルの種類および品質に応じて第 3 第 4 号［392 頁］に規定する基準強度の数値とする［表 8.97（392 頁）参照］。

5 号 高強度鉄筋の材料強度は，表 8.77［380 頁］の数値による。

表 8.79 アルミニウム合金の材料強度

		材料強度（N/mm²）			
		圧 縮	引 張	曲 げ	せん断
アルミニウム合金材	軟化域以外	F	F	F	$F/\sqrt{3}$
	軟化域	F_w	F_w	F_w	$F_w/\sqrt{3}$
ボルト		−	F	−	$F/\sqrt{3}$
リベット		−	F	−	$F/\sqrt{3}$
ここで，F および F_w：それぞれ第 1 第 8 号イ［366 頁］の表 8.55［367 頁］に規定する F および F_w（N/mm²）である。また，軟化域は，加熱の影響により強度および剛性の低下が生じるアルミニウム合金材の部分をいう。					

表 8.80 アルミニウム合金材の溶接継目ののど断面に対する材料強度

継目の形式	材料強度（N/mm²）			
	圧 縮	引 張	曲 げ	せん断
突合せ	F_w			$F_w/\sqrt{3}$
突合せ以外のもの	$F_w/\sqrt{3}$			$F_w/\sqrt{3}$
ここで，F_w：第 1 第 8 号ロ［366 頁］の表 8.56［367 頁］に定める F_w（N/mm²）である。				

表 8.81 アルミニウム合金の座屈の材料強度［記号は 382 頁参照］

圧縮材の曲げ座屈細長比と限界細長比との関係	圧縮材の座屈の材料強度（N/mm²）
${}_c\lambda \leqq {}_c\lambda_p$ の場合	F
${}_c\lambda_p < {}_c\lambda \leqq {}_c\lambda_e$ の場合	$\left(1.0 - 0.5\dfrac{{}_c\lambda - {}_c\lambda_p}{{}_c\lambda_e - {}_c\lambda_p}\right)F$
${}_c\lambda_e < {}_c\lambda$ の場合	$F/{}_c\lambda^2$

6 号 タッピングねじなどの材料強度は，表 8.78［380 頁］の数値による。

7 号 アルミニウム合金材，アルミニウム合金材の溶接継目ののど断面，アルミニウム合金材の支圧，アルミニウム合金材の圧縮材の座屈およびタッピングねじまたはドリリングタッピングねじを用いたアルミニウム合金材の接合部の材料強度は，次に掲げるものとする。

イ アルミニウム合金材の材料強度は，表 8.79［381 頁］による。

ロ アルミニウム合金の溶接継目ののど断面に対する材料強度は，表 8.80［381

表 8.82 トラス用機械式継手の終局耐力

終 局 耐 力		
圧 縮	引 張	曲 げ
F_{cu}	F_{tu}	F_{bu}
ここで，F_{cu}, F_{tu} および F_{bu} は，それぞれトラス用機械式継手の実況および力の種類に応じた加力試験により求めた次の数値である。 F_{cu}：圧縮の最大耐力の 90% 以下の数値（N）， F_{tu}：引張の最大耐力の 90% 以下の数値（N）， F_{bu}：曲げの最大耐力の 90% 以下の数値（N m）である。		

頁］の数値による。

ハ アルミニウム合金材の支圧の材料強度は，第 1 第 8 号ハ［366 頁］に規定する短期許容応力度の数値とする。

ニ アルミニウム合金部材の圧縮材の座屈の材料強度は，表 8.81［381 頁］の数値による。

表 8.81［381 頁］において，

${}_c\lambda$：次の (8.22) 式によって計算した軸方向に係る一般化有効細長比，

${}_c\lambda_p$：塑性限界細長比（0.2 とする），

${}_c\lambda_e$：弾性限界細長比（$1/\sqrt{0.5}$ とする），

F：アルミニウム合金部材の種類および質別に応じて第 1 第 8 号イ［366 頁］の表 8.55［367 頁］に定める基準強度（N/mm^2）である。

$$ {}_c\lambda = \left(\frac{\ell_k}{i}\right)\sqrt{\frac{F}{\pi^2 E}} \tag{8.22} $$

ここで，

ℓ_k：有効座屈長さ（mm），

i：最小断面 2 次半径（mm），

E：ヤング係数（N/mm^2）である。

ホ タッピングねじまたはドリリングタッピングねじを用いたアルミニウム合金材の接合部の材料強度は，第 1 第 8 号ト［370 頁］に規定する短期許容応力度の数値とする。

8 号 トラス用機械式継手の材料強度は，表 8.82［382 頁］に掲げる終局耐力をトラス用機械式継手の種類および形状ならびに力の種類に応じて求めた有効面積（曲げにあっては有効断面係数）で除した数値による。

9 号 コンクリート充填鋼管造の鋼管の内部に充填されたコンクリートの圧縮，せん断および付着の材料強度は，次に掲げるものとする。

イ 鋼管の内部に充填されたコンクリートの圧縮およびせん断の材料強度は，圧縮にあっては第1第10号イ［370頁］の表8.63［372頁］に定める圧縮の短期許容応力度の1.5倍，せん断にあっては同表に定めるせん断の長期許容応力度の3倍の数値とする。

ロ 鋼管の内部とコンクリートとの付着の材料強度は，第1第10号ロ［370頁］(1)または(2)の長期許容付着応力度の3倍の数値とする。

10号 RC組積体の圧縮の材料強度は，種類に応じて第1第11号イ［371頁］の表8.64［373頁］に規定する圧縮の長期許容応力度の3倍とする。

11号 鉄線の引張の材料強度は，第1第12号［373頁］の表8.65［373頁］に規定する引張の短期許容応力度の数値とする。

12号 令第67条第1項［124頁］の国土交通大臣の認定を受けた鋼材の接合，同条第2項の国土交通大臣の認定を受けた継手または仕口および令第68条第3項［125頁］の国土交通大臣の認定を受けた高力ボルト接合の材料強度は，令第95条［183頁］～第98条［185頁］まで，第2号［377頁］～前号までおよび平13国交告1540［(2×4プレハブ告示)，135頁，235頁］第2第3号に定める数値による。ただし，国土交通大臣が別に数値を定める場合には，この限りでない。

13号 あと施工アンカーの接合部の引張およびせん断の材料強度は，その品質に応じてそれぞれ国土交通大臣が指定した数値とする。

14号 丸鋼とコンクリートの付着の材料強度は，第1第15号［373頁］の表8.66［374頁］に規定する付着の長期許容応力度の3倍とする。

15号 既存のRC造などの柱，梁などを補強するために用いる炭素繊維，アラミド繊維その他これらに類する材料の引張の材料強度は，その品質に応じてそれぞれ国土交通大臣が指定した数値とする。

16号 緊張材の材料強度は，第1第17号［374頁］の表8.67［374頁］に規定する耐力の数値による。

17号 軽量気泡コンクリートパネルに使用する軽量気泡コンクリートの圧縮およびせん断の材料強度は，第1第18号［374頁］の表8.70［376頁］に規定する圧縮の短期許容応力度の数値の1.5倍とする。

第3 基準強度

1号 第1第1号イ［356頁］(3)［表8.41（357頁）参照］に規定する木材のめり込みに対する基準強度 F_{cv} は，次に掲げる木材の種類に応じて，それぞれ次に掲げるものとする。

イ 製材のJAS（平成19年農林水産省告示第1083号）［JASは本書では省略］に適合する構造用製材（ただし，円柱類にあってはすぎ，からまつおよびひのきに限る）の目視等級区分もしくは機械等級区分によるものまたは無等級材（JASに定められていない木材）

その樹種に応じてそれぞれ次の表8.83［385頁］に掲げる数値

ロ 枠組壁工法構造用製材および枠組壁工法構造用たて継ぎのJAS（昭和49年農林省告示第600号）に適合する枠組壁工法構造用製材および枠組壁工法構造用たて継ぎ材

その樹種群に応じてそれぞれ次の表8.84［385頁］に掲げる数値

ちょっと一言**「樹種の漢字」**

樹種はひらかなで表示されているが，漢字を用いることもあるので，以下に示す。

あかまつ（赤松）	いたや（板屋）	えぞまつ（蝦夷松）
かえで（楓）	かし（樫）	かば（樺）
からまつ（唐松）	くろまつ（黒松）	くり（栗）
けやき（欅）	しおじ（塩地）	すぎ（杉）
つが（栂）	とどまつ（椴松）	なら（楢）
にれ（楡）	ひのき（桧，檜）	ひば（桧葉）
べいひ（米桧）	べいすぎ（米杉）	べいまつ（米松）
べにまつ（紅松）	まつ（松）	みずなら（水楢）
もみ（樅）		

以上の他に用いられる機会は少ないが，たもは「木」偏（へん）と旁（つくり）に「竹」冠と「前」，ぶな（山毛欅）は「木」偏に「無」と書く場合がある。

ちょっと一言**「集成材とラミナ」**

集成材とは，ひき板や小角材（こがくざい）を繊維方向にほぼ並行に，幅・厚さ・長さ方向に接着した木材で，その構成層をなす（ひき板や小角材を接着接合したものを含む）ひき板またはその層をラミナという。

表 8.83　製材の基準強度

樹　種		基準強度（N/mm^2）
針葉樹	あかまつ，くろまつ，および べいまつ	9.0
	からまつ，ひば，ひのき，べいひ，および べいひば	7.8
	つが，べいつが，もみ，えぞまつ，とどまつ，べにまつ，すぎ，べいすぎ，およびスプルース	6.0
広葉樹	かし	12.0
	くり，なら，ぶな，およびけやき	10.8

表 8.84　枠組壁工法用製材の基準強度

樹種群	基準強度（N/mm^2）
DFir-L	9.0
Hem-Tam	7.8
Hem-Fir	6.0
S-P-F または Spruce-Pine-Fir	6.0

樹種群	基準強度（N/mm^2）
W Ceder	6.0
SYP	9.0
JS I	7.8
JS II	6.0
JS III	7.8

表 8.85　対称異等級構成集成材（特定対称異等級構成集成材を除く）の圧縮，引張および曲げの基準強度

強度等級	基準強度（N/mm^2）			
	F_c	F_t	F_b	
			積層方向*	幅方向
E170-F495	38.4	33.5	49.5	35.4
E150-F435	33.4	29.2	43.5	30.6
E135-F375	29.7	25.9	37.5	27.6
E120-F330	25.9	22.4	33.0	24.0
E105-F300	23.2	20.2	30.0	21.6
E95-F270	21.7	18.9	27.0	20.4
E85-F255	19.5	17.0	25.5	18.0
E75-F240	17.6	15.3	24.0	15.6
E65-F225	16.7	14.6	22.5	15.0
E65-F220	15.3	13.4	22.0	12.6
E55-F200	13.3	11.6	20.0	10.2

ここで，強度等級は，集成材規格第 5 条表 15（等級が異なるひき板で構成された内層特殊構成集成材では表 28）に規定する強度等級である。
* それぞれの数値に，集成材の厚さ方向の辺長（mm）が対応する集成材規格第 5 条表 16（等級が異なるひき板で構成された内層特殊構成集成材では表 30）の左欄の区分に応じて，同表右欄に掲げる数値を乗じたものとする。

表 8.86 特定対称異等級構成集成材の圧縮，引張および曲げの基準強度

強度等級	基準強度（N/mm²）			
	F_c	F_t	F_b	
			積層方向*	幅方向
ME120-F330	20.2	17.6	33.0	12.7
ME105-F300	17.9	15.6	30.0	11.7
ME95-F270	16.6	14.5	27.0	11.1
ME85-F255	15.9	13.9	25.5	11.0

ここで，強度等級は，集成材規格第 5 条表 15 に規定する強度等級である。以下の表 8.87［386 頁］において同じ。
* それぞれの数値に，集成材の厚さ方向の辺長（mm）が対応する集成材規格第 5 条表 16 の左欄の区分に応じて，同表右欄に掲げる数値を乗じたものとする。

表 8.87 非対称異等級構成集成材の圧縮，引張および曲げの基準強度

強度等級	基準強度（N/mm²）				
	F_c	F_t	F_b		
			積層方向*		幅方向
			正の曲げ	負の曲げ	
E160-F480	36.5	31.8	48.0	34.5	31.8
E140-F420	31.7	27.7	42.0	28.5	27.0
E125-F360	28.2	24.6	36.0	25.5	24.0
E110-F315	24.5	21.3	31.5	24.0	21.6
E100-F285	22.1	19.3	28.5	22.5	19.2
E90-F255	20.7	18.1	25.5	21.0	18.0
E80-F240	18.5	16.2	24.0	19.5	15.0
E70-F225	16.6	14.5	22.5	18.0	13.8
E60-F210	15.7	13.7	21.0	16.5	13.2
E60-F205	14.3	12.5	20.5	16.0	10.8
E50-F170	12.2	10.6	17.0	14.0	8.4

ここで，正の曲げは，引張側最外層用ひき板が接着されている側（以下「引張側」）において引張の力が生じる場合の曲げを，負の曲げは，引張側において圧縮の力が生じる場合の曲げを，それぞれ表す。
*それぞれの数値に，集成材の厚さ方向の辺長（mm）が対応する集成材の規格第 5 条表 16 の左欄の区分に応じて，同表右欄に掲げる数値を乗じたもの。

表 8.88 同一等級構成集成材の圧縮，引張および曲げの基準強度

ひき板の積層数	強度等級	基準強度（N/mm²）		
		F_c	F_t	F_b*
4 層以上（等級が同じひき板で構成された内層特殊構成集成材では 3 層以上）	E190-F615	50.3	43.9	61.5
	E170-F540	44.6	38.9	54.0
	E150-F465	39.2	34.2	46.5
	E135-F405	33.4	29.2	40.5
	E120-F375	30.1	26.3	37.5
	E105-F345	28.1	24.5	34.5
	E95-F315	26.0	22.7	31.5
	E85-F300	24.3	21.2	30.0
	E75-F270	22.3	19.4	27.0
	E65-F255	20.6	18.0	25.5
	E55-F225	18.6	16.2	22.5
3 層	E190-F555	45.8	40.3	55.5
	E170-F495	40.5	35.6	49.5
	E150-F435	35.6	31.4	43.5
	E135-F375	30.4	26.7	37.5
	E120-F330	27.4	24.1	33.0
	E105-F300	25.5	22.4	30.0
	E95-F285	23.6	20.8	28.5
	E85-F270	22.1	19.5	27.0
	E75-F255	20.3	17.8	25.5
	E65-F240	18.8	16.5	24.0
	E55-F225	16.9	14.9	22.5
2 層	E190-F510	45.8	36.6	51.0
	E170-F450	40.5	32.4	45.0
	E150-F390	35.6	28.5	39.0
	E135-F345	30.4	24.3	34.5
	E120-F300	27.4	21.9	30.0
	E105-F285	25.5	20.4	28.5
	E95-F270	23.6	18.9	27.0
	E85-F255	22.1	17.7	25.5
	E75-F240	20.3	16.2	24.0
	E65-F225	18.8	15.0	22.5
	E55-F200	16.9	13.5	20.0

ここで，強度等級は，集成材規格第 5 条表 23（等級が同じひき板で構成された内層特殊構成集成材では表 29）に規定する強度等級である。
*それぞれの数値に，集成材の厚さの方向の辺長（mm）が対応する集成材規格第 5 条表 24（等級が同じひき板で構成された内層特殊構成集成材では表 31）の左欄の区分に応じて，同表右欄に掲げる数値を乗じたものとする。

表 8.89　化粧ばり構造用集成材柱の圧縮，引張および曲げの基準強度

樹　種	基準強度（N/mm²）		
	F_c	F_t	F_b
アピトン	36.6	32.4	45.6
いたやかえで，かば，ぶな，みずなら，けやき，ダフリカからまつ，サザンパイン，およびべいまつ	31.8	28.2	40.2
ひのき，ひば，からまつ，あかまつ，くろまつ，およびべいひ	29.4	25.8	37.2
つが，たも，しおじ，にれ，アラスカイエローシダー，ラジアタパイン，およびべいつが	27.6	24.0	34.2
もみ，とどまつ，えぞまつ，べいもみ，スプルース，ロッジポールパイン，べにまつ，ポンデローサパイン，おうしゅうあかまつ，およびラワン	25.2	22.2	31.2
すぎ，べいすぎ，およびホワイトサイプレスパイン	24.0	21.0	29.4

2号　第1第2号イ［358頁］に規定する集成材などの繊維方向の基準強度 F_c，F_t，F_b および F_s ならびに同号ロ (3) に規定する集成材などのめり込みに対する基準強度 F_{cv} は，それぞれ次に掲げるものとする。

イ　第1第2号イ［358頁］に規定する集成材などの繊維方向の基準強度は，圧縮，引張および曲げの基準強度については集成材のJAS（平成19年農林水産省告示第1052号，以下「集成材規格」）第5条に規定する構造用集成材の規格に適合する対称異等級構成集成材，非対称異等級構成集成材および同一等級構成集成材および同規格第6条に規定する化粧ばり構造用集成材柱の規格に適合する化粧ばり構造用集成材柱ならびに単板積層材のJAS（平成20年農林水産省告示第701号，以下「単板積層材規格」）第4条に規定する構造用単板積層材の規格に適合するA種構造用単板積層材およびB種構造用単板積層材の区分に応じて表8.85［385頁］～表8.91［390頁］までに掲げる数値と，せん断の基準強度については表8.92［390頁］～表8.94［391頁］に掲げる数値とする。

ロ　第1第2号ロ［358頁］(3) に規定する集成材などのめり込みに対する基準強度 F_{cv} は，その樹種に応じてそれぞれ表8.95［391頁］の数値とする。ただし，A種構造用単板積層材のめり込みに対する基準強度 F_{cv} は，そのめり込み性能の表示区分に応じてそれぞれ表8.96［392頁］の数値とすることができる。

表 8.90　A 種構造用単板積層材の圧縮，引張および曲げの基準強度

曲げヤング係数区分	等　級	基準強度（N/mm²）		
		F_c	F_t	F_b
180E	特級	46.8	34.8	58.2
	1 級	45.0	30.0	49.8
	2 級	42.0	25.2	42.0
160E	特級	41.4	31.2	51.6
	1 級	40.2	27.0	44.4
	2 級	37.2	22.2	37.2
140E	特級	36.0	27.0	45.0
	1 級	34.8	23.4	39.0
	2 級	32.4	19.8	32.4
120E	特級	31.2	23.4	39.0
	1 級	30.0	19.8	33.0
	2 級	27.6	16.8	27.6
110E	特級	28.2	21.6	35.4
	1 級	27.0	18.0	30.0
	2 級	25.8	15.6	25.8
100E	特級	25.8	19.8	32.4
	1 級	25.2	16.8	27.6
	2 級	23.4	14.4	23.4
90E	特級	23.4	17.4	28.8
	1 級	22.8	15.0	25.2
	2 級	21.0	12.6	21.0
80E	特級	21.0	15.6	25.8
	1 級	19.8	13.2	22.2
	2 級	18.6	11.4	18.6
70E	特級	18.0	13.8	22.8
	1 級	17.4	12.0	19.8
	2 級	16.2	9.6	16.2
60E	特級	15.6	12.0	19.8
	1 級	15.0	10.2	16.8
	2 級	13.8	8.4	13.8
50E	特級	12.7	9.5	15.9
	1 級	12.3	8.2	13.7
	2 級	11.1	6.7	11.1

ここで，曲げヤング係数区分は，単板積層材規格第 4 条第 1 項の表 7 に掲げる曲げヤング係数区分である。

表 8.91　B 種構造用単板積層材の圧縮，引張および曲げの基準強度

曲げヤング係数区分	基準強度（N/mm^2）					
	F_c		F_t		F_b	
	強軸	弱軸	強軸	弱軸	強軸	弱軸
140E	21.9	4.3	18.3	2.9	32.2	5.8
120E	18.7	3.7	15.6	2.5	27.5	4.9
110E	17.2	3.4	14.4	2.3	25.3	4.5
100E	15.7	3.1	13.2	2.1	23.2	4.1
90E	14.0	2.8	11.7	1.8	20.6	3.7
80E	12.5	2.5	10.5	1.6	18.4	3.3
70E	10.8	2.1	9.0	1.4	15.9	2.8
60E	9.3	1.8	7.8	1.2	13.7	2.4
50E	7.6	1.5	6.3	1.0	11.1	2.0
40E	6.1	1.2	5.1	0.8	9.0	1.6
30E	4.6	0.9	3.9	0.6	6.8	1.2

ここで，曲げヤング係数区分は，単板積層材規格第 4 条第 1 項の表 8 に掲げる曲げヤング係数区分である。

表 8.92　集成材のせん断の基準強度

樹　　種	基準強度（N/mm^2）	
	積層方向	幅方向
いたやかえで，かば，ぶな，みずなら，けやき，およびアピトン	4.8	4.2
たも，しおじ，およびにれ	4.2	3.6
ひのき，ひば，からまつ，あかまつ，くろまつ，べいひ，ダフリカからまつ，サザンパイン，べいまつ，およびホワイトサイプレスパイン	3.6	3.0
つが，アラスカイエローシダー，べにまつ，ラジアタパイン，およびべいつが	3.3	2.7
もみ，とどまつ，えぞまつ，べいもみ，スプルース，ロッジポールパイン，ポンデローサパイン，おうしゅうあかまつ，ジャックパイン，およびラワン	3.0	2.4
すぎ，およびべいすぎ	2.7	2.1

ただし，せん断面に幅はぎ未評価ラミナを含む構造用集成材にあっては，表中の数値に 0.6 を乗じた数値とする。

3 号　前各号に掲げる木材および集成材など以外の基準強度は，その種類，区分および等級に応じてそれぞれ国土交通大臣が指定した数値とする。

表 8.93　A 種構造用単板積層材のせん断の基準強度

水平せん断区分	基準強度（N/mm^2）
65V-55H	4.2
60V-51H	3.6
55V-47H	3.6
50V-43H	3.0
45V-38H	3.0
40V-34H	2.4
35V-30H	2.4
ここで，水平せん断区分は，単板積層材規格第 4 条第 1 項の表 3 に掲げる水平せん断区分である。	

表 8.94　B 種構造用単板積層材のせん断の基準強度

水平せん断区分	基準強度（N/mm^2）	
	縦使い方向	平使い方向
65V-43H	4.3	2.8
60V-40H	4.0	2.6
55V-36H	3.6	2.4
50V-33H	3.3	2.2
45V-30H	3.0	2.0
40V-26H	2.6	1.7
35V-23H	2.3	1.5
30V-20H	2.0	1.3
25V-16H	1.6	1.0
ここで，水平せん断区分は，単板積層材規格第 4 条第 1 項の表 4 に掲げる水平せん断区分である。		

表 8.95　集成材などのめり込みに対する基準強度

樹　　種	基準強度（N/mm^2）
いたやかえで，かば，ぶな，みずなら，けやき，アピトン，たも，しおじ，およびにれ	10.8
あかまつ，くろまつ，ダフリカからまつ，サザンパイン，べいまつ，ホワイトサイプレスパイン，およびラワン	9.0
ひのき，ひば，からまつ，およびべいひ	7.8
つが，アラスカイエローシダー，べにまつ，ラジアタパイン，べいつが，もみ，とどまつ，えぞまつ，べいもみ，スプルース，ロッジポールパイン，ポンデローサパイン，おうしゅうあかまつ，すぎ，べいすぎ，およびジャックパイン	6.0

表8.96 A種構造用単板積層材のめり込みに対する基準強度

めり込み性能の表示の区分	基準強度（N/mm^2）
180B	18.0
160B	16.0
135B	13.5
90B	9.0
ここで，めり込み性能の表示の区分は，単板積層材規格第4条第1項の表9に掲げる表示の区分である。	

4号 第1第5号［364頁］に規定するターンバックルの基準強度は，表8.97［392頁］の数値とする。ただし，法第37条第2号［93頁］の国土交通大臣の認定を受けたターンバックルの基準強度にあっては，その品質に応じてそれぞれ国土交通大臣が指定した数値とする。

表8.97 ターンバックルの基準強度

品　質	基準強度（N/mm^2）
ターンバックル	235
ここで，ターンバックルは，JIS A5540（建築用ターンバックル）–2003，JIS A5541（建築用ターンバックル胴）–2003およびJIS A5542（建築用ターンバックルボルト）–2003に規定するターンバックルである。	

5号 第1第6号［364頁］に規定する高強度鉄筋の基準強度は，表8.98［392頁］の数値とする。ただし，法第37条第2号［93頁］の国土交通大臣の認定を受けた高強度鉄筋の基準強度にあっては，その品質に応じてそれぞれ国土交通大臣が指定した数値とする。

表8.98 高強度鉄筋の基準強度

品　質	基準強度（N/mm^2）
SD490	490
ここで，SD490は，JIS G3112（鉄筋コンクリート用棒鋼）–1987に規定するSD490である。	

6号 第1第7号［364頁］に規定するタッピングねじなどの基準強度は，表8.99［393頁］の数値とする。ただし，法第37条第1号［93頁］の国土交通大臣の指定するJISに適合するもののうち表8.99［393頁］に掲げる品質以外のタッピングねじなどおよび同条第2号の国土交通大臣の認定を受けたタッピングねじなどの基準強度にあっては，その品質に応じてそれぞれ国土交通大臣が指定した数値とする。

表 8.99 タッピングねじなどの基準強度

品　質	基準強度（N/mm^2）
ドリリングタッピングねじ	570

ここで，ドリリングタッピングねじは，JIS B1055（タッピングねじ－機械的性質）–1995 または JIS B1059（タッピングねじのねじ山をもつドリルねじ－機械的性質および性能）–2001 に適合するドリリングタッピングねじである。

7 号 第 1 第 8 号イ［366 頁］に規定するアルミニウム合金材の基準強度および溶接部の基準強度ならびに第 1 第 8 号ト［370 頁］に規定するタッピングねじを用いた接合部の基準強度は，表 8.100［394 頁］の値とする。ただし，法第 37 条第 1 号［93 頁］の国土交通大臣の指定する JIS に適合するもののうち表 8.100［394 頁］に掲げる種類および質別以外のアルミニウム合金材および同条第 2 号の国土交通大臣の認定を受けたアルミニウム合金材の基準強度，溶接部の基準強度およびタッピングねじを用いた接合部の基準強度にあっては，その種類および質別に応じてそれぞれ国土交通大臣が指定した数値とする。

表 8.100［394 頁］において，

- 板材の項に掲げる A3004-H32，A3005-H24，A5052-H112，A5052-H34，A5083-H112，A5083-O および A5083-H32 は，JIS H4000（アルミニウムおよびアルミニウム合金の板および条（じょう））–1999 に定めるもの，
- 押出材の項に掲げる A5052-H112，A5083-H112，A5083-O，A6061-T6，A6063-T5，A6063-T6，KA6082-T6，A6N01-T5，A6N01-T6 および A7003-T5 は JIS H4040（アルミニウムおよびアルミニウム合金の棒および線）–1976，JIS H4080（アルミニウムおよびアルミニウム合金の継目無管（つぎめなしかん））–1999，または JIS H4100（アルミニウムおよびアルミニウム合金の押出形材）–1999 に定めるもの，
- 鍛造品の項に掲げる A6061-T6 は JIS H4140（アルミニウムおよびアルミニウム合金鍛造品）–1988 に定めるもの，鋳物（いもの）の項に掲げる AC4CH-T6 および AC7A-F は JIS H5202（アルミニウム合金鋳物）–1999 に定めるもの，
- ボルトの項に掲げる AL3 および AL4 は JIS B1057（非鉄金属製ねじ部品の機械的性質）–1994 に定めるもの，
- リベットの項に掲げる A2117-T4，A5052-O，A5N02-O および A6061-T6 は JIS H4040（アルミニウム合金およびアルミニウム合金の棒および線）–1999 に定めるものをそれぞれ表す。

8 号 第 1 第 12 号［373 頁］に規定する鉄線の基準強度は，表 8.101［394 頁］の数値とする。

表 8.100 アルミニウム合金，溶接部，タッピングねじ接合部の基準強度
［記号は 393 頁参照］

アルミニウム合金材の種類および質別		基準強度（N/mm^2）	溶接部の基準強度（N/mm^2）	タッピングねじを用いた接合部の基準強度（N/mm^2）
板　材	A3004-H32	145	60	95
	A3005-H24	130	45	80
	A5052-H112	110	65	95
	A5052-H34	175	65	110
	A5083-H112 A5083-O	110	110	110
	A5083-H32	210	110	130
押出材	A5052-H112	110	65	95
	A5083-H112 A5083-O	110	110	110
	A6061-T6	210	110	130
	A6063-T5	110	50	70
	A6063-T6	165	50	100
	KA6082-T6	240	110	155
	A6N01-T5	175	100	110
	A6N01-T6	210	100	130
	A7003-T5	210	155	130
鍛造品	A6061-T6	210	110	130
鋳　物	AC4CH-T6	120	–	75
	AC7A-F	70	–	45
ボルト	AL3	210	–	–
	AL4	260	–	–
リベット	A2117-T4	170	–	–
	A5052-O	115	–	–
	A5N02-O	145	–	–
	A6061-T6	190	–	–

表 8.101 鉄線の基準強度

種類および品質			基準強度（N/mm^2）
普通鉄線	SWM-B	径が 9 mm 以下のもの	235
コンクリート用鉄線	SWM-P		
ここで，SWM-B および SWM-P : JIS G3533（鉄線）–2000 の規定による。			

第 III 部

構造力学

第 9 章

構造物に作用する力と静定構造物

9.1　力の釣合と構造物に作用する力

(1) 力の釣合

① 1 点に作用する力

力を矢印で表すと，力の釣合などが理解しやすい。例えば，図 9.1 a〔398 頁〕において P は剛体 B に作用している力を示している。A は力の作用点，力の矢印を延長した線 a は作用線である。剛体 B は拘束されていないならば，力 P によって作用線方向に運動を引き起こし，拘束されているならば，力 P に釣合うように反力が生じる。

同じ力が作用する場合であっても，図 9.1 b〔398 頁〕のように任意の点 O について考えると，力 P は点 O に対して回転を与えるような作用があり，この作用を力 P と点 O までの距離 e との積で表し，これが力のモーメント Pe である。

なお，作用点が移動しても同じ作用線上にあるならば，力 P の剛体 B に対する影響は同じである。

力の釣合は構造力学で最も重要である。図 9.2 a〔398 頁〕において，力 P_A と力 P_B は大きさと方向が同じで，向きが逆であればお互いに釣合っている。数式では X, Y 両方向の成分に分けて次式を満足するならば釣合っていることになる。

$$\theta_A = \theta_B \qquad P_A \cos\theta_A + P_B \cos\theta_B = 0 \qquad P_A \sin\theta_A + P_B \sin\theta_B = 0 \tag{9.1}$$

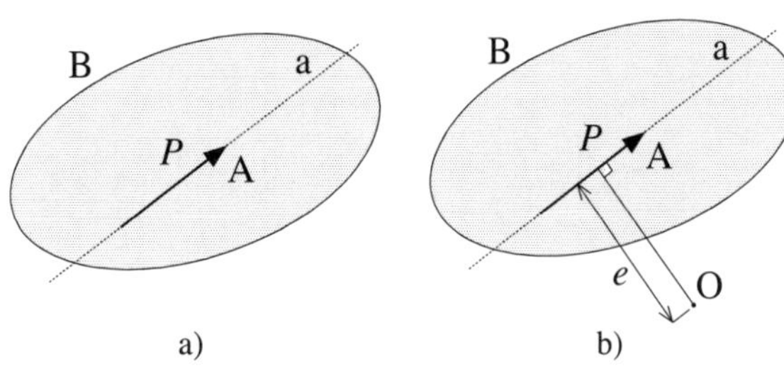

B
a
P
A
a)
B
a
P
A
e
O
b)
A：力の作用点
a：力の作用線
B：剛体
e：点 O から作用線 a に下ろした垂線の長さ
P：力
Pe：力のモーメント

図 9.1　剛体に B 作用する力 P

2 つの力を等価な 1 つの力に置き換えることができ，これを合力という。図 9.2 b において，P_B と P_C の力の平行四辺形を用いて合力 P'_A を求めることができる（逆に，P'_A を力の平行四辺形を用い 2 つの分力に分解することもできるが，この場合には P_B と P_C の他に無限の組合せがある）。

P'_A と P_A を比べ，大きさと方向が同じで，向きが逆であれば，P_A と P_B と P_C は全体として釣合っていることになる。この場合も，数式で表すと次のようになる。

$$P_A \cos\theta_A + P_B \cos\theta_B + P_C \cos\theta_C = 0 \qquad P_A \sin\theta_A + P_B \sin\theta_B + P_C \sin\theta_C = 0 \quad (9.2)$$

図 9.3 a［399 頁］のように複数の力 P_i が 1 点に作用している場合は，力 P_i の x 軸からの傾きを θ_i として次式が満足されるならば，それらの力は釣合っている。

$$\sum P_i \cos\theta_i = 0 \qquad \sum P_i \sin\theta_i = 0 \qquad (9.3)$$

図式を用いて，図 9.3 b のように力の矢印を順次多角形となるように続けて描き，最後に多角形が閉じるならば，それらの力は釣合っている。多角形が閉じない場合には，多角形が閉じるような力を加えると力が釣合うようになる。このような図を示力図（しりょくず）という。

P_B
θ_B
θ_A
P_A
P_C
θ_C
P'_A
P_B
θ_A
θ_B
P_A

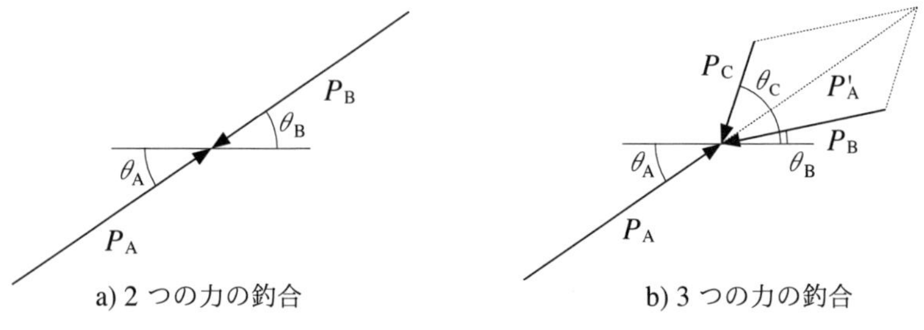

a) 2 つの力の釣合　　b) 3 つの力の釣合

図 9.2　力の釣合

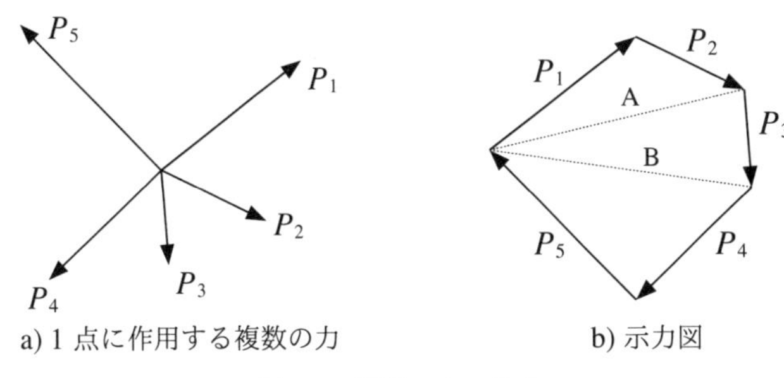

図 9.3　複数の力の釣合

図 9.3 b において，P_1 と P_2 の合力が点線の A で表され，それに P_3 を加えた合力が点線の B で表され，更に P_4 を加えると P_5 とは逆向きの力となり，それと P_5 が釣合っている（なお点線の A, B は必ずしも描く必要はない)。

② 異なる点に作用する力

異なる点に力が作用している場合は，力の釣合は (9.3) 式［398 頁］の他に，次式の力のモーメントの釣合を考え，回転が生じないことを確認する必要がある。

$$\sum P_i e_i = 0 \tag{9.4}$$

ここで，e_i : 力 P_i の作用線から任意の点までの垂線の長さである。

よって，通常は X, Y 方向と回転に対する 3 つの力の釣合を考えて，構造物の反力を求める†。

異なる点に力が作用している図 9.4 a［400 頁］の合力を求めるには，示力図を同図 b のように描くと合力 R の大きさと方向および向きが求まる。しかし，合力 R の作用する位置は求まってはいない。このため，示力図に適当な点 O を取り，その点から力の矢印の始点と終点に向かって（この場合は 4 本の）線を引く。次に，合力の作用線を求めるため P_1 と P_2 を結ぶように線分 OB に平行に線分 b を引く（同図 a を用いて構わないが，ここでは説明のため同図 c に書き込む)。続いて P_2 と線分 b の交点から線分 OC に平行に線分 c を引く。同様に線分 OA に平行に線

† 力がある点に対して回転を引き起こすような効果を力のモーメントという。力が釣合っているならば，いかなる点に対しても力のモーメントは釣合っている。X, Y 方向の力の釣合の代わりに，異なる点に対する力のモーメントの釣合を用いると，構造物の反力やトラスの解を容易に求めることができる場合がある［例えば (9.12) 式［404 頁］参照]。

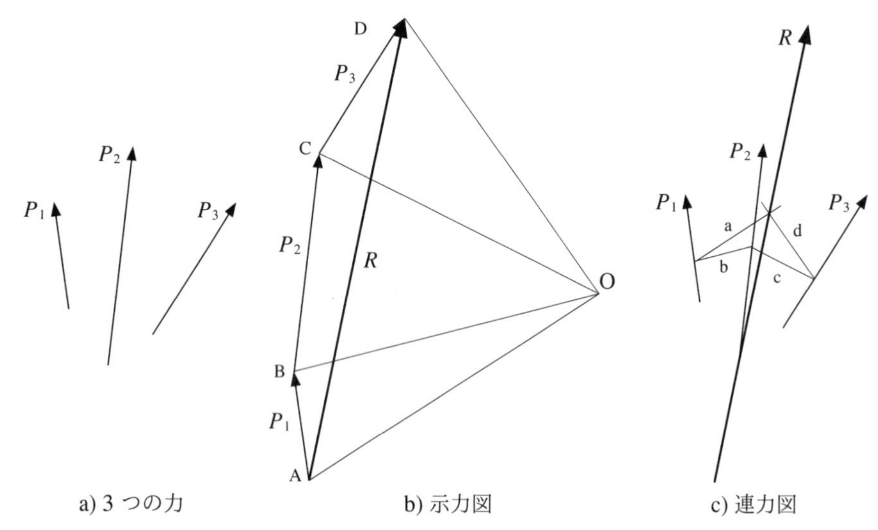

図 9.4　異なる点に作用する 3 つの力の合力

分 a，線分 OD に平行に線分 d を引き，線分 a と b の交点を通るように合力 R を示力図から移動させて描く。これが，連力図（れんりょくず）と呼ばれるものである（このような図式解法は手計算で構造解析を行っていた時代には非常に便利な方法であった）。

(2) 外力と反力

構造物に力が加わると，それと釣合うように構造物の各部に力が生ずる。例えば，図 9.5 a［401 頁］のように外力 P_0 を受ける梁には，次式を満足する反力 P_1 と P_2 が生ずる。

$$P_0 = P_1 + P_2 \tag{9.5}$$

$$P_0\,\ell_1 = P_2\,(\ell_1 + \ell_2) \tag{9.6}$$

上の (9.6) 式は左端 A 点に対する力のモーメントの釣合から得られる。

力のモーメントは「力×長さ」で表され，力の釣合には (9.5) 式［400 頁］のような力の釣合の他に (9.6) 式のような力のモーメントの釣合も含まれ，構造物の解析には必須の概念である。

上の 2 つの式から，反力は次のように求まる。

$$P_1 = \frac{\ell_2}{\ell_1 + \ell_2}P_0 \qquad\qquad P_2 = \frac{\ell_1}{\ell_1 + \ell_2}P_0 \tag{9.7}$$

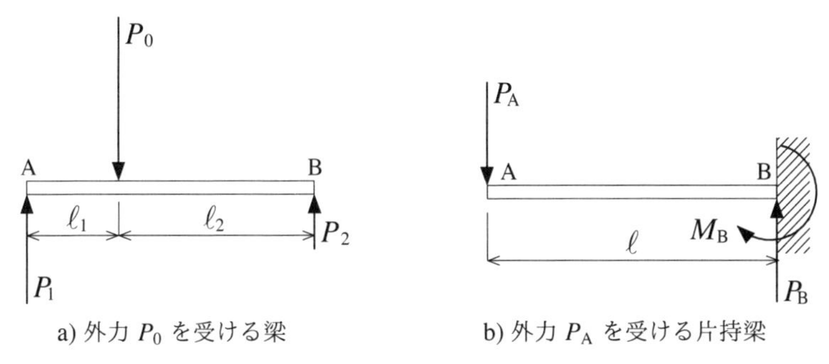

a) 外力 P_0 を受ける梁　　b) 外力 P_A を受ける片持梁

図 9.5　構造物に作用する外力と反力

図 9.5 b［401 頁］に示すような先端に鉛直方向の外力 P を受ける片持梁（かたもちばり）の固定端には，次式に示す反力 P_B とモーメント M_B が生ずる。

$$P_B = P_A \qquad M_B = P_A \ell \tag{9.8}$$

なお，図 9.5［401 頁］に示した構造物には水平方向の外力が作用していないため，水平方向の反力の計算を省略しているが，通常は鉛直方向と水平方向の力の釣合と力のモーメントの釣合を考え，反力を求める必要がある。

9.2　静定トラスの解析

(1) トラスとラーメン

構造物の部材に引張力または圧縮力（この 2 つを軸方向力，あるいは軸力という）のみが生ずるような構造物がトラスで，一般的には部材で構成される三角形が多数組み合わさった架構となっている［図 9.6 a（402 頁）参照］。一方，部材は三角形を構成しないが，部材が剛に接合され，軸力・せん断力・曲げモーメントのいずれも伝達できるようになっている構造物はラーメン（剛節架構）と呼ばれる［同図 b 参照］。

トラスの場合，軸力のみを伝達するには，部材の接合部は回転できるピン接合とすべきであるが，部材が剛に接合されていて厳密には部材にせん断力や曲げモーメントが生じても，それらの影響が無視できる場合にはトラスとして解析する場合が多い。部材に生ずる力は，トラスの場合，力の釣合を考慮すると比較的容易に求めることができる。

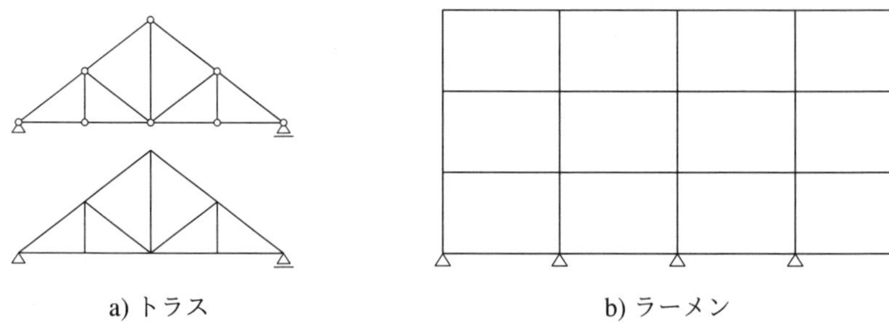

a) トラス　　b) ラーメン

図 9.6　トラスとラーメン［図 2.7（58 頁）再掲］

トラスの節点では回転が自由であることを明示するために，本図 a の上のように節点に○印を描くこともあるが，一般には本図 a の下のように描くことが多い。いずれの場合でも，トラスの部材には軸力のみが作用し，節点ではモーメントは伝達されないピン接合として解析する。

(2) 節点法によるトラスの解析

図 9.7a［403 頁］に示すトラスの部材に生ずる応力[†]を節点法によって求めてみる。

最初に支点に生ずる反力を求める。この場合は，左右対称なので，容易に 1.5P が求まる［同図 b］。次に，支点に近い節点から順に力の釣合を考え部材の応力を求めていくと［同図 c～h］，最終的にすべての部材の応力が同図 i に示すように求まる。節点で応力（軸力）の方向とその値が求まった際には，（1 本のトラス部材には同一の軸力が生じているので）部材のもう一方の節点に逆向きの矢印を書き込み，次の節点に移ってその節点で力の釣合を考えていく。

実際には，図を多数描く必要はなく，最初の図 9.7 a に矢印と，応力の値を順次書き込んでいくことができる。

なお，ここで重要なのは節点を押している方向の矢印は圧縮部材，節点を引張っている方向の矢印は引張部材となっていることである。また，トラスの軸力に正負を付ける場合，正（＋）は引張力，負（－）は圧縮力を示す。

† 部材に作用する力（軸力，せん断力，曲げモーメント）を応力という。トラス部材には引張力または圧縮力としての軸（方向）力が作用する。

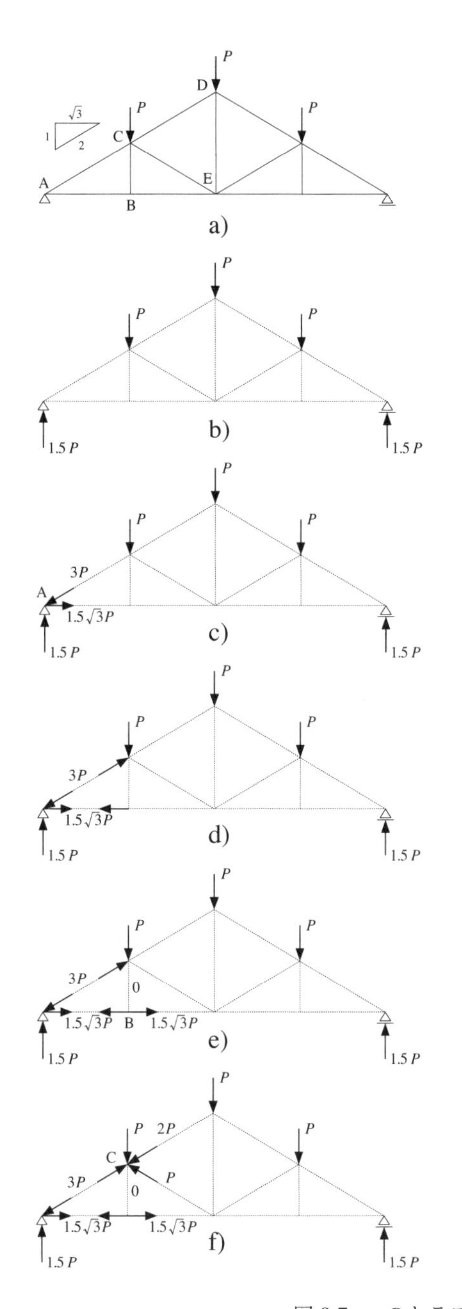

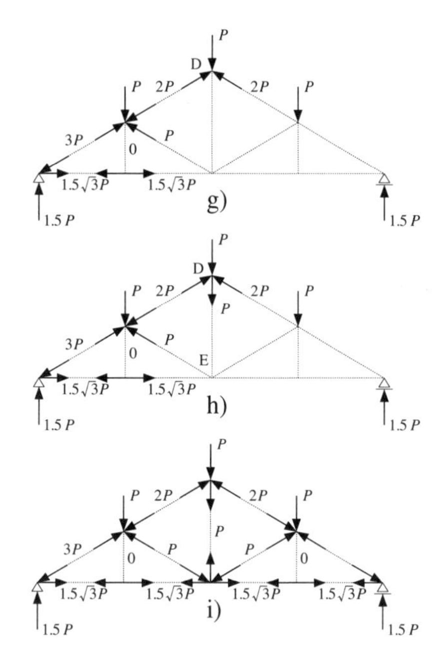

a) 鉛直荷重を受けるトラス

b) 反力を求める。

c) 節点 A での力が釣合うように斜材と下弦材の応力を求める。

d) トラス部材には同じ応力が生じているので，部材のもう一方の節点に逆向きの矢印を書く。

e) 節点 B での力が釣合うように束材（つかざい）と下弦材の応力を求める。

f) 節点 C での力が釣合うように上の斜材と下の斜材の応力を求める。

g) 節点 D に繋がる斜材に逆向きの矢印を書く（左右対称であるので右側にも書く）。

h) 節点 D での力が釣合うように束材の応力を求める（途中の計算が誤っていなければ，節点 E でも力が釣合っている）。

i) 結局，左右対称であることを考慮し，各部材の応力がすべて図のように求まる。

図 9.7　a のトラスを節点法で解く

(3) 切断法によるトラスの解析

図 9.7 a と同じトラスを切断法によって解く。節点法と同じく，最初に反力を求める。次に，例えば図 9.8 a［404 頁］の破線位置でトラスを切断し，切断された部材に生じている軸力を N_1, N_2, N_3 とする。力（矢印）の向きは節点を引っ張る方向と仮定する（これがそのとおりであれば，その部材には引張力が作用し，－であれば矢印の向きが逆となり，圧縮力が作用することになる)。

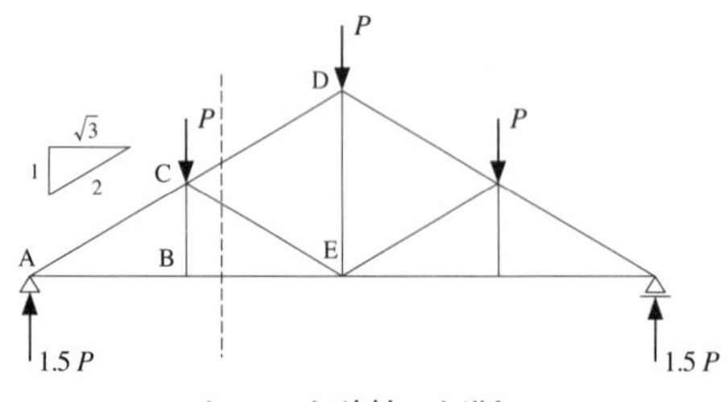

a) トラスを破線で切断

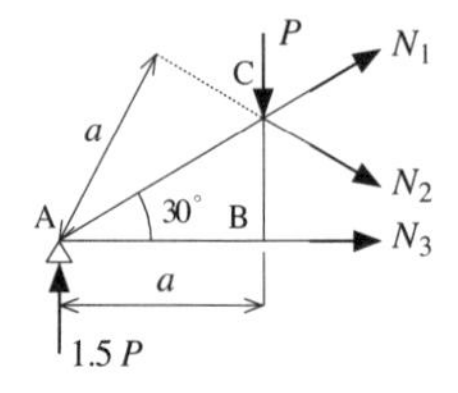

b) 切断された部分の力の釣合

図 9.8　トラス［図 9.7（403 頁)］を切断法で解く

X 方向，Y 方向の力の釣合と（例えば）節点 A でのモーメントの釣合を考えると次式が得られる。

$$N_1 \cos 30^\circ + N_2 \cos 30^\circ + N_3 = 0 \quad \text{（X 方向の力の釣合）} \tag{9.9}$$

$$1.5\,P - P + N_1 \sin 30^\circ - N_2 \sin 30^\circ = 0 \quad \text{（Y 方向の力の釣合）} \tag{9.10}$$

$$P\,a + N_2\,a = 0 \quad \text{（節点 A でのモーメントの釣合）} \tag{9.11}$$

(9.11) 式より $N_2 = -P$，この値と $\sin 30^\circ = 1/2$ を代入すると (9.10) 式より $N_1 = -2P$ となる。N_2, N_1 と $\cos 30^\circ = \sqrt{3}/2$ を (9.9) 式に代入すると $N_3 = 1.5\sqrt{3}P$ が得られる。

(9.11) 式のようにモーメントの釣合を考える点を適切に選択すると，未知数が少なくなり計算が容易になる場合が多い。例えば，図 9.8 b［404 頁］において節点 C でのモーメントの釣合を考えると次式が得られ，容易に $N_3 = 1.5\sqrt{3}P$ が得られる。

$$1.5P\,a + \frac{N_3\,a}{\sqrt{3}} = 0 \quad \text{（節点 C でのモーメントの釣合）} \tag{9.12}$$

トラスを切断する位置を順次ずらし，同様の解析を行うとすべての部材の応力が求まる。節点法と異なり，切断法では応力を求めたい部材が切断されるようにすると，（途中にある部材の応力が分からなくとも）その部材の応力が直ちに求まる。

また，計算の途中で誤りがあったとしても次の切断した部分の解析には影響しないというメリットがある。節点法は，求めた部材の応力を用いながら次々に解析を進めるので，途中で計算を誤ると，その後の計算はすべて誤りということになるので，特に注意が必要である。もっとも，節点法でも切断法でも，最初に求める反力が誤っていると，その後の解析はすべて誤りとなるので，この点に最大の注意を払う必要がある。

例題 図 9.9［405 頁］に示すトラスの各部材の応力を求める。

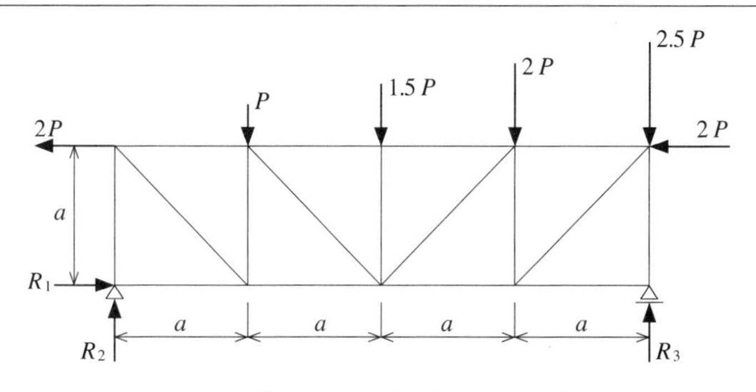

図 9.9 平行弦トラスの各部材の応力を求める

解 図 9.9［405 頁］のトラスを解くには，最初に反力を求める。X, Y 方向と左端の支点について力のモーメントを考えると次のようになる。

$$R_1 = 2P + 2P \tag{9.13}$$

$$R_2 + R_3 = P + 1.5P + 2P + 2.5P \tag{9.14}$$

$$R_3 \times 4a = P \times a + 1.5P \times 2a + 2P \times 3a + 2.5P \times 4a - (2P + 2P) \times a \tag{9.15}$$

上の (9.13) 式から $R_1 = 4P$，(9.15) 式を解くと $R_3 = 4P$，求まった R_3 を (9.14) 式に代入して $R_2 = 3P$ となる。

反力が求まった後は，節点法あるいは切断法によって順次各部材の応力を求めるが，節点で力が釣合うように，部材に矢印を書き，その値を求め図に書き込む(矢印と部材応力は図 9.9 に直接書き込んで構わない)。その際には，必ず逆向きの矢印をその部材の他端に書き込むようにする。このようにして全部材の応力が図 9.10 のように求まる。

なお，(繰り返しになるが) 節点を押している方向の矢印は圧縮部材，節点を引張っている方向の矢印は引張部材であることを示している。

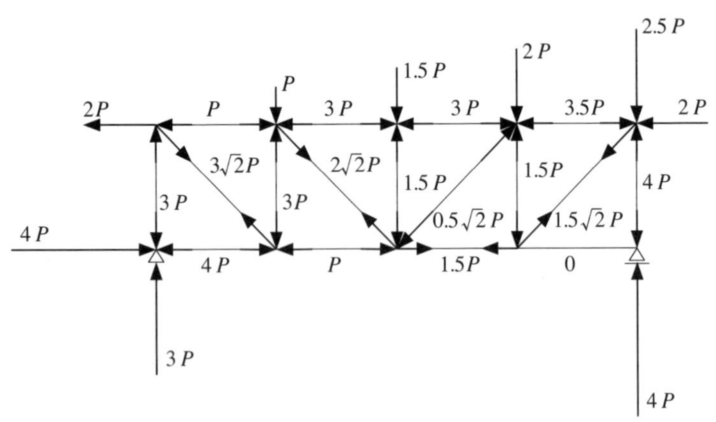

図 9.10 平行弦トラス［図 9.9（405 頁）］の解

9.3 静定梁の解析

(1) 片持梁

梁や桁などは横架材と呼ばれるが，この場合に生ずる応力は軸力を受ける部材とは異なり，横架材には主に曲げモーメントとせん断力が生ずる。最初に図 9.11 a［406 頁］に示す片持梁の先端に鉛直方向の集中荷重 P が作用する場合を考えてみる。

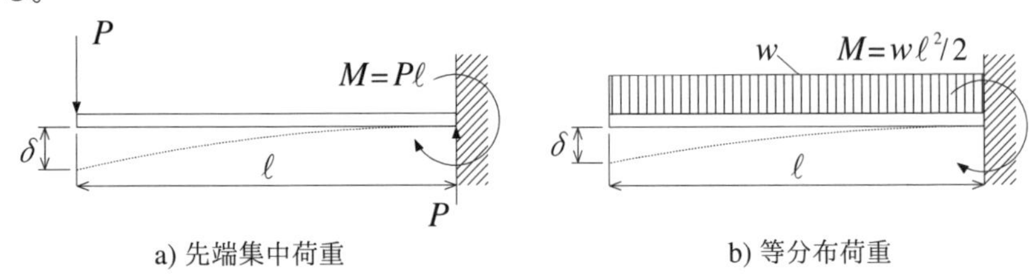

図 9.11 荷重を受ける片持梁

集中荷重によって図 9.12 a［407 頁］の上に示すように，せん断力 Q は集中荷重 P に釣合うように先端から固定端まで一定で $Q = -P$ となる。図 9.12 a の下に示す曲げモーメントは先端からの距離 x に比例する Px となり，固定端で最大の $P\ell$ となる†。

† 曲げモーメント図を BMD（Bending Moment Diagram），せん断力図を SFD（Shear Force Diagram）と表すことがある。

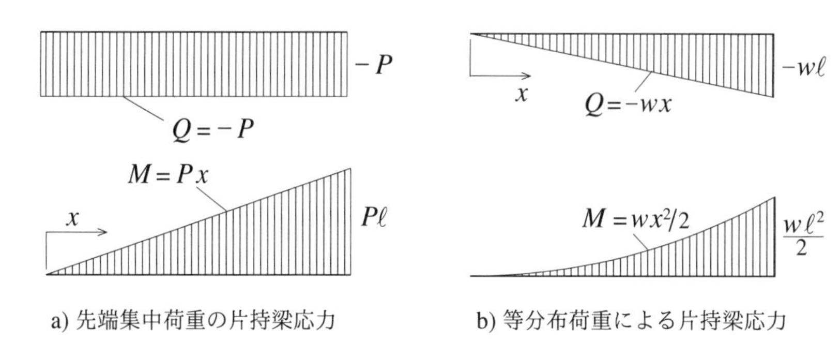

a) 先端集中荷重の片持梁応力　b) 等分布荷重による片持梁応力

図 9.12　片持梁［図 9.11（406 頁）］に生ずる応力

なお，曲げモーメントは部材の引張側（この場合は上側）に描くのが日本での慣例である[†]。せん断力の符号は ↑↓ のようにせん断力が作用する場合を正（＋），↓↑ のように作用する場合を負（−）で表す[‡]。

次に図 9.11 b［406 頁］に示す等分布荷重 w が作用する場合を考えてみよう。図 9.12 b の上に示すように，せん断力 Q は先端から x の位置までに作用している荷重 wx に釣合うように $Q = -wx$ となる。図 9.12 b の下に示す曲げモーメントは先端からの距離 x の位置で $M = wx^2/2$ となり，固定端で最大の $w\ell^2/2$ となる。

なお，後で導かれている (10.84) 式［456 頁］と (10.88) 式［457 頁］により，図 9.11 a と同図 b の片持梁先端の撓（たわみ）[§] δ はそれぞれ次式のようになる。

$$\delta = \frac{P\ell^3}{3EI} \quad \text{：先端集中荷重を受ける片持梁先端の撓} \tag{9.16}$$

$$\delta = \frac{w\ell^4}{8EI} \quad \text{：等分布荷重を受ける片持梁先端の撓} \tag{9.17}$$

ここで，E：ヤング係数，I : (10.9) 式［432 頁］の断面 2 次モーメントである。なお，EI を曲げ剛性という。

[†] 海外では逆の場合がある。

[‡] せん断力の符号そのものにはあまり意味がないかも知れない。ガラスのように透き通った板に書いた正のせん断力 ↑↓ は，裏から見ると ↓↑ となり，符号が逆になるからである。しかし，トラス構造の場合，構造物全体に作用するせん断力は斜材の軸力として伝達されるので，せん断力の向きによって斜材には生ずる軸力は引張（＋）になったり圧縮（−）になったりするので，無視することはできない。

[§] 「撓み」,「たわみ」とも書くが本書では「撓」と表現する。

(2) 単純梁

図 9.13［408 頁］に示すように梁の両端が単純に支持されている（回転が拘束されていない）場合を単純梁という。単純梁の応力を求めるには，最初に支点に生ずる反力を求める†。

鉛直荷重が作用する図 9.13［408 頁］の場合，左右対称なので反力は左右で等しく図に示したとおりとなる。反力が求まったならば，反力を端部に作用する集中荷重と考えると，容易にせん断力と曲げモーメントが求まる。結局，図 9.13 a に示す単純梁の中央に 1 点集中荷重 P が作用した場合のせん断力と曲げモーメントは図 9.14 a［408 頁］のようになる。図 9.13 b のように等分布荷重が作用するとせん断力と曲げモーメントは図 9.14 b のようになる。

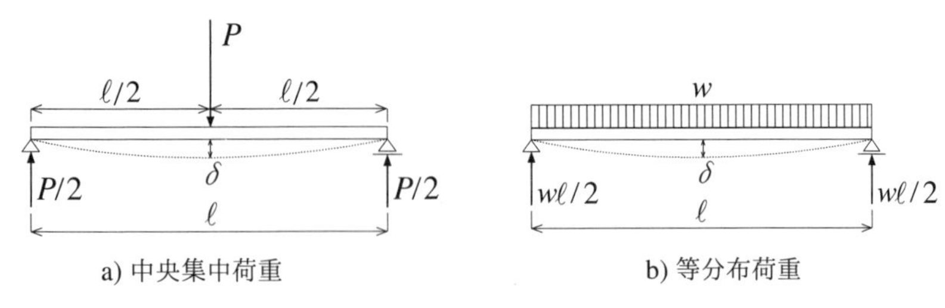

a) 中央集中荷重　　b) 等分布荷重

図 9.13　中央集中荷重と等分布荷重を受ける単純梁

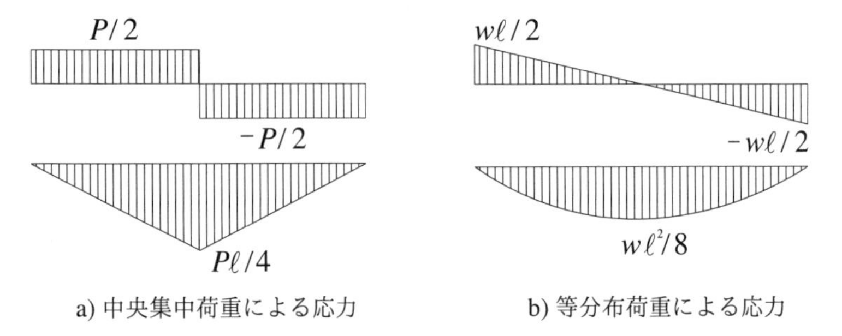

a) 中央集中荷重による応力　　b) 等分布荷重による応力

図 9.14　単純梁［図 9.13（408 頁)］のせん断力（上）と曲げモーメント（下）

なお，後で導かれている (10.121) 式［467 頁］と (10.108) 式［462 頁］から，図 9.13 の中央の撓 δ は次式のようになる。

---

† すでに本文［405 頁］でも示しているが，このような問題を解く場合，最初に必要な反力を誤って求めると，その後の計算がすべて誤りとなるので，注意深く計算することが肝心である。

$$\delta = \frac{P\ell^3}{48EI} \qquad \delta = \frac{5w\ell^4}{384EI} \tag{9.18}$$

例題　図 9.15［409 頁］に示すような a) 2 点集中荷重と b) 3 点集中荷重を受ける単純梁のせん断力と曲げモーメントを求める。

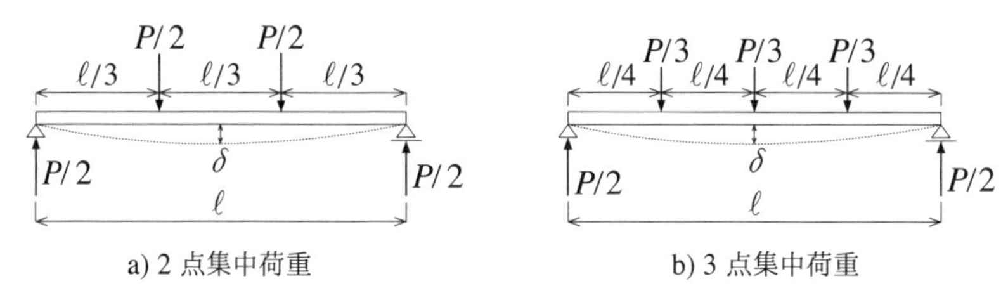

図 9.15　多点集中荷重を受ける単純梁

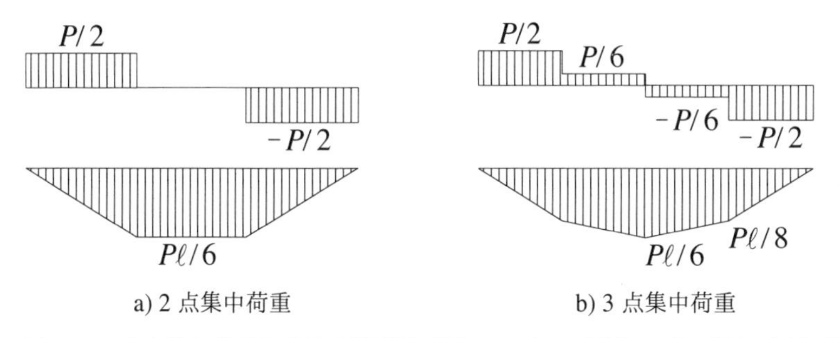

図 9.16　多点集中荷重を受ける単純梁［図 9.15（409 頁）］のせん断力（上）と曲げモーメント（下）

解　図 9.15 a, b［409 頁］の単純梁は左右対称の荷重を受けているので，反力はいずれも $P/2$ となる。反力が求まると，反力を支点に作用する荷重と考えるとせん断力と曲げモーメントが図 9.16［409 頁］のように求まる。

図 9.16 a［409 頁］から，梁の中央部分のせん断力は 0，その間の曲げモーメントは一定であることが分かる。すなわち，せん断力は作用しないで，曲げモーメントのみが作用しているという特別な応力状態となっている。このような荷重†を加え，曲げモーメントのみを受ける部材の性状を調べるための構造実験を行うことがある。

† 必ずしも荷重点がスパンの 1/3 の位置である必要はない。

対称な荷重を受けている単純梁の応力を表している図 9.14 a, b［408 頁］と図 9.16 a, b［409 頁］から，せん断力は梁端部で最大となり，中央ではせん断力が 0 となり，曲げモーメントは端部で 0，中央で最大となっていることが分かる。

9.4　荷重・せん断力・曲げモーメントの関係

荷重・せん断力・曲げモーメントの図［例えば図 9.14 b（408 頁）参照］を比べてみると，これらの間に簡単な関係があることに気が付く。すなわち，（正負の符号を除くと）荷重 w を材軸に沿って積分するとせん断力 Q になり，せん断力 Q を積分すると曲げモーメント M になっている。逆に，曲げモーメントを微分するとせん断力，せん断力を微分すると荷重となっている。

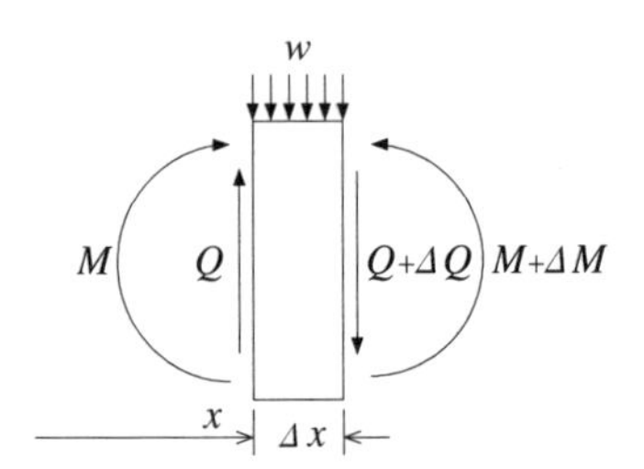

梁の任意の位置 x において微小な幅 Δx の部分を切り出して考える。左断面には，せん断力 Q，曲げモーメント M，右断面には，せん断力 $Q+\Delta Q$，曲げモーメント $M+\Delta M$ が生じていて，その間に分布荷重 w が作用しているとする。

図 9.17　梁の微小部分に作用している荷重・せん断力・曲げモーメント

これらの関係を導くため，図 9.17［410 頁］に示す梁の微小部分を考え，この微小部分には荷重・せん断力・曲げモーメントが同図の矢印の向きに作用しているとする。鉛直方向の力の釣合から次式が得られる。

$$Q-(Q+\Delta Q)-w\,\Delta x=0 \tag{9.19}$$

$$\text{すなわち}\quad \frac{\Delta Q}{\Delta x}=-w \tag{9.20}$$

Δx が限りなく 0 に近づくと次式となる。

$$\frac{dQ}{dx}=-w \tag{9.21}$$

よって，せん断力図の勾配が荷重に負号（–）を付けたものに等しくなる。すなわち，せん断力を材軸に沿って微分すると荷重に負号（–）を付けたものになる。

次に，右断面位置でのモーメントの釣合を考えると次式が得られる。

$$M-(M+\Delta M)+Q\,\Delta x-\frac{w\,\Delta x^2}{2}=0 \tag{9.22}$$

Δx を小さくするとその 2 乗の Δx^2 は他の項より十分小さくなり，無視することができるので，

$$\frac{\Delta M}{\Delta x}=Q \quad \text{すなわち} \quad \frac{dM}{dx}=Q \tag{9.23}$$

よって，曲げモーメント図の接線の勾配がせん断力の大きさに等しくなる。すなわち，曲げモーメントを材軸に沿って微分するとせん断力となる。

以上をまとめて次の関係が得られる。

$$-w=\frac{dQ}{dx}=\frac{d^2M}{dx^2} \tag{9.24}$$

$$Q=\frac{dM}{dx} \tag{9.25}$$

積分の形で表すと次のようになる［表 10.2（463 頁）参照］。

$$Q=-\int w\,dx+C_{\mathrm{Q}} \tag{9.26}$$

$$M=\int Q\,dx+C_{\mathrm{M}}=-\iint w\,dx\,dx+C_{\mathrm{Q}}\,x+C_{\mathrm{M}} \tag{9.27}$$

ここで，C_{Q} と C_{M} は積分定数で，材端条件すなわち材端のせん断力と曲げモーメントに釣合うように定める。

例題　図 9.18［411 頁］に示す合成骨組の応力（軸力，せん断力，曲げモーメント）を求める。

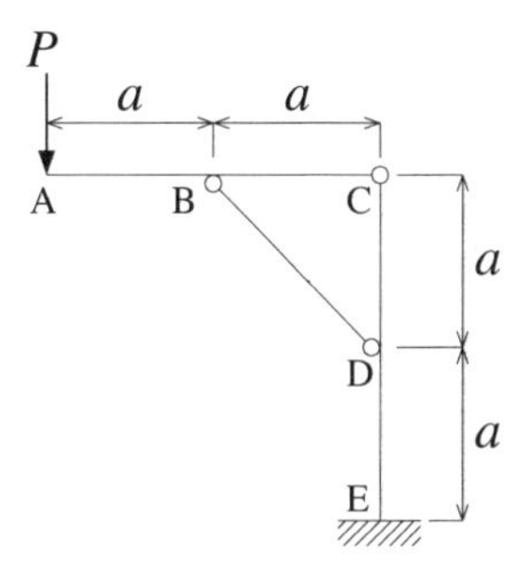

水平部材 AC と鉛直部材 CE は C でピン接合され，脚部 E は基礎に固定されている。斜材（方杖）BD の両端部は水平部材 AC の中央 B と鉛直部材 CE の中央 D にてピン接合されている。水平部材の先端 A に鉛直荷重 P を受ける場合，この骨組に生ずる軸力，せん断力，曲げモーメントを求める。

図 9.18　合成骨組の応力を求める

解　図9.18［411頁］の合成骨組は一見複雑に見えるかも知れないが，全体的には片持形式の静定構造物で，応力は各部材と節点における力の釣合を考慮すると図9.19［412頁］のように求めることができる。

（この例題は，力の釣合のみを考慮して解くことができる静定構造物ではあるが，外力が軸力・せん断力・曲げモーメントとして部材・節点において順次かつ相互に変換されながら伝達されていく様子を理解するために役立つ。骨組の高さや幅を変えたり，外力の方向を変えることによって，異なる問題を容易に作成でき，その問題を解くためには，軸力・せん断力・曲げモーメントを正しく理解しておく必要があるので，試験問題として私自身何度も出題したことがある。）

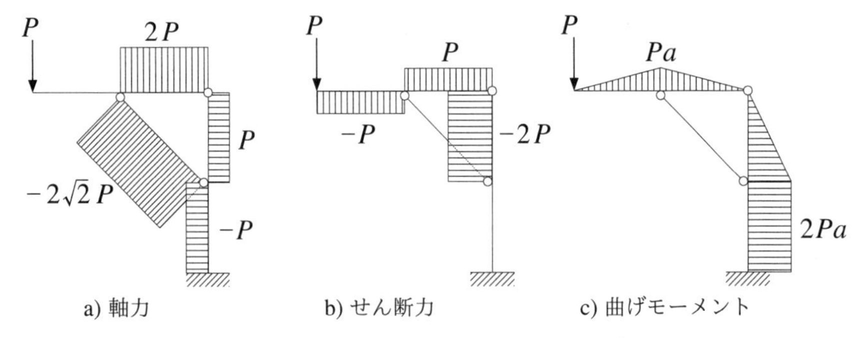

図9.19　合成骨組［図9.18（411頁）］に生ずる応力

9.5　部材断面に生ずる力

(1) 部材断面に生ずる応力と応力度

部材に作用する力は，一般に「軸方向力」（または「軸力」という），「せん断力」，「曲げモーメント」の3種類に分類される。それらの力（「応力」という）によって，部材断面の（必ずしも材軸に直交するとは限らない）微小部分の単位面積当たりに生ずる応力を応力度という。

例えば，図9.20a［413頁］に示す引張部材†の材軸に直交する断面を考えると，

† 引張力と圧縮力を符号で区別する際には，引張は（＋），圧縮は（－）とするのが慣例であるが，符号を付けずに引張または圧縮と語句で示したり，矢印の向きで表していることも多い。また，柱や杭などのように通常は圧縮力を受ける部材については，圧縮力が作用している場合には符号を付けず，引張力の場合に負号（－）を付けることもある。

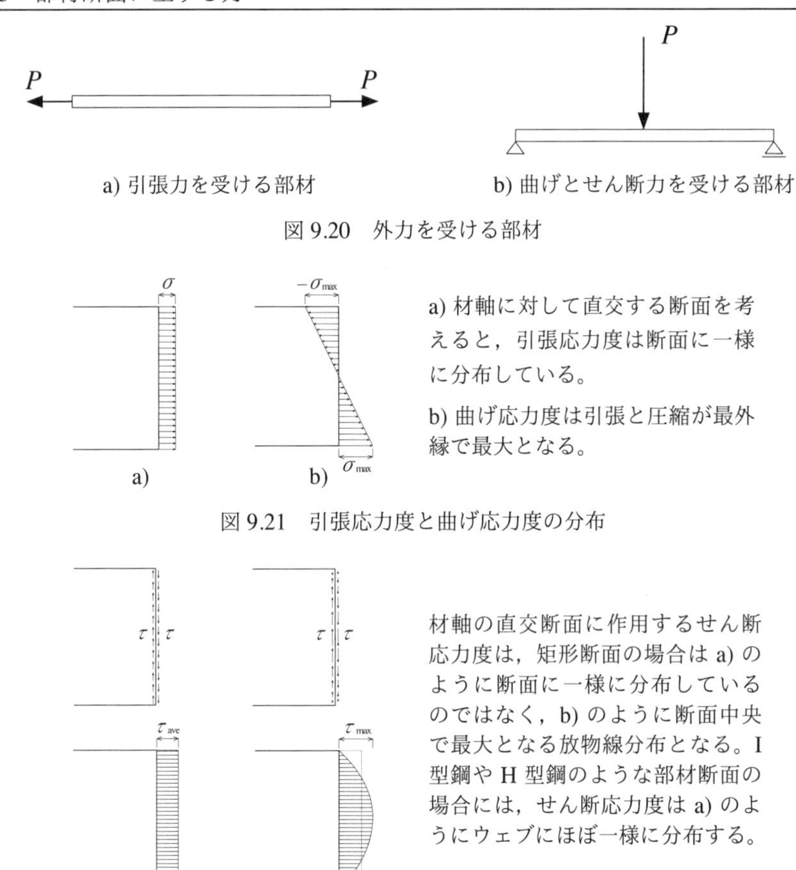

図 9.20　外力を受ける部材

図 9.21　引張応力度と曲げ応力度の分布

図 9.22　せん断応力度の分布

応力として引張力 P が作用し，その断面には図 9.21 a［413 頁］に示すような引張応力度 σ が作用している［図 2.1（48 頁）参照］。

$$\sigma = \frac{P}{A} \tag{9.28}$$

ここで，A：部材の断面積である。

図 9.20 b［413 頁］に示す横架材には「せん断力」と「曲げモーメント」が作用する［図 9.14（408 頁）参照］。そして，曲げモーメントによって横架材の下側は引っ張られ，上側は圧縮されることになる。これによって断面に生ずる軸方向応力度は図 9.21 b［413 頁］のように両外縁で最大となる［次の (2) 曲げモーメントに

よる応力度（415 頁）参照]。

部材断面にせん断力が一様に分布していると仮定すると，平均せん断応力度 τ_{ave} は次式で表すことができる。

$$\tau_{\mathrm{ave}} = \frac{Q}{A} \tag{9.29}$$

しかし，せん断応力度は断面に一様に生ずるのではないため，最大せん断応力度は次式のように表される［次の「(3) せん断力による応力度」（416 頁）参照]。

$$\tau_{\mathrm{max}} = \kappa \frac{Q}{A} \tag{9.30}$$

ここで，κ :（せん断に関する）形状係数である。矩形断面の場合には $\kappa = 1.5$ となり，せん断応力度の分布は図 9.22 b［413 頁］に示すように両外縁で 0 となる放物線となる。

（梁の貫通孔位置について）

梁に生ずる応力［図 9.23（414 頁）参照］と応力度［図 9.21（413 頁）と図 9.22（413 頁）参照］の分布を考えると，貫通孔を設けるのであれば，図 9.23 d［414 頁］の E の位置がもっとも好ましいことになる。

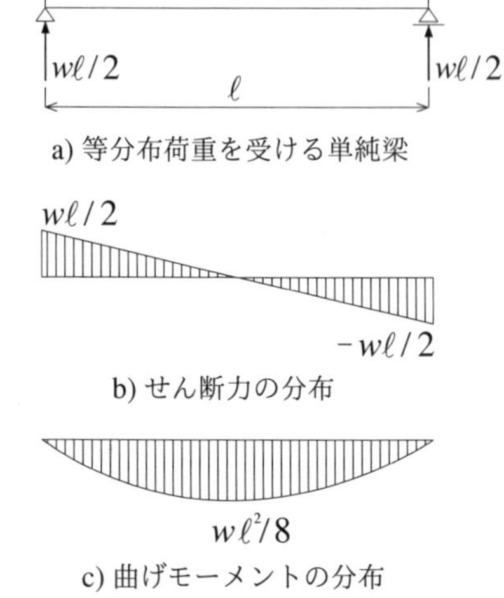

a) 等分布荷重を受ける単純梁

b) せん断力の分布

c) 曲げモーメントの分布

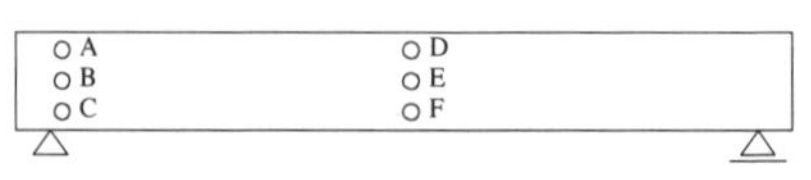

d) 梁の貫通孔の位置

等分布荷重を受ける図 a の単純梁のせん断力は図 b，曲げモーメントは図 c のようになる。スパン中央では曲げモーメントが最大となるが，せん断力は 0 となる。曲げモーメントによって部材断面の下側には引張力，上側には圧縮力が作用し，中央では引張力も圧縮力も生じない部分がある。よって，梁に貫通孔を設ける場合には，図 d の A～F の中では E が構造的にはもっとも好ましい。なお，大きな貫通孔を設ける場合は，構造計算を行い，必要に応じて補強を行う。

図 9.23　等分布荷重を受ける単純梁の応力と貫通孔の位置

(2) 曲げモーメントによる応力度

図 9.24 a［415 頁］に示すように，横架材の両端に（同じ大きさの）曲げモーメント M が作用する場合を考える。同図に示すように，材軸直交断面の軸方向応力度は直線的に変化している（細長い部材はこのように考えることができる）。この場合，上側には圧縮応力度，下側には引張応力度が作用し，その間には部材全長に渡って圧縮力も引張力も受けない面（これを「中立面」という）がある。中立面から単位の 1 離れた位置の応力度を σ_1 とすると，この中立面から y 離れた位置の応力度は $(\sigma_1 y)$ となる。この応力度による曲げモーメント $y(\sigma_1 y)$ を部材断面全体に積分したものが両端に加えられて曲げモーメント M と釣合わなければならないので次式が得られる。

$$M = \int y(\sigma_1 y)\, dA = \sigma_1 \int y^2\, dA \tag{9.31}$$

$\int y^2\, dA = I$ は断面 2 次モーメントなので［9.6 節（418 頁）参照］，上式は次のようになる。

$$M = \sigma_1 I \tag{9.32}$$

圧縮応力度は上側の最外縁で最大となり，それを $\sigma_{\mathrm{u\,max}}$，引張応力度は下側の最外縁で最大となり，それを $\sigma_{\mathrm{d\,max}}$ とすると次の 2 式が得られる。

$$\sigma_{\mathrm{u\,max}} = \frac{M}{I} y_{\mathrm{u}} = \frac{M}{(I/y_{\mathrm{u}})} = \frac{M}{Z_{\mathrm{u}}} \tag{9.33}$$

$$\sigma_{\mathrm{d\,max}} = \frac{M}{I} y_{\mathrm{d}} = \frac{M}{(I/y_{\mathrm{d}})} = \frac{M}{Z_{\mathrm{d}}} \tag{9.34}$$

ここで : $Z_{\mathrm{u}} = I/y_{\mathrm{u}}$ は（上側の）断面係数，$Z_{\mathrm{d}} = I/y_{\mathrm{d}}$ は（下側の）断面係数である［9.6 節（418 頁）参照］。

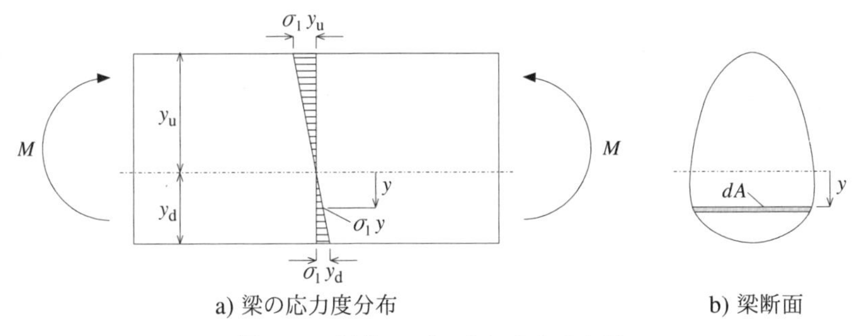

図 9.24　曲げモーメントによる応力度

上下対称断面の場合は，断面係数 Z は上下で同じなので，上の 2 式は次式となる。

$$\sigma_{\max} = \frac{M}{Z} \tag{9.35}$$

解説「曲げモーメントによる応力度」

曲げモーメントによる応力度を上述のように導いたが，このような考え方は一朝一夕に確立されたものではない。すなわち，矩形断面の断面係数 $bh^2/6$［図 9.27（420 頁）参照］に関して，梁の曲げ強さの問題を初めて設定したガリレオ・ガリレイ（1546〜1642 年）は $bh^2/2$ と誤って導いている。もっとも，曲げ問題に着目し断面係数が bh^2 に比例していることを示した功績は非常に大きい。なお，梁の曲げ理論を正しく導いたのはクーロン（1736〜1806 年）で問題設定から約 200 年後のことである [21]。

(3) せん断力による応力度

せん断力と曲げモーメントを受けている梁から，図 9.25［416 頁］に示すような，微小な幅 dx の部分を取り出して考える。

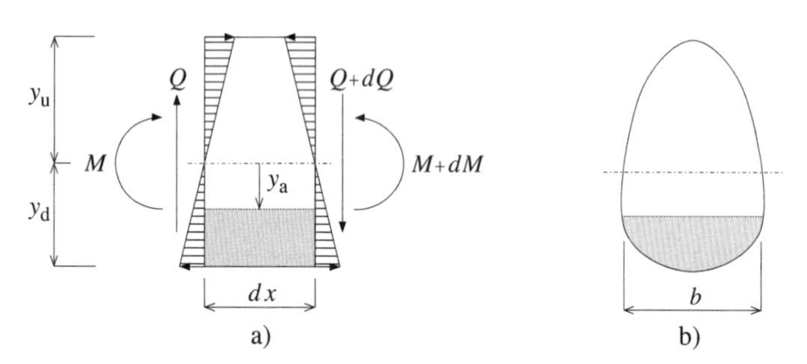

図 9.25　梁に作用する曲げモーメント，せん断力と軸方向応力度の分布

左端にはせん断力 Q と曲げモーメント M が作用し，右端にはせん断力 $Q + dQ$ と曲げモーメント $M + dM$ が作用しているとする。中立軸†から y の位置での軸方向応力度は左端と右端において次のように表すことができる。

† 部材に曲げモーメントが作用し，図 9.25 b［416 頁］の一点鎖線のように圧縮も引張りも生じない部材断面の位置（部材断面と中立面の交叉する位置）を中立軸という。

$$\sigma = \frac{M}{I}y \tag{9.36}$$

$$\sigma + d\sigma = \frac{M + dM}{I}y \tag{9.37}$$

中立軸から y_{a} にある水平断面（図 9.25 の点線）における，（水平方向に作用している）せん断力はせん断応力度 τ に水平断面積 $b\,dx$ を乗じて $\tau b\,dx$ となる。このせん断力が，水平断面以下の（同図の影の）部分に作用している軸方向の左右端に作用している軸力と釣合っているので，次式が得られる［(9.34) 式〔415 頁〕参照］。

$$\begin{aligned}\tau b\,dx &= \int_{y_{\mathrm{a}}}^{y_{\mathrm{d}}} (\sigma + d\sigma)\,dA - \int_{y_{\mathrm{a}}}^{y_{\mathrm{d}}} \sigma\,dA = \int_{y_{\mathrm{a}}}^{y_{\mathrm{d}}} d\sigma\,dA \\ &= \int_{y_{\mathrm{a}}}^{y_{\mathrm{d}}} \frac{dM}{I}y\,dA = \frac{dM}{I}\int_{y_{\mathrm{a}}}^{y_{\mathrm{d}}} y\,dA \end{aligned} \tag{9.38}$$

ここで，次のように S_{a}（断面 1 次モーメント）を定義する。

$$S_{\mathrm{a}} = \int_{y_{\mathrm{a}}}^{y_{\mathrm{d}}} y\,dA \tag{9.39}$$

また，(9.25) 式［411 頁］より次の関係が得られている。

$$Q = \frac{dM}{dx} \tag{9.40}$$

上の 2 式の関係を用いると (9.38) 式［417 頁］の $\tau b\,dx = \frac{dM}{I}S_{\mathrm{a}}$ を変形すると，せん断応力度は次式のように求まる。

$$\tau = Q\frac{S_{\mathrm{a}}}{bI} \tag{9.41}$$

矩形断面の場合，$dA = b\,dy$ となるので，S_{a} は次のようになる。

$$S_{\mathrm{a}} = \int_{y_{\mathrm{a}}}^{\frac{h}{2}} b\,y\,dy = b\left[\frac{y^2}{2}\right]_{y_{\mathrm{a}}}^{\frac{h}{2}} = b\left(\frac{h^2}{8} - \frac{y_{\mathrm{a}}^2}{2}\right) \tag{9.42}$$

上式によると，中立軸の $y_{\mathrm{a}} = 0$ で $S_{\mathrm{a}} = bh^2/8$，上下端では $S_{\mathrm{a}} = 0$ となりせん断応力度の分布は放物線分布となる。なお，せん断応力度が最大となる中立軸 $(y_{\mathrm{a}} = 0)$ におけるせん断応力度は次式となり，（せん断に関する）形状係数は $\kappa = 1.5$ となる。

$$\tau_{\max} = Q\frac{bh^2}{8}\frac{1}{bI} = Q\frac{bh^2}{8}\frac{1}{b}\frac{12}{bh^3} = 1.5\frac{Q}{bh} \tag{9.43}$$

以上のせん断応力度の分布は，材軸に平行に作用しているとして導いた。しかし，モールの応力円［図 10.7（438 頁）参照］から分かるように，任意の断面のせん断応力度と 90 度傾いた断面には同じ大きさ（ただし逆向きの）のせん断応力度が生じているので，矩形断面のせん断応力度が図 9.22［413 頁］のように分布していると表すことができる。

9.6　部材断面の応力度と断面特性を表す諸係数

(1) 断面積，断面 1 次モーメント，断面 2 次モーメント

木造や鉄筋コンクリート造の部材は矩形断面が多いが，鉄骨造では I 型鋼や H 型鋼が用いられることが多い。断面の形状によって，応力度の分布が異なり，生ずる撓や変形も異なるので，断面の性質を表示する係数をここでまとめて示す。

撓を表す (9.18) 式［409 頁］には断面 2 次モーメント I が含まれている。x 軸に対する断面 2 次モーメントの一般的な定義は次式で表される［図 9.26（419 頁）参照］。

$$I_{\mathrm{x}} = \int y^2\,dA \tag{9.44}$$

すなわち，断面 2 次モーメント I_{x} とは，微小断面 dA に距離の 2 乗である y^2 を乗じて，全断面にわたって積分したものである。2 次と呼ばれるのは y が 2 乗されているからである。よって，y を 1 乗したものを考えると，次式の断面 1 次モーメント S と呼ばれるものになる。

$$S_{\mathrm{x}} = \int y\,dA \tag{9.45}$$

更に，y を 0 乗したもの（$y^0 = 1$）も考えることができ，これを断面 0 次モーメントと呼ぶこともできるであろうが，これは断面積のことである。

$$A = \int dA \tag{9.46}$$

一般化して y を 3 乗・4 乗 …… したものを考えることができるが，構造力学的には意味がないので用いられることはない。

y 軸に対する断面 1 次モーメント，2 次モーメントは次のようになる。

$$S_{\mathrm{y}} = \int x\,dA \tag{9.47}$$

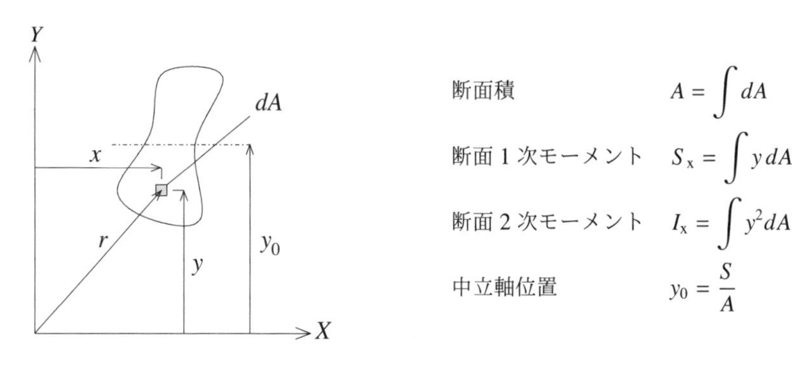

図 9.26　断面の性質

$$I_y = \int x^2\, dA \tag{9.48}$$

なお，断面積については，どの軸に対しても同一である。

断面の性質について，特に x 軸あるいは y 軸と書いていない場合は，通常 x 軸または強軸†に対して示されている。

(2) 断面相乗モーメント，極断面 2 次モーメント

次式で表されるのが断面相乗モーメントである。

$$I_{xy} = \int x\, y\, dA \tag{9.49}$$

次式で表されるのが極断面 2 次モーメントである。

$$I_p = \int r^2\, dA = \int (x^2 + y^2)\, dA = I_y + I_x \tag{9.50}$$

(3) 矩形断面，円形断面，円筒断面の諸係数

① 矩形断面

図 9.27［420 頁］のように幅 b，成 h の矩形断面について，その図心（中心）を通る水平軸に対する断面の性質を考えると次のようになる。

† 断面にはその図心に対して，断面 2 次モーメントが最大となる軸（強軸）があり，それに直交して断面 2 次モーメントが最小となる軸（弱軸）がある。円断面の場合は，この区別はない。

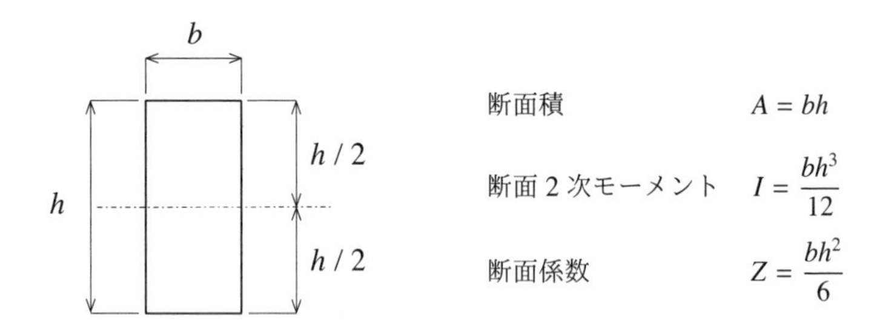

図9.27 矩形断面の諸係数

断面積 $A = bh$ (9.51)

断面1次モーメント $S = 0$ (9.52)

断面2次モーメント $I = \dfrac{b\,h^3}{12}$ (9.53)

断面積は，どのように積分しても変わらないが，断面1次モーメントと断面2次モーメントは積分する際の y をどの座標軸から測るかによって変化する。この場合は，断面の図心[†]を通る水平軸から y を測っているので，断面1次モーメントが0となっている。

断面1次モーメントは（複雑な）断面の中心を求めるときなどに用いられるが，複雑な断面であっても，軸を少しずつ移動させながら計算を繰り返して，断面1次モーメントが0となる位置を求める必要はない。任意の軸に対して断面1次モーメント S を計算し，それを断面積 A で除すと，中心までの距離が求まる。そして，断面の中心を通る軸に対する，断面1次モーメントは常に0となる。

部材に曲げモーメントを加えると，断面の中央付近で軸方向応力度が0となり，それを境界にして引張応力度と圧縮応力度が生ずる。断面の中心を通る軸に対して応力度が0となる（引張応力度も圧縮応力度も生じていない）ので，これを中立軸[‡]と呼んでいる［例えば，図9.27（420頁）の1点鎖線］。

[†] どのように複雑な断面においても，ある点を通るいかなる軸に対しても，断面1次モーメントが0となる点があり，これを図心という。円・矩形の中心は，円断面・矩形断面の図心である。

[‡] 中立軸［416頁］とその脚注参照。

② 円形断面

図 9.28 a［421 頁］の円形断面の場合，(9.50) 式［419 頁］を用いると，半径 r の極断面 2 次モーメントが次のように求まる。

$$I_{\mathrm{p}} = \int_0^r r^2 (2\pi r)\,dr = 2\pi \left[\frac{r^4}{4}\right]_0^r = \frac{\pi r^4}{2} \tag{9.54}$$

円形断面の場合 $I_{\mathrm{x}} = I_{\mathrm{y}}$ となるので，(9.50) 式［419 頁］を用いると上式の 1/2 が円形断面の断面 2 次モーメント I となり，直径を D（$D = 2r$）とすると次のように求まる。

$$I = \frac{\pi r^4}{4} = \frac{\pi D^4}{64} \tag{9.55}$$

円形断面の断面係数 Z は上式を $D/2$ で除して次のようになる。

$$Z = \frac{\pi D^3}{32} \tag{9.56}$$

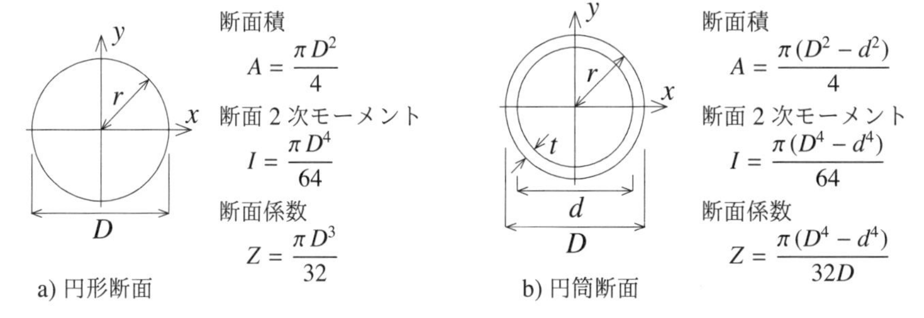

図 9.28　円形断面と円筒断面

③ 円筒断面

図 9.28 b［421 頁］の円筒断面の断面 2 次モーメント I は次のようになる。

$$I = \frac{\pi (D^4 - d^4)}{64} \tag{9.57}$$

円筒断面の断面係数 Z は上式を $D/2$ で除して次のようになる。

$$Z = \frac{\pi (D^4 - d^4)}{32D} \tag{9.58}$$

> **例題**　図9.29［422頁］に示すI型断面の断面積，x 軸に対する断面2次モーメント I と断面係数 Z を求める。

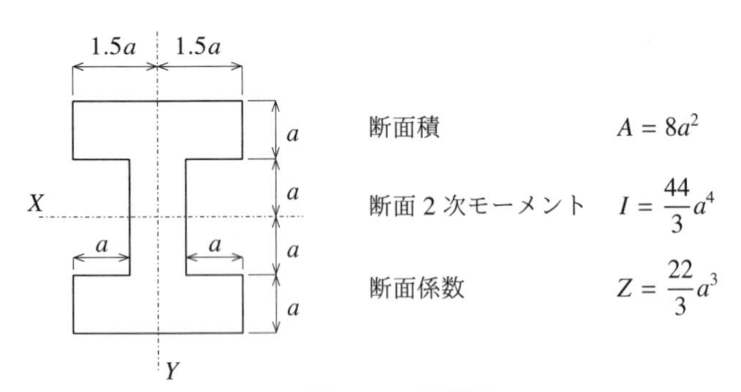

図9.29　I型断面

解　図9.29［422頁］の断面積 A は全断面を囲む矩形からくびれた部分を減ずると得られるので，次のようになる。

$$A = (3 \times 4 - 2 \times 2)\, a^2 = 8a^2$$

断面2次モーメント I も断面積と同様に，全断面を囲む矩形の I からくびれた部分の I を減ずると得られるので，次のようになる。

$$I = \frac{3a \times (4a)^3}{12} - \frac{2a \times (2a)^3}{12}$$
$$= (16 - \frac{4}{3})\, a^4 = \frac{44}{3}a^4$$

断面係数は断面2次モーメントを X から最外縁までの距離 $2a$ で除して求める。

$$Z = \frac{22}{3}a^3$$

（断面積や断面2次モーメントを求める際には，断面を分割し，個々の断面の値を加減して求めることができる。しかし，断面係数の場合は，加減することができないので，断面2次モーメントを求め，それを断面の中心から最外縁までの距離で除して求める必要がある。）

例題　図 9.30 a, b［423 頁］において，$b = 3d, h = 6d, L = 6d$ とする。矩形断面 A と T 型断面 B の図心 G を通る x 軸に対する断面 2 次モーメント I と断面係数 Z を d の関数として求める。

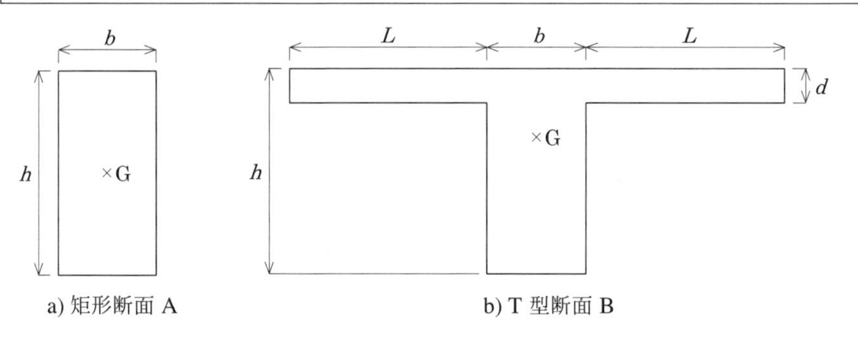

図 9.30　矩形断面と T 型断面

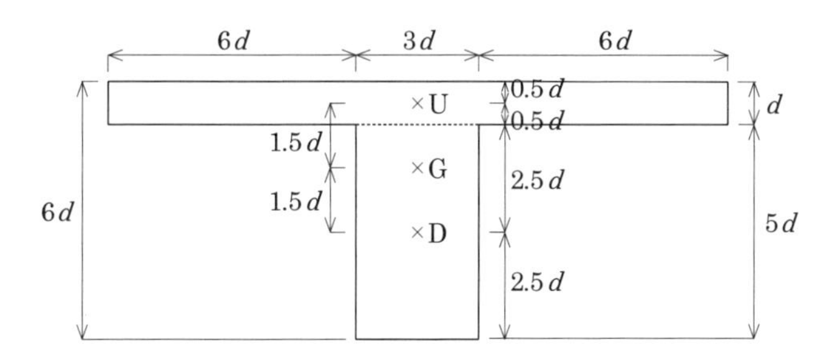

図 9.31　T 型断面 B の分割と図心
（U は点線より上部の図心，D は下部の図心，G は全体の図心）

解　図 9.30［423 頁］の矩形断面 A については公式から，次のようになる。

$$I_{\mathrm{A}} = \frac{bh^3}{12} = \frac{3d \times (6d)^3}{12} = 54\,d^4$$

$$Z_{\mathrm{A}} = \frac{bh^2}{6} = \frac{3d \times (6d)^2}{6} = 18\,d^3$$

T 型断面 B については，図 9.31［423 頁］のように点線で 2 分割すると，上下とも断面積が $15d^2$ となり，それぞれの図心の U と D から断面全体の図心 G が同図に示されているように求まる。

一般に，断面積 A で図心に対する断面 2 次モーメント I_0 の断面が，ある点から e 離れた場合，その点に対する断面 2 次モーメント I_e は次式で求めることができる。

$$I_e = I_0 + Ae^2 \tag{9.59}$$

［上式は (9.44) 式〔418 頁〕から導かれる。この式を用いると，例えばある複雑な断面について断面 2 次モーメントを求めておくと，その断面が含まれる断面 2 次モーメントを容易に求めることができるなど非常に役立つ公式である。］

上式を T 型断面 B の上部と下部に適用すると断面 2 次モーメント I_B が次のように求まる。

$$\begin{aligned}
I_B &= \frac{15d \times d^3}{12} + 15d^2 \times (1.5d)^2 + \frac{3d \times (5d)^3}{12} + 15d^2 \times (1.5d)^2 \\
&= \frac{5}{4}d^4 + 15d^2 \times \frac{9}{4}d^2 + \frac{125}{4}d^4 + 15d^2 \times \frac{9}{4}d^2 \\
&= (\frac{5}{4} + 15 \times \frac{9}{4} + \frac{125}{4} + 15 \times \frac{9}{4})\,d^4 \\
&= \frac{5}{4}(1 + 27 + 25 + 27)\,d^4 \\
&= 100\,d^4
\end{aligned}$$

断面係数は図心に対する断面 2 次モーメントを図心から最外縁までの距離で除して得られるので，上下の断面係数が次のように求まる。

$$Z_U = 50\,d^3$$

$$Z_D = 25\,d^3$$

解説「スラブが付いている梁の剛性」

上の例題で求まった矩形断面 A と T 型断面 B の断面 2 次モーメントを比べてみると，T 型断面 B の方が矩形断面 A のおよそ 2 倍となっている。この例題から，スラブが付いている梁の曲げ剛性を，スラブが両側の場合 2 倍，スラブが片側の場合は 1.5 倍するという RC 造に対する便法がまあ妥当と考えられるであろう。

解説「断面積，断面 2 次モーメント，断面係数と幅厚比」

図 9.32［425 頁］の a, b, c は断面積は $A = (1/2)\,h^2$ で同じであるが，断面 2 次モーメント I と断面係数 Z は（422 頁の例題と同様に計算すると）次のようになる。

a) の矩形断面

$$I = \frac{1}{24}h^4 \qquad Z = \frac{1}{12}h^3 \tag{9.60}$$

b) の H 形断面

$$I = \frac{83}{27} \times \frac{1}{24}h^4 \approx 3.1 \times \frac{1}{24}h^4 \quad Z = \frac{83}{36} \times \frac{1}{12}h^3 \approx 2.3 \times \frac{1}{12}h^3 \tag{9.61}$$

c) の H 形断面

$$I = \frac{5783}{2^2 \times 3^5} \times \frac{1}{24}h^4 \approx 5.9 \times \frac{1}{24}h^4 \quad Z = \frac{5783}{2 \times 3^6} \times \frac{1}{12}h^3 \approx 4.0 \times \frac{1}{12}h^3 \tag{9.62}$$

以上から，同じ断面積であっても，断面形状を a, b, c へと変化させると，断面 2 次モーメントは 1.0，3.1，5.9 倍，断面係数は 1.0，2.3，4.0 倍と大きくなる。

曲げ部材の撓は断面 2 次モーメントに逆比例し，縁応力度は断面係数に逆比例する。よって，同じ断面積の部材であっても断面の成を大きくし，H 形鋼のようにフランジの部分を大きくすることによって，断面 2 次モーメントと断面係数を（計算上はいくらでも）大きくすることができ，構造材料をより有効に使うことができることになる。もっとも，フランジやウェブの厚さが極端に薄くなると局部座屈が生ずるため，いくらでも大きくする訳にはいかない。このため幅厚比や径厚比の制限が設けられている［表 7.32（320 頁）参照］。

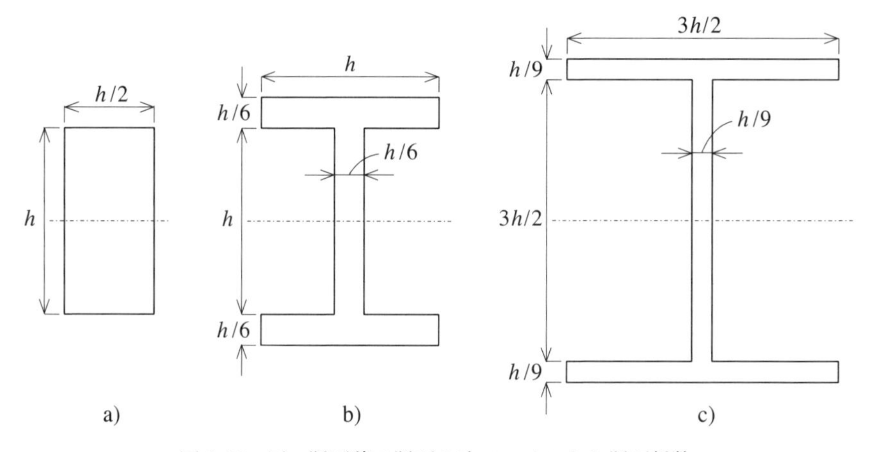

図 9.32　同一断面積の断面 2 次モーメントと断面係数

9.7　偏心荷重と断面の核

(1) 偏心荷重

図 9.33 a［426 頁］に示すように荷重 P が偏心距離 e で作用すると，応力度は一様に分布するのではなく，縁応力度は断面の右側では常に引張となるが，左側では圧縮となる場合も生ずる。この偏心荷重による応力度を中心荷重 P による一様な応力度（同図 b）と偏心荷重による曲げモーメント M によって生ずる応力度（同図 c）の和と考える。断面積を A，断面係数を Z，曲げモーメントを Pe とすると，縁応力度は次式で与えられる。

$$\sigma = \frac{P}{A} \pm \frac{Pe}{Z} \tag{9.63}$$

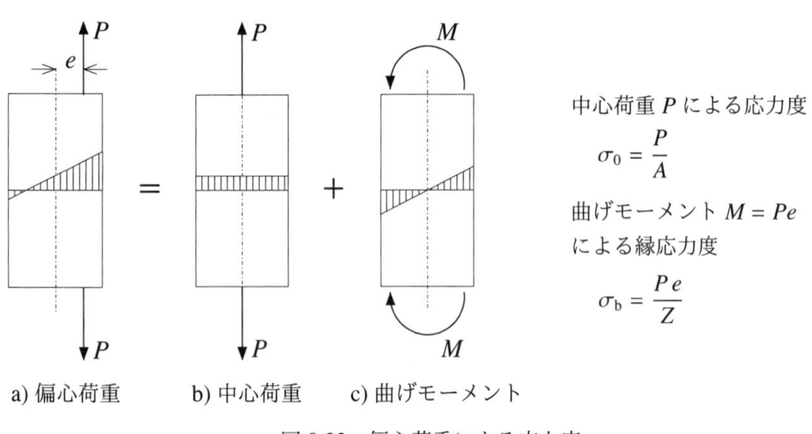

図 9.33　偏心荷重による応力度

次に，図 9.34［427 頁］のように荷重 P が断面の x, y 両方向に対して偏心している場合の縁応力度は次のようになる。

$$\sigma = \frac{P}{A} \pm \frac{P e_y}{Z_x} \pm \frac{P e_x}{Z_y} \tag{9.64}$$

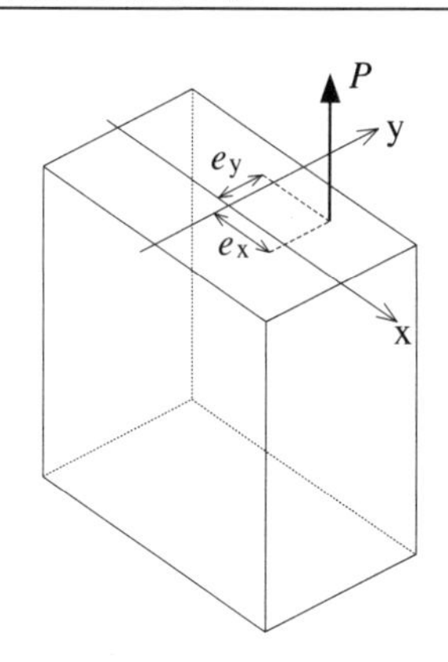

偏心 0 とした荷重 P による応力度

$$\sigma_0 = \frac{P}{A}$$

x 軸からの偏心による縁応力度

$$\sigma_x = \frac{P\,e_y}{Z_x}$$

y 軸からの偏心による縁応力度

$$\sigma_y = \frac{P\,e_x}{Z_y}$$

図 9.34　x, y 両軸に対する偏心荷重による応力度

例題　図 9.35［427 頁］のように偏心荷重 P を受ける部材の A, B, C, D 点における応力度を求める。

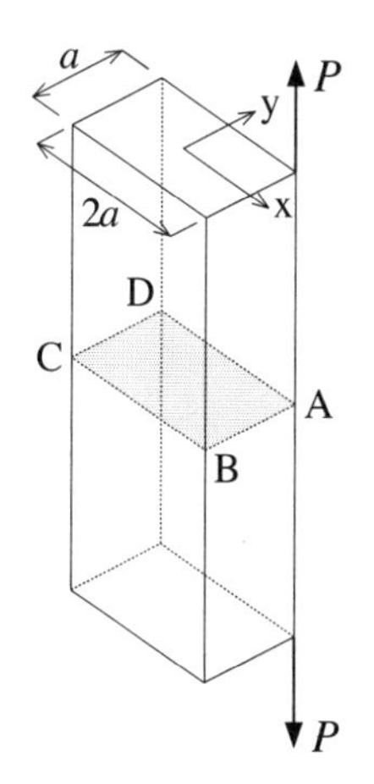

偏心 0 とした荷重 P による応力度

$$\sigma_0 = \frac{P}{2a^2}$$

x 軸からの偏心による縁応力度

$$\sigma_x = \frac{Pa/2}{2a^3/6} = \frac{3P}{2a^2}$$

y 軸からの偏心による縁応力度

$$\sigma_y = \frac{Pa}{4a^3/6} = \frac{3P}{2a^2}$$

図 9.35　偏心荷重による縁応力度

解

断面積：$A = 2a^2$

x 軸に対する断面係数：$Z_x = \dfrac{2a \times a^2}{6} = \dfrac{a^3}{3}$

y 軸に対する断面係数：$Z_y = \dfrac{a \times (2a)^2}{6} = \dfrac{2a^3}{3}$

x 軸に対する偏心によって生ずる曲げモーメント：$M_x = \frac{1}{2}Pa$

y 軸に対する偏心によって生ずる曲げモーメント：$M_y = Pa$

よって，各点の応力度は次のようになる。

A 点：$\sigma_A = \frac{P}{A} + \frac{M_x}{Z_x} + \frac{M_y}{Z_y} = \frac{P}{2a^2} + \frac{Pa/2}{a^3/3} + \frac{Pa}{2a^3/3} = \frac{1}{2}\frac{P}{a^2} + \frac{3}{2}\frac{P}{a^2} + \frac{3}{2}\frac{P}{a^2} = \frac{7}{2}\frac{P}{a^2}$

B 点：$\sigma_B = \frac{P}{A} - \frac{M_x}{Z_x} + \frac{M_y}{Z_y} = \frac{P}{2a^2} - \frac{Pa/2}{a^3/3} + \frac{Pa}{2a^3/3} = \frac{1}{2}\frac{P}{a^2} - \frac{3}{2}\frac{P}{a^2} + \frac{3}{2}\frac{P}{a^2} = \frac{1}{2}\frac{P}{a^2}$

C 点：$\sigma_C = \frac{P}{A} - \frac{M_x}{Z_x} - \frac{M_y}{Z_y} = \frac{P}{2a^2} - \frac{Pa/2}{a^3/3} - \frac{Pa}{2a^3/3} = \frac{1}{2}\frac{P}{a^2} - \frac{3}{2}\frac{P}{a^2} - \frac{3}{2}\frac{P}{a^2} = -\frac{5}{2}\frac{P}{a^2}$

D 点：$\sigma_D = \frac{P}{A} + \frac{M_x}{Z_x} - \frac{M_y}{Z_y} = \frac{P}{2a^2} + \frac{Pa/2}{a^3/3} - \frac{Pa}{2a^3/3} = \frac{1}{2}\frac{P}{a^2} + \frac{3}{2}\frac{P}{a^2} - \frac{3}{2}\frac{P}{a^2} = \frac{1}{2}\frac{P}{a^2}$

（B, D 点には偏心荷重の影響がないことに注目して欲しい。）

(2) 断面の核

図 9.34［427 頁］において，一方向のみの偏心の場合，矩形断面 $b \times h$ において縁応力度がちょうど 0 となる条件を考えてみる。

$$0 = \frac{P}{bh} - \frac{Pe}{bh^2/6}$$

よって次式が得られる。

$$e = \frac{h}{6} \tag{9.65}$$

偏心距離が上式の e 以下であれば断面に圧縮応力度が生じないことになる。

荷重が断面の x, y 両方向に対して偏心している矩形断面の場合は，次のようになる。

$$0 = \frac{P}{bh} - \frac{Pe_y}{bh^2/6} - \frac{Pe_x}{b^2h/6}$$

$$\frac{e_x}{b/6} + \frac{e_y}{h/6} = 1 \tag{9.66}$$

円形断面の場合は次のようになる。

$$0 = \frac{P}{\pi D^2/4} - \frac{Pe}{\pi D^3/32}$$

$$e = \frac{D}{8} \tag{9.67}$$

円筒断面の場合は次のようになる。

$$0 = \frac{P}{\pi(D^2 - d^2)/4} - \frac{Pe}{\pi(D^4 - d^4)/(32D)}$$

$$e = \frac{D^2 + d^2}{8D} \tag{9.68}$$

よって，矩形断面は図 9.36 a［429 頁］，円形断面は同図 b，円筒断面は同図 c の塗りつぶした範囲に引張力が作用するならば断面に圧縮力が生じないことになり，この部分を断面の核という。

なお，引張力に対しても圧縮力に対しても断面の核があり，断面に引張力が作用する場合は圧縮応力度が生じない範囲，圧縮力が作用する場合は引張応力度が生じない範囲が断面の核である。

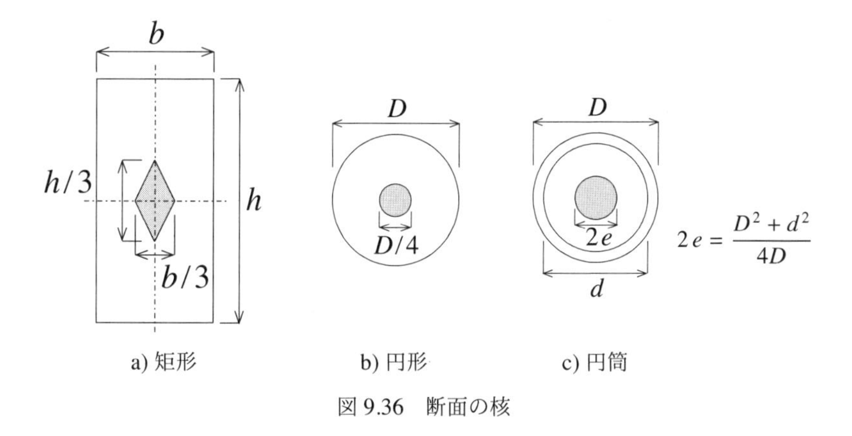

図 9.36　断面の核

第 10 章

構造物の変形と仕事の定理

10.1　軸力，せん断力，曲げモーメントによる変形

(1) 軸変形

図 10.1 a［431 頁］に示すように長さ ℓ の部材が材軸方向に力 P を受けた時の変形（歪（ひずみ））を $\Delta\ell$ [†]とすると，この部材の歪度[‡]ε は次式で表される。

$$\varepsilon = \frac{\Delta\ell}{\ell} \tag{10.1}$$

この部材の水平断面積を A とし，軸方向の応力度 σ は一様に分布しているとすると次式となる。

$$\sigma = \frac{P}{A} \tag{10.2}$$

応力度 σ と歪度 ε は比例[§]し，比例定数を E とすると次式のように表される。

$$\sigma = E\varepsilon \tag{10.3}$$

この比例定数 E のことを弾性係数あるいはヤング係数と呼んでいる。

歪度 ε は，例えば長さが 1 万分の 1 長くなったとすると 0.0001 と表示され，単位のない（単位が 1 の）数，すなわち無次元数（無名数（むめいすう）ともいう）となるので，上式の残りの σ と E の単位は同じとなる。この単位は採用する単位系によって異なるが，SI 単位では $\mathrm{N/mm^2}$，以前に用いられていた cgs 単位では $\mathrm{kg/cm^2}$ を用いることが多い。

[†] この頁に現れるギリシャ文字は，Δ：デルタ，ε：イプシロン，σ：シグマと読む。

[‡] 「歪度」，「ひずみ度」を単に「歪」，「ひずみ」という場合もある。

[§] 変形が極めて小さいと仮定する微小変形理論では応力度と歪度の関係を線形弾性としている。

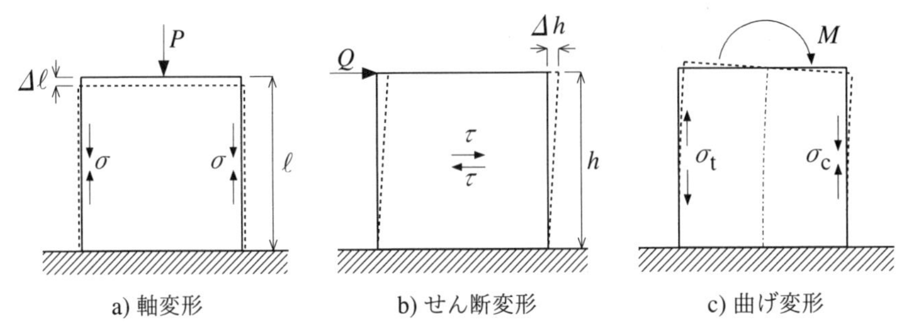

a) 軸変形　b) せん断変形　c) 曲げ変形

図 10.1　部材に生ずる 3 種類の変形

(2) せん断変形

次に，図 10.1 b［431 頁］に示すように高さ h の部材が材軸直交（水平）方向に力 Q を受けた時の水平方向の変形（歪）を Δh †とすると，この部材のせん断歪度 γ は次式で表される。

$$\gamma = \frac{\Delta h}{h} \tag{10.4}$$

せん断応力度 τ が水平面に一様に分布していると仮定すると，次式が得られる。

$$\tau = \frac{Q}{A} \tag{10.5}$$

せん断応力度 τ とせん断歪度 γ も比例し，比例定数を G とすると次式のように表される。

$$\tau = G\gamma \tag{10.6}$$

この比例定数 G のことをせん断弾性係数と呼んでいる。

γ は無次元数なので，τ と G の単位は同じで（例えば σ や E の単位と同じ）N/mm^2 または kg/cm^2 を用いることが多い。

(3) 曲げ変形

図 10.1 c［431 頁］に示すように部材が曲げモーメント M を受けた時には，部材の左側には引張応力度，右側には圧縮応力度が生じ，その中間には引張も圧縮も生

† この頁に現れるギリシャ文字は，Δ：デルタ，γ：ガンマ，τ：タウと読む。

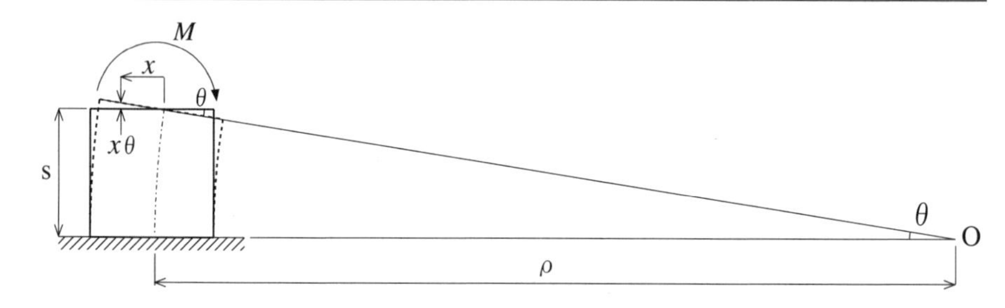

図 10.2　曲げ変形と曲率半径 ρ

じない位置があり，部材には厚みがあるのでこれを中立面[†]という。

図 10.2［432 頁］は曲げモーメントによる変形を示しており，同図から次のような関係が導かれる。

中立面を示す同図の 1 点鎖線から x 離れた位置における部位の伸びは $x\theta$[‡]となり，部材の長さを s とすると，歪度は $\varepsilon_x = x\theta/s$ となる。これに $\sigma = E\varepsilon$ と $\theta = s/\rho$ の関係を用いると，中立軸から x 離れた位置の軸方向応力度 σ_x は次式のようになる。

$$\sigma_x = E\varepsilon = E\frac{x\theta}{s} = Ex\frac{s/\rho}{s} = \frac{Ex}{\rho} \tag{10.7}$$

この応力度に x を乗じて部材の水平断面 A 全体にわたって積分すると曲げモーメント M が次のように得られる。

$$M = \int_A x\sigma_x dA = \int_A \frac{Ex^2}{\rho} dA = \frac{E}{\rho}\int_A x^2 dA \tag{10.8}$$

ここで，断面 2 次モーメント I を次のように定義する［(9.48) 式〔419 頁〕と同じである］。

$$I = \int_A x^2 dA \tag{10.9}$$

上の 2 つの式から次の関係が得られる。

$$M = \frac{EI}{\rho} \quad \text{すなわち} \quad \frac{M}{EI} = \frac{1}{\rho} \tag{10.10}$$

ここで，ρ は曲率半径，$1/\rho$ は曲率と呼ばれる。

---

† 部材断面を考え，引張も圧縮も生じない線は［例えば図 9.26（419 頁）の 1 点鎖線］「中立軸」という。

‡ この頁に現れるギリシャ文字は，θ：シータ，ε：イプシロン，ρ：ローと読む。

上式は「曲げモーメント M を曲げ剛性 EI で除した値と部材の曲率は等しい」という曲げ変形の一般的な性質を示している。

部材に作用する応力とそれによって生ずる変形は，図 10.1［431 頁］に示す状態の組合せとして考えるのが一般的で，それぞれの応力は「軸力」（または「軸方向力」），「せん断力」，「曲げモーメント」，変形は「軸変形」，「せん断変形」，「曲げ変形」と呼ばれる†。

10.2　ポアソン数，ヤング係数，体積弾性係数，せん断弾性係数

(1) ポアソン数

長さ ℓ，幅 b の部材に引張力 P を加えると［図 10.3（434 頁）参照］，長さは $\Delta\ell$ 伸び，幅は Δb 縮むとする。この伸びと縮みの割合の比がポアソン数 m，その逆数がポアソン比 γ である‡。

$$m = \frac{\Delta\ell/\ell}{\Delta b/b} \tag{10.11}$$

$$\gamma = \frac{1}{m} = \frac{\Delta b/b}{\Delta\ell/\ell} \tag{10.12}$$

(2) 体積歪とポアソン数

図 10.4 a［434 頁］に示すように体積 V の直方体が 3 方向から応力度 σ を受け，体積変化 ΔV が生じたとする。この関係は体積弾性係数を K とすると次式で表される。

$$\sigma = K\frac{\Delta V}{V} \tag{10.13}$$

† この他に，「捩（ねじ）りモーメント」と「捩れ変形」もあるが，一般には考慮しないことが多いので，本書では数式による説明を省略する。ただし，（捩れの影響）［77 頁］では考慮すべきポイントなどについて若干の説明がある。

‡ 学会 RC 規準 [5] ではコンクリートの（圧縮の）ポアソン比（γ：ガンマ）を 0.2 としている。

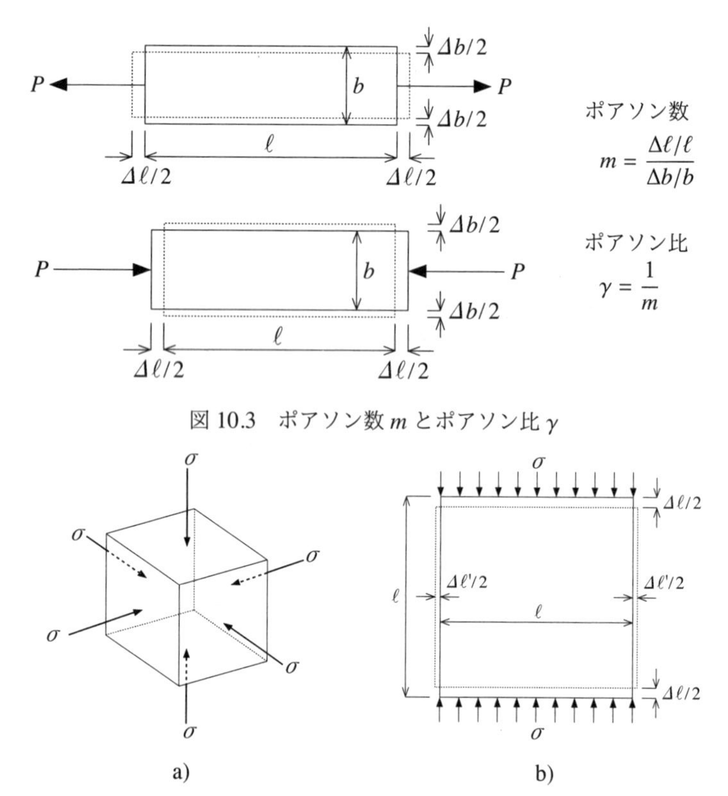

図 10.3　ポアソン数 m とポアソン比 γ

図 10.4　体積歪と体積弾性係数

次に，同図 b のように一辺 ℓ の正方形が圧縮応力度 σ を受け，長さが $\Delta\ell$ 短くなり，幅が $\Delta\ell'$ 広くなったとする。一方，同図 a のように一辺 ℓ の立方体が 3 方向から圧縮応力度 σ を受ける場合を考える。この場合，1 方向の圧縮力によって辺長が $\Delta\ell$ 短くなり，他の 2 方向から圧縮応力度によって $2\Delta\ell'$ 長くなるので，立方体の辺長の変化は $(\Delta\ell - 2\Delta\ell')$ で表される。辺長の変化が小さい場合，体積の変化は長さの変化の 3 倍[†]で表されるので，次式の関係が得られる。

$$\frac{\Delta V}{V} = 3\left(\frac{\Delta\ell - 2\Delta\ell'}{\ell}\right) = 3\left(\frac{\Delta\ell}{\ell} - 2\frac{\Delta\ell}{\ell}\frac{\Delta\ell'}{\Delta\ell}\right)$$

[†] 立方体の辺長を 1 とし，その長さが ε 短くなった（ε は 1 に比べて十分小さい）とすると，体積は $(1-\varepsilon)^3 = 1 - 3\varepsilon + 3\varepsilon^2 - \varepsilon^3 \approx (1 - 3\varepsilon)$ となる。

ここで，$\Delta\ell/\ell = \varepsilon = \sigma/E$，$\Delta\ell'/\Delta\ell = 1/m$ の関係を上式に代入すると，次式となる。

$$3\left(\frac{\sigma}{E} - 2\frac{\sigma}{E}\frac{1}{m}\right) = \frac{\sigma}{K} \quad \text{すなわち} \quad 3K(m-2) = E\,m$$

よって，ヤング係数 E，体積弾性係数 K，ポアソン数 m の間には次の関係がある。

$$E = 3K\,\frac{m-2}{m} \tag{10.14}$$

(3) 垂直歪・せん断歪とポアソン数

図 10.5 a［436 頁］に示すように 1 辺 ℓ の正方形版に圧縮応力度 σ を与えると $\Delta\ell$ 縮み，直交方向には $\Delta\ell'$ 広がったとし，同図 b のように引張応力度 σ を与えると $\Delta\ell$ 伸び，直交方向には $\Delta\ell'$ 狭くなったとする。次に，同図 c のように鉛直方向に圧縮応力度 σ，水平方向に引張応力度 σ を同時に与えると，圧縮方向の縮みと引張方向の伸びは共に $\Delta\ell + \Delta\ell'$ となる。各辺の中点を結ぶ正方形は，圧縮応力度と引張応力度を受け，菱形に変形している。すなわち，せん断変形をしていて，そのせん断歪度 γ は次式で表される。

$$\frac{\gamma}{2} = \frac{(\Delta\ell + \Delta\ell')/\sqrt{2}}{\ell/\sqrt{2}} = \frac{(\Delta\ell + \Delta\ell')}{\ell} \tag{10.15}$$

上式に $\tau = G\gamma$ の関係を代入すると次式となる。

$$\frac{\tau}{2G} = \frac{\Delta\ell}{\ell} + \frac{\Delta\ell}{\ell}\frac{\Delta\ell'}{\Delta\ell} \tag{10.16}$$

鉛直方向に圧縮応力度 σ，水平方向に引張応力度 σ を同時に与えると，斜め 45 度方向にはせん断応力度 $\tau = \sigma$ が生ずる[†]ので，上式から次式が得られる。

$$\frac{\sigma}{2G} = \frac{\sigma}{E} + \frac{\sigma}{E}\frac{1}{m}$$

$$E = 2G + \frac{2G}{m} \tag{10.17}$$

よって，ヤング係数 E，せん断弾性係数 G，ポアソン数 m の関係式が次のように得られる。

$$E = 2G\,\frac{m+1}{m} \tag{10.18}$$

[†] 図 10.9 b［441 頁］参照，あるいは図 10.5 c［436 頁］の 4 隅にある直角 3 角形の σ と τ の釣合からも分かる。

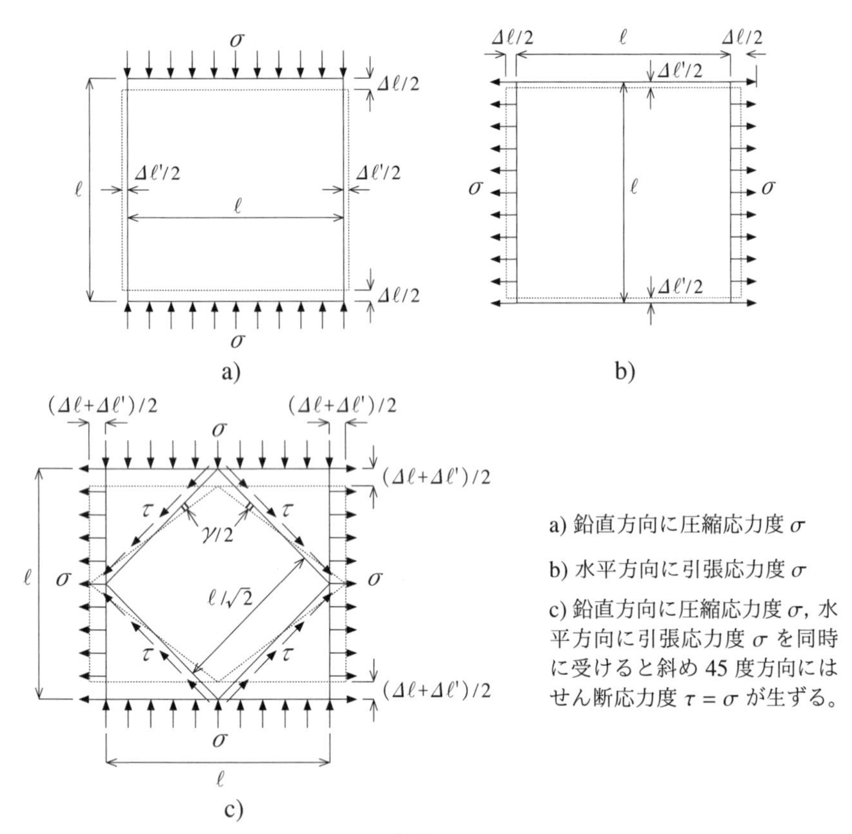

a) 鉛直方向に圧縮応力度 σ

b) 水平方向に引張応力度 σ

c) 鉛直方向に圧縮応力度 σ, 水平方向に引張応力度 σ を同時に受けると斜め 45 度方向にはせん断応力度 $\tau=\sigma$ が生ずる。

図 10.5　軸方向歪とせん断歪

ヤング係数 E，体積弾性係数 K，せん断弾性係数 G，ポアソン数 m の関係式として (10.14) 式［435 頁］と (10.18) 式［435 頁］が得られたが，これらの 2 つの式より更に以下の関係式が得られる。

$$2G(m+1)=3K(m-2) \tag{10.19}$$

$$\frac{1}{m}=\frac{3K-2G}{6K+2G} \tag{10.20}$$

$$E=\frac{9KG}{G+3K} \tag{10.21}$$

10.3　モールの応力円

図 10.3［434 頁］の上の図に示す引張力のみを受ける部材の材軸直交方向の断面を考えると，引張応力度のみが生じ，せん断応力度は生じない。しかし，材軸に対して傾いた断面について力の釣合を考えると，引張応力度の他にせん断応力度が生じている。

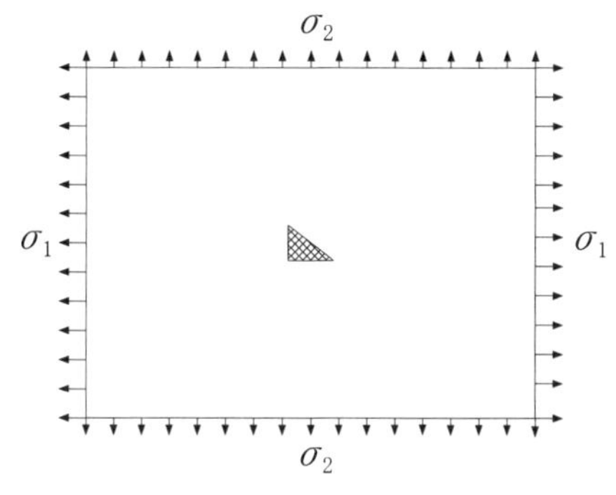

a) 直交する軸方向応力度 σ_1 と σ_2

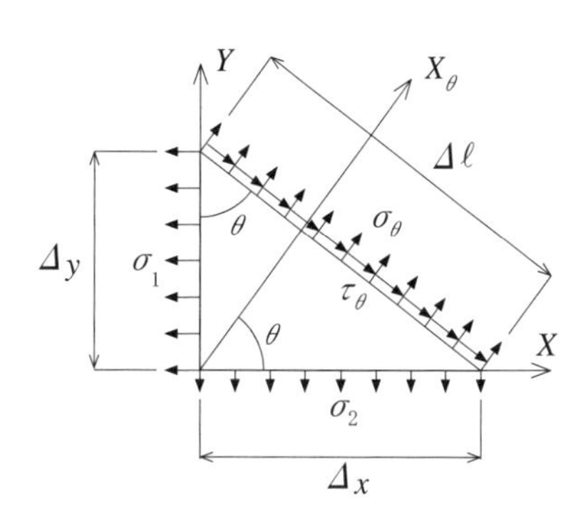

b) 直角三角形に作用している応力度

図 10.6　平面に作用する応力度

これを一般化して，図 10.6 a［437 頁］のように x 方向に引張応力度 σ_1，y 方向に引張応力度 σ_2 が生じている場合を考えてみる。この中から同図 b のような三角形を取り出して力の釣合を考え，θ 傾いた断面に生ずる引張応力度 σ_θ とせん断応力度 τ_θ とすると，次のような関係が得られる［解説「モールの応力円の式の誘導」(438 頁）参照]。

$$\left(\sigma_\theta - \frac{\sigma_1 + \sigma_2}{2}\right)^2 + \tau_\theta^2 = \left(\frac{\sigma_1 - \sigma_2}{2}\right)^2 \tag{10.22}$$

この式は垂直応力度 σ_θ とせん断応力度 τ_θ の関係が，中心を x 方向に $(\sigma_1 + \sigma_2)/2$ 移動させ，半径を $(\sigma_1 - \sigma_2)/2$ とする図 10.7［438 頁］の円[†]の x 座標と y 座標で表されることを示していて，これをモールの応力円という。

すなわち，図 10.6 a のような応力状態の場合，任意の角度 θ に生じている垂直応力度 σ_θ とせん断応力度 τ_θ は図 10.7［438 頁］の中心 O' から 2θ（B からは θ）傾

[†] 円の方程式は $x^2 + y^2 = r^2$，これを x 軸方向に a 移動させると，$(x - a)^2 + y^2 = r^2$ となる。

いた直線と円周の交点 P の横座標と縦座標で表される。

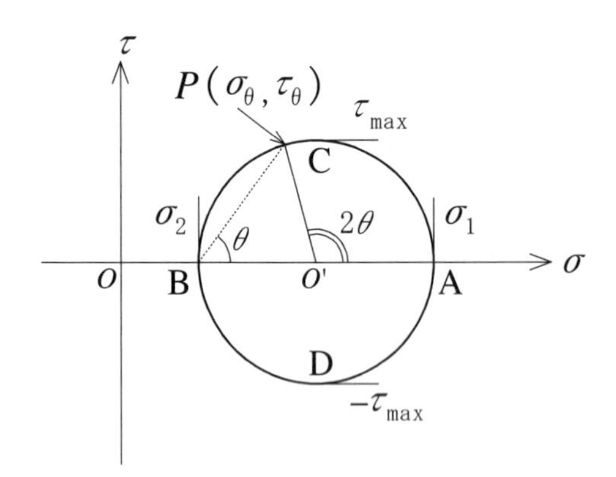

任意の角度 θ の σ_θ と τ_θ はモールの応力円の円周上の 1 点 P で表される。A と B（これらを主応力面という）で σ が極値となり，τ が 0 となる。P と O' の角度は 2θ（B からの角度は θ）となり，A と B は互いに直交して（90 度離れて）いる断面に生じている。主応力面から 45 度傾いた C と D で τ が極値となり，この互いに直交している断面では同じ大きさで逆向きの τ が作用している［図 10.8 c（440 頁）参照］。

図 10.7　モールの応力円

解説「モールの応力円の式の誘導」

図 10.6 b［437 頁］について x 方向と y 方向の力の釣合を考えると次の 2 つの式が得られる。

$$(x \text{ 方向})\quad -\sigma_1\,\Delta y + \sigma_\theta\,\Delta\ell\,\cos\theta + \tau_\theta\,\Delta\ell\,\sin\theta = 0$$
$$(y \text{ 方向})\quad -\sigma_2\,\Delta x + \sigma_\theta\,\Delta\ell\,\sin\theta - \tau_\theta\,\Delta\ell\,\cos\theta = 0$$

$\Delta x = \Delta\ell\,\sin\theta$，$\Delta y = \Delta\ell\,\cos\theta$ の 2 つの式を代入して式を整理すると，

$$-\sigma_1\,\Delta\ell\,\cos\theta + \sigma_\theta\,\Delta\ell\,\cos\theta + \tau_\theta\,\Delta\ell\,\sin\theta = 0$$
$$-\sigma_2\,\Delta\ell\,\sin\theta + \sigma_\theta\,\Delta\ell\,\sin\theta - \tau_\theta\,\Delta\ell\,\cos\theta = 0$$

$$-\sigma_1\,\cos\theta + \sigma_\theta\,\cos\theta + \tau_\theta\,\sin\theta = 0 \tag{10.23}$$
$$-\sigma_2\,\sin\theta + \sigma_\theta\,\sin\theta - \tau_\theta\,\cos\theta = 0 \tag{10.24}$$

上の 2 つの式の 1 番目の式に $\cos\theta$，2 番目の式に $\sin\theta$ を乗じると次式となる。

$$-\sigma_1\,\cos^2\theta + \sigma_\theta\,\cos^2\theta + \tau_\theta\,\sin\theta\cos\theta = 0$$
$$-\sigma_2\,\sin^2\theta + \sigma_\theta\,\sin^2\theta - \tau_\theta\,\sin\theta\,\cos\theta = 0$$

上の 2 つの式を加えると次式となる。

$$-\sigma_1 \cos^2\theta - \sigma_2 \sin^2\theta + \sigma_\theta(\sin^2\theta + \cos^2\theta) = 0$$

上式に $\cos^2\theta + \sin^2\theta = 1$，$\cos 2\theta = \cos^2\theta - \sin^2\theta = 2\cos^2\theta - 1 = 1 - 2\sin^2\theta$ の関係を用いて整理すると次式が得られる。

$$-\sigma_1 \frac{1+\cos 2\theta}{2} - \sigma_2 \frac{1-\cos 2\theta}{2} + \sigma_\theta = 0$$

すなわち，次式となる。

$$\sigma_\theta = \frac{\sigma_1 + \sigma_2}{2} + \frac{\sigma_1 - \sigma_2}{2}\cos 2\theta \tag{10.25}$$

次に，(10.23) 式に $\sin\theta$ を乗じ，(10.24) 式に $\cos\theta$ を乗ずると次の 2 式となる。

$$-\sigma_1 \sin\theta\cos\theta + \sigma_\theta \sin\theta\cos\theta + \tau_\theta \sin^2\theta = 0$$
$$-\sigma_2 \sin\theta\cos\theta + \sigma_\theta \sin\theta\cos\theta - \tau_\theta \cos^2\theta = 0$$

上の 2 つの式の 1 番目の式から 2 番目の式を減ずると次式となる。

$$-\sigma_1 \sin\theta\cos\theta + \sigma_2 \sin\theta\cos\theta + \tau_\theta(\sin^2\theta + \cos^2\theta) = 0$$

上式に $\sin^2\theta + \cos^2\theta = 1$，$\sin 2\theta = 2\sin\theta\cos\theta$ 関係を用いて整理すると次式が得られる。

$$-\frac{1}{2}\sigma_1 \sin 2\theta + \frac{1}{2}\sigma_2 \sin 2\theta + \tau_\theta = 0$$

すなわち，次式となる。

$$\tau_\theta = \frac{\sigma_1 - \sigma_2}{2}\sin 2\theta \tag{10.26}$$

(10.25) 式［439 頁］の右辺の第 1 項を移項し両辺を 2 乗すると次式となる。

$$\left(\sigma_\theta - \frac{\sigma_1 + \sigma_2}{2}\right)^2 = \left(\frac{\sigma_1 - \sigma_2}{2}\right)^2 \cos^2 2\theta$$

(10.26) 式［439 頁］を 2 乗すると次式となる。

$$\tau_\theta^2 = \left(\frac{\sigma_1 - \sigma_2}{2}\right)^2 \sin^2 2\theta$$

上の 2 つの式を加えて $\sin^2 2\theta + \cos^2 2\theta = 1$ の関係を用いると次式となり，これがモールの応力円を表す (10.22) 式［437 頁］である。

$$\left(\sigma_\theta - \frac{\sigma_1 + \sigma_2}{2}\right)^2 + \tau_\theta^2 = \left(\frac{\sigma_1 - \sigma_2}{2}\right)^2 \tag{10.27}$$

よって，(10.25) 式［439 頁］と (10.26) 式の関係を考えると，(10.27) 式［440 頁］によって表される円［図 10.7 (438 頁) 参照］の中心から x 軸に対して 2θ 傾いた直線と円周との交点 P の横座標が応力度 σ_θ，縦座標がせん断応力度 τ_θ となる。この円のことをモールの応力円という。なお，(10.27) 式の $(\sigma_1 + \sigma_2)/2$ はモールの応力円の中心 O' を，$(\sigma_1 - \sigma_2)/2$ は半径を表している。

例題　図 10.8 a, b［440 頁］に示す応力状態をモールの応力円で表示する。

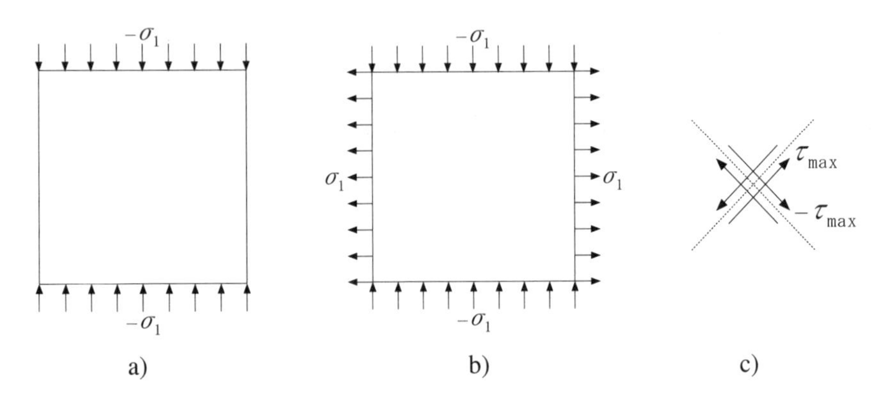

図 10.8　本図 a), b) のような応力状態をモールの応力円で示す

解　図 10.8 a［440 頁］の場合，x 方向の応力度は 0，y 方向に応力度 $-\sigma_1$ を受けており，せん断応力度は作用していないので，x, y 方向の応力度を表す x 軸上の 2 点を直径とする円を描くと，a) の応力状態を表すモールの応力円が図 10.9 a［441 頁］のように得られる。

図 10.8 b の場合，x 方向に応力度 σ_1，y 方向に応力度 $-\sigma_1$ を受けており，せん断応力度は作用していないので，x, y 方向の応力度を表す x 軸上の 2 点 A, B を直径とする円を描くと，b) の応力状態を表すモールの応力円が図 10.9 b［441 頁］のように得られる。

この場合，45 度傾斜した面に作用する応力度は 45 度の 2 倍の 90 度回転した円周上の点 C, D で表されるので，この場合は y 軸と円周が交わる点となる。その点では，応力度 $\sigma = 0$ となるので，図 10.8 c［440 頁］のようにせん断応力度 $\tau_{\max}$ のみが作用する特殊な応力状態となる。

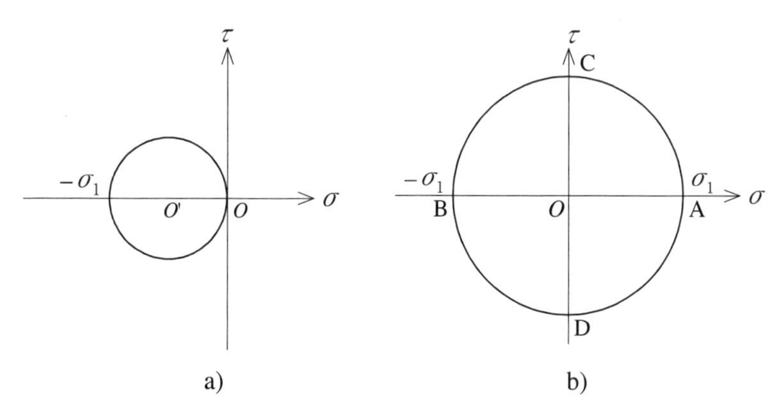

図 10.9　図 10.8 a, b［440 頁］の応力状態に対応するモールの応力円

コンクリート圧縮試験では図 10.10［441 頁］のように斜めに破壊面が生じることがよく見られる。この応力状態は図 10.9 a［441 頁］のように表され，せん断応力度による破壊と考えられる。

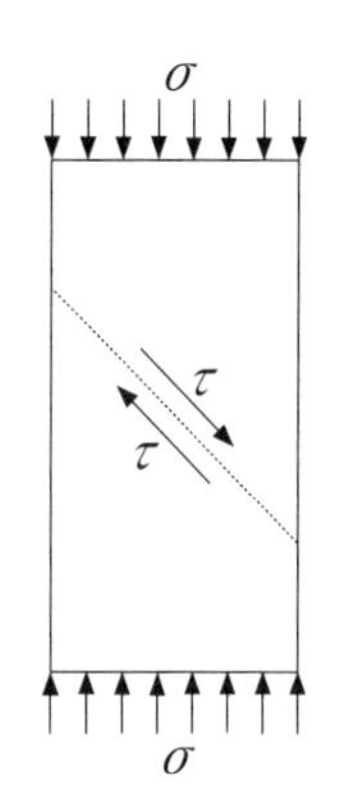

コンクリート圧縮試験では斜め 45 度方向に破壊面が生ずることがある。この応力状態は模式的に図 10.9 a［441 頁］のように表される，45 度方向ではせん断応力度が最大となり，このせん断応力度によって破壊が生じたと考えることができる。

図 10.10　コンクリート圧縮試験による 45 度方向の破壊

解説「**鋼材のせん断強度**」

鋼材のせん断に対する材料強度は $\frac{1}{\sqrt{3}}F$ で与えられている［表2.2（80頁）参照］。これは最大せん断歪エネルギー説によるもので，以下のように導かれる。

せん断応力度 τ を受けてせん断歪み γ が生じている場合［図10.11a（443頁）参照］を考えると，せん断弾性係数を G として次式の関係が得られる。

$$\tau = G\gamma \tag{10.28}$$

この状態の（辺の長さが1の）立方体に蓄えられるせん断歪エネルギー U は図10.11b［443頁］の三角形の面積で表され，上式の関係も用いると次のように表される。

$$U = \frac{1}{2}\tau\gamma = \frac{1}{2G}\tau^2 \tag{10.29}$$

次に図10.12a［443頁］のように主応力度 σ_1, σ_2 を受けている場合を考えると，その主せん断応力度 τ_1 は図10.12aのモールの応力円を考え，次式のように表される。

$$\tau_1 = \frac{\sigma_1 - \sigma_2}{2} \tag{10.30}$$

更に，3次元の場合を考えると，上の2つの式を参照して（辺の長さが1の）立方体に蓄えられるせん断歪エネルギー U は3方向（直交する3本の座標軸）のせん断応力度から次のように表される。

$$U = \frac{1}{2G}\left\{(\frac{\sigma_1 - \sigma_2}{2})^2 + (\frac{\sigma_2 - \sigma_3}{2})^2 + (\frac{\sigma_3 - \sigma_1}{2})^2\right\} \tag{10.31}$$

上式を2次元の場合に当てはめると，$\sigma_3 = 0$ となるので，次のようになる。

$$U = \frac{1}{2G}\left\{(\frac{\sigma_1 - \sigma_2}{2})^2 + (\frac{\sigma_2}{2})^2 + (\frac{\sigma_1}{2})^2\right\} = \frac{1}{4G}\left\{\sigma_1^2 - \sigma_1\sigma_2 + \sigma_2^2\right\} \tag{10.32}$$

引張試験の結果，鋼材は材料強度 F で降伏したとすると，その状態は $\sigma_1 = F$, $\sigma_2 = \sigma_3 = 0$ となるので次式が得られる。

$$U = \frac{F^2}{4G} \tag{10.33}$$

以上の2式から次の関係が得られる。

$$\sigma_1^2 - \sigma_1\sigma_2 + \sigma_2^2 = F^2 \tag{10.34}$$

上式に（モールの応力円から得られる一般的な関係である）次の 2 つの式の関係を代入し，式を整理する。

$$\sigma_1 = \frac{\sigma_x + \sigma_y}{2} + \sqrt{\left(\frac{\sigma_x - \sigma_y}{2}\right)^2 + \tau_{xy}^2} \tag{10.35}$$

$$\sigma_2 = \frac{\sigma_x + \sigma_y}{2} - \sqrt{\left(\frac{\sigma_x - \sigma_y}{2}\right)^2 + \tau_{xy}^2} \tag{10.36}$$

結局，次式が得られ，これが最大せん断歪エネルギー説またはミーゼスの降伏条件と呼ばれるものである。

$$\sigma_x^2 - \sigma_x \sigma_y + \sigma_x^2 + 3\,\tau_{xy}^2 = F^2 \tag{10.37}$$

上式において $\sigma_x = \sigma_y = 0$ として，せん断応力度のみが作用する場合を考えると次式が得られる。

$$3\,\tau_{xy}^2 = F^2 \quad \text{すなわち} \quad \tau_{xy} = \frac{F}{\sqrt{3}} \tag{10.38}$$

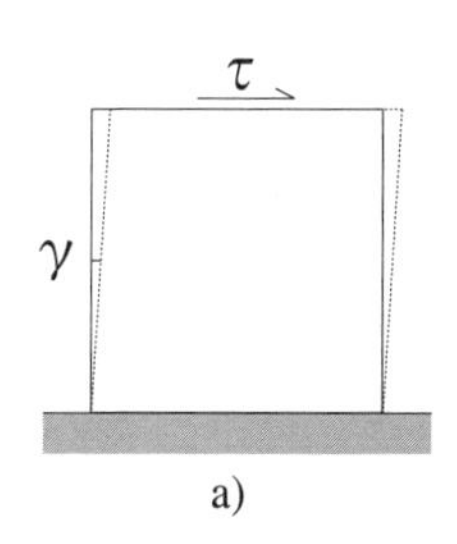

a)

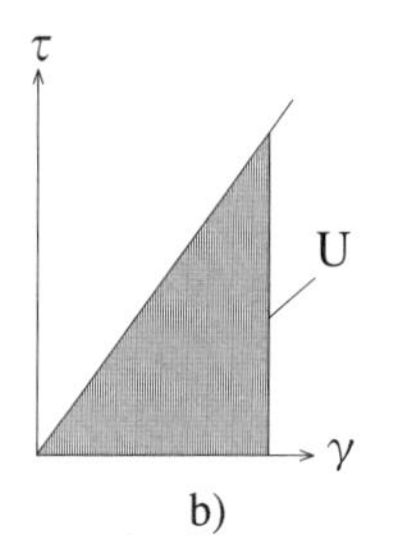

b)

図 10.11　せん断応力度力 τ によるせん断変形 γ とエネルギー U

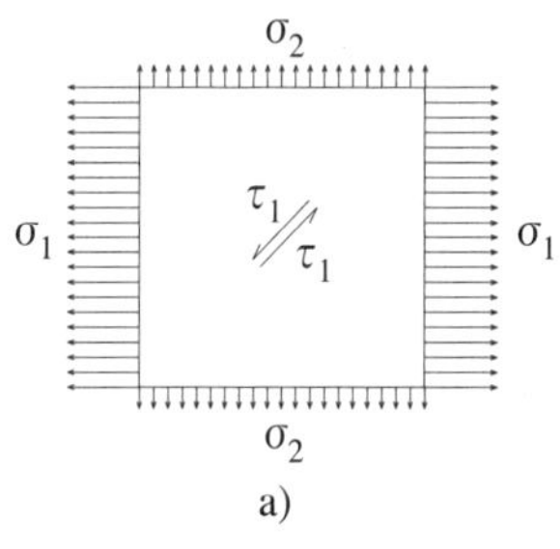

a)

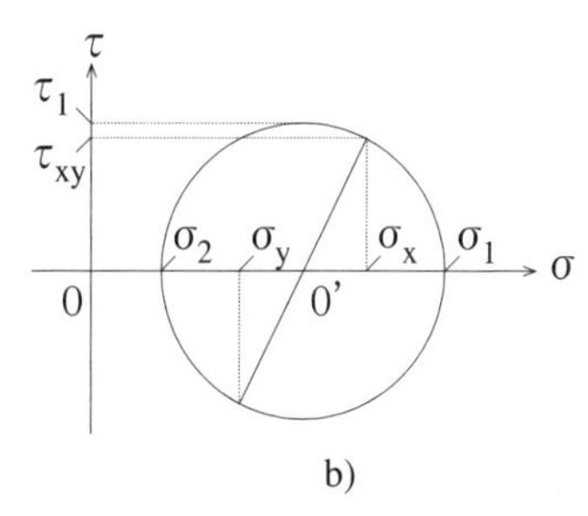

b)

図 10.12　主応力度 σ_1, σ_2，主せん断応力度 τ_1 とモールの応力円

10.4　圧縮材に生ずる座屈

(1) 座屈荷重と座屈長さ

引張力が作用する一様な部材の応力度と変形は (10.2) 式［430 頁］と (2.3) 式［48 頁］に示したように容易に求まる。圧縮力が作用する場合，荷重の向きを逆（+ を −）にして考えると引張力が作用する場合と同様である［図 10.13（444 頁）参照］。しかし，部材が細長くなると座屈という現象が生ずる。部材の座屈長さを ℓ_k，断面 2 次モーメントを I，ヤング係数を E とすると，座屈荷重 P_k は次式のようになる［次の解説（445 頁）参照］。

$$P_k = \frac{\pi^2 EI}{\ell_k^2} \tag{10.39}$$

座屈は部材の強度が無限大であっても生じ，また荷重が取り除かれるともとの状態に戻るので（このため弾性座屈ともいわれる），部材の材料強度に比例する一般的な破壊現象とは大きく異なっている。

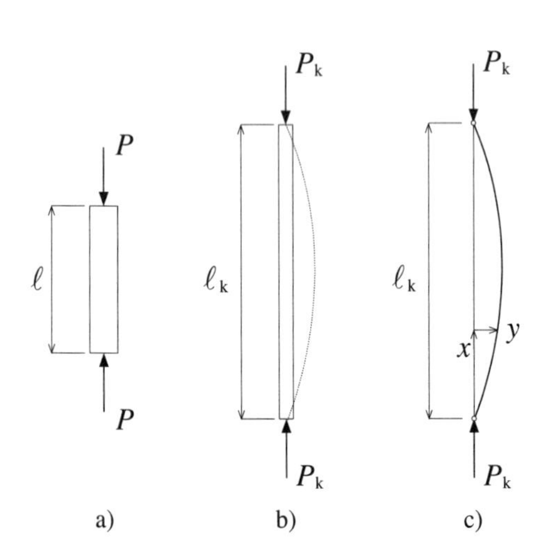

圧縮力 P を受ける断面積 A の部材に生ずる応力度 σ は，部材が短い場合

$$\sigma = \frac{P}{A} \quad \text{すなわち} \quad P = A\sigma$$

部材が長くなると座屈が生ずる。座屈荷重 P_k はヤング係数を E とすると

$$P_k = \frac{\pi^2 EI}{\ell_k^2}$$

図 10.13　圧縮部材の挙動

解説「座屈荷重 (10.39) 式の誘導」

図 10.13 c［444 頁］のように荷重 P_k が作用し，下端から x の位置で y 撓んだとすると，この位置での曲げモーメントは次式のように表される。

$$M = P_k\, y \tag{10.40}$$

曲げモーメント M と撓 y との間には表 10.2［463 頁］から次の関係がある。

$$\frac{M}{EI} = -\frac{d^2y}{dx^2} \tag{10.41}$$

$$\frac{P_k}{EI}\, y = -\frac{d^2y}{dx^2} \tag{10.42}$$

ここで，式を簡単にするため，次のようにおく。

$$k = \sqrt{\frac{P_k}{EI}} \tag{10.43}$$

よって，(10.42) 式は次のようになる。

$$\frac{d^2y}{dx^2} + k^2\, y = 0 \tag{10.44}$$

上式の一般解は次のように得られる。

$$y = C_1 \cos kx + C_2 \sin kx \tag{10.45}$$

境界条件として両端部の $x = 0$ と $x = \ell_k$ で $y = 0$ を満足するようにすると，次式が得られる。

$$y = C_2 \sin \frac{n\pi}{l_k} x \tag{10.46}$$

$$\sqrt{\frac{P_k}{EI}} = \frac{n\pi}{l_k} \tag{10.47}$$

実際に座屈が生じるのは，荷重 P_k が最小となる $n = 1$ の時なので，座屈荷重として次式が得られる。

$$P_k = \frac{\pi^2 EI}{\ell_k^2} \tag{10.48}$$

これが (10.39) 式［444 頁］である。

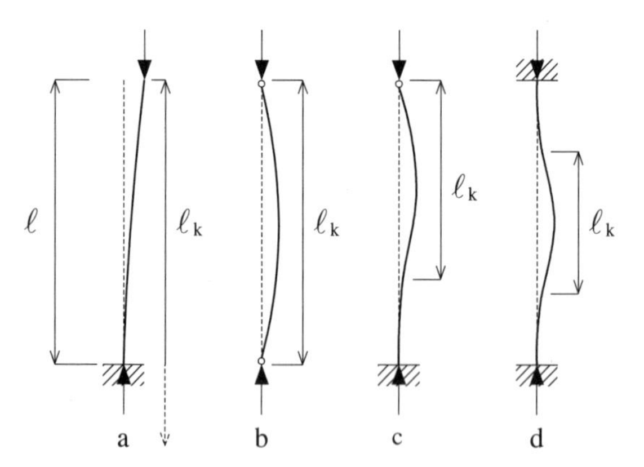

座屈によって生ずる曲げモーメントが 0 となる区間の長さが座屈長さ ℓ_k である。

a) 一端固定・他端自由の場合
$\ell_k = 2\ell$

b) 両端ピンの場合
$\ell_k = \ell$

c) 一端固定・他端ピンの場合
$\ell_k = \ell/\sqrt{2}$

d) 両端固定の場合
$\ell_k = \ell/2$

図 10.14 両端の支持条件と座屈長さ

解説「座屈長さ」

座屈荷重を示す (10.48) 式［445 頁］は，図 10.13 c［444 頁］のように両端がピンであるとして導いた。材端の支持条件がこれと異なる場合の座屈荷重は，座屈する部材の変形（曲線）と一致するように微分方程式を解くことによって得られるが，図 10.14［446 頁］に示している場合は，同図に示されている座屈長さ ℓ_k を用いることによって，(10.48) 式から求めることができる。

すなわち，座屈長さは，座屈する場合の曲げモーメントが 0 となる（反曲点から反曲点の）長さで，同図 b の両端ピンの場合は $\ell_k = \ell$ であるが，同図 a の場合は $\ell_k = 2\ell$，同図 c の場合は $\ell_k = \ell/\sqrt{2}$，同図 d の場合は $\ell_k = \ell/2$ とすると，いずれの場合も (10.48) 式から座屈荷重が求まる。

(2) 座屈応力度

座屈荷重 P_k を断面積 A で除すと座屈応力度 σ_k が次のように得られる。

$$\sigma_k = \frac{P_k}{A} = \frac{\pi^2 EI}{\ell_k^2 A} = \frac{\pi^2 E}{\ell_k^2}\left(\sqrt{\frac{I}{A}}\right)^2 \tag{10.49}$$

ここで，

$$\sqrt{\frac{I}{A}} = i \quad ：断面 2 次半径 \tag{10.50}$$

なので，上式は次のようになる。

$$\sigma_k = \frac{\pi^2 E}{\ell_k^2} i^2 = \frac{\pi^2 E}{(\ell_k / i)^2} \tag{10.51}$$

ここで，

$$\frac{\ell_k}{i} = \lambda \quad \text{：細長比} \tag{10.52}$$

とすると，上の (10.51) 式は次のようになる。

$$\sigma_k = \frac{\pi^2 E}{\lambda^2} \quad \text{：オイラー式} \tag{10.53}$$

上式は，座屈応力度 σ_k は（π が定数なので）細長比 λ とヤング係数 E のみに依存していることを示している。そして，図 10.15［447 頁］の実線（オイラー式）のように細長比が大きくなると座屈応力度は小さくなり 0 に収束し，細長比が小さくなると座屈応力度は大きくなり，細長比が 0 となると座屈応力度は無限大となることになる。もちろん，座屈応力度が無限大となることはなく，部材の圧縮強度 f_c に達すると破壊することになり，この圧縮強度に依存する部分は同図の破線のように表される。

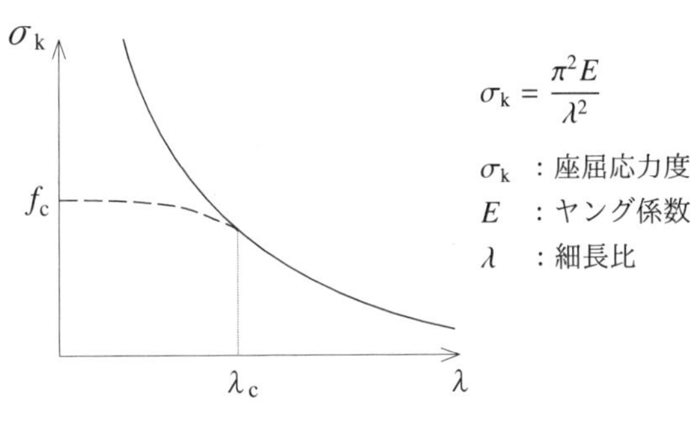

図 10.15　座屈応力度 σ_k と細長比 λ

平 13 国交告 1024（特殊な強度告示）［355 頁］に示されている各種材料の座屈許容応力度の中で，細長比が大きい場合に適用する $1/\lambda^2$ に比例する式はオイラー式に基づいており，細長比が小さい部分は図 10.15 の破線のように，この部分を直線の組合せ，あるいは放物線として表現されている。なお，同図の λ_c の値は，木材・集成材では 100，鋼材などでは基準強度に基づく限界細長比の関数となっている。

10.5　仕事と仮想仕事の定理

(1) 仕事の定理

① 外力の仕事

構造物に力 P が作用し，その作用点に変形 δ が生じた時の仕事 W_{P} は次のように表される［図 10.16 a（448 頁）参照］。

$$W_{\mathrm{P}} = \frac{1}{2} P\,\delta \tag{10.54}$$

モーメント M が作用し，その作用点に回転角 θ が生じた時の仕事 W_{M} は次のようになる［図 10.16 b（448 頁）参照］。

$$W_{\mathrm{M}} = \frac{1}{2} M\,\theta \tag{10.55}$$

よって，複数の力 P_i とモーメント M_i が作用した時の外力による仕事 W_{E} は次式のように表される。

$$W_{\mathrm{E}} = \frac{1}{2}\left(\sum P_i\,\delta_i + \sum M_i\,\theta_i\right) \tag{10.56}$$

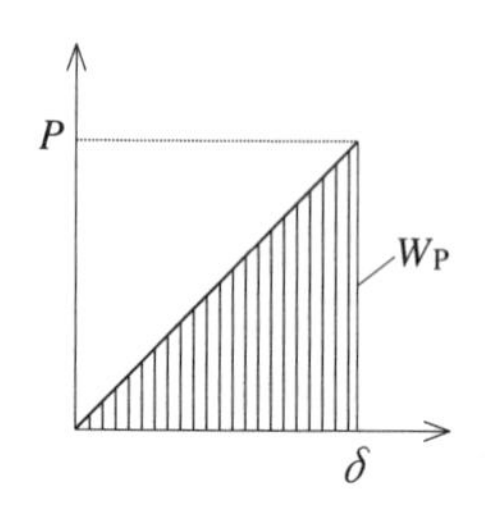

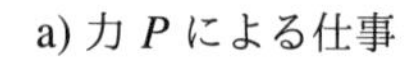
a) 力 P による仕事

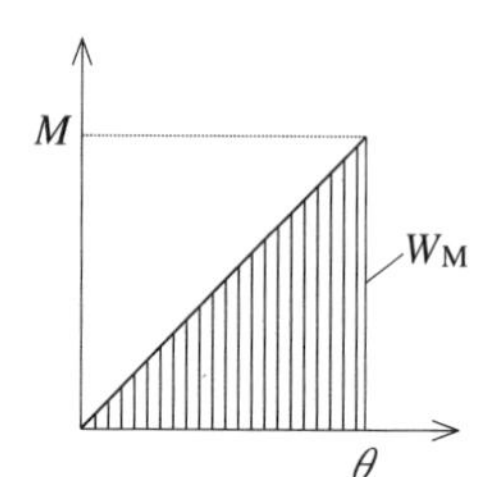

b) モーメント M による仕事

図 10.16　力 P とモーメント M による仕事

② 内力の仕事

垂直応力度 σ によって垂直歪度 ε が生じている断面積 dA，長さ dS の微小部分に生じている歪エネルギー dW_{n} は次のように表される［図 10.17（449 頁）参照］。

$$dW_{\mathrm{n}} = \frac{1}{2}\,\sigma\,dA\,\varepsilon\,dS \tag{10.57}$$

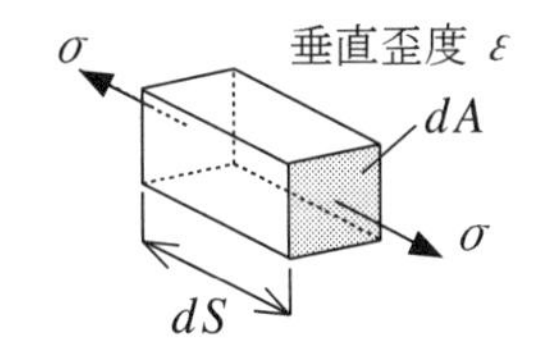

断面積 dA，長さ dS の微小部分に垂直応力度 σ が作用し，垂直歪度 ε が生じている。この微小部分の歪エネルギーは $dW_\mathrm{n} = \dfrac{1}{2}\sigma\,dA\,\varepsilon\,dS$ となる。

図 10.17　垂直応力度を受ける微小部分

ヤング係数を E とすると $\varepsilon = \sigma/E$ なので，上式は次のようになる。

$$dW_\mathrm{n} = \frac{\sigma^2}{2E}\,dA\,dS \tag{10.58}$$

断面積 A，軸力 N の場合には，$\sigma = N/A$ であるから，上式は次のようになる。

$$dW_\mathrm{n} = \frac{1}{2E}\left(\frac{N}{A}\right)^2 dA\,dS \tag{10.59}$$

断面積 A について積分すると，次式となる。

$$dW_\mathrm{n} = \int_A \frac{1}{2E}\left(\frac{N}{A}\right)^2 dA\,dS = \frac{N^2}{2EA}dS \tag{10.60}$$

部材の全長について上式を更に積分すると次式となる。

$$W_\mathrm{n} = \frac{1}{2}\int \frac{N^2}{EA}\,dS \tag{10.61}$$

長さ ℓ，断面積 A と軸力 N が一定の場合は，上式は次のようになる。

$$W_\mathrm{n} = \frac{N^2\ell}{2EA} \tag{10.62}$$

曲げモーメント M とせん断力 Q についても (10.61) 式 ［449 頁］と同様な関係が次のように得られる。

$$W_\mathrm{m} = \frac{1}{2}\int \frac{M^2}{EI}\,dS \tag{10.63}$$

$$W_\mathrm{s} = \frac{1}{2}\int \frac{\kappa Q^2}{GA}\,dS \tag{10.64}$$

ここで，κ :（せん断に関する）形状係数である†。

† κ : カッパと読む。

よって，(10.61) 式［449 頁］，(10.63) 式，(10.64) 式［449 頁］を加え合わせると，内力の仕事 W_{I} すなわち歪エネルギーは次式のようになる。

$$W_{\mathrm{I}} = \frac{1}{2}\int \frac{N^2}{EA}\,dS + \frac{1}{2}\int \frac{M^2}{EI}\,dS + \frac{1}{2}\int \frac{\kappa Q^2}{GA}\,dS \qquad (10.65)$$

③ 仕事の定理：外力の仕事＝内力の仕事

エネルギー保存の法則より，外力の仕事 (10.56) 式［448 頁］と内力の仕事 (10.65) 式［450 頁］は等しいので，$W_{\mathrm{E}} = W_{\mathrm{I}}$ とおいて，「仕事の定理」を表す次式を得る。

$$\frac{1}{2}\left(\sum P_i\,\delta_i + \sum M_i\,\theta_i\right) = \frac{1}{2}\int \frac{N^2}{EA}\,dS + \frac{1}{2}\int \frac{M^2}{EI}\,dS + \frac{1}{2}\int \frac{\kappa Q^2}{GA}\,dS \qquad (10.66)$$

例題　図 10.18 a［450 頁］に示すような，ヤング係数 E，断面 2 次モーメント I，せん断弾性係数 G，断面積 A が一定で，長さ ℓ の単純梁の端部 A に曲げモーメント M_{A} が作用する。この時の端部 A に生ずる回転角 θ_{A} を求める。

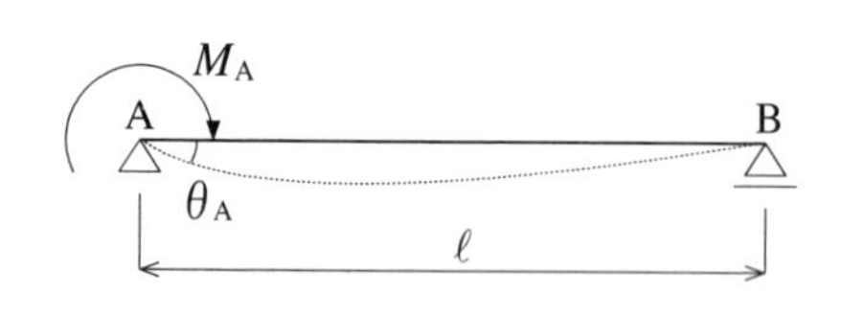

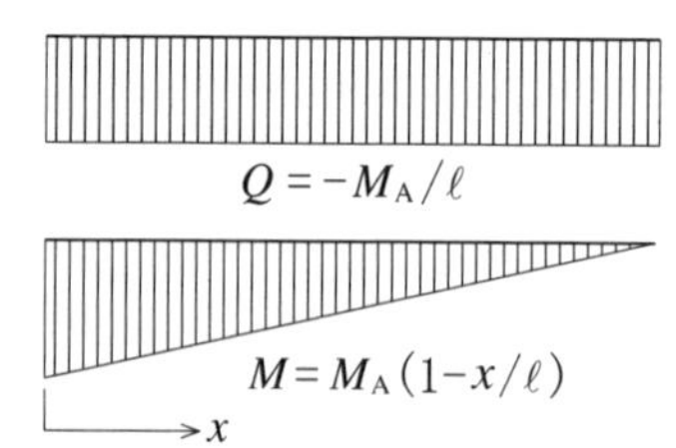

a) 端部 A の曲げモーメント M_{A}，回転角 θ_{A}　b) せん断力 Q と曲げモーメント M

図 10.18　端部に曲げモーメントを受ける単純梁の回転角

解　外力の仕事 W_{E} と内力の仕事 W_{I} は次のように表される。

$$W_{\mathrm{E}} = \frac{1}{2} M_{\mathrm{A}}\,\theta_{\mathrm{A}} \qquad (10.67)$$

$$W_{\mathrm{I}} = \frac{1}{2}\int_0^{\ell} \frac{M^2}{EI}\,dx + \frac{1}{2}\int_0^{\ell} \frac{\kappa Q^2}{GA}\,dx \qquad (10.68)$$

W_I に図 10.18 b［450 頁］の曲げモーメント M とせん断力 Q を代入し，計算する。

$$W_I = \frac{1}{2EI}\int_0^\ell M_A^2(1-\frac{x}{\ell})^2\,dx + \frac{\kappa}{2GA}\int_0^\ell (\frac{M_A}{\ell})^2\,dx$$
$$= \frac{M_A^2}{2EI}\Big[x - \frac{x^2}{\ell} + \frac{x^3}{3\ell^2}\Big]_0^\ell + \frac{\kappa M_A^2}{2GA\ell^2}\Big[x\Big]_0^\ell = \frac{M_A^2\ell}{6EI} + \frac{\kappa M_A^2}{2GA\ell} \qquad (10.69)$$

$W_E = W_I$ より次式を得る。

$$\frac{1}{2}M_A\,\theta_A = \frac{M_A^2\ell}{6EI} + \frac{\kappa M_A^2}{2GA\ell} \qquad (10.70)$$

よって，回転角 θ_A が次のように得られる。

$$\theta_A = \frac{M_A\ell}{3EI} + \frac{\kappa M_A}{GA\ell} \qquad (10.71)$$

以上のように，仕事の定理を用いると曲げ変形もせん断変形も考慮することができる。しかし，10.6 節［459 頁］で説明する撓曲線を用いる方法やモールの定理を用いる方法では，考慮できるのは曲げ変形のみであるが，回転角や撓を連続的に（数式で）求めることができるという長所がある。

(2) 相反作用の定理

図 10.19［452 頁］に示すように単純梁の i 点に荷重 P_i が作用し，i 点に変位 δ_{ii} が生じ，j 点には変位 δ_{ji} が生じたとする。一方，同図 b のように j 点に荷重 P_j が作用し，j 点に変位 δ_{jj} が生じ，i 点には変位 δ_{ij} が生じたとする。

同図 c のように，荷重 P_i が作用した時 P_i による仕事は $\frac{1}{2}P_i\,\delta_{ii}$［図 10.20 a（452 頁）に示すように P_i は 0 から徐々に大きくなって P_i になるので $\frac{1}{2}$ が付く］である。続いて，荷重 P_j が作用した時の P_j による仕事は $\frac{1}{2}P_j\,\delta_{jj}$ であるが，i 点に変位 δ_{ij} が生じるので，これによって荷重 P_i が δ_{ij} 移動するので，この仕事は $P_i\,\delta_{ij}$［図 10.20 b に示すように P_i は変化しないので $\frac{1}{2}$ は付かない］である。よって，この場合の P_i と P_j による仕事 W_1 は次のように表される。

$$W_1 = \frac{1}{2}P_i\,\delta_{ii} + \frac{1}{2}P_j\,\delta_{jj} + P_i\,\delta_{ij} \qquad (10.72)$$

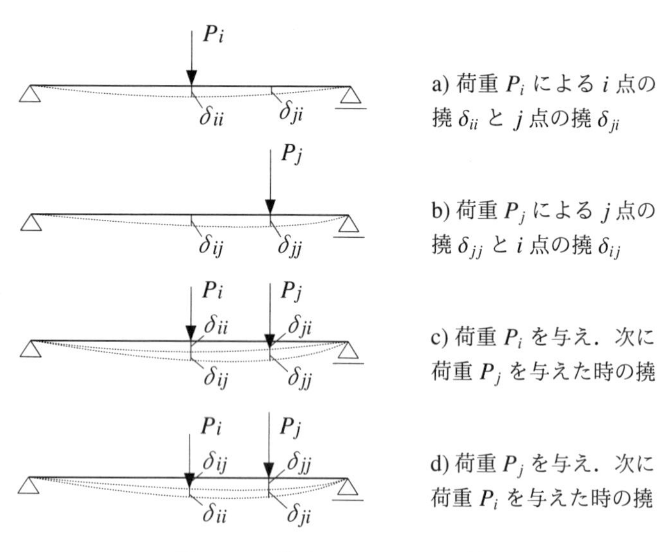

図 10.19　荷重 P_i と P_j による撓

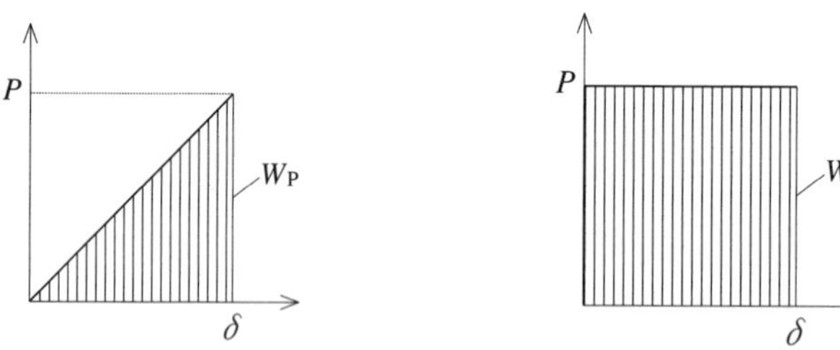

a) P が 0 から始まる場合の仕事　　b) P が一定である場合の仕事

図 10.20　P が 0 から始まる場合と一定である場合の仕事

次に，図 10.19 d［452 頁］のように，荷重 P_j が作用し，続いて荷重 P_i が作用した時の仕事 W_2 は同図 c と同様に考えると次のようになる。

$$W_2 = \frac{1}{2}P_j\,\delta_{jj} + \frac{1}{2}P_i\,\delta_{ii} + P_j\,\delta_{ji} \tag{10.73}$$

荷重を加える順序によって仕事は変わらないので，$W_1 = W_2$ となり次式が得られる。

$$P_i\ \delta_{ij} = P_j\ \delta_{ji} \tag{10.74}$$

これが，ベッティの相反作用の定理である。更に，$P_i = P_j$ とすると，上式は次のようになる。

$$\delta_{ij} = \delta_{ji} \tag{10.75}$$

これが，マックスウェルの相反作用の定理である。

すなわち，i 点に力 P_i を加えたとき j 点に生じる変位を δ_{ji} とし，j 点に力 P_j を加えたとき i 点に生じる変位を δ_{ij} とする。この時 $P_i \delta_{ij} = P_j \delta_{ji}$ となり，これをベッティの相反作用の定理という。$P_i = P_j$ の場合には $\delta_{ij} = \delta_{ji}$ となり，これをマックスウェルの相反作用の定理という

以上の法則は図 10.20［452 頁］の単純梁を例に導いたが，どのような構造物にも（静定・不静定にかかわらず線形弾性範囲である限りは）適用できる。この法則は当然のようにも思われるが，図 10.21［453 頁］において断面が一様でなくとも両者の δ が等しいことは不思議とも感じられるであろう（もちろん，i, j 点はどの位置でも構わない）。

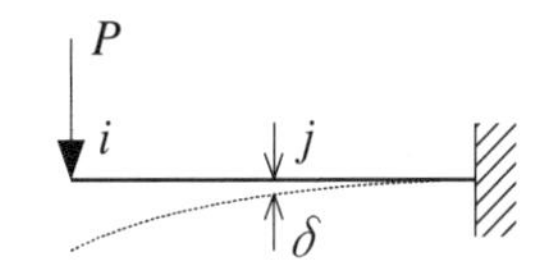

a) i 点の P による j 点の δ

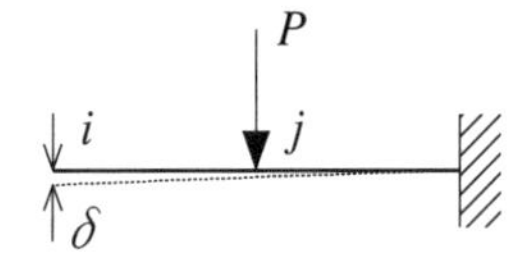

b) j 点の P による i 点の δ

図 10.21　ベッティの法則（両者の δ は等しい）

例題　図 10.22 a［453 頁］に示すように片持梁の先端の A 点に荷重 P が作用し，A 点の撓が δ，B 点の撓が 0.5δ となった。この梁に同図 b のように A 点と B 点に荷重 $2P$ が作用した場合の A 点の撓 y を求める。なお，梁は線形弾性体で撓は微小とする。

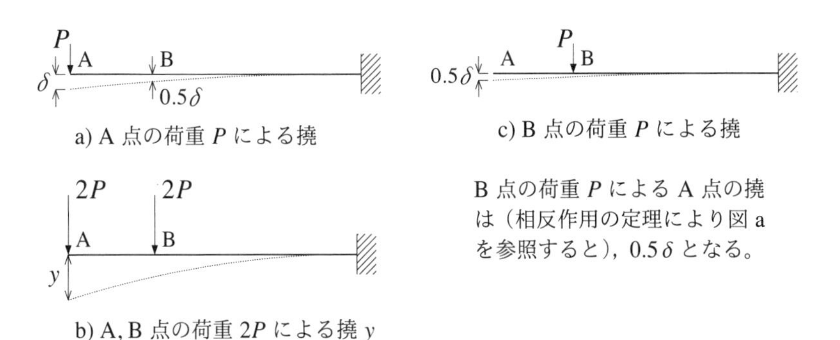

図 10.22　A 点と B 点の荷重による撓 y

解　相反作用の定理により，図 10.22 c［453 頁］のように B 点に荷重 P が作用する場合，先端 A の撓は 0.5δ となる。よって，同図 b の A 点の荷重 $2P$ による A 点の撓は（同図 a の 2 倍の）2δ，B 点の荷重 $2P$ による A 点の撓は（同図 c の 2 倍の）δ となり，これらの和が A 点の撓 y となる。

$$y = 2\delta + \delta = 3\delta \tag{10.76}$$

(3) 仮想仕事の定理

構造物に仮想外力（モーメントを含む）$\bar{P}_i, \bar{M}_i$ が加わっており，それらによって応力 $\bar{N}_i, \bar{M}_i, \bar{Q}_i$ が生じているとする［図 10.23 a（454 頁）参照］。この構造物に外力 P_j が作用し，それによって応力 N_j, M_j, Q_j が生じ［図 10.23 b（454 頁）参照］，$\bar{P}_i$ の方向に変位 δ_{ij}，回転 θ_{ij} が生じたとする［図 10.23 c（454 頁）参照］。

この時の仮想外力による仕事 $\bar{W}_E$ は次式で表される。

$$\bar{W}_E = \sum \bar{P}_i \, \delta_{ij} + \sum \bar{M}_i \, \theta_{ij} \tag{10.77}$$

ここで，通常の仕事を表す 1/2 が付いていないのは，図 10.20 b［452 頁］と同様に仮想外力は 0 から徐々に増加するのではなく，最初から加わっていて，その加力点が移動するので，仕事が単に「力×距離（変位）」で表されるからである。

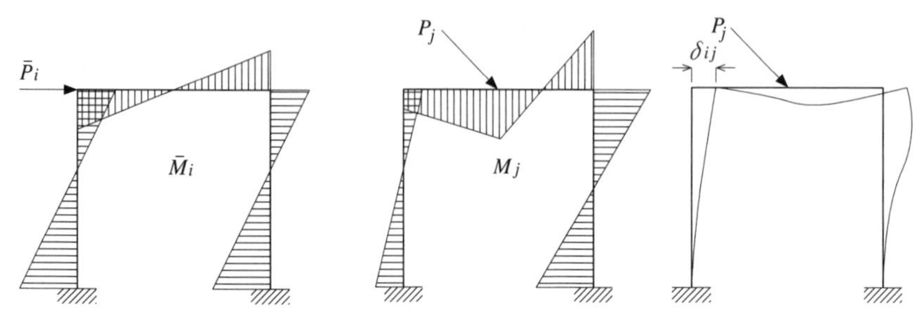

a) 仮想外力 $\bar{P}_i$ による応力 $\bar{M}_i$　b) 外力 P_j による応力 M_j　c) 外力 P_j による変位 δ_{ij}

図 10.23　$\bar{P}_i$ による応力と P_j による応力と変位 δ_{ij}

仮想外力・仮想モーメントは複数考えることができるが，この図では代表して $\bar{P}_i$ のみを示している。仮想外力・仮想モーメントによって曲げモーメント・せん断力・軸力が生ずるが，代表して $\bar{M}_i$ のみを示している。外力・モーメントについても複数考えることができるが，ここでは P_j とそれによって生ずる M_j のみを示している。変位・回転角についても代表して δ_{ij} のみが示されている。

次に，構造部材に生ずる仕事を考えると，仮想外力によって $\bar{N}_i, \bar{M}_i, \bar{Q}_i$ が生じている部材の微小区間 dS に，外力 P_j によって変形 $N_j\,dS/(EA), M_j\,dS/(EI)$, $\kappa Q_j\,dS/(GA)$ が生ずる。よって，仮想外力による内力の仕事 $\bar{W}_\mathrm{I}$ は次式となる。

$$\bar{W}_\mathrm{I} = \int \frac{\bar{N}_i N_j}{EA}\,dS + \int \frac{\bar{M}_i M_j}{EI}\,dS + \int \frac{\kappa \bar{Q}_i Q_j}{GA}\,dS \tag{10.78}$$

ここで，（外力による仕事と内力による仕事は等しいという）仕事の原理により以上の2式から次式が得られる（左辺の Σ は仮想外力についての総和，右辺の $\int$ は構造物の全部材に対する積分で，部材応力の添字 i, j は省略する）。

$$\sum \bar{P}_i\,\delta_{ij} + \sum \bar{M}_i\,\theta_{ij} = \int \frac{N\bar{N}}{EA}\,dS + \int \frac{M\bar{M}}{EI}\,dS + \int \frac{\kappa Q\bar{Q}}{GA}\,dS \tag{10.79}$$

仮想外力は任意に与えることができるので，$\bar{P}_i$ のうちの1つを1として他をすべて0とすると次式が得られる。

$$\delta_{ij} = \int \frac{N\bar{N}}{EA}\,dS + \int \frac{M\bar{M}}{EI}\,dS + \int \frac{\kappa Q\bar{Q}}{GA}\,dS \tag{10.80}$$

よって，$\bar{P}_i = 1$ とした時の力の作用方向の変位は上式で得られる。回転角についても同様の式が次のように得られる。

$$\theta_{ij} = \int \frac{N\bar{N}}{EA}\,dS + \int \frac{M\bar{M}}{EI}\,dS + \int \frac{\kappa Q\bar{Q}}{GA}\,dS \tag{10.81}$$

以上の2式を用いると外力 P_j（またはモーメント）が作用している構造物の i 点の変位（または回転角）を求めることができる。

例題　図10.24a［456頁］の上に示す，ヤング係数 E，断面2次モーメント I，長さ ℓ の片持梁の先端に鉛直荷重 P が作用する。この時の（曲げ変形による）先端と中央の撓 δ を仮想仕事法によって求める。

解　図10.24a［456頁］の上の片持梁のせん断力と曲げモーメントは同図aの中・下図のようになり，曲げモーメントは次式で表される。

$$M = Px \tag{10.82}$$

次に，先端の撓を求めるため，先端に仮想荷重1を加えると，曲げモーメントは次式となる（同図bの上参照）。

$$\bar{M} = x \tag{10.83}$$

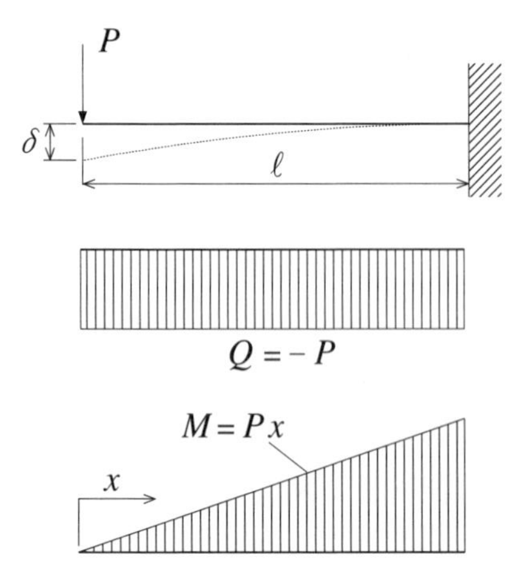

仮想荷重 1 は，撓を求める位置に，撓の方向に加える。
（鉛直方向の撓を求める際には鉛直方向に，水平方向の撓を求める際には水平方向に仮想荷重を加える。）

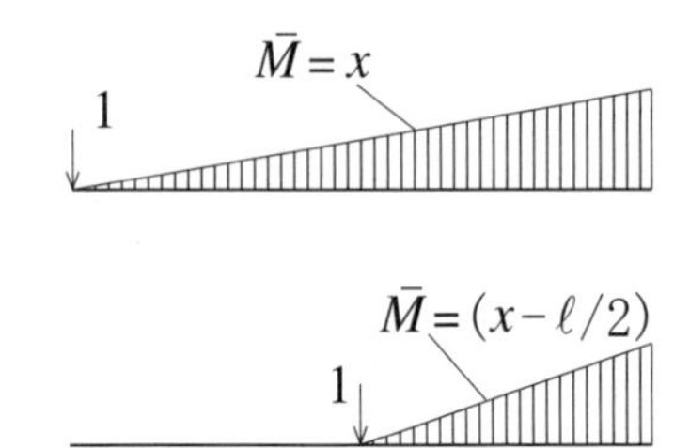

a) 梁の荷重・せん断力・曲げモーメント　　b) 仮想荷重による曲げモーメント

図 10.24　先端に荷重 P を受ける片持梁の撓

仮想仕事の定理の (10.80) 式［455 頁］に以上の 2 式を代入し，梁の長さ方向に積分すると，先端の撓 δ が次のように得られる。

$$\delta = \int_0^{\ell} \frac{Px^2}{EI} dx = \frac{P}{EI}\left[\frac{x^3}{3}\right]_0^{\ell} = \frac{P\ell^3}{3EI} \quad （先端の撓） \tag{10.84}$$

次に，梁の中央の撓を求める。この場合は，梁の中央に仮想荷重 1 を加え（図 b 下参照），それによって生ずる曲げモーメントは $\bar{M} = (x - \ell/2)$ となる。曲げモーメントが 0 となる範囲の積分は 0 となるので，撓は次のように得られる。

$$\delta = \int_{\ell/2}^{\ell} \frac{Px(x - \ell/2)}{EI} dx = \frac{P}{EI}\left[\frac{x^3}{3} - \frac{\ell x^2}{4}\right]_{\ell/2}^{\ell} = \frac{5P\ell^3}{48EI} \quad （中央の撓） \tag{10.85}$$

片持梁の先端の撓はハンドブックなどに載っているので，このような計算をすることはめったにないかも知れない。しかし，建築士などの試験の際に公式を思い出すことができない場合や，梁の先端ではない位置の撓を知りたい時などに式を導く必要が生じることもあろう。撓曲線やモールの定理を用いると梁の撓を連続的に数式で求めることができるが，曲げ変形のみの場合に限られる。一方，仮想仕事法には，（上の例題では考慮しているのは曲げ変形のみであるが）せん断変形の影響なども考慮することができる利点がある。

例題　図 10.25 a［457 頁］に示す，ヤング係数 E，断面 2 次モーメント I，長さ ℓ の片持梁に等分布荷重 w が作用している。この時の（曲げ変形による）先端と中央の撓 δ を仮想仕事法によって求める。

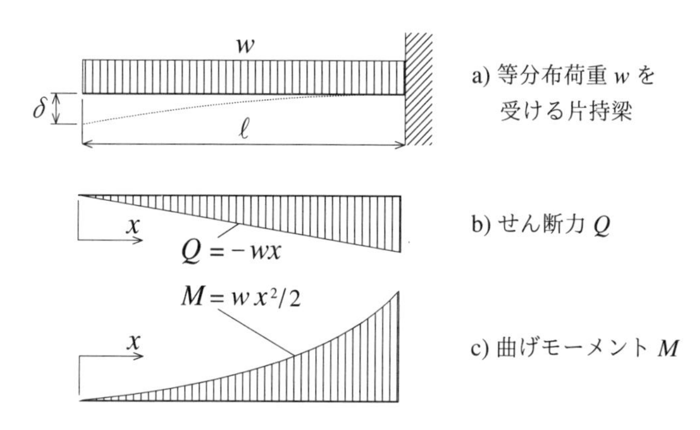

図 10.25　等分布荷重 w を受ける片持梁の撓

解　図 10.25 a の片持梁の曲げモーメントは次式で表される（同図 c 参照）。

$$M = \frac{wx^2}{2} \tag{10.86}$$

次に，撓を求めようとする位置に仮想荷重 1 を与えると，曲げモーメントは図 10.24 b［456 頁］の上と同じで次式となる。

$$\bar{M} = x \tag{10.87}$$

仮想仕事の定理の (10.80) 式［455 頁］に上の 2 つの式を代入し，梁の長さ方向に積分すると，先端の撓 δ が次のように得られる。

$$\delta = \int_0^\ell \frac{wx^3}{2EI}dx = \frac{w}{EI}\left[\frac{x^4}{8}\right]_0^\ell = \frac{w\ell^4}{8EI} \quad \text{（先端の撓）} \tag{10.88}$$

次に，梁の中央の撓を求める。梁の中央に仮想荷重 1 を加えた時の曲げモーメントは図 10.24 b［456 頁］の下と同じなので，撓は次のように得られる。

$$\delta = \int_{\ell/2}^\ell \frac{(wx^2/2)(x-\ell/2)}{EI}dx = \frac{w}{2EI}\left[\frac{x^4}{4} - \frac{\ell x^3}{6}\right]_{\ell/2}^\ell = \frac{17w\ell^4}{384EI} \quad \text{（中央の撓）} \tag{10.89}$$

例題　図 10.26 a［458 頁］に示すトラスの節点 E の鉛直変位と節点 A の水平変位を仮想仕事法によって求める。ただし，部材のヤング係数 E と断面積 A はすべての部材で同一とする。

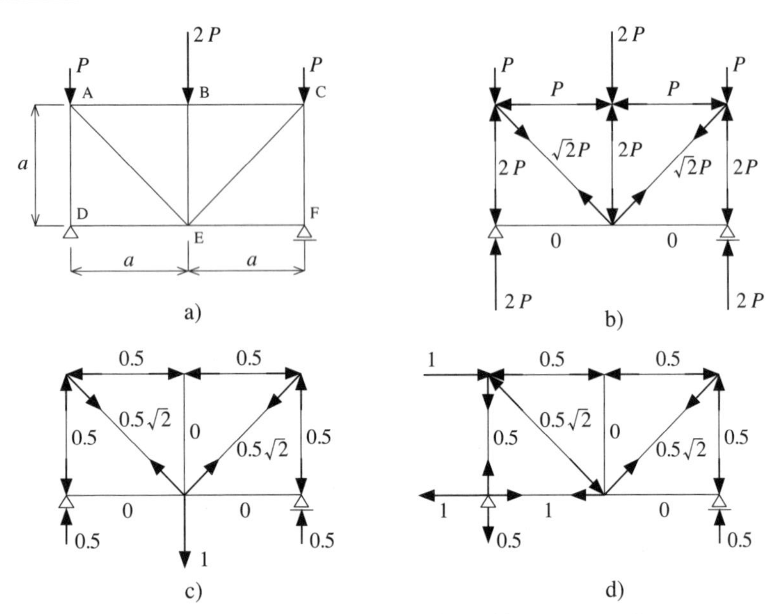

図 10.26　トラスの節点 E の鉛直変位と節点 A の水平変位

解　仮想仕事の定理を表す (10.80) 式［455 頁］をトラスに適用するため，軸力のみを考慮すると次式となる。

$$\delta_{ij} = \int \frac{N\bar{N}}{EA}\, dS \qquad (10.90)$$

部材断面が一様で部材の長さを ℓ とすると，上式を次のように表すことができる。

$$\delta_{ij} = \sum \frac{N\bar{N}}{EA} \times \ell \qquad (10.91)$$

よって，図 10.26 a［458 頁］の応力を求めると同図 b のようになる。次に，変位を求める位置と方向に単位荷重を加えると，応力が同図 c, d のように求まる。同図 b, c, d の応力から表 10.1［459 頁］のように計算すると，上式の値が同表の計のように求まる（同表の左側の 3 欄は鉛直変位と水平変位を求める際に共通して用いる）。よって，節点 E の鉛直変位 δ_{vE} と節点 A の水平変位 δ_{hA} が次のように求まる。

$$\delta_{\mathrm{vE}} = (3 + 2\sqrt{2})\frac{aP}{EA} \qquad \delta_{\mathrm{hA}} = \frac{aP}{EA} \tag{10.92}$$

表 10.1 トラスの鉛直変位・水平変位

部材	$\ell\ (\times\frac{a}{EA})$	$N\ (\times P)$	節点 E の鉛直変位		節点 A の水平変位	
			$\bar{N}$	$\ell N\bar{N}\ (\times\frac{aP}{EA})$	$\bar{N}$	$\ell N\bar{N}\ (\times\frac{aP}{EA})$
AB	1	−1	−0.5	0.5	−0.5	0.5
BC	1	−1	−0.5	0.5	−0.5	0.5
DE	1	0	0	0	1	0
EF	1	0	0	0	0	0
AD	1	−2	−0.5	1	0.5	−1
BE	1	−2	0	0	0	0
CF	1	−2	−0.5	1	−0.5	1
AE	$\sqrt{2}$	$\sqrt{2}$	$0.5\sqrt{2}$	$\sqrt{2}$	$-0.5\sqrt{2}$	$-\sqrt{2}$
CE	$\sqrt{2}$	$\sqrt{2}$	$0.5\sqrt{2}$	$\sqrt{2}$	$0.5\sqrt{2}$	$\sqrt{2}$
計				$3+2\sqrt{2}$		1

以上の 3 つの例題から，仮想仕事法を用いると変形を比較的容易に求めることができることが分かる。しかし，変形を求める点と方向ごとに単位荷重を加えなければならない。これに比べ，考慮できるのは曲げ変形のみであるが，次に示す撓曲線やモールの定理を用いると変形を連続的に求めることができる。

10.6 撓曲線とモールの定理

(1) 曲げ材の撓曲線

曲げ材（曲げ変形のみを考慮し，せん断変形などを無視）の変形した材軸を図 10.27 a［460 頁］の ACB とすると，曲線 ACB を撓曲線または弾性曲線と呼ぶ。同図において θ は回転角で，次式の関係がある。

$$\tan\theta = \frac{dy}{dx} \tag{10.93}$$

θ が微小であれば，$\tan\theta \approx \theta$（回転角）となるので，上式は次のようになる。

$$\theta = \frac{dy}{dx} \tag{10.94}$$

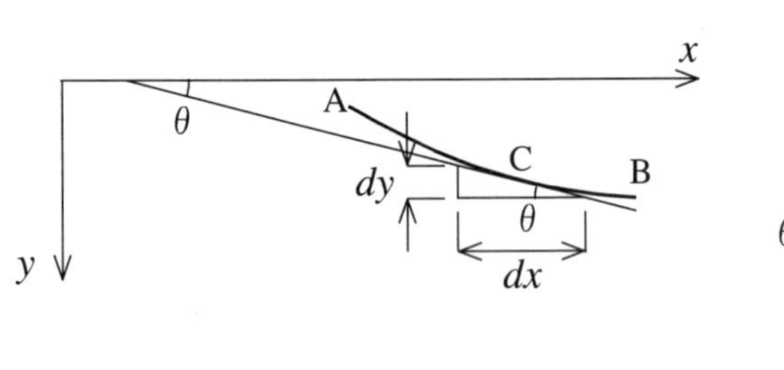

a) 撓曲線 ACB

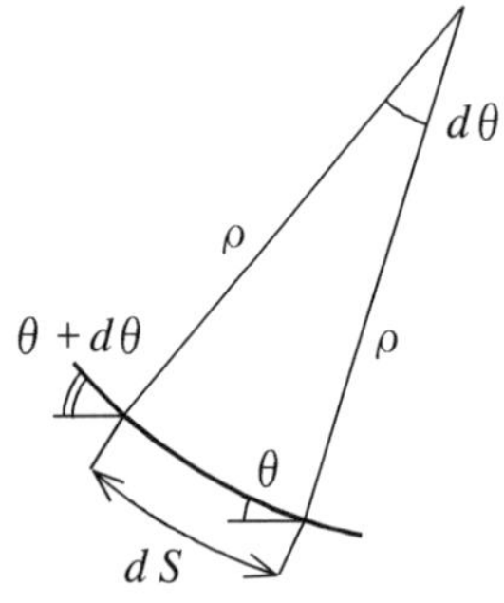

b) 曲率半径 ρ・曲率 $1/\rho$

図 10.27　撓曲線と曲率

一方，図 10.27 b［460 頁］において，dS 離れた間で回転角が $d\theta$ 変化したとすると，単位長さ当たりの回転角の変化を曲率といい，曲率半径 ρ とは次の関係がある。

$$\frac{1}{\rho} = \frac{d\theta}{dS} \tag{10.95}$$

θ が微小であれば，$dS = dx$ となるので，次式を得る。

$$\frac{1}{\rho} = \frac{d\theta}{dS} = \pm\frac{d^2y}{dx^2} \tag{10.96}$$

すなわち，曲率（$1/\rho$）は撓 y を材軸に沿って 2 回微分したものである。

なお，座標 x, y, θ の取り方は必ずしも図 10.27 a［460 頁］のとおりとは限らないので，一般性を持たすために符号 ± が付けてある（実用上は符号を気にしないで，最後に符号を考えても差し支えない場合が多い）。

さて，曲率は次式のように曲げモーメントを曲げ剛性で除したものとして既に (10.10) 式［432 頁］で導かれている。

$$\frac{1}{\rho} = \frac{M}{EI} \tag{10.97}$$

よって，次式を得る。

$$\frac{d^2y}{dx^2} = \pm\frac{M}{EI} \tag{10.98}$$

以上より，次のような式が得られる。

$$\theta = \frac{dy}{dx} = \int \frac{d^2y}{dx^2}dx = -\int \frac{M}{EI}dx \tag{10.99}$$

$$y = \int \theta\, dx = \int \frac{dy}{dx}dx = \iint \frac{d^2y}{dx^2}dx\,dx = -\iint \frac{M}{EI}dx\,dx \tag{10.100}$$

上の 2 式によって，曲げモーメントが求まると回転角と撓が求まる。

なお，積分定数は，境界条件から求まる。例えば，梁端が固定の場合は回転角も撓も生じないので $\frac{dy}{dx} = 0$，$y = 0$ となる。梁端がピンまたはローラーの場合は $y = 0$ となる。

例題　図 10.28 a［461 頁］に示すような長さ ℓ の単純梁に等分布荷重 w が作用する際の回転角 θ と撓 y を材端からの距離 x の関数として求める。なお，梁のヤング係数 E，断面 2 次モーメント I は一定とする。

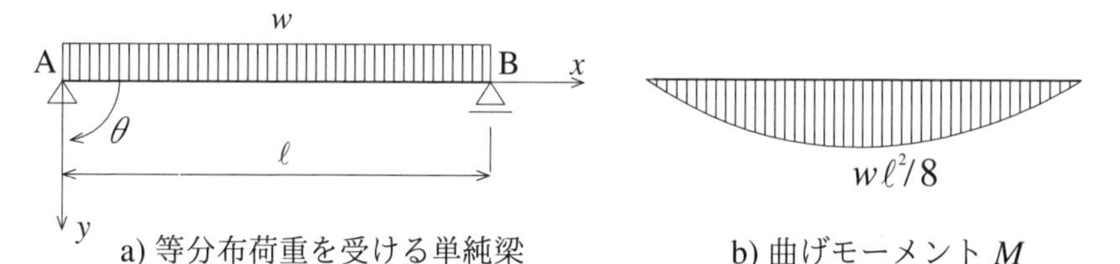

図 10.28　単純梁の回転角と撓を求める

解　曲げモーメント M は図 10.28 b［461 頁］のようになり，次式で表される。

$$M = \frac{w}{2}x(\ell - x) = \frac{w\ell}{2}x - \frac{w}{2}x^2 \tag{10.101}$$

よって，(10.99) 式と (10.100) 式を用いると，

$$\theta = \int_0^\ell \frac{M}{EI}dx = -\frac{1}{EI}\int_0^\ell \left(\frac{w\ell}{2}x - \frac{w}{2}x^2\right)dx$$
$$= \frac{1}{EI}\left(-\frac{w\ell}{4}x^2 + \frac{w}{6}x^3 + C_1\right) \tag{10.102}$$

$$y = \int \theta\, dx = \frac{1}{EI}\left(-\frac{w\ell}{12}x^3 + \frac{w}{24}x^4 + C_1x + C_2\right) \tag{10.103}$$

境界条件より，$x = 0$ で $y = 0$ であるので，$C_2 = 0$，$x = \ell$ でも $y = 0$ であるから次のようになる。

$$-\frac{w\ell^4}{12}+\frac{w\ell^4}{24}+C_1\ell=0 \quad ゆえに \quad C_1=\frac{w\ell^3}{24} \tag{10.104}$$

よって，

$$\theta=\frac{1}{EI}\left(-\frac{w\ell}{4}x^2+\frac{w}{6}x^3+\frac{w\ell^3}{24}\right) \tag{10.105}$$

$$y=\frac{1}{EI}\left(-\frac{w\ell}{12}x^3+\frac{w}{24}x^4+\frac{w\ell^3}{24}x\right) \tag{10.106}$$

回転角が最大となる端部 A（$x=0$）では回転角 θ_A は次のようになる。

$$\theta_A=\frac{w\ell^3}{24EI} \tag{10.107}$$

最大撓 δ_{max} はスパン中央で生ずるので，$x=\ell/2$ を y に代入して次のように求まる。

$$\delta_{max}=\frac{5w\ell^4}{384EI} \tag{10.108}$$

(2) モールの定理

曲率・回転角・撓の関係と荷重・せん断力・曲げモーメントの関係をまとめると表 10.2［463 頁］のようになる。この表より，**M/EI を荷重と考えて，せん断力・曲げモーメントを求めると，回転角・撓が求められる**ことになる。これをモールの定理という。なお，積分定数は境界条件を満足するように求める必要がある。

例題　図 10.29 a［462 頁］に示すような長さ ℓ の単純梁の両端に曲げモーメント M_A が作用する際の回転角 θ と撓 y をモールの定理を用いて求める。なお，梁のヤング係数 E，断面 2 次モーメント I は一定とする。

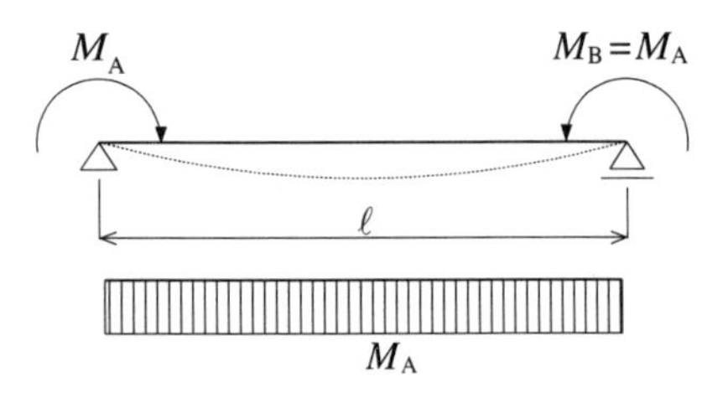

a) 両端に曲げモーメント M_A を受ける単純梁

b) 曲げモーメント

図 10.29　両端に曲げモーメントを受ける単純梁とその曲げモーメント図

表 10.2　曲率・回転角・撓の関係と荷重・せん断力・曲げモーメントの関係

曲率・回転角・撓の関係		荷重・せん断力・曲げモーメントの関係	
曲率	$\dfrac{1}{\rho}=\dfrac{M}{EI}$	荷重	w
回転角	$\theta=-\int\dfrac{M}{EI}dx$	せん断力	$Q=-\int w\,dx$
撓	$y=-\iint\dfrac{M}{EI}dx\,dx$	曲げモーメント	$M=-\iint w\,dx\,dx$
撓	y	曲げモーメント	M
回転角	$\theta=\dfrac{dy}{dx}$	せん断力	$Q=\dfrac{dM}{dx}$
曲率	$\dfrac{M}{EI}=-\dfrac{d^2y}{dx^2}$	荷重	$w=-\dfrac{d^2M}{dx^2}$

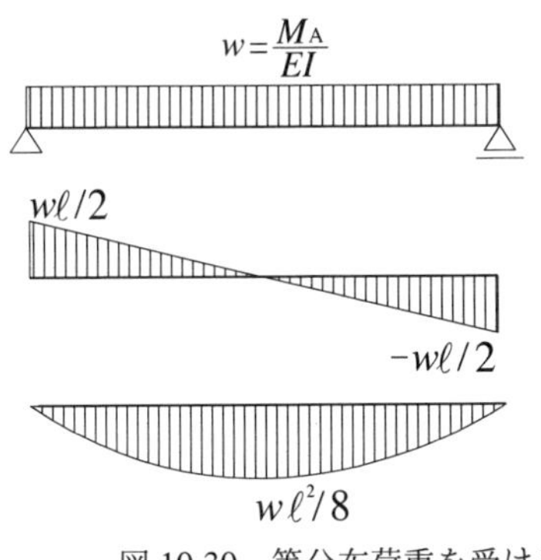

a) 図 10.29 b［462 頁］の曲げーモーメントを $1/(EI)$ 倍したものを荷重 w とする。

b) この荷重によるせん断力は,

$Q=\dfrac{w\ell}{2}-wx=\dfrac{M_A}{2EI}(\ell-2x)$

これが図 10.29 a の回転角である。

c) 更に，曲げモーメントを求める。

$M=\dfrac{w}{2}x(\ell-x)=\dfrac{M_A}{2EI}x(\ell-x)$

これが図 10.29 a の撓である。

図 10.30　等分布荷重を受ける単純梁のせん断力と曲げモーメント

解　図 10.29 a［462 頁］の単純梁の曲げモーメントは同図 b のようになる。この曲げモーメントに $1/(EI)$ を乗じたものを図 10.30 a［463 頁］のように荷重 w と考えると，せん断力 Q は次のようになる（同図 b)。

$$Q=\frac{w\ell}{2}-wx=\frac{M_A}{2EI}(\ell-2x) \tag{10.109}$$

更に，図 10.30 a の等分布荷重によって生ずる曲げモーメント M を考えると，次のようになる（同図 c)。

$$M=\frac{w}{2}x(\ell-x)=\frac{M_A}{2EI}x(\ell-x) \tag{10.110}$$

モールの定理より，(10.109) 式［463 頁］のせん断力が図 10.29 a［462 頁］に示されている単純梁の回転角，(10.110) 式の曲げモーメントが撓である。

よって，図 10.29 a［462 頁］の回転角は端部で最大となり，(10.109) 式に $x=0$ を代入して次のように得られる。

$$\theta_{\max} = \frac{M_{\mathrm{A}}\ell}{2EI} \tag{10.111}$$

撓はスパン中央で最大となり，(10.110) 式に $x=\ell/2$ を代入して次のようになる。

$$\delta_{\max} = \frac{M_{\mathrm{A}}\ell^2}{8EI} \tag{10.112}$$

例題　図 10.31 a［464 頁］に示すような長さ ℓ の単純梁の B 端にモーメント M_{B} が作用する際の端部の回転角 θ_{A} と θ_{B} をモールの定理を用いて求める。なお，梁のヤング係数 E，断面 2 次モーメント I は一定とする。

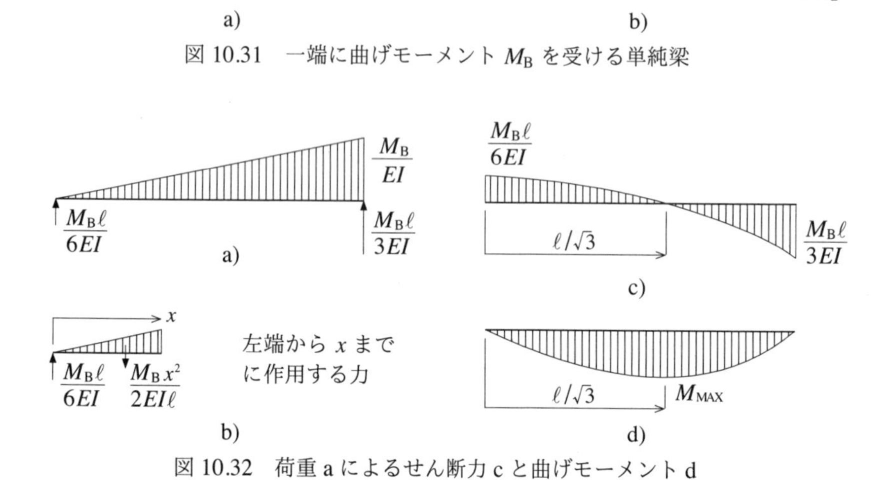

図 10.31　一端に曲げモーメント M_{B} を受ける単純梁

図 10.32　荷重 a によるせん断力 c と曲げモーメント d

解　図 10.31 a［464 頁］の曲げモーメントは同図 b のようになる。このモーメントを EI で除したものを図 10.32 a［464 頁］のように（向きを変えて）荷重と考えると，反力は次のように求まる。

$$\text{A 端の反力：}\ \frac{M_{\mathrm{B}}\ell}{6EI} \qquad \text{B 端の反力：}\ \frac{M_{\mathrm{B}}\ell}{3EI} \tag{10.113}$$

モールの定理により，これらの反力が図 10.31 a の回転角となる。すなわち，

$$\theta_{\mathrm{A}} = \frac{M_{\mathrm{B}}\ell}{6EI} \qquad \theta_{\mathrm{B}} = \frac{M_{\mathrm{B}}\ell}{3EI} \tag{10.114}$$

ついでに，図 10.32 a のせん断力と曲げモーメントを求めてみる。A 端から x の位置までに作用している力は同図 b のようになるので，せん断力と曲げモーメントは次のようになる。

$$Q = \frac{M_{\mathrm{B}}\ell}{6EI} - \frac{M_{\mathrm{B}}x^2}{2EI\ell} \qquad M = \frac{M_{\mathrm{B}}\ell x}{6EI} - \frac{M_{\mathrm{B}}x^3}{6EI\ell} \tag{10.115}$$

上の第 1 式から，せん断力は $x = \ell/\sqrt{3}$ で 0 となるので，この値を上の第 2 式に代入すると曲げモーメントの最大値 M_{MAX} が次のように求まる。

$$M_{\mathrm{MAX}} = \frac{M_{\mathrm{B}}\ell^2}{9\sqrt{3}EI} \tag{10.116}$$

これが図 10.31 a の梁の最大撓である。

例題　図 10.33［465 頁］に示すような長さ ℓ の単純梁のスパン中央に集中荷重 P が作用する際の回転角 θ と撓 y をモールの定理を用いて求める。なお，梁のヤング係数 E，断面 2 次モーメント I は一定とする。

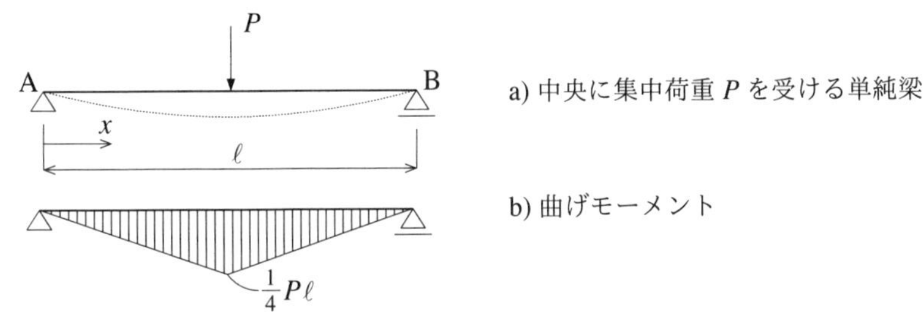

図 10.33　スパン中央に集中荷重を受ける単純梁とその曲げモーメント図

解　図 10.33 a［465 頁］の単純梁の曲げモーメントは同図 b のようになる。この曲げモーメントに $\frac{1}{EI}$ を乗じたものを図 10.34 a［466 頁］のように荷重 w と考える。

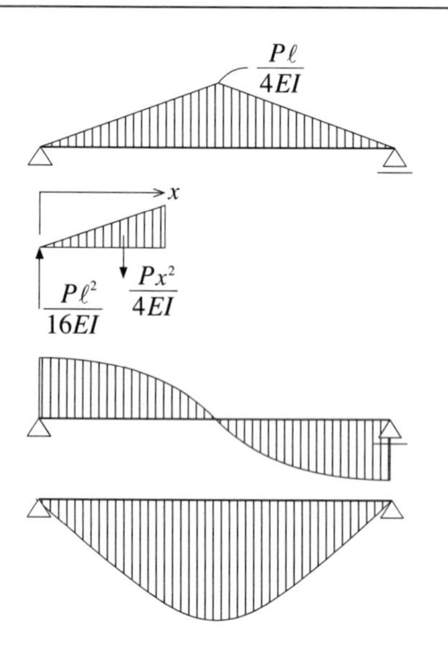

a) 図 10.33 b［465 頁］の曲げーモーメントを参照し，分布荷重を $w = \dfrac{M}{EI}$ とすると，次式が得られる。

$w = \dfrac{P}{2EI}x$（$0 \leqq x \leqq \dfrac{\ell}{2}$: 左右対称）

b) 左端から x の位置におけるせん断力と曲げモーメントを考える。

c) 上の荷重 w によるせん断力 Q が次のように求まる。

$Q = \dfrac{P\ell^2}{16EI} - \dfrac{Px^2}{4EI}$（$0 \leqq x \leqq \dfrac{\ell}{2}$: 左右対称）

これが図 10.33 a［465 頁］の回転角である。

d) 更に，曲げモーメント M を求める。

$M = \dfrac{P\ell^2}{16EI}x - \dfrac{P}{12EI}x^3$（$0 \leqq x \leqq \dfrac{\ell}{2}$: 左右対称）

これが図 10.33 a の撓である。

図 10.34　三角形の分布荷重を受ける単純梁のせん断力と曲げモーメント

$$w = \frac{P}{2EI}x \qquad \left(0 \leqq x \leqq \frac{\ell}{2}，左右対称\right) \tag{10.117}$$

支点反力は $P\ell^2/(16EI)$ となり，左端から x の位置で切断した部分に作用する荷重は $Px^2/(4EI)$ となるので［図 10.34 b 参照］，せん断力 Q は次のようになる［同図 c］。

$$Q = \frac{P\ell^2}{16EI} - \frac{Px^2}{4EI} \qquad \left(0 \leqq x \leqq \frac{\ell}{2}，左右対称\right) \tag{10.118}$$

図 10.34 b に作用する力によって生ずる曲げモーメントを考えると，左端から x の位置における曲げモーメント M は次のようになる［同図 d］。

$$\begin{aligned} M &= \frac{P\ell^2}{16EI} \times x - \frac{Px^2}{4EI} \times \frac{1}{3}x \\ &= \frac{P\ell^2}{16EI}x - \frac{P}{12EI}x^3 \qquad \left(0 \leqq x \leqq \frac{\ell}{2}，左右対称\right) \end{aligned} \tag{10.119}$$

(10.118) 式［466 頁］のせん断力が図 10.33 a［465 頁］に示されている単純梁の回転角，(10.119) 式の曲げモーメントが図 10.33 a の単純梁の撓である。

よって，図 10.33 a の回転角は端部で最大となり，(10.118) 式に $x = 0$ を代入して次のように得られる。

$$\theta_{\max} = \frac{P\ell^2}{16EI} \tag{10.120}$$

撓はスパン中央で最大となり，(10.119) 式に $x = \ell/2$ を代入して次のようになる。

$$\delta_{\max} = \frac{P\ell^3}{48EI} \tag{10.121}$$

モールの定理を用いると，曲げ変形のみを考慮した場合の回転角や撓を比較的容易に求めることができる。しかし，464 頁の例題のように加わる荷重が多少複雑になると曲げモーメントは容易に求まっても，それに $1/(EI)$ を乗じたものを荷重と考えると，（せん断力は比較的容易に求まるが）曲げモーメントを求めるのはかなり面倒である。それに比べ，仮想仕事法は，ある限られた点における回転角や撓を求めるには，計算も比較的容易で非常に便利な方法である。

例題　図 10.35 a［467 頁］に示すような跳ね出しの先端 A に鉛直荷重 P を受ける単純梁の A 点の撓 δ を求める。なお，曲げ変形のみを考慮し，梁のヤング係数 E，断面 2 次モーメント I は全長にわたって一定とする。

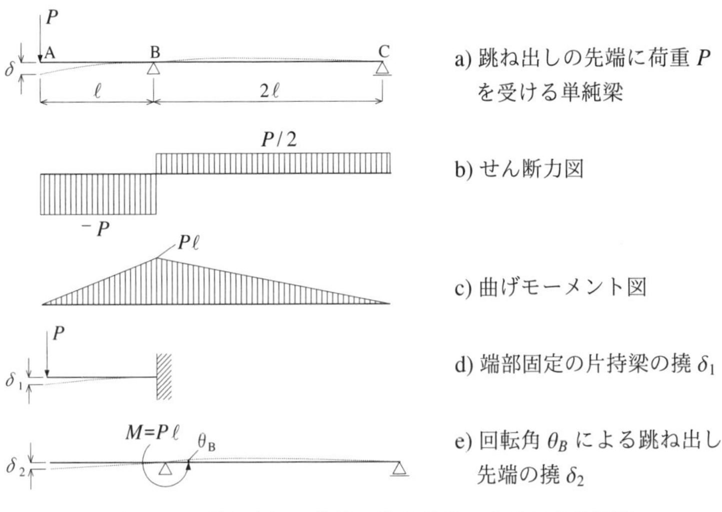

図 10.35　跳ね出しの先端に集中荷重 P を受ける単純梁

解 図 10.35 a［467 頁］の梁のせん断力は同図 b，曲げモーメントは同図 c のようになる。この曲げモーメント図から，すでに導いた式を用いて先端 A の撓を次のように求めることができる。

同図 d の片持梁の先端の撓 δ_1 は，(10.84) 式［456 頁］から次のようになる。

$$\delta_1 = \frac{P\ell^3}{3EI} \tag{10.122}$$

同図 e の B 点の回転角 θ_{B} は，(10.71) 式［451 頁］または (10.114) 式［465 頁］から次のようになる。

$$\theta_{\mathrm{B}} = \frac{M_B(2\ell)}{3EI} = \frac{P\ell(2\ell)}{3EI} = \frac{2P\ell^2}{3EI} \tag{10.123}$$

この場合の（B 点の回転によって生ずる）撓 δ_2 は B 点の回転角 θ_{B} に跳ね出し長さ ℓ を乗じて次のように求まる。

$$\delta_2 = \theta_{\mathrm{B}}\,\ell = \frac{2P\ell^3}{3EI} \tag{10.124}$$

跳ね出し先端の撓 δ は δ_1 と δ_2 の和となるので，次のように求まる。

$$\delta = \delta_1 + \delta_2 = \frac{P\ell^3}{EI} \tag{10.125}$$

上式より片持梁の先端の撓は端部を固定とした場合よりもかなり大きくなる（この例題では $\delta = 3\delta_1$）ことが分かる。更に，支持点 C が反力により持ち上がると δ_2 は (10.124) 式より大きくなることになる。また，梁のせん断変形も考慮すると撓は一層大きくなる。よって，片持梁の撓は端部固定と仮定した場合よりもかなり大きくなることを考慮し，余裕を持った設計をすることが望まれる。

解説「変形・撓の変形増大係数について」

この例題から，片持梁の撓は端部固定と仮定した計算値よりかなり大きくなることが分かる。片持梁のみならず，構造種別や構造形式によって，実際の撓は更に増大することもあるので，平 12 建告 1459（梁床撓制限告示）［153 頁，299 頁］に示されている表 7.6［300 頁］の変形増大係数を乗じて，撓（変形）を検討する必要がある。

第 11 章

不静定構造物の解析

11.1　不静定梁の解析

(1) 交叉梁

図 11.1［470 頁］に示す梁の曲げ剛性†が共に EI である交叉梁（こうさばり）を考えてみよう。図 11.2［470 頁］に示されている単純梁のスパン中央の撓の式を用い，スパン ℓ_1 の梁に荷重 P_1，スパン ℓ_2 の梁に荷重 P_2 が作用し，撓は同一で δ になったとすると，次式が得られる。

$$\delta = \frac{P_1 \ell_1^3}{48EI} \qquad \delta = \frac{P_2 \ell_2^3}{48EI} \tag{11.1}$$

上式を変形すると次のようになる。

$$P_1 = \frac{48EI}{\ell_1^3}\delta \qquad P_2 = \frac{48EI}{\ell_2^3}\delta \tag{11.2}$$

上式より，梁の負担する荷重はスパンの 3 乗に逆比例することになる。例えば，$\ell_2 = 2\ell_1$ とすると，スパン ℓ_1 の梁が負担する荷重に対してそのわずか 1/8 しかスパン ℓ_2 の梁が負担しないことになる。

よって，同じスパン・断面の交叉梁であっても，スパン・梁端の固定度・鉄筋コンクリート造の場合は鉄筋の位置（交叉する箇所では鉄筋の高さ方向の位置では少

---

† 部材の曲げ変形を表す式には，ヤング係数と断面 2 次モーメントの積 EI が含まれている場合が多く，この EI を曲げ剛性という。

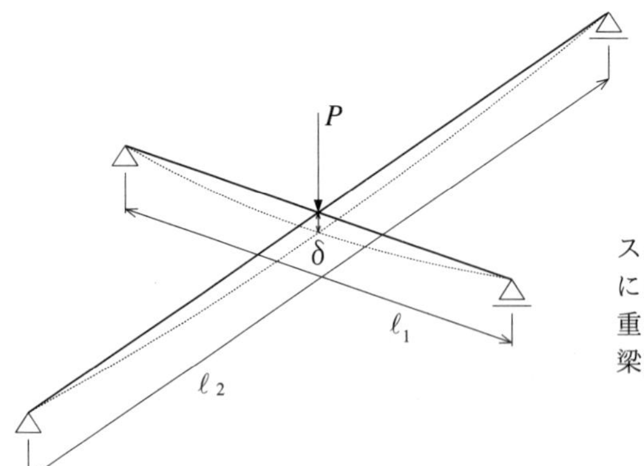

スパン ℓ_1 と ℓ_2 の梁がお互いに中央で交叉し，そこに集中荷重 P を受けている。これらの梁の負担する荷重を考える。

図 11.1　スパン中央に集中荷重を受ける交叉梁

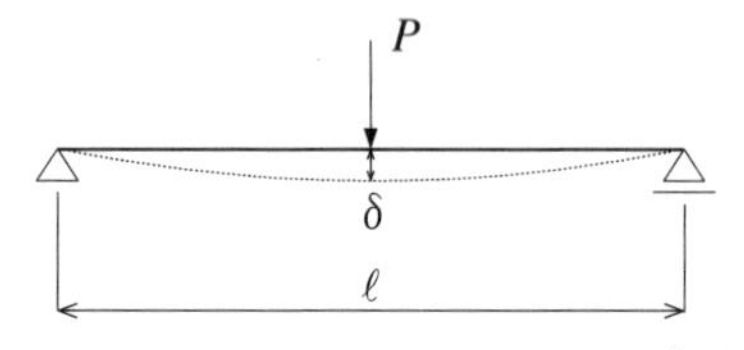

$$\delta = \frac{P\ell^3}{48EI}$$

図 11.2　スパン中央に集中荷重を受ける単純梁

なくともその直径の差が生じる）などの変動によって，各梁が均等に荷重を負担するのは稀なので，安全側の配慮として，（荷重の負担が大きくなりそうな）一方の梁が荷重の大半を負担することを想定しておく必要があろう。

(2) 先端支持・他端固定の梁

図 11.3［471 頁］に示す先端支持・他端固定の梁を考えてみる。

先端自由の片持梁の先端の撓 δ_1 は，すでに (10.88) 式［457 頁］で導かれているように，次式で表される［図 11.4 a（471 頁）参照]。

$$\delta_1 = \frac{w\ell^4}{8EI} \tag{11.3}$$

先端の反力を P とすると，P による先端の撓 δ_2 はすでに (10.84) 式［456 頁］で導かれているように，次式となる［図 11.3 b（471 頁）参照]。

$$\delta_2 = \frac{P\ell^3}{3EI} \tag{11.4}$$

先端が支持されているので，先端の撓は 0，すなわち，$\delta_1 = \delta_2$ となるので，上の 2

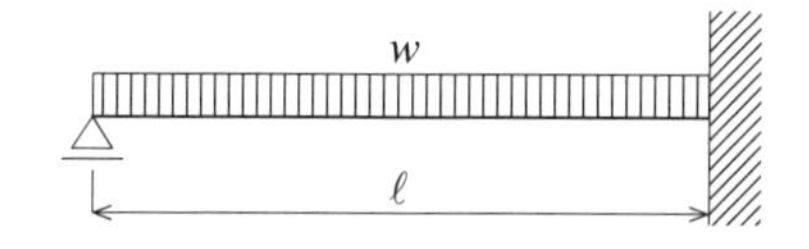

等分布荷重を受ける片持梁の先端が支持されている。

図 11.3　等分布荷重を受ける先端支持・他端固定の梁

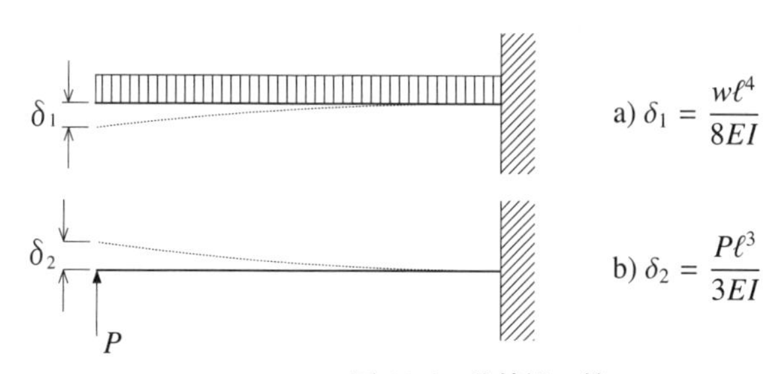

a) $\delta_1 = \dfrac{w\ell^4}{8EI}$

b) $\delta_2 = \dfrac{P\ell^3}{3EI}$

図 11.4　片持梁の撓

$C = \dfrac{w\ell^2}{8}$　　$M_C = \dfrac{w\ell^2}{16}$

$P_1 = \dfrac{3}{8}w\ell$　　$P_2 = \dfrac{5}{8}w\ell$

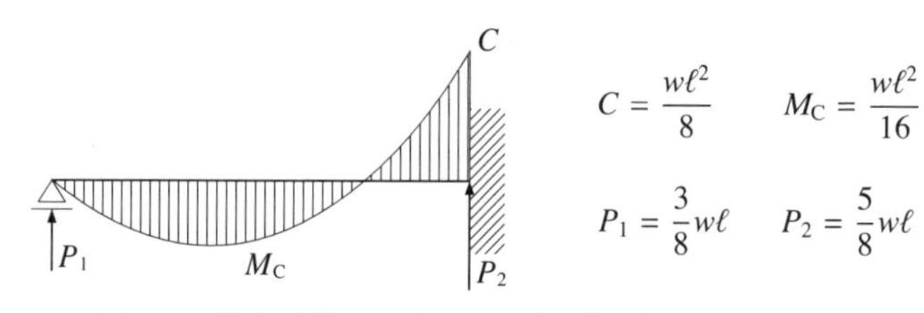

図 11.5　等分布荷重を受ける一端固定・他端支持の梁

つの式から次式が得られる。

$$P = \frac{3}{8}w\ell \tag{11.5}$$

よって曲げモーメントは図 11.5［471 頁］のようになる。

(3) 両端固定梁

等分布荷重 w を受けるスパン ℓ の図 11.6［472 頁］に示す両端固定梁の固定端モーメントを求めてみる。

図 11.7 a［472 頁］のように等分布荷重を受ける単純梁を考えると，端部の回転角 θ_1 は，すでに (10.107) 式［462 頁］で導かれているように，次式となる。

$$\theta_1 = \frac{w\,\ell^3}{24EI} \tag{11.6}$$

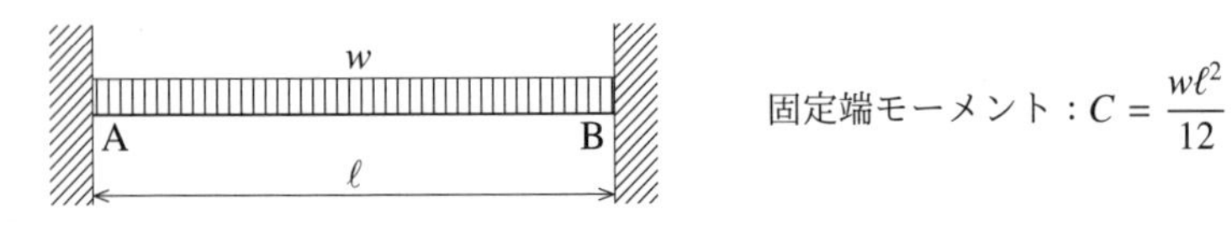

図 11.6　両端固定梁の固定端モーメント

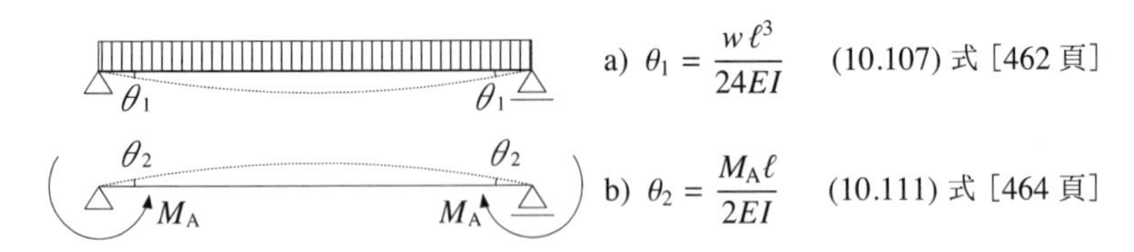

図 11.7　単純梁端部の回転角

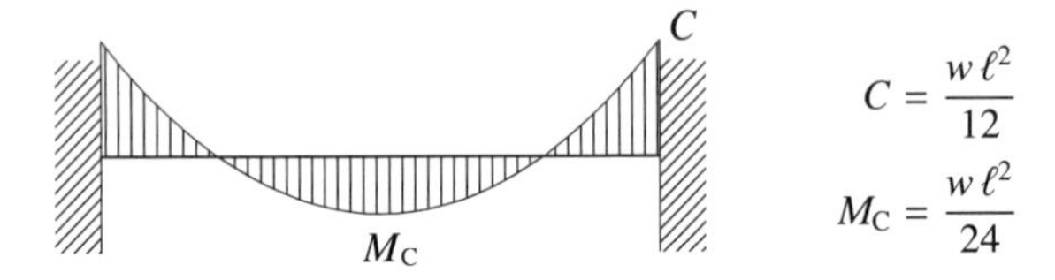

図 11.8　等分布荷重を受ける両端固定の梁

また，同図 b のように両端にモーメント M_A が作用する単純梁の回転角は (10.111) 式［464 頁］から次のようになる。

$$\theta_2 = \frac{M_A \ell}{2EI} \tag{11.7}$$

θ_1 と θ_2 が等しくなる場合を考える。

$$\frac{w\ell^3}{24EI} = \frac{M_A \ell}{2EI} \qquad \text{よって} \qquad M_A = \frac{w\ell^2}{12}$$

上式の M_A が両端に作用すると，両端で回転角が 0 となる。これが固定端モーメントと呼ばれるもので，通常 C で表す。

$$C = \frac{w\ell^2}{12} \tag{11.8}$$

なお，梁中央の曲げモーメントは次式となる。

$$M_C = \frac{w\ell^2}{24} \tag{11.9}$$

11.2　構造物の安定性

(1) 構造物の安定・不安定と静定・不静定

今まで，特に説明なしに静定・不静定という用語を使ってきたが，ここで関連する用語などを整理する。

構造物が移動せず，形状も保持される場合を「安定」，逆にそうではない場合を「不安定」という。もちろん，構造物は安定でなければならないが，安定な場合は更に分類され，力の釣合のみによって構造物の支点反力や各部材の応力が求まる場合を「静定」，力の釣合の他に構造物の変形を考慮しなければ，支点反力や各部材の応力を求めることができない場合を「不静定」という。

① 外的条件

構造物を支持する支点は，（平面架構の場合）一般的には図 11.9［473 頁］に示すように，a) 自由端，b) ローラー，c) ピン，d) 固定の 4 つに分類される。自由端では拘束が生じないので反力数は 0，ローラーは鉛直方向の移動のみを拘束するので反力数は 1，ピンは鉛直と水平の移動を拘束するので反力数は 2，固定は鉛直と水平方向の他に回転も拘束するので反力数は 3 である。

構造物に対する支持条件を考えるとき，鉛直方向と水平方向と回転に対する 3 つの釣合について考える必要がある。よって，一般には支点の反力数が 3 の場合は（外的に）安定で静定，2 以下の場合は（外的に）不安定，4 以上の場合は（外的に）安定で不静定となる［ただし，図 11.10 d（474 頁）の場合は反力数が 4 あるが安定・静定である］。

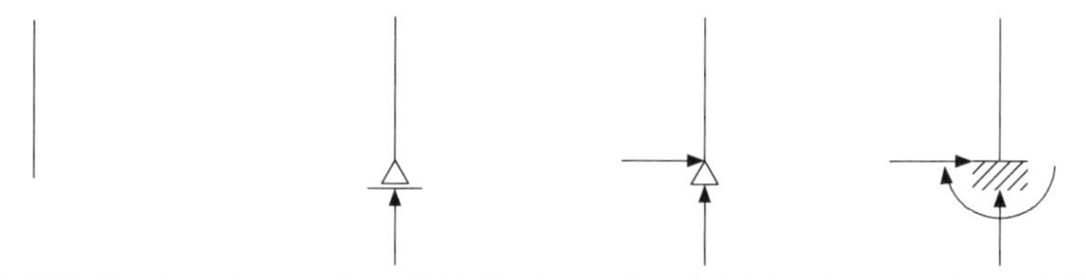

図 11.9　支点の種類と反力数

② 内的条件

構造物の安定については，支持条件の他に構造物内部についても考える必要がある。構造物の形態を保持できない場合は（内的に）不安定，力の釣合条件のみから各部材の応力を求めることができる場合は（内的に）静定，部材の応力を求めるために変形を考える必要がある場合は（内的に）不静定である。

(2) 代数的判別法

構造物の不安定・安定・静定・不静定を判別するには，外的・内的条件をまとめて判別する必要があり，次式を用いて不安定・安定・静定・不静定を判別することができる。

$$m = (n + s + r) - 2k \tag{11.10}$$

ここで，m：不静定次数，n：支点の反力数（自由端の場合 0，ローラー支点の場合 1，ピン支点の場合 2，固定端の場合 3），s：部材数，r：節点で剛に接合されている部材数，k：節点数である。

判定は，m の値によって行い，m が負：不安定，0：安定・静定，1 以上：安定・不静定で m が不静定次数となる。

例題　図 11.10 に示す各トラスの不安定・安定・静定・不静定を判別し，不静定の場合はその次数を求める。

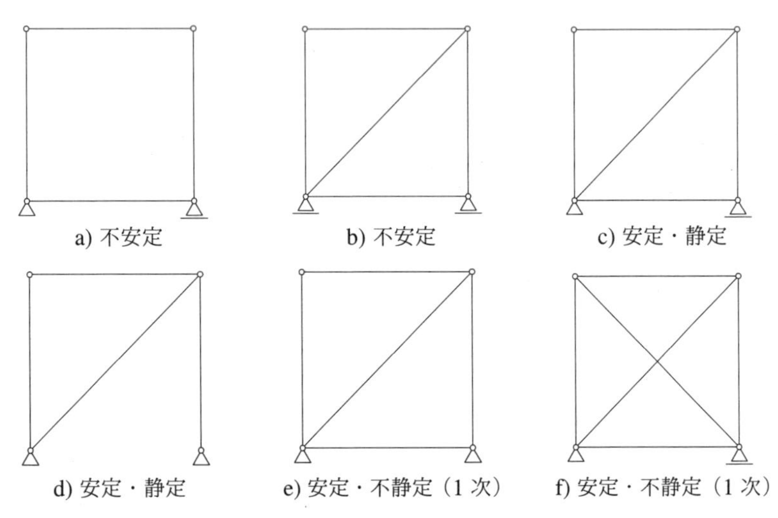

図 11.10　トラスの不安定・安定・静定・不静定

解　図 11.10［474 頁］の各トラスについて，(11.10) 式［474 頁］の判別式を用いると表 11.1［475 頁］のようになる。よって，図 11.10 において，a) は内的に不安定，b) は外的に不安定，c) は外的・内的に安定・静定，d) は外的・内的に安定・静定，e) は安定・外的に不静定（1 次），f) は安定・内的に不静定（1 次）となる。

表 11.1　トラス［図 11.10（474 頁）］の安定などの判別

	n	s	r	k	m	判　定
a)	3	4	0	4	−1	不安定
b)	2	5	0	4	−1	不安定
c)	3	5	0	4	0	安定・静定
d)	4	4	0	4	0	安定・静定
e)	4	5	0	4	1	安定・不静定（1 次）
f)	3	6	0	4	1	安定・不静定（1 次）

例題　図 11.11 に示す各ラーメンの不安定・安定・静定・不静定を判別し，不静定の場合はその次数を求める。

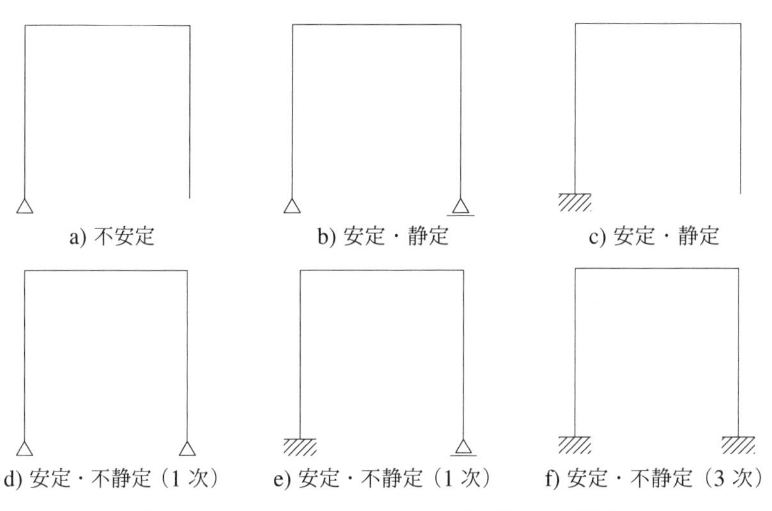

図 11.11　ラーメンの不安定・安定・静定・不静定

> **解**　図 11.11［475 頁］の各ラーメンについて，(11.10) 式［474 頁］による判別式を当てはめると表 11.2［476 頁］のようになる。よって，図 11.11 において，a) は外的に不安定，b) は外的・内的に安定・静定，c) は外的・内的に安定・静定，d) は安定・外的に不静定（1 次），e) は安定・外的に不静定（1 次），f) は安定・外的に不静定（3 次）にとなる。

表 11.2　ラーメン［図 11.11（475 頁）］の安定などの判別

	n	s	r	k	m	判　定
a)	2	3	2	4	−1	不安定
b)	3	3	2	4	0	安定・静定
c)	3	3	2	4	0	安定・静定
d)	4	3	2	4	1	安定・不静定（1 次）
e)	4	3	2	4	1	安定・不静定（1 次）
f)	6	3	2	4	3	安定・不静定（3 次）

(11.10) 式［474 頁］の判別式を用いる場合の注意点として，r の節点で剛に接合されている部材数の数え方である。例えば，十字型の柱梁接合部では 4 本の部材が剛に接合されている。この場合，1 つの部材に 3 本の部材が剛に接合されていると考え，剛に接合されている部材数は 3 と数える。

また，(11.10) 式［474 頁］は不安定と判別する場合には，必要十分な条件であるが，安定とするには必要条件ではあるが，十分条件ではない。例えば，図 11.12 a［476 頁］のトラスは $m = (n + s + r) - 2k = (3 + 9 + 0) - 2 \times 6 = 0$ となり (11.10) 式［474 頁］から安定・静定である。しかし，同図 b は n, s, r, k すべて同一で $m = 0$ となっても不安定である（判別式は便利ではあるが，万能ではない）。

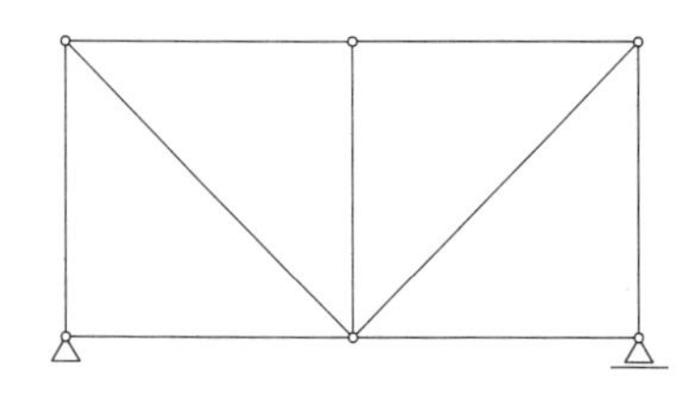

a) 安定な静定構造物

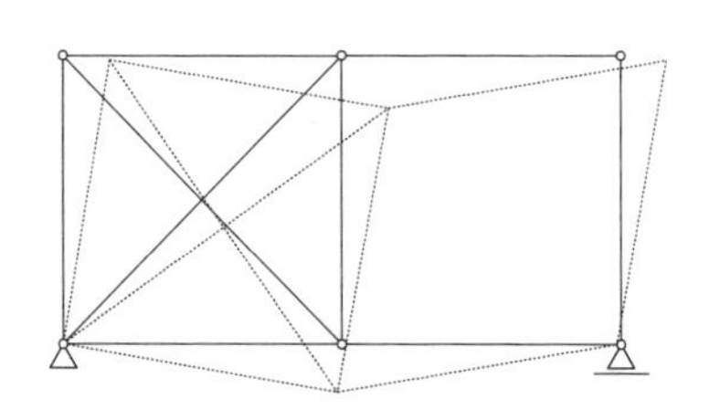

b) 不安定な構造物

図 11.12　安定・不安定の判別

11.3　撓角法

(1) 基本式

ラーメンの中の任意の部材を考え，その部材が図 11.13［477 頁］に示すように節点 o と i 間にあるとする。この部材の節点に回転や移動が生じたり，荷重が作用した場合，節点 o 側の材端モーメント M_{oi} は次式[†]のように表され，これが撓角法(たわみかくほう)[‡]の基本式である［解説「撓角法の基本式の誘導」(490 頁) 参照］。

$$M_{oi} = k_{oi}\,(2\phi_o + \phi_i + \psi_{oi}) + C_{0i} \tag{11.11}$$

ここで，k_{oi}：部材 oi の剛比，ϕ_o：節点 o の撓角(たわみかく)，ϕ_i：節点 i の撓角，ψ_{oi}：撓度(たわみど)[§]，C_{oi}：中間荷重による部材の節点 o 側の固定端モーメントである。

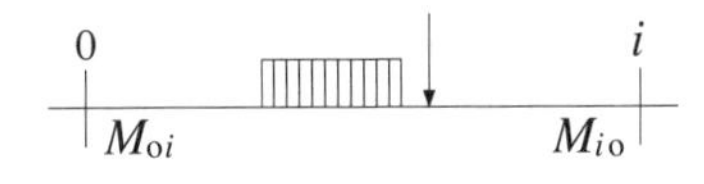

部材 oi に節点移動や回転が生じたり，荷重が作用した場合，o 端に生ずる材端モーメントを M_{oi}（i 端の側は M_{io}）とする。

図 11.13　部材の材端モーメント

撓角と撓度を導入したのは式を簡略化するためで，実際の節点 o の回転角 θ_o，節点 i の回転角 θ_i，部材角 R_{oi} とは次の関係がある。

$$\phi_o = 2EK_0\,\theta_o \tag{11.12}$$

$$\phi_i = 2EK_0\,\theta_i \tag{11.13}$$

$$\psi_{oi} = -6EK_0\,R_{oi} \tag{11.14}$$

ここで，E：部材のヤング係数，K_0：標準剛度[¶]である。

構造計算などでは，節点に生ずる回転角や部材角の値そのものよりも，部材に生ずる曲げモーメントの方が重要であることが多いので，撓角と撓度が求まると，基本式である (11.11) 式［477 頁］を用いて各部材の曲げモーメントを求める。もち

† ϕ はファイ，ψ はプサイと読む。

‡ 「たわみ角法」と平仮名で表す場合も多い。

§ 撓角・撓度を「とうかく」・「とうど」と呼び，「撓角法」を「撓角撓度法(とうかくとうどほう)」と呼ぶこともある。

¶ 部材 i の剛度 K_i は部材の断面 2 次モーメントを I_i，部材の長さを ℓ_i とすると，$K_i = I_i/\ell_i$ で定義される。更に，$K_i = k_i\,K_0$ と表し，k_i を剛比，K_0 を標準剛度という。

ろん，(11.12) 式〜(11.14) 式［477 頁］を用いて実際の回転角や部材角を求めることもできる。

(2) 節点方程式

ラーメンの節点では複数の部材（例えば，柱と梁）が互いに剛に接合されている。これを一般化し，節点 o で剛に接合されている部材 $1, 2, 3, \cdots, i, \cdots$ を考える。この節点に外部からモーメント M_o が作用するとする［図 11.14（478 頁）参照］。

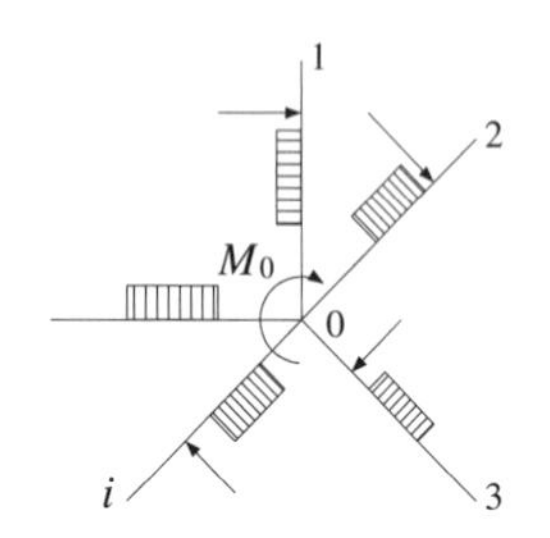

部材 $1, 2, 3, \cdots, i, \cdots$ は節点 o において剛に接合されている。この節点に外部からモーメント M_o が作用する。

図 11.14 撓角法の節点方程式の考え方

部材 oi の o 側の材端モーメントは基本式である (11.11) 式［477 頁］で次のように表されている。

$$M_{oi} = k_i\,(2\phi_o + \phi_i + \psi_{oi}) + C_{0i}$$

節点 o で，各部材の材端モーメントの和と外部モーメントは釣り合わなければならないので次式を得る。

$$\sum M_{oi} = M_0 \qquad (11.15)$$

よって，上の 2 つの式から次式を得る。

$$2\left(\sum k_i\right)\phi_o + \sum\left(k_i\,\phi_i\right) + \sum\left(k_i\,\psi_{oi}\right) + \sum C_{oi} = M_o \qquad (11.16)$$

これが節点方程式である。

例題 図 11.15［479 頁］に示すように，4 部材は支点 1, 2, 3, 4 で剛に接合されており，また節点 o でも剛に接合されている。節点 o に外部モーメント $M_o = 100\,\mathrm{kN\,m}$ を受ける場合，各部材の曲げモーメントとせん断力を求める。なお，同図において □ 内は部材の剛比を示す。

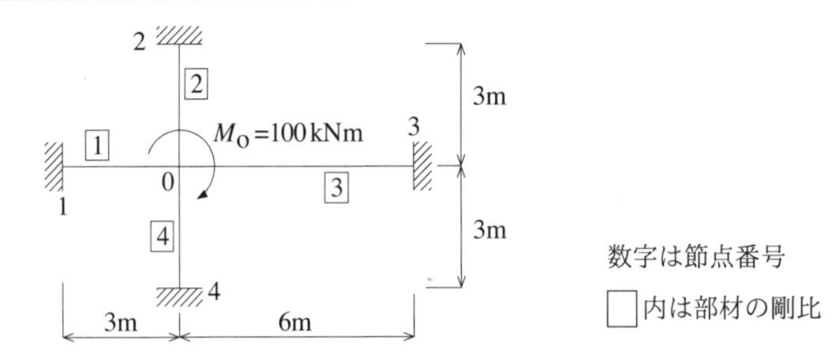

図 11.15　例題：この架構の曲げモーメントとせん断力を求める。

解　すべての節点は移動しないので全部材で $\psi_i = 0$，また固定端では $\phi_i = 0$ となるので，o 点の撓角を ϕ_o として，節点方程式は次のようになる。

$$2\left(\sum k_i\right)\phi_o = 100$$

$$2(1+2+3+4)\phi_o = 100 \quad \text{よって} \quad \phi_o = 5$$

基本式の (11.11) 式［477 頁］に，$\psi_i = 0$，$\phi_i = 0$ と上で得られた $\phi_o = 5$ を代入すると，各材端モーメント（kN m）が次のように得られる。

$$M_{01} = 1 \times 2 \times 5 = 10 \qquad M_{10} = 1 \times 1 \times 5 = 5$$
$$M_{02} = 2 \times 2 \times 5 = 20 \qquad M_{20} = 2 \times 1 \times 5 = 10$$
$$M_{03} = 3 \times 2 \times 5 = 30 \qquad M_{30} = 3 \times 1 \times 5 = 15$$
$$M_{04} = 4 \times 2 \times 5 = 40 \qquad M_{40} = 4 \times 1 \times 5 = 20$$

曲げモーメントの傾きがせん断力であるので，例えば部材 01 のせん断力は $Q_1 = (10+5)/3 = 5\,\text{kN}$ となる。他の部材のせん断力も同様に求めることができ，曲げモーメントとせん断力をまとめて示すと，図 11.16［479 頁］のようになる。

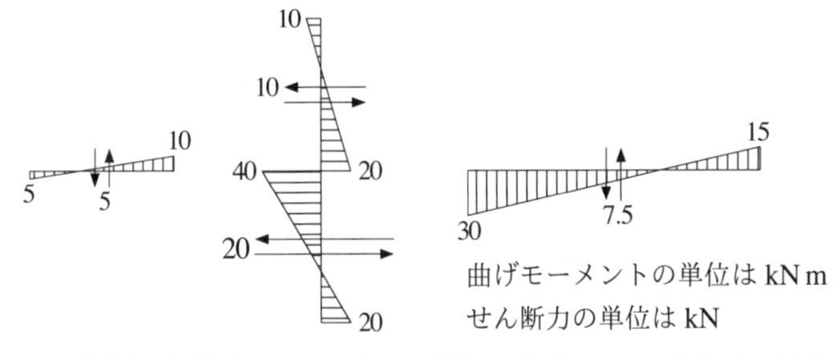

図 11.16　例題の架構［図 11.15（479 頁）］の曲げモーメントとせん断力

解説「モーメントの分割と伝達」

図 11.16［479 頁］から分かるように，外部から節点に加えられたモーメントは，剛比に比例して各部材に分割され，その分割されたモーメントの 1/2 が固定となっている他端に伝達されている。もし，他端が固定でない場合は，伝達したモーメントがその節点に接続されている各部材の剛比に比例して再度分割され，再度分割されたモーメントの 1/2 が更に他端に伝達されることになる。このような計算を繰り返すことで，（節点が移動しない場合は）正解が得られる。この計算法を用いたのが「固定モーメント法」［493 頁］で，コンピュータのなかった時代では，（節点移動が生じないと仮定できる）鉛直荷重を受ける多層多スパンラーメンの応力解析を行う有力な方法であった。

なお，ラーメンが水平荷重を受ける場合は，節点が水平に移動するので，単に分割と伝達を繰り返す固定モーメント法では解析することができない。このため，後で説明する「層方程式」［485 頁］を直接解くか，あるいは何らかの形で節点の移動を考慮する必要がある。

例題　図 11.17［480 頁］に示すように，梁に等分布荷重 w を受けるラーメンの曲げモーメントとせん断力を求める。なお，同図において数字は節点番号，□内は部材の剛比を示す。

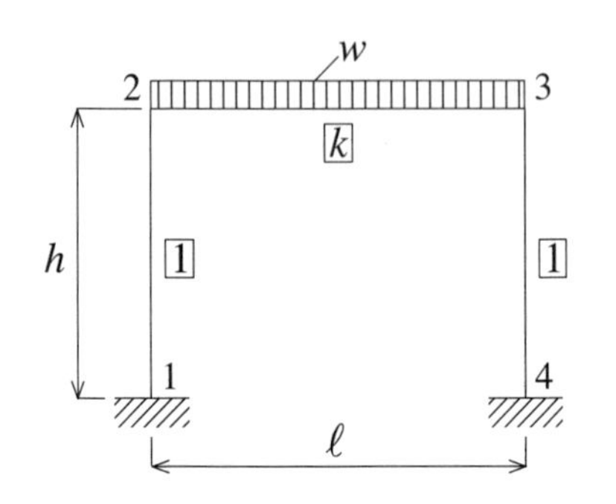

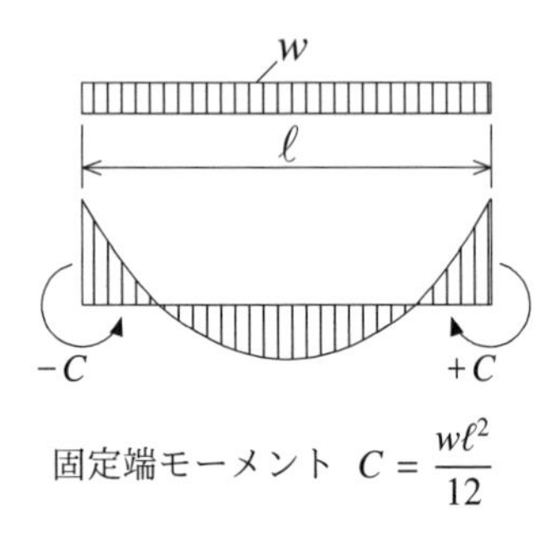

図 11.17　例題：梁に等分布荷重を受ける 1 層 1 スパンラーメン

解　撓度は生じないので $\psi_i = 0$，固定端では $\phi_1 = \phi_4 = 0$ となるので，節点 2 における節点方程式は次のようになる。

$$2(1+k)\phi_2 + 1 \times \phi_1 + k\phi_3 - C = 0$$

左右対称なので $\phi_2 = -\phi_3$，節点 1 は固定端なので $\phi_1 = 0$，よって上式は次のようになる。

$$2(1+k)\phi_2 - k\phi_2 - C = 0$$

$$\phi_2 = \frac{C}{2(1+k/2)} \tag{11.17}$$

よって，

$$M_{12} = \phi_2 = \frac{C}{2(1+k/2)} = -M_{43}$$

$$M_{21} = 2\phi_2 = \frac{C}{(1+k/2)} = -M_{34}$$

$$M_{23} = k\phi_2 - C = \frac{kC}{2(1+k/2)} - C = -\frac{C}{(1+k/2)} = -M_{32}$$

以上より，曲げモーメントは図 11.18［481 頁］のようになる。なお，柱のせん断力は柱の曲げモーメントの勾配であるから $\frac{3C}{2(1+k/2)h}$ となり，梁のせん断力は単純梁［図 9.13 右（408 頁）参照］と同じである。

梁の剛比 k が（柱に比べて）小さくなると，$M_B \approx C$ となり，梁は両端固定に近くなる。逆に，梁の剛比 k が大きくなると，$M_B \approx 0$ となり，梁は単純支持に近くなることが分かる。なお，$M_A = M_B/2$ となる関係は変化しない。

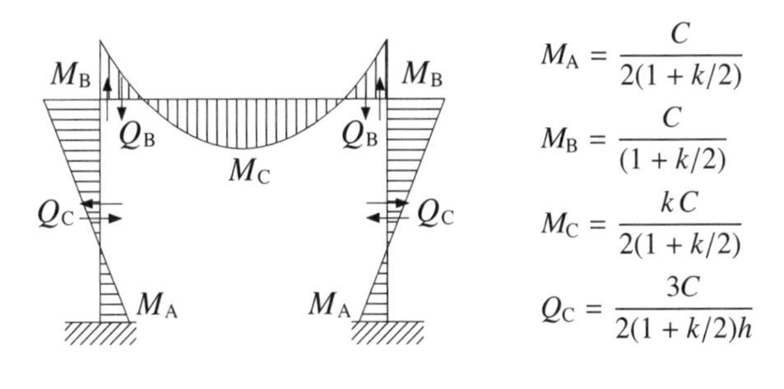

図 11.18　例題のラーメン［図 11.17（480 頁）］の曲げモーメント

例題 図11.19a［482頁］に示すラーメンを解く。なお，同図において数字は節点番号，□内は部材の剛比を示す。

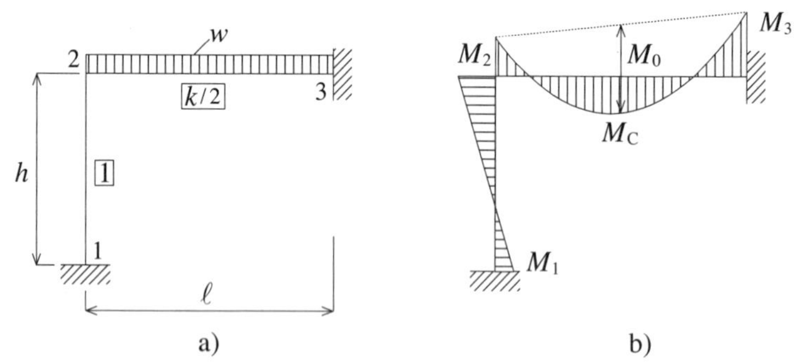

図11.19 例題：柱脚と梁端が固定されている1層1スパンラーメン

解 節点1, 3は固定されているので $\phi_1 = \phi_3 = 0$，撓度は生じないので $\psi_i = 0$ となる。よって，固定端モーメントを C として，節点2における節点方程式は次のようになる。

$$2(1 + k/2)\phi_2 - C = 0 \quad \text{すなわち} \quad \phi_2 = \frac{C}{2(1 + k/2)} \tag{11.18}$$

よって，

$$M_{12} = \phi_2 = \frac{C}{2(1 + k/2)} \qquad M_{21} = 2\phi_2 = \frac{C}{(1 + k/2)}$$

$$M_{23} = 2\frac{k}{2}\phi_2 - C = \frac{kC}{2(1 + k/2)} - C = -\frac{C}{(1 + k/2)}$$

$$M_{32} = \frac{k}{2}\phi_2 + C = \frac{kC}{4(1 + k/2)} + C = \frac{(1 + 3k/4)C}{(1 + k/2)}$$

撓角法では曲げモーメントに正負の符号を付ける（この例題では $M_{21} = -M_{23}$ となる）が，一般には図11.19b［482頁］のようにモーメント図を描き，曲げモーメントには符号を付けないことが多いので，材端の曲げモーメントを次のように表す。

$$M_1 = \frac{C}{2(1 + k/2)} \qquad M_2 = \frac{C}{(1 + k/2)} \qquad M_3 = \frac{(1 + 3k/4)C}{(1 + k/2)} \tag{11.19}$$

なお，梁中央の曲げモーメント M_C は，梁の両端の曲げモーメントの平均から単純梁の中央のモーメント M_0 を減じて求める。

解説「**撓角法における有効剛比**」

中央の柱に対して対称な鉛直荷重を受ける多層多スパンのラーメン［図 11.20 a（484 頁）参照］は，中央柱の位置で梁端が剛と考え解析することができる。

図 11.19［482 頁］の節点 2 の撓角 (11.18) 式［482 頁］と図 11.17［480 頁］の節点 2 の撓角 (11.17) 式［481 頁］は同一となるので，梁の剛比の 1/2 を「有効剛比」とし，他端を固定と考えることで未知数としての撓角の数を減らすことができる。この考え方を発展させ，中央の梁に対して対称な鉛直荷重を受ける多層多スパンのラーメン［図 11.20 b（484 頁）参照］は，中央の梁の剛比を 1/2 とした「有効剛比」とし，一端を固定と考えて解析することができる。

なお，中央の柱に対して左右対称なラーメンの場合は，有効剛比を考える必要がなく，その柱に取り付く梁の端部を固定として解くことによって，未知数を半数に減らすことができる。

撓角法の方程式は比較的容易に求まるが，その解を求めるには多くの未知数を含む連立方程式を解く必要がある。手計算で解くことができるのはせいぜい数個の未知数で，このためコンピュータ（ソフト）のない時代には，どのようにして未知数の数を減らすかが重要な課題であった。端部を剛と考えることができるならば，その端部の撓角は 0 となるので，未知数が減ることになる。このため，左右対称や逆対称に場合には，それを活用し有効剛比を用いて未知数を減らすことが考案された。その主なものは表 11.3［484 頁］のとおりである。

また，方程式を直接解くのではなく，構造物の特性を考慮して，繰り返し計算によって解を求めたり，精度の高い略算法などが考案され，多くの技術者に用いられた。

最近では，コンピュータソフトを用いることにより，どのような複雑な（未知数の多い）構造物であっても瞬時に解が求まる。また，計算の仮定に誤りがある場合は，その誤りを修正し，再度計算しても時間や手間のロスは少ない。このようなことは歓迎されるべきであろうが，その反面，とにかく計算し，NG が出力された場合は，その NG がなくなるまで入力データを修正するなど，安易なコンピュータソフトの使用が懸念されている。人間は誰しも誤りを犯すが，誤りの原因を自ら追求してこそ適切な工学的判断の素養が磨かれるので，（コンピュータソフトを用いる場合であっても）誤った際にはその内容・原因を自ら検討・確認した上で，次の計算に進むようにして欲しいと願っている。

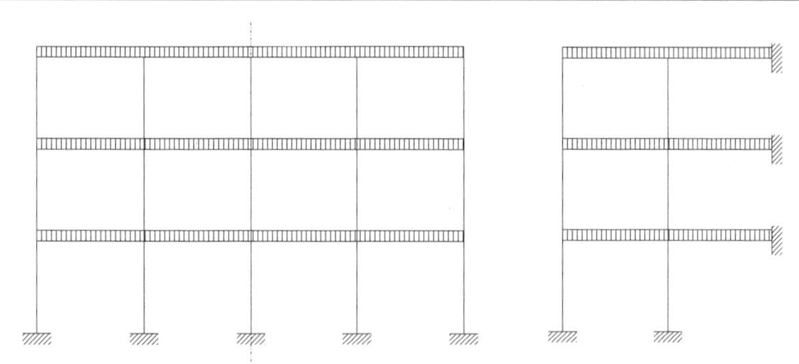

a) 中央の柱に対称なラーメンと等価なラーメン（梁端は中央柱位置で固定）

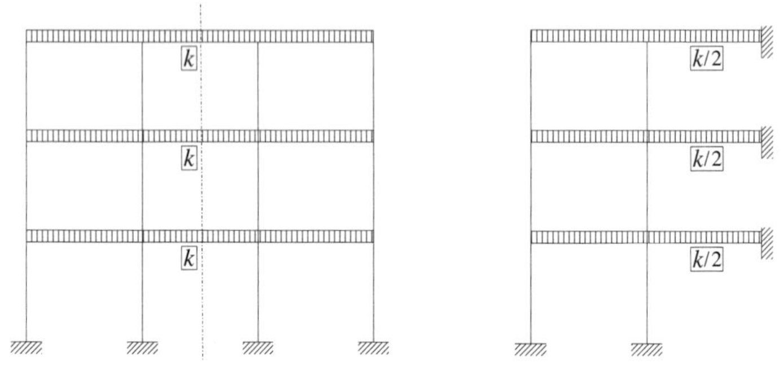

b) 中央の梁で対称なラーメンと等価なラーメン（梁の有効剛比 $k/2$）

図 11.20　鉛直荷重を受ける左右対称ラーメンと等価なラーメン

表 11.3　撓角法の有効剛比

条　件		有効剛比（他端固定とした時）	
		ψ に関して	ϕ に関して
逆対称	k	$\frac{3}{2}k$	
対　称	k	$\frac{1}{2}k$	
他端固定	k	k	
他端ピン	k	$\frac{3}{4}k$　$\left(\frac{1}{2}k\right)$	$\frac{1}{2}k$　$\left(\frac{1}{4}k\right)$

有効剛比の（　）内は層方程式（その他はすべて節点方程式）に用いる。

(3) 層方程式

図 11.21［485 頁］のようなラーメンの中の 1 つの柱を図 11.22［485 頁］のように考える。この柱にはせん断力 Q が作用しており，柱頭には材端モーメント $M^{(\mathrm{T})}$，柱脚には材端モーメント $M^{(\mathrm{B})}$ が生じているとする（上添字の (T) は柱頭，(B) は柱脚を示す）。

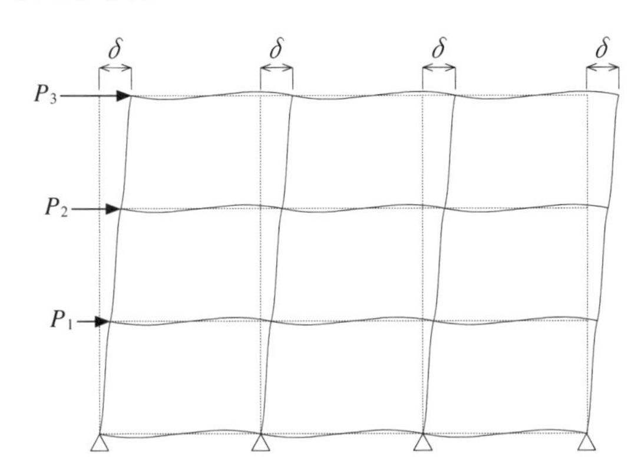

床レベルに水平荷重 P_k（$k = 1, 2, 3, \cdots$）を受けるラーメンでは，（地震力は建築物全体に作用し，梁とスラブは通常一体となっているので）梁の伸縮を無視すると，同一層の水平方向の変位は同一となり，（長さが等しい）柱については各層ごとに 1 つの撓度を考えるのみでよい。

図 11.21　水平荷重を受ける多層多スパン・ラーメンの水平変位

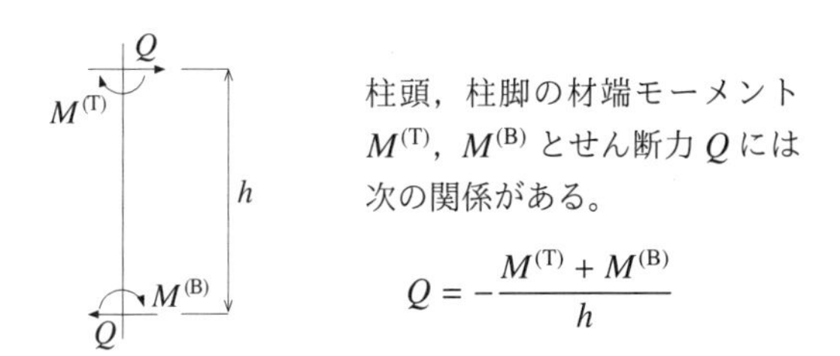

図 11.22　柱頭，柱脚の材端モーメントとせん断力

せん断力 Q と材端モーメントによって生ずるせん断力は釣り合っているので，次式が得られる。

$$Q + \frac{M^{(\mathrm{T})} + M^{(\mathrm{B})}}{h} = 0 \quad \text{すなわち} \quad Q = -\frac{M^{(\mathrm{T})} + M^{(\mathrm{B})}}{h} \tag{11.20}$$

ある 1 つの層にあるすべての柱のせん断力の和を考えると次式となる。なお，総和を求める際の j はその層の柱すべてについて行う。

$$\sum_j Q_j = -\sum_j \frac{M^{(\mathrm{T})} + M^{(\mathrm{B})}}{h} \tag{11.21}$$

$\sum Q_j$ はその層より上に加わっている水平外力の和（すなわち層せん断力）に等しいので k 層について次式を得る。

$$-\frac{1}{h}\sum_j \left(M^{(\mathrm{T})} + M^{(\mathrm{B})}\right) = \sum_k P_k \tag{11.22}$$

基本式の (11.11) 式［477 頁］より柱頭と柱脚の材端モーメントは次式のようになる。

$$M_j^{(\mathrm{T})} = k_j\,(2\phi_j^{(\mathrm{T})} + \phi_j^{(\mathrm{B})} + \psi_j) \tag{11.23}$$

$$M_j^{(\mathrm{B})} = k_j\,(2\phi_j^{(\mathrm{B})} + \phi_j^{(\mathrm{T})} + \psi_j) \tag{11.24}$$

上の 2 つの式を (11.22) 式［486 頁］に代入し，整理すると次式となる。

$$-\frac{1}{h}\sum_j \left\{k_j\,(3\,\phi_j^{(\mathrm{T})} + 3\,\phi_j^{(\mathrm{B})} + 2\,\psi_j)\right\} = \sum_k P_k \tag{11.25}$$

両辺に $-h/3$ を乗ずると次式となる。

$$\sum_j k_j\,\phi_j^{(T)} + \sum_j k_j\,\phi_j^{(B)} + \frac{2}{3}\Big(\sum_j k_j\Big)\psi_j = -\frac{h}{3}\sum_k P_k \tag{11.26}$$

これが「層方程式」と呼ばれるものである。

例題　図 11.23［486 頁］に示す水平荷重 P を受けるラーメンの曲げモーメントとせん断力を求める。なお，図中の数字は節点番号，□内の数字は部材の剛比を示す。

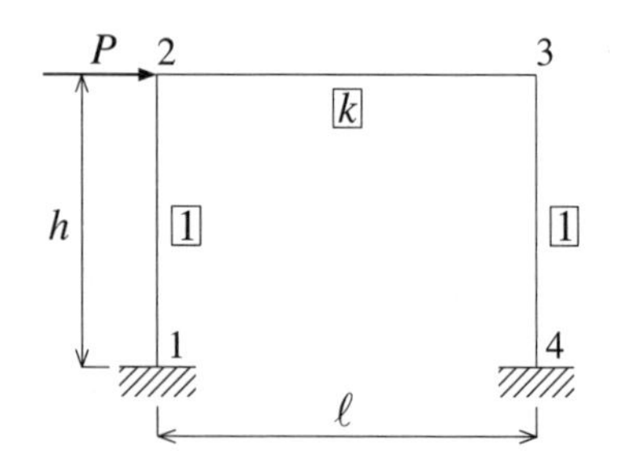

水平力 P を受けている 1 層 1 スパンラーメンの曲げモーメントとせん断力を求める。

ここで，数字は節点番号，□内は部材の剛比である。

図 11.23　例題：水平力を受ける 1 層 1 スパンラーメン

解　固定端では回転が生じないので，次式を得る。

$$\phi_1 = \phi_4 = 0$$

節点 2 における節点方程式は次のようになる。

$$2(1+k)\phi_2 + k\phi_3 + \psi = 0$$

曲げモーメントは逆対称となるので $\phi_3 = \phi_2$ となり，上式は次のようになる。

$$(2+3k)\phi_2 + \psi = 0 \tag{11.27}$$

層方程式は次のようになる。

$$\phi_2 + \phi_3 + \frac{2}{3}2\psi = -\frac{h}{3}P \qquad (\phi_3 = \phi_2 \text{ であるから}) \qquad 2\phi_2 + \frac{4}{3}\psi = -\frac{1}{3}Ph$$

$$6\phi_2 + 4\psi = -Ph \tag{11.28}$$

(11.27) 式と (11.28) 式を連立させて解くと次のようになる。

$$\phi_2 = \frac{1}{2(1+6k)}Ph \qquad \psi = -\frac{2+3k}{2(1+6k)}Ph \tag{11.29}$$

これらの値を基本式の (11.11) 式［477 頁］に代入すると，柱頭と柱脚の材端モーメントが次のように求まる。

$$M^{(\mathrm{T})} = -\frac{3k}{2(1+6k)}Ph \qquad M^{(\mathrm{B})} = -\frac{1+3k}{2(1+6k)}Ph \tag{11.30}$$

また，梁端の曲げモーメントは柱頭の曲げモーメントと釣り合うので，（異符号で）同じ値となる。

結局，曲げモーメントは図 11.24［487 頁］のようになり，1 本の柱のせん断力は $P/2$ となる。なお，梁のせん断力は $\{3k/(1+6k)\} \times \{Ph/\ell\}$ となる。

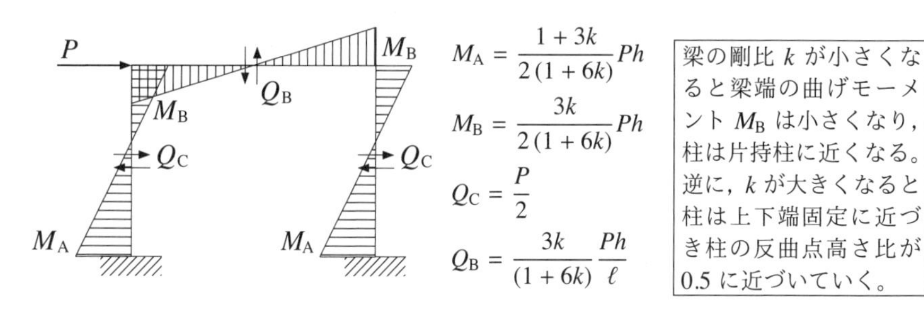

図 11.24　例題［図 11.23（486 頁）］の曲げモーメントとせん断力

例題　図 11.25［488 頁］に示すラーメンについて節点方程式と層方程式を求め，各係数を表にまとめる。

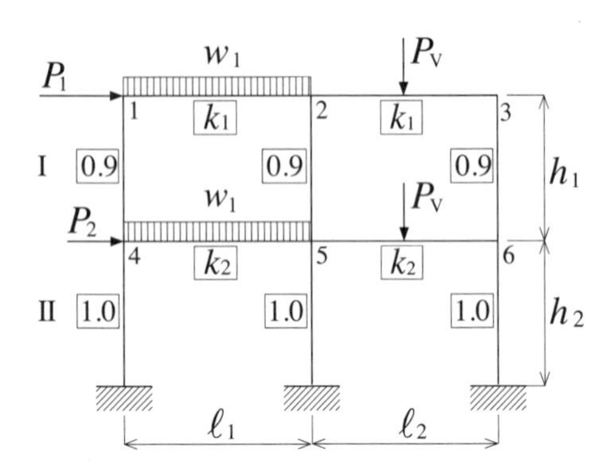

図 11.25　例題：2 層 2 スパンラーメン

解　鉛直荷重による固定端モーメントは次のようになる。

等分布荷重 w_1 による固定端モーメント：$C_1 = \dfrac{w_1 \ell_1^2}{12}$

集中荷重 P_v による固定端モーメント：$C_2 = \dfrac{P_v \ell_2}{8}$

1) **節点方程式**　例えば，節点 1 と節点 5 の節点方程式は次のようになる。

節点 1：$2(0.9 + k_1)\phi_1 + k_1\phi_2 + 0.9\phi_4 + 0.9\psi_{\mathrm{I}} = -C_1$

節点 5：$0.9\phi_2 + 2(0.9 + 1.0 + 2k_2)\phi_5 + k_2\phi_4 + k_2\phi_6 + 0.9\psi_{\mathrm{I}} + 1.0\psi_{\mathrm{II}} = C_1 - C_2$

他の節点においても同様に節点方程式を求めることができる。

2) **層方程式**　層方程式は次のようになる。

層 I：$0.9\phi_1 + 0.9\phi_2 + 0.9\phi_3 + 0.9\phi_4 + 0.9\phi_5 + 0.9\phi_6 + \dfrac{2}{3}(3 \times 0.9)\psi_{\mathrm{I}} = -\dfrac{h_1}{3}P_1$

層 II：$1.0\phi_4 + 1.0\phi_5 + 1.0\phi_6 + \dfrac{2}{3}(3 \times 1.0)\psi_{\mathrm{II}} = -\dfrac{h_2}{3}(P_1 + P_2)$

3) **係数表**　節点方程式と層方程式の係数をまとめて示すと表 11.4［489 頁］のようになる。

表 11.4　例題［図 11.25（488 頁)］の撓角法係数表（2 層 2 スパン）

	ϕ_1	ϕ_2	ϕ_3	ϕ_4	ϕ_5	ϕ_6	ψ_{I}	ψ_{II}	荷重項
節点 1	$2(0.9+k_1)$	k_1		0.9			0.9		$=-C_1$
節点 2	k_1	$2(0.9+2k_1)$	k_1		0.9		0.9		$=C_1-C_2$
節点 3		k_1	$2(0.9+k_1)$			0.9	0.9		$=C_2$
節点 4	0.9			$2(1.9+k_2)$	k_2		0.9	1.0	$=-C_1$
節点 5		0.9		k_2	$2(1.9+2k_2)$	k_2	0.9	1.0	$=C_1-C_2$
節点 6			0.9	1.0	k_2	$2(1.9+k_2)$	0.9	1.0	$=C_2$
層 I	0.9	0.9	0.9	0.9	0.9	0.9	$\frac{2}{3}(3\times 0.9)$		$=-\frac{h_1}{3}P_1$
層 II				1.0	1.0	1.0		$\frac{2}{3}(3\times 1.0)$	$=-\frac{h_2}{3}(P_1+P_2)$

表 11.4［489 頁］をマトリックスで表すため，変位ベクトル $\{X\}$ と荷重ベクトル $\{P\}$ を次のように表す。

$$\{X\}=\begin{Bmatrix}\phi_1\\\phi_2\\\phi_3\\\phi_4\\\phi_5\\\phi_6\\\psi_{\mathrm{I}}\\\psi_{\mathrm{II}}\end{Bmatrix}\quad(11.31)\qquad\{P\}=\begin{Bmatrix}-C_1\\C_1-C_2\\C_2\\-C_1\\C_1-C_2\\C_2\\-\frac{h_1}{3}P_1\\-\frac{h_2}{3}(P_1+P_2)\end{Bmatrix}\quad(11.32)$$

このようにすると，撓角法の方程式は次のようにマトリックス表示となる。

$$[K]\{X\}=\{P\}\tag{11.33}$$

ここで，剛性マトリックス $[K]$ が表 11.4（489 頁）の係数部分である。

撓角法のマトリックス表示の (11.33) 式［489 頁］は，マトリックスによる解析法の (11.108) 式［524 頁］と同じであるが，撓角法では部材の曲げ変形のみを考慮し，未知数を節点の撓角と層の撓度に限定し未知数を減らしている。なお，撓角法では各節点において曲げモーメントの釣合から導いた節点方程式と各層における層せん断力の釣合から導いた層方程式を用いて係数表すなわち剛性マトリックスを作成している。

一方，マトリックスによる解析法［516 頁］では，部材の軸変形・曲げ変形・せん断変形を考慮し，未知数は各節点の変位と回転角である。剛性マトリックスは力や曲げモーメントの釣合からではなく，各部材の剛性マトリックスを全体座標に変換し，それらを加え合わせて作成している。

撓角法によると，多層多スパンラーメンを解析するための連立方程式の係数は表 11.4［489 頁］に示すように容易に求めることができる。しかし，この連立方程式を直接解くのは容易でない。このため，（解析する構造物の特性を考慮し）手計算で連立方程式を解く方法が色々と考案されている。その主な方法を次節［493 頁］以降に紹介する。

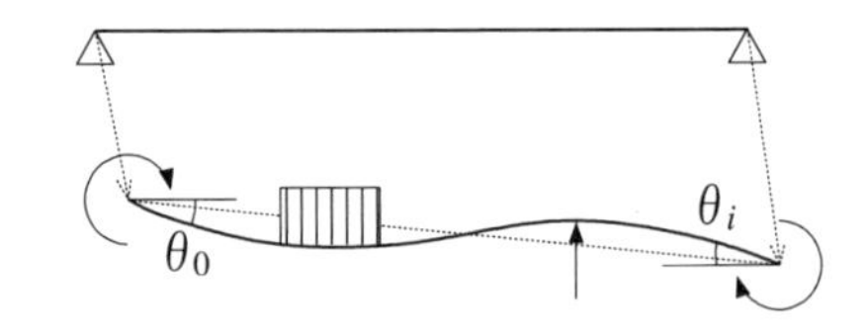

a) 単純梁を考える。

b) この梁の材端に曲げモーメントと中間に荷重が作用し，節点の移動によって，節点角 θ_o が生じたとする。

図 11.26　撓角法の考え方

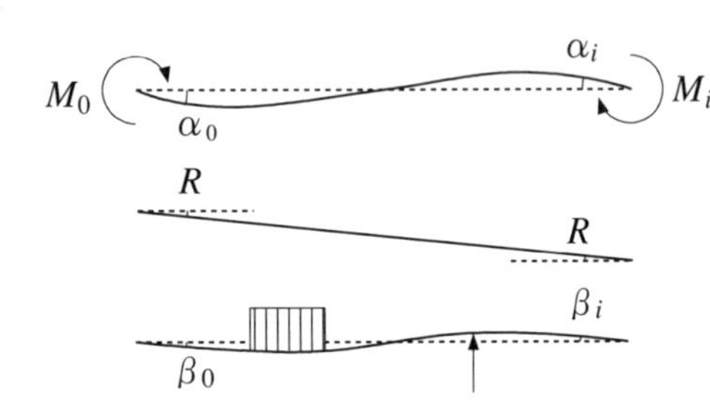

a) 節点モーメント M_o, M_i による回転角 α_o, α_i

b) 節点の移動による部材角 R

c) 中間荷重による回転角 β_o, β_i

図 11.27　節点角は回転角（a, c）と部材角（b）の和

解説「**撓角法の基本式の誘導**」

図 11.26［490 頁］に示すように単純梁の節点にモーメントが作用し，節点が移動し，荷重が作用した場合の節点角は，図 11.27 a, b, c［490 頁］に示す回転角と

部材角の和として次のように表す。

$$\theta_o = \alpha_o + R + \beta_o \tag{11.34}$$

梁の曲げ剛性を EI，長さを ℓ とする。α_o は M_o によって生ずる回転角 $M_o\ell/(3EI)$ と M_i によって生ずる回転角 $-M_i\ell/(6EI)$ の和として表されるので，(10.114) 式［465 頁］を参照すると，上式は次のようになる。

$$\theta_o = \frac{M_o\,\ell}{3EI} - \frac{M_i\,\ell}{6EI} + R + \beta_o \tag{11.35}$$

ここで，$K = I/\ell$（これを剛度という）とすると，上式は次のようになる。

$$\theta_o = \frac{M_o}{3EK} - \frac{M_i}{6EK} + R + \beta_o \tag{11.36}$$

両辺に EK を乗ずると次式となる。

$$EK\,\theta_o = \frac{1}{3}M_o - \frac{1}{6}M_i + EK\,R + EK\,\beta_o \tag{11.37}$$

右端の θ_i について考えると，上の各式を導いたのと同様にして，次式を得る。

$$EK\,\theta_i = \frac{1}{3}M_i - \frac{1}{6}M_o + EK\,R + EK\,\beta_i \tag{11.38}$$

(11.37) 式を 2 倍し，(11.38) 式を加えると次式となる。

$$EK(2\theta_o + \theta_i) = \frac{1}{2}M_o + 3EK\,R + EK(2\beta_o + \beta_i) \tag{11.39}$$

上式を整理すると，次のようになる。

$$M_o = 2EK(2\theta_o + \theta_i - 3R) - 2EK(2\beta_o + \beta_i) \tag{11.40}$$

ここで，上式において $\theta_o = 0, \theta_i = 0, R = 0$ の時（節点が回転も移動もしない時）の材端のモーメント，すなわち固定端モーメントを次のように表すことができる。

$$C_o = -2EK(2\beta_o + \beta_i) \tag{11.41}$$

よって，(11.40) は次式となる。

$$M_o = 2EK(2\theta_o + EK\theta_i - 3R) + C_o \tag{11.42}$$

ここで，$K = k\,K_0$（k は剛比，K_0 は標準剛度と呼ばれる）とすると次式となる。

$$M_o = 2EkK_0(2\theta_o + \theta_i - 3R) + C_o \tag{11.43}$$

$$= k\,(2 \times 2EK_0\,\theta_o + 2EK_0\,\theta_i - 6EK_0\,R) + C_o \tag{11.44}$$

更に，多数の部材がある場合に個々の部材を明確にさせるため，部材 oi において一端の節点 o の撓角を ϕ_o，他端の節点 i の撓角を ϕ_i，撓度 ψ_{oi} を次のように定義する。

$$\phi_o = 2EK_0\,\theta_o \tag{11.45}$$

$$\phi_i = 2EK_0\,\theta_i \tag{11.46}$$

$$\psi_{oi} = -6EK_0\,R \tag{11.47}$$

更に，部材 oi の剛比を k_{oi} と表示すると，(11.44) 式は次のようになる。

$$M_{oi} = k_{oi}\,(2\phi_o + \phi_i + \psi_{oi}) + C_{oi} \tag{11.48}$$

これが (11.11) 式［477 頁］で示した撓角法の基本式である。
（なお，撓角と撓度はどちらの端部から考えても同じである。すなわち，$R_{oi} = R_{io}$，$\psi_{oi} = \psi_{io}$ なので，部材の区別をする必要がなければ撓角を単に R，i 番目の部材の撓度を ψ_i などと表示しても混乱は生じない。）

解説「不静定構造物の解析と撓角法」

11.1 節［469 頁］で説明した手法で複雑な不静定構造物を解析するには，不静定構造物を多くの静定構造物に置き換え，それらの変形が解析しようとする不静定構造物の変形と一致するように連立方程式を作成し解く必要がある。この解析法では，不静定次数が多くなるにつれて解析が難しくなり，（特に手計算では）実際には解析ができないことになる。

そこで考えられたのが「撓角法」である。撓角法を用いると，線材で構成される多層多スパンのラーメンのような不静定次数の大きい構造物について，比較的容易に連立方程式を作成することができる。しかし，この連立方程式を手計算で解くのは容易ではない。このため，繰り返し計算を行い，徐々に解を収束させる方法が考案され，それが 11.4 節「固定モーメント法」［493 頁］と 11.5 節「撓角分配法」［497 頁］である。また，地震力のような水平力を受ける多層多スパンのラーメンを（繰り返し計算をすることなく）解析するのが 11.6 節「D 値法」［512 頁］である。

コンピュータソフトを比較的容易に用いることができるようになった今となっては，このような解析法を用いることは稀と思われる。しかし，手計算で複雑な構造物を解析する手法の確立には，先人達の努力が集積されている。コンピュータソフトに頼りがちな現在の構造技術者も時には先人の苦労を知って欲しいと考え，あえて手計算で行うことのできる手法を本書で説明している。

11.4　固定モーメント法

解説「固定モーメント法」 　固定モーメント法とは，撓角法において（鉛直荷重のみを受ける場合のように）節点が移動しないものとして特化したラーメンの応力を解析する手法である。コンピュータソフトが普及していない時代には非常に便利な手法で，当時の構造技術者全員が利用した解析手法であった。

撓角法の基本式である (11.11) 式［477 頁］は，節点が移動しない（撓度 0 の）場合，次式となる。

$$M_{oi} = k_i(2\phi_o + \phi_i) + C_{oi} \tag{11.49}$$

$$= (2k_i\phi_o) + \frac{1}{2}(2k_i\phi_i) + C_{oi} \tag{11.50}$$

$$= D_{oi} + \frac{1}{2}D_{io} + C_{oi} \tag{11.51}$$

上式より，材端モーメント M_{oi} は，次の 3 つの和で表すことができる。

1) D_{oi}（節点 o の撓角 ϕ_o によって部材 oi の材端 o に生ずる曲げモーメント）
2) D_{io}（節点 i の撓角 ϕ_i によって部材 oi の材端 i に生ずる曲げモーメント）の 1/2
3) C_{oi}（部材 oi の中間に作用する荷重によって材端 o に生ずる曲げモーメント）

次に，節点 o の節点方程式は，節点に外から加わるモーメントを M_o とすると，次のようになる［(11.16) 式〔478 頁〕において撓度を無視すると次式となる］。

$$2\left(\sum k_i\right)\phi_o + \sum k_i\,\phi_i = -\sum C_{oi} + M_o \tag{11.52}$$

$$\phi_o = -\frac{1}{2\left(\sum k_i\right)}\left(\sum k_i\,\phi_i + \sum C_{oi} - M_o\right) \tag{11.53}$$

よって，

$$D_{oi} = 2k_i\phi_o = -\frac{k_i}{\sum k_i}\left(\sum k_i\,\phi_i + \sum C_{oi} - M_o\right) \tag{11.54}$$

$$= \mu_{oi}\left(\frac{1}{2}D_o + C_o - M_o\right) \tag{11.55}$$

ここで,

$$\mu_{oi} = -\frac{k_i}{\sum k_i} \quad :（分割率） \tag{11.56}$$

$$D_o = 2\sum k_i\phi_i \quad :（部材 oi の節点 i のモーメントの和） \tag{11.57}$$

$$C_o = \sum C_{oi} \quad :（節点 o に生ずる固定端モーメントの和） \tag{11.58}$$

である。

すなわち, D_{oi} は, D_o の 1/2 と C_o と $-M_o$ の和に分割率を乗じたものとして得られる。

以上より, D_{oi} は次のように繰り返し計算による漸近(ぜんきん)解法によって求めることができる［解説「モーメントの分割と伝達」(480 頁) 参照]。

(第 1 ステップ) : 固定端モーメントの解除

$$(D_{oi})_1 = \mu_{oi}(C_o - M_o) \tag{11.59}$$

節点 o に撓角が生じないとして節点 o に生ずる固定端モーメントの和と節点 o に外部から加わるモーメントの差を分割率に従って, 節点 o に取り付く各部材に分割する。この計算を全節点で行う。

(第 2 ステップ) : 到達モーメントの解除

$$(D_{oi})_2 = \mu_{oi}\left\{\frac{1}{2}(D_o)_1\right\} \tag{11.60}$$

第 1 ステップで計算された $(D_{oi})_1$（節点 o に取り付く部材の節点 i 側で分割されたモーメントの和の 1/2 : 到達率）を分割率に従って分配する。

(第 n ステップ) : 到達モーメントの解除の繰り返し

$$(D_{oi})_n = \mu_{oi}\left\{\frac{1}{2}(D_o)_{n-1}\right\} \tag{11.61}$$

$(D_{oi})_n$ が 0 となるまでステップを繰り返し計算すると, $D_{oi} = \sum(D_{oi})_n$ によって D_{oi} が全節点で求まる。なお, M_{oi} は (11.49) 式［493 頁］より求まる。

実際の計算は, 次の例題のように表に従って機械的に行うことができるので便利である。

例題　図 11.28［495 頁］に示す 2 層 2 スパンのラーメンの曲げモーメントを固定モーメント法によって求める。

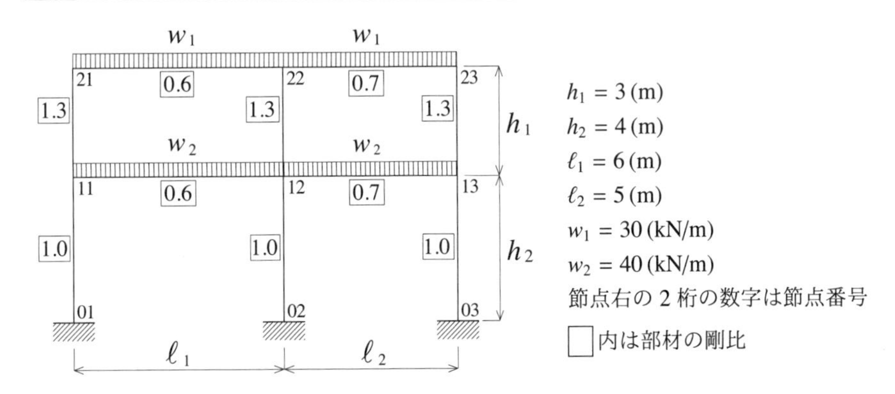

図 11.28　例題：鉛直荷重を受ける 2 層 2 スパンラーメン

解　各梁の固定端モーメント C と M_0 は次のようになる。

上層左梁：$C = \frac{30\times6^2}{12} = 90.0$，$M_0 = \frac{30\times6^2}{8} = 135.0$

上層右梁：$C = \frac{30\times5^2}{12} = 62.5$，$M_0 = \frac{30\times5^2}{8} = 93.8$

下層左梁：$C = \frac{40\times6^2}{12} = 120.0$，$M_0 = \frac{40\times6^2}{8} = 180$

下層右梁：$C = \frac{40\times5^2}{12} = 83.3$，$M_0 = \frac{40\times5^2}{8} = 125.0$

C の値を表 11.5［496 頁］に書き込み計算を進めると，各節点の曲げモーメントが求まる。その結果，曲げモーメント図は図 11.29［496 頁］のようになる。

表の記入については，例えば中央の節点 12 では，左右の梁の固定端モーメント C の和は $120.0 - 83.3 = 36.7$，これに分割率 μ を乗じると，D_1 として $-6.1, -10.2, -13.3, -7.1$ が得られる。これらの 1/2 の $-3.0, -5.1, -6.6, -3.5$ を到達モーメント C_1 として隣接する節点の該当欄に書き込む。なお，柱脚が固定端である場合には -5.1 を記入しないで，最後に得られる柱頭の曲げモーメント（$\sum$ で示される値）の 1/2 を柱脚の曲げモーメントとする。

以上の解析結果を基に得られた曲げモーメントとせん断力が図 11.29［496 頁］に示されている。

（本質的なことではないが，手計算においては，各節点において分割率の和が -1.000 となるように数字を丸めたり，節点での曲げモーメントが釣り合うように分割された曲げモーメントの数値を丸めたり，到達モーメントの収束が速くなるように 5 捨 6 入としたりすることもある。この例題でも，このようにして計算を行った。）

表 11.5　固定モーメント法

	柱頭	梁端	梁端	柱頭	梁端	梁端	柱頭
μ	−0.684	−0.316	−0.231	−0.500	−0.269	−0.350	−0.650
C		−90.0	90.0		−62.5	62.5	
D_1	61.6	28.4	−6.4	−13.7	−7.4	−21.9	−40.6
C_1	26.9	−3.2	14.2	−6.6	−10.9	−3.7	−18.1
D_2	−16.2	−7.5	0.8	1.6	0.9	7.6	14.2
C_2	−6.2	0.4	−3.7	0.7	3.8	0.4	5.1
D_3	4.0	1.8	−0.2	−0.4	−0.2	−1.9	−3.6
Σ	70.1	−70.1	94.7	−18.4	−76.3	43.0	−43.0

	柱頭	柱脚	梁端	梁端	柱頭	柱脚	梁端	梁端	柱頭	柱脚
μ	−0.345	−0.448	−0.207	−0.167	−0.278	−0.361	−0.194	−0.233	−0.333	−0.434
C			−120.0	120.0			−83.3	83.3		
D_1	41.4	53.8	24.8	−6.1	−10.2	−13.3	−7.1	−19.4	−27.7	−36.2
C_1		30.8	−3.0	12.4		−6.8	−9.7	−3.5		−20.3
D_2	−9.6	−12.4	−5.8	0.7	1.1	1.5	0.8	5.6	7.9	10.3
C_2		−8.1	0.3	−2.9		0.8	2.8	0.4		7.1
D_3	2.6	3.5	1.6	−0.1	−0.2	−0.3	−0.1	−1.7	−2.5	−3.3
Σ	34.5	67.6	−102.1	124.0	−9.3	−18.1	−96.6	64.7	−22.3	−42.4

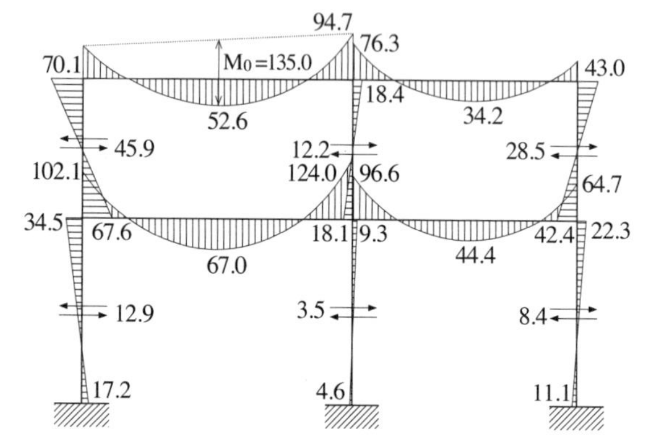

曲げモーメントの単位は kN m
せん断力の単位は kN
II 層の柱せん断力の和
$45.9 - 12.2 - 28.5 = 5.2$
I 層の柱せん断力の和
$12.9 - 3.5 - 8.4 = 1.0$
柱せん断力の和が 0 とならないのは，節点の移動（撓度）を無視したことによる。

図 11.29　例題［495 頁］の 2 層 2 スパンラーメンの曲げモーメント

この図 11.29 では柱・梁接合部でモーメント図が重なるため，図 11.31［501 頁］では梁の単純梁の曲げーモーメントと梁端の曲げモーメントを示す線とを組合わせている。図 11.33［507 頁］では柱と梁を切り離した図で，どの図にも一長一短がある。

11.5 撓角分配法

(1) 撓角分配法と固定モーメント法

解説「撓角分配法（たわみかくぶんぱいほう）」

撓角分配法は鷹部屋福平（たかべやふくへい）（1893-1975，文献 [22] 執筆時は北海道帝国大学教授，その後に九州帝国大学教授）が昭和初期に考案した方法で，撓角法の解を繰り返し計算によって求める点は固定モーメント法に類似しているが，曲げモーメントを計算するのではなく，撓角を繰り返し計算によって求める。その後，各部材の曲げモーメントを求める。繰り返し計算の中で，撓度も比較的容易に考慮できるのが特徴である。文献 [21] にも紹介されており，海外でも Takabeya Method として知られ，コンピュータが用いられるようになった時代においても，メモリーが少ないコンピュータでも解析できる方法として紹介された [23] ことがある。

解説「固定モーメント法と撓角分配法」

固定モーメント法においては，（梁の両端が固定されていると仮定し）固定端モーメントを計算する。次に，（梁端の固定条件を解除し）固定端モーメントに（剛比に比例する負の値の）分割率を乗じて各部材（その梁も含む）に分割される曲げモーメントを計算する。分割されたモーメントの 1/2（これを伝達率という）が隣接する節点に伝達され，この伝達された曲げモーメントが更に分割される。この計算を繰り返すと，各部材の曲げモーメントが求まる。

一方，撓角分配法においては，ある節点に接続されている部材の他端が固定であると仮定し，その節点の撓角を計算し［図 11.30 a（498 頁）参照］，これを初期値とする。各節点の撓角はその隣接節点の撓角に撓角分配率を乗じて符号を逆にした撓角の補正値を用いて繰り返し計算によって求める［図 11.30 b（498 頁）参照］（繰り返し計算の中で，撓度の影響も考慮することができる）。最後に，求めた撓角と（撓度を考慮した場合は）撓度から，撓角法の基本式である (11.11) 式［477 頁］を用いて各部材のモーメントを求める。

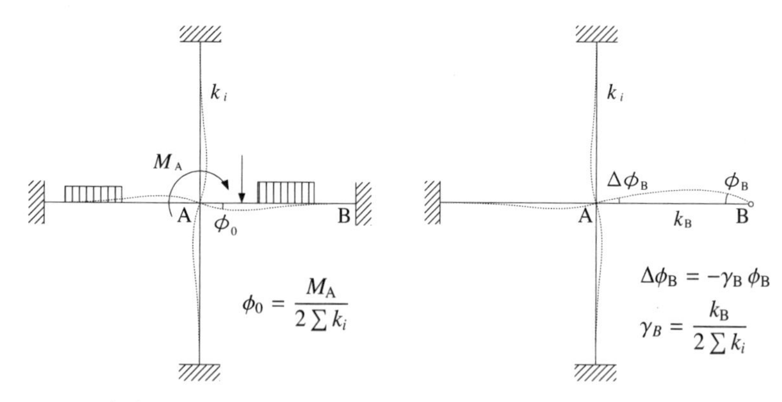

a) 固定端ラーメンの撓角 ϕ_0　　b) 隣接節点の撓角 ϕ による撓角の補正

図 11.30　撓角分配法の考え方

(2) 撓度を無視した撓角分配法

鉛直荷重を受けるラーメンで撓度を無視した場合の計算法は次の 5 ステップとなる。

1) 架構・荷重の特定

ラーメンの略図に荷重，部材の剛比 k_i，スパン，層高などを記入する［図 11.28（495 頁）参照］。梁の固定端モーメント C，単純梁としてのスパン中央のモーメント M_0 を計算する［495 頁の解参照］。

2) 準備計算

ラーメンの略図を示す表を描き，梁の上側の左右端と柱の左側の柱頭・柱脚に次式の撓角分配率 γ_i を記入する［表 11.6（501 頁）参照］。

$$\gamma_i = \frac{k_i}{2\sum k_i} \tag{11.62}$$

ここで，k_i は部材の剛比，$\sum k_i$ は節点に接続する部材の剛比の和である（上式より節点毎の分配率の和は 0.5 で，固定モーメント法の分割率の 1/2 の正の値であることが分かる）。

3) 撓角の初期値

荷重項として節点に作用するモーメント M_i（固定端モーメントの和）を $2\sum k_i$

で除して撓角の初期値 ϕ_0 を次式のように計算し［この計算は例題（478 頁）と同様である］，その値を各節点の右下に書く。この計算を，すべての節点について行う。

$$\phi_0 = \frac{M_i}{2\sum k_i} \tag{11.63}$$

4) 補正値の繰り返し計算

隣接する節点［図 11.30（498 頁）の節点 B を例とする］の撓角 ϕ_B に撓角分配率 γ_B を乗じて符号を逆転させた補正値 $\Delta\phi_B$ を（初期値 ϕ_0 の下に）書く。

$$\Delta\phi_B = \gamma_B\phi_B \tag{11.64}$$

隣接する節点が複数ある場合は，そのすべてについて行い，例えば上・右・下・左の順序で計算し，初期値と補正値の和が（繰り返し計算後の）撓角 ϕ である（最初に仮定した初期値は常に同じで，繰り返し計算では補正値のみを計算する）。

5) 各部材の曲げモーメント

繰り返し計算による収束後の撓角 ϕ を基本式に代入し，各部材のモーメントを求める。

例題　図 11.28［495 頁］に示す 2 層 2 スパンのラーメンの曲げモーメントを撓度を無視した撓角分配法によって求める。

解　撓度を無視した撓角分配法では表 11.6［501 頁］に示すように計算を進める。

1) 架構・荷重の特定

ラーメンの略図などは図 11.28［495 頁］と同じで，梁の固定端モーメント C と単純梁のスパン中央のモーメント M_0 は 495 頁の解に示されている。

2) 準備計算

例えばラーメンの中央の節点 12 において，撓角分配率は次のように計算される。

$$\gamma_{上} = \frac{1.3}{2\,(1.3+0.7+1.0+0.6)} = 0.181 \qquad \gamma_{右} = \frac{0.7}{2\,(1.3+0.7+1.0+0.6)} = 0.097$$

$$\gamma_{下} = \frac{1.0}{2\,(1.3+0.7+1.0+0.6)} = 0.139 \qquad \gamma_{左} = \frac{0.6}{2\,(1.3+0.7+1.0+0.6)} = 0.083$$

ここで，添字の「上・右・下・左」は対応する節点の位置を示している。撓角分配率はすべての節点について計算し，表の上の柱脚・梁の左右端・下の柱頭位置に記入する。

3) 撓角の初期値

全節点について撓角の初期値 ϕ_0 を計算し，各節点の右下に記入する。

すなわち，節点 11，12，13，21，22，23 の ϕ_0 は順に次のように求まる。

$\frac{120.0}{2(1.3+0.6+1.0)}=20.7,\ \frac{-120.0+83.3}{2(1.3+0.7+1.0+0.6)}=-5.1,\ =\frac{-83.3}{2(1.3+0.6+1.0)}=-13.9$

$\frac{90.0}{2(0.6+1.3)}=23.7,\ \frac{-90.0+62.5}{2(0.7+1.3+0.6)}=-5.3,\ \frac{-62.5}{2(0.7+1.3)}=-15.6$

4) 補正値の繰り返し計算

撓角の補正値の計算はどの節点から行ってもよいが，ここでは左上の節点 21 から右に計算し，次に下の左側に戻り節点 11 から右に計算する。なお，繰り返し計算の際には，（初期値に補正値を加えた）補正後の撓角 ϕ を用いる。この計算を 3 回程度繰り返し行うと実用的には十分な精度で ϕ が求まる。

節点 21 について説明すると，右の節点 22 の撓角（最初は初期値の −5.3）に撓角分配率（0.158）を乗じ符号を変えたものが補正値 $-(-5.3\times0.158)=0.8$，下の節点 11 による補正値は $-(20.7\times0.342)=-7.1$，初期値と補正値の和は 17.4 となる。次に，節点 22 の補正値を計算する。右の節点 23 から $-(-15.6\times0.135)=2.1$，下の節点 12 から $-(-5.1\times0.250)=1.3$，左の節点 21 から $-(17.4\times0.115)=-2.0$（節点 21 の撓角は補正値が計算されているので補正後の値 17.4 を用いる）が補正値となり，初期値と補正値の和は −3.9 となる。

この計算を全節点について 3 回繰り返すと表のように各節点の撓角が求まる。なお，固定端である節点 01～03 では撓角が 0 となるので，補正値の計算は不要である。

5) 各部材の曲げモーメント

表で得られた撓角を用いて計算すると，各節点における曲げモーメントは基本式である (11.11) 式［477 頁］を用いて次のようになる。

節点 21：$M_{右}=0.6(2\times18.7-4.9)-90.0=-70.5$,

$M_{下}=1.3(2\times18.7+17.0)=-70.7$

節点 22：$M_{右}=0.7\{2\times(-4.9)-11.1\}-62.5=-77.1$,

$M_{下}=1.3\{2\times(-4.9)-4.5\}=18.6$，$M_{左}=0.6\{2\times(-4.9)+18.7\}+90.0=95.3$

（以下の計算は省略）

同様の計算をすべての節点について行うと曲げモーメントが求まり，それからせん断力を計算し，その結果が図 11.31［501 頁］に示されている。

表 11.6 撓角分配法（鉛直荷重・撓度無視）

	0.158				0.115	0.135				0.175			
	節点 21					節点 22					節点 23		
0.342	ϕ_0	23.7			0.250	ϕ_0	−5.3			0.325	ϕ_0	−15.6		
	右	0.8	0.6	0.8		右	2.1	1.4	1.5		下	4.5	3.6	3.6
	下	−7.1	−5.9	−5.8		下	1.3	1.1	1.1		左	0.7	0.9	0.9
	ϕ	17.4	18.4	18.7		左	−2.0	−2.1	−2.1		ϕ	−10.4	−11.1	−11.1
0.224					0.181	ϕ	−3.9	−4.9	−4.9	0.217				
	0.103				0.083	0.097				0.117				
	節点 11					節点 12					節点 13			
0.172	ϕ_0	20.7			0.139	ϕ_0	−5.1			0.167	ϕ_0	−13.9		
	上	−3.9	−4.1	−4.2		上	0.7	0.9	0.9		上	2.3	2.4	2.4
	右	0.5	0.5	0.5		右	1.3	1.1	1.1		左	0.5	0.5	0.5
	ϕ	17.3	17.1	17.0		左	−1.4	−1.4	−1.4		ϕ	−11.0	−11.0	−11.0
						ϕ	−4.5	−4.5	−4.5					
	節点 01					節点 02					節点 03			

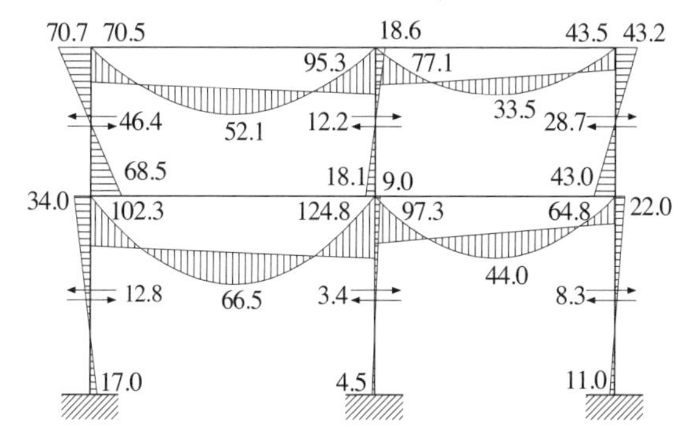

曲げモーメントの単位は kN m
せん断力の単位は kN
II 層の柱せん断力の和
$46.4 - 12.2 - 28.7 = 5.5$
I 層の柱せん断力の和
$12.8 - 3.4 - 8.3 = 1.1$
柱せん断力の和が 0 とならないのは，節点の移動（撓度）を無視したことによる。

図 11.31 例題［495 頁］の撓角分配法（撓度無視）による応力
［図 11.29 (496 頁)，図 11.33 (507 頁) 参照］

(3) 撓度を考慮した撓角分配法

撓度を考慮するため，図 11.32 a［502 頁］に示すように固定端ラーメンの部材の 1 つに撓度 ϕ_C を与えると，中央の節点には撓角 $\Delta\phi_C$ が生じる。

$$\Delta\phi_C = -\gamma_C \psi_C \tag{11.65}$$

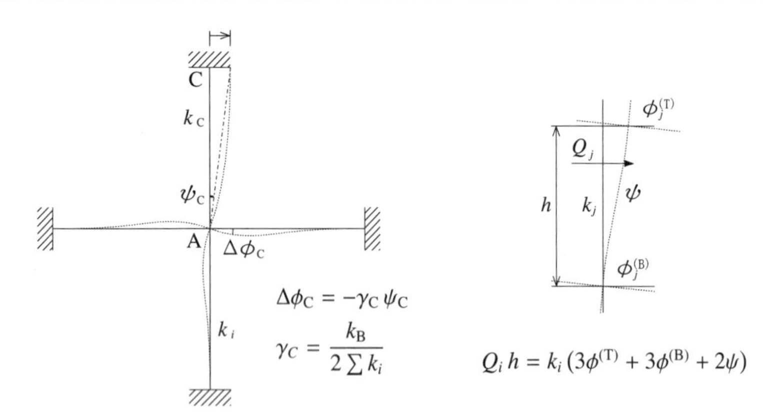

a) 撓度 ψ_C による撓角の補正 $\Delta\phi_C$　　b) 撓角と撓度が生ずる柱

図 11.32　撓度考慮した撓角分配法の考え方

ここで，γ_C は (11.62) 式［498 頁］と同じ次式の撓角分配率である。

$$\gamma_C = -\frac{k_C}{2\sum k_i} \tag{11.66}$$

上の 2 つの式より節点 C の撓度はその撓角と同じ影響を中央節点の撓角に与えることになる。

次に，1 つの柱 j について，その柱頭の曲げモーメント $M_j^{(T)}$ と柱脚の曲げモーメント $M_j^{(B)}$ を考えると，次式が得られる。

$$M_j^{(T)} = k_j\,(2\phi_j^{(T)} + \phi_j^{(B)} + \psi) \qquad M_j^{(B)} = k_j\,(2\phi_j^{(B)} + \phi_j^{(T)} + \psi) \tag{11.67}$$

この柱に作用するせん断力を Q_j，層高を h とすると次式が得られる。

$$-Q_j\,h = M_j^{(T)} + M_j^{(B)} = k_j\,(3\phi_j^{(T)} + 3\phi_j^{(B)} + 2\psi) \tag{11.68}$$

同一層にある柱の和を考えると（同一層では h と ψ は一定なので）次式が得られる。

$$-h\sum Q_j = 3\sum k_j\,(\phi_j^{(T)} + \phi_j^{(B)}) + 2\psi\sum k_i \tag{11.69}$$

$$-\frac{h\sum Q_j}{2\sum k_j} = \frac{3\sum k_i\,(\phi_j^{(T)} + \phi_j^{(B)})}{2\sum k_j} + \psi \tag{11.70}$$

上式から ψ を求めると次のようになる。

$$\psi = -\left\{\frac{3\sum k_j\,(\phi_j^{(\mathrm{T})} + \phi_j^{(\mathrm{B})})}{2\sum k_i}\right\} - \frac{h\sum Q_j}{2\sum k_j} \tag{11.71}$$

$$= -\left\{\frac{3k_1}{2\sum k_j}(\phi_1^{(\mathrm{T})} + \phi_1^{(\mathrm{B})}) + \frac{3k_2}{2\sum k_j}(\phi_2^{(\mathrm{T})} + \phi_2^{(\mathrm{B})}) + \cdots + \frac{3k_j}{2\sum k_j}(\phi_j^{(\mathrm{T})} + \phi_j^{(\mathrm{B})}) + \cdots\right\} - \frac{h\sum Q_j}{2\sum k_j}$$

$$= -\left\{t_1(\phi_1^{(\mathrm{T})} + \phi_1^{(\mathrm{B})}) + t_2(\phi_2^{(\mathrm{T})} + \phi_2^{(\mathrm{B})}) + \cdots + t_i(\phi_j^{(\mathrm{T})} + \phi_j^{(\mathrm{B})}) + \cdots\right\} - \frac{h\sum Q_j}{2\sum k_j} \tag{11.72}$$

ここで，t_j は次式の撓度分配率と呼ばれるものである。

$$t_j = \frac{3k_j}{2\sum k_j} \tag{11.73}$$

なお，鉛直荷重のみを受ける場合は水平荷重が 0 となるので，(11.72) 式の最後の項は不用で 0 となる。

① 鉛直荷重（撓度考慮）

以上の考察から，鉛直荷重を受けるラーメンにおいて撓度を考慮する計算法は，次の 5 ステップ（ステップ番号は撓度を無視した場合と同じ）となる。

1) 架構・荷重の特定

撓度を無視した場合と同様である。

2) 準備計算

撓度を無視した場合と同様に撓角分配率を計算する［表 11.7（506 頁）参照］他に，次式によって各柱の撓度分配率 t_j を計算する（同表では，柱の中央左側の括弧内に記入してある）。

$$t_j = \frac{3k_j}{2\sum k_j} \tag{11.74}$$

ここで，k_j は（撓度が生ずる）柱の剛比，$\sum k_j$ は同一の撓度となる当該層の柱の剛比の和である。

3) 撓角の初期値

撓度を無視した場合と同様に，撓角の初期値 ϕ_0 を計算し節点の右下に記入する。更に，ϕ_0 を用いて，撓度の初期値 ψ を次式によって計算する［表 11.7

（506 頁）の下の計算欄参照]。

$$\psi = -\sum_j (\phi_j^{(\mathrm{T})} + \phi_j^{(\mathrm{T})})\, t_j \tag{11.75}$$

ここで，$\sum_j$ は当該層の柱について行い，$\phi_j^{(\mathrm{T})}$ と $\phi_j^{(\mathrm{B})}$ は柱頭と柱脚の撓角である。この計算を全層について行う。

4) **補正値の繰り返し計算**

撓度を無視した場合と同様に，隣接する節点の撓角に撓角分配率を乗じて符号を逆転させ撓角補正値を計算する。この際，（撓度が生じる）柱の撓角には撓度を加えて計算する（柱脚固定で撓角が 0 となる場合でも，撓度が加わるので補正値を計算する）。なお，撓度はステップ 3) の (11.75) 式［504 頁］に従って繰り返し計算する。その他は撓度を無視した場合と同様である。

5) **各部材の曲げモーメント**

収束後の撓角 ϕ と撓度 ψ を基本式に代入し，各部材のモーメントを求める。

例題　図 11.28［495 頁］に示す 2 層 2 スパンのラーメンの曲げモーメントを撓度を考慮した撓角分配法によって求める。

解　撓度を考慮した撓角分配法では表 11.7［506 頁］に示すように計算を進める。

1) **架構・荷重の特定**

ラーメンの略図などは図 11.28［495 頁］のとおりで，梁の固定端モーメント C と単純梁のスパン中央のモーメント M_0 は 495 頁の解に示されている。

2) **準備計算**

撓角分配率 γ は撓度を無視した場合と同一である。撓度分配率 t_j は，同一層の 3 本の柱の剛比がすべて同じなので，次のように計算され，すべての柱で 0.5 となる。

$$t_j = \frac{3k_j}{2\sum k_j} = \frac{3k}{2(k+k+k)} = 0.5$$

3) **撓角の初期値**

撓角の初期値 ϕ_0 は撓度を無視した場合と同一で，これらの値から撓度 ψ を次のように計算する。

II 層：$\psi = -0.5(23.7 + 20.7 - 5.3 - 5.1 - 15.6 - 13.9) = -2.3$

I 層：$\psi = -0.5(20.7 - 5.1 - 13.9) = -0.9$

すなわち，各層ごとに柱の上下の撓角の和に撓度分配率を乗じた値の和の符号を逆にした値である。

4) 補正値の繰り返し計算

次に，節点 21 について，右の節点 22 による補正値は（梁の撓度は 0 なので撓度を加えない場合と同様で）$-0.158(-5.3) = 0.8$，下の節点 11 の撓角と（柱には撓度が生ずるので）撓度の和に撓角分配率を乗じ符号を変えた値を補正値，すなわち $-0.342(20.7 - 2.3) = -6.3$，よって節点 21 の撓角は初期値と補正値の和 $23.7 + 0.8 - 6.3 = 18.2$ となる。

節点 22 については，右の節点 23 による補正値は $-0.135(-15.6) = 2.1$，下の節点 12 の撓角と撓度の和に撓角分配率を乗じ符号を変えた値が補正値 $-0.250(5.1 - 2.3) = 1.93$，左の節点 21 による補正値は $-0.115(18.2) = -2.1$，よって節点 22 の撓角は初期値と補正値の和 $-5.3 + 2.1 + 1.9 - 2.1 = -3.4$ となる。

この繰り返し計算をステップ 3) の撓度の計算を含め 3 回繰り返すと表のように各節点の撓角と各層の撓度が求まる。

5) 各部材の曲げモーメント

表で得られた撓角と撓度を用いて計算すると，各節点における曲げモーメントは基本式の (11.11) 式［477 頁］を用いて次のようになる。

節点 21：$M_{右} = 0.6(2 \times 19.8 - 4.0) - 90.0 = -68.6$,

$M_{下} = 1.3(2 \times 19.8 + 18.1 - 5.1) = 68.4$

節点 22：$M_{右} = 0.7\{2 \times (-4.0) - 10.1\} - 62.5 = -75.2$,

$M_{下} = 1.3\{2 \times (-4.0) - 3.7 - 5.1\} = -21.8$,

$M_{左} = 0.6\{2 \times (-4.0) + 19.8\} + 90.0 = 97.1$

（以下の計算は省略）

同様の計算をすべての節点について行うと曲げモーメントが求まり，それからせん断力を計算し，その結果が図 11.33［507 頁］に示されている。

② 水平荷重

水平荷重を受けるラーメンの計算方法も撓度を考慮した鉛直荷重を受ける場合と同様である。ここで重要なのは，どのように精度の高い撓角と撓度を推定し，繰り

表 11.7　撓角分配法（鉛直荷重・撓度考慮）

	0.158				0.115	0.135				0.175				
	節点 21					節点 22					節点 23			
0.342	ϕ_0	23.7			0.250	ϕ_0	−5.3			0.325	ϕ_0	−15.6		
	右	0.8	0.5	0.6		右	2.1	1.3	1.4		下	5.3	4.8	4.8
(0.5)	下	−6.3	−4.7	−4.5	(0.5)	下	1.9	2.2	2.2	(0.5)	左	0.6	0.7	0.7
	ϕ	18.2	19.5	19.8		左	−2.1	−2.2	−2.3		ϕ	−9.7	−10.1	−10.1
0.224					0.181	ϕ	−3.4	−4.1	−4.0	0.217				
	0.103				0.083	0.097				0.117				
	節点 11					節点 12					節点 13			
0.172	ϕ_0	20.7			0.139	ϕ_0	−5.1			0.167	ϕ_0	−13.9		
	上	−3.6	−3.4	−3.4		上	1.0	1.5	1.6		上	2.6	3.1	3.2
(0.5)	右	0.5	0.4	0.4	(0.5)	右	1.3	1.0	1.0	(0.5)	下	0.2	0.3	0.4
	下	0.2	0.3	0.4		下	0.1	0.2	0.3		左	0.5	0.5	0.4
	ϕ	17.8	18.0	18.1		左	−1.5	−1.5	−1.5		ϕ	−10.6	−10.0	−9.9
						ϕ	−4.2	−3.9	−3.7					
	節点 01					節点 02					節点 03			

II 層 ψ

$-0.5\,(23.7 + 20.7 - 5.3 - 5.1 - 15.6 - 13.9) = -2.3$

$-0.5\,(18.2 + 17.8 - 3.4 - 4.2 - 9.7 - 10.6) = -4.1$

$-0.5\,(19.5 + 18.0 - 4.1 - 3.9 - 10.1 - 10.0) = -4.7$

$-0.5\,(19.8 + 18.1 - 4.0 - 3.7 - 10.1 - 9.9) = -5.1$

I 層 ψ

$-0.5\,(20.7 - 5.1 - 13.9) = -0.9$

$-0.5\,(17.8 - 4.2 - 10.6) = -1.5$

$-0.5\,(18.0 - 3.9 - 10.0) = -2.1$

$-0.5\,(18.1 - 3.7 - 9.9) = -2.3$

返し計算を行うかである。鷹部屋は (A) 柱と梁の中央に反曲点を仮定し撓角と撓度の概算を求める方法と，(B) 撓角を概算する方法を示しているが，「撓角をまず概算することは・・・撓角分配法の一層の簡易化・・・」と書いているので，以下では (B) の方法を紹介する。

図 11.34 に示すような多層多スパンラーメンを考えると，節点 A に接続する上下の柱と左右の梁の曲げモーメントは次式となる。

$$M_{上} = k_{上}(2\alpha\phi + \alpha_{上}\phi + \psi_{上}) \tag{11.76}$$

$$M_{下} = k_{下}(2\alpha\phi + \alpha_{下}\phi + \psi_{下}) \tag{11.77}$$

$$M_{左} = k_{左}(2\alpha\phi + \alpha_{左}\phi) \tag{11.78}$$

$$M_{右} = k_{右}(2\alpha\phi + \alpha_{右}\phi) \tag{11.79}$$

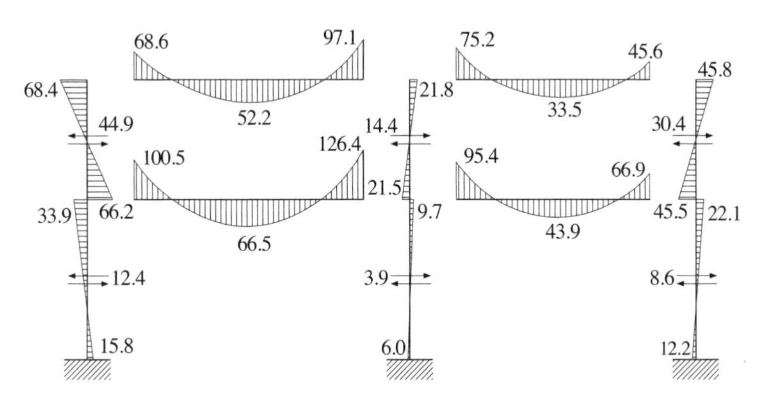

図 11.33　例題［495 頁］の撓角分配法（撓度考慮）による応力
［曲げモーメントの単位は kN m，せん断力の単位は kN，撓度を考慮すると，
柱せん断力の和はほぼ 0 となる。図 11.29（496 頁），図 11.31（501 頁）参照］

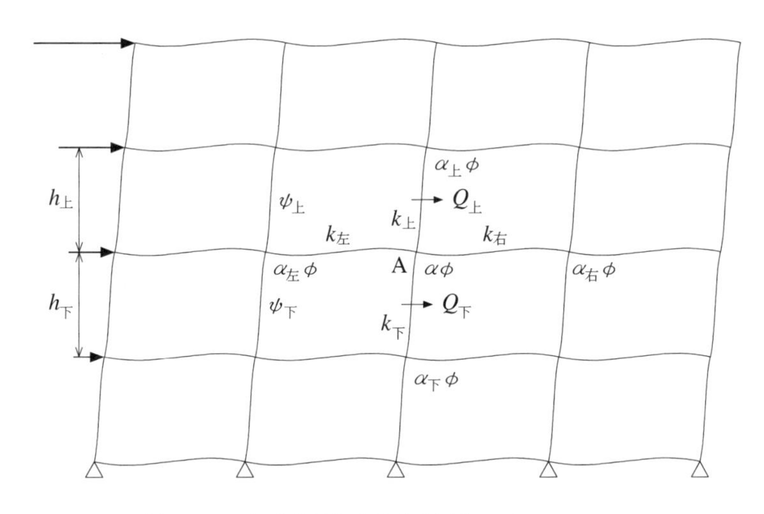

図 11.34　水平荷重を受ける多層多スパンラーメン

節点 A での節点方程式を考えると，上の 4 式の和は 0 となるので，次式を得る。

$$\{2\alpha(k_上+k_下+k_左+k_右)+(\alpha_上k_上+\alpha_下k_下+\alpha_左k_左+\alpha_右k_右)\}\phi+(k_上\psi_上+k_下\psi_下)=0 \tag{11.80}$$

次に，(11.68) 式［502 頁］を参照すると，上下の柱について次式を得る。

$$k_上(3\alpha_上\phi+3\alpha\phi+2\psi_上)+Q_上h_上=0 \tag{11.81}$$

$$k_下(3\alpha\phi+3\alpha_下\phi+2\psi_下)+Q_下h_下=0 \tag{11.82}$$

上の 2 つの式の和を求めると，次のようになる。

$$\{3\alpha(k_{上}+k_{下})+3\alpha_{上}k_{上}+3\alpha_{下}k_{下}\}\phi+2(k_{上}\psi_{上}+k_{下}\psi_{下})+Q_{上}h_{上}+Q_{下}h_{下}=0 \quad (11.83)$$

(11.80) 式を 2 倍し (11.83) 式を減ずると撓度が消去され，次式となる。

$$\{\alpha(k_{上}+k_{下})+4\alpha(k_{左}+k_{右})-(\alpha_{上}k_{上}+\alpha_{下}k_{下})+2(\alpha_{左}k_{左}+\alpha_{右}k_{右})\}\phi-(Q_{上}h_{上}+Q_{下}h_{下})=0 \quad (11.84)$$

通常の多層多スパンのラーメンにおいて，（外側の節点を除き）内側の節点の撓角はほぼ等しいので $\alpha_{左}=\alpha_{右}=\alpha$ とし，更に上下の撓角も等しく $\alpha_{上}=\alpha_{下}=\alpha$ とすると，上式は次のようになる。

$$6\alpha(k_{左}+k_{右})\phi-(Q_{上}h_{上}+Q_{下}h_{下})=0 \quad (11.85)$$

更に，同一層の節点を較べると，内側の節点の撓角はほぼ等しく，両外側の節点の撓角より小さいので，内側の節点の撓角を $\phi_{内}$，両外側の節点の撓角を $\phi_{外}$ とすると次式のように表すことができる。

$$\phi_{内}=\alpha\,\phi_{外} \quad (11.86)$$

ここで，α は通常のラーメンでは上層で 0.5～0.7，下層で 0.7～0.9 程度の値となる。

次に，(11.85) 式を参照し，同一レベルにある梁の上下の柱すべてを考えると次式が得られる。

$$\phi_{外}=\frac{Q_{上}h_{上}+Q_{下}h_{下}}{6\{k_{左外梁}+\alpha(k_{左外梁}+2\sum k_{内梁}+k_{右外梁})+k_{右外梁}\}} \quad (11.87)$$

なお，最上層においては，$Q_{上}h_{上}=0$ として上式が適用できるが，最下層においては次式となる。

$$\phi_{外}=\frac{Q_{上}h_{上}+Q_{下}h_{下}}{\sum k_{柱}+6\{k_{左外梁}+\alpha(k_{左外梁}+2\sum k_{内梁}+k_{右外梁})+k_{右外梁}\}} \quad (11.88)$$

以上の式から撓角の初期値を計算し，繰り返し計算を行うと，撓角と撓度を求めることができる。

例題　図 11.35［509 頁］に示す水平荷重を受ける 3 層 2 スパンのラーメンの曲げモーメントを撓角分配法によって求める。

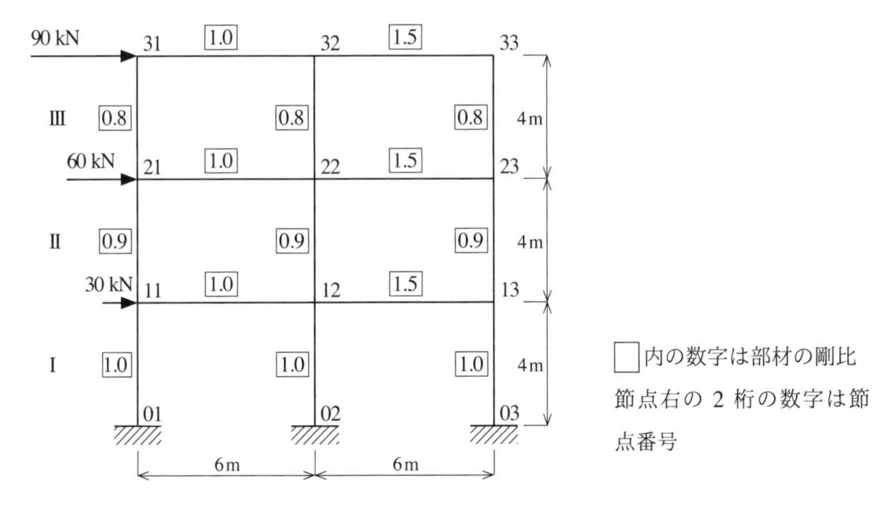

図 11.35　例題：水平荷重を受ける 3 層 2 スパンラーメン

解　水平荷重を受ける撓角分配法では表 11.8［511 頁］に示すように計算を進める。

1) 架構・荷重の特定

ラーメンの略図などは図 11.35［509 頁］のとおりである。

2) 準備計算

撓角分配率 γ は，例えば節点 11 について，次のように計算される。

節点 11：$\frac{0.9}{2(0.9+1.0+1.0)} = 0.155$，$\frac{1.0}{2(0.9+1.0+1.0)} = 0.172$，$\frac{1.0}{2(0.9+1.0+1.0)} = 0.172$

その他の節点についても同様の計算を行い，表に記入する。

撓度分配率 t_i は，同一層の 3 本の柱の剛比がすべて同じなので，すべての柱で 0.5 となる。

$$t_i = \frac{3k_i}{2\sum k_i} = \frac{3k}{2(k+k+k)} = 0.5$$

撓度の初期値として (11.72) 式［503 頁］の最後の項を計算して次のようになる。

第 III 層：$\psi_0 = -\frac{90\times4}{2(0.8+0.8+0.8)} = -\frac{360}{4.8} = -75.0$，第 II 層：$\psi_0 = -\frac{(90+60)\times4}{2(0.9+0.9+0.9)} = -\frac{600}{5.4} = -111.1$

第 I 層：$\psi_0 = -\frac{(90+60+30)\times4}{2(1.0+1.0+1.0)} - \frac{720}{6.0} = -120.0$

3) 撓角の初期値

撓角の初期値は (11.87) 式［508 頁］から，第 III 層で $\alpha = 0.6$ として，

$\phi_{外} = \frac{90\times4}{6\{1.0+0.6(1.0+1.5)+1.5\}} = \frac{360}{24} = 15.0$，$\phi_{内} = 0.6\times15 = 9.0$

第 II 層では $\alpha = 0.7$ として，

$\phi_{外} = \frac{90\times4+(90+60)\times4}{6\{1.0+0.7(1.0+1.5)+1.5\}} = \frac{960}{25.5} = 37.6$，$\phi_{内} = 0.7\times38 = 26.3$

第 I 層では $\alpha = 0.8$ として (11.88) 式から，

$\phi_{外} = \frac{(90+60)\times4+(90+60+30)\times4}{1+1+1+6\{1.0+0.8(1.0+1.5)+1.5\}} = \frac{1320}{30} = 44.0$，$\phi_{内} = 0.8\times44 = 35.2$

4) 補正値の繰り返し計算

撓度の補正値は次のようになる。

第 III 層：$-0.5\,(15.0 + 37.6 + 9.0 + 26.3 + 15.0 + 37.6) = -70.3$

第 II 層：$-0.5\,(37.6 + 44.0 + 26.3 + 35.2 + 37.6 + 44.0) = -112.4$

第 I 層：$-0.5\,(44.0 + 35.2 + 44.0) = -61.6$

5) 各部材の曲げモーメント

計算は省略するが，表で得られた撓角と撓度を用いて計算すると，各節点における曲げモーメントが求まる。

以上の解析結果を基に得られた曲げモーメントとせん断力が図 11.36［510 頁］に示されている。

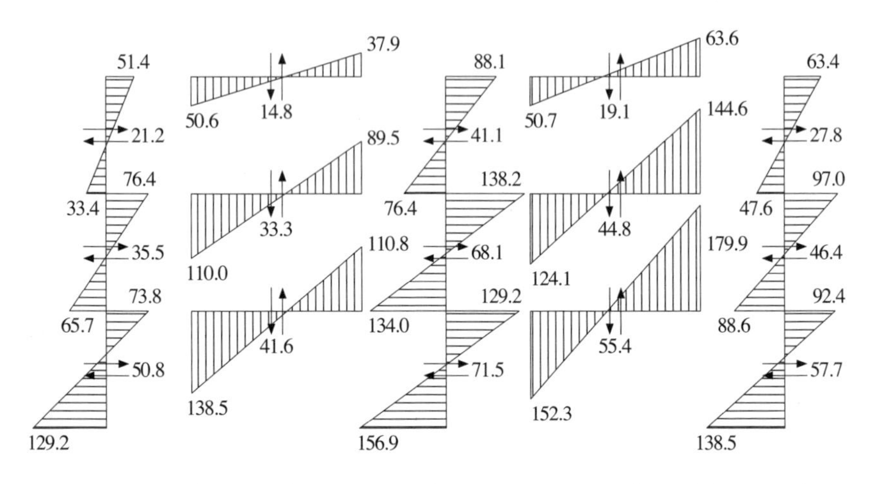

図 11.36　例題［509 頁］の 3 層 2 スパンラーメンの応力（撓角分配法による）
（曲げモーメントの単位は kN m，せん断力の単位は kN）

表 11.8　撓角分配法（水平荷重）

	0.278				0.152	0.227				0.326				
	節点 31					節点 32					節点 33			
0.222	φ	15.0			0.121	φ	9.0			0.174	φ	15.0		
	右	−2.5	−2.1	−2.4		右	−3.4	−3.7	−3.8		下	18.7	19.5	19.7
(0.5)	下	23.9	23.3	23.5	(0.5)	下	14.4	15.4	15.4	(0.5)	左	−2.5	−2.8	−2.7
	φ	21.4	21.2	21.1		左	−3.3	−3.2	−3.2		φ	16.2	16.7	17.0
0.148					0.095	φ	7.7	8.5	8.4	0.125				
	0.185				0.119	0.179				0.234				
	節点 21					節点 22					節点 23			
0.167	φ	37.6			0.107	φ	26.3			0.141	φ	37.6		
	上	18.3	18.8	19.0		上	13.1	13.3	13.4		上	16.1	16.4	16.6
(0.5)	右	−4.9	−3.9	−4.2	(0.5)	右	−6.7	−6.5	−6.5	(0.5)	下	25.3	25.3	25.5
	下	30.0	28.7	28.7		下	20.1	21.1	21.3		左	−5.0	−5.3	−5.4
	φ	43.4	43.6	43.5		左	−5.2	−5.2	−5.2		φ	36.4	36.4	36.7
0.155					0.102	φ	21.3	22.7	23.0	0.132				
	0.172				0.114	0.170				0.221				
	節点 11					節点 12					節点 13			
0.172	φ	44.0			0.114	φ	35.2			0.147	φ	44.0		
	上	27.9	28.1	28.4		上	20.6	20.6	20.8		上	24.7	24.9	25.1
(0.5)	右	−6.1	−4.8	−4.7	(0.5)	右	−7.5	−7.7	−7.8	(0.5)	下	26.7	26.9	27.1
	下	31.2	31.5	31.7		下	20.7	20.9	21.0		左	−6.1	−6.1	−6.1
	φ	53.0	54.8	55.4		左	−6.0	−6.2	−6.3		φ	45.3	45.7	46.1
						φ	27.8	27.6	27.7					
	節点 01					節点 02					節点 03			

III 層 $\psi_0 = -75.0$
$-0.5\,(15.0 + 37.6 + 9.0 + 26.3 + 15.0 + 37.6) = -70.3$，$\psi = -145.3$
$-0.5\,(21.4 + 43.4 + 7.7 + 21.3 + 16.2 + 36.4) = -73.2$，$\psi = -148.2$
$-0.5\,(21.2 + 43.6 + 8.5 + 22.7 + 16.7 + 36.4) = -74.6$，$\psi = -149.6$
$-0.5\,(21.1 + 43.5 + 8.4 + 23.0 + 17.0 + 36.7) = -74.9$，$\psi = -149.9$

II 層 $\psi_0 = -111.1$
$-0.5\,(37.6 + 44.0 + 26.3 + 35.2 + 37.6 + 44.0) = -112.4$，$\psi = -223.5$
$-0.5\,(43.4 + 53.0 + 21.3 + 27.8 + 36.4 + 45.3) = -113.6$，$\psi = -224.7$
$-0.5\,(43.6 + 54.8 + 22.7 + 27.6 + 36.4 + 45.7) = -115.4$，$\psi = -226.5$
$-0.5\,(43.5 + 55.4 + 23.0 + 27.7 + 36.7 + 46.1) = -116.2$，$\psi = -227.3$

I 層 $\psi_0 = -120.0$
$-0.5\,(44.0 + 35.2 + 44.0) = -61.6$，$\psi = -181.6$
$-0.5\,(53.0 + 27.8 + 45.3) = -63.1$，$\psi = -183.1$
$-0.5\,(54.8 + 27.6 + 45.7) = -64.1$，$\psi = -184.1$
$-0.5\,(55.4 + 27.7 + 46.1) = -64.6$，$\psi = -184.6$

11.6　D 値法

多層多スパンのラーメンに（地震力や風圧力のような）水平荷重が作用する場合，

1) 柱に作用するせん断力の値
2) せん断力によって生じる柱の曲げモーメントが 0 となる位置（反曲点の高さ）
   以上の 2 点が分かるならば，
3) 柱の曲げモーメントに釣り合うように梁の曲げモーメントを決める。

このようにしてラーメンの応力を求めることができる。これを一般化したのが次に示す D 値法である。

(1) D 値（柱せん断力分布係数）

せん断力 Q によって生じる柱の水平変位（層間変位）を δ_A とすると次式の関係が得られる。

$$D_A = \frac{Q}{\delta_A} \tag{11.89}$$

ここで，D_A は柱に単位（すなわち 1）の水平変位を与えるために必要なせん断力である。実際にはその層（階）で共通の単位を用いて次のように D 値を表す。

$$D = \frac{Q}{\delta} \Big/ \left[\frac{12EK_0}{h^2}\right] \tag{11.90}$$

ここで，E：ヤング係数，K_0：標準剛度，h：その層（階）の高さである。

柱の D 値は次式で求める。

$$D = a\,k_c \tag{11.91}$$

ここで，a：梁の平均剛比と柱の剛比との比によって求まる係数［表 11.9（513 頁）参照］，k_c：柱の剛比である。

(2) 柱の反曲点高比 y

柱の反曲点高比 y は次のように求める。

$$y = y_0 + y_1 + y_2 + y_3 \tag{11.92}$$

表 11.9　D 値法に用いる a と $\bar{k}$

区分		骨組	式
一般層		k_1, k_2, k_c, k_3, k_4	$a = \dfrac{\bar{k}}{2+\bar{k}}$, $\bar{k} = \dfrac{k_1+k_2+k_3+k_4}{2k_c}$
最下層	柱脚半固定	k_1, k_2, k_c, k_{F1}, k_{F2}, k_{F0}	$a = \dfrac{\bar{k}}{2+\bar{k}}$, $\bar{k} = \dfrac{k_1+k_2+k_{F0}+k_{F1}+k_{F2}}{2k_c}$
	柱脚固定	k_1, k_2, k_c	$a = \dfrac{0.5+\bar{k}}{2+\bar{k}}$, $\bar{k} = \dfrac{k_1+k_2}{k_c}$
	柱脚ピン	k_1, k_2, k_c	$a = \dfrac{0.5\bar{k}}{1+2\bar{k}}$, $\bar{k} = \dfrac{k_1+k_2}{k_c}$

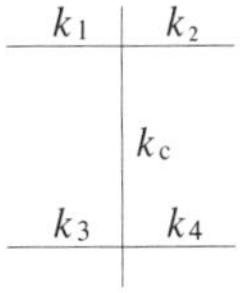

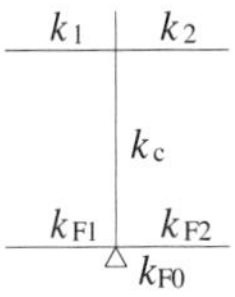

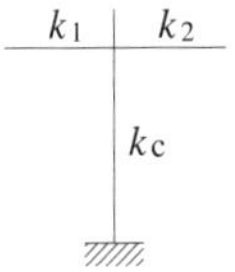

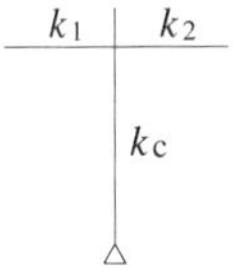

$k_1 \sim k_4$：梁の剛比
k_c：柱の剛比
k_{F0}：地盤抵抗に対応する剛比
k_{F1}，k_{F2}：基礎梁の剛比

次の場合は，修正が必要である。
a) 柱の高さが同一層で異なる場合
b) 柱の中間に梁がある場合

表 11.10　標準反曲点高比 $y_0 = 0$（逆三角形荷重）（文献 [11] の表を一部引用）

n	i	$\bar{k}$ 0.1	0.2	0.3	0.4	0.5	0.6	0.7	0.8	0.9	1.0	2.0	3.0	4.0	5.0
1	1	0.80	0.75	0.70	0.65	0.65	0.60	0.60	0.60	0.60	0.55	0.55	0.55	0.55	0.55
2	2	0.50	0.45	0.40	0.40	0.40	0.40	0.40	0.40	0.40	0.45	0.45	0.45	0.45	0.50
	1	1.00	0.85	0.75	0.70	0.70	0.65	0.65	0.65	0.60	0.60	0.55	0.55	0.55	0.55
3	3	0.25	0.25	0.25	0.30	0.30	0.35	0.35	0.35	0.40	0.40	0.45	0.45	0.45	0.50
	2	0.60	0.50	0.50	0.50	0.50	0.45	0.45	0.45	0.45	0.45	0.50	0.50	0.50	0.50
	1	1.15	0.90	0.80	0.75	0.75	0.70	0.70	0.65	0.65	0.65	0.60	0.55	0.55	0.55

ここで，y_0：標準反曲点高比，y_1：上下の梁の剛比変化による修正値，y_2：上層の階高変化による修正値，y_3：下層の階高変化による修正値で，いずれも表として与えられている［本書では，逆三角形荷重による標準反曲点高比 y_0 の 3 層までを表 11.10（513 頁）に示す］。

(3) 梁の曲げモーメント

柱の曲げモーメントに釣り合うように，梁の剛比に比例した曲げモーメントを求める。

以上の (1)〜(3) の計算ステップに従って次の例題のように解析を行う。

例題　図 11.35［509 頁］に示す水平荷重を受ける 3 層 2 スパンのラーメンの応力を D 値法によって求める。

解　D 値法では図 11.37［515 頁］に示すように計算を進める。

(1) D 値と柱せん断力の計算

すべての柱について表 11.9［513 頁］に従い $\bar{k}$ と a を求め，(11.91) 式［512 頁］から D を計算し，ラーメンの略図を示している図 11.37［515 頁］の柱右側に記入する。それらの各層ごとの和 $\sum D$ を計算する。各柱のせん断力は層せん断力に $D/\sum D$ を乗じて得られる。例えば，最下層の左柱については次のようになる。

$$(90 + 60 + 30)\frac{0.50}{1.74} = 51.7$$

このようにして得られた値を図 11.38［515 頁］に書き込む。

(2) 反曲点高比と柱の曲げモーメントの計算

柱の反曲点高比 y_0 を表 11.10［513 頁］から求める。表では $\bar{k}$ の値に応じて 0.05 刻みで標準反曲点高比が与えられているので，ここでは直線補間により y_0 を求め，図に記入してある（なお，この例題では上下の梁の剛比変化による修正値 y_1，上下層の階高変化による修正値 y_2 と y_3 を求める必要がない)。

柱のせん断力に層高を乗じ，それに柱反曲点高比を乗じると柱脚の曲げモーメント，{1 − (柱反曲点高比)} を乗じると柱頭の曲げモーメントが求まるので，図 11.38［515 頁］に書き込む。

(3) 梁の曲げモーメントの計算

節点ごとに柱の曲げモーメントの和と梁の曲げモーメントの和が釣り合うように（柱の曲げモーメントを梁の剛比に比例させて）梁の曲げモーメントを求め，図 11.38［515 頁］に書き込む。

以上の解析結果を基に得られた曲げモーメントとせん断力が図 11.38［515 頁］に示されている。

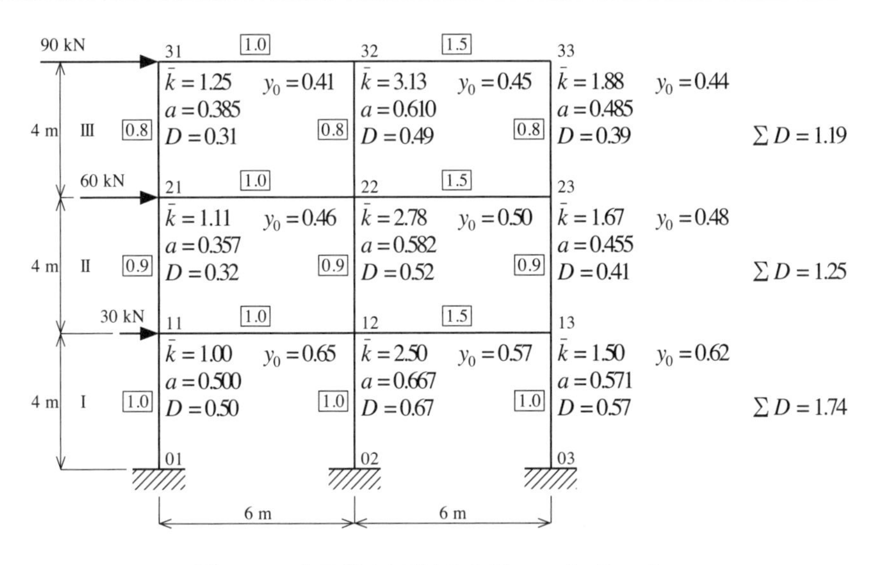

図 11.37　水平荷重を受ける 3 層 2 スパンラーメン

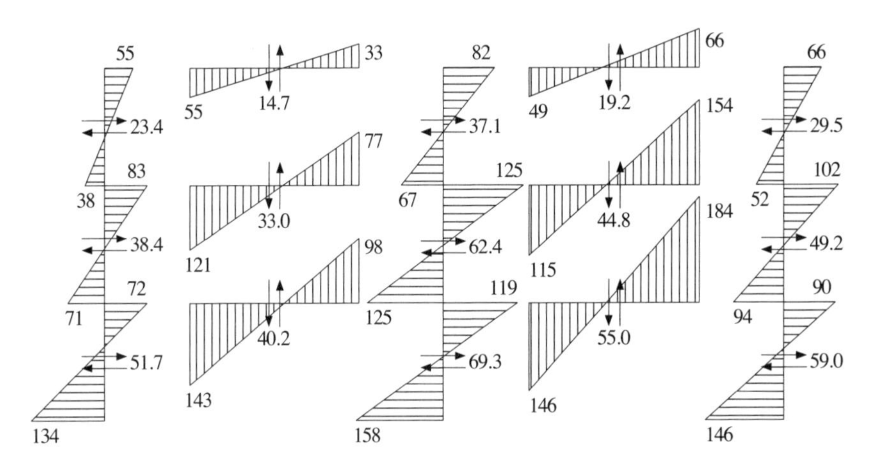

図 11.38　3 層 2 スパンラーメンの応力（*D* 値法による）
（曲げモーメントの単位は kN m，せん断力の単位は kN）

解説「D 値法」

1913 年に Fleming が，外柱と内柱のせん断力の比を 1 : 2 として，反曲点が柱の中央にあるとして水平荷重を受けるラーメンを解くポータル法を考案し，この解析法を更に発展させたものが D 値法である [24]。ポータル法は均等ラーメンの場合には問題が少ないが，柱の剛比が異なったり耐震壁がある場合には適用が難しい。これを改良したのが内藤多仲 [25] で，それを更に一般化させたのが武藤清である。この解析法は，柱の負担せん断力を求める係数を D で表すため，D 値法または単に D 法と呼ばれ，武藤が 1956 年の世界地震工学会議で発表した [26]。このため，Muto's D-value Method として海外でも広く知られ，コンピュータによる解析が普及するまで，日本ではもちろんのこと世界各国でも用いられていた。

水平荷重を受けるラーメンを解析するための，便利というよりむしろ唯一の実用的計算法であった D 値法は日本建築学会「鉄筋コンクリート構造計算規準・同解説」に付録として長年載っていた [11]。

11.7 マトリックスによる解析法

撓角法の表 11.4［489 頁］で表される連立方程式を一般化して次のように表すことができる［(11.33) 式〔489 頁〕参照］。

$$\{P\} = [K]\{X\} \tag{11.93}$$

ここで，$\{P\}$: 荷重ベクトル，$[K]$: 剛性マトリックス，$\{X\}$: 変位ベクトルである。

撓角法においては，各部材の曲げ変形のみを考慮し，変位ベクトルには撓角 ϕ と撓度 ψ のみが含まれる。すなわち，表 11.4［489 頁］の荷重項をベクトルで表示したものが荷重ベクトル $\{P\}$，最上段の $\phi_1 \sim \psi_{\rm II}$ をベクトルで表示したものが変位ベクトル $\{X\}$，その他の係数部分をマトリックスで表示したものが剛性マトリックス $[K]$ である。

撓角法で曲げ変形のみを考慮したのは，柱・梁のような比較的細長い部材では曲げ変形の影響が大きいことにあるが，その他に（手計算で解析するには）未知数の数を可能な限り減らす必要があったからである。

コンピュータを用いるのであれば，（計算を容易にするために）未知数の数を減らす必要はあまりないので，多くのコンピュータソフトでは曲げ変形の他に軸変形とせん断変形を考慮し，(11.93) 式［516 頁］のマトリックスを解くことによって解析している。なお，(11.33) 式［489 頁］を参照すると撓角法は曲げ変形に特化したマトリックスを用いた解析法と考えることができる。

曲げ変形，軸変形，せん断変形を考慮したマトリックスを用いた解析法においては，次のような手順で行っている [27, 28]。

1) 部材の剛性マトリックスの作成

各部材ごとに曲げ変形，軸変形，せん断変形を考慮した部材座標系による剛性マトリックスを作成する。

2) 部材の剛性マトリックスの全体座標系への変換

部材座標系による剛性マトリックスに変換マトリックスを乗じて，全体座標系による剛性マトリックスに変換する。

3) 架構全体の剛性マトリックスの作成

変換した全体座標系による各部材の剛性マトリックスをすべて加え合わせて架構全体の剛性マトリックスを作成する。

4) 荷重ベクトルの作成

架構に作用する荷重を計算し，荷重ベクトルを作成する。

5) マトリックスによる連立方程式を解く。

マトリックスによる連立方程式を解き，各節点の変位（回転を含む）を求める。それらを基に部材の応力など必要な値を求める。

(1) 部材の剛性マトリックス

任意の部材に対する荷重ベクトルを $\{p\}$，剛性マトリックスを $[k]$，変位ベクトルを $\{u\}$ とすると，部材座標系に対して次式の関係がある。

$$\{p\} = [k]\{u\} \tag{11.94}$$

ここでは簡単のため 2 次元の一様断面直線部材を考え，軸変形，せん断変形，曲げ変形を考慮するため，荷重ベクトル $\{p\}$ と変位ベクトル $\{u\}$ を次のように表す［図 11.39（518 頁）参照］。

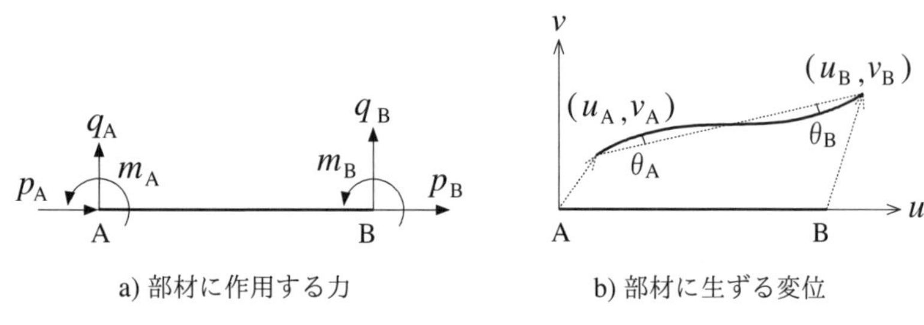

a) 部材に作用する力　　b) 部材に生ずる変位

図 11.39　部材 AB に作用する力と生ずる変位

$$\{p\} = \begin{Bmatrix} p_A \\ q_A \\ m_A \\ p_B \\ q_B \\ m_B \end{Bmatrix} \qquad (11.95) \qquad\qquad \{u\} = \begin{Bmatrix} u_A \\ v_A \\ \theta_A \\ u_B \\ v_B \\ \theta_B \end{Bmatrix} \qquad (11.96)$$

ここで，

p_A, q_A, m_A　：部材の左端に作用する軸方向力，せん断力，曲げモーメント，

p_B, q_B, m_B　：部材の右端に作用する軸方向力，せん断力，曲げモーメント，

u_A, v_A, θ_A　：部材の左端の軸方向の変位，軸直交方向の変位，回転角，

u_B, v_B, θ_B　：部材の右端の軸方向の変位，軸直交方向の変位，回転角である。

荷重ベクトルと変位ベクトルを以上のように表すと，部材の剛性マトリックスは次の (11.97) 式［519 頁］のようになる†

解説「部材の剛性マトリックスの各要素」

一般に，剛性マトリックスの要素 k_{ij} は j 端のみに単位（すなわち 1）の変位を生じさせるために i 端に加える力として得られる。

図 11.39［518 頁］に示す部材 AB の剛性マトリックスの各要素は，解説「軸方向の変位から求まる要素の誘導」［519 頁］とそれに続く各要素の誘導のようにして導かれる。この剛性マトリックスの (11.97) 式［519 頁］はどの部材に対しても適用されるので，部材ごとに繰り返して式を誘導する必要はない。

† 3 次元の場合は，紙面直交方向の曲げとせん断，更に捩りも加わるので [12 × 12] の部材剛性マトリックスとなる。

$$
[k]=\begin{bmatrix}
\dfrac{EA}{\ell} & 0 & 0 & \dfrac{-EA}{\ell} & 0 & 0\\
0 & \dfrac{12EI}{\ell^3(1+\Phi)} & \dfrac{6EI}{\ell^2(1+\Phi)} & 0 & \dfrac{-12EI}{\ell^3(1+\Phi)} & \dfrac{6EI}{\ell^2(1+\Phi)}\\
0 & \dfrac{6EI}{\ell^2(1+\Phi)} & \dfrac{(4+\Phi)EI}{\ell(1+\Phi)} & 0 & \dfrac{-6EI}{\ell^2(1+\Phi)} & \dfrac{(2-\Phi)EI}{\ell(1+\Phi)}\\
\dfrac{-EA}{\ell} & 0 & 0 & \dfrac{EA}{\ell} & 0 & 0\\
0 & \dfrac{-12EI}{\ell^3(1+\Phi)} & \dfrac{-6EI}{\ell^2(1+\Phi)} & 0 & \dfrac{12EI}{\ell^3(1+\Phi)} & \dfrac{-6EI}{\ell^2(1+\Phi)}\\
0 & \dfrac{6EI}{\ell^2(1+\Phi)} & \dfrac{(2-\Phi)EI}{\ell(1+\Phi)} & 0 & \dfrac{-6EI}{\ell^2(1+\Phi)} & \dfrac{(4+\Phi)EI}{\ell(1+\Phi)}
\end{bmatrix} \tag{11.97}
$$

ここで，各記号は部材特性を表し，E：ヤング係数，A：断面積，I：断面 2 次モーメント，ℓ：長さ，G：せん断弾性係数，$\Phi = 12EI/(GA_s\ell^2)$，A_s：有効せん断面積である。

解説「軸方向の変位から求まる部材剛性マトリックスの要素の誘導」

図 11.40 a［519 頁］において $p_A = (EA/\ell)\,u_A$，$p_B = -p_A$ の関係があるので，$u_A = 1$ とした p_A が k_{11} となり $k_{11} = EA/\ell$ が得られ，$u_A = 1$ とした p_B が k_{41} となり $k_{41} = -EA/\ell$ が得られる。

同様に同図 b から $k_{14} = -EA/\ell$，$k_{44} = EA/\ell$ が得られる。なお，材軸直交変位 v と回転角 θ は軸変形には影響しないので，第 1, 4 行と第 1, 4 列の他の要素はすべて 0 となる。

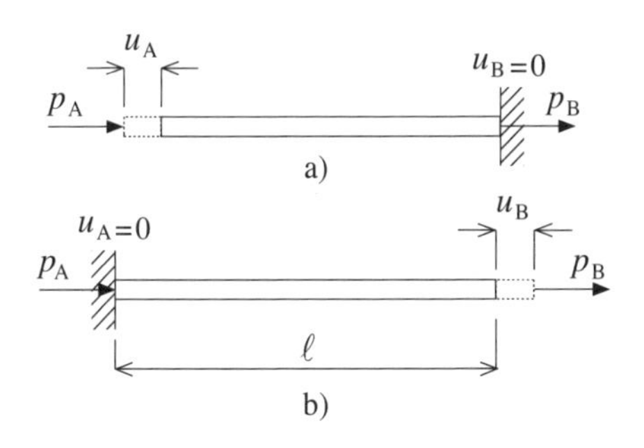

$u_A = 1$ の時の p_A が k_{11}，p_B が k_{14} となるので，

$$k_{11} = \frac{EA}{\ell} \qquad k_{14} = \frac{-EA}{\ell}$$

$u_B = 1$ の時の p_B が k_{44}，p_A が k_{41} となるので，

$$k_{44} = \frac{EA}{\ell} \qquad k_{41} = \frac{-EA}{\ell}$$

図 11.40　軸変形から求める部材剛性マトリックスの要素

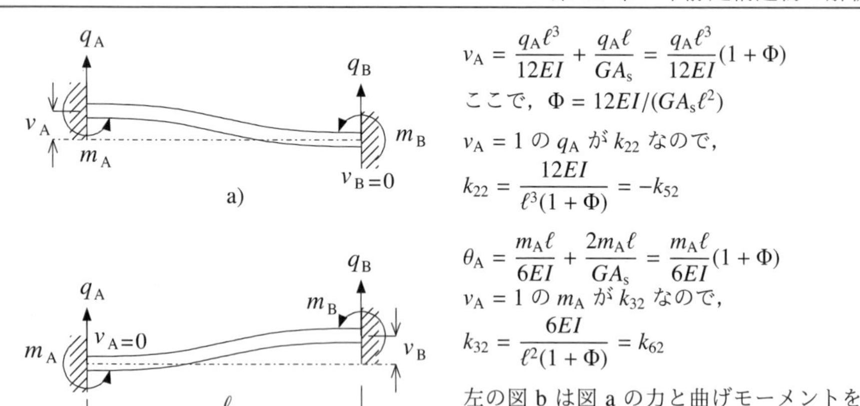

図 11.41　材軸直交方向の変位から求める部材剛性マトリックスの要素

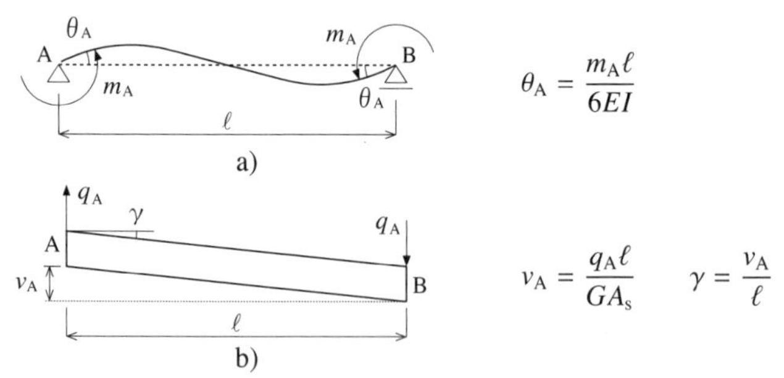

図 11.42　部材の曲げ変形とせん断変形（その 1）

解説「材軸直交方向の変位から求まる部材剛性マトリックスの要素の誘導」

図 11.41 a［520 頁］の変形状態となる場合の材端に作用する力と曲げモーメントを考える。曲げ変形とせん断変形を示す図 11.42 a, b［520 頁］を参照すると，せん断力 q_A（力の釣合から $q_B = q_A$）によって両端には曲げモーメント $m_A = q_A\ell/2$（モーメントの釣合から $m_B = m_A$）が生ずる。この場合の曲げ変形による材軸直交の変位を v_m とすると $v_m = q_A\ell^3/(12EI)$，せん断変形による材軸直交の変位を v_s とすると $v_s = q_A\ell/(GA_s)$ となる。よって，両者の変位の和が A 端の材軸直交変位 v_A となるので次式が得られる。

$$v_A = v_m + v_s = \frac{q_A\ell^3}{12EI} + \frac{q_A\ell}{GA_s} = \frac{q_A\ell^3}{12EI}\left(1 + \frac{12EI}{GA_s}\right) = \frac{q_A\ell^3}{12EI}(1+\Phi)$$

ここで，$\Phi = 12EI/(GA_s\ell^2)$ である。上式において $v_A = 1$ とした q_A が k_{22} となる

ので，$k_{22} = \dfrac{12EI}{\ell^3(1+\Phi)}$ が得られ，力の釣合より $k_{52} = -k_{22}$ となる。

m_A によって生ずる曲げ変形による回転角は $\theta_m = m_A\ell/(6EI)$ となり，m_A によって生ずるせん断力（$q_A = 2m_A/\ell$）によるせん断変形角は $\theta_s = (2m_A/\ell)/(GA_s)$ となる。よって，両者の和を θ_A として次式が得られる。

$$\theta_A = \theta_m + \theta_s = \frac{m_A\ell}{6EI} + \frac{2m_A\ell}{GA_s} = \frac{m_A\ell}{6EI}(1 + \frac{12EI}{GA_s\ell^2}) = \frac{m_A\ell}{6EI}(1+\Phi)$$

この θ_A が，$v_A = 1$ としたときの部材角 $1/\ell$ に等しいとすると，次式が得られる。

$$\frac{1}{\ell} = \frac{m_A\ell}{6EI}(1+\Phi) \quad \text{よって} \quad m_A = \frac{6EI}{\ell^2(1+\Phi)}$$

これが $k_{32} = \dfrac{6EI}{\ell^2(1+\Phi)}$ となり，曲げモーメントの釣合から $k_{62} = k_{32}$ となる。

同図 b について同様に考えると，同図 a の逆向きに力と曲げモーメントを加えるとよいので，$k_{25} = -k_{22}$，$k_{35} = -k_{23}$，$k_{55} = -k_{52}$，$k_{56} = -k_{26}$ となる。

解説「材端の回転角から求まる部材剛性マトリックスの要素の誘導」

図 11.43 a［522 頁］の変形状態となる場合の材端に作用する力と曲げモーメントを考える。曲げ変形とせん断変形を示す図 11.44 a, b, c［522 頁］を参照すると，A 端の材軸直交方向の変位は 0 なので，次式が得られる。

$$v_m = v_q + v_s$$

$$\frac{m_A\ell^2}{2EI} = \frac{q_A\ell^3}{3EI} + \frac{q_A\ell}{GA_s} = \frac{q_A\ell^3(4+\Phi)}{12EI}$$

$$m_A = \frac{q_A\ell(4+\Phi)}{6} \tag{11.98}$$

続いて A 端の回転角 θ_A を考えると，次式が得られ，更に上式を用いて変形すると次のようになる。

$$\begin{aligned}\theta_A &= \theta_m - \theta_q \\ &= \frac{m_A\ell}{EI} - \frac{q_A\ell^2}{2EI} = \frac{q_A\ell^2(4+\Phi)}{6EI} - \frac{q_A\ell^2}{2EI} = \frac{q_A\ell^2(1+\Phi)}{6EI}\end{aligned}$$

$\theta_A = 1$ としたときの q_A が k_{32} となるので，次式が得られる。

$$k_{32} = \frac{6EI}{\ell^2(1+\Phi)}$$

上式を (11.98) 式［521 頁］に代入して得られる m_A が k_{33} となる。

$$k_{33} = \frac{(4+\Phi)EI}{\ell(1+\Phi)}$$

B 端の曲げモーメントは次のようになり，これが k_{36} となる。

$$m_B = m_B + q_A\ell = \frac{-(4+\Phi)EI}{\ell(1+\Phi)} + \frac{6EI\ell}{\ell^2(1+\Phi)} = \frac{(2-\Phi)EI}{\ell(1+\Phi)} = k_{36}$$

B 端の材軸直交方向の力 q_B は次のようになり，これが k_{53} となる。

$$q_B = -q_A = \frac{-6EI}{\ell^2(1+\Phi)} = k_{53}$$

図 11.43 b［522 頁］について同様に考えると，同図 a の左右のモーメントを入れ替えるとよいので，$k_{36} = k_{63}$，$k_{66} = k_{33}$，$k_{26} = k_{23}$，$k_{56} = k_{53}$，となる。

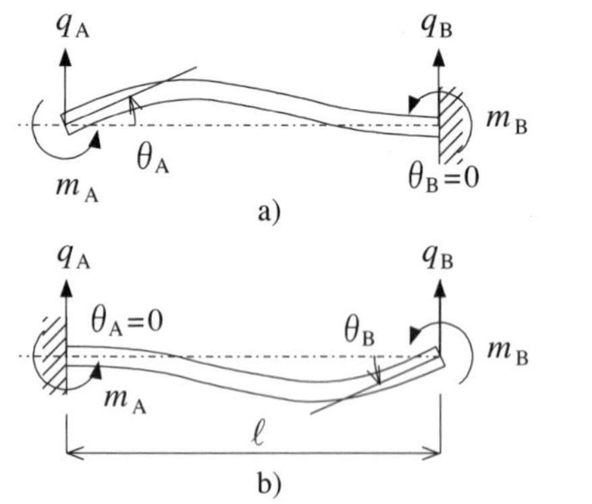

$\theta_A = 1$ の時の

$$q_A = k_{23} = \frac{6EI}{\ell^2(1+\Phi)} = -q_B = -k_{53}$$

$$m_A = k_{33} = \frac{(4+\Phi)EI}{\ell(1+\Phi)}$$

$$q_B = k_{36} = \frac{(2-\Phi)EI}{\ell(1+\Phi)}$$

左の図 b は図 a の m_A と m_B を入れ替えると得られる。

図 11.43　材端の回転角から求める剛性マトリックスの要素

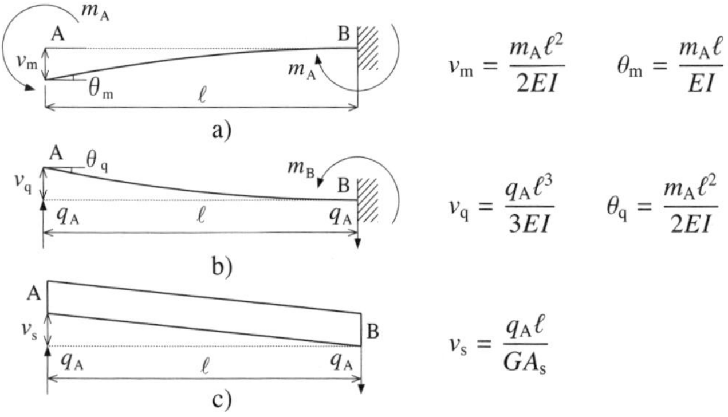

図 11.44　部材の曲げ変形とせん断変形（その 2）

(2) 全体座標系への変換

図 11.45［523 頁］において，任意の節点における部材座標系による変位 u, v を全体座標系の変位 X, Y に変換すると次式が得られる。

$$X = u\cos\alpha - v\sin\alpha \tag{11.99}$$

$$Y = u\sin\alpha + v\cos\alpha \tag{11.100}$$

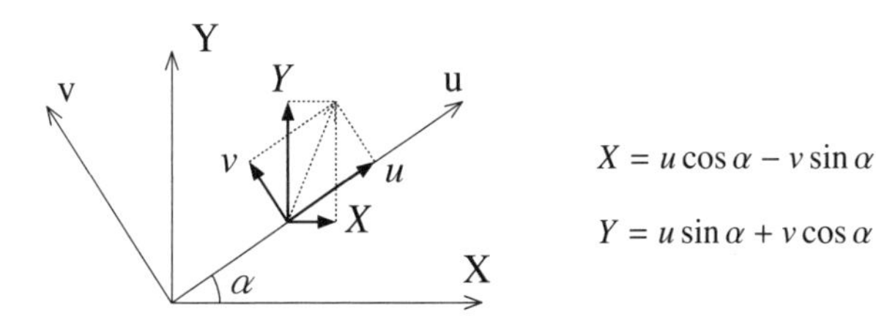

図 11.45　部材座標系による u, v と全体座標系による X, Y

回転角については，材軸からの回転角を考えると部材座標系・全体座標系にかかわらず同一となるので，上式と回転角 θ をまとめて次のようにマトリックスで表示することができる。

$$\begin{Bmatrix} X \\ Y \\ \theta \end{Bmatrix} = \begin{bmatrix} \cos\alpha & -\sin\alpha & 0 \\ \sin\alpha & \cos\alpha & 0 \\ 0 & 0 & 1 \end{bmatrix} \begin{Bmatrix} u \\ v \\ \theta \end{Bmatrix} \tag{11.101}$$

上式を次のように表す。

$$\{X\} = [T_1]\{u\} \tag{11.102}$$

ここで，

$$\{X\} = \begin{Bmatrix} X \\ Y \\ \theta \end{Bmatrix} \qquad \{u\} = \begin{Bmatrix} u \\ v \\ \theta \end{Bmatrix} \tag{11.103}$$

$$[T_1] = \begin{bmatrix} \cos\alpha & -\sin\alpha & 0 \\ \sin\alpha & \cos\alpha & 0 \\ 0 & 0 & 1 \end{bmatrix} \tag{11.104}$$

上式の $[T_1]$ はある 1 点についての部材座標系から全体座標系へ変換するマトリックスで，次の関係がある。

$$[T_1][T_1]^T = \begin{bmatrix} \cos\alpha & -\sin\alpha & 0 \\ \sin\alpha & \cos\alpha & 0 \\ 0 & 0 & 1 \end{bmatrix} \begin{bmatrix} \cos\alpha & \sin\alpha & 0 \\ -\sin\alpha & \cos\alpha & 0 \\ 0 & 0 & 1 \end{bmatrix} = \begin{bmatrix} 1 & 0 & 0 \\ 0 & 1 & 0 \\ 0 & 0 & 1 \end{bmatrix} = [I] \quad (11.105)$$

$[T_1]$ を用いて部材両端について部材座標系から全体座標系へ変換するマトリックス $[T]$ を次のように表すことができる。

$$[T] = \begin{bmatrix} [T_1] & [0] \\ [0] & [T_1] \end{bmatrix} \quad (11.106)$$

上式の $[T]$ にも (11.105) 式［524 頁］と同様な特徴，すなわち $[T]^T[T] = [I]$ の関係がある。

次に，(11.94) 式［517 頁］の両辺に $[T][T]^T[T]$ を前から乗ずると次式のようになる†。

$$\begin{aligned} [T][T]^T[T]\{p\} &= [T][T]^T[T][k]\{u\} \\ &= [T]([k][T]^T[T])\{u\} \end{aligned}$$

すなわち，　$$[T]\{p\} = [T][k][T]^T\,[T]\{u\} \quad (11.107)$$

上の (11.107) 式を次のように表す。

$$\{P\} = [K]\{X\} \quad (11.108)$$

ここで，$\{P\}$ と $\{X\}$ は全体座標系で表した次式の荷重ベクトルと変位ベクトルである。

$$\{P\} = [T][p] \qquad \{X\} = [T][u] \quad (11.109)$$

$\{K\}$ は次式の全体座標系で表した部材の剛性マトリックスである。

$$\{K\} = [T][k][T]^T \quad (11.110)$$

† この計算には，マトリックスの一般的な関係 $([A][B][C])^T = [C]^T[B]^T[A]^T$ と $([A]^T)^T = [A]$，更に $[T][T]^T = [I]$ と $[k]^T = [k]$ の関係が用いられている。

(3) 架構全体の剛性マトリックス

全体座標系で表した部材の剛性マトリックスを加え合わせることによって架構全体の剛性マトリックスが得られる。すなわち，部材 AB の全体座標系による剛性マトリックスを次のように表す。

$$\{K\} = \begin{bmatrix} [K_{\mathrm{AA}}] & [K_{\mathrm{AB}}] \\ [K_{\mathrm{BA}}] & [K_{\mathrm{BB}}] \end{bmatrix} \tag{11.111}$$

部材 AB の節点 A, B が全体座標系の節点 i, j に接合されているとすると［図 11.46 a（525 頁）参照］，上式の部材剛性マトリックスを全体剛性マトリックスの中の節点の行と列番号の要素として次式のように加える。

$$[K] = \begin{array}{c} \\ 1 \\ \vdots \\ i \\ \vdots \\ j \\ \vdots \\ n \end{array} \begin{array}{c} \begin{array}{ccccccc} 1 & \cdots & i & \cdots & j & \cdots & n \end{array} \\ \begin{pmatrix} \cdots & \cdots & \cdots & \cdots & \cdots & \cdots & \cdots \\ \vdots & \ddots & \vdots & \vdots & \vdots & \vdots & \vdots \\ \cdots & \cdots & [K_{\mathrm{AA}}] & \cdots & [K_{\mathrm{AB}}] & \cdots & \cdots \\ \vdots & \vdots & \vdots & \ddots & \vdots & \vdots & \vdots \\ \cdots & \cdots & [K_{\mathrm{BA}}] & \cdots & [K_{\mathrm{BB}}] & \cdots & \cdots \\ \vdots & \vdots & \vdots & \vdots & \vdots & \ddots & \vdots \\ \cdots & \cdots & \cdots & \cdots & \cdots & \cdots & \cdots \end{pmatrix} \end{array} \tag{11.112}$$

上式と同様にすべての全体座標で表した部材剛性マトリックスを加え合わせると［図 11.46 b（525 頁）参照］，全体剛性マトリックスが次式のように求まる。

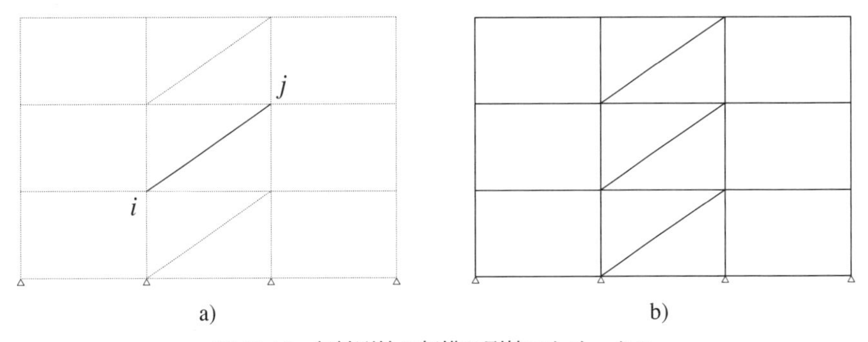

図 11.46　部材剛性と架構の剛性マトリックス

$$[K] = \begin{bmatrix} [K_{11}] & \cdots & [K_{1i}] & \cdots & [K_{1j}] & \cdots & [K_{1n}] \\ \vdots & \ddots & \vdots & \vdots & \vdots & \vdots & \vdots \\ [K_{i1}] & \cdots & [K_{ii}] & \cdots & [K_{ij}] & \cdots & [K_{in}] \\ \vdots & \vdots & \vdots & \ddots & \vdots & \vdots & \vdots \\ [K_{j1}] & \cdots & [K_{ji}] & \cdots & [K_{jj}] & \cdots & [K_{jn}] \\ \vdots & \vdots & \vdots & \vdots & \vdots & \ddots & \vdots \\ [K_{n1}] & \cdots & [K_{ni}] & \cdots & [K_{nj}] & \cdots & [K_{nn}] \end{bmatrix} \tag{11.113}$$

(4) 荷重ベクトルを作成し連立方程式を解く

架構全体の剛性マトリックスができあがると，荷重ベクトルを作成し連立方程式を解くことになる。荷重条件が変わると，荷重ベクトルは当然変わるが，架構全体の剛性マトリックスは（架構が線形弾性の範囲では）変化しない。

解説「マトリックスによる解析法」

図 11.47 a［527 頁］に示すように，ばね定数（剛性）k のばねに力（荷重）p が作用し，ばねが x 伸びたとすると，この関係は次式のように表される。

$$p = kx \tag{11.114}$$

上式は，k と x から p を求める式で，k と p から x を求める場合は次式を用いる。

$$x = \frac{1}{k} p = k^{-1} p \tag{11.115}$$

この中の $1/k = k^{-1}$ は柔性と呼ばれる。

このような簡単な式を示したのは，この式をマトリックス表示にすると，複雑な構造物にも適用できるからである。

すなわち，トラスやラーメンはもちろんのこと，どのような構造物であっても［図 11.47 b（527 頁）参照］，$\{P\}$ を荷重ベクトル，$[K]$ を剛性マトリックス，$\{X\}$ を変位ベクトルとすると，これらの間には次式の関係がある。

$$\{P\} = [K]\{X\} \tag{11.116}$$

$[K]$ と $\{X\}$ が分かっている場合は，上式を計算すると $\{P\}$ が得られる。もし，$[K]$ と $\{P\}$ から $\{X\}$ を計算するには次式を用いる。

$$\{X\} = [K]^{-1}\{P\} \tag{11.117}$$

ここで，$[K]^{-1}$ は $[K]$ の逆マトリックスで柔性マトリックスと呼ばれる。

k の逆数は $1/k$ と簡単に求まるが，逆マトリックスは手計算では簡単に求めることはできない（拙著 [2] の 168 頁には逆マトリックスの簡単な解説がある）。しかし，コンピュータを用いるのであれば，多少時間がかかるかも知れないが，自動的に計算できるソフトが開発されている。

マトリックスの大きさ（要素数）は構造物によって異なるが，コンピュータの発達により，その大きさをあまり気にする必要はなくなっている。更に，マトリックスを 2 次元ではなく 3 次元とすると，平面架構のみならず立体架構も同様に取り扱うことができる。コンピュータソフトは，架構の形状と各部材の構造性能などを入力すると，剛性マトリックスを作成し，荷重を与えると自動的に解析することができる。構造物が線形弾性の範囲である限りは，$[K]$ は変化しないので，$[K]$ を一度求めると，それを用いて種々の荷重を作用させ解析することは比較的容易である。

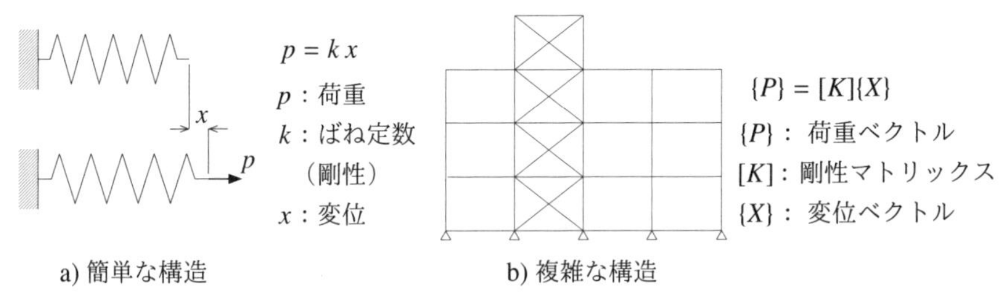

図 11.47　構造物の荷重，剛性，変位の関係

解説「マトリックス法による増分解析」

図 1.17［34 頁］に示すような増分解析には，上述のようなマトリックスを用いる。荷重が小さく構造物の挙動が線形弾性内であれば $[K]$ は変化しないが，荷重が大きくなり部材に損傷が生じると，その影響を逐次取り入れて $[K]$ の計算を行う必要がある。すなわち，荷重の増分を要素とした荷重ベクトル $\{\Delta P\}$ と変位の増分を要素とした変位ベクトル $\{\Delta X\}$ と，その時の接線剛性マトリックス $[K']$ で表

される次式を逐次解いていくと，図 1.17 b［34 頁］のような荷重変形曲線が得られる。

$$\{\Delta P\} = [K']\{\Delta X\} \tag{11.118}$$

解説「マトリックス法による動的解析」

最も簡単な 1 自由度系の運動方程式は次式である。

$$m\ddot{x} + c\dot{x} + kx = P \tag{11.119}$$

ここで，m は質量，c は減衰係数，k は剛性，$\ddot{x}$ は加速度，$\dot{x}$ は速度，x は変位である。

この方程式をマトリックス表示にすると，どのような複雑な構造（平面架構でも立体架構）にも適用できる運動方程式が次のように得られる。

$$[m]\{\ddot{x}\} + [c]\{\dot{x}\} + [k]\{x\} = \{P\} \tag{11.120}$$

ここで，$[m]$ は質量マトリックス，$[c]$ は減衰マトリックス，$[k]$ は剛性マトリックス，$\{\ddot{x}\}$ は加速度ベクトル，$\{\dot{x}\}$ は速度ベクトル，$\{x\}$ は変位ベクトルである。

線形弾性の範囲を超えた弾塑性域までの解析を行うには，逐次計算法の一つの時間刻み法を用いる。すなわち，極めて短い時間間隔（例えば 1/100～1/1000 秒）では各部材の特性は線形弾性と仮定し計算を行い，その間に構造部材が非線形領域に入った場合は，その影響を取り入れ逐次計算を行い，解析する。

解説「コンピュータによるマトリックス法と手計算を前提とした従来の解析法」

マトリックスによる解析法では，どんなに複雑な構造物であってもマトリックスを用いると同じ式で表される。その解析には膨大な計算が必要となるが，その膨大な計算を気にする必要がないくらいにコンピュータの性能が高くなっている。このため，コンピュータのなかった時代やコンピュータの性能が低かった時代に用いられていた計算法［撓角法（477 頁），固定モーメント法（493 頁），撓角分配法（497 頁），D 値法（512 頁）など］を実務に用いることは極めて少なくなっている。

しかし，構造物の特徴を考慮し，いかに未知数を少なくし，手計算でも効率のよいように工夫された計算法には構造物を感覚的に把握するためのエッセンスが含まれているように思える。このようなことを知るのも重要と考え，本書ではあえて手計算でもできる方法を説明した次第である。

第 12 章

弾塑性解析と保有水平耐力

現行規定においても構造計算の基本として，弾性解析と許容応力度による検証がある。一方，大地震動に対する検証に塑性解析を行い保有水平耐力を求めるようになったのは，1981 年の新耐震導入以降のことである。

現在では保有水平耐力を求めるのに，コンピュータソフトを用い，増分解析によっている場合がほとんどである。しかし，保有水平耐力計算を導入した当時はコンピュータソフトは手軽には利用できず，多くの場合，手計算で保有水平耐力を求める必要があった。更に，保有水平耐力の計算方法も確立しておらず，また（研究レベルではかなり広まっていたが）馴染みのない計算であったので，解説書 [4] にもかなり詳しく説明があった。

以下では，保有水平耐力を手計算でも求めることができる解析法を中心に簡単に解説する。

12.1　弾塑性と全塑性モーメント

構造物に加わる外力が小さく，変形も小さい範囲では，構造物は弾性的な挙動を示す。すなわち，弾性範囲では，外力に比例して変形が増大し，外力を取り除くと変形はもとの状態に戻る。しかし，外力がある限度を超えて大きくなると，外力と変形は比例しなくなり，外力がほとんど増加しないのに変形が増大したり，外力を取り除いても変形がもとの状態に戻らないことになる。このような挙動を塑性という。図 12.1［530 頁］のように材料の「応力度歪度曲線」（材料ではなく部材の特

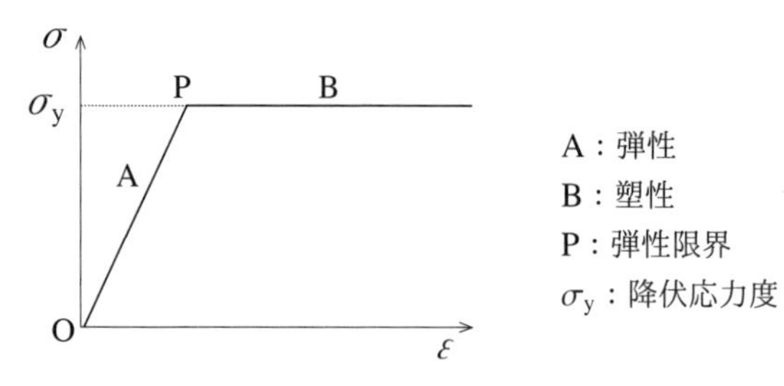

図 12.1　完全弾塑性の応力度（σ）と歪度（ε）の関係

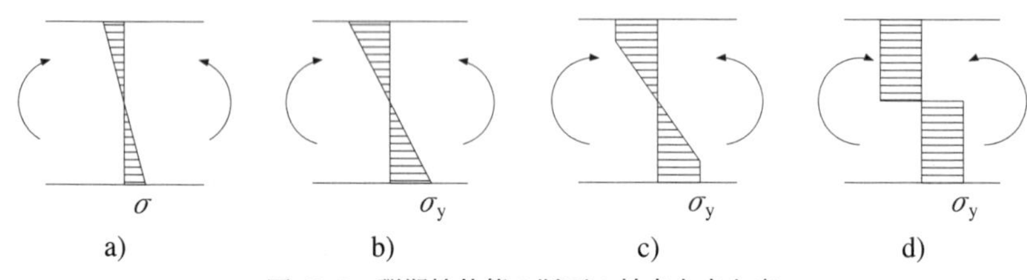

図 12.2　弾塑性状態の断面の軸方向応力度

性を表す場合には「荷重変形曲線」）を簡単にモデル化すると，解析が比較的容易になり，これを完全弾塑性という。

例えば，部材に曲げモーメントが加わると，弾性範囲では曲げモーメントによる縁(ふち)応力度 σ が降伏応力度 σ_y を超えない範囲では，断面の軸方向応力度は図 12.2a, b［530 頁］のように分布する。曲げモーメントが更に増大すると，縁応力度は降伏応力度以上にはならないので，縁応力度が降伏応力度のままで外側から塑性化が起こり，応力度の分布は同図 c のようになる。そして，最終的には同図 d の状態で曲げモーメントが最大となる。この曲げモーメントが全塑性モーメントで，極限モーメント，降伏モーメント，終局曲げモーメントなどとも呼ばれる（鉄骨部材では全塑性モーメント，鉄筋コンクリート部材では終局曲げモーメントと呼ばれることが多い）。

曲げモーメント M を受ける部材断面の縁応力度 σ を求めるには，弾性範囲であるならば次式が用いられる。

$$\sigma = \frac{M}{Z} \tag{12.1}$$

ここで，Z：断面係数である。

上式を変形すると縁応力度と断面係数から曲げモーメントを求めることができる。

$$M = Z\sigma \tag{12.2}$$

上式を全塑性モーメント M_p に適用すると次式となる。

$$M_p = Z_p\sigma_y \tag{12.3}$$

ここで，Z_p：塑性断面係数†である。

なお，$b \times h$ の矩形断面の場合，断面係数 Z と塑性断面係数 Z_p は次のようになり，塑性断面係数は（弾性範囲の）断面係数の 1.5 倍となる。

$$Z = \frac{bh^3}{6} \qquad Z_p = \frac{bh^3}{4} \tag{12.4}$$

例題　図 12.3 a［531 頁］に示す断面に曲げモーメントを加え，全断面が塑性化したときの応力度分布が同図 b のようになった。この断面の全塑性モーメントを求める。

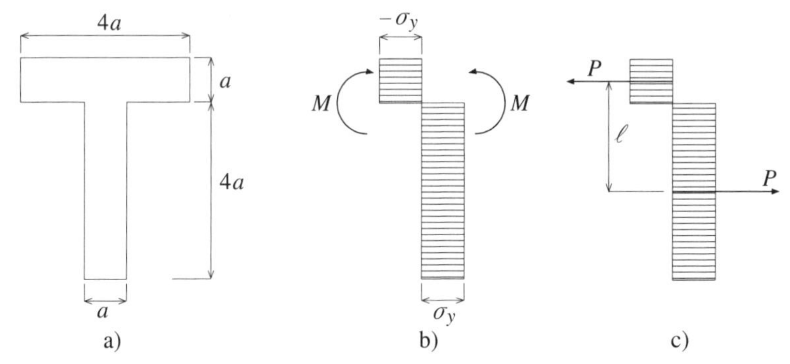

図 12.3　T 型断面の全塑性モーメント

解　曲げモーメントのみを受ける場合は，圧縮力と引張力が釣り合うように断面が塑性化し，この断面では，ちょうどフランジに相当する面積とウェブに相当する部分の面積が同じ $4a^2$ なので，それらの部分が塑性化した場合の圧縮力と引張力は $P = 4a^2\sigma_y$ となる［図 12.3 c（531 頁）参照］。P は圧縮部分と引張部分の断面の中心に作用するので，その応力間中心距離は $\ell = 0.5a + 2a = 2.5a$ となる。よって，全塑性モーメント M_y は次のようになる。

$$M_y = 4\,a^2\,\sigma_y \times 2.5\,a = 10\,a^3\,\sigma_y \tag{12.5}$$

† 添字の p は plastic の（塑性の）頭文字である。

例題　図 12.4 a［532 頁］に圧縮力 N と曲げモーメント M を加えたとき，同図 b のような応力度分布となり，全断面が塑性化した。この時の圧縮力 N と曲げモーメント M を求める。

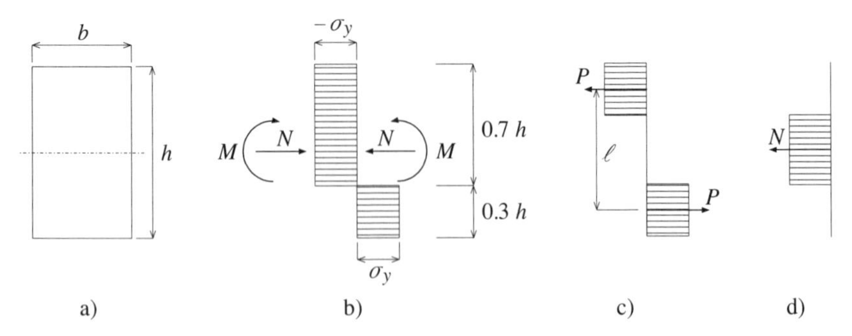

図 12.4　圧縮力と曲げモーメントによる全断面の塑性化

解　軸方向力の圧縮力は偏心を生じないように作用するので，図 12.4 d［532 頁］が圧縮力に対応する応力度の分布，曲げモーメントに対応する応力度は同図 c のように作用すると考えることができる。よって，$\ell = 0.7h$ であるので，次式が得られる。

$$N = 0.4\,b\,h\,\sigma_{\mathrm{y}} \tag{12.6}$$

$$M = 0.3\,b\,h\,\sigma_{\mathrm{y}} \times 0.7\,h = 0.21\,b\,h^2\,\sigma_{\mathrm{y}} \tag{12.7}$$

例題　図 12.5［532 頁］に示す RC 造の梁に曲げモーメントを加えたときに，引張鉄筋（断面積の計を a_{t} とする）がすべて塑性化し，同図 b のような応力状態となった。この時の全塑性モーメントを求める。ここで，$b = 300\,\mathrm{mm}$，$h = 650\,\mathrm{mm}$，$d = 600\,\mathrm{mm}$，$a_{\mathrm{t}} = 900\,\mathrm{mm}^2$，$F_{\mathrm{c}} = 18\,\mathrm{N/mm}^2$，$\sigma_{\mathrm{y}} = 300\,\mathrm{N/mm}^2$ とする。

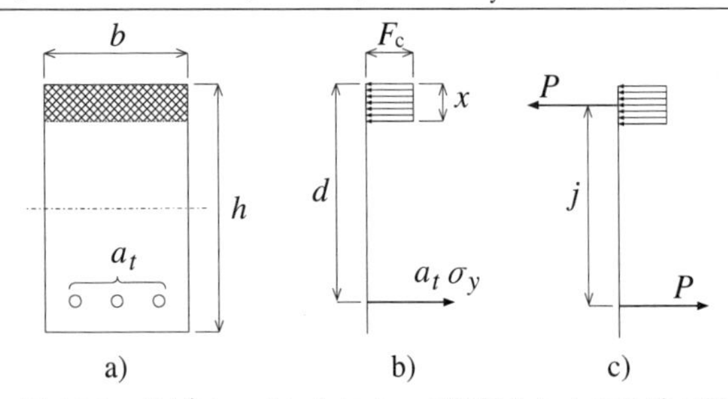

図 12.5　曲げモーメントによって塑性化した RC 造の梁

解　引張鉄筋がすべて降伏したときの引張力は次のようになる。

$$P = a_t \sigma_y = 900 \times 300 = 270\,000\,(N) \tag{12.8}$$

この引張力に見合う圧縮力がコンクリートに生じるので，中立軸深さ x は次のように求まる。

$$P = b\,x\,F_c \quad \text{よって} \quad 270\,000 = 300\,x \times 18 \quad \text{すなわち} \quad x = 50\,(\mathrm{mm}) \tag{12.9}$$

応力中心間距離 j は次のようになる。

$$j = d - \frac{x}{2} = 600 - \frac{50}{2} = 575\,(\mathrm{mm}) \tag{12.10}$$

よって，全塑性モーメントは次のように得られる。

$$M = P\,j = 270\,000 \times 575 = 155.25 \times 10^6 (\mathrm{N\,mm}) = 155.25\,(\mathrm{kN\,m}) \tag{12.11}$$

12.2　節点振分け法と層モーメント法

(1) 節点振分け法

柱・梁で構成されるラーメンの保有水平耐力を手計算によって求める方法の 1 つが節点振分け法で，その手順は次のようになる [4]。

1) 柱・梁の終局曲げモーメントの計算，
2) 柱・梁の両端降伏時せん断力の計算，
3) 柱・梁の節点モーメントの計算，
4) 1 つの節点に集まる梁の節点モーメントの和および柱の節点モーメントの和の計算，
5) 両者の比較による塑性ヒンジ位置の決定，
6) 塑性ヒンジを生じない部材へのモーメントの分割と崩壊メカニズムの決定，
7) 崩壊メカニズム時における柱のせん断力の和として保有水平耐力が得られる。

以上の手順に若干の説明を加える［図 12.6（535 頁）参照］。

1) 図12.6［535頁］の材端の丸印で示されている位置での終局曲げモーメント，すなわち部材のフェイス位置での終局曲げモーメントを求める。

   なお，梁と一体になっている床スラブがある場合は，その影響を考慮する。スラブは梁の上端に取り付いているのが一般的で，曲げモーメントの向きによって異なる2つの終局曲げモーメントを求め，以下の計算でも右加力と左加力を区別して検討する必要も生じることになる。

2) 同図の右に示されている式によって両端降伏時のせん断力を求める。このせん断力によって部材がせん断破壊しないことを確認する†。

3) フェイスモーメントから節点モーメントを計算する。

4) 節点に集まる梁の節点モーメントの和と柱の節点モーメントの和を計算する。

5) それら和の比較により塑性ヒンジが柱・梁のどちらにできるかを決める（もちろん和の小さい方に塑性ヒンジが発生する）。

6) 塑性ヒンジの曲げモーメントの和を塑性ヒンジの発生しない方の部材に分割し振分ける（これが「節点振分け法」と呼ばれるゆえんである）。

7) 崩壊メカニズムが形成されたときの柱のせん断力の和として各階の保有水平耐力が求まる。

なお，耐力壁や筋かいを有する場合は，それらの耐力も加えて保有水平耐力を求めるが，節点振分け法によって求めることは困難なため，例えば仮想仕事法を用い，耐力壁や筋かいの部分を取り出し，その部分の保有水平耐力を計算する。

崩壊メカニズムが柱崩壊によって生ずる場合は，層の全ての柱が負担する水平力の和としてその層の保有水平耐力が容易に求まる。ただし，柱崩壊によって層崩壊が生ずることは構造的には好ましいことではないので，可能な限り梁崩壊となるようにすべきである。

梁崩壊の場合は，梁が負担する曲げモーメントに釣り合うように柱のモーメントを求めることになる。最上層のように節点に1つの柱が取り付く場合は，柱頭の曲げモーメントはそれに取り付く梁の曲げモーメントに釣り合うように容易に定まる。しかし，柱が上下にある場合は，上の柱脚と下の柱頭にどのように振分けるか

† せん断破壊が生じる場合はせん断補強を増強する。あるいは，その部材がせん断破壊する時点での曲げモーメントを用いて計算を進める。

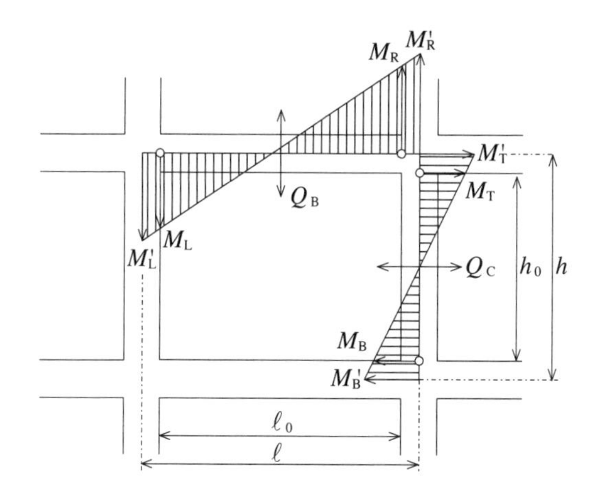

柱・梁の部材端（○印）の位置で，降伏曲げモーメント（フェイスモーメント）$M_L, \cdots$ を求め，それらの値から節点モーメント $M'_L, \cdots$ を求める。なお，下式のせん断力によって部材がせん断破壊しないことを確認する。せん断破壊が先行する場合は，その時点での節点モーメントを求める。

$$Q_B = \frac{M_L + M_R}{\ell_0}, \quad Q_C = \frac{M_T + M_B}{h_0}$$

図 12.6　フェイスモーメントと節点モーメント

が問題となる。最も単純な仮定は，「1/2 分割法」と呼ばれる [29] 上下に 1/2 ずつ振分ける方法である。その他，弾性解析による曲げモーメントに比例させ振分けたり，柱の剛比に比例させて振分けたりする場合もある。このようにして求めた各層の保有水平耐力は，必ずしも必要保有水平耐力の分布に近似しているとは限らないので，上下の柱に振分けるモーメントの比を（必要保有水平耐力の分布に近似するように）変更しても一般的には差し支えない。

例題　図 12.7［536 頁］に示す 5 層 2 スパン・ラーメンの保有水平耐力を節点振分け法（1/2 分割法）によって求める。各部材の全塑性モーメント（kN m）は同図に示すとおりであり，柱・梁部材の両端で同一とし，かつ軸力が変動してもこれらの値は一定とする。

解　柱と梁の全塑性モーメントを比較すると，図 12.7［536 頁］の○印の位置に塑性ヒンジができることになる。この塑性ヒンジができる位置の全塑性モーメントを基に，それらと釣り合うように，塑性ヒンジのできない部材の材端モーメントを求める。この際に，梁に降伏ヒンジができる場合は，梁の全塑性モーメントの和を上下の柱に 1/2 づつ負担させる。このようにして，図 12.8［536 頁］のように崩壊メカニズム時の曲げモーメントとせん断力が求まり，各層において柱のせん断力の和を求めると，保有水平耐力が上層から 866, 700, 766, 834, 1 233（kN）と求まる。

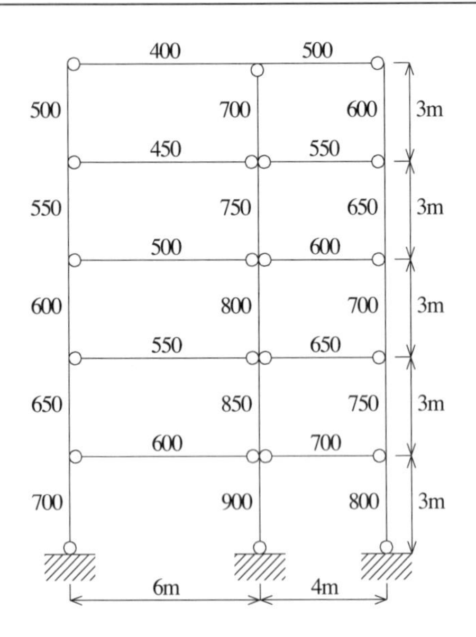

1) 梁スパン中央の数値は梁の降伏曲げモーメント（kN m）で，両端で同一とする。

2) 柱中央の数値は柱の降伏曲げモーメント（kN m）で，柱頭・柱脚で同一とする。

3) 柱と梁の降伏曲げモーメントを比べると，崩壊メカニズム形成時に図の○印の位置に降伏ヒンジができることになる。

図 12.7　5 層 2 スパン・ラーメンの保有水平耐力を求める

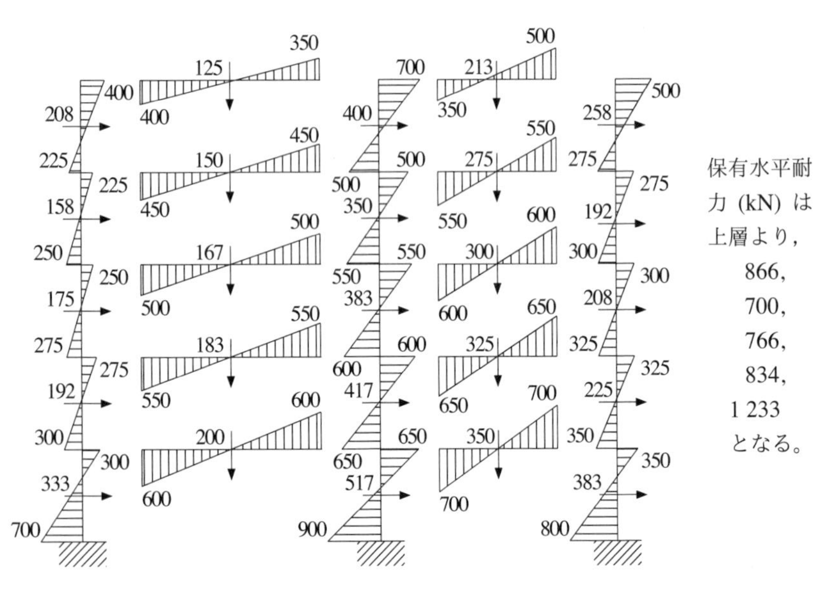

図 12.8　節点振分け法による曲げモーメント (kN m) とせん断力 (kN)

この例題では，軸力の変動を無視したが，（特に細長い柱の場合）軸力の変動による全塑性モーメントの変動を無視することができないので，崩壊メカニズム時の軸力を受けた場合の柱の全塑性モーメントを再計算し，想定した崩壊メカニズムがそのとおりに形成されることを確認する必要がある。もし，柱の全塑性モーメントの変動によって塑性ヒンジの位置が変わる場合には，想定する崩壊メカニズムを変えて，計算し直す必要がある。

(2) 層モーメント法

節点振分け法によって求めた保有水平耐力の分布は，必要な（例えば設計用の）層せん断力分布とはかなり異なる場合が多いという欠点がある。この欠点を補うため，節点振分け法において節点での曲げモーメントの振分け（分割）を必要保有層せん断力に近似させるように分割することもある。

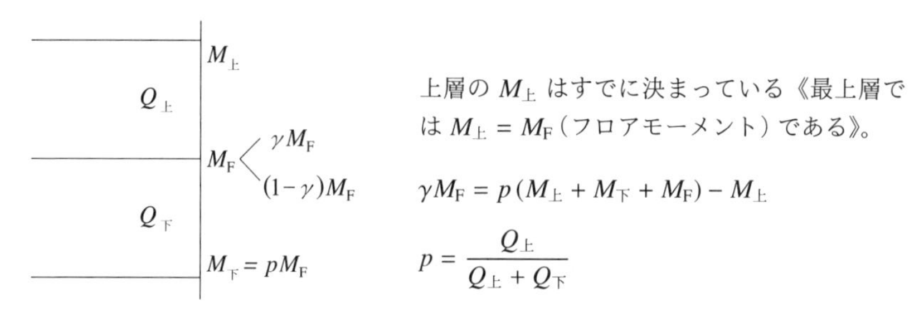

図 12.9　層モーメントの上下層への分配

この考えを更に発展させ，与えられた層せん断力分布に近似するように節点ごとではなく層全体として曲げモーメントを分割するのが層モーメント（分割）法である。すなわち，層モーメント法では，同一レベルにある節点で負担する曲げモーメント（これをフロア・モーメントという）の和を与えられた層せん断力分布に近似するように上下に分割する［図 12.9（537 頁）参照］。なお，分割された曲げモーメントを負担できない部材がある場合は，負担できるように曲げモーメントを低減するなどの修正を行いながら，上層から下層へと計算を進めていく。この方法を例題［537 頁］で示すが，この方法については文献 [29] で詳しく説明されている。

例題　図 12.7［536 頁］に示す 5 層 2 スパン・ラーメンの保有水平耐力を層モーメント分割法によって求める。各部材の全塑性モーメントは同図に示すとおりであり，柱・梁部材の両端で同一とし，かつ軸力が変動してもこれらの値は一定とする。

解　A_i 分布による層せん断力分布に近似するように保有水平耐力を求めるため，固有周期を $T = 0.3$（秒），各層の重量は均一として，各層の A_i と第 1 層の層せん断力で基準化した層せん断力 $\alpha_i A_i$ を求めると表 12.1［539 頁］のようになる。

次に，フロア・モーメント M_F（kN m）を求めると次のようになる（柱と梁の降伏曲げモーメントを比べてヒンジのできる方の値の和を求める）。

5 層：$M_{F5} = 400 + 700 + 500 = 1600$，4 層：$M_{F4} = 450 \times 2 + 550 \times 2 = 2000$

3 層：$M_{F3} = 500 \times 2 + 600 \times 2 = 2200$，2 層：$M_{F2} = 550 \times 2 + 650 \times 2 = 2400$

1 層：$M_{F1} = 600 \times 2 + 700 \times 2 = 2600$，基礎：$M_{F0} = 700 + 900 + 800 = 2400$

フロアモーメントを分配する際に用いる係数を表 12.1［539 頁］の $\alpha_i A_i$ の値を用い次のように求めておく。

$$p_4 = \frac{0.329}{0.329+0.549} = 0.3747,\quad p_3 = \frac{0.549}{0.549+0.731} = 0.4289$$

$$p_2 = \frac{0.731}{0.731+0.880} = 0.4538,\quad p_1 = \frac{0.880}{0.880+1.000} = 0.4681$$

第 5 層（最上層）ではフロア・モーメントはすべて柱頭で負担される。

$$M_{頭} = M_{F5} = 1600$$

第 4 層のフロア・モーメントを分割する。

$$M_{上} = M_{F5} = 1600,\quad M_{下} = p_3 M_{F3} = 0.4289 \times 2200 = 944$$

$$M_{脚} = p_4(1600 + 944 + 2000) - 1600 = 103,\quad M_{頭} = 2000 - 103 = 1897$$

第 3 層のフロア・モーメントを分割する。

$$M_{上} = 1897,\quad M_{下} = p_2 M_{F2} = 0.4538 \times 2400 = 1089$$

$$M_{脚} = p_3(1897 + 1089 + 2200) - 1897 = 327,\quad M_{頭} = 2200 - 327 = 1873$$

第 2 層のフロア・モーメントを分割する。

$$M_{上} = 1873,\quad M_{下} = p_1 M_{F1} = 0.4681 \times 2600 = 1217$$

$$M_{脚} = p_2(1873 + 1217 + 2400) - 1873 = 618,\quad M_{頭} = 2400 - 618 = 1782$$

第 1 層のフロア・モーメントを分割する。

$$M_{上} = 1782,\quad M_{下} = 2600$$

$$M_{脚} = p_1(1782 + 2400 + 2600) - 1782 = 1393,\quad M_{頭} = 2600 - 1393 = 1207$$

基礎では，$M_{脚} = 2400$ となる。

以上の計算を示したのが表 12.2［539 頁］である。同表には比較のため 1/2 分割法による計算結果も示されており，それを図示したのが図 12.10［539 頁］である。なお，保有水平耐力は層の上下に分配されたフロアモーメントの和を層高の 3(m) で除して求める。

表 12.1　例題（図 12.7）の基準化層せん断力 $\alpha_i A_i$

層	α_i	A_i	$\alpha_i A_i$
5	0.200	1.643	0.329
4	0.400	1.373	0.549
3	0.600	1.218	0.731
2	0.800	1.100	0.880
1	1.000	1.000	1.000

$$A_i = 1 + \left(\frac{1}{\sqrt{\alpha_i}} - \alpha_i\right)\frac{2T}{1+3T}$$

$T = 0.3$（秒）

表 12.2　層モーメント分割法

層	フロア・モーメント	フロア・モーメントの分配				保有水平力 (kN m)	
		5 層	4 層	3 層	2, 1 層	層モーメント法	1/2 分割法
5	1 600	1 600				568	866
		(103)	103			《0.473》	《0.702》
4	2 000	(1 897)	1 897			741	700
		(*944)	(327)	327		《0.616》	《0.568》
3	2 200		(1 873)	1 873		830	766
			(*1 089)	(618)	618	《0.691》	《0.621》
2	2 400			(1 782)	1 782	1 058	834
				(*1 217)	1 393	《0.880》	《0.676》
1	2 600				1 207	1 202	1 233
	2 400				2 400	《1.000》	《1.000》

(*) の数値はその上のフロアモーメントを分配するときに用いる。
(　) 内の数値は，それらの値が柱脚と柱頭で負担されることを確認し，その結果に基づき ( ) を取り除いて右の欄に書き込む。もし，負担できない場合は，負担できる値まで低減し，かつ柱脚と柱頭での値の和がフロアモーメントとなるように調整する（この例題ではこのようなことは生じていない)。《　》内は 1 層を 1.000 とした時の各層の値を示している（表 12.1 の $\alpha_i A_i$ に相当)。

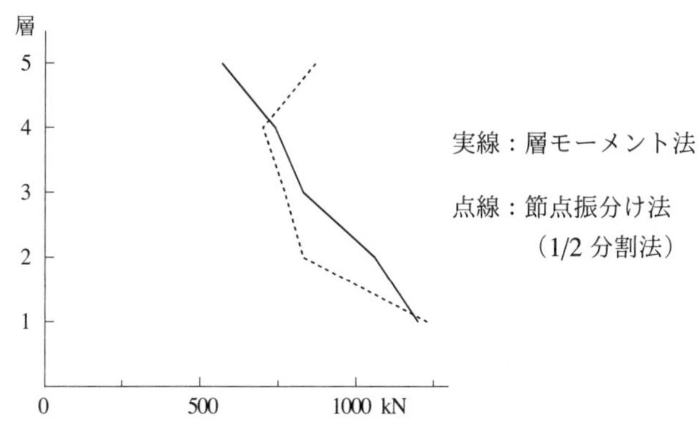

図 12.10　層モーメント法と節点振分け法による保有水平耐力の比較

12.3　仮想仕事法による解析

(1) 簡単な構造物の崩壊荷重

部材の曲げ降伏による塑性ヒンジの形成により架構が崩壊し，その崩壊メカニズムが分かるならば，以下の例題で示すように崩壊荷重は手計算でも容易に求まる。もっとも，塑性ヒンジの全塑性モーメントは軸力やせん断力の影響を受ける。また，梁とスラブが一体となっている場合はT型梁となるので，加力方向の正負によって全塑性モーメントが異なるなど，実際の構造物の崩壊荷重を求めるのはかなり難しい。

例題　図12.11 a［540頁］に示す1層1スパンラーメンが水平荷重 P を受け，その荷重が P_u になった時に同図 b のように崩壊メカニズムが形成された（図中の○印は塑性ヒンジを示す）。この時の崩壊荷重 P_u を求める。

なお，梁の全塑性モーメントは M_p，柱の全塑性モーメントは $2M_p$ とする。

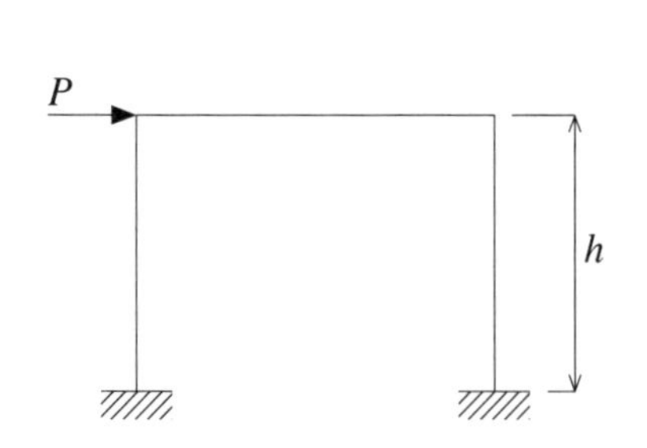

a) 水平荷重を受けるラーメン

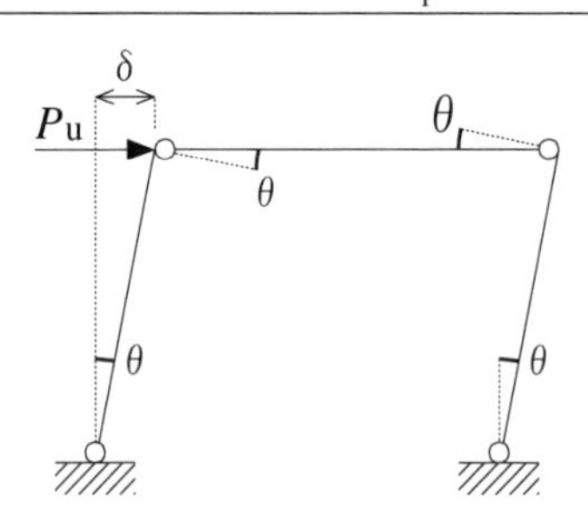

b) 崩壊メカニズム形成時

図12.11　1層1スパンラーメンの崩壊メカニズムと崩壊荷重

解　塑性ヒンジは部材端部の全塑性モーメントの小さい方に生ずるので，図12.11 b［540頁］に示すように柱脚と梁端に塑性ヒンジができ，崩壊メカニズムが形成されると考えることができる。この時の水平変位を δ，柱脚の（塑性変形による）回転角を θ とすると柱に対する梁の回転角も θ となる。

崩壊メカニズムに至るまでの水平荷重（外力）による仕事は（架構を剛塑性と考えると）$P_u\delta$ となる。内力による仕事は塑性ヒンジの全塑性モーメントとその回転角の積の和として求まるので，柱脚で $4M_p\theta$，梁端で $2M_p\theta$，それらの和は

$6\,M_\mathrm{p}\,\theta$ となり，次式が得られる。

$$P_\mathrm{u}\,\delta = 6\,M_\mathrm{p}\,\theta \tag{12.12}$$

上式に $\delta = \theta h$ を代入すると次式となる。

$$P_\mathrm{u}\,\theta h = 6\,M_\mathrm{p}\,\theta \tag{12.13}$$

よって，崩壊荷重が次のように得られる。

$$P_\mathrm{u} = \frac{6\,M_\mathrm{p}}{h} \tag{12.14}$$

(2) 多層多スパンラーメンの崩壊荷重

次に，図 12.12［541 頁］に示す 3 層 3 スパンの純ラーメンと耐震壁併用ラーメンの崩壊荷重を仮想仕事法によって求める。以下の例題に示すように，梁と柱の全塑性モーメントを比較し，塑性ヒンジの発生位置が分かり崩壊メカニズムを確定できるならば，あるいは仮定した崩壊メカニズムに対しては，（荷重分布を仮定すると）崩壊荷重は比較的容易に求まる。

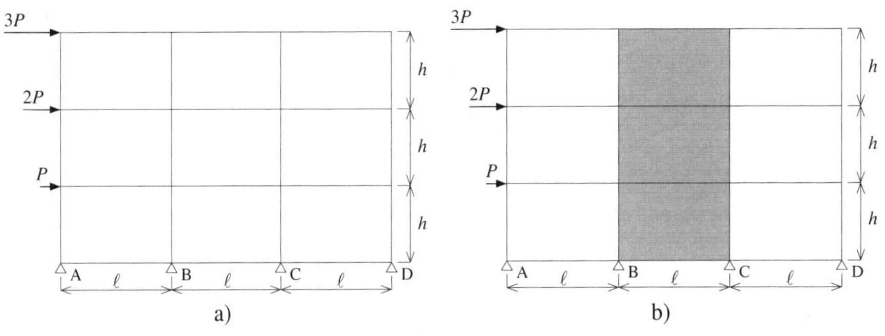

図 12.12　3 層 3 スパン純ラーメンと耐震壁併用ラーメン

例題　図 12.12［541 頁］に示す 3 層 3 スパンの純ラーメンと耐震壁併用ラーメンが水平荷重を受け，図 12.13［542 頁］のように崩壊メカニズムが形成された。この時の崩壊荷重を求める。

なお，梁の全塑性モーメントは M_p，（この例題では）基礎梁は剛，柱の全塑性モーメントは $2.5M_\mathrm{p}$，耐震壁脚部の全塑性モーメント $25M_\mathrm{p}$ とする。

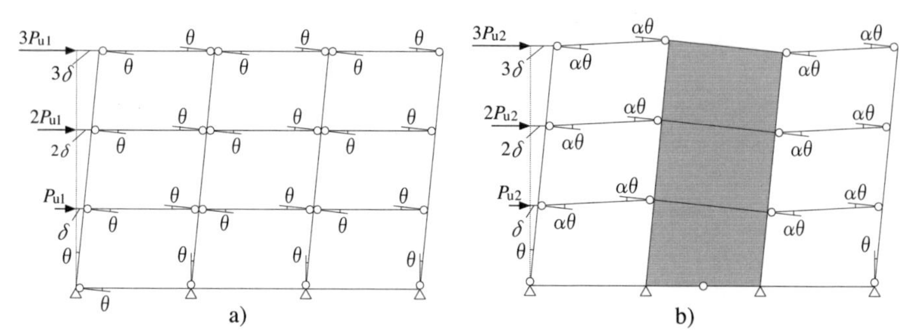

図 12.13 3 層 3 スパン純ラーメンと耐震壁併用ラーメンの崩壊メカニズム

解 a) 純ラーメンの崩壊荷重 P_{u1}

図 12.13 a［542 頁］に示す崩壊メカニズムの場合，外力による仕事は次式となる。

$$3P_{u1} \times 3\delta + 2P_{u1} \times 2\delta + P_{u1} \times \delta = 14P_{u1}\,\delta = 14P_{u1}\,\theta h \tag{12.15}$$

梁に生ずる塑性ヒンジの数は 18，柱に生ずる塑性ヒンジの数は 4 なので，内力による仕事は次のようになる。

$$18M_p\,\theta + 4 \times 2.5M_p\,\theta = 28M_p\,\theta \tag{12.16}$$

外力による仕事と内力による仕事が等しいので次式を得る。

$$14P_{u1}\,\theta h = 28M_p\,\theta$$

よって，P_{u1} は次のようになる。

$$P_{u1} = \frac{28M_p}{14h} = 2.00\frac{M_p}{h} \tag{12.17}$$

保有水平耐力は各層に作用する水平力の上層からの和としての層せん断力であるから，得られた崩壊荷重から保有水平耐力を求めると次のようになる。

$$第 3 層 : 6\,\frac{M_p}{h} \qquad 第 2 層 : 10\,\frac{M_p}{h} \qquad 第 1 層 : 12\,\frac{M_p}{h} \tag{12.18}$$

解 b) 耐震壁併用ラーメン（耐震壁脚部ヒンジ）の崩壊荷重 P_{u2}

この例題では（基礎梁が剛なので）耐震壁脚部に塑性ヒンジが生じ，図 12.13 b［542 頁］に示す崩壊メカニズムとなる。外力による仕事は a) と同様に次式となる。

$$3P_{u2} \times 3\delta + 2P_{u2} \times 2\delta + P_{u2} \times \delta = 14P_{u2}\,\delta = 14P_{u2}\,\theta\,h \tag{12.19}$$

同図 b から $\alpha = 1.5$ となり，梁に生ずる塑性ヒンジの数は 12，柱に生ずる塑性ヒンジの数は 2，耐震壁に生ずる塑性ヒンジの数は 1 なので，内力による仕事は次式となる。

$$12 \times 1.5M_p\,\theta + 2 \times 2.5M_p\,\theta + 25M_p\,\theta = 48M_p\,\theta \tag{12.20}$$

外力による仕事と内力による仕事が等しいので次式を得る。

$$14P_{u2}\,\theta h = 48M_p\,\theta$$

よって，P_{u2} は次のようになる。

$$P_{u2} = \frac{48M_p}{14h} \approx 3.43\frac{M_p}{h} \tag{12.21}$$

上式の P_{u2} から各層の保有水平耐力 Q_{ui} を求めると次のようになる。

$$3\text{階：}\quad Q_{u3} = 3 \times \frac{48}{14}\frac{M_p}{h} \approx 10.29\frac{M_p}{h} \tag{12.22}$$

$$2\text{階：}\quad Q_{u2} = 5 \times \frac{48}{14}\frac{M_p}{h} \approx 17.14\frac{M_p}{h} \tag{12.23}$$

$$1\text{階：}\quad Q_{u1} = 6 \times \frac{48}{14}\frac{M_p}{h} \approx 20.57\frac{M_p}{h} \tag{12.24}$$

例題　図 12.12 b［541 頁］に示す 3 層 3 スパンの耐震壁併用ラーメンが水平荷重を受け，図 12.14 a, b［544 頁］のように崩壊メカニズムが形成された。この時の崩壊荷重をを求める。

なお，梁の全塑性モーメントは M_p，基礎梁の全塑性モーメントは $5M_p$，柱の全塑性モーメントは $2.5M_p$，耐震壁の端部に作用している鉛直力は $N = M_p/\ell$ とする。

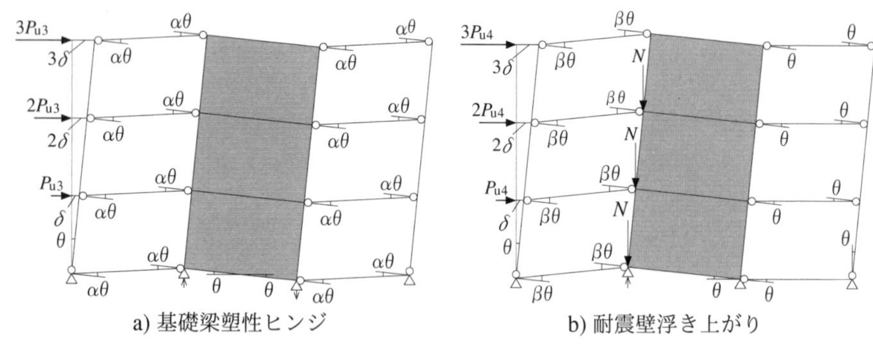

図 12.14 3層3スパンの耐震壁併用ラーメンの崩壊メカニズム

解 a) 耐震壁併用ラーメン（基礎梁塑性ヒンジ）の崩壊荷重 P_{u3}

図 12.14 a［544頁］に示すように基礎梁にも塑性ヒンジが発生し崩壊メカニズムが形成されたとすると，外力による仕事は前と同様に次式となる。

$$3P_{u3} \times 3\delta + 2P_{u3} \times 2\delta + P_{u3} \times \delta = 14P_{u3}\,\delta = 14P_{u3}\,\theta\,h \qquad (12.25)$$

同図 a から $\alpha = 1.5$ となり，梁に生ずる塑性ヒンジの数は 12，基礎梁に生ずる塑性ヒンジの数は 2，柱に生ずる塑性ヒンジの数は 2 なので，内力による仕事は次のようになる。

$$12 \times 1.5M_{p}\,\theta + 2 \times 1.5 \times 5M_{p}\,\theta + 2 \times 1.5 \times 2.5M_{p}\,\theta = 40.5M_{p}\,\theta \qquad (12.26)$$

外力による仕事と内力による仕事が等しいので次式を得る。

$$14P_{u3}\,\theta h = 40.5M_{p}\,\theta$$

よって，P_{u3} は次のようになる。

$$P_{u3} = \frac{40.5M_{p}}{14h} \approx 2.89\frac{M_{p}}{h} \qquad (12.27)$$

解 b) 耐震壁併用ラーメン（耐震壁浮き上がり）の崩壊荷重 P_{u4}

図 12.14 b［544頁］のように耐震壁が浮き上がり崩壊メカニズムが形成されたとすると，外力（水平力）による仕事は前と同様に次式となる。

$$3P_{u4} \times 3\delta + 2P_{u4} \times 2\delta + P_{u4} \times \delta = 14P_{u4}\,\delta = 14P_{u4}\,\theta\,h \qquad (12.28)$$

耐震壁が浮き上がると耐力壁端部に作用している鉛直力 N に変位が生ずるので，これによる仕事を考慮する必要がある。この仕事は次のようになる（なお，a の場合は耐震壁の左右端で変位が生ずるが，変位が一方が正の場合，他方は負となり，正負の仕事が相殺されるので，考慮する必要はない）。

$$3\times(-\theta\ell)N = 3\times(-\theta\ell)\frac{M_p}{\ell} = -3M_p\theta \tag{12.29}$$

ここで，負号は力の方向と変位が逆向きになることを示している。

同図 b から $\beta = 2.0$ となり，回転角 θ の梁の塑性ヒンジの数は 6，回転角 $\beta\theta$ の梁の塑性ヒンジの数は 6，回転角 θ の基礎梁の塑性ヒンジの数は 1，回転角 $\beta\theta$ の基礎梁の塑性ヒンジの数は 1，回転角 θ の柱の塑性ヒンジの数は 1，回転角 $\beta\theta$ の柱の塑性ヒンジの数は 1 となり，内力による仕事は次式となる。

$$6M_p\theta+6\times2.0M_p\theta+5M_p\theta+2.0\times5M_p\theta+2.5M_p\theta+2.0\times2.5M_p\theta = 40.5M_p\theta \tag{12.30}$$

（この塑性ヒンジによる仕事は前の a の場合と同一となるので，崩壊荷重の a との相違は耐震壁の重心が持ち上がったことによる。）

外力（水平力と鉛直力）による仕事と内力による仕事が等しいので次式を得る。

$$14P_{u4}\theta h - 3M_p\theta = 40.5M_p\theta$$

よって，P_{u4} は次のようになる。

$$P_{u4} = \frac{43.5M_p}{14h} \approx 3.11\frac{M_p}{h} \tag{12.31}$$

(3) 崩壊メカニズムと保有水平耐力

以上の例題から分かるように，崩壊メカニズムが分かる場合は，崩壊荷重は比較的容易に求まる。しかし，次の例題から分かるように，複数の崩壊メカニズムが想定される場合は，簡単に真の崩壊メカニズムを求めることはできないので，手計算で複雑な構造物の崩壊荷重を求めるのは容易ではない。

例題　図 12.15［546 頁］に示す水平荷重 P と鉛直荷重 P を同時に受ける 1 層 1 スパンラーメンの崩壊荷重 P_u を求める。なお，柱と梁の全塑性モーメントはすべて M_p とする。

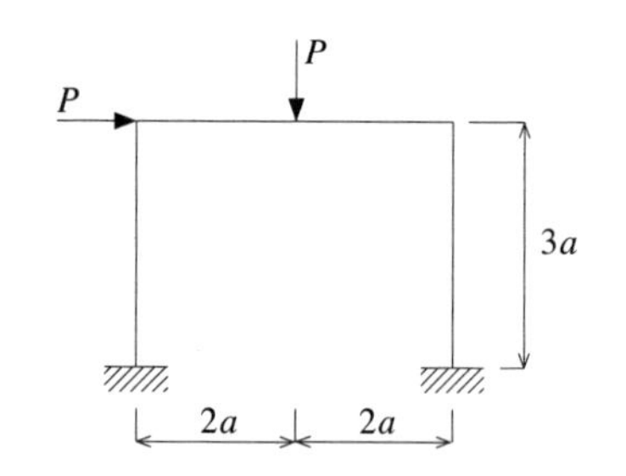

左図に示すラーメンの崩壊メカニズムを複数想定し，各メカニズムの崩壊荷重を求める。その最小値が崩壊荷重である。

図 12.15　水平荷重と鉛直荷重を受ける 1 層 1 スパンラーメン

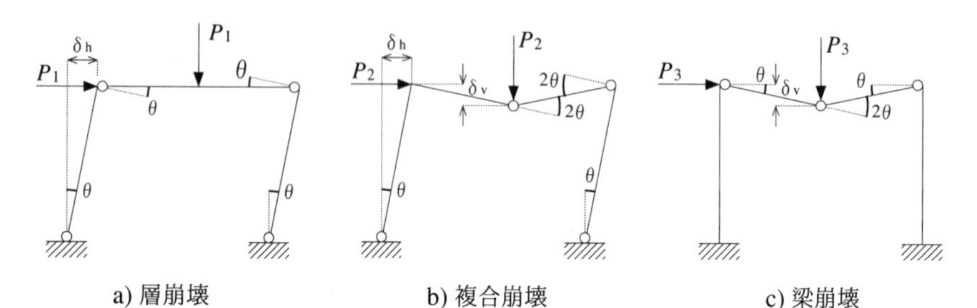

図 12.16　水平荷重と鉛直荷重を受ける 1 層 1 スパンラーメンの崩壊メカニズム

解　想定される複数の崩壊メカニズムについて崩壊荷重を計算する。

(1) 崩壊メカニズムを図 12.16 a［546 頁］と仮定すると次のようになる。

外力の仕事：$P_1\,\delta_h = P_1 \times 3a\,\theta = 3P_1 \times a\,\theta$

内力の仕事：$M_p \times 4\theta = 4M_p\theta$

よって，P_1 は次のように求まる。

$$P_1 = \frac{4}{3}\frac{M_p}{a} \tag{12.32}$$

(2) 崩壊メカニズムを同図 b［546 頁］と仮定すると次のようになる。

外力の仕事：$P_2\,\delta_h + P_2\,\delta_v = P_2 \times 3a\theta + P_2 \times 2a\,\theta = 5P_2 a\,\theta$

内力の仕事：$M_p \times (2\theta \times 2 + \theta \times 2) = M_p \times 6\theta = 6M_p\theta$

よって，P_2 は次のように求まる。

$$P_2 = \frac{6}{5}\frac{M_p}{a} \tag{12.33}$$

(3) 崩壊メカニズムを同図 c［546 頁］と仮定すると次のようになる。

外力の仕事：$P_3\,\delta_{\mathrm{v}} = P_3 \times 2a\,\theta = 2P_3 a\,\theta$

内力の仕事：$M_{\mathrm{p}} \times (\theta \times 2 + 2\theta) = M_{\mathrm{p}} \times 4\theta = 4M_{\mathrm{p}}\,\theta$

よって，P_3 は次のように求まる。

$$P_3 = 2\frac{M_{\mathrm{p}}}{a} \tag{12.34}$$

崩壊荷重は以上の (1)〜(3) の最小値を与える (2)［同図 b］から，次のように求まる。

$$P_{\mathrm{u}} = \frac{6}{5}\frac{M_{\mathrm{p}}}{a} \tag{12.35}$$

12.4 極限解析

図 12.15［546 頁］の例題のように，構造物の崩壊メカニズムを定め崩壊荷重を求める解析は極限解析または塑性極限解析と呼ばれる。

崩壊メカニズムを想定し，その崩壊荷重を求めても，もし崩壊メカニズムが正しいものでなければ，真の崩壊荷重はそれ以下である。よって，任意の想定した崩壊メカニズムの崩壊荷重 P_{U} は真の崩壊荷重 P^* の上限値となり，これが上界定理(じょうかいていり)である。

一方，ある荷重 P_{L} によって構造物に生ずる曲げモーメントがどの点においても全塑性モーメントを超えていないのであれば，真の崩壊荷重はその荷重以上となり，これが下界定理(かかいていり)である。

複雑な構造物では真の崩壊メカニズムを定め，真の崩壊荷重を求めることは，容易ではない。そこで，真の崩壊メカニズムに近い状態を想定し，次の関係を用いて，真の崩壊荷重の範囲を狭めていくこともある。

$$P_{\mathrm{L}} \leqq P^* \leqq P_{\mathrm{U}} \tag{12.36}$$

このような解析は，コンピュータのない時代は有力な解析法であったが，近年では保有水平耐力を求める際には，次節で説明するコンピュータを用いた増分解析によっている場合がほとんどである。

12.5 増分解析

増分解析についてはすでに「弾塑性解析と増分解析」[62頁] で簡単に説明した。荷重増分法で崩壊荷重を求める場合は，コンピュータのソフトウエア内で荷重を漸増させながら塑性ヒンジのできる箇所を特定し，それ以降の計算においては，その部分の応力は増加しない（場合によってはその応力を低減させたり，0と考える場合もある）として，更に荷重を増加させていく。

このため，崩壊メカニズムがどのように形成されていくかはコンピュータが自動的に判断するので，構造技術者は崩壊メカニズムの形成過程に注意を払わないこともあろう。しかし，塑性ヒンジの発生する場所と順序は，構造物の地震時の挙動に大きく影響するので，少なくとも塑性ヒンジ発生と荷重ステップの順番に注意を払い，崩壊メカニズムの発生過程を構造技術者として考えて欲しい。

各層とも柱崩壊によって崩壊メカニズムが形成される場合は，他の層の影響を受けずに各層の保有水平耐力が求まる†。しかし，図12.10 [539頁] に示されるように，一般には外力の分布形状によって各層の保有水平耐力は異なる。このため，平19国交告594（ルート1～3算定法告示）[153頁，281頁] では，保有水平耐力を計算する際には A_i 分布に基づく層せん断力分布となるように外力を求め，その外力を漸増させて保有水平耐力を求める [286頁] ように規定されている。

しかし，A_i 分布は建築物の地震時の動的挙動を考慮して導かれたが，時間とともに変動する地震力を同じ方向から作用する水平な力として与えているに過ぎない。この点とも関係があるので，最近感じていることの一端を最後に紹介したい [30]。

ちょっと一言**「地震層せん断力と転倒モーメント」**（基礎と杭の接合は不要）

建築物の耐震設計では，図12.17a [550頁] のように地震力に相当する静的な水平力を考えるが，実際には地震力は動的に作用する。すなわち，地震時の建築物の振動は多くの振動モード（以下，単に「モード」）が重なって生ずるので，地震力は大きさも方向も時々刻々変動する。それを設計のために簡略化したのが同

† 柱崩壊メカニズムは，他の層の影響を受けずに保有水平耐力が求まるので，計算が容易となるのでメリットとも考えられる。しかし，地震時にある特定の層のみにエネルギーが集中することになり，建築物全体としてのエネルギー吸収能力が低くなるので，層崩壊は好ましい崩壊メカニズムではない。

図 a の設計用地震力である。個々のモードによる地震力は 1 次モードでは同図 b のように建築物の上から下まで同じ向きに作用する（その大きさは時間的に変動し地震力が逆向きに作用することもある）が，高次モードでは例えば同図 c, d のように地震力が上から下まで同じ向きに作用することはない。

建築物に作用する地震力は，すべてのモードが重なって生じるが，高次モードの地震力は（大きさや向きが変動しても），同図 c, d のように常に左右両方から作用するので，地震層せん断力に影響する割合は低く，最も大きく影響するのは 1 次モードである。例えば，1 階の地震層せん断力の高次モードの割合は 1～2 割程度である。更に，基礎の浮き上がりに直接影響する転倒モーメントを考えると，1 次モードによる同図 b の M_1 に比べて同図 c, d の M_2 と M_3 はほとんど 0 で，高次モードの転倒モーメントへの影響は無視できる。

なお，高次モードの影響が大きいのは建築物の最上部で，このため地震時に塔屋や屋上水槽，その他の突出物が被害を受けることが多い [285 頁の解説，285 頁の写真参照]。

耐震設計に用いる A_i 分布は各層に生ずる地震層せん断力を計算するためのものである。よって，A_i 分布を用いた地震層せん断力から求めた地震力によって基礎に生ずる引張力や圧縮力を計算した場合には，高次モードの影響を取り除く必要がある。更に，基礎が浮き上がっても建築物が転倒する可能性は低いので [293 頁参照]，地震時に基礎の浮き上がりを許容した方が建築物の崩壊につながる地震入力は小さくなり，また基礎が地盤や杭の上で滑っても，それによって建築物への地震入力が低減されることになる。

以上のようなことから，最近の設計・施工で行われている杭頭補強筋を基礎内に定着することは，過剰であるばかりか，不要であり，場合によっては建築物や基礎に対する地震入力が増大し，危険側に作用する。

個人的には，基礎と杭の間の接合を止め，その間は摩擦力と圧縮力で力が伝達される方が，建築物の地震被害のみならず杭の被害も小さくなるので好ましいと考えている。浮き上がりについては，地震力によって耐力壁下部の基礎が浮き上がっても構わないどころか，耐力壁が浮き上がるということは層崩壊を防ぐことになり好ましい挙動である。また，建築物全体が浮き上がっても（転倒に至る可能性は低いので），これも構わないというよりも基礎梁や地下部分が強剛であることを示しており，これも好ましい挙動である。もっとも，津波に対しては，その圧力によって建物が転倒したり，（浮力によって摩擦力が減少し）容易に移動したり，洗屈によって地盤が削り取られることもあるので，基礎と杭の接合は有効である。もちろん津波に限らず，基礎と杭を接合し，杭の引き抜き抵抗を期待する設計を行うこともよいであろう。

耐震計算ルート3において，保有水平耐力の計算が必要なのは地上部分のみで，地下部分では必要がない。これは，大地震動時に建築物の浮き上がりや滑動を許容しているからであると考えることができる。なお，建築物全体が浮き上がったり滑動が生じたりして解析上は保有水平耐力を求めることができない場合は，基礎または地下部分に浮き上がりが生じないと仮定して地上部分の保有水平耐力を求めて差し支えない。

最近は保有水平耐力を求める際に，地上部分と地下部分を一体にモデル化し，便宜上 A_i 分布による水平力を用いた増分解析を行う場合が多くなっている。もちろんこのこと自体は誤りではないが，基礎の浮上りに直接影響する転倒モーメントから高次モードの影響が減じられていないし，法令上は地下部分に保有水平耐力の考え方を拡大する必要はない。

耐震偽装事件以降の構造規定の改正により，建築物の構造性能が向上することよりも，計算上の偽装がし難いように計算方法を定めてしまったように思える。構造技術者は，よい構造になるのであれば労力も時間も惜しまないであろうが，よい構造とはならないのであれば単に規定を満足する設計を行ってしまうであろう。構造技術者の創意工夫によって，よりよい建築物ができるような規定へと改正されることを期待している。

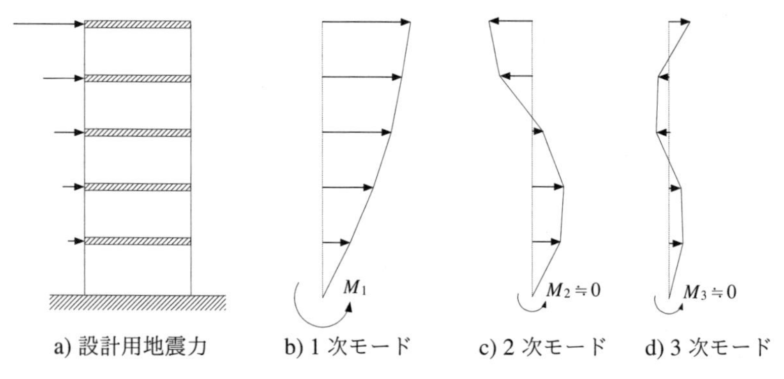

図 12.17 設計用地震力と振動モードによる地震力

あとがき

日本の耐震規定は，建築基準法と同法施行令と関連告示によって詳細に規定されています。しかし，個々の法令や告示の条文を読んで理解したつもりでも，耐震規定を含む構造規定の全体は，なかなか分かり難いのが実状でしょう。このため，建築物に対する耐震規定全体を分かり易くまとめたものが必要であると思い書いた部分が第1章です。その後，耐震規定のみではなく構造規定，特に構造計算についても簡単にまとめたものも有益と考え，第2章を書き，それらを第I部としました。

更に，第I部でまとめた部分が法令・告示とどのように対応しているかを明確にすべきと考え，耐震規定を含む構造規定に関係する法令と告示（すべてではありませんが）を示したのが第II部です。もっとも，法令・告示そのものは法令集にすべて書いてありますので，本書では少しでも分かり易くするために（意味が損なわれることのない範囲で）適宜表現を簡略化してあります（このため実務に当たっては法令・告示そのものを参照し，誤りのないようにして欲しいと考えます）。それぞれの規定の基となっている上位規定，規定に基づく下位規定なども加えましたので，法令・告示で決められている規定間の関係が分かり，かつ相互に参照しやすいように頁数も書いてあります。

図表や数式を参照する際には番号のみでは参照箇所が分かり難い場合が多いので，（すこし煩わしいかも知れませんが）たとえ同じ頁にある場合でも頁数を書きました。

また，法令・告示では数式や図表に題目や番号は付けられていないのが通常ですが，理解しやすいように，また参照し易いように題目と番号を付けました。告示には年次と番号が付いていてます。更に，かなり長い題目も付いていますが，本書では分かり易いように略称を付けました。これらの略称は正式なものではありませんし，もっと正確な分かり易い略称があるかも知れませんが，私が個人的に付けたものです。告示には数行のものから 10 頁を超えるものもありますので，長い告示には最初に目次のようなものを付け，少しでも分かり易いようにしました。

最後の第 III 部では，法令・告示による耐震規定や構造計算について，力学的にも理解するために必要な構造力学についてまとめてあります。最近では構造計算のほとんどをコンピュータソフトに頼っている場合が多いのですが，時には部分的でもよいのですが，手計算で確認することも行って欲しいと思います。

いくら精緻な計算をしたからといってよい建築・よい構造となる訳ではないので，構造設計者としての信念に基づいた構造設計を期待しています。そのようなことを可能にするためには，法令・告示の内容をその根本に立ち返って理解し，それに基づく構造設計・計算を心がけて欲しいのです。少しの設計変更の際に，すべての計算を再度行うのは時間や出力の用紙の無駄のみならず，手計算でその部分を補うことができないということを証明しているようなものです。

最後になりましたが，本書をまとめるに当たり色々な方から貴重なコメントやご指導を受けました。特に，国土交通省 国土技術政策総合研究所（国総研），国立研究開発法人 建築研究所（建研），地方独立行政法人 北海道立総合研究機構 建築研究本部 北方建築総合研究所（北総研），一般社団法人 日本建築技術者協会（JSCA）北海道支部，一般社団法人 日本建築学会の数名の方からは，個人的に色々とアドバイスを受け感謝しております（もっとも，本書の内容はすべて私自身が書いたもので，表現や解釈に誤りなどある場合は，すべて私の責任です）。

本書が建築物に関する日本の耐震・構造規定を理解するために役立つならば幸甚です。本書に対する，皆さんからの忌憚のないコメントなどをお待ちしておりますので，to-yuji@nifty.com までご連絡下さい。

参考文献

[1] 小幡守：「最新構造解析 I」，森北出版，1976
[2] 石山祐二：「耐震規定と構造動力学」，三和書籍, 2008.3.
[3] 国土交通省国土技術政策総合研究所ほか監修：「2015 年版 建築物の構造関係技術基準解説書」，全国官報販売協同組合発行, 2015.6.
[4] 建設省住宅局建築指導課・建設省建築研究所 監修：「改正建築基準法施行令新耐震基準に基づく構造計算指針・同解説」，日本建築センター, 1981.2.
[5] 日本建築学会：「鉄筋コンクリート構造計算規準・同解説 2010」日本建築学会，2010.2.
[6] Veletsos, A.S. and N.M. Newmark, “Effect of Inelastic Behavior on the Response of Simple Systems to Earthquake Motions”, Proceedings of the Second World Conference on Earthquake Engineering, Vol. II, 1960.7.
[7] 小豆畑達哉，高橋徹，引地健彦，尾崎昌凡：「強震を受ける 1 層偏心構造物の弾塑性変形応答に関する研究」，日本建築学会構造系論文報告集 No.465，1994.11.
[8] 日本建築学会：「建築物荷重指針・同解説」日本建築学会，2004.9
[9] Freeman, Sigmund A., “ The Capacity Spectrum Method as a Tool for Seismic Design”, Wissensmanagement - WM, 1998
[10] 国土交通省建築研究所編著：「改正建築基準法の構造関係規定の技術的背景」，ぎょうせい, 2001.3.
[11] 日本建築学会：「鉄筋コンクリート構造計算規準・同解説 1982」日本建築学会，1982.6.
[12] 日本建築学会：「建築工事標準仕様書・同解説 JASS5 鉄筋コンクリート工事」日本建築学会，2009.2.
[13] International Organization for Standardization : ISO 2394 General principles on reliability for structures（構造物の信頼性に関する一般原則）， 1998.6
[14] 石山祐二：「住宅の耐震改修を促進する New Elm 工法」，（社）建築研究振興協会，建築の研究, 2006.12.
[15] 石山祐二：種々の建物に対する地震層せん断力の分布とベースシヤー係数，日本建築学会構造系論文報告集，第 439 号，1992.9
[16] 日本建築学会：「建築基礎構造設計指針 2010」日本建築学会，2001.10.
[17] Ishiyama,Y., “Criteria for Overturning of Bodies by Earthquake Excitations”, 日本建築学会論文報告集 第 317 号, 1982.6.
[18] 石山祐二：「大地震動でも建築物は転倒しない。」，（社）建築研究振興協会，建築の研究, 2009.12.

[19] 石山祐二：「積雪による大スパン構造物崩壊の原因と対策」，（社）建築研究振興協会，建築の研究, 2013.4.
[20] 石山祐二：「最近の建物の耐震設計に対する懸念」，（社）建築研究振興協会，建築の研究, 2011.8.
[21] H. シュトラウブ著，藤本一郎訳：「建設技術史」工学的建造技術への発達，鹿島出版会，1976.11
[22] 鷹部屋福平：「一般剛節構の実用解法」岩波書店，1937.4
[23] H.V. Lamberti: Frame Moments with the Takabeya Method, Civil Engineering/ASCE, 1985.2
[24] Shunsuke Otani : Dawn of Earthquake Engineering, From Observational Seismology to Earthquake Engineering, Proceedings, Earthquake Engineering and Engineering Seismology, Past Achievements and Future Prospects, Honoring Polat Gulkan, Middle East Technical University, October 2011, pp.259-281.
[25] 内藤多仲：「論説 架構建築耐震構造論 (1)～(4)」，建築雑誌，1922.10, 11, 12, 1923.1
[26] Kiyoshi Muto : Seismic Analysis of Reinforced Concrete Buildings, Proceeding of the First World Conference of Earthquake Engineering (1WCEE), California, 1956. WCEE ONLINE PROCEEDINGS http://www.iitk.ac.in/nicee/wcee/article/
[27] J.S. シェルムニスキー著，山田嘉明，山井健二訳：「マトリックス構造解析の基礎理論」培風館，1971.12
[28] W. ウィーバー著，山本善之訳：「構造解析のプログラム」共立出版，1968.3
[29] 日本建築学会：「建築耐震設計における保有耐力と変形性能」日本建築学会，1981.6
[30] 石山祐二：「建物の基礎と杭の接合は過剰設計」，（社）建築研究振興協会，建築の研究, 2012.4.

索引

【著者略歴】

石山祐二（いしやま　ゆうじ）

1942 年　北海道札幌市生まれ

1965 年　北海道大学工学部建築工学科卒業

1967 年　北海道大学大学院工学研究科修士課程修了

1967 ～ 1971 年　建設省営繕局建築課

1971 ～ 1991 年　建設省建築研究所

1982 年　工学博士（北海道大学）

1984 年　カナダ自然科学工学研究評議会フェローシップ

1984 ～ 1985 年　カナダ国立研究院建築研究所・客員研究員

1989 ～ 1991 年　ペルー国立工科大学 , 日本ペルー地震防災センター・チーフアドバイザー

1991 ～ 1997 年　北海道大学工学部建築工学科・教授

1996 年　ペルー国立工科大学名誉教授

1997 ～ 2005 年　北海道大学大学院工学研究科・教授

2005 年　北海道大学定年退職・名誉教授

日本建築学会賞（業績）

日本データーサービス (株)・技術顧問

ペルー国立工科大学・名誉博士

2006 年　（株）NewsT 研究所設立・代表取締役

現在に至る

建築基準法の耐震・構造規定と構造力学（第 2 版）

2015 年 1 月 10 日　第 1 版第 1 刷発行

2016 年 4 月 28 日　第 2 版第 1 刷発行

著　者　石山　祐二

発行者　高橋　考

発　行　三和書籍

〒 112-0013　東京都文京区音羽 2-2-2

電話 03-5395-4630　FAX 03-5395-4632

http://www.sanwa-co.com/

sanwa@sanwa-co.com

印刷 / 製本　日本ハイコム株式会社

ISBN978-4-86251-177-5 C3052　Printed in Japan

本書の電子版（PDF 形式）は、Book Pub（ブックパブ）の下記 URL にてお買い求めいただけます。

http://bookpub.jp/books/bp/402